Vorwort

Die gegenwärtige Erzieherinnenausbildung gleicht einem Architektenwettbewerb. Bundesweit ausgeschrieben wurde das Projekt Berufserzieherin. Die Architekten (Bundesländer) haben unterschiedliche Baupläne (Lehrpläne) entworfen (Orientierung nach Fächern, Lernfeldern, Modulen...) um das Projektziel zu erreichen.

Bei genauer Betrachtung der verschiedenen Ausbildungsansätze ergeben sich gemeinsame pädagogische, psychologische und didaktisch-methodische Kernthemen. Sie werden im Abenteuer Erziehung auf neuesten fachlichen Stand, praxisorientiert dargestellt. Der Bildungsauftrag für den Elementarbereich wird dabei ebenso berücksichtigt, wie die gestiegenen Anforderungen an die Erzieherinnenausbildung. Das Lehrbuch kann also von allen Architekten als Bauanleitung für das Projekt Berufserzieherin verwendet werden.

Ein umfangreiches Glossar erläutert die wesentlichen im Buch verwendeten Fachbegriffe und erleichtert darüber hinaus das Verstehen von pädagogischen, psychologischen und didaktisch-methodischen Fachtexten. Wesentliche Inhalte werden auf den Punkt gebracht und durch Aufgaben vertieft.

Zur Verbesserung der Lesbarkeit des Buches wird die weibliche Form der Berufsbezeichnung verwendet. Die männlichen Erzieher sind aber selbstverständlich immer einbezogen.

Nun lassen Sie sich ein auf das Abenteuer Erziehung! Die Autoren und der Verlag freuen sich über Anregungen, Kritik und Verbesserungsvorschläge.

Zur zweiten Auflage

Die schnelle Entwicklung im sozialpädagogischen Arbeitsfeld (z. B. Bildung von Anfang an) erforderte eine Neuauflage, in der einige Kapitel überarbeitet und aktualisiert wurden. Durch Neustrukturierung der Kapitel wurde die Übersichtlichkeit verbessert und die sachlogischen Zusammenhänge der Ausbildungsinhalte transparenter gemacht. Anregungen zur ersten Auflage wurden berücksichtigt. Neu aufgenommen wurden die Hilfeplanung im Bereich der Jugendhilfe sowie der ressourcenorientierte Ansatz in der interkulturellen und integrativen Erziehung. Die Autoren sind weiterhin an Anregungen, Kritik und Verbesserungsvorschlägen interessiert. (lektorat@europa-lehrmittel.de)

Sommer 2010

Inhaltsverzeichnis

Inhaltsverzeichnis

Inhaltsverzeichnis

1 Erziehen als Beruf – Berufliche Identität

Frauke beginnt ihre Ausbildung zur Erzieherin. Gut zwanzig Jahre lang ist sie selber erzogen worden.

An einige Situationen, in denen nach ihrer Einschätzung Erziehung stattgefunden hat, erinnert sie sich noch gut. Da gab es z. B. Fernsehverbot, als sie ihr Zimmer mal wieder nicht aufgeräumt hatte. Frauke weiß noch genau, wie heftig sie reagiert hat. War ja auch verständlich, weil sie sich doch so auf die Sendung gefreut hatte. Es half ihr aber nichts. Der Fernseher blieb an diesem Tag aus! Ganz schön hart von ihren Eltern – oder wirkungsvoll konsequent?

Fraukes Eltern hatten nicht den Anspruch „Erziehungsprofis" zu sein. Frauke hat aber den Weg zur Berufserzieherin eingeschlagen. Sie strebt ein professionelles pädagogisches Handeln an. Die kritische Reflexion ihrer eigenen Erziehung, des geleisteten Praktikums und der aktuellen Ausbildungserfahrungen kann ihr helfen, wesentliche Kennzeichen des Berufs „Erziehen" zu erarbeiten und schrittweise eine professionelle erzieherische Grundeinstellung (Haltung) aufzubauen, berufliche Identität zu gewinnen (Kapitel 1.1: Auf dem Weg zur Berufserzieherin – Rollenfindung).

Frauke will sich auch darüber informieren, wo sie nach ihrer Ausbildung zur Erzieherin tätig werden kann und welche Anforderungen in den möglichen Berufsfeldern an sie gestellt werden (Kapitel 1.2: Berufsfelder und ihre Anforderungen).
In ihrer Ausbildung soll Frauke dazu befähigt werden, den Erziehungsalltag in den verschiedenen Arbeitsfeldern professionell zu bewältigen (Kapitel 1.3: Pädagogische Grundfähigkeiten).

Dazu gehört auch, dass Frauke lernt, die beruflichen Anforderungen realistisch einzuschätzen und Überforderungen vorzubeugen (Kapitel 1.4: Burnout).

1.1 Auf dem Weg zur Berufserzieherin – Rollenfindung

Perspektivenwechsel

Frauke ist sich nicht sicher, wie sie selber handeln würde. Ihre Enttäuschung als Kind kann sie noch gut verstehen. Sie versucht sich aber auch in die Lage ihrer Eltern zu versetzen. Das bedeutet, das Erziehungsgeschehen nicht mehr nur aus der Sicht des Erzogenen, sondern auch aus der des Erziehenden zu sehen, also einen Perspektivenwechsel vorzunehmen. Erst diese „andere Sicht" ermöglicht Frauke, das Erziehungsgeschehen kritisch zu analysieren und ihre Rolle als „ Berufserzieherin" zu finden.

1.1.1 Nachdenken über die eigene Erziehung

Frauke denkt über das Fernsehverbot nach. Ihre Eltern haben es sehr überraschend ausgesprochen, ohne lange Vorüberlegungen und Erklärungen. Sicher glaubten sie rein gefühlsmäßig, dass sie ihr Kind dadurch bewegen könnten, sein Zimmer aufzuräumen. Frauke sah gerne fern. Ihre Eltern gingen davon aus, dass ihre Tochter ein Fernsehverbot vermeiden wollte und deshalb ihr Zimmer aufräumte.

Frauke erinnert sich aber, dass ihre Eltern diese Maßnahme ziemlich starr und einseitig eingesetzt haben. So erfolgte ein Verbot ihrer Lieblingssendung nicht nur, wenn das Zimmer nicht in Ordnung war, sondern auch, wenn Frauke einmal zu spät nach Hause kam.

Als besonders verwirrend erlebte sie, wenn ihre Eltern das Fernsehverbot einmal aussetzten und dann wieder aussprachen. Frauke gewinnt den Eindruck, dass ihre Eltern in diesen Situationen wenig geplant und vorausschauend gehandelt haben. Deshalb erzielten sie durch ihre Maßnahmen auch meist nur kurzfristige Wirkungen. Frauke strengte sich zeitweise an, änderte ihr Gesamtverhalten aber nicht entscheidend.

Dennoch waren ihre Eltern sicher davon überzeugt, aus ihrer subjektiven Sicht das Richtige für ihr Kind getan zu haben.

Erziehungsbiographie

Frauke merkt, wie sie sich in ihren Überlegungen selber noch einmal als Kind begegnet. Ein Vergleich der eigenen Kindheit mit der heutigen Situation der Kinder drängt sich ihr unwillkürlich auf. Wird sie den ihr anvertrauten Kindern anders begegnen, als sie ihre Eltern erlebt hat?

Frauke wird deutlich, dass ihre eigenen Erziehungserfahrungen ihr gegenwärtiges pädagogisches Denken und Handeln nachhaltig beeinflussen. Sie muss sich ihrer persönlichen Erziehungsbiographie stellen und kann dann erste Kennzeichen eines professionellen pädagogischen Handelns gewinnen. Es sollte immer:

Professionelles pädagogisches Handeln

- Überlegt erfolgen und gleich bleibend verlaufen
- Vielseitig gestaltetet und flexibel gehandhabt werden
- Geplant eingesetzt und fachlich begründet werden

1.1.2 Praktikumserfahrungen

Frauke hat wie viele ihrer Mitschüler und Mitschülerinnen ein Praktikum in einer Kindertagesstätte absolviert. Die dort gemachten Erfahrungen haben auch dazu beigetragen, Erziehung professioneller zu sehen.

Bild vom Kind

Im Nachhinein ist Frauke klar geworden, dass sie ihr Praktikum mit einem sehr einfachen Bild vom Kind begonnen hat. Schon bald lehrte sie der Erziehungsalltag, dass Kinder keineswegs immer lieb sind. Sie sah sich teilweise harten Auseinandersetzungen gegenübergestellt, die ihr aber halfen, ihr Bild vom Kind zu ergänzen und zu erweitern.

Frauke wurde mit ihrer ganzen Person gefordert. Sie musste sich auf die Kinder einlassen, sie als eigenständige Personen wahrnehmen. Sowohl das einzelne Kind als auch die Gruppe sollte sie im Blick haben. Frauke versuchte, die Kinder zu verstehen und ihr eigenes pädagogisches Handeln kritisch zu hinterfragen.

Anders als ihre Eltern war sie aber nicht alleine auf sich gestellt. Die pädagogische Verantwortung wurde gemeinsam vom Erzieherinnenteam getragen. Frauke erfuhr Anleitung und Hilfestellung in ihrer erzieherischen Arbeit. Sie musste sich aber auch mit der Kritik des Teams auseinandersetzen. Anfangs fiel es Frauke schwer, sich nicht persönlich angegriffen zu fühlen.

In vielen Gesprächen wurden die gegenseitigen pädagogischen Auffassungen abgeklärt. Das erzieherische Handeln des Erzieherinnenteams wurde aufeinander abgestimmt. Die Rückmeldungen der Kolleginnen veränderten Fraukes Umgang mit den Kindern.

Pädagogische Erwartungen

Auch den Ansprüchen der Eltern, des Trägers der Einrichtung und der Öffentlichkeit an ihre pädagogische Arbeit musste sich Frauke stellen. Sie lernte, die verschiedenen, manchmal auch widersprüchlichen Erwartungen, zunächst einmal wahrzunehmen und anschließend ihr eigenes Handeln den am Erziehungsgeschehen Beteiligten zu verdeutlichen.

Besonders schwierig war es für sie als Praktikantin, sich gegenüber Ansprüchen abzugrenzen, die sie als ungerechtfertigt und unqualifiziert empfand. Es fehlte ihr das fachliche Wissen und die erzieherischen Erfahrungen, um pädagogisch professionell auftreten zu können. Sie spürte aber, dass sie nur als Expertin für Erziehung ein kompetentes Berufsselbstverständnis, eine berufliche Identität, entwickeln kann.

Dazu gehört auch eine ausgewogene Erzieherin-Kind-Beziehung. Frauke merkte sehr schnell, wie leicht sie zur bloßen Erfüllungsgehilfin der kindlichen Wünsche und Bedürfnisse werden konnte.

Erziehungsverantwortung

Anfangs meinte sie, jedem Kind in jeder Situation helfen zu müssen. Im Erziehungsalltag boten sich viele Gelegenheiten, als Helfer der Kinder aktiv zu werden. Frauke lernte zu unterscheiden zwischen den Hilfestellungen, die das Kind selbstständig werden lassen, und denen, die es abhängig machen von der Erzieherin. Sie spürte die Verantwortung, die ihr in jeder erzieherischen Situation abverlangt wurde.

Ihr vordringlichstes Ziel blieb es, sich für die Kinder einzusetzen und sie in ihrer Entwicklung pädagogisch angemessen zu begleiten. Der tägliche Umgang mit ihnen lehrte Frauke aber, ihre erzieherischen Möglichkeiten und Grenzen realistischer einzuschätzen. Sie gestand sich nach und nach auch kindfreie Räume und Zeiten zu, in denen sie sich mit dem Erzieherinnenteam austauschte und gemeinsame Absprachen traf. Von den berufserfahrenen Kolleginnen lernte Frauke, nicht alle Probleme aus dem Erziehungsalltag mit nach Hause zu nehmen, sondern bewusst zwischen Beruf und Privatheit zu trennen.

Im Praktikum hat Frauke weitere Merkmale professionellen pädagogischen Handelns erfahren. Es sollte:

Professionelles pädagogisches Handeln

- Von einem realistischen Bild vom Kind ausgehen
- In Teamverantwortung wahrgenommen werden
- Auf das einzelne Kind und die Gruppe ausgerichtet sein
- Systematisch beobachtet und kritisch reflektiert werden
- Die erzieherischen Möglichkeiten realistisch einschätzen
- Verantwortungsvoll ausgeübt werden

1.1.3 Ausbildungserfahrungen

Persönlichkeitsbildung

Als Fachschülerin sammelt Frauke wiederum Lern- und Erziehungserfahrungen. In Verbindung mit ihrer Erziehungsbiographie kann sie neue Vorstellungen entwickeln und in eigenverantwortliches pädagogisches Handeln umsetzen. Frauke wird erfahren, dass die eigene Persönlichkeit der wesentliche Faktor in der pädagogischen Arbeit ist.

In der Fachschulklasse erlebt Frauke die Dynamik einer Lern- und Arbeitsgruppe. Sie übt soziale Verhaltensweisen ein und lernt verstärkt im Team zu arbeiten. Jede Mitschülerin bringt eine eigene Lernbiographie ein, d. h. ihre bisherigen Lebens- und Lernerfahrungen bestimmen ihr Verhalten in der Fachschulklasse. Der Austausch der unterschiedlichen Lernerfahrungen sowie die Reflexion der eigenen Lernbiographie erweitert Fraukes Lernkompetenzen und lässt sie das Lernen der Kinder besser verstehen.

Fachwissen

Im Unterricht und in den Praktika erhält Frauke pädagogische Anregungen und Hilfen, die sie für ihre eigene Praxis nutzen kann. Die kritisch reflektierten bisherigen Erfahrungen führen dann zusammen mit dem neuen Fachwissen zu einem professionellen pädagogischen Handeln.

Die Entwicklung vom Erzogenen zur professionellen Erzieherin verdeutlicht die nachfolgende Abbildung.

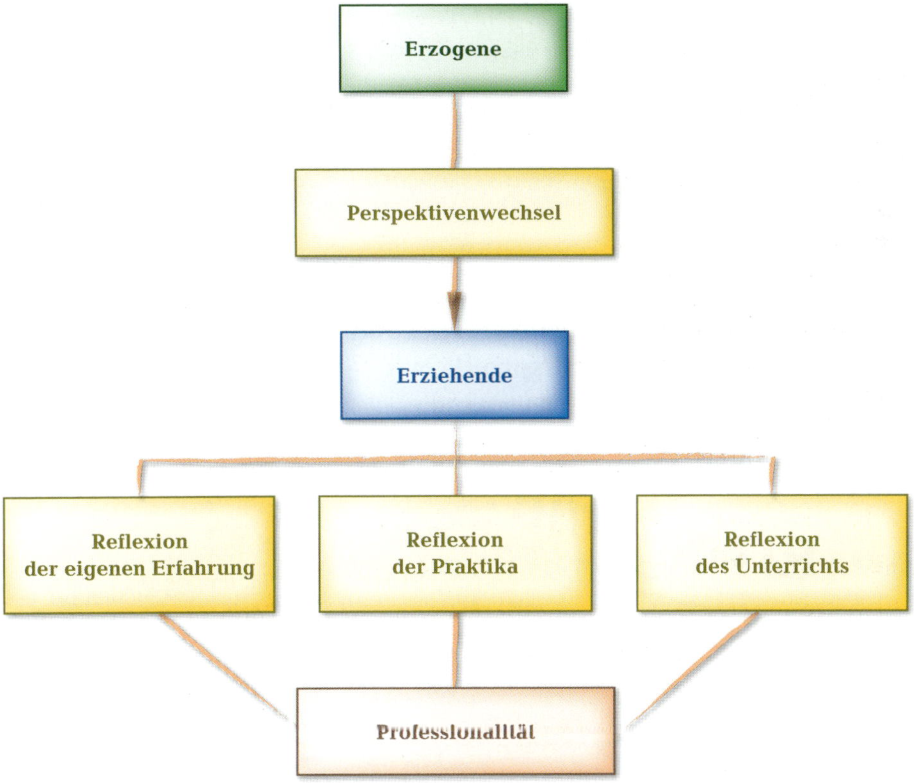

Bild 1: Auf dem Weg zur Berufserzieherin

Auf den Punkt gebracht

Ein erster wichtige Schritt auf dem Weg zur Berufserzieherin ist der Perspektivenwechsel von der Erzogenen zur Erziehenden.

Die kritische Reflexion der eigenen Erziehung, des Praktikums und der Ausbildungserfahrungen dient dazu, das Erziehungsgeschehen aus der Sicht der Erziehenden zu sehen.

Schrittweise werden Kennzeichen pädagogischen Handelns gewonnen, in denen sich die professionelle erzieherische Grundeinstellung ausdrückt. Sie werden in das Konzept der beruflichen Handlungskompetenz integriert und dienen dazu, berufliche Identität zu gewinnen.

Aufgaben

1. Beschreiben Sie erlebte Erziehungssituationen. Analysieren Sie diese Situationen aus der Sicht des Erzogenen und des Erziehenden.
2. Reflektieren Sie Ihr Vorpraktikum bezüglich der aufgestellten Kriterien professionellen pädagogischen Handelns.
3. Stellen Sie in Form eines Baumes dar, wie sich ihr Lernen entwickelt hat. Berücksichtigen Sie dabei die folgenden Fragen:
   a) Wo liegen meine Wurzeln?
   b) Was enthält mein Stamm?
   c) Welches sind meine Hauptäste, welches die Verzweigungen?
   d) Welche Äste sind verkümmert, welche möchte ich weiterentwickeln?

1.2 Berufsfelder und ihre Anforderungen – Das zukünftige Berufsprofil

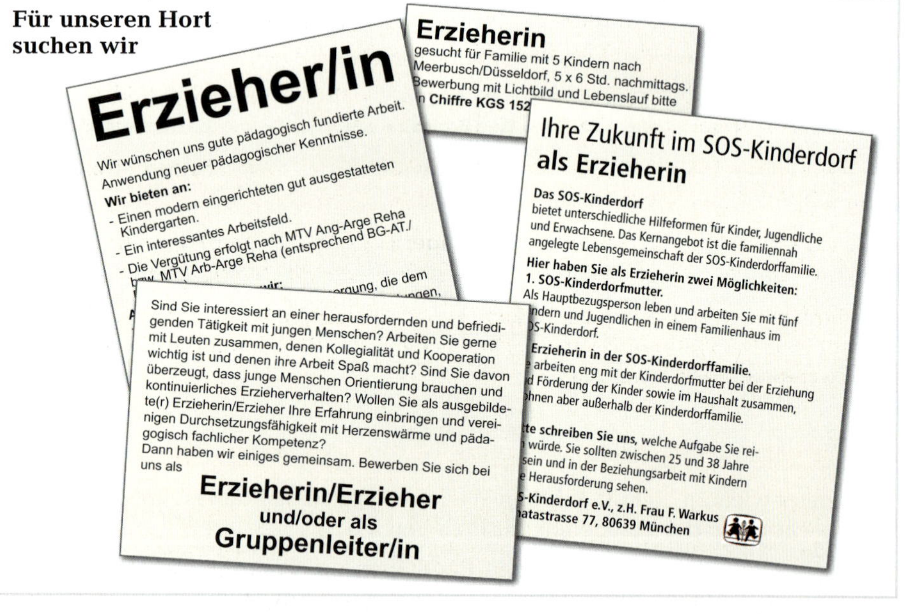

Diese Stellenangebote sind nur eine kleine Auswahl der möglichen Arbeitsfelder für Erzieherinnen. Sie lassen aber die Vielfalt der Arbeitsbereiche mit jeweils besonderen pädagogischen Anforderungen erkennen. Die Stellenbeschreibungen geben auch Hinweise darauf, in welche Richtung der Erzieherinnenberuf sich orientiert, welches zukünftige Berufsprofil sich abzeichnet.

1.2.1 Berufsfelder

Der wesentliche Arbeitsmarkt für Erzieherinnen liegt in der Kinder- und Jugendhilfe, die durch das 1990 in Kraft getretene KJHG (Kinder- und Jugendhilfe Gesetz) geregelt wird. Erzieherinnen sind vor allem in den Bereichen Tageseinrichtungen für Kinder, Hilfe zur Erziehung und Jugendarbeit beschäftigt.

Tageseinrichtungen für Kinder

Unter dem Oberbegriff Tageseinrichtungen für Kinder sieht das KJHG (§ 22) ein breites, bedarfsgerechtes Angebot an Ganztagsplätzen für Kinder im Vorschul- und Schulkindalter vor.

Diese Plätze werden in Regeleinrichtungen (Krippe, Kindergarten, Hort), integrativen Einrichtungen und Sondereinrichtungen bereitgestellt.

Alle Tageseinrichtungen für Kinder bieten eine familienergänzende und familienunterstützende Erziehung. Sie wenden sich in den Regeleinrichtungen an Kinder ohne- und in den Sondereinrichtungen an Kinder mit Behinderungen. In den integrativen Einrichtungen werden beide Gruppen gemeinsam erzogen.

Einrichtungen der Jugendhilfe

Wenn eine dem Wohl des Kindes oder Jugendlichen entsprechende Erziehung nicht gewährleistet ist, können die Hilfen zur Erziehung (§ 27 KJHG) in Anspruch genommen werden. Arbeitsplätze für Erzieherinnen bieten sich vor allem in den stationären (Heime) und teilstationären (Tagesgruppen) Formen der Hilfe zur Erziehung.

Stationär bedeutet, dass die Hilfe über Tag und Nacht angeboten wird. Die Kinder und Jugendlichen werden aus ihren Familien herausgenommen und in Heimen oder sonstigen betreuten Wohnformen untergebracht.

Das Hilfsangebot der Tagesgruppe wird als teilstationär bezeichnet. Hier verbleiben die Kinder und Jugendlichen in ihren Familien.

Einrichtungen der Jugendarbeit

Die Jugendarbeit (§ 11 KJHG) stellt Angebote bereit, die zur Entwicklungsförderung junger Menschen (Schulalter bis 27 Jahre) dienen.

Sie wird von freien (gemeinnützigen) Trägern (Verbände, Initiativen und Arbeitsgemeinschaften) und öffentlichen Trägern (Kommunen, Staat) organisiert.

Für die Erzieherin bieten sich vielseitige Arbeitsmöglichkeiten in gemeinwesenorientierten (z. B. Jugendzentren) und mobilen (z. B. Spielmobil) Einrichtungen und Angeboten der Jugendarbeit.

Tageseinrichtungen für Kinder	Einrichtungen der Erziehungshilfe	Einrichtungen der Jugendarbeit
Regeleinrichtungen (Krippe, Kindergarten, Hort)	Stationäre Einrichtungen (Heime)	Gemeinwesenorientierte Einrichtungen (Jugendzentren)
Integrative Einrichtungen	Teilstationäre Einrichtungen (Tagesgruppen)	Mobile Einrichtungen (Projekte, z. B. Spielmobil)
Sondereinrichtungen für Kinder mit Behinderungen		

Arbeitsfelder für Erzieherinnen in der Kinder- und Jugendhilfe

1.2.2 Entwicklungen und Anforderungen in den Arbeitsfeldern

Bisher wurden die wesentlichen Arbeitsfelder für Erzieherinnen skizziert. Im Folgenden geht es nun darum, die wesentlichen Anforderungen aufzuzeigen, die sich der Erzieherin in der Kinder- und Jugendhilfe stellen. Sie lassen sich ableiten aus den Entwicklungen, die in den verschiedenen Angeboten institutioneller Erziehung zu beobachten sind.

Arbeitsfeld	Entwicklungen	Anforderungen an Erzieherin
Tageseinrichtungen für Kinder	Kindertagesstätten als eigenständige Bildungsorte, als Bildungsinseln, wo die Kinder das lernen, was sie zur Lebensbewältigung brauchen (nicht nur frühes Englisch, Sprache oder Schwimmen usw.).	Kenntnis der kindlichen Wahrnehmungs- Denk- und Lernprozesse, Schaffung von Zugängen zur frühkindlichen Bildung (z. B. durch Beobachtung, Gespräche, interessiertes Mitlernen), Entwicklung von Bildungskonzepten.
	Altersgruppenübergreifende Betreuungsangebote (neben Drei- bis Sechsjährigen auch Kinder unter drei und über sechs Jahren).	Vermehrtes Fachwissen über die Entwicklungs- und Sozialisationsbedingungen von Kindern unterschiedlichen Alters.
	Multikulturelle Erziehung.	Interkulturelles Lernen, arbeitsfeldübergreifende Zusammenarbeit mit anderen Institutionen.
	Verstärkte Arbeit mit einzelnen (schwierigen) Kindern.	Erweitertes pädagogisches Wissen und Können, verstärkte Orientierung an den individuellen Bedürfnissen einzelner Kinder.
	Erweiterung der Elternarbeit bis hin zur Gestaltung von Familienzentren, die Kindertagesstätte als Anlaufstelle für ratsuchende Eltern, Angebote zur Elternbildung.	Entwicklung von neuen Formen der Elternarbeit, Weiterbildung in Erwachsenenarbeit.
	Öffnung zum Wohnumfeld, zur Nachbarschaft und zur Gemeinde (Kindertagesstätten als Nachbarschaftszentren).	Bereitschaft zum offenen, lebensfeld- und gemeinwesenorientierten Arbeiten und zum Erbringen zusätzlicher Leistungen.
	Bedarfsgerechte, flexible Betreuungsangebote, (z. B. Anpassung der Öffnungszeiten an den Arbeitsrhythmus der Eltern, stundenweise Betreuung).	Flexibilität, Kreativität, planerische Fähigkeiten.
	Ausweitung der Integration von Kindern mit sehr unterschiedlichen Behinderungen.	Heilpädagogisches Fachwissen und Können, erhöhter Betreuungsaufwand.
Hilfen zur Erziehung	Dezentralisierung: Von zentralisierten Heimen zu dezentralen Betreuungsangeboten. Z. B. Außenwohngruppen, betreutes Wohnen.	Erweiterung der Aufgaben und Zuständigkeiten: Von der abhängigen Gruppenerzieherin zur eigenverantwortlichen Gestalterin der bedarfsgerechten stationären Erziehungshilfen.

Arbeitsfeld	Entwicklungen	Anforderungen an Erzieherin
Hilfen zur Erziehung	Zunahme der Probleme der Klientel der Heimerziehung.	Erhöhte Belastbarkeit, vermehrtes pädagogisches und psychologisches Fachwissen und Können.
	Freiwilligkeit und Verantwortlichkeit der Hilfesuchenden.	Ernstnehmen der Hilfesuchenden, Ausrichten der pädagogischen Arbeit an ihren Stärken (Ressourcenorientierte Pädagogik).
	Orientierung an den Lebensräumen, Beziehungsstrukturen und Bedürfnissen der Hilfesuchenden.	Kenntnis der Lebenswelten der Klientel, individuelle Planung, verstärkte Elternarbeit.
	Zusammenarbeit unterschiedlicher Erziehungshilfen, Hilfen im Verbund, vernetzte Hilfen (z. B. Heime-Beratungsstellen-Schulen).	Bereitschaft zur Zusammenarbeit, berufsübergreifende Fachkenntnisse.
Jugendarbeit	Differenzierte, gemeinwesen- und stadtteilorientierte Angebote, die sich an den Lebenszusammenhängen der Kinder und Jugendlichen ausrichten.	Analyse der Lebenswelten der Kinder und Jugendlichen, Entwicklung von differenzierten Konzepten .
	Erweiterte Planungs-, Entscheidungs- und Handlungsspielräume der Kinder und Jugendlichen.	Bedingungen und Möglichkeiten (Zeit, Räume, Ressourcen und Gelegenheiten) für die Kinder und Jugendlichen schaffen.
	Verstärkte Ausrichtung an den jugendspezifischen Verhaltensweisen, zunehmende Bedeutung der Cliquen in der Erziehung.	Begleitung der Selbstorganisationsprozesse Heranwachsender, Einbeziehung der Cliquen.

1.2.3 Berufsprofil einer zukünftigen Erzieherin

Der in der Tabelle dargestellte Überblick über die Entwicklungen und Anforderungen in dem Hauptarbeitsmarkt für Erzieherinnen lässt die folgenden Leitlinien eines zukünftigen Berufsprofils erkennen:

Die Erzieherin muss ihre pädagogischen Bemühungen an den Lebenswelten der Zu-Erziehenden und ihrer Familien ausrichten. Die Analyse der Lebenswelten und die genaue Beobachtung des einzelnen Kindes geben ihr Hinweise auf Ressourcen, an denen sie pädagogisch ansetzen kann.

Die zukünftige Erzieherin wird in ihrem Arbeitsfeld eine größere Altersstreuung antreffen und vermehrt altersgruppenübergreifend arbeiten (z. B. eine Kindertagesstätte, die Krippen- Vorschul- und Schulkinder betreut).

Die steigende Zahl der ausländischen Kinder und der Kinder mit Behinderungen, die in die Tageseinrichtungen zu integrieren sind, stellt eine weitere pädagogische Herausforderung für die zukünftige Erzieherin dar.

Die vielfältigen erzieherischen Aufgaben sind schließlich nur in enger Zusammenarbeit mit anderen helfenden Berufen (z. B. Psychologen, Ärzten, Lehrern, Sozialpädagogen), durch eine kooperativ-orientierte Pädagogik zu bewältigen.

Pädagogische Leitvorstellungen

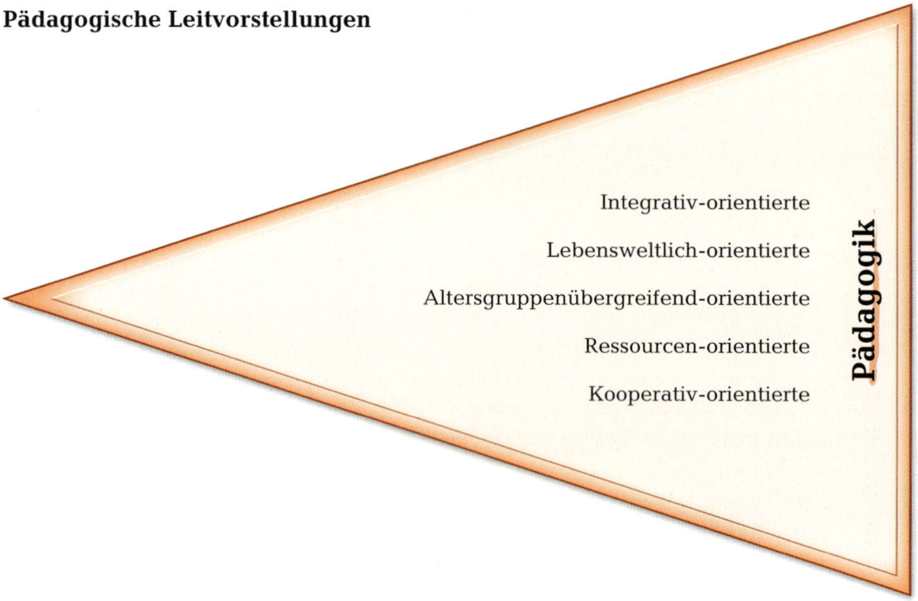

Auf den Punkt gebracht

Die wesentlichen Berufsfelder für Erzieherinnen sind: Tageseinrichtungen für Kinder, Einrichtungen der Erziehungshilfe und Einrichtungen der Jugendarbeit. Jedes der Berufsfelder stellt an die Erzieherin spezifische Anforderungen. Das zukünftige Berufsprofil wird: Lebensweltlich, altersgruppenübergreifend, ressourcenorientiert, integrativ und kooperativ ausgerichtet sein.

Aufgaben

1. Sammeln Sie Stellenangebote und ordnen Sie diese den Arbeitsfeldern zu.
2. Analysieren Sie die Stellenangebote nach den Anforderungen, die an die Erzieherin gestellt werden.

1.3 Pädagogische Grundfähigkeiten (Kompetenzen)

Berufliche Handlungskompetenz

Erziehen als Beruf auszuüben bedeutet, den Anforderungen in den aufgeführten pädagogischen Arbeitsfeldern gerecht zu werden. Das Gesamt der Grundfähigkeiten (Kompetenzen), die erforderlich sind, um den Erziehungsalltag in den verschiedenen Arbeitsfeldern zu bewältigen, bezeichnet man als berufliche Handlungskompetenz. Sie lässt sich unterteilen in Persönlichkeits-, Fach-, Sozial- und Methodenkompetenz.

Diese Kompetenzen können sich überschneiden und setzen sich zusammen aus einzelnen Fähigkeiten und Fertigkeiten, die für ein pädagogisch kompetentes Handeln erforderlich sind. Die nachfolgende Übersicht stellt eine mögliche Differenzierung der Kompetenzen dar. Die Grundlagen zum Erwerb der Kompetenzen werden schwerpunktmäßig in den entsprechenden Kapiteln des Buches gelegt. Die Erzieherin trägt die Verantwortung dafür, dass sie sich schrittweise pädagogische Handlungskompetenz aneignet und berufliche Identität gewinnt.

Übersicht: Berufliche Handlungskompetenz

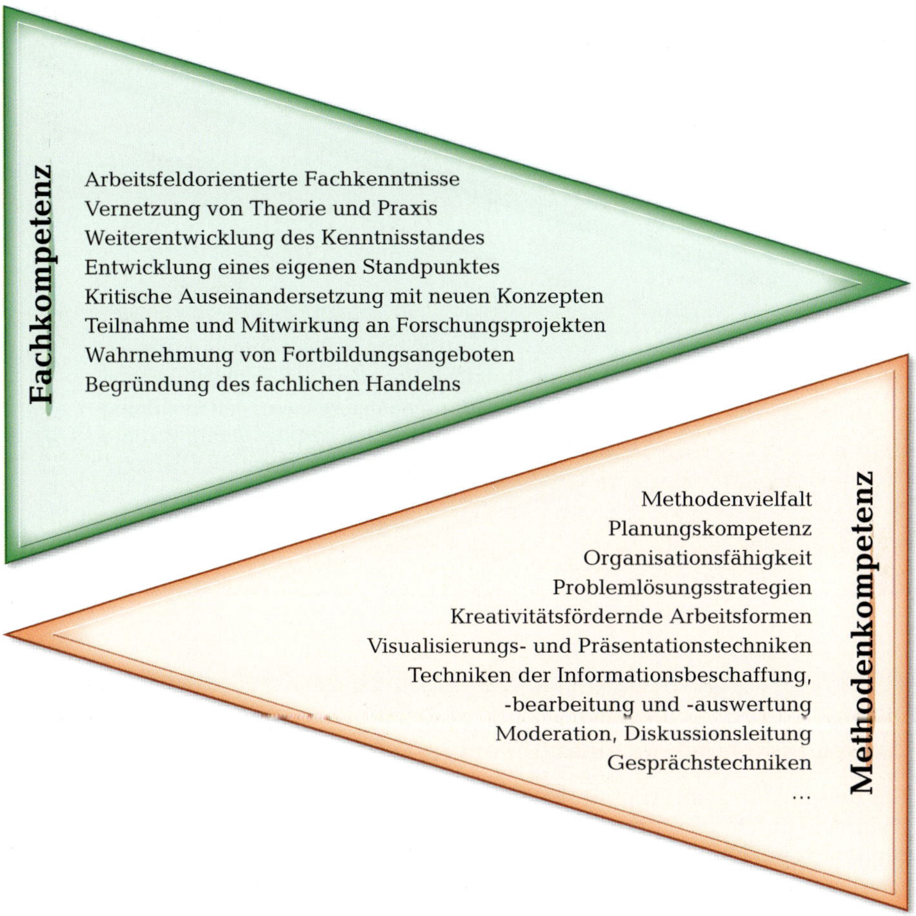

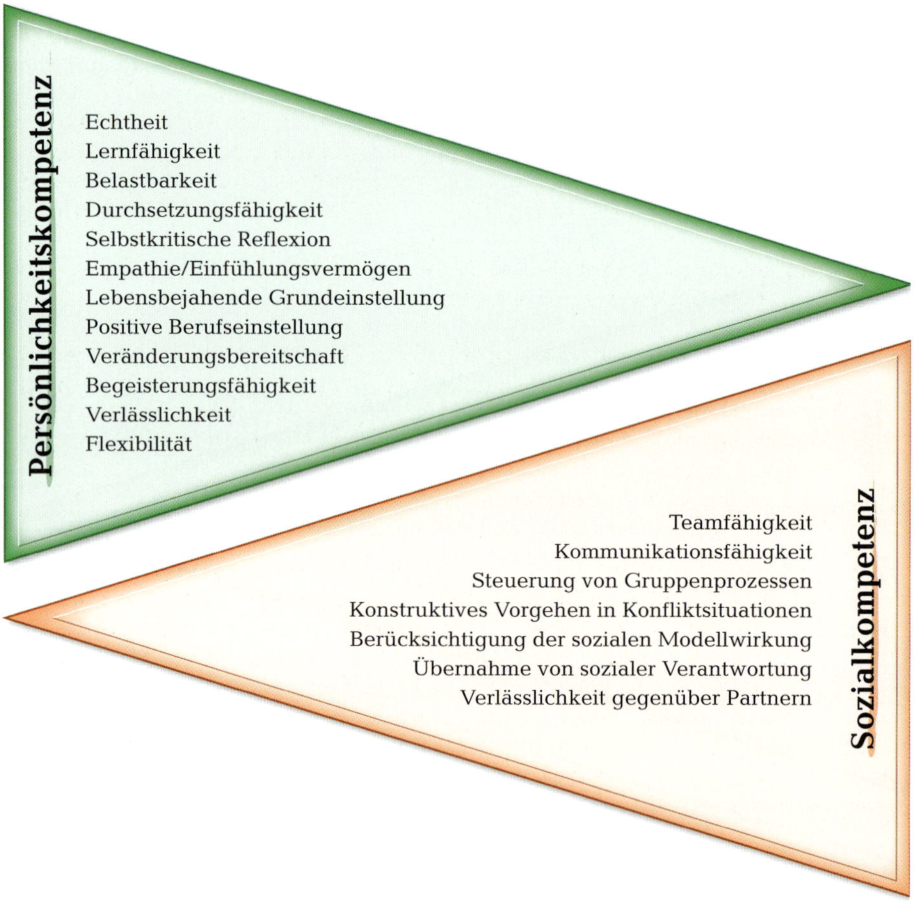

Handlungskompetenz im Erziehungsalltag

Ein Beispiel aus dem Arbeitsfeld Tageseinrichtungen für Kinder soll veranschaulichen, wie durch das Zusammenspiel unterschiedlicher Kompetenzen die Anforderungen im Erziehungsalltag erfüllt werden.

Für Petra, die Erzieherin im Hort, beginnt der Arbeitstag hektisch. Die Mutter von Karin kommt persönlich im Hort vorbei und will Petra dringend sprechen. Sie glaubt, dass Karin nicht die notwendige Hilfe bei der Hausaufgabenbetreuung erfährt und macht die Erzieherin für die schlechten Schulnoten ihrer Tochter verantwortlich.

Petra muss das Gespräch mit Karins Mutter abbrechen und einen Schultermin wahrnehmen. Sie bespricht mit dem Klassenlehrer die Entwicklung eines Jungen aus ihrer Gruppe.

Zurück im Hort bereitet Petra den Spielnachmittag vor. Bevor die Kinder von der Schule kommen, will sie ihre Planung noch mit dem Team absprechen.

In diesem kurzen Streiflicht eines Arbeitstages im Hort wird die Erzieherin mit drei unterschiedlichen Situationen konfrontiert. Sie bewältigt die verschiedenen Anforderungen, indem sie wirksame Kompetenzen einsetzt.

Im Gespräch mit der Mutter hört Petra sich die Kritik an (Kompetenz: Kritikfähigkeit) und versucht die Argumente zu verstehen (Kompetenz: Einfühlungsvermögen). Sie denkt über ihr Verhalten gegenüber Karin nach (Kompetenz: Selbstkritische Reflexion).

Dem Klassenlehrer in der Schule teilt Petra ihre Verhaltensbeobachtungen- und Beurteilungen des Jungen im Hort mit (Kompetenz: Fachkenntnisse).

Für den Spielnachmittag hat die Erzieherin ein abwechslungsreiches Programm geplant (Kompetenz: Planungsfähigkeit) und es dem Hortteam vorgestellt (Kompetenz: Teamfähigkeit).

1.4 Burnout

Die Bezeichnung „Burnout" (engl., Ausbrennen) für einen chronischen Erschöpfungszustand im beruflichen Bereich geht auf Freudenberger (1980) zurück, der dieses Phänomen zunächst bei Mitarbeitern einer Drogeneinrichtung nachwies. Als besonders burnout-gefährdet gelten vor allem Berufstätige, die mit Menschen arbeiten, wie z. B. Erzieherin, Sozialarbeiter, Pflegekräfte, Lehrer, Therapeuten.

Burnout bezeichnet den Zustand der physischen und psychischen Erschöpfung als das Ergebnis einer andauernden emotionalen Belastung in Zusammenhang mit einem langfristigen, intensiven Einsatz für andere Menschen.

Die Erschöpfung zeigt sich auf der emotionalen, körperlichen und kognitiven Ebenen (siehe Abbildung).

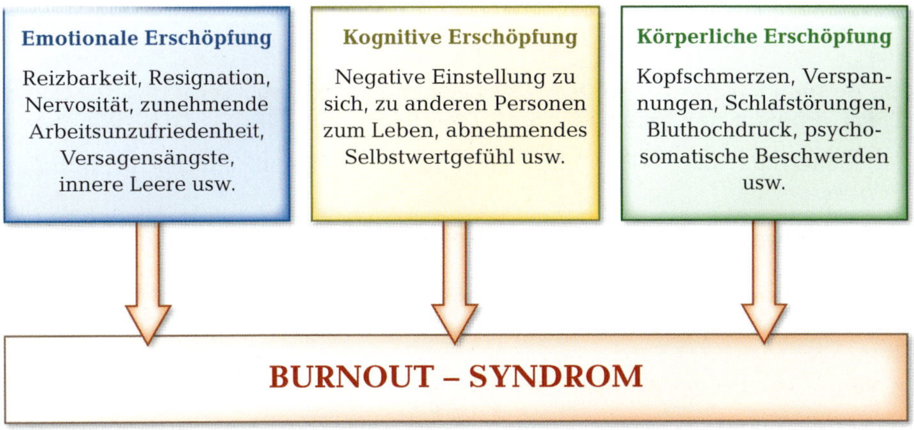

Das folgende Prozessmodell stellt den Zusammenhang zwischen Burnout und verschiedenen Lebensbedingungen dar.

Prozessmodell

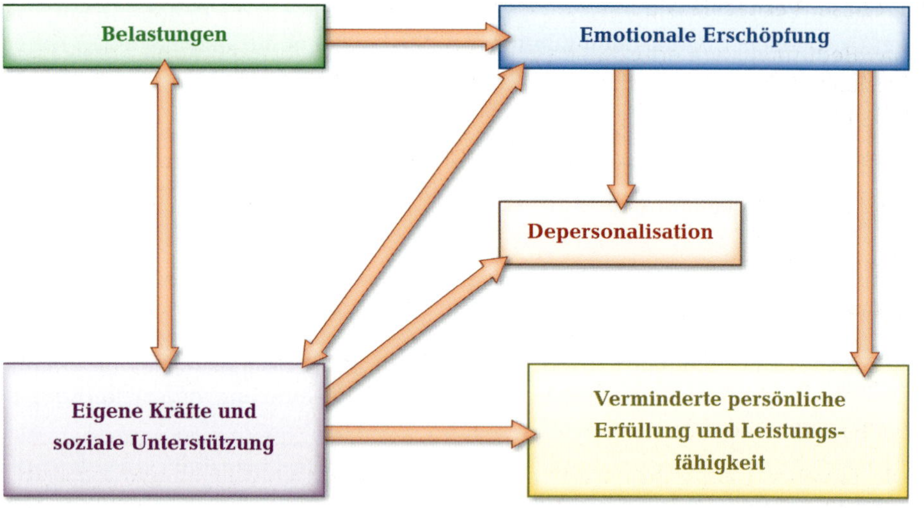

Indikatoren

Als Hauptindikatoren für Burnout werden folgende Symptome genannt:

- Ständige Müdigkeit und anhaltender Erschöpfungszustand,
- Gefühl der beruflichen Leistungsunfähigkeit,
- Verlust an Selbstwertgefühl,
- Unzufriedenheit mit dem Beruf,
- Stresssymptome,
- Konzentrationsmangel, hohe Reizbarkeit,
- Negative Lebenseinstellung.

1.4.1 Phasen des Burnout

Verlauf

Freudenberger und North (1992) unterscheiden folgende Phasen im Burnout-Prozess:

1. Phase: Zwänge

Die Erzieherin setzt sich durch hohe Erwartungen an sich selbst unter starkem Leistungsdruck. Sie verkennt ihre Möglichkeiten und Grenzen und überfordert sich selbst.

2. Phase: Verstärkter Kräfteeinsatz

Im Vordergrund steht das Verlangen, alles selbst erledigen zu müssen. Es erfolgt keine Delegation von Aufgaben, da dies die eigene Unentbehrlichkeit in Frage stellen würde.

3. Phase: Vernachlässigung eigener Bedürfnisse

Das Bedürfnis nach erforderlicher Entspannung und Ausgleich zur Arbeit (z. B. Treffen mit Freunden) wird unterdrückt. In dieser Phase erhöht sich der Suchtmittelkonsum (z. B. Alkohol, Nikotin, Koffein, Tabletten).

4. Phase: Verdrängung von Konflikten/Bedürfnissen

Konflikte und eigene Bedürfnisse werden nicht realistisch wahrgenommen und es treten verstärkt Fehler auf (z. B. Termine verwechseln, Aufgaben vergessen, Unpünktlichkeit).

5. Phase: Umdeuten von Werten

Es kommt zu einem gravierenden Wandel: Die Erzieherin stumpft ab und die sozialen Kontakte werden belastend erlebt (Beziehungs-Burnout).

6. Phase: Verleugnung von Problemen

Die Erzieherin kapselt sich weiter von ihrer sozialen Umwelt ab und begegnet anderen zynisch, aggressiv, ungeduldig und intolerant. Gegenüber den anderen nehmen die Wertschätzung und die Empathie ab. Die Leistung der Erzieherin verschlechtert sich deutlich und die körperlichen Beschwerden (psychosomatische Symptome) nehmen zu.

7. Phase: Endgültiger Rückzug

Das soziale Umfeld, das bislang positiv als unterstützend erlebt wurde, wird feindlich und (über-)fordernd wahrgenommen. Das Interesse der sozialen Umwelt vermindert sich und die Person zieht sich weiter zurück und vereinsamt.

8. Phase: Verhaltensänderungen

Der Rückzug aus dem sozialen Umfeld verstärkt sich; die Mitmenschen werden als Bedrohung gesehen. Das Misstrauen gegenüber anderen Personen nimmt zu. Das Verhalten weist krankhafte Züge auf.

9. Phase: Depersonalisation

Es kommt zum Verlust der eigenen Persönlichkeit. Die Erzieherin erlebt sich selbst verändert und funktioniert nur noch reaktiv und automatisch.

10. Phase: Innere Leere

Die Erzieherin empfindet ein völliges Ausgebranntsein und eine innere Leere. Das Interesse am Beruf und an Freizeitaktivitäten lässt nach.

11. Phase: Depressionen

Gründe des Versagens werden in der eigenen Person gesucht. Schuldgefühle stellen sich ein und das Selbstwertgefühl sinkt. Das Gefühl von Hoffnungslosigkeit und Hilflosigkeit verstärkt sich.

12. Phase: Völlige Erschöpfung

In der Endphase ist die Erzieherin nicht mehr in der Lage, den beruflichen Anforderungen zu entsprechen. Es müssen therapeutische Maßnahmen ergriffen werden, um der völligen Erschöpfung entgegen zu wirken.

1.4.2 Auswirkungen des Burnout

Psychosomatische Reaktionen

Häufig sind psychosomatische Reaktionen zu beobachten. Die Betroffene kann in der Freizeit nicht mehr abschalten und es treten Schlafstörungen sowie Alpträume auf. Kopfschmerzen, Migräne sowie Magen-Darm-Beschwerden können als psychosomatische Reaktionen beobachtet werden. Burnout kann das Immunsystem schwächen und dadurch das Auftreten von Erkrankung begünstigen.

Einige Betroffene erhöhen den Alkohol- und Zigarettenkonsum, greifen verstärkt zu Medikamenten und weisen ein gestörtes Essverhalten auf.

Die berufliche Situation beeinträchtigt auch das Privatleben, so dass Ehe-, Partner- und Familienprobleme verstärkt auftreten.

Persönlichkeitsstörungen

Die Erzieherin baut zum eigenen Schutz einen größeren Abstand zu den Kindern, Jugendlichen bzw. Bewohnern auf. Diese emotionale Entfernung wird als Depersonalisierung bezeichnet. Die Depersonalisation kennzeichnet eine abgestumpfte und gefühlskalte Einstellung gegenüber den Zu-Erziehenden, die zunehmend mehr als Objekt gesehen werden. Zynische und negative Aussagen treten vermehrt auf. Die sich verschlechternde Beziehung zu den Zu-Erziehenden führt bei der Erzieherin zum Gefühl der verminderten Leistungsfähigkeit.

1.4.3 Ursachen des Burnout-Syndroms

Eine Analyse der gefährdeten Personen legt folgende Ursachen nahe (Aronson 1983):

Emotionale Belastung. Erzieherinnen sind in verschiedenen Arbeitsfeldern täglich starken emotionalen Belastungen ausgesetzt. Sie werden beispielsweise in Behinderteneinrichtungen in ihrer täglichen Arbeit mit der Not und dem Leid von anvertrauten Personen konfrontiert. Die beruflichen Belastungen beschäftigen die Erzieherin auch im privaten Bereich; sie kann nicht mehr abschalten.

Persönlichkeitsmerkmale. Burnout-gefährdete Personen überschätzen ihre eigenen Kräfte, wenn sie anderen Menschen helfen wollen. Grenzen der Hilfe werden nicht wahrgenommen bzw. verdrängt. Der Erzieherin werden die eigene Hilflosigkeit und Schwäche bei der Überwindung der Not anderer Menschen tagtäglich deutlich. Die Erzieherin wird zum hilflosen Helfer, der selbst Hilfe benötigt (Helfer-Syndrom).

Berufliche Einstellungen. Eine überzeugte Erzieherin opfert sich für ihre Kinder, Jugendlichen bzw. Beeinträchtigten auf. Aber gerade in sozialpädagogischen Arbeitsfeldern besteht häufig ein Ungleichgewicht zwischen der Erzieherin, die viel gibt, und dem Hilfebedürftigen, der nur wenig zurückgeben kann. Eine fordernde Erwartungshaltung von Seiten des Trägers, der Kolleginnen und der Angehörigen kann zudem die Belastungssituation der Erzieherin verstärken. Mit zunehmender Berufserfahrung verstärkt sich der Verlust von Idealen und Traumvorstellungen.

Fehlendes Feedback. Die Tätigkeit im sozialen Bereich findet in unserer Gesellschaft oft nur geringe Anerkennung. Die Erzieherin wird mit abwertenden Reaktionen aus dem sozialen Umfeld konfrontiert.

Arbeitssituation. Die Abweichungen zwischen der erwarteten Arbeitssituation und dem beruflichen Alltag können ebenfalls zum Auslöser des Ausbrennens werden. Im Heimbereich fallen bisweilen zahlreiche Überstunden an, wenn Mitarbeiter ausfallen. Die Erzieherin hat zu wenige Möglichkeiten, sich zu erholen und Abstand zu den beruflichen Anforderungen zu gewinnen.

Psychische Beanspruchung. Burnout tritt vor allem in extremen psychischen Beanspruchungssituationen auf (z. B. Betreuung von psychisch Schwerkranken, Konfrontation mit aggressivem Verhalten, Umgang mit Beeinträchtigten, die starke Kommunikationsstörungen aufweisen).

Konflikte im Team. Wenn die Teamarbeit von offenen und verdeckten Konflikten (z. B. Mobbing, Intrigen, Rivalitäten) beeinträchtigt wird, dann fördern diese Rahmenbedingungen in Verbindung mit den anderen Belastungssituationen das Auftreten von Burnout.

Eine Untersuchung von Marquard, Runde & Westphal (1993) verdeutlicht die belastenden Einflüsse bei der Betreuung von beeinträchtigten Menschen (siehe Tabelle).

Psychosomatische Reaktionen

Arbeitsbedingungen	Emotionale Betroffenheit	Verhalten des Vorgesetzten
■ Vielzahl z. T. nicht planbare Aktivitäten mit den Bewohnern ■ Widersprich zwischen Idealen und organisatorischen Bedingungen ■ Unklare Zielvorgaben und Anforderungen ■ Widerspruch zwischen Wirtschaftlichkeit und pädagogischem Auftrag	■ Ausbalanciertes Verhältnis von Nähe und Distanz ■ Mangelnde Vorbereitung auf den Umgang mit beruflichen Belastungen ■ Konfrontation mit Aggression und Sexualität der Bewohner ■ Ambivalente Gefühle zu den Bewohnern ■ Einsicht in begrenzte eigene Wirksamkeit	■ Unklare Ziele und Anweisungen ■ Unklare Rollensituation ■ Unklare Übertragung von Verantwortung, Vollmachten und Entscheidungskompetenzen ■ Geringe Mitsprachemöglichkeiten und Informationsdefizite ■ Mangelhafte finanzielle, organisatorische Unterstützung

1.4.4 Hilfen bei Burnout

Die Hilfen beziehen sich sowohl auf die individuelle Ebene als auch auf die organisatorischen Gegebenheiten.

Die Erzieherin sollte sich zunächst mit den Ursachen für das Burnout auseinandersetzen und lernen, ihre begrenzten Energien einzuteilen. Zudem ist es notwendig, trotz des geforderten beruflichen Einfühlungsvermögens für die Zu-Betreuenden eine ausreichende Distanz zum beruflichen Alltag aufzubauen. Zu den individuellen Hilfen zählen:

Individuelle Hilfen

- **Entspannungstechniken.** Zur Verminderung der körperlichen Anspannung können Entspannungsverfahren, wie das Autogene Training (nach Schulz) oder die Progressive Muskelentspannung (nach Jacobson), eingesetzt werden.
- **Selbstmanagement.** Die Erzieherin muss mit ihren Kräften haushalten. Dazu gehört, auf den persönlichen Tagesrhythmus zu achten, ausreichende Pausen zur Erholung einzuplanen und Übermüdung zu vermeiden.
- **Körperlicher Ausgleich.** Zu den körperorientierten Techniken zählen alle Formen der körperlichen Aktivitäten, wie Schwimmen, Joggen, Spazierengehen, die einen Gegenpol zur beruflichen Belastungssituation darstellen.

- **Einstellungsänderungen.** Diese Verfahren zielen auf eine Veränderung belastender Gedanken und Gefühle ab. Es sollten Bewältigungsstrategien erlernt werden, um die beruflichen Belastungen entgegen zu wirken. Dazu gehören beispielsweise Formen der Selbstverstärkung, das Setzen von Schwerpunkten in der Arbeit und eine professionellere Einstellung zur Arbeit im sozialpädagogischen Bereich.

Organisatorische Hilfen

Sind die Burnout-Ursachen auf die Arbeitsbedingungen bezogen und betreffen dadurch weitere Mitarbeiterinnen, sind organisatorische Veränderungen umzusetzen:

- **Teamarbeit.** Das Team kann den einzelnen Personen Rückhalt geben und entlasten. Die Teammitglieder unterstützen sich gegenseitig.
- **Überforderung.** Führen die Zielvorgaben der Organisation zur Überforderung, sind die Ziele zu überprüfen und realistische, erreichbare Ziele zu formulieren.
- **Freiräume.** Geht Burnout auf zu geringe Handlungsspielräume und das Gefühl der Ohnmacht in den Handlungsmöglichkeiten zurück, dann sollten die Entscheidungsmöglichkeiten für die Mitarbeiterin erweitert werden.
- **Fortbildung.** Im Rahmen der Fortbildung können Angebote zum Umgang mit beruflichen Belastungen genutzt werden.

Auf den Punkt gebracht

Erziehen als Beruf auszuüben und berufliche Identität zu gewinnen bedeutet:

- Mit der eigenen Erziehungsbiographie souverän umzugehen und ihre Auswirkungen auf die kindliche Entwicklung zu berücksichtigen.
- Den wesentlichen Arbeitsmarkt für Erzieherinnen, die Kinder- und Jugendhilfe zu kennen.
- Die Entwicklungen in diesem Hauptarbeitsmarkt sowie das zukünftige Berufsprofil zu berücksichtigen.
- Die Anforderungen in den verschiedenen Berufsfeldern mit einer professionellen erzieherischen Grundeinstellung und pädagogischer Handlungskompetenz zu bewältigen.
- Sich der beruflichen Belastungen bewusst zu sein und Überlastungen (Burnout) vorzubeugen.

Aufgaben

1. Stellen Sie pädagogische Alltagssituationen aus den verschiedenen Arbeitsfeldern zusammen.
2. Beschreiben Sie die Kompetenzen, die erforderlich sind, um die gestellten Anforderungen zu bewältigen.
3. Diskutieren Sie mögliche Ursachen des Burnout-Syndroms und informieren Sie sich über gezielte Hilfen.

2 Ausbildung

Frauke hat einen Ausbildungsplatz in der Fachschule bekommen. Nach einem Vorpraktikum in einem Kindergarten muss sie sich nun den schulischen Anforderungen stellen. Erinnerungen an frühere Schulzeiten kommen auf. Frauke denkt daran, wie der Lernstoff dargeboten wurde und wie sie versucht hat, sich das verlangte Wissen anzueignen. Sicher wird es an der Fachschule auch Prüfungen geben, die man gezielt und systematisch mit Hilfe bestimmter Lern- und Arbeitstechniken vorbereiten muss, um Ängste zu vermeiden. Im Vorpraktikum hat Frauke eine Reihe von Methoden kennen gelernt, die sie als sehr nützlich im Erziehungsalltag empfunden hat und über die sie mehr erfahren möchte: Gruppen- und Projektarbeit, Präsentation und Moderation.

2.1 Motivation

Motor für die Ausbildung

Frauke hat ihr Berufsziel Erzieherin fest im Auge. Die Erfahrungen mit Kindern in ihrem Vorpraktikum haben Frauke in ihrer Berufswahl bestärkt. Sie ist sich sicher, dass sie Kinder in ihrer Entwicklung begleiten will. Dieser Wunsch ist für sie der wesentliche Beweggrund die Ausbildung zur Erzieherin zu absolvieren. Sie möchte ihr Wissen über Kinder und den richtigen Umgang mit ihnen vertiefen. Die Bereitschaft sich anzustrengen, zu lernen und sich Leistung abzuverlangen kommt in diesem Fall aus Interesse an der Sache (Erziehung, Ausbildung), gewissermaßen von innen heraus. Die Psychologie spricht von intrinsischer Motivation.

Frauke will die Ausbildung zur Erzieherin aber auch leisten, um Erziehen berufsmäßig ausüben zu können. Ihr Verdienst wird die Grundlage für ihren Lebensunterhalt sein und es ihr ermöglichen, sich persönliche Wünsche zu erfüllen. Diese gewissermaßen sachfremden, von außen kommenden Gründe für die Ausbildung zur Erzieherin werden in der Psychologie als extrinsische Motivation bezeichnet. Beide Arten der Motivation bewirken, dass Frauke sich für den Erzieherinnenberuf entscheidet und sich den Ausbildungsanforderungen stellt. Die Motivation kann also als Motor für das menschliche Handeln gesehen werden.

Nun genügt es aber nicht, um im Bild zu bleiben, einen Motor anzuwerfen. Er muss weiter mit Kraftstoff versorgt werden, um die angestrebte Leistung zu erbringen. Auf die Ausbildung zur Erzieherin übertragen bedeutet das, der Berufswunsch kann nur durch konkrete, kontinuierliche Leistungsergebnisse verwirklicht werden. Frauke muss es schaffen, ihre Anstrengungsbereitschaft über die gesamte Ausbildungsdauer zu erhalten. Das wird nicht immer leicht sein, da sie auch mit schlechteren Ergebnissen und Enttäuschungen rechnen muss.

Die Motivationspsychologie geht davon aus, dass das menschliche Handeln wesentlich von unterschiedlichen, individuell geprägten Erwartungen gesteuert wird (der genaue Zusammenhang wird im Kapitel Lernen aufgezeigt). Frauke muss sich also zum Beispiel darüber klar werden, welche Leistung sie sich selber zutraut, was sie von sich erwartet. Sie muss ihr Selbstbild mit dem Fremdbild, das durch die Einschätzung der Schule entsteht, vergleichen. Wenn die beiden Beurteilungen weit auseinander liegen, so wird sich das auf Fraukes Lernmotivation auswirken.

Realistisches Anspruchsniveau

Frauke muss im Verlauf der Ausbildung auch erkennen, welche Leistungsergebnisse sie auf Grund ihrer mitgebrachten Lernvoraussetzungen und unter den vorgegebenen Ausbildungsbedingungen erzielen kann. Die Motivationspsychologie umschreibt das Ergebnis dieses Abwägens mit dem Begriff realistisches Anspruchsniveau.

Frauke wird lernmotiviert bleiben und zufrieden sein, wenn es ihr gelingt, eine Übereinstimmung zu erzielen zwischen ihren persönlichen Leistungserwartungen (ihrem Anspruchsniveau) und der Ausbildungsrealität.

Neben den Anreizen (professionelle Erziehung, Ansehen, Verdienst usw.) und den Erwartungen hängt die Lernmotivation auch wesentlich davon ab, ob das Ergebnis durch eigene Leistung zustande gekommen ist. Frauke fühlt sich nicht nur besser, wenn sie zum Beispiel eine Ausarbeitung alleine verfasst hat, sondern sie spürt in ihrer weiteren Arbeit die Wirkung des Erfolgs, den sie sich selber zuschreiben kann. Die nächste Ausarbeitung oder eine andere schriftliche Leistung wird Frauke selbstbewusster angehen, denn sie hat ja erfahren, dass sie die Anforderungen durch eigene Anstrengungen bewältigen kann. Für eine erfolgreiche Ausbildung bedeutet das, Frauke vertraut auf ihr eigenes Leistungsvermögen und bringt es selbstbewusst im Lern- und Arbeitsteam ein.

2.2 Lern- und Arbeitstechniken

Ausgangspunkt für die Optimierung des Lernverhaltens ist die Analyse des Lernprozesses, der die folgenden Elemente enthält:

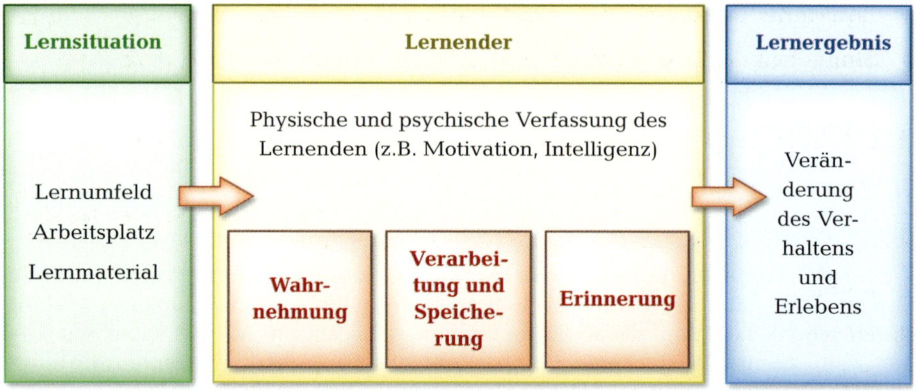

Elemente des Lernprozesses

2.2.1 Lernsituation

Die Lernsituation umfasst drei Bereiche: Lernumfeld – Arbeitsplatz – Lernmaterial. Bedeutsam ist ein Einfluss von akustischen, optischen und klimatischen Faktoren auf den Lernenden.

Lernumfeld

Das **Lernumfeld** bezeichnet die Gesamtsituation, in der sich der Lernende aufhält. Studien zur Raumtemperatur belegen, dass in einem kühlen Raum besser gelernt werden kann als in einem überhitzten Raum. Als optimal wird eine Raumtemperatur von 18° angesehen. Der Einfluss von Lärm/Musik auf den Lernenden ist individuell recht unterschiedlich und wird offenbar von der inneren Einstellung zu den Geräuschen bestimmt. Ein ständiger, gleichmäßiger Lärmpegel wird weniger störend empfunden als unerwartet auftretender Lärm sowie Geräusche mit schwankender Lautstärke. Untersuchungen zur Wirkung von Musik zeigen, dass bei monotonen, langweiligen Arbeiten die Musik durchaus leistungsfördernd wirken kann, während die geistige Leistungsfähigkeit (z. B. Merkfähigkeit) durch Musik deutlich herabgesetzt wird.

Arbeitsplatz

Das Lernumfeld im engeren Sinn beinhaltet den **Arbeitsplatz** des Lernenden. Die Anforderungen an einen optimalen Arbeitsplatz lassen sich wie folgt zusammenfassen:

- Ausreichende Größe (Platz für alle Materialien und Hilfsmittel)
- Bequeme Sitzgelegenheit, die eine natürliche Arbeitshaltung ermöglicht
- Gute und gleichmäßige Ausleuchtung des Arbeitsplatzes
- Hilfsmittel in Griffnähe
- Keine ablenkenden Reize (z. B. Zeitschriften, Bilder ...).

Eine zentrale Bedeutung für das Lernen hat das **Lernmaterial**. Dazu liegen zahlreiche Studien vor. Für die Merkfähigkeit sind folgende Faktoren von Bedeutung:

- Anzahl von Wiederholungen
- Reihenfolge (Interferenz-Problematik, Hemmungs-Effekte)

- Strukturierungsgrad des Lernmaterials (z. B. Prosa-Text – Gedicht)
- Sinngehalt des Lernmaterials (z. B. sinnlose Silben – Gesetzmäßigkeiten).

2.2.2 Lernender

Lernwege

Die Menschen unterscheiden sich darin, wie Informationen am besten aufgenommen werden können. Es können verschiedene Lerntypen unterschieden werden, abhängig davon, ob sie die Informationen besser durch

- Lesen
- Hören
- Sehen
- Schreiben

aufnehmen.

Wenn die verschiedenen Eingangskanäle verglichen werden, dann ergeben sich folgende Wirkungen:

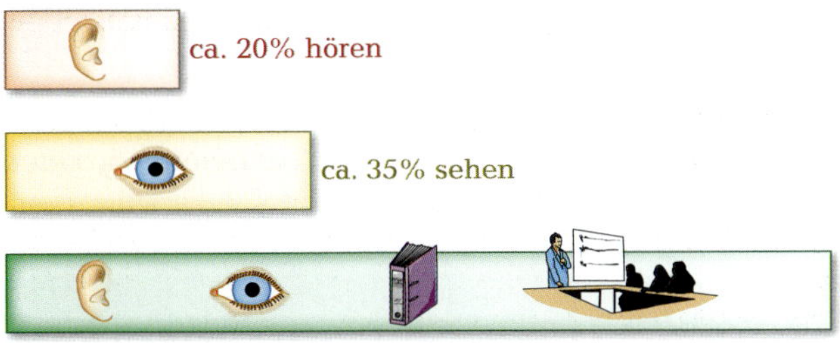

ca. 20% hören

ca. 35% sehen

ca. 95% hören + sehen + mitschreiben + vortragende Person

Jede Person weist einen eigenen Lerntyp auf, der eine Mischung aus den verschiedenen Elementen beinhaltet. Für die verschiedenen Lerntypen ergeben sich unterschiedliche Konsequenzen für das Lernverhalten:

Lernweg SEHEN: Inhalte grafisch darstellen (z.B. mind-map); Abbildungen beschriften; Symbole verwenden; Sachinformationen über Video, Fernsehen vertiefen:	**Lernweg HÖREN:** Zulernendes laut artikulieren; Lerninhalte auf Tonband sprechen und abhören; Informationen in Radiosendungen nutzen;
Lernweg LESEN: Texte durch Markierungen gliedern: Laut lesen: Sich Lesetechniken aneignen (z.B. Leitsätze unterstreichen, Notizen am Rand ...); (siehe auch SQ3R-Methode)	**Lernweg SCHREIBEN:** Lerninhalt schriftlich zusammenfassen; Strukturiert und gut leserlich mitschreiben; GTS-Formel: Blatt unterteilen nach G = Grundnotizen/Mitschrift; T = Top-Begriffe/Stichpunkte; S = Sammelfeld/Anmerkungen/Hinweise

Lernmotivation

Die Lernmotivation hat einen erheblichen Einfluss auf das Lernverhalten. Nur wer motiviert lernt, wird das Zulernende auch behalten. Die Lernbereitschaft ist vor allem dann geben, wenn der Sachinhalt für den Lernenden interessant ist. Der Lernende ist dann intrinsisch motiviert und benötigt keine weiteren Impulse um zu lernen. Die Motivationslage ist dann problematisch, wenn der Lerninhalt z. B. für Prüfungen beherrscht werden muss, aber der Lernende keinen persönlichen Zugang zum Lerninhalt finden kann. Der Lernende vermeidet die Lernsituation und ist besonders empfänglich für ablenkende Reize und Aktivitäten. In dieser Situation ist es wichtig, sich selbst zu motivieren. Dazu können folgende Anregungen beitragen:

- Einen Lehrplan erstellt, der eine Übersicht über das Zulernende und die Zeiträume festlegt, bis zu welchem Zeitpunkt man sich den Lerninhalt aneignen will. Dieser Lernplan muss realistisch sein und Pufferzeiten enthalten, um Unvorhergesehenen bzw. Störungen zeitlich auffangen zu können.
- Den Lernstoff interessant machen, indem man nach Beispielen sucht, Bezüge zum Alltag bzw. Beruf herstellt.
- Sich selbst für Lernverhalten verstärken.
- Die große Stoffmenge in kleinere Einheiten unterteilt, die in einer kürzen Zeit gelernt werden können. So ergeben sich schneller Lernerfolge und der Lernfortschritt wird für den Lernenden sichtbarer.

Abhängig vom Grad der Motivation und der körperlichen Verfassung des Lernenden verändern sich seine **Konzentration** und **Ausdauer**.

Konzentration und Ausdauer

Die **Konzentration** und **Ausdauer** können erhöht werden, wenn der Lernende...

- ... systematisch vorgeht.
- ... Ablenkungen vermeidet.
- ... feste Lerngewohnheiten aufbaut.
- ... beim Lernen Langeweile vermeidet, indem er Inhaltsbereiche variiert.
- ... sich Zwischen- und Endziele setzt.
- ... angemessene Pausen berücksichtigt.
- ... Entspannungsverfahren einsetzt.
- ... verantwortungsvoll Ressourcen einsetzt.

Leistungskurve

Die Konzentration des Lernenden wird auch von der **physiologischen Leistungskurve** bestimmt. Die durchschnittliche Leistungsfähigkeit im Tagesverlauf wird in der Darstellung von Graf deutlich:

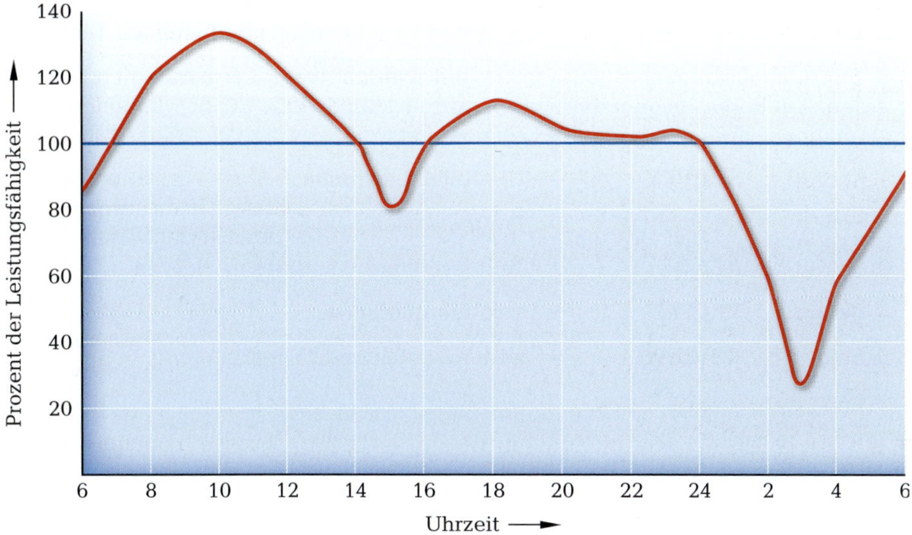

Die individuelle Leistungskurve kann von diesem Durchschnittsverlauf geringfügig abweichen und kurzzeitig, wenn beispielsweise ein hoher Leistungsdruck besteht, für eine begrenzte Zeit verändert werden.

Eine Leistungssteigerung kann bei der Einplanung von **Pausen** erreicht werden. Die Dauer und die Häufigkeit sind von der vorausgegangenen Lern- bzw. Arbeitszeit abhängig. Studien zur Wirkung von Pausen erbrachten folgende Ergebnisse:

Pausen

- Ohne Pausen sinkt die Leistungsfähigkeit bereits nach 20 Min. Lernzeit deutlich.
- Der Erholungswert ist direkt am Anschluss an die Pause am größten.
- Die Erwartung einer Pause führt zur Erhöhung des Lerntempos.
- Durch die Pause „verlorene" Zeit wird durch die höhere Leistungsfähigkeit wieder kompensiert.
- Werden keine Pausen zugelassen, kommt es zu verdeckten Pausen (Nebentätigkeiten, abschweifende Gedanken ...).

Vier Pausenformen werden unterschieden:

Pausenform	Pausendauer	Arbeitszeit	Pausenaktivitäten
Kurze Unterbrechung	1 Min.	nach Bedürfnis	Aktivitäten am Arbeitsplatz
Minipause	5 Min.	20 - 30 Min.	kurzes Verlassen des Arbeitsplatzes
Kaffeepausen	15 - 20 Min.	ca. 2 Stunden	Verlassen des Arbeitsbereichs; Tee/ Kaffee trinken...
Erholungspause	60 - 150 Min.	3 - 4 Stunden	Spazieren gehen, Essen, Schlafen...

Der Gesamtumfang der Pausen sollte ca. 10 – 30 % der Arbeitszeit umfassen. Die maximale Arbeitszeit bei geistigen Arbeiten liegt bei max. 6 Stunden am Tag.

SQ3R-Methode

Die Informationsaufnahme kann gesteigert werden, wenn **Lernstrategien** genutzt werden. Auf Robinson geht die Fünf-Schritte-Methode bzw. SQ3R-Methode für die Informationsaufnahme durch das Lesen zurück:

1. Schritt:	**SURVEY**	-	Überblick gewinnen
2. Schritt	**QUESTION**	-	Fragen stellen
3. Schritt:	**READ**	-	Text lesen und Wichtiges markieren
4. Schritt:	**RECITE**	-	Text rekapitulieren
5. Schritt:	**REVIEW**	-	zusammenfassende Wiederholung

2.2.3 Lernergebnis

Die Lernleistung steigt im Verlauf des Lernprozesses nicht linear sondern schubweise an. Anhand des Schreibmaschineschreibens verdeutlicht Maddox den Leistungsverlauf.

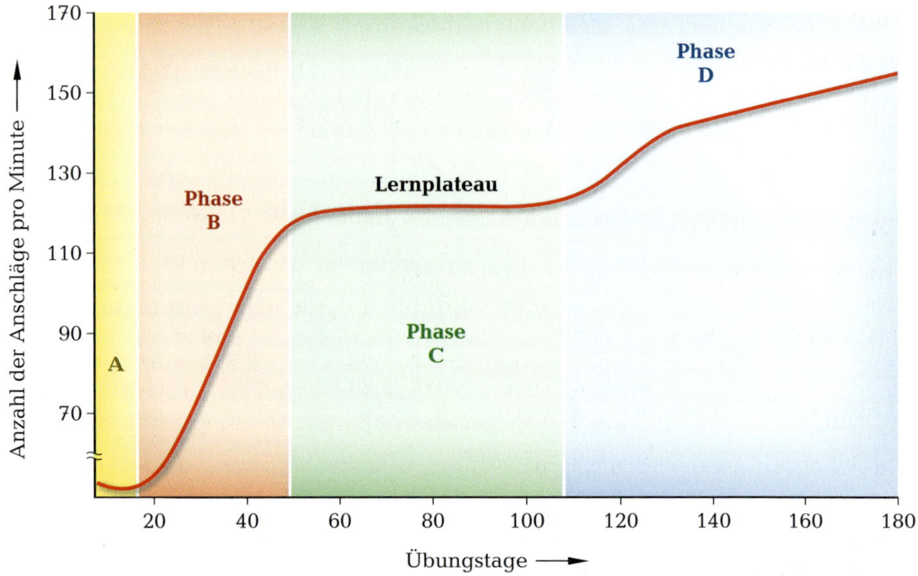

Lernplateau

Ablauf: In der Phase A (Orientierungsphase) erfolgt eine erste Auseinandersetzung mit dem Lerngegenstand und nur geringe Leistungsfortschritte sind erkennbar. Bedingt durch die Neuheit der Aufgabe und den Anfangserfolgen erhöht sich die Motivation in der Phase B, sodass sich die Leistung in kurzer Zeit deutlich steigert. In der Phase C kommt es zum Lernplateau, d. h. trotz weiterer Anstrengungen sind keine Leistungssteigerungen zu verzeichnen. Es droht das Aufgeben. Wird das Lernplateau überwunden, steigt in der Phase D die Leistung bis zum Erreichen der Leistungsobergrenze an.

2.3 Gruppenarbeit

Petra aus der Klasse wird gefragt, warum sie gern Gruppenarbeit macht.

Sie antwortet: „Es macht einfach Spaß, gemeinsam etwas zu erarbeiten! Wir haben zwar alle unsere Fehler und Macken, aber wenn wir unsere Ergebnisse aus der Gruppenarbeit präsentieren, sind wir alle stolz auf uns!"

2.3.1 Definition und Funktionen

Gruppenarbeit ist Teil des Unterrichts in Kleingruppen mit Aufgaben, die aus dem Unterricht abgeleitet sind. Die Bearbeitung erfordert Kooperationsfähigkeit, Neues entdecken zu wollen und gemeinsam Lösungen zu suchen und zu präsentieren.

Die Gruppenarbeit gehört zu einer der Sozialformen des Unterrichts. Sie ergänzt den Frontalunterricht. In Gruppen kann in der Regel intensiver und vertiefter gelernt werden, wenn bestimmte Verfahrensregeln beachtet werden.

Jeder Teilnehmer in einer Gruppe muss sich verständlich einbringen, was die sprachliche Kompetenz schult.

Im Austausch werden das eigene Wissen und die eigene Einstellung auf den Prüfstand gestellt. Es kann kontrolliert, ergänzt und vertieft werden.

Die Wertauffassungen werden verändert, angepasst oder stabilisieren sich. Wissenslücken können geschlossen werden. Verständnisprobleme werden durch gemeinsames Arbeiten gelöst. Kreative Lösungen entstehen häufig in der Gemeinsamkeit der Gruppe.

2.3.2 Organisation

Zunächst wird im Unterricht die gemeinsame Informationsbasis gelegt. In der Gruppe wird dann an Einzelfragestellungen weiter gearbeitet. Unterschiedliche Perspektiven und Sichtweisen tragen zum gemeinsamen Ergebnis bei. Jeder Einzelne findet sich in der Gesamtleistung wieder. Nach der Gruppenarbeit werden die Teilergebnisse zusammengetragen und zu einem Ganzen zusammengefügt. Die Gruppe präsentiert dann ihre Ergebnisse und trägt sie dem Plenum vor.

Gruppengröße und -zusammensetzung

Die Arbeitsgruppen sollten mindestens drei, maximal bis sechs Teilnehmer umfassen.

Gruppen können nach fest gelegten Regeln, nach Sympathie oder unter Leistungsgesichtspunkten zusammengesetzt werden.

Regeln

Gesprächsregeln sollten vor Beginn der Arbeit festgelegt werden.

Der Lehrer ist Berater. Er stellt die Aufgaben und die Materialien zur Verfügung. Er hilft und berät die Gruppe, wenn er dazu aufgefordert wird. Er ist auch Schlichter, wenn Konflikte entstehen.

Lehrerrolle

Die Rollenverteilung wird ebenfalls vor Beginn der Gruppenarbeit besprochen und vorgenommen. Mit jeder Rolle sind Aufgaben verbunden, für die der Rollenträger die Verantwortung übernimmt:

Rolle	Aufgaben
Leader	Achtet auf Einhaltung der Gesprächsregeln, der Zeitvorgaben und die Verteilung der Aufgaben
Sekretär	Hält die Ergebnisse schriftlich fest, ordnet und strukturiert die Texte
Grafiker	Bereitet Plakate, Folien, Bilder für die Präsentation vor
Zuarbeiter	Informieren, beraten, tauschen Meinungen aus, suchen nach Lösungen
Berichterstatter	Tragen der gesamten Gruppe ihre Ergebnisse vor

2.3.3 Arbeitsformen

Bei der Bearbeitung von bestimmten Aufgaben unterscheidet man arbeitsgleiche und arbeitsteilige Arbeitsformen.

Arbeitsgleich bedeutet: Für alle Gruppen wird dieselbe Aufgabe gestellt.

Arbeitsgleiche Gruppen

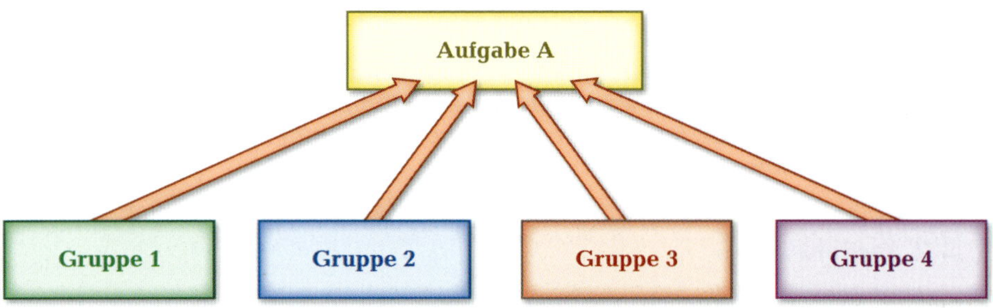

Vorteil: Es können mehrere Lösungen, Meinungen zu einer Aufgabe verglichen und zusammengefasst werden. Eine vertieftere Erarbeitung zu einer Aufgabe wird möglich. Alle können sich mit einer Lösung identifizieren.

Geht man „arbeitsteilig" vor, so hat jede Gruppe eine andere Aufgabe zu lösen.

Arbeitsteilige Gruppen

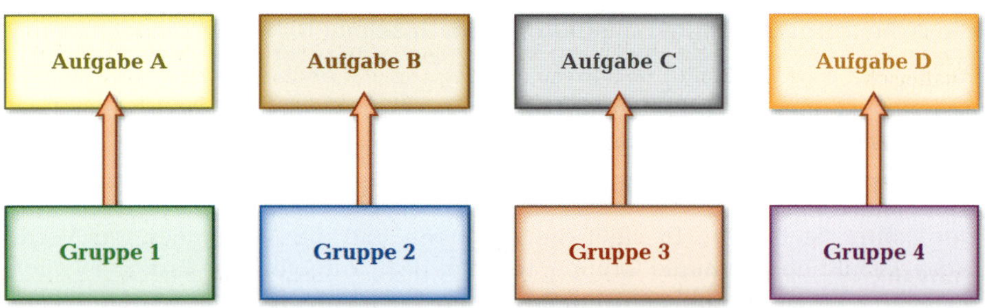

Vorteil: Es können sehr vielfältige Aspekte zu einem Problem zusammengetragen werden. Unterschiedliche Lösungen können mosaikartig zu einem Ganzen verarbeitet werden.

Die arbeitsteilige Arbeitsform liegt auch vor, wenn zwei oder mehr Gruppen sich mit derselben Aufgabe beschäftigen.

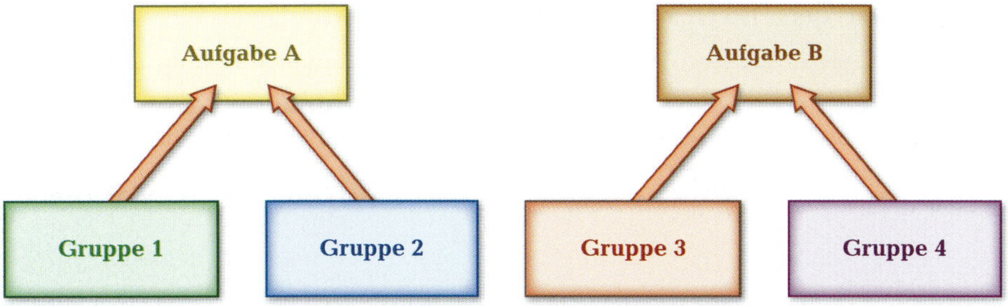

Vorteil: Die Beschränkung auf weniger Aufgaben bringt eine höhere Konzentration auf das Wesentliche. Gruppenergebnisse können miteinander verglichen werden. Ein Gesamtbild wird möglich.

2.3.4 Ablaufphasen

Der Verlauf der Gruppenarbeit lässt sich in Phasen einteilen, die in der folgenden Tabelle beschrieben werden.

Phasen	Beschreibung
Orientierung	Ist die Aufgabenstellung verstanden? Sind die Rollen verteilt? Sind alle Hilfsmittel, Medien, Schreibmaterialien zu Recht gelegt?
Information	Texte lesen, um einen Informationsstand zu erreichen, der als Grundlage für die Meinungsbildung und die Lösungssuche dient.
Arbeiten	Informationen textlich, ikonisch, kartografisch und statistisch bearbeiten. Ordnungen schaffen, Oberbegriffe suchen, Schlüsselbegriffe festhalten.
Austausch	Ergebnisse werden verglichen, Schwerpunkte gesetzt, Meinungen gebildet, gemeinsame Lösungen favorisiert. Meinungsunterschiede und Divergenzen in den Lösungen werden ebenso berücksichtigt.
Visualisierung	Ergebnisse werden in Präsentationsform (Folie, Kartonage, Papier, Bild- und Tonmedien) aufgearbeitet. Ergebnissicherung für die übrigen Gruppen.
Präsentation	Ergebnisse dem Plenum in anschaulicher, interessanter Weise vortragen. Alle Teilnehmer aus ihrer passiven Rolle herausnehmen und in den Vortrag einbeziehen. Präsentationsregeln beachten.
Reflexion	Erfahrungen, Probleme, Konflikte und nicht bewältigte Aufgaben werden angesprochen. Das kann im Plenum oder in der Gruppe im kleinen Kreis geschehen.

Auf den Punkt gebracht

Die Gruppenarbeit ist eine Ergänzung zur Einzel- und Partnerarbeit.

Die Gemeinsamkeit im Arbeiten steht im Vordergrund, somit ist der Prozess des Lernens genauso wichtig wie die Ergebnisse selbst.

Klare Zielsetzungen und Vorbereitungen sind für einen Erfolg unerlässlich.

Die Lernleistung in einer Gruppe wird durch den Austausch der Gedanken und Ergebnisse der Gruppenmitglieder erzielt. Neue Handlungsmuster werden aufgebaut und weiterentwickelt.

2.4 Projektarbeit

Zwei Schülerinnen aus Deiner Klasse kommen ins Gespräch:

Tanja: Wenn ich daran denke, dass wir morgen wieder acht Stunden Unterricht haben, bekomme ich die Krise. Vier Stunden davon beim alten Löffler, der erzählt und erzählt und erzählt ...ätzend!

Ursel: Ich melde mich schon gar nicht mehr. Man kommt ja doch nicht dran. Er hört sich halt gern selber reden.

Tanja: Auflaufen lassen! Einfach nicht mehr beachten! Es sollte sich niemand mehr melden!

Ursel: Bei der Spintler macht der Unterricht richtig Spaß. Wir arbeiten bereits am zweiten Projekt. Da ist wenigstens „Action" drin! Wir waren nach der Präsentation des ersten Projekts richtig stolz auf unser Ergebnis. Saustark!

Tanja: Aber krumm legen musst du dich auch! Ganz schön anstrengend!

Ursel: Klar! Ohne Fleiß keinen Preis! Aber lieber malochen, als blöd rumhängen...

Tanja und Ursel wünschen sich, dass

- sie auswählen dürfen, was sie wirklich interessiert,
- sie zu dritt oder viert in einer Gruppe arbeiten,
- sie die Planung selbst in die Hand nehmen,
- sie interessiert und neugierig Wissen erarbeiten,
- ihre Lehrer ihnen als Berater zur Seite stehen,
- sie nicht bevormundet und gegängelt werden,
- sie sich selbst kontrollieren und den Erfolg messen,
- sie das Ergebnis der gesamten Schule präsentieren.

Die Wunschvorstellungen der Schülerinnen bezüglich der Unterrichtsform lassen sich in der Projektarbeit verwirklichen. Darunter versteht man:

Definition

Schülerinnen und Lehrer planen, realisieren und kontrollieren eine Aufgabe größeren Umfangs und größerer Komplexität in einem zeitlich angemessenen Rahmen, wobei der größte Teil aller Initiativen von den Schülerinnen ausgehen soll und der Lehrer nur gelegentlich unterstützend eingreift.

Lernvorteile

Durch die Projektarbeit können die Schülerinnen

- Ihre kognitiven Leistungen erweitern,
- Erfahren, dass gemeinsam zu lernen, eine Bereicherung ist,
- Das Gelernte auf die Praxis umsetzen,
- Schrittweise Lernerfolge sehen,
- Nicht nur über den Verstand lernen, sondern über alle Sinne,
- Lernen nach Plan zu arbeiten,
- Immer selbst neu entscheiden und organisieren,
- Erfahren, dass sie aus Fehlern und Irrtümern lernen,
- Das Gelernte länger im Gedächtnis behalten.

Die folgende Tabelle zeigt die wesentlichen Schritte von der Planung, über die Ausführung, bis zur Auswertung eines Projektes.

Schritte	Bezeichnung	Aufgaben
1. Schritt	Projektinitiative	Aufgaben und Themen finden. Termine und Dauer festlegen. Ziele ins Auge fassen.
2. Schritt	Projektplanung	Ideen und Vorschläge sammeln. Prioritäten setzen. Thema eingrenzen und festlegen. Arbeits- und Sozialformen bestimmen. Arbeitsphasen festlegen. Zeitrahmen und Spielregeln aufstellen. Planung überprüfen und gegebenenfalls ändern.
3. Schritt	Projektausführung	Aufgestellten Plan realisieren. Gruppen informieren sich untereinander. Sich prüfen, ob man vorankommt. Plan oder Arbeitsgänge wenn nötig ändern oder umverteilen. Ziele korrigieren.
4. Schritt	Projektauswertung	Die Gruppen präsentieren, erläutern und stellen ihre Ergebnisse vor. Über positive und negative Erfahrungen sich äußern. Ergebnisse werden durch die Schüler beurteilt. Für eine Verbesserung und Vereinfachung werden Vorschläge gemacht. Objektive Urteile werden angestrebt.

2.5 Präsentation

Definition

Unter einer Präsentation wird der mündliche Vortrag vor einer Gruppe verstanden, bei dem den Zuhörern bestimmte Inhalte in einer strukturierten Form unter Nutzung visueller Medien vermittelt werden.

In zahlreichen Situationen ist es erforderlich, vor Elterngruppen zu präsentieren. Die Präsentation kann sowohl auf der Gruppenebene kleine alltägliche Gegebenheiten umfassen als auch in einem größeren Rahmen (Vortrag vor der gesamten Elternschaft) einen umfassenden, komplexeren Charakter haben.

2.5.1 Präsentationsfaktoren

Der Erfolg einer Präsentation wird von folgenden Faktoren bestimmt:

- Zielklarheit
- Einschätzung der Zielgruppe
- Präsentationsaufbau
- Visualisierung
- Präsentationsverhalten

Im Folgenden werden die Erfolgsfaktoren der Präsentation kurz erläutert und auf das Beispiel „Wahl des Elternausschusses" bezogen.

Zielklarheit

Ziele der Präsentation

Zunächst muss sich die Erzieherin die Frage stellen, welches Ziel will ich erreichen?

Nach Seifert (1995[8]) können mit einer Präsentation verschiedene Ziele verfolgt werden:

- **Informieren** der Eltern über die Aufgaben des Elternausschusses, die Häufigkeit des Zusammentreffens, Wahlvorgang ... *(Informationspräsentation)*;
- **Überzeugen** der Eltern von der Wichtigkeit des Elternausschusses für die Arbeit der Einrichtung, für die Betreuung des Kindes in der Einrichtung ... *(Überzeugungspräsentation)*
- **Motivieren** der Eltern zur Mitwirkung im Elternausschuss und zur Bereitschaft, sich zur Wahl zu stellen ... .

Auf diesen Zielen basiert die Unterscheidung zwischen einer Informations- und Überzeugungspräsentation.

	Informations-Präsentation	Überzeugungs-Präsentation
Ziele	Eltern sollen die Informationen speichern und verstehen.	Eltern sollen Ideen unterstützen, sich für die Einrichtung einsetzen und engagieren
Beispiel	Bericht über die Arbeit des Elternausschusses; Information über rechtliche Grundlagen der Elternbeiratswahlen;	Wahlbereitschaft bei den Eltern wecken; Die Eltern für die Mitwirkung im Elternausschuss begeistern.
Präsentationsstil	Informativ; sachbezogen; objektiv	Emotional; begeisternd; mitreißend
Anforderungen an die Präsentiernden	Fach- und Detailwissen; Strukturierungsvermögen; Klarheit; Anschaulichkeit;	Sympathie und Vertrauen gewinnend; Glaubwürdigkeit; Echtheit; Begeisterungsfähigkeit; Engagement;

Präsentationsarten nach Amann u. a. (2001, Seite 10)

Kommunikationsmodell

Nur wenn bei der präsentierenden Erzieherin Klarheit über ihre Ziele besteht, wird es ihr gelingen, überzeugend zu wirken, zu strukturieren und bei der Darstellung den roten Faden nicht zu verlieren.

Die Präsentation der Erzieherin vor den Eltern wirkt auf unterschiedlichen Ebenen (siehe Kommunikationsmodell nach Schulz von Thun).

Die Vortragende sollte sich darüber im Klaren sein,

- worin für die Eltern der **Informationsgewinn** liegen soll (Sachinhalt),
- welchen **Eindruck** die Eltern von der Erzieherin gewinnen sollen (Selbstoffenbarung),
- wie das **Verhältnis** zu den Eltern entwickelt werden soll (Beziehung) und
- zu welchen **Handlungen** die Eltern bewegt werden sollen (Appell).

Bereits bei der Vorbereitung auf die Präsentation sollte die Erzieherin auch die beabsichtigte persönliche Wirkung auf die Eltern bedenken. Amann u.a. (2001) weisen auf folgende Wechselwirkung zwischen der beabsichtigten Wirkung auf die Eltern und die vorbereitenden Präsentationsaktivitäten hin:

Beabsichtigte Wirkung	Auswirkungen auf die Vorbereitung (Beispiele)
Sachkompetenz	Exakte Angaben (Namen, Daten); komplexe Sachverhalte verständlich darstellen; Einsatz von Spontanmedien wie Flip-Chart, Tafel, Plakat
Organisatorische Fähigkeiten	Raumvorbereitung, Ablaufplan zu Beginn des Vortrags, Namensschilder, Unterlagen für teilnehmende Eltern, funktionierende Medien
Objektivität / Glaubwürdigkeit	Ausgewogene Darstellung verschiedener Standpunkte; klare Trennung zwischen Information und Wertung bzw. Interpretation; exakte Angaben mit Hinweis auf die Quellen
Überzeugungskraft	Freier Vortrag, Aufbau der Argumentationskette, Fach-/Sachkompetenz, Eingehen auf Einwände, Körpersprache

Je genauer die Zielvorstellungen sind, umso besser und schneller wird es der Erzieherin gelingen, ihre Präsentation vorzubereiten, bei der Durchführung den roten Faden nicht zu verlieren und die beabsichtigte Präsentationswirkung auf die Eltern zu verwirklichen. Die Erzieherin muss in diesem Zusammenhang zwischen dem Ziel und der Thematik der Präsentation unterscheiden. Mit dem Thema „Kindesmisshandlung" können unterschiedliche Zielsetzungen verbunden sein: Sensibilisierung für Kindesmisshandlungen und Ermutigung bei Kindesmisshandlungen zum Wohle des misshandelten Kindes Maßnahmen zu ergreifen, Information über Hilfsmöglichkeiten in der Stadt.

Einschätzung der Zielgruppe

Zuhöreranalyse

Die Gestaltung der Präsentation wird von der jeweiligen Zielgruppe bestimmt. In ihrer Vorbereitung auf die Präsentation sollte die Erzieherin eine Zuhöreranalyse durchführen, die von folgenden Fragestellungen ausgeht:

- Welche Eltern sind meine Zuhörer?

  Zusammensetzung der Elternschaft, Sprachkompetenz der (fremdsprachlichen) Eltern, Einstellung zur Thematik

- Über welche Vorkenntnisse verfügen die Zuhörer?

  Vorwissen, Erfahrungen der Eltern, Verbindung zu anderen Veranstaltungen

- Was interessiert die Eltern?

  Interessen und Erwartungen der Eltern zur Thematik und zur präsentierenden Erzieherin

- Welchen Nutzen haben die Zuhörer?

  Informationsgewinn, Handlungskompetenz

Bei der Planung ist zudem die voraussichtliche Teilnehmerzahl (Auswahl der Methoden und Medien) zu berücksichtigen.

Die Erzieherin sollte bei ihrer Planung von der gemeinsamen Schnittmenge zwischen ihren Kompetenzen und den Erwartungen der Eltern ausgehen.

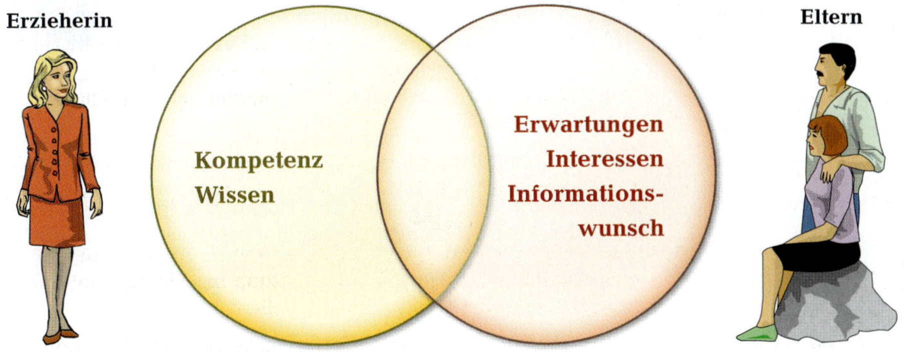

Präsentationsaufbau

Zum Aufbau einer Präsentation gibt es zwar kein festes Schema, die Präsentation sollte aber folgende Bereiche umfassen: Einleitung - Hauptteil - Schluss.

Während die Einleitung und der Schluss recht standardisiert sind, bestehen zur Gestaltung des Hauptteils, abhängig von der Thematik, recht unterschiedliche Vorgehensweisen. Diese allgemeine Struktur lässt sich wie folgt differenzieren (vgl. Amann u.a. 2001, Seite 26):

Zeitanteil	Allgemeine Struktur	Inhalte	Präsentationshinweise
15 %	Einleitung	Begrüßung der Eltern	Blickkontakt, zugewandte, freundliche Haltung
		Vorstellung (Selbstvorstellung und in Kleingruppen Vorstellung der Eltern)	Namen und Funktion nennen, Hinweis auf Kompetenz zur Thematik verdeutlichen
		Hinführung	Interesse wecken durch ein aktuelles Ereignis, Zitat, Statistik, Fallbeispiel, Eltern experimentieren lassen, Übung / Rollenspiel, als Frage formulierte Problemstellung
		Thema	Thema ansprechend formulieren
		Bedeutung der Thematik für die Zuhörer	Thema auf die Situation der Eltern beziehen; Bedeutung und Nutzen herausstellen
		Überblick / Ablaufplan	Inhaltliche Gliederung kurz kommentieren (z. B. Plakat oder Transparent einsetzen), um den Eltern eine Orientierung zu geben

Zeit-anteil	Allgemeine Struktur	Inhalte	Präsentationshinweise
75 %	Hauptteil	Informationsteil	Alternative Gliederungsformen: Ist – Soll – Weg – Darstellung Vergangenheit – Gegenwart – Zukunft These – Antithese – Synthese Problem – übliche Lösung – neuer Lösungsweg Behauptung – Argumente – Konsequenz
10 %	Schluss	Zusammenfassung	Kernaussagen prägnant formulieren; das Wesentliche herausstellen
		Aufforderung zum Handeln	Ausblick in die Zukunft verbunden mit einem Appell zum konkreten Handeln
		Abrundung	Bezug zur Einleitung herstellen; Zitat
		Dank	Persönlichen Dank für Interesse der Teilnehmer sowie an Helfer, die zum Gelingen der Veranstaltung beigetragen haben
		Diskussion	Überleitung zur Diskussion

2.5.2 Visualisierung

Mit Hilfe der Visualisierung werden die Zuhörer zu Zusehenden. Wie zahlreiche Studien zur Speicherung von Informationen belegen, werden über den visuellen Kanal neue Informationen am besten aufgenommen. Zusammenhänge werden mit Hilfe der Visualisierung leichter erkennbar, das Wesentliche kann deutlich herausgestellt und das Dargestellte kann dadurch besser behalten werden. Dennoch muss die Visualisierung gut überlegt werden.

Durch den Einsatz des Computers mit entsprechenden Grafikprogrammen werden zahlreiche Bilder, Skizzen, Karikaturen, Fotografien angeboten, die recht schnell zur Gestaltung von Folien genutzt werden können. Die Erzieherin sollte kritisch auswählen, da eine ungeschickte Visualisierung den Zuhörer eher verwirrt und vom Inhalt ablenkt. Zur Visualisierung bieten sich vor allem folgende Arbeitsmittel an:

Visualisierungsmittel

- Tageslicht-Projektor
- Beamer
- Flip-Chart
- Pinnwand

Deren Einsatzmöglichkeiten, Vor- und Nachteile verdeutlicht die nachfolgende Übersicht, die sich auf Boneberg (1999, Seite 229 ff) bezieht.

Arbeitsmittel	Vorteile	Nachteile	Einsatzhinweise	Einsatzbereich
Tageslicht-Projektor	Leichte und schnelle Erstellbarkeit; Folien können einfach kopiert und als Informationsmaterial mitgegeben werden; Einsatz mit Hilfe tragbarer Geräte überall möglich; Nutzung von Kopierern und Druckern führt zu professioneller Darstellung; Bilder können auf Folien kopiert werden; Erstellte Folien können archiviert und bei anderen Präsentationen wieder eingesetzt werden; Blickkontakt zu den Eltern bei der Präsentation möglich; Folie kann vor den Eltern (z. B. Abdecktechnik, Hinzufügen von handschriftlichen Ergänzungen) entwickelt werden;	Folien sind empfindlich (Farben verbleichen, sind schmutzempfindlich) und müssen in speziellen Hüllen aufbewahrt werden; Die Erstellung von Farbfolien ist aufwändig und relativ teuer; Häufig sind Folien textlich überladen, im Schriftbild zu klein und deshalb schlecht entzifferbar; Blendwirkung der Projektionsfläche erschwert die Entzifferung des Texts; Raum darf nicht zu hell sein sonst verblasst die Projektion;	Wischfeste (permanente) Folienstifte verwenden; wichtige Folien für Eltern kopieren; Unvollständige Folie vorbereiten und im Vortrag ergänzen; Ersatzlampe bereit halten; Lesbarkeit der Folie von den Zuhörerplätzen aus prüfen; Verzerrung / Unschärfen durch Neigung der Projektionsfläche ausgleichen; Bei der Präsentation die Projektion der Folie überprüfbaren; nicht mit dem Körper die Projektionsfläche verdecken; Folie nur zeigen, solange der Inhalt präsentiert wird – danach den Projektor abstellen; keine Reizüberflutung mit Folienfeuerwerk;	Präsentation vor einer großen Zuhörerschaft; Visuelle Unterstützung (z. B. Abbildungen, Fotos, Grafiken, Zeichnungen) eines vorbereiteten Vortrags; Folien zur Auflockerung (z. B. Cartoon); Darstellung von Gruppenergebnissen;
Beamer	Starke, professionelle visuelle Wirkung; Leichte Speicherung und Wiedereinsetzbarkeit der erstellten Folien; Präsentationsdarstellungen können auch als Folie ausgedruckt und mit Tageslicht-Projektor eingesetzt werden; Schnelle Erstellung von Teilnehmerunterlagen möglich;	Aufwändige Erstellung der Folien setzt fundierte Kenntnisse der Programme voraus; Aufwändige technische Voraussetzungen (PC, Beamer); Technisches Knowhow beim Einsatz mit fremden Geräten zur Abstimmung der Geräte erforderlich; Technische Anfälligkeit, die oft nur von Experten gemeistert werden kann; Umgang mit dem Arbeitsmittel Beamer sowie der entsprechenden Software erfordert intensive Übung;	Professionelle Präsentation, die ■ eine gute Beherrschung des Computers/Notebooks, ■ gute Kenntnisse in den Präsentationsprogrammen sowie ■ einen sicheren Umgang mit technischen Geräten voraussetzt.	Präsentation vor einer großen Zuhörerschaft; Visuelle Unterstützung eines vorbereiteten Vortrags;

Arbeits-mittel	Vorteile	Nachteile	Einsatzhinweise	Einsatzbereich
Flip-Chart	Darstellung kann vorbereitet werden; Großflächige, übersichtliche Darstellung komplexer Sachverhalte; Wiederverwendung ist möglich; Dynamisches Arbeitsmittel; d. h. vor den Augen der Eltern können Darstellungen spontan entwickelt werden; Geringer Materialaufwand, leicht transportierbar;	Archivierung wegen der Größe aufwändig; Wendet beim Schreiben den Eltern den Rücken zu; Schrift bisweilen zu klein bzw. unleserlich; Korrekturen nur begrenzt (z. B. durch Überkleben) möglich;	Erstellte Plakate können im Raum sichtbar den Gruppenprozess, Tagesordnung, Fortschritte, Ergebnisse dokumentieren; In Druckbuchstaben (mit Groß- und Kleinbuchstaben) schreiben;	Präsentation vor Gruppen bis ca. 50 Personen geeignet; Als Spontanmedium zum Notieren von Diskussionsbeiträgen, Anregungen, Themenspeicher, Auflistung von Argumenten, Vor- / Nachteilen usw. nutzbar;
Pinnwand	Vorbereitung (für Teilnehmer nicht sichtbar) möglich; Große Gestaltungsfläche; Eltern können bei der Entwicklung der Darstellung eingebunden werden; Dynamisches Arbeitsmedium, das spontane Darstellungen zulässt; Geringer Platzbedarf und flexibler Einsatz (zerlegbare Pinwände);	Schrift bisweilen zu klein bzw. unleserlich; Archivierung und Dokumentation aufwändig (z. B. als Fotoprotokoll);	Auf gute Lesbarkeit (Abstand: 7 m), klare Strukturierung und Übersichtlichkeit achten; In Druckbuchstaben (mit Groß- und Kleinbuchstaben) schreiben; Die Darstellung nicht zu schnell entwickeln; den Eltern ausreichend Zeit lassen, um die Schritte nachzuvollziehen	Ideensammlung, Visualisierung von Übersichten, Strukturen, Abläufen; Übersichten und Darstellungen, die vor den bzw. mit den Eltern entwickelt werden: Gegenüberstellung von Vor- und Nachteilen, pro und contra Einbeziehung der Zuhörenden; Meinungsbildung

Folgende Gestaltungselemente können von der Erzieherin beim Einsatz der Flip-Chart und der Pinnwand genutzt werden:

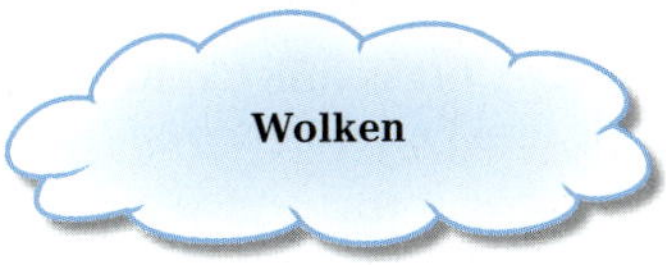

Wolken umrahmen das Thema bzw. die Fragestellung

Streifen weisen auf Überschriften/ Ordnungsgesichtpunkte hin

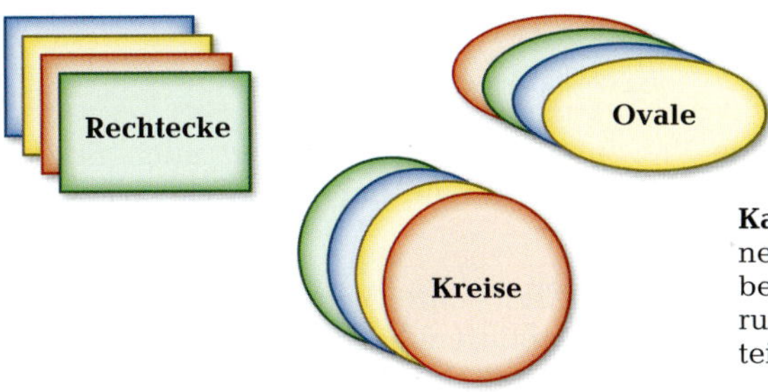

Karten werden von den Teilnehmern beschriftet; Formen und Farben können als optische Gliederungshilfe dienen (z.B. blau = Vorteile: rot = Nachteile ...)

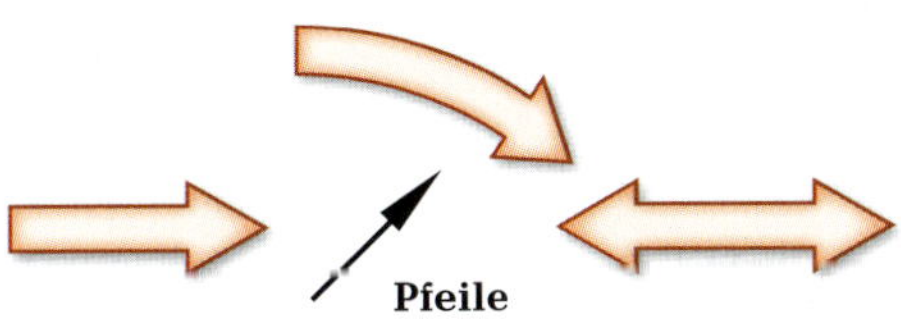

Pfeile verdeutlichen die Beziehungen, Wechselwirkungen der dargestellten Inhalte

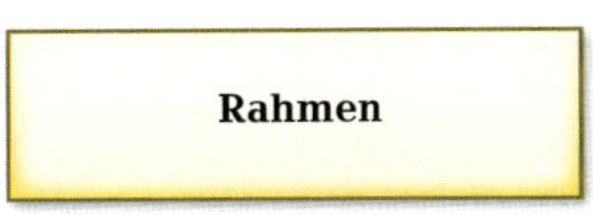

Rahmen stellen zentrale Gesichtspunkte heraus und kennzeichnen Überschriften

Symbole sprechen kreative Potenziale der Eltern an und verbessern die Speicherung der Information

Zur Gestaltung sollten folgende Hinweise beachtet werden (siehe Seifert (1995[8], Seite 44):

Gestaltungshinweise

- **Die Darstellung nicht überfrachten:** Weniger ist mehr. Zu viele Informationen erschweren die Orientierung und vermindern die Übersichtlichkeit. Freiflächen sind auch Gestaltungselemente. Nicht mehr als drei Farben verwenden.
- **Zusammengehörendes kennzeichnen:** Durch Farben, Formen, Nähe (z. B. Blöcke) den Zusammenhang verdeutlichen.
- **Wichtiges hervorheben:** Mit Hilfe von Unterstreichungen, Rahmen, Schraffur das Wesentliche optisch herausstellen.
- **Verständlichkeit sicherstellen:** Deutlich und groß in Druckschrift schreiben; auf Abkürzungen verzichten; geläufige Begriffe verwenden, die prägnant das Wesentliche beschreiben.
- **Grafiken einsetzen:** Symbole und Bilder erhöhen die Aufmerksamkeit und erleichtern die Speicherung der Informationen.

2.5.3 Präsentationsverhalten

Empfehlungen zur Präsentation

Die nachfolgenden Hinweise zum Präsentationsverhalten (siehe auch Seifert 1995[8]) beziehen sich auf alle Phasen der Präsentation und geben Hinweise auf häufige Probleme (Lampenfieber, Versprecher).

- In der Kleidung, die dem Anlass entsprechen sollte (Wertschätzung gegenüber den Zuhörenden), muss sich die präsentierende Erzieherin wohl fühlen. Die Kleidung sollte zur Vortragenden passen (Echtheit).
- Pünktlich beginnen als Gebot der Höflichkeit gegenüber den pünktlichen Eltern.
- Sich selbst positiv auf die Präsentation einstimmen.
- Vor Beginn des Vortrags Blickkontakt zum Publikum aufnehmen. Während des Vortrags den Blickkontakt auf eine Person richten, die eine positive Ausstrahlung hat. Ein Umherschweifen des Blicks signalisiert den Zuhörenden Unsicherheit und Unruhe.
- Laut, deutlich und nicht zu schnell sprechen. Eine deutliche Artikulation verbessert die Sprachverständlichkeit. Die Stimme gezielt einsetzen, um den Inhalt zu unterstützen (z. B. Anheben bei Fragen). Auf eine Variation der Stimme achten, um Monotonie zu vermeiden.
- Das Sprachniveau der Situation und Gruppe anpassen. Die Hochsprache wird nur von einer Minderheit genutzt. Verleugnet die Präsentierende ihren Dialekt, verliert sie ihre Echtheit, was zu Unsicherheiten beim Formulieren führen kann. Die Sprache wirkt gestelzt und unnatürlich. Die Präsentierende sollte situations- und personengerecht ihr Sprachverhalten auswählen. Bei der Verwendung der Hochsprache wird für einige Eltern eine starke Distanz aufgebaut und es entstehen Ängste, vom gewohnten Dialekt in die Hochsprache zu wechseln.
- Fachbegriffe müssen erläutert werden und sollten sparsam eingesetzt werden. Verständlichkeit ist wichtiger als Fachchinesisch.

- Die Erzieherin sollte in der Regel frei sprechen und lediglich Spickzettel (z. B. Karteikarten mit Stichwörtern) verwenden. Vom Blatt ablesen sollte die Erzieherin nur in wenigen Ausnahmefällen: Ansprache in einem offiziellen Rahmen, Grußwort im Auftrag der Einrichtung, Tätigkeits- oder Rechenschaftsbericht, der mit der schriftlichen Fassung übereinstimmen muss.
- In die Präsentation Fragen an die Zuhörer einbringen. Fragen aktivieren, motivieren und fördern die Auseinandersetzung mit dem Vortragsinhalt.
- Durch Beispiele und Vergleiche den Vortrag lebendig gestalten.
- Auf Einwände von Eltern offen reagieren und in den weiteren Vortrag einbeziehen. Nicht mit einem Elternteil streiten, sondern sich die Einwände in Ruhe anhören. Einwände können an die Gruppe zurückgegeben werden. Weiterhin erweist sich folgende Drei-Stufen-Strategie als erfolgreich:

  → Einwand zustimmen („Da gehen Sie auf einen wichtigen Aspekt ein ...")

  → Neuen Gesichtspunkt einbringen („Wenn man allerdings bedenkt, dass ...")

  → Gemeinsam abwägen („Wenn wie die verschiedenen Aspekte bedenken, dann ...")
- Gefühle zulassen und in den Äußerungen mit einbringen, da die Vortragende sonst unglaubwürdig wirkt.
- Die Gestik sollte nicht bewusst reduziert werden. Eine stark kontrollierte Gestik wirkt unnatürlich und verwirrend. Die Zuhörer spüren, wenn sich die Präsentierende verstellt.
- Die Gestik gezielt zur Unterstützung der Inhalte einsetzen, um Wichtiges zu betonen und die Aufmerksamkeit der Eltern zu gewinnen.
- Bei der abschließenden Diskussion nicht selbst die Diskussionsleitung übernehmen.

Um einem trockenen Mund und Heiserkeit zu vermeiden, sollte die Präsentierende ein Glas Wasser (ohne Kohlensäure) bereitstellen.

2.6 Moderation

Definition

Unter Moderation werden alle Vorgehensweisen gefasst, die dazu dienen, Informations-, Problemlösungs- und Entscheidungsprozesse in Gruppen zu unterstützen. Die Moderatorin nimmt dabei eine besondere Grundhaltung des Zuhörens, Vermittelns und Steuerns ein, wendet verschiedene Moderationstechniken an und setzt spezielle Materialien und Hilfsmittel ein. Mit Hilfe der Moderation werden das Wissen und die Erfahrungen der Teilnehmer für die Gruppe nutzbar gemacht.

Vor allem bei Gruppenaktivitäten sind **Moderations- und Visualisierungstechniken** gefragt, um die Gruppenprozesse effizienter zu gestalten. Als Moderatorin hat die Erzieherin die Aufgabe, den Gruppenprozess zu steuern und Hilfe verschiedener Moderationstechniken, die leicht lernbar sind, die Gruppe arbeitsfähig zu halten. Die Moderatorin gibt keine Entscheidungen vor, sondern bezieht die Gruppenteilnehmer in Entscheidungsprozesse ein. Doppler & Lauterburg (1995[5]) fassen die Aufgaben der Moderatorin wie folgt zusammen:

Aufgaben der Moderation

- Hintergründe erhellen, Zusammenhänge aufzeigen
- Problembewusstsein erzeugen, Probleme auffächern
- Kommunikations- und Interaktionsprozesse steuern
- Weitere Vorgehensweisen vereinbaren
- Teilnehmer zur aktiven Mitarbeit anregen
- Betroffenheit der Teilnehmer herstellen („sensitivity")
- Inhalte visualisieren
- Wesentliches herausstellen
- Teil- und Endergebnisse festhalten, strukturieren und sichern
- Ablauf der Diskussion und Präsentation vorbereiten
- Störungen (Konflikte, Meinungsdifferenzen) aufgreifen und beseitigen
- Teamprozesse thematisieren
- Gruppenmitgliedern und Team Feedback geben
- Emotionen verbalisieren
- Konsens bei Entscheidungen herstellen („commitment")
- Organisatorischer Rahmen (Vereinbarungen, Zeiten, Pausen) abstimmen und die Einhaltung der Regelungen sicherstellen
- Reflexionsphase („Manöverkritik") durchführen

2.6.1 Moderationszyklus

Die Moderatorin trägt keine Verantwortung für den Inhalt bzw. das Ergebnis der Gruppe, sie ist lediglich Prozessbegleiterin.

Die Moderation umfasst in der Regel sechs Phasen (siehe auch Stürmer), den Seifert (1995[2]) als Moderationszyklus bezeichnet:

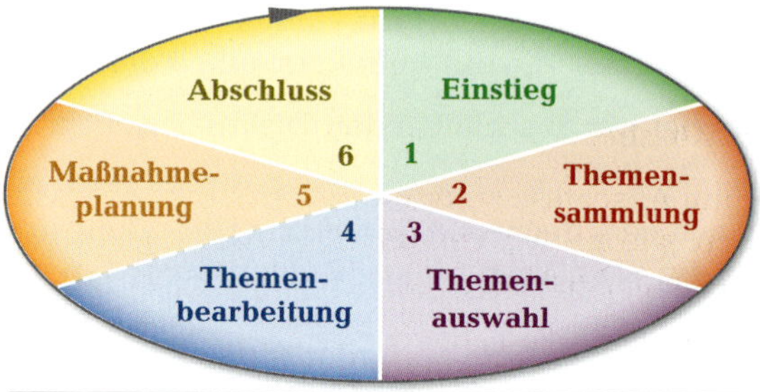

Moderationszyklus nach Seifert (1995[2])

1. Einstieg

Den Gruppenprozess starten und ein positives Arbeitsklima schaffen; Erwartungen erfragen, Ziele entwickeln und Rahmenbedingungen (Zeit, Ressourcen) abklären; die Vorgehensweise festlegen (Aspekt: **Sensibilisierung**).

Moderationswerkzeuge: Kennenlern-Spiele, Erwartungsabfrage, Steckbrief, Paar-Interview.

2. Ideen- bzw. Themensammlung

Brainstorming mit einer zunächst möglichst breit angelegten Sammlung von Vorschlägen, die z. B. an der Pinwand visualisiert oder mittels Kartenabfrage erfasst und strukturiert werden können (Aspekt: **Breite**).

Moderationswerkzeuge: Brainstorming, Kartenabfrage, Abfrage auf Zuruf.

3. Bewertung und Auswahl

In dieser Phase geht es um die Eingrenzung der Ideen- und Themensammlung (Aspekt: **Eingrenzung**). Die Themen werden nach Kriterien, die in der Gruppe festgelegt werden, bewertet und gewichtet; danach erfolgt die Auswahl des Themas das zunächst bearbeitet wird.

Moderationswerkzeuge: Ein- oder Mehr-Punkt-Abfragen, Entscheidungsmatrix.

4. Themenbearbeitung

Die Bearbeitung beabsichtigt die vertiefte Auseinandersetzung mit dem ausgewählten Thema (Aspekt: **Tiefe**). Die Gruppe bearbeitet das Thema z. B. arbeitsteilig, indem Untergruppen gebildet werden; Ergebnisse, die von allen mitgetragen werden, sind zu notieren.

Moderationswerkzeuge: Mehr-Felder-Tafeln zur Strukturierung von Aufgaben, Problem-Analyse-Schema, Ablaufplan.

5. Maßnahmeplanung

Aus den Gruppenergebnissen werden ggf. Maßnahmen abgeleitet; es ist festzulegen, wer für die Umsetzung der Maßnahme verantwortlich ist und bis wann die Maßnahme abgeschlossen sein sollte; ein Maßnahmeplan, der von allen mitgetragen wird, sollte erstellt werden (Aspekt: **Umsetzung**).

Moderationswerkzeuge: Maßnahmeplan, Vereinbarungen.

6. Abschluss und Reflexion

Zum Abschluss wird überprüft, inwieweit die Erwartungen der Eltern erfüllt wurden, wie sie den Verlauf erlebten und wie zufrieden sie mit den Ergebnissen sind (Aspekt: **Ausklang**).

Moderationswerkzeuge: Stimmungsbarometer, Bewertungsmatrix, Fragebogen.

2.6.2 Moderationsmaterialien

Ausstattung zur Präsentation

Ein wichtiger Bestandteil für den Erfolg der Moderation besteht in der Visualisierung des Moderationsprozesses. Mit Hilfe von Plakaten, Pin-Wänden sind die Gruppenergebnisse zu dokumentieren und für die Gruppe sichtbar im Raum zu platzieren. Die Eltern können sich somit Zwischenergebnisse und den Fortschritt bewusst machen. Gerade die visuelle Darstellung erleichtert die Speicherung der Ergebnisse.

Zur Visualisierung sollten die erforderlichen Moderationsmaterialien bereitgehalten werden, wie sie beispielsweise in den Moderatorenkoffern / -sets zusammengestellt sind.

Moderationsplan

Seifert (1995[8]) empfiehlt für jede Veranstaltung einen Moderationsplan zu erstellen. Die nachfolgende Übersicht verdeutlicht einen Moderationsplan für die Moderation einer Besprechung mit einer Elterngruppe zur Neugestaltung des Außengeländes:

Zeit	Moderationsschritt	Inhalte	Moderationsmethode	Hilfsmittel
Ca. 3 Std.	**Gesamtplanung**	Konzept zur Neugestaltung des Außengeländes erstellen		Pinnwände Flip-Charts Moderationskoffer / -set
15 Min.	**1. Einstieg**	Thema verdeutlichen Ziele definieren Ablauf strukturieren Gutes Arbeitsklima herstellen	Erwartungsabfrage Visualisierung des Themas, der Zielsetzung und Arbeitsschritte an der Flip-Chart	Vorbereitete Plakate: *Arbeitsschritte* *Erwartungen*
20 Min.	**2. Ideensammlung**	Gestaltungselemente des Außengeländes auflisten	Kartenabfrage oder Ideenspeicher an der Flip-Chart auf Zuruf	Flip-Chart
15 Min.	**3. Bewertung / Auswahl**	Gesamtkonzept mit Gestaltungselementen festlegen	Mehr-Punkt-Abfrage	Vorbereitetes Plakat: *Ideenspeicher zu den Gestaltungselementen*
75 Min.	**4. Themenbearbeitung**	Gestaltungselemente konkretisieren Lösungsalternativen entwickeln Lösungen im Plenum präsentieren Entscheidungen treffen	Untergruppen bilden, Problemanalysen (Zeitaufwand, Kostenermittlung) Mehr-Punkt-Abfrage als Entscheidungsgrundlage	Vorbereitetes Plakat: *Arbeitsschritte* Plakate zur Präsentation der Gruppenergebnisse
45 Min.	**5. Maßnahmeplanung**	Maßnahmenkatalog erstellen	Maßnahmeplan	Vorbereitetes Plakat: *Maßnahmeplan*
10 Min.	**6. Abschluss / Reflexion**	Reflexion im Hinblick auf Zielerreichung, Erwartungen, Gruppenprozess, Gesamtzufriedenheit	Blitzlicht oder Stimmungsbarometer	Vorbereitetes Plakat: *Stimmungsbarometer*

Themenbearbeitung

In der fünften Phase der Moderation, die sich eng an die Themenbearbeitung anschließt, kommt es zur Konkretisierung der Überlegungen, die in einem Maßnahmeplan festgehalten werden. Der Maßnahmeplan legt Verantwortliche sowie Zeiträume bis zur Erledigung von Aktivitäten fest. Dieser Plan kann bei den nachfolgenden Besprechungen wieder aufgegriffen werden, um abgeschlossene Arbeiten zu kennzeichnen und ggf. weitere Maßnahmen einzufügen.

Maßnahmen

Nr.	was?	wozu?	wer?	wann?	Rückmeldung
1	Pflanzen/ Steine entfernen	Außengelände vorbereiten	Fr. Müller Hr. Hiss Fr. Sturm	15. Mai	Info an Hr. Meier
2	Muttererde besorgen	Boden verbessern	Hr. Meier	20. Mai	Info nächste Sitzung
3	Pflanzen und Torf kaufen		Hr. Meier Fr. Sturm	22. Mai	
4	Außenanlage bepflanzen		Fr. Müller Fr. Sturm Hr. Link Hr. Mainitz	28. Mai	

Maßnahmenplan

2.6.3 Meta-Plan-Technik

Definition

Die Meta-Plan-Technik oder Kartenabfrage ist eine grundlegende Methode, um Ideen, Themen, Fragen zu sammeln und zu strukturieren. Dieses Verfahren ist für eine Gruppengröße bis zu 30 Teilnehmern geeignet.

Die Methode der Kartenabfrage bietet sich für folgende Aufgabenstellungen an:

- Abklärung von Teilnehmererwartungen
- Meinungsabklärung
- Themenspeicher
- Erfahrungsaustausch
- Informationssammlung

Die Moderatorin benötigt für die Kartenabfrage für alle Teilnehmer: Packpapier, farbige, helle Moderationskarten (Größe 21 x 10 cm), verschieden farbige Filzstifte in unterschiedlicher Stärke, Pinwände, Klebepunkte sowie Stecknadeln, Scheren, Klebstifte, Klebeband.

Vorgehen

Die Teilnehmer erhalten folgende Anweisung, auf eine Karte jeweils einen Gedanken zur Aufgabenstellung zu formulieren. Die Fragestellung muss allen klar sein und sollte auf der Pinnwand nachmals notiert werden. Die Teilnehmer erhalten Moderationskarten und Filzstifte, um ihre Ideen zu notieren. Die Teilnehmer sollten ihre Ideen in Druckbuchstaben in möglichst großer, deutlicher Schrift auf die Moderationskarten schreiben. Die Gedanken sind kurz, schlagwortartig zu kennzeichnen. Zur optischen Gliederung und Strukturierung kann der Moderator verschiedene Formen (z. B. für Überschriften) und Farben (z. B. verschiedene Gesichtspunkte) einsetzen. Bei großen Gruppen sollte die Zahl der ausgegebenen Karten begrenzt werden, da die Gefahr besteht, dass die Auswertung bei einer großen Anzahl von Karten sehr zeitaufwändig und schnell unübersichtlich wird.

Eine Kartenabfrage dauert in der Regel eine Stunde. Für die verschiedenen Phasen ist folgender Zeitaufwand einzuplanen:

- Erklärung des Verfahrens: ca. 5 Min.
- Karten schreiben: ca. 10 bis 15 Min.
- Karten besprechen und sortieren: ca. 20 – 40 Min.
- Ergebnis bewerten: ca. 10 Min.

Auswertung

Die Auswertung erfolgt an der Pinnwand. Dabei werden die Karten inhaltlich strukturiert und zusammenhängende Bereiche von oben nach unten säulenartig angeheftet. Die Kärtchen werden nicht inhaltlich bewertet! Jeder Beitrag ist gleich wichtig und sollte nicht durch Kommentare auf- oder abgewertet werden. Inhaltsgleiche Karten werden übereinander gepinnt. Die Auswertung sollte rasch erfolgen, um Langeweile und Ermüdungseffekte zu vermeiden.

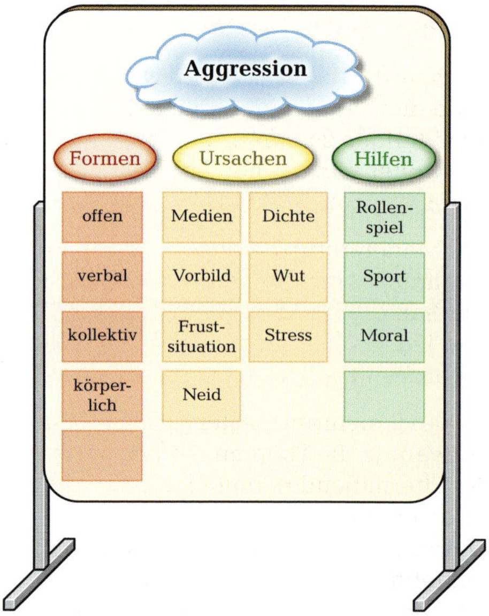

Zur Auswertung bieten sich zwei Varianten an:

Anonyme Auswertung: Die Moderatorin sammelt die ausgefüllten Karten der Teilnehmer verdeckt ein. Sind mehrere Moderatorinnen eingesetzt, ist folgende Aufgabenverteilung angebracht: Nachdem die eine Moderatorin die Karte mit der Gruppe besprochen hat, pinnt die zweite Moderatorin das Kärtchen an die Pinwand. Die Moderatorin liest das Kärtchen vor und ordnet mit Hilfe der Gruppe die Kärtchen nach Gemeinsamkeiten oder Ähnlichkeiten. Sinngleiche Kärtchen werden übereinander angepinnt.

Offene Auswertung: Bei einer kleinen Teilnehmergruppe (bis zu 10 Personen) ist auch eine offene Auswertung möglich. Die Teilnehmer stehen mit ihren Kärtchen im Halbkreis vor der Pinnwand. Jeder Teilnehmer erläutert kurz das Kärtchen und geht auf Anregungen der anderen Teilnehmer ein, bevor er das Kärtchen anpinnt.

Dokumentation

Die Ergebnisse werden an der Pinnwand festgehalten. Wenn auf der Pinnwand als Unterlage ein Bogen Packpapier angebracht wird, dann können die Karten festgeklebt und damit das Ergebnis gesichert werden. Zudem können auf dem Packpapierbogen erläuternde Texte, Symbole wie Pfeile hinzugefügt werden. Das Ergebnis der Kartenabfrage sollte im Raum befestigt werden, so dass der Gruppe das Ergebnis präsent bleibt. Alternativ können die Ergebnisse der Kartenabfrage abfotografiert und später dem Ergebnisprotokoll beigefügt werden.

Bewertung der Meta-Plan-Technik

Die Metaplan-Technik ist ein effektives Verfahren, in der in relativ kurzer Zeit Gruppenergebnisse gewonnen und ausgewertet werden können. Alle Teilnehmer sind aktiv in die Arbeit eingebunden und erfahren, dass jede Nennung für die Gruppe bedeutsam ist. Dies wirkt auf die Gruppe motivierend. Ängste, beispielsweise vor der Gruppe sprechen zu müssen, entfallen bei der anonymen Auswertung. Die Möglichkeit, das Gruppenergebnis als Plakat im Raum zu platzieren, verdeutlicht der Gruppe den Arbeitsprozess und die Arbeitsergebnisse. Jeder Teilnehmer erhält einen schnellen Überblick über den bisherigen Stand der Arbeit.

Bei großen Gruppen besteht die Gefahr, dass die Auswertung zu langwierig und die Besprechung der Ergebnisse mit der Gruppe zu zeitaufwändig werden. Ungeübte Teilnehmer haben bisweilen Schwierigkeiten, ihre Anregungen prägnant in wenigen Stichwörtern zusammen zu fassen.

2.6.4 Punkt- / Mehr-Punkt-Abfrage

Punktabfragen werden in der Moderation eingesetzt, um Transparenz herzustellen oder um Entscheidungen herbeizuführen.

Vorgehen

Transparenz kann beispielsweise geschaffen werden, wenn die Teilnehmer am Ende der Veranstaltung ihre Zufriedenheit rückmelden. Sind in der Gruppe Entscheidungen zu fällen, z. B. welche Themen weiter bearbeitet werden sollen oder wie weiter vorzugehen ist, so kann mit Hilfe der Punktabfrage recht schnell ein klares Meinungsbild als Entscheidungsgrundlage erstellt werden.

Die Moderatorin bereitet eine Punktabfrage vor, indem sie die Frage und die Wahlmöglichkeiten an der Pinwand oder Flip-Chart visualisiert. Jedes Gruppenmitglied erhält einen Klebepunkt, mit dem jeder Teilnehmer sein Votum abgeben kann.

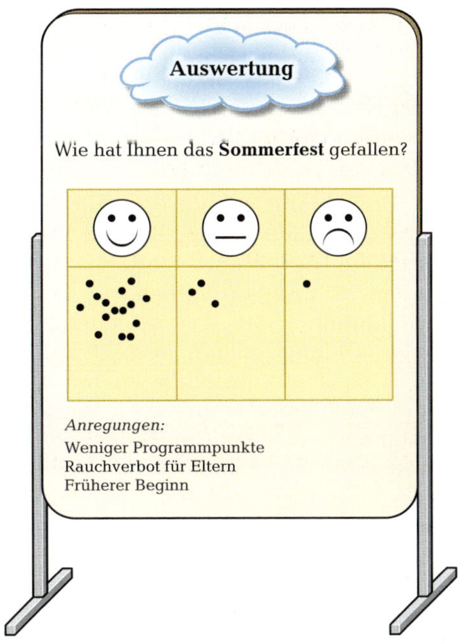

Stehen mehrere Alternativen zur Auswahl (z. B. Themen für die nächsten Elternabende), dann kann auf die Mehr-Punkt-Abfrage zurückgegriffen werden. Die Anzahl der Punkte pro Teilnehmer richtet sich nach der Anzahl der Alternativen; es wird empfohlen, dass die Anzahl der Klebepunkte maximal die Hälfte der zur Wahl stehenden Alternativen entsprechen sollte. So sollten bei sieben Wahlmöglichkeiten jedes Gruppenmitglied drei Punkte vergeben können. Die maximale Punktzahl, die das Gruppenmitglied für eine Alternative einsetzen darf, ist zu begrenzen. In der Regel sollten die Teilnehmer für jede Wahlmöglichkeit maximal zwei Punkte vergeben können.

Auswertung

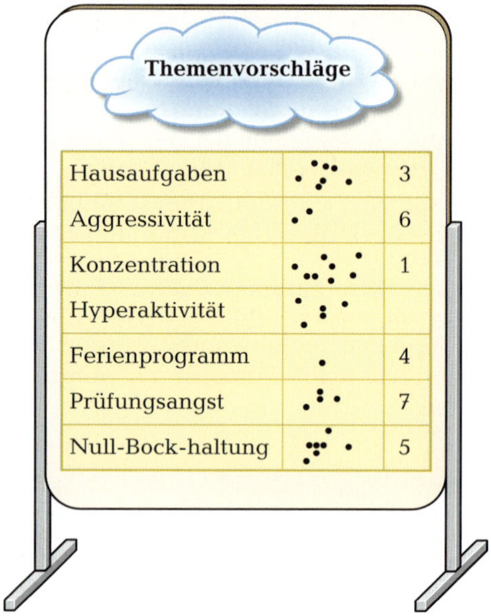

Die Moderatorin bespricht mit der Gruppe das Ergebnis. Seifert (1958) bietet zwei weitere Auswertungsmöglichkeiten an: Die Gruppe kommentiert das Ergebnis bzw. jeder Teilnehmer erläutert kurz sein Votum.

Bewertung der Punkt-Abfrage

Die Punktabfragen stellen ein ökonomisches Verfahren dar, um in der Gruppe mit geringem Aufwand in kurzer Zeit zu einem klaren Meinungsbild zu gelangen. Das Verfahren ist in allen Phasen des Moderationsprozesses einsetzbar.

Mehrfelder-Tafeln

Das Zwei- und Mehrfelder-Schema kommen bei der Auseinandersetzung mit einem Thema zum Einsatz Das Thema wird mit den Eltern unter verschiedenen Blickwinkeln (pro – contra, Vor- / Nachteile ...) differenziert analysiert, so dass Entscheidungsprozesse vorbereitet und Lösungsansätze deutlich werden.

Das vorgegebene Fadenkreuz ermöglicht eine schnelle Orientierung und fördert das systematische Vorgehen.

Vorgehen

Die Moderatorin erläutert der Elterngruppe die Zielsetzung, die mit der Einteilung der Mehrfeldertafel verbunden ist, und verdeutlicht die Fragestellungen der verschiedenen Felder. Es muss sicher gestellt werden, dass die Fragestellungen von allen Teilnehmern in gleicher Weise verstanden werden. Die Teilnehmer bearbeiten in Gruppen die Mehrfeldertafel. Dabei sollten möglichst konkrete Aussagen formuliert werden.

Auswertung

Im Plenum werden die Ergebnisse der Gruppen ausgewertet. Jede Fragestellung wird getrennt bearbeitet. Durch Zuruf werden von einem der Moderatoren die Ergebnisse auf dem Plakat festgehalten. Nach der Dokumentationsphase werden die Gruppenergebnisse im Plenum reflektiert und das weitere Vorgehen festgelegt.

Bewertung der Mehrfelder-Tafeln

Die Mehrfelder-Tafeln sind besonders für Kleingruppenarbeit geeignet. Die Gruppen setzen sich strukturiert in kurzer Zeit mit einer neuen Thematik auseinander. Die vorgegebene Struktur erleichtert die Auswertung der Gruppenergebnisse, da alle an den gleichen Fragestellungen arbeiten. Entscheidend für die Qualität der Ergebnisse und die Effizienz der Gruppenarbeit ist die Auswahl und die Formulierung der ausgewählten Aspekte, die den verschiedenen Feldern zugeordnet sind.

2.7 Mind-Map

Das Mind-Mapping baut auf den Ergebnissen der Gehirnforschung auf und stellt eine Methode dar, um größere Informationsmengen zu strukturieren und damit dem menschlichen Gehirn die schnelle Aufnahme und Verarbeitung von Informationen zu ermöglichen.

Während die linke Hirnhälfte vorwiegend Sprache, logische Beziehungen, Analysen, Details verarbeitet, stehen für die rechte Hirnhälfte vor allem Bilder, kreative Prozesse und emotionale Vorgänge im Mittelpunkt.

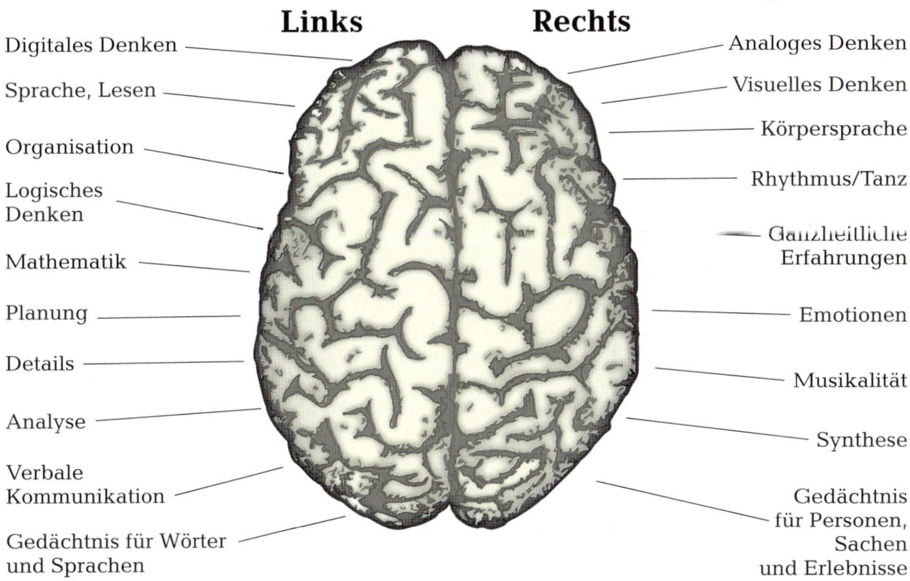

Gehirnforschung

Die Ergebnisse der Gehirnforschung belegen, dass die beiden Hirnhälften unterschiedliche Funktionen wahrnehmen. Die beiden Großhirnzentren arbeiten voneinander unabhängig und sind über einen Nervenstrang miteinander verbunden, so dass beispielsweise das aufgenommene Wissen (linke Hirnhälfte) mit Gefühlen und Bildern (rechte Hirnhälfte) verknüpft werden. Die Ausprägung und Dominanz der beiden Hirnhälften wird von der individuellen Sozialisation (Erziehung, Schule, Berufstätigkeiten) bestimmt und kann sich im Verlauf des Lebens auch ändern. Mind-Mapping aktiviert beide Hirnhälften, wenn beispielsweise sprachliche Inhalte bildhaft dargestellt werden. Die Gehirnpotenziale werden somit umfassend genutzt.

Buzan (1999) charakterisiert die Mind-Map (Gedächtniskarte) durch vier Eigenschaften:

Vorgehensweise

1. Im Mittelpunkt steht ein **Zentralbegriff** bzw. **Zentralbild**.
2. Vom Zentralbegriff **strahlen** Hauptthemen wie Äste aus.
3. Die Äste beinhalten **Schlüsselbegriffe**, die auf einer mit dem Zentralbegriff verbundenen Linie notiert werden. Äste haben Zweige mit untergeordneten Begriffen. Dabei können Haupt- und Nebenäste, Zweige und Unterzweige (Gliederungsebenen) abgeleitet werden.
4. Die Äste stellen ein Gefüge mit **verbundenen Knotenpunkten** dar. Ein Hauptast mit seinen Zweigen und Nebenzweigen wird **Komplex** genannt.

Die Technik des Mind-Mappings führt zu einem klar strukturierten Bild, das beliebig differenziert und durch Symbole zusätzlich visualisiert werden kann.

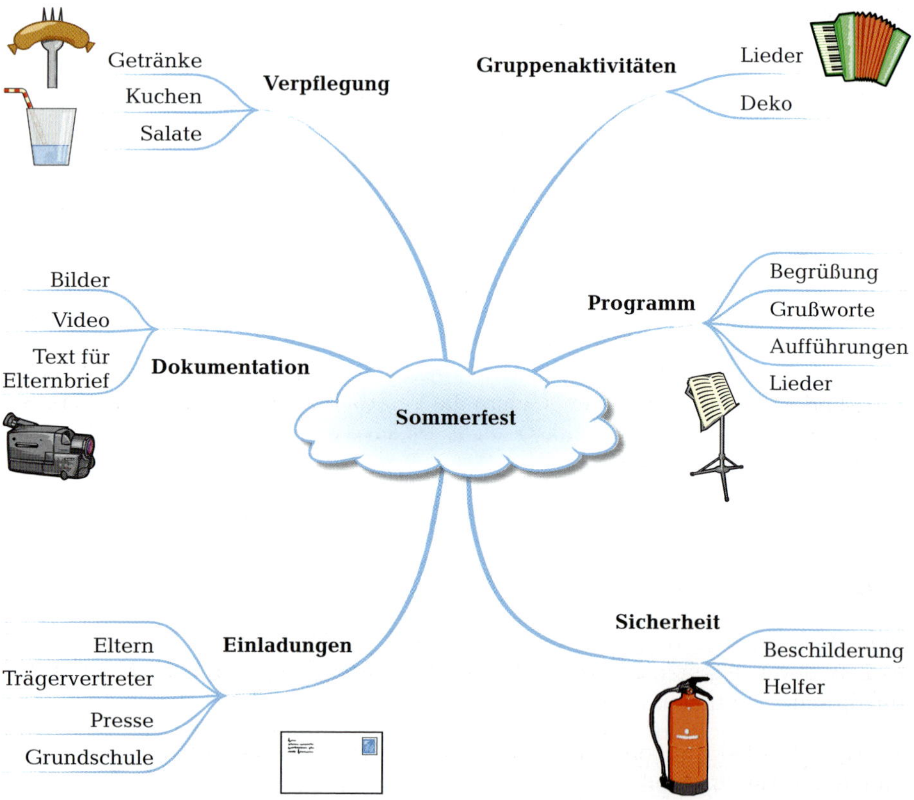

Grundregeln

Folgende Grundregeln sind bei der Erstellung eines Mind-Map nach Kirchkoff (2004[12]) zu beachten:

Substantive: Als Schlüsselwort sollten lediglich Substantive verwendet werden, die prägnant zum Wesentlichen führen.

Blockbuchstaben: Werden die Begriffe in Blockbuchstaben geschrieben, dann ist der Text für andere leichter lesbar. Die Größe der Schrift sollte der Bedeutung des Inhalts entsprechen.

Ausrüstung: Mind-Maps sollten auf unliniertem Papier in ausreichender Größe festgehalten werden; ggf. kann das Blatt durch Ankleben weiterer Blätter erweitert werden. Der Text sollte mit Bleistift geschrieben werden, um Korrekturen zu erleichtern. Zur Gestaltung sollten verschiedene Farben (mind. drei Farben) verwendet werden, da dadurch bestimmte Schlüsselbegriffe gezielt betont werden können. Die Farbigkeit verhindert Langeweile und Eintönigkeit in der Darstellung.

Symbole/Bilder: Symbole (z. B. Hinweissymbole) sollten farblich vom Text abweichen. Der Einsatz von Bildern und Symbolen weckt die Kreativität und sprechen die rechte Hirnhälfte an, so dass beide Hirnhälften beim Mind-Mapping aktiviert werden. Die Bilder sollten klar erkennbar sein.

Für folgende Aufgaben können Mind-Maps genutzt werden:

- Erstellung einer Rede oder Begrüßung
- Projektplanung (z. B. Veranstaltungen, Umorganisation)
- Förderung der Kreativität in der Gruppenarbeit
- Strukturierung der Gruppenarbeit
- Darstellung von Gruppenergebnissen
- Dokumentation von Besprechungsergebnissen

Vorteile des Mind-Mapping

Mind-Mapping bringt, wie Buzan & Buzan (1999[4]) betonen, zahlreiche Vorteile: Der Zeitvorteil beträgt gegenüber einer Mitschrift bis zu 90 %; dies ergibt sich sowohl beim Mitschreiben als auch beim Wiederholen der Inhalte anhand der Mind-Maps. Die Anwendung des Mind-Mapping erhöht die Konzentration des Mitschreibenden. Die Mind-Maps erleichtern dem Gehirn die Verarbeitung der Informationen, regen zur kreativen Auseinandersetzung mit den Inhalten an und verbessern die Speicherung der Inhalte erheblich.

2.8 Prüfungsvorbereitung

Kein stures Pauken

Wenn Sie zu den Lerntypen gehören, die stur hinter den Büchern sitzen, dann wird es Zeit, etwas dagegen zu tun. Stures Pauken kostet Zeit und bringt nur kurzfristigen Erfolg.

Erfolgreiches Lernen und Prüfungsvorbereitung bedeutet den gesamten Tagesablauf darauf auszurichten.

Pausen, Ernährung, Hobby und Schlaf

Pausen machen: Spätestens nach einer Stunde!	**Frische Luft einatmen:** Spazieren gehen! Bewegen!	**Gesund ernähren:** Vitamine, Aufbaustoffe
Abends das tun, was man gerne macht: Hobby	**Ausreichend schlafen:** Mindestens 6 – 8 Stunden	

Irrwege in der Prüfungsvorbereitung:

- Man arbeitet die ganze Woche durch und leistet sich keinen freien Tag mehr!
- Für seine Freunde hat man keine Zeit mehr!
- Lerngruppen zu bilden ist viel zu umständlich und zeitraubend!
- Sportliche Aktivitäten kann man vergessen, dafür bleibt jetzt keine Zeit!
- Einen Lernplan zu erstellen ist verlorene Zeit. Man hält ihn ohnehin nicht ein!
- Einige Tage vor der Prüfung lernt man Tag und Nacht durch!
- Man kann lernen was man will, es wird dann doch nicht abgefragt!

2.8.1 Schriftliche Prüfung

Mit Verstand lernen

Es gibt nicht die gültigen Lehrmethoden, Lerntechniken, die zwingend zum Erfolg führen. Sie sind sehr unterschiedlich. Jeder muss sich selbst prüfen, welche Methode für ihn die richtige ist. Das hängt insbesondere davon ab, zu welchem „Lerntyp" man zählt (siehe Lern- und Arbeitstechniken).

Systematisch Arbeiten

In der Prüfungsvorbereitung müssen viele Bücher und Textmaterialien gelesen und bearbeitet werden. Da es sich nicht um Unterhaltungsliteratur handelt, reicht ein flüchtiges Durchlesen nicht. Textinhalte müssen erarbeitet, verstanden und gespeichert werden.

Die folgenden Hinweise verhelfen zu einem zielgerichteten und erfolgreichen Arbeiten:

Keine Anhäufung

Nicht wahllos und stapelweise Bücher kaufen oder ausleihen. Meistens werden sie ungelesen ins Regal gestellt oder in die Bibliothek zurück gebracht.

Überblick verschaffen

- Sich einen Überblick über die Inhaltsangabe oder die Kurzbeschreibung verschaffen. Erst dann wird die Brauchbarkeit der Kapitel und Inhalte geprüft.

Auswählen

- Nicht von der ersten Seite an drauflos lesen! Prüfen, welche Kapitel und Abschnitte intensiver erarbeitet werden müssen, welche nur im Überblick erfasst werden sollen und welche entbehrlich sind.

Strukturieren

- Texte strukturieren: Überschriften und Thesen finden, Schlüsselbegriffe herausarbeiten. Zusammenfassungen selbst schreiben.

- Zentrale Begriffe und ihr Verständnis erfassen. Ideen und Gedanken finden. Ergebnisse mündlich in eigenen Worten formulieren. Vernetzung zu anderen Texten und Inhalten herstellen

Zusammenhänge herstellen

- Ergebnisse sichtbar machen. Randnotizen anbringen.

Visualisieren

Nutzen Sie die Hilfen, die andere anbieten können. Vorteile einer Lerngruppe:

Lerngruppen

- Gegenseitig werden Lücken aufgedeckt und geschlossen,
- Arbeitsteilung entlastet und macht Kräfte frei für andere Aufgaben,
- Motivation und Ermunterung in der Gruppe führen zu Motivationsschüben und anhaltende Leistungsbereitschaft,
- Gegenseitiges Erklären bringt Verständnis und Sicherheit im Prüfungsstoff,
- Die Verbalisierungsfähigkeit für die mündliche Prüfung wird trainiert.

Multiple-choice-Prüfung

Die Multiple-choice–Prüfung ist ein Ankreuzverfahren und fragt vor allem Faktenwissen ab. Folgende Besonderheiten sind zu beachten:

Abfragen von Faktenwissen

Entweder eine, mehrere oder alle Antworten können richtig sein und müssen angekreuzt werden.

Ankreuzen nur nach Gefühl, ohne Hintergrundwissen reicht zum Bestehen der Prüfung nicht aus.

Diese Art der Prüfung erfordert vom Prüfling sehr viel „Lesearbeit" gekoppelt mit hoher Konzentration.

Eine verhältnismäßig große Anzahl von Fragen muss in einem vorgegebenen Zeitrahmen bewältigt werden. Die Schwierigkeit liegt in den ähnlichen, bis fast identischen Antworten.

	Beispiel 1	**Beispiel 2**
Frage:	Was ist eine Batterie? (nur eine Antwort ist richtig)	Was ist eine Batterie? (nur eine Antwort ist richtig)
Antworten:	❏ Orangenschale ❏ Stromspeicher ❏ Tischfuß ❏ Autoantenne ❏ Elefantenohr	❏ Stromaggregat ❏ Stromumwandler ❏ Stromspeicher ❏ Stromabnehmer ❏ Stromkreis
	⇧ Beispiel 1 ist weniger geeignet. Die Antwortalternativen sind zu verschieden, die richtige Lösung ist damit offensichtlich.	⇧ Im Beispiel 2 sind die Antworten untereinander sehr ähnlich. Beim Suchen der richtigen Antwort muss nachgedacht werden.

Systematisch Arbeiten

Die Fragen sind oft kompliziert formuliert (nicht wie in Beispiel 1 oder 2). Sie enthalten versteckte Hinweise auf die Antwort. Stolpersteine verleiten den Prüfling zum Überlesen wichtiger Hinweise.

Jedes Wort in der Frage und in den Antworten muss genau gelesen werden!

Stolpersteine

Einzelne Worte oder Formulierungen geben wichtige Hinweise auf die anzukreuzende Antwort, z. B.
Verneinungen: Was ist nicht richtig? oder Was gehört nicht zu...?

In den Antworten finden sich oft Formulierungen, die schnell übergangen werden
z. B.
Verallgemeinerungen: ... im allgemeinen ... generell...
Verabsolutierungen: ... ist immer... ausnahmslos... grundsätzlich...

So meistern Sie erfolgreich eine Multiple-choice–Prüfung!

Gründliche Vorbereitung

Machen Sie sich gründlich mit dem Prüfungsstoff vertraut. Ohne Wissen kein Bestehen der Prüfung.

Übung

Beantworten Sie beispielhaft schon vor der Prüfung Multiple-choice–Fragen. Je öfter Sie diese Prüfungsart üben, umso sicherer werden Sie.

Lesearbeit

Lesen Sie sehr genau und konzentriert die Fragen und die dazu gehörigen Antworten. Überlesen Sie kein Wort! Lesen Sie Fragen und Antworten zwei- oder dreimal durch.

Durchlaufsystem

Gehen Sie alle Fragen durch und beantworten Sie zunächst jene, die Sie leicht und mühelos beantworten können. Erst in einem zweiten und dritten Durchlauf gehen Sie an die Beantwortung jener Fragen, die Sie nur schwer oder gar nicht beantworten können.

Wissen Sie zu einer Frage bei bestem Willen nicht die richtige Antwort, kreuzen Sie nach Gefühl an. Raten Sie! Es besteht eine geringe Wahrscheinlichkeit, dass das Gefühl sie nicht getäuscht hat.

Kontrolle

Kontrollieren Sie die zur Verfügung stehende Zeit. Langes Nachdenken und mehrmaliges Verbessern ist kaum möglich. Nur wenn Sie sich gegen Ende der Prüfung sicher sind, dass Sie sich geirrt haben, verbessern Sie die falsch gesetzten Kreuze nach Anweisung.

Vorsicht: Durch ein nochmaliges Nachlesen am Schluss der Prüfung lassen sich viele Prüflinge verunsichern!

2.8.2 Mündliche Prüfung

Viele Lernende bestätigen, dass ihnen der Gedanke an die mündliche Prüfung mehr Unbehagen und Sorge bereitet, als eine schriftliche Prüfung. Einer Prüfungskommission gegenüber zu sitzen und Rede und Antwort stehen zu müssen, wird schrecklicher empfunden als allein an einem Prüfungstisch zu sitzen, um unbeeinflusst und nur auf sich selbst gestellt, schriftlich ein Thema bearbeiten zu müssen.

Herausforderung

Sehen Sie die mündliche Prüfung nicht nur als Last, sondern als Durchgangsstation in ihrem Leben. Die mündliche Prüfung soll feststellen, ob Sie sprachlich in der Lage sind, das Gelernte theoretisch und praktisch in seinen Vernetzungen zu erklären und zu begründen.

Glauben Sie an Ihre Leistungsfähigkeit, seien Sie zuversichtlich und stellen Sie sich der besonderen Herausforderung.

Jede Prüfung, die Sie bestehen, ist ein Sieg über sich selbst!

Nicht nur die Inhalte und Fragen Ihrer Prüfung sind wichtig, sondern auch Ihr körperliches und seelisches Befinden und Ihre Vorbereitung auf dieses Ereignis.

Vorbereitung

So bereiten Sie sich vor?

- Vermeiden Sie Stresssituationen.
- Üben Sie in einem Rollenspiel eine Prüfungssituation.
- Denken Sie positiv! Sie wollen und werden diese bevorstehende Prüfung bestehen!
- Stellen Sie sich selbst Übungsfragen und beantworten Sie diese.

So meistern Sie die mündliche Prüfungssituation!

Prüfungssituation

- Seien Sie pünktlich. Planen Sie genügend Zeit für die Anreise.
- Erkundigen Sie sich über den Aufenthaltsraum, bevor Sie in das Prüfungszimmer gerufen werden.
- Seien Sie authentisch, locker und freundlich. Übertriebene Freundlichkeit und Smiling wirkt oft angelernt, überzogen und genauso auffällig wie ängstliches, sprachloses und verschlossenes Verhalten. Geben Sie sich so, wie Sie sonst auch sind!
- Über das Outfit, wie z. B. die angemessene Kleidung, kann man sich sicher streiten.
- Aber jeder Prüfling signalisiert durch sein äußeres Erscheinungsbild, welchen Wert er diesem Ereignis beimisst.
- Begrüßen Sie die Prüfungskommission. Nehmen Sie dort Platz, wo er Ihnen zugewiesen wird.
- Hören Sie zu! Fragen Sie nach, wenn Sie etwas nicht verstanden haben.
- Antworten Sie nicht ohne nachzudenken und kurze Atempausen zu machen.
- Wenn Ihnen die Wahl gelassen wird, beginnen Sie mit der Antwort, wo Sie sich sicher und kompetent fühlen. So können Sie sich „frei schwimmen".

- Gehen Sie auf Fragen ein. Schweifen Sie nicht ab. Wenn Sie etwas nicht verstehen, fragen Sie nach. Nachfragen ist keine Schwäche und kein Nichtwissen.
- Sprechen Sie frei, betont und mit klarer Stimme. Lösen Sie sich von Notizen. Ablesen ist die schlechteste Art zu antworten. Nicht einfach gespeichertes Wissen abspulen. Denken Sie vernetzt, anwendungsbezogen und kreativ.
- Halten Sie Blickkontakt mit den Prüfern und der gesamten Kommission.
- Kurze Sätze sind klarer und verständlicher als verschachtelte, endlose Bandwurmsätze.
- Verwenden Sie Fremdwörter nur, wenn Sie auch deren deutsche Umschreibung kennen.
- Pannen, Versprecher, Ungeschicklichkeiten sind menschlich. Sie werden Ihnen nach einer Entschuldigung sicher verziehen. Auch Prüfer sind Menschen!
- Spielen Sie nicht den überheblichen Besserwisser. Geben Sie Lücken zu. Eine Grundhaltung der Ehrlichkeit ist ein positives Persönlichkeitsattribut.
- Schämen Sie sich nicht um einen Schluck Wasser zu bitten, wenn die Stimme versagt.
- Verabschieden Sie sich freundlich, lächelnd und per Handschlag. Es ist Ihr letzter Eindruck den Sie auf die Prüfer machen.

Auf den Punkt gebracht

Die Prüfung beginnt mit einer gezielten Prüfungsvorbereitung.

Mentales Training entlastet Körper und Geist und macht den Kopf frei für kognitive Leistungen.

Planen bringt Klarheit und Erfolg.

Bücher zur Vorbereitung nicht einfach nur durchlesen, sondern mit Methode durcharbeiten.

Machen Sie sich vorher schon mit Multiple-choice-Prüfungen vertraut.

Einer mündlichen Prüfung ist niemand ausgeliefert. Fachlich kompetentes Antworten, sich verständlich ausdrücken und sicheres Auftreten kann jeder lernen.

2.9 Prüfungsangst

Kerstin ist seit 22 Monaten Schülerin in einer Erzieherinnenklasse. Bisher hat sie recht gute, vorzeigbare Leistungen erbracht. In wenigen Wochen ist ihre erste große Prüfung in ihrem Leben. Sie freut sich, bald staatlich geprüfte Erzieherin zu sein. Erzieherin ist schließlich ihr Wunschberuf.

Trotzdem hat Kerstin ein Problem. Je kürzer die Zeit bis zur Prüfung wird, umso schlechter ist ihr Wohlbefinden.

Das Wort Prüfung fällt jetzt bei den Lehrern im Unterricht öfters. Die Tage hat sie bereits im Taschenkalender markiert. Ihre Mitschülerinnen kennen auf dem Pausenhof nur dieses eine Thema: Prüfung.

Ihre Eltern und die nahe Verwandtschaft freuen sich zwar mit ihr, aber sie setzen auch die ganze Hoffnung in ihre Leistungsfähigkeit. „Blamier uns nicht!" meinte ihr Vater vor ein paar Tagen so ganz nebenbei.

Immer wenn sie an die Prüfung denkt, befällt sie ein Unbehagen. Es äußert sich in Magenbeschwerden. Sie bekommt dann keinen Bissen mehr hinunter. Es wird ihr speiübel bei dem Gedanken, vor einer Prüfungskommission zu sitzen und Rede und Antwort stehen zu müssen. Nachts ist sie in ihren Träumen schon durch die Prüfung gefallen und alle übrigen Prüflinge hätten sie ausgelacht. Schweißgebadet ist sie aufgewacht. Gestern hat sie daran gedacht ein paar Beruhigungstabletten in der Apotheke zu kaufen.

Eine Blöße will sie sich auf keinen Fall geben, deshalb spricht sie auch nicht über ihr Problem. Ihr Beschluss steht fest: Sie denkt einfach nicht mehr an diese Prüfung!

Kerstin hat Prüfungsangst.

Sie ist aber, ohne es zu wissen, mit diesem Problem nicht allein. Vielen Menschen geht es vor Prüfungen genau wie ihr. Sie empfinden Anspannung und Nervosität. Die Angst nur noch eine „Leere" im Kopf vorzufinden, ist weit verbreitet.

2.9.1 Angst entsteht

Angstlernen

Menschen reagieren sehr unterschiedlich auf Situationen und Lebensumstände. Die einen sind hart im Nehmen und verkraften selbst schwierige Erlebnisse, für andere werden Nebensächlichkeiten zum Angst auslösenden Problem. Bereits nach unserer Geburt lernen wir auf neue, uns unbekannte Reize zu reagieren. Die Prägung durch die Bezugsperson spielt dabei eine wichtige Rolle. Angstbelegte Verhaltensschemata werden im weiteren Leben in ähnlichen Reizkombinationen und Lebenssituationen verstärkt. Im Erwachsenenalter zeigen sich Ängste als Sprechangst, Bewerbungsangst, Flugangst u. a. So, wie Ängste gelernt werden, können sie auch durch angenehme, positive Erfahrungen wieder verlernt werden.

Angstbesetzten Situationen immer aus dem Weg zu gehen (Vermeidungsverhalten) löst das Problem nicht. Es wird oft noch verstärkt (Verstärkungslernen).

Positive Angst

Angst im Sinne von Anpassung kann uns schützen, anspornen und zur Höchstleistung aktivieren, z. B. Schauspieler, Nachrichtensprecher, Redner vor ihren Auftritten. Sie hat dann eine positive Wirkung.

Nasse Hände, weiche Knie – sind lästige Begleiter bei Leistungsanforderungen, Tests und Klausuren. Das bekannte Lampenfieber entsteht, wenn der Hypothalamus im Gehirn eine Sympathicusreaktion auslöst, so dass die Nebennierenrinde Adrenalin und Noradrenalin produziert.

Zu wenig Angst macht uns gleichgültig, sorglos und aktionsarm.

Negative Angst

Wenn Angst als beklemmend, bedrohlich, gefährdend und krankmachend erlebt wird, löst sie Leidensdruck aus, der langfristig negativ, leistungsmindernd, bis zur geistigen und sozialen Blockade erlebt wird. Angstauslöser sind:

Angstauslöser

- Prüfungen,
- Ausgeliefertsein,
- Überforderungen,
- Unkenntnis,
- Unberechenbare Situationen.

Körperliche Reaktionen

Der Körper reagiert auf solche Situationen - Stresssituationen - mit:

- Herzrasen,
- Magen- und Darmbeschwerden,
- Allgemeine Übelkeit,
- Bluthochdruck,
- Gereiztheit, Zittern,
- Schweißausbruch,
- Leere im Gehirn, Speicherblockade,
- Verstopfung, Brechdurchfall,
- Beschleunigte Atmung,
- Schlaflosigkeit.

2.9.2 Keine Angst vor Prüfungsangst

Bei Prüfungsangst geraten Anforderungen und die Möglichkeit zur Bewältigung aus dem Gleichgewicht! Wer versteht, wie Angst entsteht, lernt mit ihr umzugehen!

Die Angstbewältigung beginnt damit, dass man sich mit der Prüfungsangst auseinandersetzt. Zunächst gilt es, die Situationen herauszufinden, die Stress bereiten und die Angst auslösen. Das kann sein:

- Stofffülle,
- Begegnung mit Prüfern,
- Unkalkulierbare Situationen,
- Blamage und seelische Verletzungen,
- Ausgeliefertsein in Prüfungssituationen,
- Leistungsversagen und seine Folgen.

Erst wenn Sie herausgefunden haben, was sie belastet, können Sie gezielt dagegen angehen.

Weitere Hilfen sind:

- Sich über den Prüfungsablauf informieren. Unwissenheit schafft Angst. Nehmen Sie Kontakt mit den Prüfern auf.
- Perfektionismus und Superleistungen vermeiden. Eigene Fähigkeiten realistisch einschätzen.
- Eigene Ängste nicht verstärken lassen von Personen, die selbst in Prüfungen gelitten haben.
- Lernstrategien entwickeln. Mit einem Minimum an Zeit ein Optimum an Ergebnissen. Lerntechniken aneignen
- Prüfungssituationen durchspielen (simulieren).
- Zeitmanagement in konkreten Tagesplänen zur Prüfungsvorbereitung einhalten. Vorbereitungstage mit Arbeits- und Freizeitstunden festlegen und nützen.
- Entspannungs- und Atemtechniken aneignen und praktisch üben.
- In Gruppen mit Freunden und Bekannten lernen. Anderen erklären, was gelernt wurde.

2.9.3 Blackout

Brett vorm Kopf

Bei zu großer nervlicher Anspannung funktioniert plötzlich die Informationsübertragung zwischen den Nervenzellen nicht mehr.

Dem Prüfling fällt selbst bei den leichtesten Fragen nichts mehr ein.

Es ist als ob er in ein großes schwarzes Loch fallen würde. Das Schlimmste was einem Prüfling passieren kann: Das Brett vor dem Kopf! Er bringt sich selbst über Prüfungsszenarien in diese Situation. Sein Versagen macht er zum Gegenstand seiner Gedanken und Einbildungen.

Die Horror-Gedanken führen zu höchster Anspannung. Das Gehirn schaltet zum eigenen Schutz ab. Gespeicherte Informationen können nicht mehr abgerufen werden.

Wie bewältigen Sie den Blackout?

1. Gedanklich neue Wege gehen

   Weg von den Katastrophen- und Horrorgedanken!

Horrorgedanke!	Umdenken!
Wenn ich durchfalle, ist alles aus.	Prüfung ist nicht alles im Leben.
Man sieht mir bestimmt an, dass ich aufgeregt bin.	Die Prüfer dürfen sehen, dass mir die Prüfung nicht gleichgültig ist.
Es darf mir kein Fehler unterlaufen.	Auch Prüfer sind Menschen, die Fehler machen! Wegen eines Fehlers falle ich nicht durch.
Wenn ich durchfalle, wage ich mich nicht mehr nach Hause.	Ich werde auch geliebt, wenn ich durch die Prüfung falle.
Was werden die Lehrer von mir denken! Ich schäme mich maßlos.	Vielleicht hat mein Prüfer auch eine seiner Prüfungen wiederholen müssen. Nicht alle Prüfer waren „Einser-Kandidaten“.
Ich habe ohnehin immer Pech! Glückspilze sind die anderen.	Etwas Glück gehört zu jeder Prüfung! Das Glück ist auf meiner Seite.
Ich habe soviel gelernt und weiß immer noch nicht alles.	Kein Mensch kann alles wissen, selbst bei gründlichster Vorbereitung und viel Fleiß.

Sobald die Gedanken in positive Bahnen gelenkt werden, entspannen Körper und Geist. Lernen Sie die Blickrichtung zu wechseln!

Atmung

2. Atmen Sie tief durch. Das beruhigt! Langsames Bauchatmen bringt Beruhigung.

Gründliches Lesen

3. In schriftlichen Prüfungen lesen Sie jede Frage mehrmals durch.

Neue Fragen

4. In mündlichen Prüfungen bitten Sie den Prüfer, die Frage zu wiederholen. Bitten Sie eventuell um eine neue Frage. Deshalb fällt niemand durch!

2.9.4 Lampenfieber

Lampenfieber ist eine normale Reaktion, die auftritt, wenn die Erzieherin als Vortragende im Mittelpunkt steht und die Aufmerksamkeit vieler Menschen auf sich gerichtet spürt. Das Gefühl von Lampenfieber, das mehr oder weniger ausgeprägt jeder Vortragende bis hin zum erfahrenen Schauspieler verspürt, beruht vor allem auf der Angst zu versagen. Häufig nehmen die Zuhörenden das Lampenfieber weniger stark wahr als die Vortragende selbst. Lampenfieber im geringen Umfang wirkt sich durchaus leistungssteigernd aus. Die Vortragende ist hellwach, handlungsbereit und auf das Thema konzentriert.

Lampenfieber entspricht körperlich einer Stresssituation, auf die jeder in einer bestimmten, für ihn typischen Weise reagiert. Dem einen bleibt sprichwörtlich die Luft weg, es schnürt ihm die Kehle zu, dem anderen schlägt es auf den Magen, andere bekommen weiche Knie oder kalte Füße.

Lampenfieber zeigt sich auf drei Ebenen:

Ebenen	Reaktionen	Hilfen
körperlich	Herzklopfen, Hautreaktionen (Blässe - Erröten), innere Hitze, flacher, schneller Atem, feuchte Hände, trockener Mund, belegte Stimme, Verspannungen, Vermeidung von Blickkontakt, innere Unruhe, unruhiges Umherlaufen, Völlegefühl, Harndrang, Appetitlosigkeit, Kopfschmerzen, Schlafstörungen	Ruhig, in aufrechter Haltung nach vorne gehen; vor Redebeginn ruhig durch die Nase ausatmen, leicht einatmen und dann langsam zu sprechen beginnen; Einen festen Standpunkt auswählen, von dem die Raumsituation gut kontrolliert werden kann (Weg zur Flip-Chart und zum Tageslichtprojektor, Projektionsfläche, Blickkontakt; körperliche Energie gezielt in eine unterstützende Gestik umsetzen;
kognitiv	Konzentrationsmangel (Versprecher), negative Selbst-Programmierung („Das schaffe ich nicht. Bestimmt geht etwas schief.	Positive Einstimmung („Ich bin sicher, dass ich es schaffe. Ich bin optimal vorbereitet. Ich freue mich auf den Auftritt."); positive Formulierungen wählen; Perfektionismus vermeiden; Lampenfieber als normale Reaktion positiv bewerten; Hilfen vorbereiten (Spickzettel, vorbereitete Plakate, Gliederung auf einer Folie oder Flip-Chart);
emotional	Angst / Panik, Hilflosigkeit, Unsicherheit	Kleidung auswählen, in der man sich wohl fühlt; Sich mit dem Raum vertraut machen (Ortsbesichtigung); Einsatzbereitschaft der Medien überprüfen; Die ersten Sätze vorbereiten und bewusst langsam, ruhig, deutlich sprechen, um Sicherheit zu gewinnen; Die Präsentation zu Hause mehrmals proben;

Auf den Punkt gebracht

Anspannung ist notwendig, wenn Sie sich auf eine Prüfung vorbereiten.

Angst kann lähmen. Sie wird gelernt und kann auch wieder verlernt werden.

Angstbewältigung beginnt mit einem Umdenken.

Eine gezielte Prüfungsplanung ist der beste Angstkiller.

Beobachtung und Selbstkontrolle nimmt belastende Situationen in den Blick und geht dagegen an.

Eine gute Lerngruppe bringt Vorteile und schafft für alle Sicherheit.

Mentale Trainings helfen Angst zu überwinden.

Stellen Sie sich vorab den Prüfer, die Prüfungen und deren Inhalte vor.

Sehen Sie in Prüfungen auch eine Chance, einen wichtigen Schritt im Leben weiter zu kommen.

Aufgaben

1. Reflektieren Sie Ihre eigenen Prüfungsängste.
   Erinnern Sie sich dazu an konkret erlebte Prüfungssituationen und beschreiben Sie Ihr Verhalten.
2. Analysieren Sie, welche Faktoren möglicherweise zur Auslösung von Prüfungsangst führen können.
3. Erklären Sie, inwieweit „Horrorgedanken" zu einem Black-out führen können.
4. Diskutieren Sie in Ihrer Lerngruppe Möglichkeiten zum Abbau von Prüfungsängsten.

3 Grundlagen elementarpädagogischer Arbeit – Pädagogische Ansätze

„Wir arbeiten nach dem Situationsansatz", gibt die Leiterin einer viergruppigen Kindertagesstätte auf die Frage nach den Grundlagen ihrer pädagogischen Arbeit zur Antwort. Dieser Begriff beinhaltet ein bestimmtes Verständnis von Pädagogik. Er umschreibt eine Möglichkeit, die Erziehung außerhalb der Familie in den verschiedenen elementarpädagogischen Einrichtungen zu gestalten, einen pädagogischen Ansatz.

Der erste, der ein einheitliches Erziehungskonzept speziell für die frühe Kindheit vorlegte und praktisch umsetzte, war Friedrich Fröbel. Seine Ideen zur Erziehung und seine Vorschläge zur praktischen Umsetzung sollen deshalb zuerst dargestellt werden.

Die pädagogischen Grundlagen, die Fröbel für die Kindergartenpädagogik legte, wurden aufgegriffen und mit eigenen Schwerpunkten versehen, von Maria Montessori und Rudolf Steiner. Ein Vergleich der Pädagogik Fröbels, der Montessori-Pädagogik und der von Steiner gegründeten Waldorf-Pädagogik soll die gemeinsamen Wurzeln sowie die Unterschiede der drei Ansätze darlegen. Alle drei Pädagogen fühlen sich dem Kind verpflichtet. Es gilt zu prüfen, inwieweit sie ihre kindzentrierten Ansätze in die pädagogische Praxis umsetzen. Aus der Zusammenschau von Fröbel, Montessori und Steiner ergeben sich Anregungen und Impulse für die gegenwärtige Elementarpädagogik.

Einrichtungen, die ausschließlich nach Fröbels pädagogischen Vorstellungen arbeiten, findet man nur noch selten. Hingegen haben sich die Waldorf-Kindergärten und vor allem die Montessori-Kinderhäuser behauptet. Die überwiegende Zahl der elementarpädagogischen Einrichtungen arbeitet jedoch nach dem eingangs erwähnten Situationsansatz. Daneben hat die Kindergartenpraxis in den letzten Jahren vermehrt Anregungen aus dem norditalienischen Reggio-Emilia aufgegriffen. Die Reggio-Pädagogik soll deshalb zusammen mit dem Situationsansatz dargestellt werden. Beide Ansätze finden ihren Niederschlag in den gegenwärtigen Bildungsbemühungen im elementarpädagogischen Bereich.

Abschließend wird die Frage gestellt, inwieweit die dargestellten pädagogischen Ansätze dem Anspruch genügen unter dem sie aufgestellt wurden, nämlich Grundlage für eine Pädagogik zu sein, die vom Kind ausgeht und Wegbegleiter seiner Entwicklung ist.

3.1 Fröbels Kindergartenpädagogik

Biographie

Friedrich Fröbel wurde am 21. April 1782 in Oberweißbach/Thüringen geboren. Er wuchs zusammen mit fünf älteren Geschwistern in einem Pfarrhaus auf. Seine Mutter starb neun Monate nach seiner Geburt. Zwischen der zweiten Frau seines Vaters und Friedrich entwickelte sich kein sehr herzliches Verhältnis, da diese sich hauptsächlich um ihre eigenen Kinder kümmerte.

Fröbel

Schule, Ausbildung, Studien

Als einzigster Junge wurde Friedrich die ersten vier Jahre zusammen mit 100 Mädchen in der örtlichen Schule unterrichtet. Bis zu seinem 10. Lebensjahr war ihm das Verlassen des elterlichen Grundstückes und der Umgang mit den Dorfkindern verboten. Seine Lebenswelt beschränkte sich im Wesentlichen auf Haus und Garten. Der kleine Friedrich entdeckte die ihn umgebende Natur- und Pflanzenwelt. Er entwickelte eine tiefe Naturverbundenheit, die ein ganzes Leben erhalten blieb und ihn später zu naturwissenschaftlichen und philosophischen Überlegungen anregte. Seine Schulausbildung setzte Fröbel beim Bruder seiner verstorbenen Mutter fort, wo er endlich mit Gleichaltrigen spielen durfte und sich glücklich fühlte.

Nach der Schule absolvierte Fröbel eine zweijährige Lehre als Feldmesser bei einem Förster. Dort studierte er Abhandlungen über Forstwirtschaft und Mathematik, legte Pflanzen- und Steinsammlungen an und zeichnete Landkarten der Umgebung. Der Lehre folgte das Studium der Naturwissenschaften, das Fröbel wegen finanzieller Schwierigkeiten im vierten Semester abbrechen musste. Anschließend war er als Feldmesser und Privatsekretär tätig.

Fröbels Entscheidung für den Lehrer- und Erzieherberuf fiel erst 1805. In Frankfurt, wo er ein Baufachstudium aufnehmen wollte, machte Fröbel die Bekanntschaft eines Schulleiters, der in seiner Musterschule nach den pädagogischen Grundsätzen des Schweizer Pädagogen Johann Heinrich Pestalozzi unterrichtete. Fröbel wurde Lehrer an dieser Schule. Danach sammelte er mehrere Jahre Erfahrungen als Hauslehrer in einer Frankfurter Familie. Fröbels pädagogische Auffassung wurde nachhaltig beeinflusst durch seine Aufenthalte in Pestalozzis Erziehungsinstitut in Iferten (Schweiz).

Weiterführende Studien alter Sprachen, naturwissenschaftlicher Disziplinen und der Philosophie in Göttingen und Berlin trugen zur Entwicklung eines eigenen philosophischen Modells dem Sphärengesetz bei.

Allgemeine deutsche Erziehungsanstalt

1816 kehrte Fröbel in seine Heimat zurück und gründete die „Allgemeine deutsche Erziehungsanstalt" in Griesheim/Thüringen, die er ein Jahr später nach Keilhau bei Rudolstadt verlegte. Zusammen mit Verwandten und Freunden setzte Fröbel sein Unterrichts- und Erziehungskonzept in der Keilhauer Anstalt um. Während dieser Zeit entstanden die wichtigsten Schriften Fröbels. 1826 veröffentlichte er sein Hauptwerk: **Menschenerziehung**.

Wenig erfolgreich war Fröbel bei dem Versuch, in der Schweiz Erziehungsinstitutionen zu gründen. Als Leiter eines Waisenhauses gewann er aber die Erkenntnis, dass die Grundlagen der menschlichen Entwicklung in der frühen Kindheit liegen. Seine pädagogische Tätigkeit konzentrierte sich von nun an auf die Bildung und Erziehung der Kinder vor der Einschulung.

Fröbel hospitierte in den existierenden Kleinkinderbewahranstalten, um sich mit der Erziehungssituation vertraut zu machen. Für ihn war bald klar, dass es nicht genügte, die Kinder nur zu bewahren und zu unterrichten, sondern, dass man sie in ihrer Entwicklung anregen und fördern musste.

Kleinkindpädagogik

Fröbel erkannte das **Spiel** als wichtigstes Bildungs- und Erziehungsmittel, da es ganz der Natur des Kindes entspricht. Er entwickelte seine **Spielgaben** Kugel, Walze und Würfel sowie Bausteine, die durch Teilung des Würfels entstanden. Die Spielgaben wurden in Blankenburg hergestellt und von dort in alle Welt verschickt. Mit Kindern der Stadt erprobte Fröbel seine Spielmaterialien und Spiele. In seiner Spiel- und Beschäftigungsanstalt unterwies er zunächst junge Männer und später auch Frauen in der Pflege des Spiels und bildete sie zu Spielführern aus.

Ab 1840 verwandte Fröbel für sein Projekt die sinnbildliche Bezeichnung Kindergarten. Er meinte damit einen Ort, an dem die Kinder ihre Anlagen, ähnlich wie eine Pflanze im Garten, unter der behutsamen Pflege und schützenden Einwirkung der Erwachsenen entfalten können.

Allgemeiner deutscher Kindergarten

Am **28.06.1840** fand im Rathaus von Blankenburg die Gründungsversammlung des Vereins „Allgemeiner Deutscher Kindergarten" statt. Mit diesem Begriff war zunächst noch nicht die sozialpädagogische Einrichtung für Drei bis Sechsjährige gemeint. Mit dem Aufruf: „**Kommt, lasst uns unseren Kindern leben**" wollte Fröbel eine Bewegung in Gang setzen, die die deutsche Familie zu einer Stätte eines ruhigen, glücklichen Kinderlebens, einen Kindergarten machen sollte.

In den folgenden Jahren versuchte Fröbel die Idee des Kindergartens zu verbreiten. Er hielt Vorträge und führte Ausbildungskurse für Kindergärtnerinnen durch. Fröbel fand auch bei vielen Lehrern Unterstützung für sein Erziehungskonzept, das ein einheitliches Bildungssystem vom Kindergarten bis zur Hochschule vorsah.

1849 gründete Fröbel in Bad Liebenstein eine Ausbildungsstätte für Kindergärtnerinnen mit Internat und Kindergarten. Ein Jahr später erfolgte der Umzug dieses ersten Ausbildungsinstitutes für Kindergärtnerinnen in das nahe gelegene Jagdschloss Marienthal.

1851 wurden die Kindergärten in Preußen wegen des Verdachts demokratischer Tendenzen verboten. Freunde und Befürworter gaben eine öffentliche Erklärung für den Kindergarten Fröbels ab. Er selber wandte sich mit einer Eingabe an den preußischen König. Das Verbot blieb jedoch bis 1860 bestehen. Fröbel sah sein Lebenswerk zerstört. Er starb am 21.06.1852 im Schloss Marienthal.

Fröbels Kindergarten als pädagogische Idee und Institution wurde vor allem von Frauen (z. B. Bertha von Marenholtz-Bülow und Henriette Schrader-Breymann) aufgegriffen und weiter getragen. Sein (spieltheoretisches) Erziehungskonzept wurde beispielhaft für die internationale Elementarpädagogik, die teilweise sogar die deutsche Bezeichnung Kindergarten übernahm.

3.1.1 Philosophisch – geistiger Hintergrund (Weltbild)

Menschenerziehung

Die Einleitungssätze seines Hauptwerkes „Menschenerziehung" drücken die Grundlagen von Fröbels Welt- und Lebensanschauung aus: „In allem ruht, wirkt und herrscht ein ewiges Gesetz...".

Sphärengesetz

Das ewige Gesetz, in dem Fröbel das Geheimnis allen Seins zu fassen versucht, bezeichnet er als Sphärengesetz. Seine sphärische Ansicht der Welt meint, dass er sie aus dem Verhältnis von innen (Geist) zu außen (Natur) zu deuten versucht. Für Fröbel besteht eine Einheit zwischen Natur und Geist. Alles ist mit Leben erfüllt. In allen Erscheinungen drückt sich das gleiche ewige Gesetz aus, dessen Ursprung nach Fröbels Überzeugung Gott ist.

Die Kugel gilt für Fröbel als Symbol des Alllebens. In ihr sieht er die Urform aller Körper, da alle Gestalten aus der Urgestalt der Kugel herkommen und in sie zurückstreben.

Der Mensch ist nach Fröbel dazu bestimmt, das eine Gesetz in der Natur zu erkennen und sich ihm bei seiner Lebensgestaltung selbst bestimmt und freiwillig zu unterstellen.

Lebenseinigung

Besondere Erkenntnisse gewinnt der Mensch nach Fröbel durch den tätigen Umgang mit der Mathematik. Sie stellt die Verbindung her zwischen Natur und Geist. Der Mensch findet die vielfältigen Formen und Gestalten der Natur, die außerhalb von ihm existieren in seinem Inneren (seinem Geist), in den Gesetzen der Mathematik wieder. Fröbel formuliert daraus den folgenden Erkenntnisgrundsatz seiner Weltanschauung: Es gilt, das Äußerliche innerlich zu machen und die Innerlichkeit zum Ausdruck zu bringen. Solches Streben umschreibt Fröbel mit dem Begriff Lebenseinigung. Sie führt zu einem sinnerfüllten Menschenleben und nach Fröbels christlicher Überzeugung zum Einswerden mit Gott als dem Schöpfer aller Dinge.

3.1.2 Bild vom Kind und von seiner Entwicklung

Das Kind ist als Geschöpf Gottes von Natur aus gut. Das Böse sieht Fröbel als Folge einer Fehlentwicklung: Die grundsätzlich gute Tendenz kann in eine falsche Richtung gelenkt worden sein oder die angelegte Entwicklung konnte sich nicht entfalten.

Gestaltungs- und Tätigkeitstrieb

In jedem Menschen verkörpert sich die ganze Menschheit und das Gesamtwesen Gottes, aber jeweils in einer einmaligen, besonderen Form. Die Kinder kommen mit einem Gestaltungs- und Tätigkeitstrieb auf die Welt, den Fröbel als zentrale Kraft der kindlichen Selbstentwicklung ansieht. Die Entwicklung verläuft in Stufen, die organisch aufeinander folgen und voneinander abhängen. In jeder Stufe soll das Kind nach Fröbel ganz das sein, was diese Stufe von ihm fordert.

Ahnung und Erkenntnis

Das Kind ist für Fröbel ein Wesen, das bewusst nach Erkenntnis strebt. Es trägt in sich ein Wissen über den Aufbau der Welt und ahnt die naturwissenschaftlichen Gesetzmäßigkeiten. Aus der Ahnung wird schrittweise ein denkendes Erkennen, ein bewusst lebender Mensch.

3.1.3 Verständnis von Erziehung und Rolle (Aufgabe) der Erzieherin

Selbstbestimmung und Selbsttätigkeit

Ausgangspunkt der Erziehung ist für Fröbel die Selbständigkeit und der natürliche Darstellungstrieb des Kindes. Erziehung bedeutet dann, möglichst viel Selbstbestimmung und Selbsttätigkeit des Kindes zu ermöglichen.

Die Erzieherin muss Ehrfurcht haben vor dem, was im Kind werden will. Sie darf nach Fröbels Vorstellung keine äußeren Vorbilder für das Kind aufrichten. Es muss lernen, sein eigenes Leben zu leben. Die Erzieherin kann ihm nur Hilfestellung zum eigenen Wachsen geben. Sie soll sich so oft wie möglich mit dem Kind beschäftigen, ohne sich ihm aufzudrängen. Die kindgemäße Beschäftigungsform ist für Fröbel das Spiel. Es ist das geeignete Mittel zum Wecken der Innenwelt und der Schlüssel zur Außenwelt.

Mitspielende Erwachsene

Fröbel will, dass die Erzieherin als mitspielende Erwachsene den Gestaltungs- und Tätigkeitstrieb des Kindes anregt. Im Mitspielen lernt der Erwachsene das Kind verstehen und baut eine Beziehung zu ihm auf. Spiel wird so zum pädagogischen Umgang.

Fröbel unterscheidet zwei erzieherische Grundhaltungen, die sich gegenseitig ergänzen und je nach Situation anzuwenden sind: **Die nachgehende, schützende, behütende Erziehung und die vorschreibende, bestimmende und eingreifende Erziehung**.

Hinführung zur Lebenseinigung

Der Sinn aller Erziehung besteht für Fröbel darin, den Heranwachsenden die Verwurzelung von Mensch und Natur im göttlichen Ganzen bewusst zu machen und ihn dahin zu führen, dass er sein Leben aus diesem Bewusstsein heraus gestaltet und zur Lebenseinigung gelangt.

3.1.4 Didaktisch – methodische Grundsätze

Beschäftigungssystem

Fröbel hat für seine entwickelnd-erziehende Menschenbildung ein umfassendes, aufeinander aufbauendes Beschäftigungssystem entworfen.

Früherziehungslehre

Es beginnt mit den „Mutter- und Koseliedern", ein „Familienbuch", wie Fröbel es nannte, um die ganzheitliche Entwicklung des Kindes von Geburt an zu fördern. Das Familienbuch ist eine systematisch angelegte Früherziehungslehre, die die Lebenseinigung von Mutter und Kind zum Ziel hat. Es enthält eine ausgedehnte Sammlung von Spielliedern (Texte und Melodien) aus vielen Lebensbereichen, Hand- und Fingerspiele sowie ein Bilderbuch, das Mütter und spielende Kinder in der Natur und in alltagspraktischen Situationen darstellt.

Didaktik des Kindergartens

Für seinen „Kindergarten" hat Fröbel drei Angebote vorgesehen:

- Das Spiel mit gegenständlichen Spiel- und Beschäftigungsmitteln
- Kreis- und Bewegungsspiele
- Gartenarbeit

Gegenständliche Spiel- und Beschäftigungsmittel von Fröbel als **Spielgaben** bezeichnet, sollen durch ihre einfachen, klaren Formen die Kinder anregen, zu spielen, zu experimentieren und zu konstruieren. In den einfachen Formen zeigen sich nach Fröbels Sphärenphilosophie die Grundgesetzlichkeiten des gesamten

Seins. Durch den spielenden Umgang mit den Gaben machen die Kinder, begleitet durch eine Bezugsperson, handgreifliche Erfahrungen der Elementarmathematik. Das Sphäregesetz wird ihnen schrittweise bewusst. Fröbel wollte mit seinen Spiel- und Beschäftigungsmitteln das herkömmliche Spielzeug nicht ersetzen, sondern pädagogisch sinnvoll ergänzen. Die Spielgaben sind kein festes Lernprogramm, sondern ein relativ offenes System. Innerhalb der vorgegebenen sachstrukturellen Gesetzlichkeiten (z. B. quadratische Grundfläche beim Würfel) können die Kinder frei gestalten und ihre eigenen Erfahrungen machen.

Fröbel unterscheidet bei seinen Spielgaben vier Gruppen: **Die körperartigen, die flächenartigen, die linien- und punktförmigen Beschäftigungsmittel.**

Beispiele:

Körperartige Spielgaben

Die 1. Spielgabe ist der Ball als einfachste und klarste Körperform (Symbol für das All, die Einheit der Welt).

Die 2. Gabe besteht aus Kugel, Würfel und Walze, den „Grundelementen" der Spielgaben Fröbels.

Die Gaben 3 bis 6 sind unterschiedliche Teilungen des Würfels. So entstehen Würfel, Quader (Backsteine), längs und quer geteilte Quader und Prismen (Dachformen).

Flächenartige Spielgaben

Legetäfelchen aus Holz (anfangs nur gleichschenklige, rechtwinklige Dreiecke, später Rechtecke und andere Formen). Falten mit Papier, ausgehend vom Quadrat. Jeder „Bruch" ergibt eine neue Form, die den Namen bekannter Dinge erhält. Beispiel: Das Falten aller vier Ecken zum Mittelpunkt ergibt einen „Brief".

Ausschneiden: Das Papierquadrat wird dreifach zusammen gefaltet und bildet ein gleichschenkliges, rechtwinkliges Dreieck. Die zum Ab- oder Ausschneiden vorgesehenen Formen werden aufgezeichnet. Bei jedem Schnitt wird ein achtfacher Schnitt ausgeführt. Es entstehen variationsreiche symmetrische Formen.

Linienförmige Spielgaben

Holzstäbchen zum Legen von vielfältigen Formen als Vorbereitung auf das Zeichnen. Papierstreifen zum Flechten.

Punktförmige Spielgaben

Erbsen- oder Perlenlegen. Ausstechen: Kartons mit durchgestochenen Punkten. Die ausgestochenen Punkte können auch mit farbigen Fäden verbunden werden. So entstehen gestickte oder genähte Musterkarten.

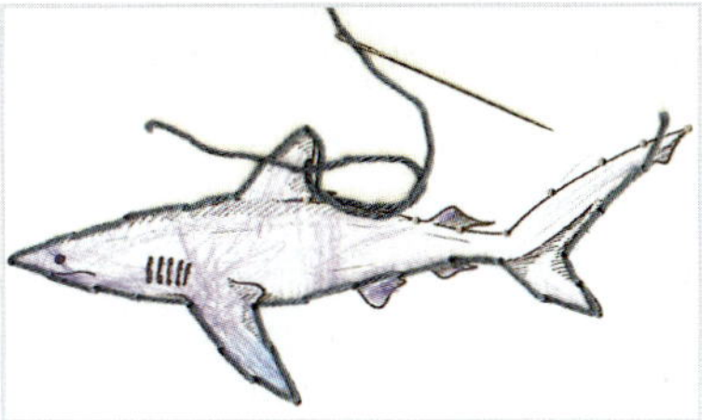

3.2 Montessori-Pädagogik

Maria Montessori wurde am 31. August 1870 in Chiarawalle bei Ancona geboren. Sie war das einzigste Kind einer gebildeten, aus christlicher Tradition lebenden Familie. In Rom erhielt sie eine für Mädchen ihrer Zeit ungewöhnliche Schulbildung. Sie besuchte eine technische Schule für Jungen. M. Montessori entwickelte für naturwissenschaftliche Fächer vor allem für Mathematik großes Interesse.

Montessori

Nach ihrem Schulabschluss studierte sie gegen anfänglich starke Widerstände Medizin und wurde 1896 Italiens erster weiblicher Doktor der Medizin.

Bereits als Medizinstudentin engagierte sie sich in der Frauenbewegung und wehrte sich aktiv gegen die soziale Benachteiligung der Frauen. Kinder und Frauen der unteren sozialen Schichten mussten täglich 12 Stunden und mehr für einen sehr geringen Lohn Schwerstarbeit verrichten.

Ärztin und Universitätsprofessorin

Montessori arbeitete als Assistenzärztin an der Universitätsklinik in Rom und führte später eine Praxis als Kinderärztin. Durch ihre klinische Arbeit bekam sie Kontakt zu geistig behinderten Kindern, die in keiner Weise gefördert oder pädagogisch betreut wurden. Für Montessori war die geistige Minderwertigkeit hauptsächlich ein pädagogisches und weniger ein medizinisches Problem. In Vorträgen setzte sie sich für das Recht des geistig behinderten Kindes auf Achtung innerhalb der Gesellschaft ein. Bei ihrer Beschäftigung mit der geistigen Behinderung stieß sie auf die Arbeit der französischen Psychiater Itard und Seguin. Letzterer hatte eine Reihe von Übungsmaterialien zur senso-motorischen Schulung von geistig behinderten Kindern entwickelt. Montessori baute dieses Material weiter aus und erzielte damit bei ihren Anstaltskindern überraschende Erfolge.

1900 übernahm Montessori die Leitung eines Institutes zur Ausbildung von Heilpädagogen. In dieser Zeit wurde ihr Sohn Mario unehelich geboren. Der Junge wuchs in einer einfachen Familie in der Nähe von Rom auf und kam mit sieben Jahren in ein Internat. Montessori besuchte ihren Sohn. Mario erfuhr aber erst als junger Mann, dass sie seine Mutter ist. Die damaligen gesellschaftlichen Verhältnisse im katholischen Italien hatten Montessori zu dieser für sie schmerzlichen Entscheidung gezwungen. Montessori verließ das Institut mit der Begründung, eine Ausbildung für die Erziehung gesunder Kinder zu absolvieren. Sie studierte Psychologie und Pädagogik und lehrte 1904-1906 als Professorin für Anthropologie an der Universität Rom.

Haus für Kinder

Das Jahr **1907** war für Maria Montessori ein entscheidendes Jahr. Sie gab ihren Lehrstuhl für Anthropologie an der Universität Rom und ihre Arztpraxis auf. Eine gemeinnützige Wohnungsbaugesellschaft hatte in San Lorenzo einem slumähnlichen Vorort Roms Wohnungen errichtet. Um zu verhindern, dass die Kinder Schäden an den neuen Gebäuden anrichten, wurde ein eigenes Haus für Kinder (Casa dei Bambini) gebaut und Montessori die Leitung übertragen. Sie brachte in der Casa dei Bambini in San Lorenzo ihre Überlegungen zur Gestaltung der Umgebung des Kindes ein und verwendete erstmals ihr Sinnesmaterial bei normal entwickelten Kindern.

Pädagogische Konzeption

1909 legte sie die Ergebnisse ihrer teilnehmenden Beobachtung und der darauf aufbauenden Prinzipien erstmals schriftlich nieder. Es entstand **das pädagogische System der Selbsterziehung des Kindes in einer didaktisch vorbereiteten Umgebung.**

1913 erschien das Buch in Deutschland unter dem Titel: „Selbsttätige Erziehung im frühen Kindesalter". Montessori führte Kurse zur Einführung ihrer pädagogischen Methode in Rom, London, Barcelona, Paris und Indien durch. In vielen Ländern entstanden Einrichtungen nach der Konzeption Maria Montessoris.

Auslandstätigkeiten

1934 verließ Montessori unter dem Eindruck des Faschismus Italien und gründete in Barcelona ein neues Montessori Zentrum. Auch hier entstanden katholische und bekenntnisfreie Kinderhäuser. Bei Ausbruch des spanischen Bürgerkrieges floh Maria Montessori nach England und reiste von dort zusammen mit ihrem Sohn Mario auf Einladung von Nehru nach Indien. Während des 2. Weltkrieges wurde sie als feindliche Ausländerin in Indien eingesperrt. Sie durfte aber ihre Kurse weiter abhalten und konnte ihre pädagogische Organisation mit großer Unterstützung anthroposophischer und hinduistischer Vereinigungen aufbauen.

1946 kehre Montessori mit ihrem Sohn nach Europa zurück. Sie hielt auch mit über 75 Jahren selbst noch Kurse ab und leitete Kongresse. In Amsterdam gründete sie die Internationale Montessori Gesellschaft. Als Generalsekretär dieser Gesellschaft führte ihr Sohn Mario später ihr Lebenswerk fort. Montessori nahm ihren festen Wohnsitz in Holland und versuchte von dort aus die europäischen Länder für ihre pädagogischen Ideen zu gewinnen. Am 6. Mai 1952 starb Maria Montessori in Noordwijk am See. Ihr Todesjahr ist das Gründungsjahr der deutschen Montessori-Gesellschaft in Frankfurt.

3.2.1 Philosophisch – geistiger Hintergrund (Weltbild)

Maria Montessori sieht sich dem christlichen Weltbild verbunden. Zwischen Mensch, Natur und Schöpfung oder Kosmos besteht für sie eine harmonische Einheit. Die Harmonie und Ganzheitlichkeit sind Bedingungen des Lebens, des Überlebens und der kosmischen Entwicklung. Die ist nach Montessoris Vorstellung ein ständiger Aufstieg zur Super- bzw. Supra-Natur, worunter sie die vom Menschen geschaffene Kultur und Zivilisation versteht. Der Mensch wirkt also in Montessoris Sicht der Schöpfung aktiv an ihrer Weiterentwicklung mit. Er hat die **Möglichkeit der Freiheit und des Bewusstseins** und besitzt damit eine Sonderstellung. Ziel der menschlichen Entwicklung ist die optimale Anpassung an die jeweilige Umwelt, die in freier Entscheidung und zunehmend bewusster geschieht. Montessori sieht hierin die wesentliche biologische Funktion der Kindheit.

Einheit zwischen Mensch und Kosmos

3.2.2 Bild vom Kind und von seiner Entwicklung

Montessori sieht in der Kindheit ein bestimmtes Stadium der menschlichen Entwicklung, das seinen Sinn in sich selber hat. Kinder sind keine kleinen Erwachsenen sondern eigenständige Wesen. Montessori hat eine hohe Achtung vor der Würde und Persönlichkeit des Kindes. Schon das Neugeborene ist für sie eine Ganzheit aus Leib, Geist und Seele. Gleichzeitig sieht sie im Kind einen „geistigen Embryo", der zu seiner Entfaltung ganz auf die Hilfe von Außen angewiesen ist.

Eigenständiges Wesen

Im Kind wirkt eine angeborene Aktivität, die seine Entwicklung antreibt und die das Kind zum Erbauer des Menschen werden lässt. Diese Entwicklungskraft ist nicht instinktiv festgelegt wie beim Tier. Der Mensch ist vielmehr auf Freiheit, Selbstgestaltung und Selbstbestimmung hin angelegt.

Aktivität

Das Wesen des Kindes besteht für Montessori in dem aktivschöpferischen Selbstaufbau. Das frühe Lernen des Kindes geschieht nach Beobachtung Montessoris in einer eigenen Erkenntnisform, die sie den „absorbierenden Geist" genannt hat. Mit Hilfe seiner Sinne nimmt das Kind alles unbewusst und unzensiert auf, was um es herum geschieht. Der absorbierende Geist schafft die Grundlagen der Persönlichkeit und führt zum bewussten, vernünftigen Handeln.

Absorbierender Geist

Zu den Vorraussetzungen der Entwicklung gehören angeborene Bereitschaften. Die einzelnen Fähigkeiten bauen sich nach Montessoris Vorstellungen im Zusammenspiel zwischen den angeborenen Entwicklungsimpulsen und der Umwelt auf.

Die Kinder sind im Verlauf ihrer Entwicklung unterschiedlich empfänglich für bestimmte Reize aus der Umwelt. Diese zeitlich begrenzten Entwicklungsabschnitte, in denen spezifische und extreme Lernbereitschaft besteht, bezeichnet Montessori als sensible Perioden. Sie stellt für die ersten drei Lebensjahre drei sensible Perioden fest:

Eine für **Bewegung**, eine zweite für **Ordnung** und eine für **Sprache**. Das Kind durchläuft nach Montessoris Beobachtung bestimmte Phasen:

Sensible Perioden

- Das Vorschulalter (Geburt bis zum 6. Lebensjahr)
- Das Schulalter (bis zu etwa 12 Jahren)
- Das Jugendalter (bis zum 18. Lebensjahr)

Montessori sieht die erste Entwicklungsphase als besonders schöpferische Periode an.

Innerer Bauplan

Das gesamte Entwicklungsgeschehen verläuft nach Montessoris Überzeugung nicht zufällig, sondern nach einem inneren Bauplan.

3.2.3 Verständnis von Erziehung und Rolle (Aufgabe) der Erzieherin

Vorraussetzung für Erziehung ist nach Montessori die genaue Kenntnis des Menschen und seiner Entwicklung. Als wesentliche Methode zur Erforschung des Kindes diente ihr die **Beobachtung**. Aus den praktischen Erfahrungen mit den Kindern leitete sie ihre pädagogischen Grundsätze ab.

Polarisation der Aufmerksamkeit

Ihr erstes grundlegendes Erlebnis auf dem ihre spätere Pädagogik aufbaut nannte sie das Phänomen der „Polarisation der Aufmerksamkeit". In ihrem Kinderhaus in San Lorenzo beobachtete sie ein etwa dreijähriges Mädchen, wie es verschieden große Holzzylinder in die entsprechenden Öffnungen eines Holzblocks steckte und dann wieder herausnahm. Das Kind tat das lange Zeit mit großer Konzentration und ließ sich durch nichts in seiner Umgebung stören. Erst nach 44 Wiederholungen der Tätigkeit hörte es auf. Das Kind wirkte zufrieden und ausgeglichen. Montessori umschrieb diesen Zustand mit dem Begriff „Normalisation". Für sie stand fest, dass Erziehung das normalisierte Kind voraussetzt. Das bedeutet, **auf das Phänomen der Polarisation der Aufmerksamkeit zu achten und die Konzentration der Kinder zu fördern**.

Für Montessori kommt die Konzentration am Besten zustande, wenn die Kinder sich zu einer Tätigkeit frei entscheiden können und die Dauer ihrer Beschäftigung selbst bestimmen. Die freie Wahl gelingt aber nach Montessoris Überzeugung nur, wenn entsprechende Materialien und eine kindgerechte Umgebung für selbstständiges Arbeiten bereitstehen(siehe Spiel- und Beschäftigungssystem).

Dreistufenlektion

Hier setzt nun eine der wesentlichen Aufgaben der Erzieherin in der Montessori-Pädagogik an. Sie richtet die Umgebung nach den Bedürfnissen der Kinder ein und macht sie nach der Dreistufenlektion mit dem Lernmaterialien vertraut.

In der ersten Stufe benennt die Erzieherin den entsprechenden Gegenstand und zeigt ihn dabei. **(Benennung durch die Erzieherin)**

Beispiel: *„Das sind die Farbtäfelchen"*

In der zweiten Stufe nennt die Erzieherin nur den Namen des Gegenstandes und das Kind wählt aus. **(Erkennen durch das Kind)**

Beispiel: *„Gib, hol oder bring mir die Farbtäfelchen"*

In der dritten Stufe fragt die Erzieherin das Kind nach dem Namen des Gegenstandes. **(Benennung durch das Kind)**

Beispiel: *„Was ist das?"*

Erzieherin als engagierte Beobachterin

Die Erzieherin greift nicht in die Aktivitäten der Kinder ein. Hier fordert Montessori, dass die Erzieherin sich still und passiv verhalten muss, so dass der Geist des Kindes sich frei entfalten kann. Das bedeutet aber nicht, dass ihre Rolle rein passiv wäre. Sie ist eine engagierte Beobachterin. Aus ihren Beobachtungen resultiert eine genaue Kenntnis der Person jedes einzelnen Kindes, seiner Interessen, seiner Arbeitsweise, seiner Fähigkeiten, seines sozialen und individuellen Verhaltens. Diese Kenntnisse sind Voraussetzung um dem Kind in seiner Selbstentwicklung gezielte Hilfestellung geben zu können. Sinnvolle pädagogische Hilfe kann nach Montessoris Überzeugung nur indirekte Hilfe zur Selbsthilfe sein. Die Kinder in den Kinderhäusern haben ihr inneres Bedürfnis nach Montessoris Überlieferung mit dem Satz ausgedrückt: „Hilf mir, es selbst zu tun".

„Hilf mir, es selbst zu tun"

Erziehung sieht Montessori als Unterstützung der seelisch-geistigen Entwicklung der Kinder, **als Hilfe zum Leben**.

3.2.4 Didaktisch – methodische Grundsätze

Die vorbereitete Umgebung

Die Selbsterziehung des Kindes kann nach Montessoris Überzeugung nur in einem nach pädagogisch-wissenschaftlichen Kriterien gestalteten Entwicklungs- Lern- und Lebensraum, in einer vorbereiteten Umgebung erfolgen. Dazu gehört für sie eine Raumgestaltung, die dem Aktivitätsbedürfnis der Kinder gerecht wird, kindgerechtes Mobiliar, so wie besondere Materialien, mit denen die Kinder selbstständig und selbsttätig Erfahrungen machen können (autodidaktisches Material).

Ordnungsstrukturen

Die Materialien beinhalten bestimmte Ordnungsstrukturen, die das Kind durch den tätigen Umgang mit ihnen erkennt. Die Materialien werden so für das Kind zum Schlüssel zur Welt. Sie helfen ihm auch seine eigene innere Ordnung aufzubauen, Normalisierung zu erfahren und ein freier Mensch zu werden. Um dieses Ziel zu erreichen müssen nach Montessori bestimmte **didaktisch-methodische Prinzipien** beachtet werden:

Isolation von Schwierigkeiten

Jedes Material ist nur einmal vorhanden. Es hat einen festen Platz im Regal. Jedes Material ist auf eine Schwierigkeit begrenzt (Prinzip der Isolation von Schwierigkeiten). Der Gegenstand den das Kind erfassen soll, wird durch pädagogische Planung von störendem Beiwerk befreit, das Kind kann sich so auf das Wesentliche konzentrieren. Beispiel: Das Lernen von Farbunterscheidungen. Die einzelnen Farbplättchen stimmen in Material, Form und Abmessung überein. Sie unterscheiden sich nur in der Farbe.

Fehlerkontrolle

Die Materialien sind so konstruiert, dass eigene Fehlerkontrollmöglichkeiten für die Kinder bestehen. Das Kind kann eine Gesamtaufgabe nur lösen, wenn es vorher alle Teilschritte richtig ausgeführt hat. Es lernt so auch durch die eigenen Fehler (Prinzip der Selbstprüfung oder eigenen Fehlerkontrolle).

Freiheit und Individualität

Jedes Kind hat die Möglichkeit, an der Aufgabe zu arbeiten, an der es arbeiten möchte. Es besteht also die Freiheit der Tätigkeitswahl, durch die das individuelle Interesse und der jeweilige Entwicklungsstand berücksichtigt werden (Prinzip der Freiheit und Individualität).

Montessori unterscheidet zwischen verschiedenen Materialbereichen:

Materialbereiche

- Material zu den **Übungen des praktischen Lebens** (z. B. Eimer, Besen, Schnürrahmen)
- **Sinnesmaterial** (z. B. Farbtäfelchen, Tastbrettchen, Geräuschdosen, Einsatzzylinder)

- **Mathematikmaterial** (z. B. Perlenketten zur Einführung in das Dezimalsystem, numerische Stangen, die durch Farbunterschiede in Einheiten eingeteilt sind, Sandpapierziffern)

- **Sprachmaterial** (z. B. Sandpapierbuchstaben, „bewegliches Alphabet" in gestanzten Buchstaben aus Karton, Sprachkästen zum Einsortieren der Wortarten, die auf Kärtchen stehen)

- **Material zur kosmischen Erziehung** (z. B. Globen, deren Länder und Ozeane handgreiflich zu erfassen sind)

3.3 Waldorf-Pädagogik

Steiner

Rudolf Steiner wurde 1861 in Kraljevec (an der Grenze zwischen Österreich und Ungarn) als ältester Sohn eines einfachen österreichischen Eisenbahnbeamten geboren. Der Junge liebte den Bahnhofsbetrieb und entwickelte früh eine praktische Lebenstüchtigkeit. Daneben hatte er schon etwa ab dem siebten Lebensjahr „übersinnliche" Erlebnisse in der Natur, die er den Erwachsenen gegenüber verschwieg.

Steiners Schulbildung war vorwiegend naturwissenschaftlich ausgerichtet. Nachdem er die Realschule absolviert und das Abitur in Wiener Neustadt abgelegt hatte, studierte er Mathematik und Naturwissenschaften an der Technischen Hochschule in Wien. Zusätzlich hörte er an der Universität Philosophie, Literatur und auch Psychologie und Medizin.

Philosophische Tätigkeiten

Steiner spürte bald den Gegensatz zwischen den naturwissenschaftlichen Welt-Erklärungsversuchen seiner Studienfächer und seinem eigenen geistigen und religiösen Erleben. In Goethes naturwissenschaftlichen Schriften sah er eine Brücke zwischen Natur- und Geisteswissenschaften. Seine Gedanken schrieb er in verschiedenen philosophischen Schriften nieder.

1894 erschien sein philosophisches Hauptwerk: „Die Philosophie der Freiheit." Steiner ging es darum, neue Methoden der Seelenforschung auf wissenschaftlicher Grundlage zu finden. Weil diese Forschung zum Bewusstsein vom wahren Wesen des Menschen führt, nannte Steiner sie **Anthroposophie** (von griech. anthropos, der Mensch und Sophia, die Weisheit). Seine grundlegenden Gedanken zur Anthroposophie legte er 1904 in dem Buch „Theosophie", mit dem Untertitel „Einführung in übersinnliche Weltkenntnis und Menschenbestimmung" nieder.

Künstlerische Tätigkeiten

Neben seinen wissenschaftlichen und philosophischen Arbeiten war Steiner auch künstlerisch tätig. Er schrieb und inszenierte Mysteriendramen und entwickelte eine neue Bewegungs- und Ausdruckskunst, in der Laut- und Tonqualitäten durch Gebärden ausgedrückt werden: Die **Eurythmie**. Als Stätte für die verschiedenen Arten künstlerischer Tätigkeit und als Zentrum für die anthroposophische Bewegung wurde ab 1913 nach Entwürfen Steiners in Dornach bei Basel ein Doppelkuppelbau errichtet, den er den Namen „Goetheanum" gab. Steiner leitete die Ausführung des Baus und beteiligte sich an der künstlerischen Ausgestaltung.

Pädagogische Tätigkeiten

Pädagogisches Handeln und Denken zieht sich durch Steiners gesamten Lebenslauf. Schon von seinem 14. Lebensjahr an gab er seinen Mitschülern Nachhilfeunterricht. Nach Abschluss seines Studiums nahm er sich als Hauslehrer eines zehn jährigen Jungen mit Hydrozephalus (Wasserkopf) an, der als nicht bildungsfähig eingestuft worden war. Durch Steiners Unterricht konnte der Junge bereits nach zwei Jahren in ein Gymnasium aufgenommen werden und wurde später Arzt. In Berlin wirkte Steiner mehrere Jahre als Lehrer in einer „Arbeiter- Bildungsschule". Sein grundlegendes pädagogisches Werk **„Die Erziehung des Kindes vom Gesichtspunkt der Geisteswissenschaft" entstand 1907**. Im Schlusswort betont Steiner die Notwendigkeit, seine geistigen Impulse in pädagogische Praxis umzusetzen, da sonst die Anthroposophie für eine Art religiösen Sektierertums einzelner sonderbarer Schwärmer gehalten werde.

Waldorfschule

Die praktische Umsetzung seiner anthroposophischen Pädagogik erfolgte **1919** mit der Gründung der ersten Schule in Stuttgart. Steiner sprach vor Arbeitern der Waldorf-Astoria Zigarettenfabrik in Stuttgart unter anderem über eine zwölfjährige Einheitsschule, die Volks- und höhere Schule umfasst und für jeden Menschen offen steht, unabhängig davon, welcher sozialen Schicht er angehört. Die Arbeiter wünschten sich eine solche Schule für ihre Kinder. Mit Hilfe des Firmenchefs Emil Molt wurde eine entsprechende Einrichtung geschaffen und der Unterricht in der ersten Waldorfschule unter der Leitung Steiners begonnen.

In Stuttgart entstand auch das erste Seminar zur Ausbildung von Waldorflehrern, in dem Steiner bis 1924 die Grundideen seiner Erziehungskunst und Menschenkunde vermittelte.

Waldorfkindergärten

Anthroposophisches Gedankengut und Arbeitsweisen wurden auch in die Medizin und Heilpädagogik übernommen. Aus der Waldorfschulbewegung entstanden durch Carlone von Heydebrand die Waldorfkindergärten mit einer entsprechenden Ausbildungsstätte.

Steiner verfasste auch Schriften über eine natürliche Form der Landwirtschaft, die er durch die Berücksichtigung rhythmischer und kosmischer Prozesse erreichen wollte. Sein biologisch-dynamischer Landbau ist heute vor allem bekannt durch die Demeter-Produkte.

Durch Vortragsreisen verbreitete Steiner seine Ideen. Er fand großen Zuspruch, erfuhr aber auch immer wieder Anfeindungen. So brachten ihn Unruhestifter wären seiner Vorträge in Zwei Städten in Lebensgefahr. In der Neujahrsnacht von 1922 zu 1923 wurde der Holzbau des ersten Goetheanums durch Brandstiftung vernichtet. Steiner ließ sich nicht unterkriegen. 1923 wurde die Allgemeine Anthroposophische Gesellschaft gegründet und die Hochschule für Geisteswissenschaft nahm ihren Betrieb auf. Schwerkrank erlebte Steiner den Beginn des Goetheanum-Neubaus in Dornach 1925 noch mit. Er starb am 30.03.1925 in Dornach.

3.3.1 Philosophisch-geistiger Hintergrund (Weltbild)

Anthroposophie

Steiner sieht im Menschen ein ganzheitliches, kosmisches Wesen, dessen Kern aus einer geistigen Welt stammt. Ausgehend von seinen ersten übersinnlichen Erfahrungen entwickelte er in seiner Anthroposophie Methoden, um das geistige Wesen des Menschen wissenschaftlich exakt zu erforschen.

Die Anthroposophie vertritt den Gedanken der menschlichen Wiederverkörperung (Reinkarnation) und der schicksalhaften Bestimmung des menschlichen Lebens (Karma). Das Karma beinhaltet die Lebensaufgabe, der sich der Mensch in einer bestimmten Inkarnation zu stellen hat. Ein Schicksal in einer gegenwärtigen Inkarnation wird durch ein vorhergehendes Erdenleben bestimmt.

Steiner wollte mit der Anthroposophie keine neue Religion begründen. Für ihn ist die Geisteswissenschaft ein Instrument zum Ergreifen des Christentums. Steiner bleibt dem christlichen Weltbild verbunden. Er sieht den Menschen durch seine kosmische Herkunft untrennbar mit der ganzen Schöpfung und dem Schöpfer vereint. Christus stellt für Steiner die zentrale Kraft dar, die den Menschen aus seiner schicksalhaften Bestimmung erlösen kann.

Der Mensch besteht für Steiner aus vier Wesensgliedern:

Wesensglieder

Den physischen Leib, den Ätherleib oder Lebensleib (Träger der Wachstums- und Fortpflanzungskräfte, der Gewohnheiten und Neigungen und des Gedächtnisses), den Astralleib oder Empfindungsleib (Träger der menschlichen Empfindungen wie Lust, Unlust und Schmerz), den Ich-Leib bzw. das Ich (Träger des Bewusstseins, der Individualität, das höchste menschliche Wesenglied, in dem die Anthroposophie den unsterblichen Wesenskern des Menschen sieht). Der physische Leib und der Ätherleib bilden den Körper, der Astralleib die Seele und das Ich den Geist.

Der Mensch ist von Anfang an mit allen vier Wesensgliedern ausgestattet. Sie werden aber nach Steiners Vorstellung zu unterschiedlichen Zeiten aus schützenden Hüllen, die sie umgeben, freigesetzt und können sich erst dann voll entfalten. So spricht die Geisteswissenschaft von drei bzw. vier Geburten des Menschen:

Der physische Geburt, wenn der physische Leib aus der Mutterhülle entlassen wird.

Der Geburt des Ätherleibs, wenn während des Zahnwechsels die Ätherhülle abgestreift wird.

Der Geburt des Astralleibs nach Abstreifen der Astralhülle mit Eintritt der Geschlechtsreife. Als letztes Wesensglied wird dann das Ich geboren. Die vier Geburten ereignen sich nach Steiner in einem Siebenjahresrhythmus, den man bei jedem Menschen beobachten und erleben kann.

3.3.2 Bild vom Kind und von seiner Entwicklung

Geistiges Wesen

Das Kind kommt nach dem anthroposophischen Menschenbild aus der geistigen Welt und nimmt bewusst einen Körper bei einem bestimmten Elternpaar und in bestimmten Schicksalszusammenhängen an. Es besitzt ein eigenes geistiges Wesen, das es zu respektieren gilt. Dieses mitgebrachte Geistige vermittelt nach Steiners Vorstellung zwischen dem Ererbten und den Umwelteinflüssen.

Temperamente

Nach Steiner entwickeln sich bei jedem Kind bestimmte Temperamente, die er im Zusammenhang mit den Wesensgliedern erklärt. Er unterscheidet Melancholiker (tiefsinnig, innerlich stark, Neigung zum Grübeln), das Ich herrscht vor. Choleriker (innerlich stark, leicht erregbar, jähzornig), der Astralleib ist wirksam. Sanguiniker (innerlich wenig Stärke, leicht ablenkbar, oberflächlich), der Ätherleib ist bestimmend. Phlegmatiker (innerlich, wenig Stärke, ruhig bis faul, neigt zur Unbeweglichkeit), der physische Leib steht im Vordergrund.

Das Kind vor dem Zahnwechsel ist für Steiner im Wesentlichen Sanguiniker. Individuelle Temperamente bilden sich danach heraus. Die Entwicklung des Kindes verläuft im Siebenjahresrhythmus:

Erstes Jahrsiebt: Das kleine Kind ist ganz „aufsaugendes, nachahmendes Sinneswesen". Die Grundformen der physischen Organe bilden sich

Siebenjahresrhythmus

Zweites Jahrsiebt: Das Kind lernt von der erlebten Autorität des Erziehers und von zusätzlichen geistigen Autoritäten (zum Beispiel Vorbilder der Vergangenheit, die den Kindern durch Erzählungen nahe gebracht werden). Es nimmt Gewohnheiten und Rhythmen auf, die ihm später Kraft geben und seine Eigenständigkeit ermöglichen.

Drittes Jahrsiebt: Diese Phase wird bestimmt durch die Pubertät mit starken Stimmungsschwankungen und intensiven seelischen Erleben, aber auch einer Zunahme der geistigen Kraft. Der Jugendliche unterzieht das, was er von seinen Vorbildern als Kind erfahren hat, seinem kritischem Urteil und sucht nach seinem eigenen Weg.

Viertes Jahrsiebt: Das Ich hat sich gebildet. Es übernimmt die Regie im Leben des jetzt an Leib und Seele gewachsenen, erwachsenen Menschen.

3.3.3 Verständnis von Erziehung und Rolle (Aufgabe) der Erzieherin

Die Erziehung bedarf nach Steiners Überzeugung einer umfassenden Erforschung und Kenntnis des Menschen. Sie muss auf einer wissenschaftlichen Grundlage beruhen. Für seine Pädagogik sieht Steiner das geisteswissenschaftliche Menschenbild, die vom ihm entwickelte Anthroposophie als Grundlage.

Die Waldorf-Pädagogik durchzieht eine umfassende, konfessionell nicht gebundene religiöse Grundhaltung. Sie hat zum Ziel, die Kinder zur Achtung vor der Schöpfung und dem Menschen als Geschöpf Gottes zu führen.

Ehrfurcht vor dem Wesen des Kindes

Die Ehrfurcht vor dem Wesen des Kindes ist die Grundhaltung der Waldorf-Pädagogik.

Das Kind bringt bestimmte Anlagen und Fähigkeiten mit, die es zu entdecken und pädagogisch zu fördern gilt. Die Erzieherin muss den Kindern „ablauschen" welche zu entwickelnden geistigen Anlagen sie mitbringen. Sie kann dann zum geistigen Entwicklungshelfer für die Kinder werden.

Zum kindlichen Wesen gehören auch die Temperamente, die in den pädagogischen Angeboten zu berücksichtigen sind. So wird z. B. ein Erzählstoff für den Melancholiker vokalisch-tragend und für den Choleriker konsonantisch-kraftvoll gesprochen. Die Erziehung folgt der Entwicklung der menschlichen Wesensglieder. Steiner empfiehlt erst dann auf ein Wesensglied erzieherisch einzuwirken, wenn es aus seiner Hülle freigesetzt ist.

Erziehung findet in den ersten drei Jahrsiebten mit besonderem Schwerpunkt der Zeit bis zum Schuleintritt statt

Erziehungsfunktionen

In jedem Jahrsiebt muss auf die verschieden Wesensglieder unterschiedlich eingegangen werden. Im ersten Jahrsiebt ist das nachahmende Lernen die wichtigste Lernform. Die Erzieherin wird zum Vorbild. Im zweiten Jahrsiebt braucht das Kind eine geliebte Autorität, der es nachfolgt und durch die es gute Lebensrhythmen und Gewohnheiten aufbauen kann. Im dritten Jahrsiebt gilt es, das Denken und die Urteilskraft zu schulen. Erst jetzt, mit der Geschlechtsreife, wird nach Steiners Ansicht der „Verstand geboren".

Die beschriebenen Erziehungsfunktionen kann die Erzieherin nach Steiners Überzeugung nur leisten, wenn sie sich zuvor einer gründlichen und kritischen Selbsterziehung unterzieht.

Ganzheitlichkeit

Die Waldorf-Pädagogik hat einen ganzheitlichen Ansatz. Alle Erfahrungen werden dem Kind über den Körper, das Gefühl und den Kopf vermittelt. So wird zum Beispiel ein Gedicht geklatscht, gesprochen, rhythmisch gelaufen, in Bildern dargestellt und in den jahreszeitlichen Rhythmus eingeordnet.

3.3.4 Didaktisch-methodische Grundsätze

Sinneserfahrungen an Naturmaterialien

Die Sinne sind für Steiner die Tore zu Welt. Elementare Sinneserfahrungen an Naturmaterialien (Holz, Wolle usw.) und natürlichen Urformen (Kreis, Viereck, Dreieck) sind deshalb die Grundlage allen Lernens in der Waldorf-Pädagogik. Technische Spielsachen, vor allem Konstruktionsspielzeug, gibt es nicht. Ebenso fehlen alle Lernspiele (z. B. Memory, Puzzle). Auch Bilderbücher werden nur selten eingesetzt. Steiner will, dass das Kind seine eigene Phantasie entwickeln kann. So entsteht zum Beispiel das erste Spielzeug, eine „Zipfelpuppe" aus einem einfachen, abgebundenen Tuch. Das Kind muss sich aus seiner Phantasie alles dazu denken, was ihm dieses Gebilde als Mensch erscheinen lässt.

Spiel

Das Spiel sieht Steiner als die Betätigung, bei der alle Fähigkeiten des Kindes am Vollkommensten zusammen wirken. Die Waldorf-Pädagogik räumt den Kindern viel Zeit zum **Freispiel** ein. Die Erzieherin sitzt meist dabei und ist in ihre eigene Arbeit vertieft. Durch die verschiedensten Tätigkeiten, die die Erzieherin verrichtet, bekommen die Kinder Anregungen für ihre **gestaltenden Spiele**. Sie erleben den Erwachsenen, wie er näht, backt oder den Garten pflegt und ahmen sein Tun nach. Im Jahreslauf lernen die Kinder vielfältige Arbeiten durch eigenes Mittun kennen. Beispiel: Herstellen von Brot: Vom Ernten des Getreides, über das Dreschen, das Schroten bis zum Backen.

Kapitel 3

Zu dem gestaltenden Spiel kommt **das (gelenkte) Rollenspiel**. Hier spielen die Kinder zum Beispiel gemeinsam durch mehrere Wochen hindurch ein Märchen. Sie lernen die meist rhythmischen Bewegungen, Gebärden und Lieder zum Märchen dadurch, dass die Erzieherin alles mit- und vorspielt, also nachahmend.

Künstlerisches Tun

Neben dem Spiel betont die Waldorf-Pädagogik das künstlerische Tun der Kinder. In das Malen mit Wasserfarben werden sie z. B. durch spezielle Geschichten zu den einzelnen verwendeten Grundfarben (Malgeschichten) eingeführt. Sie kneten mit Bienenwachs und stellen Bilder durch Zupfen ungesponnener Schafwolle her. Mit richtigem Werkzeug können die Kinder an Holz ihre handwerklichen Fertigkeiten beweisen. Durch Zuschauen und Nachahmen lernen sie gefahrlos mit dem Werkzeug umzugehen.

Rhythmus

Rhythmus ist ein zentraler Begriff der Waldorf-Pädagogik. Die Arbeit im Kindergarten folgt dem jahreszeitlichen Rhythmus. In Spielen, Tänzen (Reigen), in Wandbildern aus Märchenwolle (ungesponnene Schafwolle), in erzählten und gespielten Geschichten sowie in einem wechselnden Jahreszeitentisch, spiegelt sich sinnbildlich das Geschehen der Jahreszeiten wieder.

Auch der Tageslauf in Kindergarten und Schule, der die Kinder den motivierenden Wechsel zwischen Anspannung und Entspannung erleben lässt, ist nach einem bestimmten Rhythmus gegliedert. Unterrichtsinhalte wechseln in einem Drei- bis vier Wochen-Rhythmus, den so genannten **Epochen**. Lerninhalte werden durch Bewegung vermittelt, zum Beispiel werden Buchstaben in die Luft geschrieben und Einmaleins-Reihen gelaufen.

Durch eine besondere Form der Bewegung, der **Eurythmie** soll der seelische Bereich angesprochen werden. Laute und Töne werden hierbei mit Gesten sichtbar gemacht, Gefühle und Empfindungen tänzerisch ausgedrückt. Die Kinder lernen auch zu **Musizieren**. Die Töne werden ähnlich wie die Farben in kleinen Geschichten eingeführt. Erste Melodien spielen die Kinder zusammen mit dem Erzieher auf einer pentatonisch gestimmten Kinderharfe, der Kantele.

Raumgestaltung

Seine pädagogischen Grundideen will Steiner auch in der Art der Architektur und Raumgestaltung zum Ausdruck bringen. Die Gebäude weisen z. B. gebrochene rechte Winkel und viel Holz auf, um möglichst naturnah konstruiert zu sein. Für die Räume in Kindergarten und Schule hat Steiner feste Farbvorstellungen, die er in Verbindung mit der menschlichen Entwicklung sieht. Die Räume sind der Jahreszeit und in der Schule zusätzlich der behandelten Epoche entsprechend ausgestaltet. In jedem Waldorfkindergarten findet sich an der Wand eine sixtinische Madonna mit vielen schwebenden Kinderköpfen im Hintergrund, die auf die geistige Herkunft des Kindes verweisen sollen.

3.4 Vergleich der klassischen Ansätze

Einen Überblick über die drei klassischen Ansätze geben die beiden folgenden Darstellungen, in denen die drei klassischen Ansätze im Hinblick auf ihre Kennzeichen gegenüberstellt und Gemeinsamkeiten sowie Unterschiede herausgearbeitet werden.

3.4.1 Zusammenschau und Gegenüberstellung der Ansätze

	Friedrich Fröbel	Maria Montessori	Rudolf Steiner
Philosophisch/ geistiger Hintergrund	Christliches Weltbild, verbunden mit der Sphärenphilosophie und naturwissenschaftlichem Denken	Christliches Weltbild, verbunden mit naturwissenschaftlichem Denken	Christliches Weltbild, verbunden mit der Geistes-Wissenschaft, der Anthroposophie
Bild vom Kind und	Eigenständiges, weltoffenes Wesen, das sich spontan-aktiv mit der Kultur auseinandersetzt, aber auch auf Erziehung angewiesen ist	Eigenständiges, weltoffenes Wesen, dass sich spontan aktiv mit der Kultur auseinandersetzt, aber auch auf Erziehung angewiesen ist	Eigenständiges „geistiges" Wesen, das einen bestimmten Körper angenommen hat und ein Schicksal durchlebt (Inkarnation, Karma)
von seiner Entwicklung	Natürliche Selbstentwicklung in Stufen, nach einem inneren Wissen über den Aufbau der Welt	Natürliche Selbstentwicklung nach innerem Bauplan in Stufen mit sensiblen Phasen	Natürliche Selbstentwicklung den vier Wesensgliedern entsprechend in Jahrsiebten
Vorstellung von Erziehung und	Erziehung als Hilfe zur Lebenseinigung, Individuelle- und Gemeinschaftserziehung	Erziehung als Hilfe zur Normalisierung (des Geistig sich-Ordnens), Konzentration auf Individualität, Zulassen von Gemeinschaft	Erziehung als Hilfe zum Leben durch gezielte Einwirkung auf die Wesensglieder, Individuelle- und Gemeinschaftserziehung
Aufgaben der Erzieherin	Erzieherin als aufmerksame Beobachterin, beschützende Begleiterin und motivierende Erwachsene der kindlichen Entwicklung	Erzieherin als aufmerksame Beobachterin der kindlichen Entwicklung und Vorbereiterin der Lernumgebung	Erzieherin als aufmerksame Beobachterin und beschützende Begleiterin der kindlichen Entwicklung; Vorbild und Autorität
Didaktisch-methodische Grundsätze	Angeleitetes Selbsttun, mitspielender Erwachsener	Selbsterziehung in einer didaktisch vorbereiteten Umgebung. „Hilf mir es selbst zu tun".	Vorbild und Nachahmung, wiederholendes Tun
	Offenes, umfassendes Spielsystem: Mutter- und Koselieder, Freispiel, Spielgaben, Bewegungs- und Kreisspiele, „Garten für Kinder"	Didaktisches Spiel, geschlossenes Lernsystem, Betonung des kognitiven Bereiches	Einfaches, fantasieanregendes Spiel mit naturbelassenen Materialien, Verzicht auf Lernspiele, technisches Spielzeug und Medien. Betonung des musisch- kreativen Bereiches (Rhythmus und Bewegung, Eurythmie)

3.4.2 Gemeinsamkeiten und Unterschiede der Ansätze

Bild vom Kind

Alle drei Ansätze orientieren sich in ihrer Pädagogik am Kind: Es sind **kindzentrierte pädagogische Handlungskonzepte**. Sie stimmen darin überein, dass das Kind ein eigenes Wesen besitzt und eine einmalige, individuelle Entwicklung zu einem selbständigen, frei entscheidenden Menschen durchläuft. Die Erzieherin hat in allen drei Ansätzen im Wesentlichen die Aufgabe, dem Kind eine optimale Entwicklung zu ermöglichen, es zu begleiten und ihm wo nötig zu helfen. Die Ansätze gehen bei der Übertragung ihrer kindzentrierten pädagogischen Grundhaltung in die Praxis unterschiedlich vor.

Spiel

Alle sehen im Spiel die kindgemäße Lern- und Erkenntnisform. Bei Fröbel findet man den umfassendsten Spielbegriff. Er versteht das Spiel als Freispiel, Lernspiel und therapeutisches Spiel. Montessori betont das didaktische Spiel, in dem vor allem die von ihr entwickelten Materialien zum Einsatz kommen. Für Steiner drückt sich im Spiel in besonderer Weise das kindliche Wesen aus. Er hebt deshalb das Freispiel, das gestaltende Spiel und das Rollenspiel hervor. Ausgesprochene Lernspiele fehlen in der Waldorf-Pädagogik.

Förderbereiche

Alle drei Ansätze wollen das Kind möglichst früh und ganzheitlich fördern. Sie betonen dann aber zum Teil einzelne Entwicklungsbereiche und vernachlässigen andere. So überwiegt bei Montessori insgesamt gesehen die Förderung des kognitiven Bereichs, die Steiner in seinem ersten Jahrsiebt vollständig aussetzt. Er hebt die Förderung der kindlichen Gestaltungsfähigkeit hervor und konzentriert sich auf den musisch-kreativen Entwicklungsbereich. Fröbel kommt der ganzheitlichen kindlichen Förderung mit seinem Beschäftigungssystem sowie seinen Bewegungs- und Darstellungsspielen am Nächsten. Er entwickelte mit seinen Mutter- und Koseliedern auch das umfassendste Frühförderkonzept.

Materialien

Bei Fröbel und Montessori stellen die entworfenen Materialien ein systematisches, aufeinander aufbauendes Lernsystem dar. Fröbels Spielgaben ermöglichen durch die Aufteilung in Lebens- Schönheits- und Erkenntnisformen vielfältige eigene Erfahrungen. Die Montessori-Materialien stellen ein relativ geschlossenes Lernsystem dar, das weniger Gestaltungs- und Darstellungsmöglichkeiten zulässt. Steiner lehnt didaktisches Beschäftigungsmaterial ab. Die Kinder sollen ihre Lernerfahrungen an der Natur und naturbelassenen Materialien machen.

Bildungskonzept

Alle drei Ansätze kritisieren die herkömmliche Erziehung und das Schulwesen als ein System, in dem sich das Kind nicht optimal entfalten kann. Als Alternative entwickeln sie ein umfassendes Erziehungs- und Bildungssystem, in dem Kinder vom Kindergarten über die Grundschule und weiterführende Schule kontinuierlich gebildet werden. Fröbel konnte seine Ideen nur zum Teil, vor allem im Vorschulbereich, in die Praxis umsetzen. Die Vorstellungen Montessoris und Steiners sind und werden in den entsprechenden Montessori- und Waldorf-Kindergärten und Schulen verwirklicht.

3.5 Situationsbezogene Ansätze

Geschichte

Unter der Bezeichnung situationsbezogene Ansätze wurden in der Zeit der Bildungsreformen in den siebziger Jahren verschiedene sozialpädagogische Konzepte für den Kindergarten entworfen. Diese Ansätze verstanden sich gewissermaßen als Gegenbewegung zu den damals vorherrschenden Konzepten einer überwiegend kognitiven Förderung, die sich in Frühlesekursen, Intelligenzprogrammen und Sprachmappen niederschlug. Situationsbezogen zu arbeiten meinte dagegen, die **Förderung der Kinder an den für sie bedeutsamen Lebenssituationen auszurichten und ihnen ein ganzheitliches Lernen zu ermöglichen.**

Besonders bekannt geworden ist das Konzept des Situationsansatzes des Deutschen Jugend Institutes in München (DJI). Das DJI ist ein sozialpädagogisches Forschungsinstitut auf Bundesebene mit verschiedenen Abteilungen. Die 1969 geschaffene Arbeitsgruppe Vorschulerziehung des DJI entwickelte in Zusammenarbeit mit Modellkindergärten in Rheinland-Pfalz und Hessen das **Curriculum** „soziales Lernen", das länderübergreifend erprobt wurde. Das Curriculum enthielt 28 Lernsituationen, die von den Erziehern und Wissenschaftlern als wichtig für das Leben der Kinder erachtet wurden. Sie dienten als Grundlage für die Arbeit nach dem Situationsansatz. Das Curriculum soziales Lernen ist inzwischen vergriffen. Die Lebenssituationen der Kinder verändern sich ständig, so dass heute jede Einrichtung die für seine Kinder bedeutsamen Situationen finden und in ihrer pädagogischen Planung umsetzen muss.

Situationsansatz des DJI

Das DJI hat Prinzipien des Situationsansatzes in handlungsorientierten Forschungsprojekten weiterentwickelt. In dem Projekt „**Orte für Kinder**" ging es z. B. darum, neue Wege der Kinderbetreuung in der Zusammenarbeit von Krippe, Kindergarten und Hort zu finden.

1993 - 1997 lief in den östlichen Bundesländern das Modellprojekt „**Kindersituationen**". Es diente zur Entwicklung offener Anregungsmaterialien und sollte die sozialpädagogische Praxis weiterbringen. Aus dem Modellprojekt ist die „**Praxisreihe Situationsansatz**" entstanden. Sie besteht aus 11 Praxisbänden, einem Handbuch, einem Diskussionsspiel und einer Materialbox. In der Praxisreihe wurden die Prinzipien des Situationsansatzes weiterentwickelt und durch neue Grundlagen z. B. interkulturelles Leben in der Kindertagesstätte oder ein Demokratiebuch ergänzt.

Das Institut für den Situationsansatz an der Freien Universität Berlin hat ein Projekt zur Qualität im Situationsansatz (QuaSi) durchgeführt. Es ist ein Teilprojekt der Nationalen Qualitätsinitiative im System der Tageseinrichtungen für Kinder (NQI), ein Länder- und trägerübergreifender Forschungsverbund, der 1999 vom Bundesministerium für Familie, Senioren, Frauen und Jugend (BMFSFJ) veranlasst wurde. In dem Projekt wurden Verfahren und Instrumente zur internen und externen Evaluation (Überprüfung) des Situationsansatzes zusammen mit bundesweit 17 Kindertagesstätten erarbeitet und erprobt. Im Zusammenhang mit der Projektplanung wurden auch die Prinzipien des Situationsansatzes überarbeitet und ergänzt. Den weiteren Ausführungen liegt die Neufassung zu Grunde (vgl. Chr. Preissing,Hrsg., 2003).

3.5.1 Bild vom Kind und von seiner Entwicklung

Für den Situationsansatz ist der Mensch auf **Selbstbestimmung** hin entworfen. Er strebt eine ganzheitliche Entwicklung seiner Persönlichkeit (körperliche, geistige und seelische) an. Wenn er in seiner individuellen Entfaltung eingeschränkt wirkt, widersetzt er sich gegen seine Unterdrückung und bemüht sich aktiv handelnd um Veränderung seiner Lage. Der Mensch tut dies aber nicht alleine. Er ist ein **soziales Wesen** und als solches sucht und braucht er die Gemeinschaft. Die Solidarität mit den anderen führt zu einer gemeinsamen Handlungsfähigkeit.

Handlungssubjekt und Akteur seiner Entwicklung

Kinder werden im Situationsansatz als vollgültige Menschen gesehen. Sie besitzen von Geburt an eine eigene Persönlichkeit und müssen nicht erst zum Menschen gemacht werden. Kinder haben auch von Beginn an am ganzen Leben, wie die Erwachsenen teil. Zwischen den Generationen besteht nach dem Situationsansatz ein grundsätzlich gleiches Verhältnis mit unterschiedlichen Verantwortlichkeiten. Dem Kind wird zugetraut, dass es die Schritte, die für seine Entwicklung notwendig sind, durch eigene Aktivität selbst vollzieht. Es ist Handlungssubjekt und Akteur seiner Entwicklung.

Umweltbezogene Entwicklung

Das Kind besitzt eine eigene Art wahrzunehmen, zu denken und zu fühlen. Seine Erklärungen von Welt werden im Situationsansatz ernst genommen und respektiert. Die kindlichen Fähigkeiten entwickeln sich aber nur, wenn entsprechende, fördernde Lernbedingungen geschaffen werden (siehe didaktisch-methodische Grundsätze). Alle Bilder vom Kind sind vorläufig. Sie entstehen aus dem Wechselverhältnis von Kind und umgebender Realität, das sich fortlaufend ändert.

3.5.2 Verständnis von Erziehung und Rolle (Aufgabe) der Erzieherin

Pädagogische Ziele

Der Situationsansatz will die Kinder dazu befähigen, mit sich selber, mit anderen und mit einer Sache gut zu Recht zu kommen. Seine wesentlichen pädagogischen Ziele lauten also: **Selbstbestimmung, Solidarität und Kompetenz**. Diese Ziele sollen erreicht werden durch eine Verknüpfung von sachbezogenem und sozialem Lernen. Die Kinder erwerben Kompetenzen zusammen mit anderen und bringen sie in die Gemeinschaft ein. Sie lernen, ihre eigenen Probleme zu formulieren, Entscheidungen zu treffen und selbständig Lösungen zu suchen. Der Situationsansatz will Entscheidungsfertigkeiten, Problemlösungsstrategien und soziale Umgangsfähigkeiten vermitteln.

Pädagogische Prinzipien

Durch **altersgemischte Gruppen** werden wechselseitige Lernprozesse ermöglicht. Die Jüngeren profitieren von den Erfahrungsvorsprüngen der Älteren. Diese lernen auf Bedürfnisse und Fähigkeiten der Jüngeren Rücksicht zu nehmen.

Das **Lernen** findet in **realen Lebenssituationen** innerhalb und außerhalb der Kindertagesstätte statt. Es geht darum, Situationen ausfindig zu machen, aus denen Kinder besonders lernen können, die **Schlüsselsituationen**. Dies geschieht, in dem zum einen das Alltagsleben in der Kindertagesstätte genauer betrachtet wird und zum anderen die gesellschaftlichen Bedingungen mit ihren Auswirkungen auf das Leben der Kinder analysiert werden.

Aufgaben der Erzieherin

Aufgabe der Erzieherinnen ist es, im Dialog mit Kindern, Eltern und anderen an der Erziehung Interessierten, die für ihre jeweiligen örtlichen Bedingungen spezifischen Schlüsselsituationen herauszufinden. Sie können auch Situationen schaffen und bestimmte Aspekte eines Themas einbringen. Ihre Wissens- und Erfahrungsvorsprung wird als Tatsache akzeptiert und im gemeinsamen Lernprozess genutzt. Mit allen zusammen gestalten die Erzieherinnen eine anregungsreiche Lernumwelt und führen Projekte durch. Sie schaffen die Voraussetzungen, dass die Kinder sich im Spiel kreativ und phantasievoll mit ihrer Lebenswirklichkeit auseinander setzen können. Erzieherinnen haben im Situationsansatz somit eine „Impuls gebende Rolle". Die Erzieherinnen lernen aber auch von den Kindern, z. B. von ihrer Art die Welt zu entdecken und zu erklären. Sie sind selbst neugierig und begeben sich gemeinsam mit den Kindern auf den Weg des Suchens und entdeckenden Lernens. Sie begleiten die Kinder in ihrer Entwicklung und fordern sie zur Selbstbildung heraus. Erzieherinnen sind also **Lehrende und Lernende** zugleich.

Der Situationsansatz fördert die multikulturelle und integrative Erziehung.

Jungen und Mädchen werden in ihrer geschlechtsspezifischen Identitätsentwicklung unterstützt. Stereotypen Rollenzuweisungen und -übernahmen wird entgegengewirkt.

Erziehungspartnerschaft

Der Situationsansatz setzt sich bewusste mit Werten und Normen auseinander und trainiert das Konfliktlösungsverhalten im täglichen Zusammenleben. Die Eltern werden im Situationsansatz als Partner in der Betreuung, Bildung und Erziehung der Kinder gesehen.

3.5.3 Didaktisch-methodische Grundsätze

Die pädagogische Arbeit im Situationsansatz beruht auf einer prozesshaften, offenen Planung. Das bedeutet:

Offene Planung

- Die Lerninhalte sind nicht vorab festgelegt, sondern ergeben sich im pädagogischen Prozess, aus der Beobachtung der Kinder und der Analyse ihrer Lebenssituation.
- Die Planung erfolgt gemeinsam mit Kindern und Eltern.
- Die Planung ist flexibel: Lerninhalte können sich während der Bearbeitung ändern, auf die unterschiedlichen Entwicklungstempi und Leistungsvoraussetzungen der Kinder wird eingegangen, unvorhergesehene Einflüsse von außen werden berücksichtigt.
- Die Planung umfasst unterschiedlich weite Zeiträume.
- Die Planung beinhaltet differenzierte Fähigkeiten für einzelne Kinder, Kleingruppen und Kinder mit besonderen Bedürfnissen.

Raumausstattung und Materialauswahl

Die Raumausstattung und Materialauswahl entspricht dem Grundsatz der offenen Planung. Sie soll den Kindern Selbständigkeit sowie Wahlfreiheit für Tätigkeit und Material ermöglichen. Dazu sind die Räume z. B. so anzuordnen, dass die Kinder sich nicht ständig kontrolliert fühlen und sich für individuelles Handeln zurückziehen können. Eine vielfältige und verschiedenartige Materialausstattung sorgt dafür, dass die Kinder sich nach ihren Interessen und Bedürfnissen selbst beschäftigen können.

Der Situationsansatz sieht vor, dass die Kinder **Erfahrungen in konkreten Lebenssituationen** machen. So werden ihnen die Arbeitsräume, Geräte und Werkzeuge der Erwachsenen zugänglich gemacht.

Als durchgängiges Planungsprinzip sind vier Schritte vorgesehen. Sie sollen in der von Heller & Preissing gewählten, sehr praxisnahen Frageform dargestellt werden (2000, S.26):

Planungsschritte

Erster Schritt:
Erkunden - Situationen analysieren

- Was sind bedeutsame Lebenssituationen für Kinder und Familien heute?
- Warum?
- Was sind bedeutsame Lebenssituationen für die Kinder in der Gruppe?
- Warum?
- Wie stellt sich die Situation konkret dar:
- Für die Kinder, ihre Eltern, die Erzieherin und andere beteiligte Personen?

Zweiter Schritt:
Entscheiden - Ziele finden

- Welche Erfahrungen sollen den Kindern ermöglicht werden (Selbst- und Welterfahrung)?
- Welche Kompetenzen können die Kinder erwerben (Ich-, Sozial- und Sachkompetenz)?

Dritter Schritt:
Handeln - Situationen gestalten

- Welche Anregungen und Tätigkeiten sind möglich und sinnvoll, um selbstständiges, sachkompetentes und solidarisches Handeln der Kinder zu fördern in der Alltagsgestaltung und in Projekten? Wie können Eltern und andere Personen mitwirken?
- Welche Erfahrungsfelder innerhalb und außerhalb der Kindertagesstätte lassen sich erschließen?

Vierter Schritt:
Nachdenken - Erfahrungen auswerten

- Woran beteiligen sich die Kinder besonders aktiv, was entsprach weniger ihren Bedürfnissen und Interessen? Welche Erfahrungen und Kompetenzen konnten sich die Kinder aneignen?
- Welche nächsten Schritte sind sinnvoll?

Die pädagogische Arbeit wird fortlaufend dokumentiert. Sie erfolgt in enger Beziehung zum sozialräumlichen Umfeld. Das Gemeinwesen wird als Lernort für die Kinder genutzt. Die Kindertagesstätte vertritt die Belange der Kinder im Gemeinwesen. Sie versteht sich als Zentrum nachbarschaftlicher Kontakte und Begegnungen.

Dokumentation

3.6 Reggio-Pädagogik

Geschichte

Der Name Reggio-Pädagogik kommt von der norditalienischen Stadt Reggio Emilia. Sie liegt zwischen Bologna und Mailand und hat heute circa 150.000 Einwohner. Die Bezeichnung Reggio-Pädagogik gibt es erst seit Anfang der 90er Jahre.

Der Anfang dieser Pädagogik liegt in der Gründung eines Volkskindergartens 1947 in Villa Cella damals Vorort, heute Stadtteil von Reggio Emilia. Die Bürger der Stadt hatten selbst die Initiative ergriffen und gemeinsam die Verantwortung für die Erziehung ihrer Kinder übernommen. Von Beginn an wurden alle Entscheidungen in demokratischer Weise ausgehandelt. Inhalte und Formen der Kindererziehung wurden im gemeinsamen Dialog ausgetauscht und geklärt.

Eine solche selbst verwaltete, unabhängige Kindertagesstätte war die Ausnahme in Italien, wo sich die meisten Vorschuleinrichtungen für 3 bis 6 jährige Kinder in kirchlicher Trägerschaft befanden. Kindertagesstätten sind in Italien Teil des Bildungssystems und werden deshalb als „Schulen der Kindheit" (scuola dell` infanzia) bezeichnet.

Kapitel 3

Zu dem ersten Volkskindergarten, der heute noch existiert, kamen weitere Einrichtungen hinzu; anfangs nur für Kinder im Alter von drei bis sechs Jahren, ab 1971 auch für Krippenkinder.

1968 übernahm die Kommune die Trägerschaft. Die Einrichtungen behielten aber ein großes Maß an Selbständigkeit und arbeiteten weiter nach ihrem eigenen pädagogischen Konzept.

In der Stadt Reggio Emilia besuchen heute 94,65 % aller 3 bis 6jährigen eine von 55 Kindertagesstätten und 38 % der 0- bis 3jährigen eine von 25 Kinderkrippen (vgl. Lingenauber 2004, Seite 62)

Loris Malaguzzi

Die Grundideen der Reggio-Pädagogik wurden maßgeblich mitbestimmt von Loris Malaguzzi (1920-1994). Er war Grundschullehrer in Reggio Emilia und schloss sich der Elterninitiative zur Kindererziehung an. Zunächst trat er nur als Berater auf, ab 1970 leitete er die kommunalen Einrichtungen von Reggio Emilia. Nach Malaguzzis Vorstellung können Kinder nur umfassend gebildet werden, wenn man die Künste, d.h., Theater, Schauspielerei, Malerei, Musik usw. einbezieht. Deshalb war eine seiner Ideen, dass jede Kindertagesstätte ein Atelier und eine Atelierleiterin haben sollte. Die Einrichtungen sollten durch ihren künstlerischen Charakter den Kindern die Möglichkeit geben, sich in ihren „hundert Sprachen" auszudrücken (siehe Konzept). In Vorträgen, auf Fachtagungen und Kongressen trug Malaguzzi zur Verbreitung der Reggio-Pädagogik bei. In besonderer Weise wurde die Methodik und Didaktik der reggianischen Einrichtungen in einer von Malaguzzi und seinen Mitarbeitern (1981) konzipierten Wanderausstellung verbreitet. Sie wurde unter dem Titel „Wenn das Auge über die Mauer springt" erstmals im Jahr 1981 in Stockholm, später auch in

Berlin und Hamburg gezeigt. Seit 1987 trägt die Ausstellung den Namen „**Hundert Sprachen hat das Kind**". Sie wurde ständig weiterentwickelt und inzwischen in mehr als 15 Ländern der Erde gezeigt.

Durch die Ausstellung wuchs das internationale Interesse an der Reggio-Pädagogik. Ihre Bekanntheit stieg weiter als im Jahre 1991 die Kindertagesstätten und Krippen von der amerikanischen Zeitschrift Newsweek als die schönsten und besten vorschulischen Institutionen der Welt ausgezeichnet wurden.

Reggio Children

Malaguzzi gründete noch vor seinem Tod 1994 die Stiftung „Reggio Children". Sie soll sich nach seinen Vorstellungen für die Rechte der Kinder einsetzen und insbesondere ihre Kreativität verteidigen. Gegenwärtig wird ein Forschungs- und Dokumentationszentrum in Reggio Emilia aufgebaut. Die Stiftung veranstaltet Weiterbildungen für Erzieherinnen und veröffentlicht Literatur zur Reggio-Pädagogik.

Dialog-Reggio

In Deutschland wurde 1997 der Verein „Dialog Reggio" zur Förderung der Reggio-Pädagogik ins Leben gerufen. Zu den wesentlichen Aktivitäten des Vereins gehören regionale und bundesweite Fachtagungen, Förderung von Studienreisen nach Reggio Emilia, Aufbau von Regionalgruppen sowie die Entwicklung eines gemeinsamen Verständnisses von Reggio-Orientierung in deutschen Einrichtungen (vgl. Knauf in Lingenauber Hrsg., 2004, Seite 25).

3.6.1 Bild vom Kind und von seiner Entwicklung

Das Kind wird in der Reggio-Pädagogik als kompetentes, eigenständiges Wesen gesehen.

Hundert Sprachen

Dieses Wesen zeichnet sich vor allem aus durch seine Kreativität. Es verfügt über viele Ausdrucksmöglichkeiten, die Malaguzzi bildlich als die „hundert Sprachen des Kindes" umschreibt. Die Kinder gehen neugierig an die Welt heran. Wie ein Forscher versuchen sie Erklärungen für die Dinge und das Geschehen um sie herum zu finden. Ziel ihres forschenden, entdeckenden Lernens ist nicht der Erwerb eines festen Wissensbestandes, sondern die **Erprobung von Strategien für die Annäherung an die Wahrheit**.

Selbstbestimmtes, soziales Wesen

Die Kinder lernen nach Vorstellungen der Reggio-Pädagogik in erster Linie durch sich selbst und nicht durch die Wissensvermittlung Erwachsener. Kinder tauschen sich aber auch mit anderen, vor allem mit Gleichaltrigen aus. In der Auseinandersetzung mit den anderen bauen sie dann ihr „Weltbild" auf. Die Reggianer sehen das Kind also sowohl als eigenständiges Subjekt, als auch im Bezug zu anderen, das heißt, als soziales Wesen. Sie glauben an die mitgebrachten Fähigkeiten der Kinder, gehen aber gleichzeitig davon aus, dass zu ihrer Entwicklung Anregungen und Hilfestellungen erforderlich sind (siehe didaktisch-methodische Grundsätze). Insgesamt haben die Reggianer **ein sehr reiches, optimistisches Bild vom Kind**, das sich aus den Forschungsergebnissen der Entwicklungspsychologie und der Neurologie herleitet.

3.6.2 Verständnis von Erziehung und Rolle (Aufgabe) der Erzieherin

Die Reggio-Pädagogik geht nicht auf einen einzelnen Gründer wie z. B. Fröbel, Montessori oder Steiner zurück. Ihre Grundlagen wurden aber maßgeblich von den Vorstellungen Loris Malaguzzis beeinflusst. Er hat kein geschlossenen pädagogisches Konzept aufgestellt und schriftlich festgehalten, sondern seine Ideen zu einer neuen Kindererziehung im Dialog mit den pädagogischen Mitarbeitern und Eltern in der Praxis ständig weiterentwickelt.

Gemeinsame Erziehungsverantwortung

Kindererziehung wurde in Reggio-Emilia von Beginn an als gemeinsame Aufgabe von Eltern, Erzieher und der Politik gesehen. Die gemeinsame Verantwortung spiegelt sich wieder in der Leitung der Kindertagesstätten. Sie wird von einem gemeinschaftlichen **Leitungsrat** geleistet. Er setzt sich aus den Erzieherinnen der Kindertagesstätten, einer gleichgroßen Zahl von Eltern und aus Bürgern des Stadtteils zusammen. Der Leitungsrat bildet Arbeitsgruppen, die die konkreten Leitungsaufgaben, z. B. Organisation der Kindertagesstätten, Öffentlichkeitsarbeit, Planung von Aktivitäten und Projekten usw. übernehmen.

Die Beteiligung der Kinder wird ermöglicht durch eine Art **Kinderparlament**, das in allen Kindertagesstätten besteht. An einer solchen Versammlung nehmen alle Kinder der Gruppe und die Erzieher teil. Gemeinsam besprechen sie z. B., welche Ideen im Rahmen eines geplanten Projekts als nächstes umgesetzt werden sollen. Die Kinder lernen unter Anleitung der Erzieherinnen ihre Wünsche und Ideen auszudrücken, anderen Kindern zuzuhören und sie sammeln Diskussionserfahrungen in einer großen Gruppe.

Pädagogik als Prozess

Die Ziele der gemeinsamen pädagogischen Arbeit werden in stetigen, offenen Auseinandersetzungen aller am Erziehungsprozess Beteiligten festgelegt. Für alle kommunalen Einrichtungen existiert eine verbindliche Gesamtkonzeption. Die einzelnen Einrichtungen erarbeiten sich jährlich neu konkrete Ziele für ihre alltägliche Arbeit mit den Kindern. Das bedeutet, dass die Reggianer ihre Pädagogik als Prozess sehen. Eine Konzeption ist nie festgeschrieben, sondern wird auf die jeweiligen Bedürfnisse der Kinder und Erzieherinnen sowie auf die Lebenssituation der Familie abgestimmt.

Gemeinsame Konzeption

In der Form der Darstellung der Konzeptionen drückt sich in besonderer Weise die gemeinsame Erziehungsverantwortung aus. In allen Konzeptionen kommen Erzieherinnen, Eltern und Kinder zu Wort. Das Gesamtbild der Kindertagesstätte setzt sich aus den einzelnen Sichtweisen der Akteure des Erziehungsprozesses zusammen. Die Erzieherinnen stellen ihre Arbeit in Text- und Bildbeiträgen dar. Von den Kindern finden sich selbst gemalte Bilder oder wörtlich wiedergegebene Aussagen z. B. aus Projekten in den Konzeptionen wieder. Die Eltern schildern z. B. ihre Erfahrungen bezüglich der gemeinsamen pädagogischen Arbeit. Erziehung geschieht in der Gemeinschaft von Eltern, Erzieherinnen und Kindern, die in Verbindung stehen zum Gemeinwesen der Stadt und zu anderen kommunalen Kindertagesstätten und Krippen.

Erzieherinnen als kompetente Wegbegleiterinnen

Im Mittelpunkt der Reggio-Pädagogik steht das Recht des Kindes sich in der Gemeinschaft mit anderen Kindern und Erwachsenen ganzheitlich zu entwickeln. Das bedeutet, dass sowohl die individuelle Förderung als auch die Erziehung zur Gemeinschaft angestrebt werden. Das kompetente Kind macht sich selbst auf den Weg seiner Entwicklung. Es braucht aber nach Auffassung der Reggio-Pädagogik die Erzieherin als kompetente Wegbegleiterin, die es auf unterschiedliche Art in seinem Selbst-Lern-Prozess unterstützt. So ist es z. B. wichtig, die Kinder in ihrer Lernfreunde zu bestärken oder ihnen Hilfe anzubieten, wenn sie alleine nicht weiterkommen. Hilfestellung geben bedeutet aber nicht, den Kindern das Erwachsenenwissen aufzudrängen. Die Erzieherin soll sich vielmehr selber als Forscherin sehen, die sich interessiert auf den Weg macht und gemeinsam mit dem Kind nach Lösungen sucht. Die Erwachsenen sollen sich von den kindlichen

Aktivitäten „anstecken“ lassen, so dass es zu einem Prozess des wechselseitigen Voneinander-Lernens kommt. Das Kind wird sich dann als eifriger Forscher zeigen und sich in seinen hundert Sprachen ausdrücken.

Die Erzieherin beobachtet und dokumentiert die Entwicklung der Kinder. Ihre Aufzeichnungen (Tonträger, Fotos, Videos) bespricht sie anschließend mit den anderen Erzieherinnen, mit den Eltern und auch mit den Kindern.

3.6.3 Didaktisch – methodische Grundsätze

Offenes Curriculum

Das Lernen in Reggio-Emilia ist ausgerichtet an den entwicklungspsychologischen Vorraussetzungen der Kinder. Deshalb gibt es kein festes Lernprogramm. Es besteht ein offenes Curriculum, das heiß, es werden vielfältige Angebote entwickelt, die zu Einzel- und/oder Gruppenaktivitäten anregen. Durch sein eigenes Tun und durch Interaktionen mit Erwachsenen und anderen Kindern macht das einzelne Kind so **individuelle und soziale Lernerfahrungen**.

Eine besondere Bedeutung kommt in der Reggio-Pädagogik dem Raum zu. Die Raumgestaltung orientiert sich an den Bedürfnissen der Kinder. Sie ist gekennzeichnet durch offene, transparente bauliche Strukturen (z. B. Durchfensterung der Wände bis zum Boden), pädagogisch zweckmäßige Räume und vielfältige sinnesanregende Materialen.

Raum als dritte Erzieherin

In den Räumen sollen die Kinder sich geborgen und wohl fühlen. Sie sollen sich austauschen können und Anregungen für ihre Aktivitäten finden. Der Raum übernimmt in Reggio-Emilia die Funktion einer „dritten Erzieherin“ neben den beiden Erzieherinnen, die für jede Gruppe vorgesehen sind.

In allen kommunalen Krippen und Kindergärten findet sich ein weiträumiger, heller Eingangsbereich, die Piazza. Sie dient als Aufenthaltsbereich, Begegnungsort und Ausstellungsraum. Auf der Piazza finden sich für die Kinder vielfältige Materialen, die zum kreativen Spiel anregen. Zum Beispiel: Spiegelzelte, Zerrspiegel, Kaleidoskope und Verkleidungsecken. Pflanzen lockern den weiten Raum auf. Gemütliche Sitzecken laden zum Verweilen ein. Anhand der Plakatwände können sich die Eltern z. B. über die neuesten Projekte informieren.

Von der Piazza gehen die Gruppenräume ab, die entsprechend der altersgleichen Gruppen eingerichtet sind. Die Materialangebote sind abgestimmt auf die Bedürfnisse und Interessen der Kinder. Sie sollen zum Experimentieren und Forschen angeregt werden.

Im Umgang mit den Materialen drücken die Kinder sich selbst aus und treten in Beziehung mit anderen Personen. In der Reggio-Pädagogik kann zwischen den folgenden Materialgruppen unterschieden werden (vgl. Knauf in Lingenauber 2004, Seite 91):

Materialgruppen

- Alltags- oder zufällig vorgefundene Gegenstände. Dinge, die die Kinder erstaunen, die sie sammeln oder untersuchen.
- Gegenstände, die Kinder in ihrer Einrichtung vorfinden und die sie zum Experimentieren und Gestalten anregen sollen.

  Dazu gehören zum Beispiel:

  - Optische Geräte wie Diaprojektoren,
  - Gegenstände zum Messen und Untersuchen, wie Metermaß und Lupen.
  - Gegenstände zum darstellenden Spiel wie Puppentheater, Leinwände und Lampen für Schattenspiel, Verkleidungsbereiche, Podeste als Bühnen, Spiegel.
  - Materialien zum Bauen wie Lego, Holzbauklötze, Steckmaterialien.
  - Musikinstrumente, vor allem Schlag- und Blasinstrumente
  - Materialien zum Lesen, Schreiben und Kommunizieren wie Bilderbücher, Bücher zum Vorlesen, Lexika, Computer mit ausgewählten Programmen.
  - Materialen, die Kinder von zuhause mitbekommen oder die sie beim Besuchen von Einrichtungen (z. B. Feuerwehr) erhalten und die sie in Spielhandlungen, Projekten und Dokumentationen verwenden.

Lernwerkstätten

Die Dinge, die miteinander zutun haben werden an einem bestimmten Platz zusammen aufbewahrt. So entstehen **Funktionsbereiche**, in denen die Kinder durch die Begegnung mit den Materialien vielfältige Lernerfahrungen machen. Die Gruppenräume werden zu Lernwerkstätten für die Kinder.

Ateliers

Zusätzlich zu den Gruppenräumen gibt es in Reggio-Emilia Ateliers. Das sind ästhetisch gestaltete Räume, in denen die Kinder sich vor allem künstlerisch betätigen können. In den Ateliers finden die Kinder vielfältige Gestaltungs-, Konstruktions- und Verbrauchsmaterialien sowie Werkstoffe und Werkzeuge in Regalsystemen übersichtlich aufbewahrt. An großen Arbeitstischen und Staffeleien können die Kinder sich betätigen. Ihre fertigen Produkte werden ausgestellt und auf großen Flächen dokumentiert. Die Ateliers werden von einer Leiterin betreut, die in der Regel keine elementarpädagogische, sondern eine handwerkliche, künstlerische oder kunstpädagogische Ausbildung besitzt. Die Kinder besuchen die Ateliers in freier Wahl aus sehr unterschiedlichen Gründen. Sie suchen z. B.

Kapitel 3

Abwechslung von den Gruppenaktivitäten, wollen eine bestimmte Gestaltungsidee umsetzen und lassen sich dabei von der Leiterin beraten. Sie arbeitet selber im Atelier und kann so für die Kinder auch zum Modell werden. Das entdeckende Lernen in der Gruppe wird im Atelier durch das Nachahmen bewährter handwerklicher Praxis ergänzt.

Die Angebote und Aktivitäten in der Reggio-Pädagogik sind ausgerichtet am Bild vom Kind. Die Kinder sollen ihre Rolle als Konstrukteure und Gestalter ihrer Entwicklung in Spielhandlungen (insbesondere Bauspiele, darstellende Spiele und Entdeckungs- oder Erkundungsspiele) und Gemeinschaftshandlungen (Morgenkreis, Mittagsmahlzeit, Ausflüge, Feste usw.) einnehmen können.

Projekte

In besonderer Weise werden die kindlichen Ideen und Vorstellungen in gemeinsam durchgeführten Projekten verwirklicht, die in Reggio-Emilia zur alltäglichen Praxis gehören. Sie entwickeln sich aus Gesprächen, Spielhandlungen oder konkreten Erlebnissen der Kinder. Die Erzieherinnen greifen die Fragen der Kinder auf und begeben sich gemeinsam mit den Kindern auf Entdeckungsreise. Es folgt ein gemeinsames Planen, gemeinsame Aktionen und die gemeinsame Darstellung der Handlungsprozesse.

Dokumentation

Eine Besonderheit der Projektpraxis in Reggio-Emilia ist die sinnlich-gegenständliche Dokumentation auf großflächigen Wänden („sprechende Wände"). Sie zeigen unter anderem die Zeichnungen und Bilder der Kinder, wörtliche Kinderäußerungen und Fotos, die die Kinderaktionen in Ausschnitten wiedergeben sowie Überschriften, die den Projektverlauf verdeutlichen. Durch die Dokumentation wird sichtbar, wie die Kinder denken, welche Entdeckungen sie machen, wie sie fühlen und zu welchen Erkenntnissen sie gelangen. In den Dokumentationen drückt sich die Wertschätzung der Kinder in der Reggio-Pädagogik aus. Die Ideen, Vorstellungen und Handlungen der Kinder werden ernst genommen und respektiert. Für die Kinder sind die Dokumentationen Anlässe zum Sich-Erinnern und Impulse zum weiteren Lernen.

Neben den **Wanddokumentationen**, die aktuelle Aktionen der Kinder darstellen, wird die laufende pädagogische Arbeit in Reggio-Emilia (Kinderbeobachtungen, Werke der Kinder, notierte Äußerungen, besondere Entwicklungen usw.)

in gebundenen **Heftdokumentationen** festgehalten. Durch die Dokumentationen erhalten die Eltern Rückmeldung über die Entwicklung ihrer Kinder und die Einrichtung stellt sich in der Öffentlichkeit dar.

3.7 Bedeutung des Situationsansatzes und der Reggio-Pädagogik für die Elementarpädagogik

In der gegenwärtigen Bildungsdiskussion spielen die beiden dargestellten Ansätze eine wesentliche Rolle. In einem Vergleich sollen zunächst die Gemeinsamkeiten und Unterschiede herausgestellt werden. Anschließend wird untersucht, in wie weit die beiden Ansätze zur konzeptionellen Entwicklung der Elementarpädagogik beitragen können.

3.7.1 Gegenüberstellung von Situationsansatz und Reggio-Pädagogik

	Situationsansatz	Reggio-Pädagogik
Bild vom Kind und von seiner Entwicklung	Bild vom Kind bewusst nicht festgelegt, da es von den jeweiligen sozialen und situativen Begebenheiten abhängt. Kindheit als eigenständige Phase in der individuellen Entwicklung. Kinder sind aktiv handelnde Persönlichkeiten, die sich mit ihrer Umwelt auseinandersetzen und dabei Kompetenzen erwerben. Betonung der kognitiven und sozialen Kompetenzen.	Klar definiertes, ausformuliertes Bild vom Kind, das auf neueren Forschungsergebnissen der Entwicklungs-Lernpsychologie und Neurologie basiert. Kindheit als eigenständige Phase in der individuellen Entwicklung. Kinder sind aktive Konstrukteure ihres Wissens. Betonung der vielfältigen Ausdrucksmöglichkeiten des Kindes (hundert Sprachen).
Vorstellung von Erziehung	Eigenständiger Erziehungs- und Bildungsauftrag im Elementarbereich. Hauptverantwortung bei Träger, Leitung und Erzieherinnen. Wesentliche Ziele: Selbstbestimmung, Solidarität und Kompetenz	Eigenständiger Erziehungs- und Bildungsauftrag im Elementarbereich. Gesamtverantwortung von Erzieherinnen, Eltern, Kindern und Politik. Wesentliches Ziel: Ganzheitliche Entwicklung des Kindes in der Gemeinschaft mit anderen Kindern und Erwachsenen.
Rolle (Aufgabe) der Erzieherin	Erzieherin als aufmerksame Beobachterin der kindlichen Entwicklung, als Mitlernende und Gestalterin der Lernsituationen.	Erzieherin als aufmerksame Beobachterin der kindlichen Entwicklung, als Mitlernende und kompetente Wegbegleiterin der Kinder.

Didaktisch-Methodische Grundsätze	Prozesshafte, offene Planung, projektorientiertes Arbeiten. Verbindung von sachbezogenem und sozialem Lernen mit Schwerpunkt im sozialen Bereich. Lernen an Alltagssituationen (Schlüsselsituationen) in altersgemischten Gruppen. Problemlösungswissen wichtiger als reines Sachwissen. Raumausstattung und Materialauswahl nach den Grundsätzen der offenen Planung. Dokumentation der pädagogischen Arbeit	Prozesshafte, offene Planung, projektorientiertes Arbeiten. Verbindung von individuellem und sozialem Lernen mit Schwerpunkt im ästhetischen Bereich. Lernen an Alltagssituationen in altersgleichen Gruppen. Problemlösungswissen wichtiger als reines Sachwissen. Raumausstattung und Materialauswahl nach den Bedürfnissen der Kinder (Ateliers, der Raum als dritte Erzieherin). Sinnlich gegenständliche Dokumentation auf großflächigen Wänden (sprechende Wände) gebundene Heftdokumentationen (Portfolios)

3.7.2 Anregungen für die konzeptionelle Entwicklung der Elementarpädagogik

Der Situationsansatz hat wesentlich dazu beigetragen, dass der Kindergarten zum Elementarbereich des Bildungssystems wurde. Die formulierten pädagogischen Grundlagen wurden zu **Standards** in vielen deutsche Kindergärten. Dazu gehört unter anderem:

Situationsansatz

- Abkehr von funktionsorientierten Lernprogrammen und das Heranziehen des Alltags als Ansatz für Lernprozesse
- Verbindung von sachorientiertem mit sozialem Lernen in altersgemischten Gruppen
- Veränderungen in der Erzieherinnenrolle: Zulassen von mehr Eigenverantwortung der Kinder
- Offenen Planung und das projektorientierte Arbeiten
- Öffnung der Kindertagesstätten für das Gemeinwesen

Reggio-Pädagogik

In der Reggio-Pädagogik ist die konsequente Kindorientierung hervorzuheben. Auf der Grundlage neuerer Forschungsergebnisse der Entwicklungs- und Lernpsychologie sowie der Neurologie entwirft sie ein reiches, optimistisches Bild vom Kind. Das kindliche Potenzial, seine hundert Sprachen, wird voll in die pädagogische Arbeit einbezogen. Die oft zu wenig beachtete ästhetische Erziehung erhält einen hohen Stellenwert.

Die Reggio-Pädagogik fordert dazu auf, sich mit der **Rolle der Erzieherin** auseinander zu setzen. Eine **konsequente Kindorientierung** sieht die Erzieherin als interessierte Beobachterin und kompetente Begleiterin des Kindes, die die pädagogische Arbeit systematisch dokumentiert und sich fortlaufend kollegial austauscht. Das kooperations-intensive Team erfährt kontinuierliche fachliche Beratung.

Für die **räumlich-materielle Ausstattung** der Kindertagesstätten geben die Reggianer viele kreative Anregungen, die sich in den deutschen Einrichtungen realisieren lassen (z. B. Einrichtung von Ateliers, Erhöhung der räumlichen Transparenz, offenes Auslegen der Materialien, Ausgestaltung des Eingangsbereiches usw.).

Die **Demokratisierung der Kindertagesstätten-Strukturen** in Reggio-Emilia und ihre Einbindung in das Gemeinwesen kann Beispiel sein für die Kindertagesstätten hier zu Lande.

Aufgaben

1. Überprüfen Sie anhand der folgenden Fragen, inwieweit die dargestellten pädagogischen Ansätze ihrem Anspruch genügen, kindzentriert zu arbeiten:

- Welche Inhalte/ Themen bestimmen die pädagogische Arbeit?
- Umfassen die Inhalte/ Themen ein ganzheitliches und vielseitiges Lernen?
- Werden die Lebenswelten der Kinder und ihre individuellen Lerngeschichten berücksichtigt?
- Sind die Lerninhalte vorab festgelegt oder besteht ein offenes Curriculum?
- Werden die Inhalte/ Themen gemeinsam von Erzieherinnen, Kindern und Eltern aufgestellt?
- Wie wird ein selbst entdeckendes Lernen der Kinder ermöglicht?
- Steht das Erreichen bestimmter Lernergebnisse oder der Erwerb grundlegender Lernstrategien im Mittelpunkt?
- Welche Rolle spielen die Erwachsenen beim Lernen?
- Wird der Lernprozess dokumentiert?
- Sieht sich die Einrichtung als abgeschlossenes Lernfeld oder öffnet sie sich nach außen?

2. Diskutieren Sie Anregungen und Impulse, die sich aus den Ansätzen für die gegenwärtigen Bildungsbemühungen im elementarpädagogischen Bereich ergeben.

4 Entwicklung

Die Psychologie versteht unter Entwicklung Veränderungen im Erleben und Verhalten des Menschen, die während eines individuellen Lebenslaufes auftreten. Die Veränderungen sind auf ein Ziel hin gerichtet (z. B. Beherrschung der Sprache, Motorik usw.) und laufen im Normalfall in einer bestimmten Reihenfolge ab, die nicht umkehrbar ist (z. B. Entwicklung der Grobmotorik vom Krabbeln über das Stehen zum Gehen).

Die Entwicklungspsychologie betrachtet Veränderungen in aufeinander folgenden Lebensabschnitten (z. B. Frühe Kindheit, Kindheit, Jugendalter) und in einzelnen Funktionsbereichen (z. B. Motorik, Emotionalität, Kognitionen). Sie erforscht die Grundlagen und Gesetzmäßigkeiten der menschlichen Entwicklung. Eine kindgemäße, professionelle Pädagogik muss sich auf die Forschungsergebnisse der Entwicklungspsychologie stützen.

Im Folgenden werden deshalb allgemeine Entwicklungsmerkmale, Grundlagen der Entwicklung sowie wesentliche Veränderungen des Verhaltens und Erlebens im individuellen Lebenslauf (mit Schwerpunkt auf die frühe Kindheit) dargestellt.

Darüber hinaus soll die menschliche Entwicklung auch im Hinblick auf bestimmte Übergänge im Lebenslauf betrachtet werden, die eine besondere pädagogische Begleitung erfordern (z. B. die Übergänge des Kindes von der Familie in den Kindergarten, vom Kindergarten in die Schule usw.).

Die individuelle Entwicklung des einzelnen Kindes ist nur zu verstehen, wenn man die jeweiligen gesellschaftlichen Bedingungen berücksichtigt und sich ein Bild von den Lebenswelten der Kinder und Jugendlichen macht. Deshalb werden die Auswirkungen wesentlicher gesellschaftlicher Bedingungen auf die Lebensphase Kindheit aufgezeigt und die derzeitigen Lebenswelten von Kindern und Jugendlichen analysiert.

Für Kinder ist es auch wichtig, im Laufe ihrer Entwicklung eine psychische Widerstandsfähigkeit (Resilienz) gegenüber biologischen, psychologischen und psychosozialen Risiken aufzubauen.

Dies gelingt nicht immer erfolgreich. Die Kinder und Jugendlichen zeigen dann Verhaltensweisen, die von der Norm abweichen. Eine Auswahl von Verhaltensabweichungen, mit denen die Erzieherin konfrontiert werden kann sowie angemessene pädagogische Hilfen beschließen das Kapitel Entwicklung.

4.1 Allgemeine Entwicklungsmerkmale: Vielfalt und Individualität

Das Bild zeigt die 5- bis 6jährigen Kinder einer Kindertagesstätte (die Großen) bei einer Projektarbeit. Die Kleinen (3 bis 4jährige) turnen inzwischen.

Die Einrichtung macht Angebote für die Kleinen und die Großen getrennt und für die gesamte Gruppe. Bei ihrer Planung gehen die Erzieherinnen davon aus, dass sich zumindest die Kinder einer Altersgruppe annähernd gleich entwickeln. Sie unterstellen, dass die menschliche Entwicklung nach allgemein gültigen, messbaren Merkmalen relativ gleichförmig verläuft.

Die entwicklungspsychologischen Beobachtungen und Messungen lassen aber eher eine Vielfalt und sehr individuelle Entwicklungsverläufe erkennen. Das Kind ist kein „genormtes Einheitssystem!"

Die Vielfalt zeigt sich in zweierlei Hinsicht:

1. Die Kinder einer Altersgruppe unterscheiden sich deutlich (= **interindividuelle Variabilität**).
2. Die verschiedenen Fähigkeiten eines einzelnen Kindes entwickeln sich unterschiedlich (= **intraindividuelle Variabilität**).

Beispiele für die Vielfalt unter Kindern

Schon bei der Geburt sind Kinder sehr verschieden. Wir finden z. B. eine breite Spannweite im Geburtsgewicht, dem Schlafbedarf und der Menge der Nahrung, die die Neugeborenen täglich zu sich nehmen.

Interindividuelle Variabilität

Eine große interindividuelle Variabilität ist auch zu beobachten bei so grundlegenden Fähigkeiten wie dem Erlernen des Laufens und der Sprache. Ihre ersten Schritte schaffen einige Kinder bereits mit 10 Monaten, andere können erst mit 18 bis 20 Monaten frei gehen.

Die ersten Wörter sprechen Kinder frühestens mit 12 Monaten. Ein Spätentwickler braucht bis zu 18 Monaten länger für die ersten sprachlichen Äußerungen. Im Verlauf der Sprachentwicklung nehmen die Unterschiede zwischen den Kindern zu. So kann das erste Auftreten von Zwei- Wort- Sätzen mehr als zwei Jahre auseinander liegen.

Die Variabilität des Entwicklungsstandes einer Altersgruppe lässt sich über die aufgeführten Beispiele hinaus in allen Entwicklungsbereichen beobachten (vgl. Largo, 1999).

Beispiele für die Vielfalt innerhalb eines Kindes

Sarah gehört zur Gruppe der Großen. Sie soll im kommenden Schuljahr eingeschult werden. Die Erzieherinnen haben Sarah über einen längeren Zeitraum beobachtet. Sie haben die Fähigkeiten eingeschätzt, die als Voraussetzung für eine erfolgreiche Einschulung gelten und die Schulfähigkeit ausmachen (zur Vertiefung siehe Übergang Kindertagesstätte - Schule). Der folgende Ausschnitt aus dem Beobachtungsbogen gibt Sarahs Entwicklungsstand in einigen wichtigen Bereichen der Schulfähigkeit wieder.

Intraindividuelle Variabilität

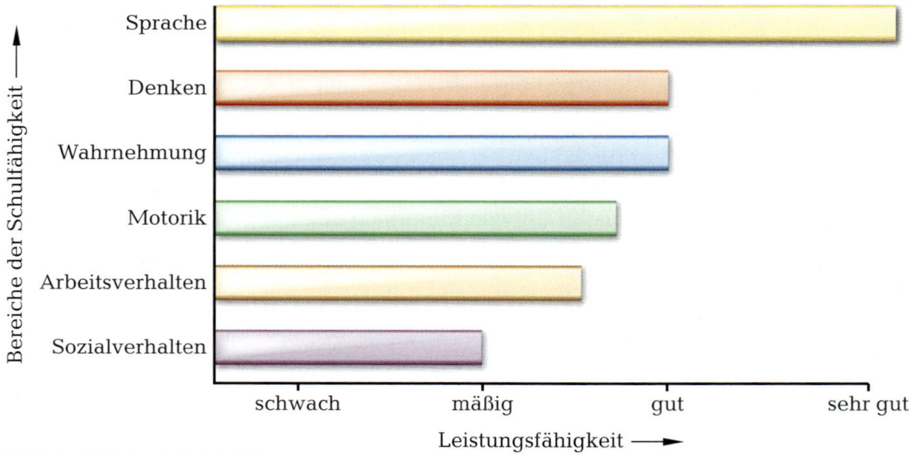

Intraindividuelle Variabilität der Schulfähigkeit bei einem fünfjährigen Mädchen

Sarah ist sprachlich weit entwickelt und zeigt gute allgemeine Denkfähigkeiten. Ihre Wahrnehmung erfolgt differenziert. Fein- und grobmotorische Aufgaben bewältigt sie zufriedenstellend. Sie zeigt sich vielseitig interessiert, führt aber begonnene Tätigkeiten nicht immer zu Ende. Das Lernen in einer Gruppe bereitet ihr noch Schwierigkeiten.

Der unterschiedliche Entwicklungsstand in den verschiedenen Fähigkeiten unterstreicht, dass die Vielfalt innerhalb eines Menschen ein wesentliches Merkmal seiner Entwicklung ist.

Inter- und intraindividuelle Variabilität sind als biologische Gegebenheiten der Erziehung zu Grunde zulegen. Das bedeutet für die Erzieherinnen, dass sie bei der Planung ihrer Angebote sowohl die Unterschiede innerhalb einer Altersgruppe, als auch die bezüglich der Fähigkeiten eines einzelnen Kindes berücksichtigen müssen.

Die Erziehung ist individuell auszurichten. Jedes Kind soll lernen, seine Stärken zu entwickeln.

4.2 Grundlagen der menschliche Entwicklung

Ausgangspunkt der menschlichen Entwicklung ist das Zusammentreffen von Samen- und Eizelle, die Befruchtung.

Die sehr leistungsfähige, individuell geprägte menschliche Hirnrinde steuert die Entwicklung.

Sie wird getragen von der engen emotionalen Beziehung zwischen dem Kind und seiner Bezugsperson.

4.2.1 Zusammenspiel von Anlage und Umwelt

Bei der Befruchtung Verschmelzen die Zellkerne. Sie enthalten das Erbmaterial in Form bestimmter chemischer Strukturen, den Genen.

Die Gene sind im Zellkern auf den Chromosomen. Chromosome treten paarweise auf: Bei jedem Paar ist die Hälfte von der Mutter, die andere vom Vater vererbt. Der Mensch besitzt 46 Chromosome. Zwei davon bestimmen das Geschlecht. Sie werden mit X und Y bezeichnet. Die Kombination XY bedeutet männlich, die Kombination XX weiblich.

Genom-Anlage

Die Gesamtheit der Erbinformationen, die eine befruchtete Eizelle (Zygote) enthält, nennt man Genom bzw. Anlage.

Das Genom bleibt lebenslang unverändert. Die einzelnen Gene werden aber zu unterschiedlichen Zeitpunkten aktiv. Sie treten in Wechselwirkung mit ihrer Umwelt und beeinflussen so den Entwicklungsprozess. Die genetisch gesteuerten Wachstumsvorgänge werden als Reifung bezeichnet.

Die Gene selber bewirken Entwicklung nicht. Entwicklung ist auch nicht vorprogrammiert in den Genen. Es sind vielmehr immer die sich verändernden Wechselwirkungen zwischen den Genen und ihrer Umwelt, die die Entwicklung beeinflussen. Das bedeutet, dass die Genaktivitäten sich keinem bestimmten Lebensalter zuordnen lassen. Das Verhalten Neugeborener wird somit nicht stärker genetisch bestimmt als das von Erwachsenen.

Umwelt

Mit dem Begriff Umwelt umschreibt man in der Psychologie die Einflüsse der Umgebung, die auf ein Lebewesen vom Zeitpunkt der Befruchtung der Eizelle bis zu seinem Tode einwirken. Umwelt umschließt damit alle feststellbaren Entwicklungseinflüsse, ausgenommen die genetische Ausstattung (Anlagen) eines Lebewesens.

Zeitlich lassen sich die vielfältigen Einflüsse in pränatale (vor der Geburt), perinatale (während des Geburtsvorgangs) und postnatale (nach der Geburt) Einwirkungen unterscheiden.

Die folgende Übersicht führt Beispiele für die Umweltfaktoren an, die die Entwicklung in den drei Zeitabschnitten wesentlich beeinflussen.

Pränatale Einflüsse	Perinatale Einflüsse	Postnatale Einflüsse
Gesundheitlicher Zustand der Mutter Erkrankungen, Störungen der Mutter Ernährung der Mutter Mütterliche Einstellung zur Schwangerschaft Wahrnehmung von Vorsorgeuntersuchungen Frühdiagnostik Verlauf der Schwangerschaft Körperliche und seelische Belastungen	Geburtsvorbereitende Maßnahmen Verlauf der Geburt Dauer der Geburt Frühgeburt Zangengeburt / Saugglocke Sauerstoffmangel Geburtskomplikationen	Gesundheitlicher Zustand des Kindes Erkrankungen, Störungen des Kindes, der Eltern Sozialer Status der Eltern Beziehung der Eltern Beziehung zwischen Eltern und Kind Geschwisterkonstellation Kontakte zwischen Kind und anderen Kindern Bezugsgruppen Entwicklungsübergänge: Elternhaus- Kindergarten Kindergarten- Schule Eintritt in das Berufsleben

Um die Wirkungen der Umwelteinflüsse auf die menschliche Entwicklung genau erfassen zu können, muss man zwischen geteilten und nicht-geteilten Umwelteinflüssen unterscheiden.

Geteilte, nicht-geteilte Umwelten

Geteilt bedeutet, man geht davon aus, dass die Einflüsse auf die verglichenen Menschen in gleicher Weise wirken. Die Zugehörigkeit zu einer bestimmten sozialen Schicht, das Aufwachsen in der Stadt oder auf dem Land sowie das in einer Familie vorherrschende Klima gehören zu den gemeinsam erfahrenen, geteilten Umwelteinflüssen. Hingegen stellen ein spezieller Schwangerschaftsverlauf, ein unterschiedliches elterliches Verhalten gegenüber den Kindern und besondere Kindergarten- oder Schulerlebnisse individuell erfahrene, nicht-geteilte Umwelteinflüsse dar.

Anlage und Umwelt beeinflussen die menschliche Entwicklung in einer aktiven, reaktiven oder passiven Wechselwirkung.

Zusammenspiel von Anlage und Umwelt

Von einer aktiven Wechselwirkung spricht man, wenn die Menschen genetisch beeinflusste Tendenzen haben, bestimmte Umwelten aufzusuchen, passend zu verändern oder überhaupt erst herzustellen. Die Gene schaffen sich gewissermaßen ihre Umwelt.

Beispiel: Menschen suchen sich Freunde, die ihrer Intelligenz entsprechen. Sie stellen so eine Übereinstimmung (Passung) zwischen ihrer (genetisch bestimmten) Intelligenz und ihrer Umwelt her.

Eine reaktive Wechselwirkung kommt zustande, wenn die Umwelt auf genetisch beeinflusste Merkmale des Menschen reagiert.

Beispiel: Kinder werden in Abhängigkeit von ihrer Intelligenz (= genetisch beeinflusstes Merkmal) unterschiedlichen Schulen zugeführt (= Umweltreaktion).

Wenn Genom und Umwelt nicht direkt interagieren, bezeichnet man dies als „passive Wechselwirkung“.

Beispiel: Eltern schaffen aufgrund ihrer eigenen (genetisch bedingten) Intelligenz eine anregende Umgebung, in der sich ihre Kinder optimal entwickeln. Diese Wirkung wird sozusagen indirekt über das Genom der Eltern erzielt.

Auf den Punkt gebracht

Alle drei Arten der Genom- Umwelt- Wechselwirkung machen deutlich:

Anlage und Umwelt beeinflussen die menschliche Entwicklung nie getrennt, sondern immer in einem komplexen Wechselspiel, dessen genaue Regeln noch zu erforschen sind. Wie stark Anlage und Umwelt zur Ausprägung eines individuellen Entwicklungsmerkmals beitragen lässt sich daher prinzipiell nicht feststellen

Aufgaben

1. Erklären Sie das Zusammenspiel von Anlage und Umwelt am Beispiel der Intelligenzentwicklung.
2. Beschreiben Sie „prä-, peri- und postnatale“ Umwelteinflüsse.

4.2.2 Vernetzt lernendes Gehirn

Neuronale Netzwerke

Mit Hilfe von etwa hundert Milliarden Nervenzellen (Neurone) verarbeitet die Hirnrinde Wahrnehmungen, lässt Gefühle entstehen und steuert innere Organe und Handlungen. Sie ist in Spezialgebiete (Areale) unterteilt, die untereinander in Verbindung stehen und so ein sehr leistungsfähiges Funktionsnetz bilden, so genannte neuronale Assemblys.

Der Informationsaustausch zwischen den Hirnarealen und zwischen dem Organismus und der Umwelt wird von einem zweiten Netzwerk, dem **Nervensystem**, geleistet.

Allgemein sind Nervensysteme dafür da, eingehende Impulse (den Input) schnell und wirksam in ausgehende Impulse (den Output) umzusetzen.

Die Grundbausteine des Nervensystems, die **Nervenzellen (Neurone)** entstehen etwa ab der achten Schwangerschaftswoche. Sie wandern dann an die Stellen im Gehirn, die vom genetischen Bauplan vorgesehen sind, z. B. Neuronen zur Aufnahme und Weiterleitung von Informationen oder zur Übermittlung von Befehlen an Muskeln und Drüsen.

Synapsen

Etwa ab der 15. Schwangerschaftswoche knüpfen die Nervenzellen untereinander erste Kontakte. Die Verbindungen zwischen den Neuronen nennt man Synapsen. Zum gleichen Zeitpunkt wachsen an den Neuronen feine Fortsätze (**Dendriten**), die zur Aufnahme und Weiterleitung von Impulsen dienen.

Myelinisierung

Ab der 24. Schwangerschaftswoche bildet sich um den Nerv eine Isolierschicht (Myelinisierung). Sie erhöht die Geschwindigkeit, mit der Impulse von Neuron zu Neuron übertragen werden. Von der Geburt bis zum zweiten Lebensjahr findet eine verstärkte Myelinisierung statt, die dann noch einmal während der Pubertät und zwischen dm 30. und 60. Lebensjahr zu beobachten ist.

Das Neugeborene verfügt im Wesentlichen über die gleiche Anzahl Neuronen wie der Erwachsene. Jüngste Forschungen haben aber ergeben, dass sich auch im Erwachsenenalter neue Zellen bilden können. Das neuronale Netz ist nie fertig. Es findet ein ständiger Umbau statt. Man spricht von der **Neuroplastizität des Gehirns**.

Vernetzung des Gehirns

Nach der Geburt wird durch starkes Auswachsen der Dendriten zunächst das neuronale Netzwerk aufgebaut. Die Zahl der Verbindungen zwischen den Nervenzellen erreicht im dritten Lebensjahr ihren Höhepunkt. Zu diesem Zeitpunkt hat ein Kind mehr Synapsen gebildet als ein Erwachsener.

Differenzierung

Etwa im gleichen Alter werden die spezialisierten Areale der Hirnrinde durch vermehrte Kontakte verbunden. Das Kind kann jetzt die vielfältigen Umwelteindrücke differenzierter wahrnehmen. Es verbindet Denkprozesse und emotionale Reaktionen.

Koordinierung

Auch die beiden Hirnhälften werden enger verschaltet. Dies ermöglicht einen verbesserten Austausch der Informationen zwischen den beiden spezialisierten Hirnteilen. Im Bereich der Motorik können jetzt z. B. die rechte und linke Körperseite koordiniert werden.

Der Aufbau der Synapsen vollzieht sich in einer Wechselwirkung zwischen genetisch gesteuerten Prozessen des Gehirns und den jeweiligen Umwelterfahrungen des Kindes. Die Nervenzellen sind darauf spezialisiert, gewissermaßen ein inneres Abbild (eine Repräsentation) der äußeren Eindrücke zu erstellen. Die Repräsentationen sind gespeichert in den Verbindungsstärken zwischen den Neuronen, den **Synapsenstärken**.

Untersuchungen haben gezeigt, dass sich Synapsen vor allem dann bilden, wenn das Kind körperliche und geistige Erfahrungen aktiv macht. Die Synapsenstärke nimmt zu, wenn die Neuronen durch ein vielseitiges Angebot an Sinnessignalen gleichzeitig aktiviert werden. Dann wirkt das neuronale Netzwerk in der Großhirnrinde.

Kortikale Karten

Je nach Art der Umwelterfahrungen bilden sich unterschiedlich starke regelmäßige Muster, kortikale Karten, aus. So ist z. B. bei Musikern die akustische Karte für Töne 25 % größer als bei Nichtmusikern.

Neuroplastizität

Nicht alle neu gebildeten Synapsen werden verwendet. Zwischen dem dritten und 19. Lebensjahr sterben die nicht gebrauchten Nervenverbindungen wieder ab. Nach der Phase der Überproduktion von Synapsen findet jetzt eine Festigung des neuronalen Netzes statt. Synapsen, die keine Bedeutung haben werden abgebaut, wichtige werden verstärkt. Der weitere Verlauf der Gehirnentwicklung ist durch einen gleichmäßigen Auf- und Abbau von Synapsen bis ans Lebensende gekennzeichnet.

Zeitfenster der Gehirnentwicklung

Gleichwohl lässt sich beobachten, dass sich die verschiedenen Bereiche der Hirnrinde mit unterschiedlicher Geschwindigkeit entwickeln. Das bedeutet, das Gehirn braucht zum optimalen Aufbau des neuronalen Netzes Informationen aus der Umwelt, die auf seine Entwicklungsphasen abgestimmt sind. Man spricht von **Zeitfenstern oder kritischen Phasen in der Gehirnentwicklung**.

Bislang liegen jedoch wenige experimentelle Daten vor, die Auskunft darüber geben, wann das menschliche Gehirn welche Informationen zu seiner optimalen Entwicklung benötigt. Die beste Strategie zur Unterstützung der Gehirnentwicklung ist deshalb die möglichst genaue Beobachtung der kindlichen Reaktionen. **Kinder zeigen uns**, wofür sie sich gerade interessieren, wonach sie verlangen, **was sie zu ihrer Entwicklung brauchen**. Dazu müssen wir allerdings ausreichend mit ihnen kommunizieren. Es gilt die vielfältigen kindlichen Ausdrucksmittel (gestische, mimische, gestalterische, sprachliche usw.) zu erkennen und für den gemeinsamen Lernprozess zu nutzen.

Auf den Punkt gebracht

Die menschliche Entwicklung wird gesteuert von seiner sehr leistungsfähigen, individuell ausgeprägten Hirnrinde. Sie kann ihre differenzierten Funktionen aber nur ausführen, wenn sowohl die spezialisierten Hirnareale als auch die neuronalen Verbindungen eng vernetzt sind. Das Netzwerk baut sich in einer lebenslangen Wechselwirkung zwischen genetisch gesteuerten Prozessen, die vom Gehirn selber ausgehen und den jeweiligen Umwelterfahrungen des Menschen, auf. Das Gehirn kann sich den Entwicklungsbedingungen eines Organismus anpassen. Es besitzt eine hohe, lebenslange Neuroplastizität.

Aufgaben

1. Erläutern Sie die Vernetzung des Gehirns.
2. Zeigen Sie die pädagogische Bedeutung der Zeitfenster in der Gehirnentwicklung auf.
3. Beschreiben Sie ein Beispiel für die Einwirkung der Umwelt auf die Entwicklung des Gehirns.

4.2.3 Bindungsfähigkeit und -bereitschaft

Erste soziale Kontakte

Eine Mutter hält ihr Neugeborenes in ihren Armen. Sie schaut in seine offenen Augen und beginnt mit ihm eine erste Zwiesprache. Das Kind sieht das Gesicht der Mutter, denn sie hält ihr Baby genau in dem Abstand, in dem Neugeborene die Umrisse eines Gesichtes bereits erkennen (ca. 20 cm).

Mit hochgezogenen Augenbrauen, geweiteten Augen und leicht geöffneten Mund (**Augengruß**) spricht sie das Baby an, wobei sie am Schluss ihre Stimme abwechselt hebt oder senkt. Die Sprachmelodie, nicht der Wortinhalt kennzeichnet diese frühe Kommunikation, die **Ammensprache**. Gegen Ende abfallende Melodiekurven sind mehr beruhigend und tröstend, ansteigende eher ermunternd.

Die elterliche Sprechmelodik steht also in direktem Zusammenhang mit bestimmten kindlichen Verhaltensweisen. Der Säugling lernt, dass er durch seine Lautäußerungen bei den Eltern unterschiedliche melodische Muster auslösen kann. Durch die häufige Wiederholung der einfachen, sehr ähnlichen Sprechmuster, wird der Säugling schnell mit ihnen vertraut. Die elterliche Sprechweise wird für ihn voraussagbar, verständlich und kontrollierbar. Er gewinnt durch diese ersten Sprechkontakte Sicherheit im Umgang mit Menschen und wird ermuntert, seine Umwelt aktiv zu erkunden.

Angeborene Signale

Mütter und auch Väter müssen diese **mimischen und sprachlichen Grundmuster** nicht erlernen. Sie gehören zur erblichen Ausstattung der Menschen.

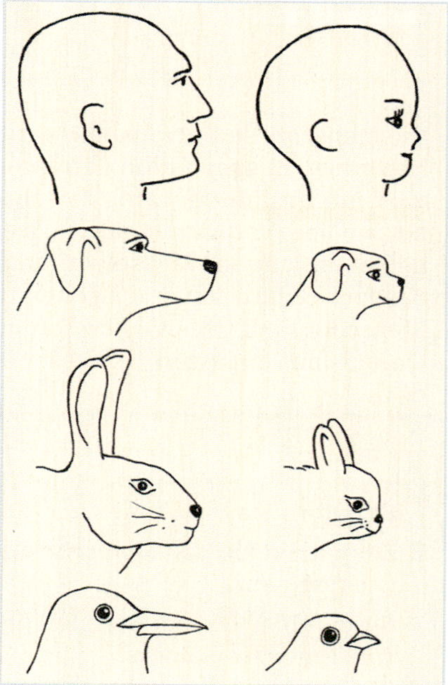

Die Fürsorge und Zuwendung der Eltern und auch anderer Erwachsener sichern sich die Babys darüber hinaus durch bestimmte Signale (**Schlüsselreize**), die sie aussenden. Schon die typische Körperform des Säuglings, das **„Kindchenschema"**, löst instinktiv Zuwendungsverhalten aus. Es wird charakterisiert durch einen im Verhältnis zum Rumpf sehr großen Kopf und ein im Verhältnis zum Hinterkopf kleines Gesicht mit vor gewölbter Stirn und Pausbacken.

Des Weiteren teilt der Säugling sich durch sehr unterschiedliche Lautäußerungen mit. Je nach Tonhöhe und Dauer können sie den Wunsch nach Kontakt, Unwohl- bzw. Wohlsein, Unmut usw. signalisieren.

Den Eltern fällt es häufig schwer, die Lautäußerungen ihres Kindes richtig zu deuten. Auf jeden Fall reagieren sie meist mit einer Zuwendungsreaktion.

Auch mit dem **Lächeln** kann das Kind Einfluss auf seine Eltern nehmen. Beim Neugeborenen erfolgt es noch reflexhaft. Aber schon wenige Wochen nach der Geburt kann ein zartes Streicheln oder eine hohe Stimme das Kind zum Lächeln bringen. Je mehr ein Baby lächelt, desto häufiger findet man die Mutter oder eine andere Pflegeperson in seiner Nähe. Die Erwachsenen wollen offensichtlich weitere positive Reaktionen des Kindes auslösen.

Wechselwirkungen

Die Eltern ahmen auch Mimik und Laute des Babys nach. Sie dienen dem Kind als **biologischer Spiegel**. Das Kind lernt so, durch eine bestimmte Äußerung eine voraussagbare Antwort der Eltern auszulösen. Es erlebt sich als aktiver Gestalter seiner Umwelt und unterscheidet zunehmend zwischen der eigenen Person und den anderen.

In dem aktiven Wechselspiel zwischen Eltern und Kind werden die gegenseitigen Beziehungen schrittweise aufgebaut. Das Kind braucht jedoch die Hilfestellung der Eltern. Es kann aus dem Wechselspiel nur lernen, wenn die Eltern ihr Verhalten den kindlichen Entwicklungsvoraussetzungen anpassen. Das heißt, wenn sie:

- Bereit sind, mit sich spielen zu lassen.
- Alle Äußerungen möglichst einfach gestalten und sich dadurch vertraut und verständlich machen.
- Durch gleich bleibendes, regelmäßiges Verhalten ihre Reaktionen für das Kind voraussagbar gestalten.
- Ihre Äußerungen auf die kindlichen abstimmen und so den Wunsch der Kinder nach aktiver Mitgestaltung zulassen.

Aufbau von Bindungen

Aus dem beiderseitigen Vertraut-werden entwickelt sich die besondere emotionale Beziehung des Kindes zu einer Person seiner Umwelt, die zur Bezugsperson wird.

Wenn das Kind (ab 7. Monat) die Bezugsperson selber aufsuchen kann, sie bei Abwesenheit vermisst und alle Anstrengungen unternimmt, in ihrer Nähe zu bleiben, spricht man von einer personenbezogenen Bindung.

Alle gesunden, normal entwickelten Kinder bilden personenbezogene Bindungen aus. Dies geschieht in einem fortlaufenden, wechselseitigen Prozess zwischen dem Kind und seiner Umwelt und ist nicht auf die ersten Minuten oder Stunden seines Lebens beschränkt.

Ein Kind bindet sich am stärksten an die Person, mit der es, wenn es mit ihr zusammen ist, den stärksten Kontakt hat.

Das Zusammensein sollte in einem festen, möglichst gleich bleibenden Rahmen ablaufen. Nur so kann das Kind Verhaltenssicherheit gewinnen und eine emotionale Beziehung zu einem anderen Menschen eingehen.

Bindungsformen

Kinder unterscheiden sich darin, ob sie eine **sichere oder eine unsichere Bindung** entwickelt haben.

Eine sichere Bindung zeigt sich in folgenden Verhaltensweisen:

Verhaltensmuster von sicheren Bindungen

- Das Kind sucht die Nähe der Bezugsperson. Es hält engen Kontakt zu ihr. Wenn es allein gelassen wird, zeigt es zunächst keinen Kummer. Es scheint sich darauf zu verlassen, dass die Bezugsperson gleich wiederkommt.
- Bei längerem Fortbleiben weint das Kind und lässt sich durch einen Fremden nicht trösten.
- Die zurückkehrende Bezugsperson wird freudig empfangen. Das Kind konzentriert sich voll auf sie. Es lässt sich gerne auf den Arm nehmen und schmiegt sich entspannt an.

Bei einer unsicheren Bindung lassen sich zwei unterschiedliche Verhaltensmuster unterscheiden:

Verhaltensmuster von unsicheren Bindungen

Vermeidend- unsichere Bindung
Das Kind behandelt Bezugsperson und Fremde fast gleich. Wenn es allein gelassen wird, zeigt es keinen Kummer, allenfalls Unmut über sein Alleinsein. Die zurückkehrende Bezugsperson wird kaum beachtet. Das Kind bewegt sich eher an ihr vorbei und meidet ihre Nähe. Wenn die Bezugsperson das Kind auf den Arm nimmt, widersetzt es sich zwar nicht, schmiegt sich aber auch nicht entspannt an. Es wehrt sich nicht dagegen wieder abgesetzt zu werden.

Ambivalent- unsichere Bindung
Das Kind ist kaum bereit, sich von der Bezugsperson zu lösen. Auf eine Trennung reagiert es stets mit Weinen und anderen Zeichen höchster Beunruhigung. Bei Rückkehr der Bezugsperson zeigt es keine eindeutige Freude. Es reagiert mit sehr widersprüchlichen (ambivalenten) Gefühlen. Es drängt weinend darauf, auf den Arm genommen zu werden. Dann strampelt es heftig, um von der Bezugsperson wieder loszukommen.

Für die Entwicklung einer sicheren Bindung erscheinen vor allem zwei Voraussetzungen wichtig:

Vorraussetzungen für sichere Bindungen

Eine gute Orientierungsfähigkeit des Säuglings
Dazu gehört vor allem die Aufmerksamkeit des Neugeborenen gegenüber dem menschlichen Gesicht und der menschlichen Stimme.

Eine feinfühlige, sensible Bezugsperson
Sie zeichnet sich dadurch aus, dass sie die Verhaltensweisen des Säuglings aufmerksam wahrnimmt, die Äußerungen des Säuglings aus dessen jeweiliger Lage und nicht nach ihren eigenen Bedürfnissen erklärt, prompt reagiert, so dass der

Säugling eine Verbindung zwischen seinem Verhalten und der Reaktion der Bezugsperson herstellen kann und ihr Verhalten auf den gegebenen Entwicklungsstand des Säuglings abstimmt.

Fremdeln, ein Merkmal von Bindung

Parallel zur Entwicklung der Bindung zeigen nahezu alle Kinder das Fremdeln, **die aufkommende Furcht vor fremden Personen**. Solange Kinder noch keine Bindung entwickelt haben, begegnen sie Fremden genau so, wie den vertrauten Personen ihrer Umgebung. Mit sechs bis acht Monaten kann man die ersten Anzeichen von Fremdenfurcht beobachten. Sie steigt dann von zehnten bis zum zwölften Monat an, um dann langsam wieder abzunehmen.

Die Reaktionen der Kinder auf Fremde reichen von einfachen Blickabwendungen, über furchtsames Anstarren, bis hin zu heftigen Gefühlsausbrüchen, bei denen die Kinder sich versteifen und anhaltend schreien.

Kinder, die eine sichere Bindung aufgebaut haben, zeigen mehr Fremdenfurcht als Gleichaltrige mit unsicherer Bindung. Die Fremdenfurcht tritt bei Kindern mit und ohne viel Besucherkontakt (z. B. auch bei Kibbuz-Kindern und in Großfamilien) auf.

Allerdings kann ihr Verlauf wesentlich durch das Verhalten des Fremden beeinflusst werden. Ein Fremder, der sich dem Kind ziemlich stürmisch nähert, der es anzufassen oder gar auf den Arm zu nehmen versucht, muss mit Abwehr oder Fluchtversuchen rechnen. Wichtig ist es, dem Kind Zeit zu lassen und ihm zu ermöglichen, die Anfangsphase in der Begegnung mit einem Fremden selbst mit zu gestalten. Unter solch „kontrollierbaren" Kontakten gestattet das Kind dem Fremden meist die Annäherung.

Mit zunehmender positiver Erfahrung wird das Auftreten eines unbekannten Menschen für das Kind immer weniger aufregend. Die Anwesenheit der vertrauten Bezugsperson und ihre Reaktion auf eine unbekannte Situation vermitteln dem Kind Sicherheit im Umgang mit Fremden.

Bedeutung von Bindung für die Entwicklung

Beobachtungen zeigen, dass sich die Art der frühen personenbezogenen Bindung auf die gesamte weitere Entwicklung des Kindes auswirkt.

Wenn einem Kind in den ersten Lebensmonaten ein Grundgefühl der Geborgenheit vermittelt wurde, wenn es eine sichere Bindung aufgebaut hat, dann wird es eine positive Einstellung zu anderen Menschen, zur Umwelt und zu sich selbst entwickeln. Ein grundlegendes Vertrauen, das **Urvertrauen** entsteht. Es ermöglicht dem Kind, sich mit unbekannten Personen und Dingen sowie mit sich selbst auseinander zusetzen.

Das sicher gebundene Kind hat vielfältig erfahren, dass es sich auf seine Bezugsperson verlassen kann. Unter ihrem Schutz und durch sie ermutigt, erkundet es seine Umwelt. Dabei sammelt es Erfahrungen, durch die es in zunehmendem Maße an **Selbstsicherheit** gewinnt.

Bei unsicherer Bindung und fehlender Geborgenheit kann sich kein Urvertrauen aufbauen. Diese Kinder zeigen eher eine ängstlich-vermeidende Einstellung gegenüber anderen Menschen und der Umwelt. Ihnen fehlt die Beziehung zu einer Bezugsperson als sichere Basis. So gehen sie fremden Situationen eher aus dem Weg, machen dadurch wenig neue Erfahrungen und entwickeln kein tragfähiges Selbstbewusstsein. Man kann also sagen, dass die Art der Bindung, die während der ersten beiden Lebensjahre entsteht, wesentlich darüber entscheidet, wie selbständig und unabhängig sich die Kinder in den nachfolgenden Jahren entwickeln. Dies zeigt sich z. B. daran, wie sie mit einer längeren Trennung von der vertrauten Bezugsperson, etwa beim Besuch des Kindergartens, umgehen. Die nächste Bewährungsprobe für die frühkindlichen Bindungen ist die Einschulung. Hier müssen die Kinder schon sehr eigenständig handeln und sich belastbar zeigen.

Der Bindungsvorgang legt auch die **Grundlage für emotionales und soziales Verhalten** der Kinder. Wenn die ersten gefühlsmäßigen Beziehungen nicht oder nicht ausreichend aufgebaut werden, haben es die Kinder schwer, sich anderen Menschen vertrauensvoll zuzuwenden. Sie zeigen sich auch unsicher im Umgang mit den eigenen Gefühlen. Ihre emotionale und soziale Entwicklung verläuft oft gestört.

Neurobiologische Grundlagen für die Bindungsfähigkeit und -bereitschaft

Der Säugling verfügt über eine genetische Grundausstattung von Nervenzellen, die es ihm ermöglicht, bereits wenige Tage nach der Geburt durch „Spiegelaktionen" den Kontakt zu seinen wichtigsten Bezugspersonen herzustellen. Öffnet das ihm entgegenblickende Gesicht beispielsweise den Mund, so tut er dasselbe. Die Wahrnehmung des Säuglings hat in seinem Gehirn Nervenzellen aktiviert, die die beobachtete Handlung (im Beispiel das Öffnen des Mundes) bei ihm selbst zur Ausführung bringen können. Diese Nervenzellen werden als **„Spiegelnervenzellen" bzw. „Spiegelneurone"** bezeichnet (vgl. Bauer 2006). Ausgehend von den ersten, spontanen Imitationen (Gesichtszüge, stimmliche Äußerungen der Bezugsperson) werden umfassende „Spiegelsysteme" aufgebaut, die die neurobiologische Grundlage für die Entwicklung des emotionalen und sozialen Verhaltens des Säuglings darstellen (siehe Entwicklung des „Selbst"). Die Spiegelsysteme des Säuglings stehen bereit, um sich von Modellen alles abzuschauen. Sie müssen aber geeignete und für den Säugling passende Beziehungsangebote erhalten um sich zu entfalten und weiterzuentwickeln. Versuche zeigen, dass die Spiegelsysteme Handlungssequenzen nur dann „einspiegeln" können, wenn sie von „lebenden Vorbildern" kommen. Der Säugling braucht also persönlich anwesende Bezugspersonen, die individuell und einfühlsam in der oben beschriebenen Art und Weise auf seine Aktionen reagieren.

Auf den Punkt gebracht

Das Menschenkind kommt zur Welt mit dem Bedürfnis nach Zuwendung. Durch angeborene Signale (Kindchenschema, Lautäußerungen, Lächeln) löst der Säugling angeborene Reaktionen der Betreuungspersonen (Fürsorgeverhalten) aus.

In einem fein aufeinander abgestimmten Wechselspiel entwickelt sich schrittweise eine feste emotionale Beziehung (Bindung) zu einem oder wenigen Menschen, die für das Kind intensiv und regelmäßig sorgen (Bezugspersonen).

Mit sechs bis acht Monaten unterscheidet der Säugling deutlich zwischen vertrauten und fremden Personen (Fremdeln, Fremdenfurcht). Die Bezugsperson wird zur Sicherheitsbasis, von der aus das Kind die Welt erkundet und so Erfahrungen sammelt.

Die Qualität der Bindungen (sicher/ unsicher) entscheidet wesentlich darüber, ob sich das Kind seinen Mitmenschen vertrauensvoll nähert und selbstsicher handeln lernt.

Die ersten gefühlsmäßigen Beziehungen (Aufbau von Urvertrauen) sind eine wichtige Grundlage für die gesamte weitere Entwicklung.

Der Aufbau von Bindungen erfordert die einfühlsame und konzentrierte Zuwendung durch eine (oder mehrere) Betreuungsperson(en).

Die neurobiologische Grundlage für die Bindungsfähigkeit und -bereitschaft des Säuglings stellen Spiegelnervenzellen (Spiegelneurone) dar, die zur genetischen Grundausstattung des Menschen gehören.

Aufgaben

1. Beobachten Sie Kinder in Ihrer Umgebung und ordnen Sie deren Verhalten sicheren bzw. unsicheren Bindungen zu.
2. Veranschaulichen Sie die Voraussetzungen für die Entwicklung von sicheren Bindungen.
3. Erklären Sie die Wirkung von Spiegelneuronen beim Aufbau von Bindungen.

4.3 Menschliche Entwicklung als Selbstwerdung

Aus den Ergebnissen der modernen Säuglingsforschung leitet der bekannte amerikanische Säuglingsforscher und Entwicklungspsychologe Daniel N. Stern als wesentliches Organisationsprinzip der menschlichen Entwicklung das Selbstempfinden des Kindes ab.

In diesem subjektiven sozialen Erleben drückt das Kind aus, wie es sich in der Beziehung zu seiner Umwelt wahrnimmt.

Aus der Entwicklung des Selbstempfindens lässt sich außerdem ablesen, wie sich das Kind schrittweise sein Bild von der Welt (Weltwissen) aufbaut, wie es Erkenntnisse gewinnt.

Sterns Entwicklungskonzept erscheint somit geeignet, ein ganzheitliches Bild der grundlegenden kognitiven, emotionalen und sozialen Entwicklung in der frühen Kindheit und im Vorschulalter zu zeichnen. Im Folgenden wird in Anlehnung an Stern (1998) die Entwicklung der Fähigkeiten und Leistungen in den verschiedenen Abschnitten der Selbstwerdung dargestellt, soweit diese für die Erziehungspraxis bedeutsam erscheinen.

4.3.1 Auftauchendes Selbst - Strukturen des Selbstsystems

Die Ergebnisse der Säuglingsforschung weisen das Kind als ein Wesen aus, das von Beginn seiner Entwicklung an überaus leistungsfähig und flexibel ist.

Auf der Grundlage einer funktionierenden Beziehung zu primären Bezugspersonen zeigen Säuglinge vom ersten Lebenstag an erstaunliche Fähigkeiten (Kompetenzen), ihr Überleben zu sichern und die Beziehung zu ihrer Umwelt aktiv zu gestalten.

Anpassungsleistungen des Säuglings

Die erste und vordringlichste Anpassungsleistung des Neugeborenen ist die Umstellung von einem fremd versorgten Leben im Wasser auf ein eigenständiges Leben in der Luft. Das Kind hat sich bisher in der gleichmäßig 37 Grad warmen Umgebung im Bauch der Mutter entwickelt. Über die Nabelschnur ist es mit Nahrung und seine Körper- und Gehirnzellen mit dem lebenswichtigen Sauerstoff versorgt worden. Der erste kräftige Atemzug, der übrigens nicht immer von einem Schrei begleitet wird, setzt den Blutkreislauf der Lunge und damit die eigenständige Atmung in Gang.

Zur Bewältigung des Temperaturunterschiedes (Mutterleib - Zimmertemperatur) braucht das Neugeborene Hilfe. Es kommt nass zur Welt und muss abgetrocknet und gewärmt werden. Etwa zwei Tage nach der Geburt schwankt die Temperatur des Kindes zwischen 36,3 und 37,5 Grad. Vom dritten Lebenstag an kann es seine Temperatur selber regeln, so dass sie nicht mehr überwacht werden muss.

Die Atmung und Wärmeregulation verbraucht Energie. Das Neugeborene verfügt über so gut wie gar keine Zucker- und Fettreserven. Es muss sich also dringend Nahrung beschaffen. Sein erster Zuckerbedarf wird noch mit süßem Fruchtwasser in seinem Magen abgedeckt. Die angeborene Fähigkeit zu saugen (Saugreflex) sichert dann den weiteren Nahrungsnachschub.

Genaue Beobachtungen lassen sehr unterschiedliche Zustände im Leben (Erleben) des Säuglings erkennen.

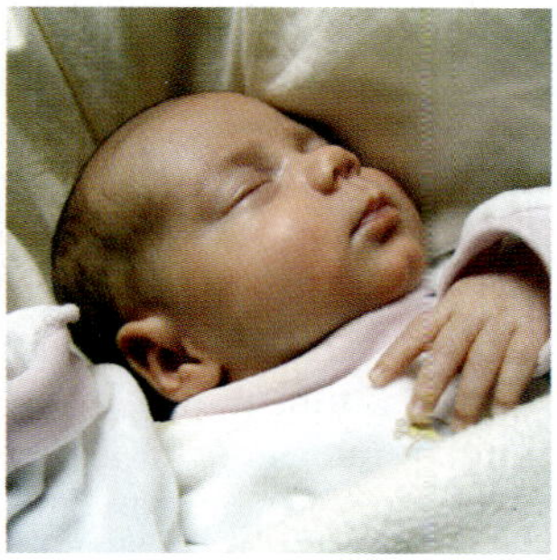

Phasen ruhiger und aktiver Aufmerksamkeit wechseln ab mit solchen, in denen er schläft, nervös ist, vor sich hindöst oder schreit.

In Zeiten ruhiger, aktiver Aufmerksamkeit erlebt sich der Säugling als von der Mutter getrennt. Er nimmt die Außenwelt bewusst und differenziert wahr. So kann er z. B. die Stimme seiner Mutter von der einer fremden Person unterscheiden, ebenfalls ihren Geruch und nach einiger Zeit ihr Gesicht.

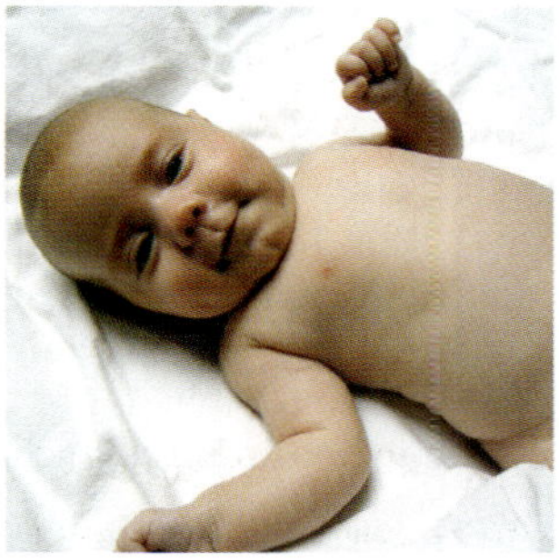

Nach Stern verfügt der Säugling über eine **angeborene allgemeine Wahrnehmungsweise**, die es ihm ermöglicht, verschiedene Sinneseindrücke zu integrieren und ein differenziertes Gesamtbild entstehen zu lassen. Stern spricht von amodalen Wahrnehmungen. Sie helfen dem Säugling, sein subjektives Erleben zu organisieren und schrittweise ein grundlegendes Ordnungssystem aufzubauen.

Allmählich vermag er die verschiedenartigen Eindrücke vom Selbst und von dem Anderen zu integrieren. Stern umschreibt dieses subjektive Erleben einer Organisationsentwicklung beim Säugling als Empfinden des auftauchenden Selbst.

4.3.2 Kern-Selbst – Das Selbst gegenüber dem Anderen

In der Zeit zwischen dem zweiten und siebten Lebensmonat entwickelt sich aus dem auftauchenden Selbst eine erste subjektive Perspektive. Sie ermöglicht dem Säugling, sein Erleben zu organisieren und sich als eigenständiges Wesen (das Selbst gegenüber dem Anderen) zu erfahren. Stern spricht vom Empfinden eines Kern-Selbst. Es baut sich nach seinen Beobachtungen aus elementaren sensorischen, motorischen und affektiven Selbsterfahrungen des Säuglings auf. Im Episoden-Gedächtnis werden diese Grunderfahrungen zu einer ordnenden Struktur integriert.

Sensorische Selbsterfahrungen (= Selbst-Kohärenz)

Das Wahrnehmungssystem des Säuglings ist im Stande, Veränderungen des Ortes, der Bewegung, der Zeit oder der Form zu registrieren und die Eigenschaften herauszulösen, die konstante Erfahrungen ermöglichen.

Bereits im Alter von drei Monaten erwarten Säuglinge, dass der Klang der Stimme aus der gleichen Richtung kommt, in der sie das Gesicht visuell wahrgenommen haben (= Einheit des Ortes).

Einheit des Ortes, der Bewegung, der Zeit und der Form

Wenn die Mutter durch das Zimmer läuft, so behält sie für den Säugling ihre vollständige Gestalt, weil für ihn die Dinge, die sich als Einheit bewegen, zusammen gehören (= Einheit der Bewegung).

Säuglinge erkennen gemeinsame zeitliche Strukturen. Sie reagieren z. B. auf die zeitliche Übereinstimmung oder Nichtübereinstimmung auditiver und visueller Reize.

Gleichlaufende (synchrone) Ereignisse verbinden sie miteinander über die Sinnesmodalitäten hinweg (= Einheit der Zeit).

Gesichter behalten für Säuglinge ihre charakteristische Form, auch wenn sich die Entfernung oder der Blickwinkel ändert (= Einheit der Form).

Körperschema

Der Säugling baut eine Art „verinnerlichtes Koordinatensystem" mit den Gliedmaßen als Hauptachsen auf, das als Körperschema bezeichnet wird und zur ersten Orientierung dient (vorne-hinten, oben-unten, rechts-links). Die weiteren handlungsgebundenen Körpererfahrungen bereiten spätere komplexe motorische Handlungen vor und stellen die Grundlage für alle Orientierungsleistungen dar (sich in einem unbekannten Gelände zurechtfinden, einen Stadtplan lesen, Größen, Höhen, Tiefen, Abstände, Winkel oder Geschwindigkeiten einschätzen, Schreib- und Leserichtung einhalten, Symbolsysteme der Schriftsprache und des Zahlenraumes verstehen).

Körperbild

Die Wahrnehmungen seines Körpers werden vom Säugling subjektiv-erlebnismäßig eingeordnet und bewertet, sodass ein „Bild" vom Körper (Körperbild) entsteht. Das Körperbild versetzt den Säugling in die Lage, in seiner Vorstellung einen personalen Raum aufzubauen und sich als eigenständige Einheit von der sozial-räumlichen Umwelt abzugrenzen. So entsteht für den Säugling eine „persönliche Pufferzone", die ihn vor physischen und psychischen Überforderungen oder gar Bedrohungen schützt.

Die Körpererfahrungen vermitteln dem Säugling das Empfinden, ein vollständiges körperliches Ganzes zu sein (= Selbst-Kohärenz).

Motorische Selbsterfahrungen (= Selbst-Urheberschaft)

Motorischer Plan

Die Verhaltensweisen des Neugeborenen sind noch zu einem großen Teil reflexbedingt. Allen Bewegungen der willkürlichen (gestreiften) Muskeln geht aber die Ausarbeitung eines „motorischen Plans" voraus, der dann von den Muskelgruppen ausgeführt wird. Wenn ein Kind z. B. nach einem Objekt greift, versucht es seine Fingerstellung und den Öffnungsgrad seiner Hand der Größe des Objekts anzupassen schon während die Hand sich auf das Objekt hin bewegt.

Der motorische Plan für das Greifen muss sich auf der Grundlage visueller Informationen gebildet haben. Er ermöglicht die Empfindung des Wollens, das Gefühl der Urheber des eigenen Verhaltens zu sein (= Selbst-Urheberschaft). Aufgrund der Willensempfindung erlebt das Kind seine Handlungen als Aktivitäten, die zu ihm gehören, die sein Kern- Selbst wesentlich bestimmen.

Propriozeption

Alle motorischen Aktivitäten werden durch Wahrnehmungen der Stellung und Bewegung des Körpers im Raum (= Propriozeption) begleitet. Dadurch wird die Empfindung des Kindes eigenständig zu handeln verstärkt.

Die grundlegende motorische Entwicklung wird bis zur Vollendung des zweiten Lebensjahres wesentlich durch innere Reifungsvorgänge bestimmt. Sie stellen die Voraussetzung dar, bestimmte motorische Fertigkeiten durch gezieltes Üben zu fördern. Die meisten Kinder erlernen allerdings im Laufe des dritten Lebensjahres ohne besonderes Training grundlegende motorische Aktivitäten wie Rennen, Springen, Balance halten, Werfen, Fangen und Klettern.

Die zunehmende Beweglichkeit und Geschicklichkeit ermöglicht dem Kind, seine Umwelt auf immer differenziertere Weise zu erkunden und zu bewältigen. So tragen die vielfältigen motorischen Erfahrungen entscheidend zur Selbstentwicklung bei. Sie erweitern den Handlungsspielraum des Kindes und führen zu seiner Handlungskompetenz.

Feinmotorik

Im dritten Lebensjahr nimmt auch das feinmotorische Geschick des Kindes zu, was in zahlreichen spielerischen Aktivitäten wie z. B. Malen, mit Bauklötzen oder großen Legosteinen bauen, Perlen aufreihen oder mit der Kinderschere schneiden zu beobachten ist. Die Kinder benötigen jetzt auch immer weniger Hilfe beim An- und Ausziehen. Lediglich kleine Knöpfe, Reißverschlüsse und Schuhbänder können ihnen noch Schwierigkeiten bereiten.

Emotionale Selbsterfahrungen (= Selbst-Affektivität)

Universelle emotionale Grundmuster

Das emotionale Erleben ist ein untrennbarer Teil des gesamten Selbsterlebens des Kindes. Neugeborene in den unterschiedlichsten Kulturen zeigen gleiche emotionale Grundmuster (= **Basisemotionen**) in ihrem mimischen Ausdruck. Es lassen sich die Basisemotionen Abscheu, Ekel, Ärger, Erstaunen, Überraschung, Freude und Traurigkeit beobachten. Diese Grundmuster werden wahrscheinlich durch bestimmte Erregungszustände des Gehirns ausgelöst.

Differenzierung der Emotionen

Wenn die angeborenen mimischen Reaktionsmuster durch höhere Steuerungszentren in der Großhirnrinde mit subjektiven Gefühlserlebnissen verbunden werden, entsteht ein individueller emotionaler Ausdruck. Durch die wachsende Erfahrung und die fortschreitende kognitive Entwicklung nimmt im Verlauf des Kleinkind- und Vorschulalters die Zahl der Situationen und Ereignisse, die emotionale Reaktionen hervorrufen, ständig zu. Die Entwicklung der Sprache bewirkt, dass Emotionen nicht mehr nur durch bestimmte Personen, Objekte oder Ereignisse selbst ausgelöst werden, sondern auch durch die Vorstellungen davon. Die Sprache wird zum Auslöser von Emotionen und ermöglicht ihren differenzierten Ausdruck.

Säuglinge und Kleinkinder reagieren auf eine emotionsauslösende Situation direkt und spontan. Ihre Gefühlszustände spiegeln sich unmittelbar und deutlich in der Mimik wider. Die Kinder können ihre emotionalen Reaktionen nicht unterdrücken, verstellen oder darstellerisch einsetzen. Die gezeigten Gefühle sind echt und unverfälscht.

Eine willentliche Beeinflussung des mimischen Ausdrucks ist ansatzweise gegen Ende des ersten Lebensjahres möglich. In ihrer weiteren Entwicklung beginnen die Kinder ihre Mimik bewusst einzusetzen um ein bestimmtes Gefühl zu zeigen. Ihr Ausdrucksverhalten erweitert sich insgesamt, so dass sie auch gemischte Gefühle darstellen können.

Spontane emotionale Reaktionen

Im Vorschulalter werden Gefühle meist in voller Intensität geäußert. Differenzierte, situationsangemessene Reaktionen sind kaum möglich. Gefühle treten in diesem Alter oft plötzlich auf und sind von kurzer Dauer. Innerhalb weniger Minuten können die Kinder wechseln zwischen begeistert, traurig oder wütend sein. Jüngere Kinder lassen sich so auch leichter in ihren emotionalen Zuständen beeinflussen als ältere.

Bis in das frühe Grundschulalter hinein (ca. 7 ½ Jahre) wird das Verhalten der Kinder von ihrer intensiven Gefühlswelt beherrscht. Sie erleben und empfinden ein Gefühl und drücken es unmittelbar durch ihr Handeln aus. Kognitive Vorgänge wie z. B. Denken und Nachdenken erfolgen erst zum Schluss oder bleiben ganz aus. Die spontanen, gefühlsbestimmten Reaktionen können die Kinder erheblich gefährden.

Ein Kind steht z. B. am Rand einer Straße und sieht plötzlich voller Freude auf der anderen Seite seinen Freund. Es läuft spontan über die Straße, ohne auf den Verkehr zu achten. Das Kind erschrickt. Erst jetzt erinnert es sich vielleicht an die Mahnung der Erzieherin und denkt darüber nach, was alles hätte passieren können.

Integration der Kern-Selbst-Aspekte im Episoden-Gedächtnis

Der Säugling ist in der Lage, die sensorischen, motorischen und affektiven Erfahrungen zu speichern. Stern spricht von der Selbst-Geschichtlichkeit. Das Selbst erfährt durch das Gedächtnis Kontinuität (**= Selbstkontinuität**).

Sensorische, motorische und affektive Erfahrungen werden aber in der Regel nicht einzeln gespeichert, sondern sind Bestandteil einer größeren Erlebniseinheit, die man als „Episode" bezeichnet (Episoden-Gedächtnis). Ein Säugling, der Hunger hat und an die Brust angelegt wird, könnte sich die folgende Still-Episode einprägen:

An die Brust gelegt werden mit den entsprechenden taktilen, olfaktorischen und visuellen Empfindungen, suchen, öffnen des Mundes, zu saugen beginnen und Milch bekommen. Wenn sich das Stillen in ähnlicher Weise wiederholt, entwickelt der Säugling eine allgemeine Erinnerungsstruktur bezüglich der Still-Episode, indem er die Einzelerfahrungen abstrahiert und speichert.

Stern bezeichnet diese Gedächtnisstrukturen als „generalisierte Interaktionsrepräsentationen". Sie integrieren die unterschiedlichen Aspekte des Kern-Selbst (Selbst-Kohärenz, Selbst-Urheberschaft, Selbst-Affektivität) zu einem Ganzen.

Kapitel 4

Auf den Punkt gebracht

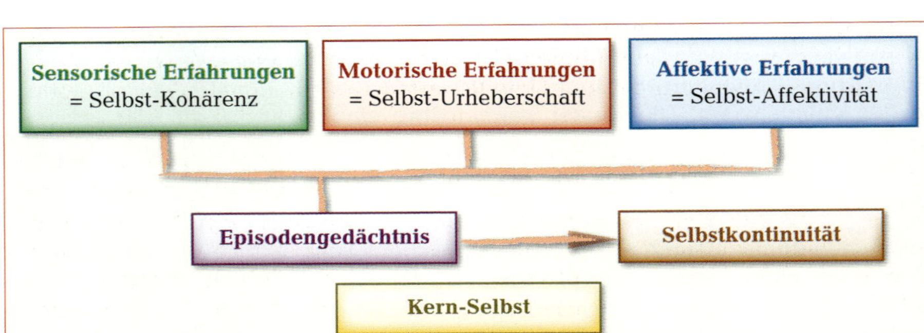

4.3.3 Subjektives-Selbst - Das Selbst in Beziehung zu dem Anderen

Zwischen dem siebten und neunten Monat erweitert sich die Selbstperspektive des Kindes. Zu der körperlichen Unterscheidung zwischen Selbst und anderen Personen kommt nun das bewusste Erleben innerer, subjektiver Zustände wie z. B. von Gefühlen und Absichten, das subjektive Selbst. Es entsteht die Bereitschaft, die subjektiven Befindlichkeiten dem Anden mitzuteilen, sich mit ihm wechselseitig auszutauschen (= **intersubjektive Bezogenheit**). Diese intersubjektive Bezogenheit lässt sich nach Stern unter anderem an der gemeinsamen Ausrichtung der Aufmerksamkeit eines Säuglings und seiner Mutter ablesen (= **Inter-Attentionalität**). Die Mutter zeigt auf einen Gegenstand. Der Säugling blickt in die Richtung, in die die Mutter deutet. Nachdem er das Ziel ins Auge gefasst hat, nimmt er nochmals Blickkontakt mit der Mutter auf.

Intersubjektive Bezogenheit

Gemeinsam erlebte Erfahrungen ereignen sich auch, wenn der Säugling mit ungefähr neun Monaten durch Mimik, Bewegungen und unterstützende Laute eine bestimmte Absicht ausdrückt, auf die sein Gegenüber reagiert (= **Inter-Intentionalität**).

In besonderer Weise drückt sich nach Stern die intersubjektive Bezogenheit in gemeinsam erlebten affektiven Zuständen aus (= **Inter-Affektivität bzw. Affektabstimmung**).

Beispiel: Ein neun Monate alter Junge hat eine Rassel in der Hand. Er bewegt seinen Arm zuerst langsam, dann immer heftiger auf und nieder. Seine Mutter schaut ihm zu. Sie bewegt ihren Kopf genau im Takt mit den Armbewegungen ihres Sohnes und begleitet sein Tun mit aufmunternden Worten (Stern 1998, Seite 201).

Hier geschieht keine bloße Nachahmung oder Spiegelung des kindlichen Verhaltens durch die Mutter. Sie zeigt vielmehr eine Reaktion, die dem Gefühlszustand des Kindes entspricht. Die Heftigkeit der Armbewegungen des Säuglings als Ausdruck seiner Freude über das Spielzeug beantwortet die Mutter mit entsprechendem Kopfnicken und sprachlichen Äußerungen. Sie übersetzt das kindliche Verhalten sozusagen analog. Beide stimmen über solche Analogien ihr Gefühlsleben ab (= **Affektabstimmung**).

Durch diese Affektabstimmung lernt das Kind emotionale Zustände als Formen des menschlichen Erlebens kennen, die man mit anderen teilen kann. Vielfältige Interaktionen erweitern das kindliche Repertoire an emotionalen Äußerungen.

Die Interaktionen zwischen Mutte/Vater und Kind bereiten auch den Boden für ein erzieherisches Einwirken des Erwachsenen auf das Kind. In der Entwicklungspsychologie wird die Bereitschaft eines Kindes, auf die Wünsche seiner erwachsenen Bezugsperson einzugehen und ihre Anweisungen zu befolgen, mit dem englischen Begriff **„compliance“** umschrieben. Wörtlich übersetzt bedeutet das „Einverständnis“: Das Kind willigt ein, sich vom Erwachsenen lenken zu lassen.

Man unterscheidet zwei Arten von „compliance":

1. Sich-Fügen

Das Kind zeigt sich kooperativ, führt aber z. B. eine begonnene Aufgabe nur zu Ende, wenn die Bezugsperson dabeibleibt. Das Verhalten des Kindes wird also noch in starkem Maße von „außen" durch den Erwachsenen gesteuert.

2. Aktives Folgen und Mitmachen

Das Kind ist aus eigenem Antrieb engagiert dabei. Es befolgt die Handlungsvorgaben der Bezugsperson auch dann, wenn es nicht kontrolliert wird. Diese aktive Form der Folgsamkeit kann als erster Schritt zu einer verinnerlichten Kontrolle des eigenen Verhaltens gesehen werden. Sie nimmt in Laufe der kindlichen Entwicklung vom zweiten bis fünften Lebensjahr ständig zu.

Kinder mit sehr früh ausgeprägter „compliance" sind später im Alter von fünf bis sechs Jahren besonders gewissenhaft und pflichtbewusst. Sie räumen beispielsweise ihre Spielsachen auf, ohne dass ein Erwachsener sie dazu auffordert und halten sich an aufgestellte Regeln, auch wenn keine Kontrolle von außen erfolgt.

Auf den Punkt gebracht

4.3.4 Objektives, verbales Selbst – Erkennendes, sich-mitteilendes Selbst

Die 18 Monate alte Petra schaut zu, wie ihre Mutter eine Tasse Milch eingießt. Einige Zeit später ahmt sie das Eingießen mit ihrem Puppengeschirr genau nach.

Diese zeitlich verzögerte Nachahmung verweist auf die neuen Fähigkeiten, die um die Mitte des zweiten Lebensjahres auftauchen. Sie verändern das Selbsterleben des Kindes und ermöglichen ihm erweiterte zwischenmenschliche Beziehungen.

Beginnende Vorstellungstätigkeit

Zu einer vollständigen Nachahmung gehören die genaue Aufnahme, die längerfristige Speicherung und die übereinstimmende, eigene Wiedergabe des beobachteten Verhaltens. Wenn Petra ihrer Puppe zu trinken gibt, hat sie ein inneres Abbild (= Vorstellung) des äußerlich wahrgenommenen Geschehens erstellt, das sie auf ihre Puppe überträgt (= Vorstellungstätigkeit). Das Kind muss bei dieser Vorstellungstätigkeit verschiedene innere und handlungsbezogene Funktionen koordinieren. Zwei gleichzeitig gegebene, aber räumlich getrennte Sachverhalte erscheinen ihm als dasselbe **(= synchrone Identität)**. Die Fähigkeit zur synchronen Identität verbindet Wahrnehmungsobjekte und Vorstellungsinhalte, reale Sachverhalte und ihre sprachlichen Bezeichnungen.

Objekte existieren jetzt für das Kind weiter, auch wenn es sie nicht mehr sieht **(= Objektpermanenz)**. Es vermag sie sich vorzustellen, ihnen Eigenschaften zuzuschreiben und sich auszudenken, was man mit ihnen machen kann (**= mentales Probehandeln**). Durch ein solches mentales Probehandeln kommt das Kind z. B. auf die Lösung, sich ein Spielzeug mit Hilfe eines Stockes zu angeln.

Indem das Kind sich Ziele und Wege zu ihrer Erreichung vergegenwärtigen kann, hat es den ersten entscheidenden Schritt zu einer **rationalen Handlungsplanung** vollzogen. Das kindliche Handeln wird allerdings noch von momentanen Antrieben geleitet Es fehlt die Selbstkontrolle, die nötig ist, unmittelbare Bedürfnisse aufzuschieben, um in einer Entscheidungssituation verschiedene Handlungsmotive abwägen zu können.

Die Welt der Dinge wird vom Kind schrittweise erschlossen. Anfangs unterscheidet es nur zwischen Objekten, die starr und solchen, die beweglich sind. Es merkt dann, dass sich einige Dinge aus eigenem Antrieb bewegen und andere durch eine Person oder eine Kraft angetrieben werden müssen. Aus diesen Beobachtungen entwickelt das Kind eine erste, einfache **„Theorie des Lebendigen"**, die sich im Wesentlichen auf das Merkmal „Bewegung" stützt: Lebendig sind Objekte, die sich selbst bewegen. So verwundert es nicht, dass Tiere für das Kind leben, Pflanzen hingegen nicht, weil sie sich nicht selbst bewegen.

Jedes Ereignis wird für das Kind von einer Absicht bestimmt. Wenn ein Spielkamerad das Kind versehentlich anstößt, erlebt es dies als beabsichtigt und reagiert aggressiv. Aber auch der Stuhl, an dem das Kind sich selbst stößt, hat sich nach kindlichem Verständnis ihm absichtlich in den Weg gestellt und ist deshalb böse. Die Beispiele zeigen, dass das Kind in diesem Alter offenbar noch nicht unterscheiden kann zwischen Ereignissen, die alleine aufgrund bestimmter Ursachen eintreffen und solchen, die außerdem absichtlich gewollt sind Sein **Kausalitätsverständnis ist noch sehr eingeschränkt**.

Symbolisieren

Die inneren Bilder, die das Kind in seiner Vorstellungstätigkeit verwendet, bezeichnet man als Symbole. Sie stehen „für etwas" (Personen, Dinge, Ereignisse) und können losgelöst von unmittelbaren Erfahrungen in immer neuen Zusammenhängen benutzt werden.

Im Laufe seiner Entwicklung lernt das Kind verschiedene Symbolsysteme zu gebrauchen. Sie reichen vom symbolischen Handeln im Spiel (Symbolspiele) über die bildliche und bildnerische Darstellung, der Bewegung, dem Zahlenverständnis, bis zu dem vorherrschenden Symbolsystem, der Sprache.

Symbolsystem Sprache

Das Symbolsystem Sprache baut sich aus den folgenden Elementen auf, die das Kind schrittweise erlernen muss:

Elemente der Sprache

- **Lautsystem (Phonologie)**

  Die kleinste Einheit der gesprochenen Sprache sind die Laute (Phoneme). Sie müssen vom Kind zunächst gehört und unterschieden werden (= Sprachwahrnehmung). Zur Selbstständigen Bildung der Laute gehören gezielte Sprechbewegungen, die mit der Atmung sowie der Stimmgebung koordiniert werden (**= Phonetischer Aspekt**). Außerdem muss das Kind die Regeln lernen, nach denen die Laute zu Worten zusammengestellt werden (**= Phonologischer Aspekt**).

- **Grammatik (Syntax und Morphologie)**

  Die Grammatik einer Sprache stellt die Regeln auf, nach denen Worte zu Sätzen zusammengestellt (**= Syntax**) und in ihrer Form verändert, gebeugt werden (**= Morphologie**)

  Beispiel: In den Sätzen *Das Kind spielt* und *Das Kind spielte*, wird durch die Veränderung der Wortform (Morphologie) eine andere Bedeutung geschaffen.

- **Bedeutungen (Semantik)**

  Unter der Bedeutung einer Sprache versteht man die Beziehungen zwischen den Symbolen und denen durch sie bezeichneten Vorstellungen.

  Die semantische Relation der Sprache versteht das Kind, wenn es gelernt hat, dass der Begriff und das durch ihn Bezeichnete synchron identisch sind (siehe Vorstellungstätigkeit und synchrone Identität). Es ist dann in der Lage, die Dinge zu benennen und über abwesende Sachverhalte zu sprechen. Zur Bedeutungsentwicklung gehört im Einzelnen der **Aufbau des Wortschatzes, die Entwicklung von Begriffen und der Erwerb des Sprachverständnisses**.

- **Anwendung (Pragmatik)**

  Hier geht es um die praktische Verwendung zu der die Symbole geschaffen wurden. Das Besondere der menschlichen Sprache besteht darin, dass die entsprechenden Symbole dazu dienen, Wissen über die verschiedensten Sachverhalte (Wünsche, Bedürfnisse, Erlebnisse, Erkenntnisse usw.) mitzuteilen. Die Funktion als **Mitteilungssprache** äußert sich in vielfältigen Formen der Kommunikation.

  Der wortsprachliche Austausch beginnt mit den ersten Lauten und entwickelt sich bis zu einem sehr differenzierten syntaktischen System. Neuere Sprachwissenschaftliche Forschungen stellen als eine wesentliche Besonderheit der Menschlichen Sprache die Verwendung von eben diesem **differenzierten syntaktischen System** mit sehr komplexen Satzkonstruktionen heraus.

Entwicklung des Lautsystems (Phonologie)

Sprachwahrnehmung

Schon kurz nach der Geburt unterscheiden Säuglinge zwischen Sprachlauten und nicht sprachlichen Lauten (z. B. andere Klänge oder Geräusche) und bevorzugen deutlich die Muttersprache.

Mit etwa 5 bis 6 Monaten können Kinder erste stabile Beziehungen zwischen bestimmten Lautkombinationen und den ihnen zugeordneten Bedeutungen herstellen.

Beispiel: Das Kind hört die Lautgestalt „Tick-Tack" und blickt zur Uhr.

Im Alter von etwa 12 Monaten vermag das Kind bedeutungsmäßig verschiedene Lautketten voneinander zu unterscheiden

Beispiel: Der Erwachsene fragt: Wo ist die Mieze? und Wie macht die Mieze?

Das Kind beantwortet die erste Frage mit einem suchenden Blick und die zweite Frage, in dem es die Katzenlaute nachmacht.

Es kann offenbar unterscheiden zwischen den Lautfolgen „Wo ist" und „Wie macht".

Die erste lautliche Äußerung eines Kindes ist sein Schreien, das sich bereits in den ersten Lebenswochen sehr unterschiedlich ausprägt (z. B. Schreien wegen Hunger oder Schmerz).

Sprechmotorik

Durch vokalähnliche Laute, **Gurrlaute**, drückt das Kind etwa nach der 6. Lebenswoche aus, dass es sich wohl fühlt. Es beginnt dann eine 6 bis 8 Monate Phase, in der das Kind eine Vielfalt an Lauten und Lautfolgen produziert, die zunächst nicht mit der Umgebungssprache übereinstimmen. Erst allmählich findet eine Annäherung an Konsonanten und Vokale der zu erwerbenden Muttersprache statt. Dieses **Lallen** dient vorwiegend dazu, die Sprechmotorik zu üben. Auch bei gehörlosen Kindern ist das Lallen zu beobachten.

Das Kind muss feine Bewegungen der Zunge, des Unterkiefers und der Lippen erlernen. Diese Bewegungen müssen mit der Atmung und Stimmgebung koordiniert werden. Die Ausbildung der sprechmotorischen Fertigkeiten ist der phonetische Aspekt in der Entwicklung der Aussprache. Sie beginnt im vorsprachlichen Stadium und dehnt sich aus bis möglicherweise zur Pubertät, in der dann eine Übereinstimmung mit der Aussprache erwachsener Sprecher erreicht wird.

Erste Wörter

Im Alter von 10 bis 13 Monaten beginnen die Kinder einzelne Wörter aus der sprachlichen Umgebung herauszugreifen und zu sprechen. Sie verwenden bei ihren ersten Wortproduktionen vorrangig die Laute, die in der letzen Phase des Lallens vorherrschten. Die ersten einfachen Wörter werden vom Kind in ihrer jeweiligen phonetischen Form als Einheit gespeichert, ohne innerlich gegliedert zu sein. Man spricht deshalb beim ganzheitlichen Erwerb dieser ca. 50 ersten Wörter vom **lexikalischen Lernen** der Kinder.

Beispiele: „Nam-Nam" = Alles Essbare

„Mem" = Alles Trinkbare

„Ba" = Ball, „Nane" = Banane

Erwerb der lautsprachlichen Regeln

Mit ca. 18 Monaten beginnen die Kinder die lautsprachlichen Regeln der Muttersprache zu entdecken. Sie machen zunächst im Vergleich zur Umgebungssprache Fehler beim Aussprechen, die jedoch bestimmten Regeln folgen. Kinder vereinfachen die Aussprache der Muttersprache. Sprachforscher haben eine Vielzahl von Vereinfachungen festgestellt und mit dem Sammelbegriff **phonologische Prozesse** bezeichnet.

Beispiele:

Auslassung unbetonter Silben:	„Nane“ statt „Banane“ „Put“ statt „kaputt“
Vereinfachung mehrsilbiger Wörter:	„Lade“ statt „Schokolade“ „osa“ statt „Orangensaft“
Verdoppelungen:	„Baba“ statt „Ball“, „Dada“ statt „Da“
Ersetzen von Konsonanten:	„tann“ statt „kann“ „delb“ statt „gelb“
Auslassung eines Konsonanten:	„bot“ statt „Brot“ „tock“ statt „Stock“

Phonologisches System

Bei jedem Kind sind in der Entwicklung seiner Aussprache unterschiedliche phonologische Prozesse zu beobachten. Durch die schrittweise Überwindung der einzelnen Prozesse eignen sich die Kinder in einem Zeitraum von zumindest zwei bis drei Jahren die lautsprachlichen Grundregeln der jeweiligen Muttersprache (das phonologische System) an.

Das phonologische System wird dann in den nächsten Jahren vom vierten bis fünften Lebensjahr bis ca. zum achten Lebensjahr vervollkommnt. Die Kinder benutzen mehr Laute der Umgebungssprache. Sie werden sicherer im Einsatz schwieriger Konsonanten und Konsonantenverbindungen (z. B. r, s, sch, ng).

Die lautsprachlichen Regeln werden zunehmend richtig angewandt. Die Aussprache der Kinder wird insgesamt genauer und konstanter.

Entwicklung der Grammatik (Syntax und Morphologie)

Angeborene Grundlagen

In erstaunlich kurzer Zeit etwa ab der Mitte des zweiten Lebensjahres bis zum Alter von vier bis fünf Jahren bauen sich Kinder ein Grundgerüst des sehr komplexen und abstrakten Systems der Grammatik in ähnlicher Weise auf.

Sprachforscher gehen beim Erwerb der Grammatik von angeborenen Grundlagen dem **linguo-kognitiven Mechanismus** aus.

Hinzu kommen Aktivitäten der Kinder, die zunächst eigene Regeln der Satzkonstruktionen und Satzformen aufstellen. Bis ins Jugendalter hinein dauert dann der Prozess, in dem die Kinder ihre eigene Grammatik der Umgebungssprache angleichen und Syntax und Morphologie ihrer Muttersprache zu beherrschen lernen.

Nachdem die Kinder ihre ersten 50 Wörter beherrschen, lernen sie im Alter von circa 1½ Jahren durch unterschiedliche Sprachmelodie mit einem Wort z. B. etwas zu bitten oder zu fordern.

Einwortsätze

Beispiele: „Lade?“ bedeutet „Bekomme ich Schokolade?“

„Lade!“ bedeutet „Ich will Schokolade!“

So kann ein einzelnes Wort die Bedeutung eines ganzen Satzes haben Man spricht von so genannten Einwortsätzen, die aber noch keine syntaktische Struktur aufweisen.

Erwerb des syntaktischen Prinzips

Wenn die Kinder zwei (manchmal auch drei) Wörter eigenständig miteinander verbinden können, beginnt die syntaktische Entwicklung. Diese ersten Sätze sind noch ungeformt. Das Kind reiht vor allem Hauptwörter (Substantive) Tätigkeitswörter (Verben) und Eigenschaftswörter (Adjektive) aneinander. Verben werden in der Grundform (Infinitiv) benutzt. Beim Substantiv werden noch keine Fälle unterschieden. Es sind also noch keine morphologischen Entwicklungen festzustellen.

Beispiele: „B(r)ot aufessen, Mama weg, Wauwau bös“.

Erstes Fragealter

Das Kind interessiert sich für Vieles in seiner Umgebung. Es fragt in der typischen Weise „Is das?“ nach den Dingen. Die Sprachforscher sprechen vom ersten Fragealter.

Die Kinder verstehen in diesem Alter mehr (**passiver Wortschatz**) als sie selbst Sprechen können (**aktiver Wortschatz**).

Die Kinder verbinden jetzt immer mehr Worte miteinander. Die Sätze werden länger und nähern sich in ihrer Konstruktion der ihrer Umgebungssprache. Die Kinder entdecken auch die Beugungsformen und probieren sie aus. Dabei kommt es noch zu fehlerhaften Anwendungen, die aber ein Zeichen der morphologischen Weiterentwicklung sind. Beispiel: „Mama lacht, Kinder lacht.“

Erwerb der einzelsprachlichen Grammatik

Dreijährige Kinder sprechen meist schon Mehrwortsätze. Sie beherrschen weitgehend die Wortstellung in einfachen Hauptsätzen und versuchen auch schon Nebensatzkonstruktionen. Die Substantive werden allmählich in den richtigen Fällen benutzt. Die Kinder wenden die Beugungsformen der Verben sicherer an. Die 2. Person Singular tritt neu auf.

Beispiel: „Du geh<u>st</u> spielen“

Zweites Fragealter

Die Kinder lernen auch Funktionswörter wie z. B. Präpositionen (auf, unter, oben, vor) zu verwenden und zu verstehen. Sie setzen jetzt Fragewörter ein, die mit W beginnen (Warum? Wann? Wie? Wo? Wer?). Die Sprachforscher bezeichnen diese Phase als zweites Fragealter.

Vervollständigung der Grammatik

Mit **dreieinhalb Jahren** gelingt es den Kindern zusammengesetzte Sätze zu bilden, die aus zwei Teilsätzen bestehen. Etwa gleichzeitig verwenden die Kinder die Konstruktionen Haupt- und Hauptsatz sowie Haupt- und Nebensatz.

Beispiele: „Ich spiele und du spielst auch.“

„Der muss gehen, weil er böse ist.“

Die Kinder können mit diesen Satzkonstruktionen Zusammenhänge zwischen verschiedenen Sachverhalten und Ereignissen ausdrücken.

Der passive Satz scheint die schwierigste syntaktische Form zu sein, da die Kinder ihn oft erst nach dem 7. Lebensjahr beherrschen.

Der Erwerb der Fälle wird fortgesetzt. Am Anfang passieren noch Übertragungsfehler der folgenden Art:

„Ich sehe den Mann." „Ich spiele mit den Ball."

Die Kinder beginnen Gegenwart, Vergangenheit und Zukunft in den richtigen Verbformen auszudrücken. Auch hier ist am Anfang mit Fehlern zu rechnen

Beispiel: „Ich habe geschlaft"

Mit ca. **vier Jahren** beherrschen die Kinder die Grammatik ihrer Muttersprache soweit, dass sie sich für ihre Umwelt verständlich ausdrücken können.

Entwicklung der Bedeutung (Semantik)

Anschauliche Begriffe

Die ersten Objektwörter bezeichnen, was sich selbst bewegt, z. B. Menschen, Fahrzeuge, Tiere. Dann wird benannt, was bewegt wird z. B. Spielsachen. Die ersten Begriffe stammen aus der Lebenswelt des Kindes, aus seinen unmittelbaren Erfahrungen. Die Wirklichkeit ist noch eine wichtige Stütze beim Verstehen und Anwenden der Sprache. So sollte man Kleinkindern beim Erzählen von Geschichten immer die dazugehörenden Bilder zeigen.

Das Kind beherrscht zunächst noch nicht die vollständigen Abstraktionen. Es denkt in Komplexen.

Beispiele: Alle runden Gegenstände werden als Ball bezeichnet. Mit „Bagga" meint das Kind den Bagger, die Dampfwalze und den Traktor. Trifft ein Kind auf unbekannte Tiere, so hilft es sich mit der bisher für den Hund benutzten Bezeichnung „Wau-Wau".

Das Kind benutzt Bezeichnungen, die lautlich denen der Erwachsenen entsprechen, inhaltlich aber noch nicht vollständig erfasst sind.

Wenn es z. B. „Hund" sagt, meint es den konkret erlebten Hund und nicht den Allgemeinbegriff zur Bezeichnung der Tierart.

Begriffsnetze

Bedeutungsfelder

Schrittweise lernt das Kind die bedeutsamen (relevanten) von den nicht-bedeutsamen (irrelevanten) Merkmalen zu unterscheiden. Es entstehen Bedeutungen, die sich aus vielen einzelnen Teilen zusammensetzen, Begriffsnetze. Das Kind erkennt, wie die verschiedenen Begriffe zusammenhängen. Es erfasst die Bedeutungsfelder (semantische Felder) und kann Objekte, Personen oder Situationen nach bestimmten Merkmalen ordnen, sie klassifizieren.

Beispiele für Begriffsnetze und Bedeutungsfelder

Beispiel	Begriffsnetz	Bedeutungsfeld
Hunde	4 Beine, bellen, fressen, Fell	Haustiere wie Katzen, Schwein, Hühner
Vater, Mutter	Geben Schutz, Essen, Sicherheit, sind immer da	Familie, Verwandtschaft, Geschlecht
Geburtstag	Geschenke, Freunde, besonderes Essen	Feste, Familienfeiern, Geburt, Herkunft

Ziffern als Symbolsystem – der Zahlbegriff

Die Abbildung in Ziffern stellt für das Kind neben der Sprache ein weiteres Symbolsystem dar, das ihm hilft, seine Umwelt zu strukturieren.

Sinn für Zahlen

Ein Sinn für Zahlen ist nach dem französischen Mathematiker Dehaene (1999) bei uns Menschen genetisch verankert. Kinder besitzen von Geburt an einen inneren Speicher, der sie über die ungefähre Anzahl von Dingen informiert.

Bei Säuglingen im Alter von sechs bis acht Monaten ist bereits eine abstrakte Vorstellung von Anzahlen vorhanden. Diese Fähigkeit wurde nachgewiesen, indem man Säuglinge vor zwei Leinwände gesetzt hat, auf die Dias projiziert wurden. Das Dia rechts zeigte z. B. zwei Bälle. Links sah das Baby drei Tiere. Gleichzeitig hörte das Kind eine Folge von entweder zwei oder drei Trommelschlägen, die aus einem Lautsprecher kamen, der in der Mitte zwischen den Leinwänden stand. Mit Hilfe einer verborgenen Videokamera wurde beobachtet, wie lange das Baby jedes der Dias betrachtete. Das Kind schaute sich zunächst die drei Tiere etwas länger an als die zwei Bälle. Komplexere Inhalte erhöhen die Aufmerksamkeit. Nach einigen Versuchen ließ aber das Interesse an den Tieren nach. Das Baby betrachtete jetzt das Dia länger, das genauso viele Dinge zeigte, wie es Töne hörte. Es konzentrierte sich auf die drei Tiere wenn es drei Trommelschläge hörte. Bei zwei Trommelschlägen verweilte sein Blick auf den zwei Bällen. Das Baby kann also eine Übereinstimmung herstellen zwischen einer Anzahl von Objekten, die es gezeigt bekommt und einer Anzahl von Tönen, die es gleichzeitig hört. Diese Leistung lässt nach Dehaene den Schluss zu, dass schon Säuglinge mit Hilfe einer inneren, abstrakten Repräsentation Anzahlen wahrnehmen.

Zahlwörter

Wenn ein Kind die Ausdrücke „drei Kätzchen" und die kleinen Kätzchen hört, kann es nicht wissen, dass „klein" sich auf die körperliche Größe der Katzen bezieht, „drei" aber die Menge angibt. Das Kind muss lernen die Zahlwörter von anderen Wörtern zu unterscheiden. Es muss die Bedeutung von Zahlen erfassen. Im täglichen Sprachgebrauch merkt das Kind, dass die Zahlwörter eine andere Bedeutung haben als die Nomen und Adjektive: Wenn es beispielsweise die Bedeutung der Wörter „Katze" und „klein" schon kennt, merkt es, dass das unbekannte Wort „drei" sich weder auf die Größe noch auf die Kennzeichnung der Tierart bezieht.

Am Anfang (mit ca. 2½ Jahren) sagen die Kinder die Zahlwörter und merken, dass diese Wörter etwas mit der Anzahl (Menge) zu tun haben. Die genaue Bedeutung kennen sie noch nicht. Wenn man sie z. B. auffordert: „Gib mir drei Bälle", so greifen die meisten Kinder dieses Alters einfach nach mehreren, ohne sich um die genaue Menge zu kümmern.

Zählen

Die Kinder verstehen schon, dass Zählen ein abstraktes Verfahren ist, das sich auf alle möglichen sichtbaren und hörbaren Dinge anwenden lässt. Wenn sie stolz bis zehn zählen, so handelt es sich allerdings zunächst nur um das Aufsagen einer Reihe von Lautassoziationen. Die Kinder üben gewissermaßen die Zahlwörter ein. Danach beginnt das Zählen von Gegenständen. Jedem Element der vorhandenen Objekte wird ein Zahlwort zugeordnet. Zählen bedeutet, Wörter in einer festen Reihenfolge aufzusagen. Dass es beim Zählen auf die Reihenfolge ankommt, erkennen die Kinder schon mit 3½ Jahren. Sie merken auch, dass es gleichgültig ist, in welcher Reihenfolge man auf die Dinge zeigt, solange jedes Ding nur einmal gezählt wird.

Mengen und Teilmengen

Durch das Zählen können die Objekte zu einer bestimmten Menge zusammengefasst werden. Die Kinder lernen, dass sie selber entscheiden können, was sie zählen wollen und welche Mengen dadurch entstehen. Zählen sie beispielsweise alle Bauklötze oder stellen sie nur fest, wie viele rote, blaue usw. es gibt? Den Kindern wird deutlich, dass alle Klötze zusammen eine andere Anzahl ergeben, als nur die roten oder blauen. Sie erkennen, dass sich eine Gesamtmenge aus Teilmengen zusammensetzt.

Innerhalb einer Menge lässt sich auch eine Ordnung der Abfolge der einzelnen Elemente, eine Reihenfolge, herstellen. So muss das Kind z. B. verstehen, dass es in einer Menge von fünf Objekten ein drittes Element gibt. Wenn es beim Zählen dieses Element erreicht hat, ist ihm klar, dass noch zwei weitere folgen.

Kardinal- und Ordinalzahlen

Die Anzahl der Elemente einer Menge bezeichnet man als den kardinalen Aspekt, die Reihenfolge als den ordinalen Aspekt. Ein vollständiges Zahlenverständnis (Zahlbegriff) ist erreicht, wenn das Kind mit Kardinal- und Ordinalzahlen (Grund- und Ordnungszahlen) gleichzeitig umgehen und sie wechselseitig anwenden kann. Es löst dann ohne Probleme Aufgaben der folgenden Art:

Wieviele Bälle sind es? Zeige mir den dritten, fünften und siebten.

Gegen Ende des vierten Lebensjahres beherrschen die Kinder die Grundlagen des Zählens und könne sie flexibel anwenden. Für Dehaene ist das **Zählen das ABC des Rechnens**. Wenn die Kinder zählen, stoßen sie auf Möglichkeiten Zahlen zu addieren und zu subtrahieren. Sie erfinden schon vor ihrer Einschulung Rechenverfahren und verstehen, was ihre Rechnungen bedeuten.

Selbstobjektivierung

Die Vorstellungstätigkeit ermöglicht dem Kind auch sein Selbst als objektive Größe wahrzunehmen. Das Kind ist zur Selbstobjektivierung fähig. Es drückt seine objektive Selbstsicht deutlich im **Gebrauch seines Vornamens** und der **Ich-Form** aus.

Petra weiß nach dem 18. Lebensmonat, dass sie im Spiegel ihr eigenes Bild sieht. Dies belegt ein roter Punkt, den man unbemerkt auf ihrer Stirn angebracht hat. Wenn Petra in den Spiegel schaut, sucht sie nach dem Punkt in ihrem eigenen Gesicht. Als sie jünger war, hat sie den Punkt nicht auf sich bezogen und auf den Spiegel gezeigt.

Erkennen des eigenen Geschlechts

Das Kind kann sein Selbst jetzt auch den objektiven Größen Jungen und Mädchen zuordnen (= Geschlechtsidentität). Die Einteilung in männlich und weiblich nehmen die Kinder aber noch nach sehr oberflächlichen Merkmalen wie z. B. Kleidung, Haartracht oder bevorzugtes Spielzeug vor. Erst zwischen dem fünften und siebten Lebensjahr wird ihnen klar, dass ihr Geschlecht und das anderer Menschen biologisch festliegt und sich nicht mehr ändern wird (= Geschlechtspermanenz).

Geschlechtsidentität

Geschlechtspermanenz

Gleichwohl zeigen Kinder schon im Alter zwischen 18 Monaten und drei Jahren geschlechtsspezifische Verhaltensweisen. Sie identifizieren sich mit der Jungen- bzw. Mädchenrolle, den Geschlechtsstereotypen, die von der Umwelt an sie herangetragen werden. Die Kinder bauen ihr psychologisches Geschlecht auf. So können Zweijährige Spielsachen danach einteilen, ob sie Jungen oder Mädchen gehören. Dreijährige wissen, was Jungen im Unterschied zu Mädchen tun.

Geschlechtsrollen

Anfänge der Leistungsmotivation

Sobald das objektive Selbst ausgebildet ist, sieht das Kind dieses Selbst als „Verursacher" seiner Handlungsergebnisse. Es zeigt sich interessiert daran etwas zu vollbringen.

Anfangs steht der Spaß am eigenen Tun und an den Wirkungen, die das Kind erreicht, im Vordergrund seiner Anstrengungen. Das Kind experimentiert mit den Dingen in seiner Umwelt um sie zu erforschen. Es will herausfinden, wie sie funktionieren. Man spricht von der Funktionslust des Kindes, in der noch kein Streben nach Leistung gesehen wird.

Funktionslust

Durch ihr Tun sammeln die Kinder zunehmend Erfahrungen. Sie erleben die Reaktionen der Umwelt auf ihre Handlungsergebnisse. So bildet sich allmählich ein **Gefühl für die eigene Leistungsfähigkeit** heraus, ein erster Baustein zum Aufbau der Leistungsmotivation.

Zunächst geht es den Kindern noch nicht darum, sich mit anderen zu messen, in einen Leistungswettbewerb einzutreten. Vor Abschluss des zweiten Lebensjahres verstehen Kinder noch nicht, worauf es bei einem Wettbewerb ankommt.

Das Vorschulkind führt Erfolge und Misserfolge noch vorwiegend auf die Aufgabenschwierigkeit zurück. Wenn es Erfolg hat, empfindet es die Aufgabe als leicht. Ein Versagen wird mit den Worten kommentiert: „Das geht nicht!"

In einem nächsten Schritt bezieht das Kind seine eigene Tüchtigkeit bei der Beurteilung einer bestimmten Leistung mit ein. Es stellt dann stolz fest, dass es beispielsweise gut malen, basteln oder schwimmen kann.

Tüchtigkeit

Erst nach dem siebten Lebensjahr erklärt sich das Kind Leistungsergebnisse zunehmend mit allgemeinen, weitgehend stabilen Fähigkeiten, die sich bei ihm entwickelt haben.

Aufkommen des eigenen Willens – Trotzalter

Das kindliche Wollen entwickelt sich. Von nun an möchte das Kind alles alleine machen. Jede Form der Einflussnahme durch Erwachsene wird von im als Beeinträchtigung erlebt, gegen die es sich wehrt. Das Wort „nein" und die Wendung: „Ich will nicht!" beherrschen den Wortschatz (**Trotzalter**).

Die sozialen Interaktionen verlaufen in dieser Entwicklungsphase recht konfliktgeladen. Zeitweilig lehnen die Kinder jede Hilfestellung ab und lassen sich z. B. noch nicht einmal anziehen. Sie fordern ihre Bezugspersonen durch Ungehorsam heraus und erproben so die Grenzen für ihre Handlungen.

Missverhältnis zwischen Wollen und Können

Die Kinder geraten auch mit ihrem eigenen Wollen in Konflikt. Sie können sich mehrere Handlungsalternativen vorstellen, sind aber vor dem vierten Lebensjahr nicht in der Lage, eine bewusste willentliche Entscheidung zu treffen. Sie wollen meist mehr, als sie zu leisten vermögen. Die Folge sind häufige Frustrationen, die zu Ärger und Aggressionen führen.

Dieser Entwicklungsabschnitt ist also durch eine mehr oder weniger stark ausgeprägte emotionale Beunruhigung gekennzeichnet. Die Kinder sind noch sehr auf Geborgenheit angewiesen und brauchen die einfühlsame, ausgleichende Einflussnahme durch die Erwachsenen.

Soziale Identifikation – Pro-soziales Verhalten

Die objektive Selbstsicht erweitert auch die emotionale Erlebnisfähigkeit des Kindes. Es beginnt, an den Gefühlen anderer Anteil zu nehmen und dadurch zu empfinden, was in ihnen vorgeht.

So wie das Kind sich selbst objektiv erlebt, so sieht es auch den anderen als eigenständiges Wesen mit dazu gehörenden Gefühlen. Es unterscheidet, ob ein Gefühl dem Selbst zugehört oder dem anderen zuzuschreiben ist und deshalb nur mitempfunden werden kann. Das Kind überträgt offenbar sein Selbsterleben auf die andere Person und nimmt deren Situation so wahr, als wäre es an seiner Stelle. Auf die fremde Erfahrung reagiert es dann emotional so, wie auf die eigene. Es findet eine soziale Identifikation statt. Dieser Vorgang wird mit dem Begriff **Empathie** umschrieben und mit dem deutschen Wort Einfühlung nur zum Teil erfasst.

Wenn Kinder sich gefühlsmäßig in die Lage eines anderen Menschen versetzen können, so zeigen sie Mitgefühl und Mitleid und versuchen meist spontan zu helfen. In der Fachsprache formuliert, entwickeln die Kinder **pro-soziales Verhalten**. Einer Person, die in Not geraten ist, wenden sie sich beispielsweise zu, bekunden ihr Mitgefühl und versuchen zu helfen. Anfangs wissen sie aber noch nicht so recht, was sie tun sollen. So glaubt ein Kind in diesem Alter durchaus, dass es einen traurig blickenden Erwachsenen mit seinem Lieblingsstofftier trösten kann.

Die Fähigkeit mit anderen zu empfinden und zu helfen scheint bei jedem Kind grundsätzlich vorhanden zu sein. Sie kommt aber dort am stärksten zum Tragen, wo sich die Bezugspersonen selber gegenüber dem Kind einfühlsam verhalten (= Vorbildwirkung).

Eine prosoziale Einstellung wird außerdem gefördert, wenn man das Kind anregt, die sozialen Folgen seiner Handlung zu bedenken.

Erweiterung der Vorstellungstätigkeit - Entwicklung einer Theorie der Innenwelt

Im vierten Lebensjahr erweitert sich die Vorstellungstätigkeit des Kindes. Es ist jetzt in der Lage, über eigene und fremde Bewusstseinsvorgänge z. B. Wahrnehmungen, Wünsche, Absichten und Meinungen, nachzudenken. Das Kind erkennt schrittweise, dass Menschen Vorstellungen von Welt haben, die richtig sein können- oder auch falsch und dass ihre Ansichten von Realität subjektiv sind. Die Fähigkeit, sich Bewusstseinsvorgänge vorstellen zu können und Zusammenhänge zwischen mentalen Vorgängen herzustellen, wird damit umschrieben, dass das Kind eine „Theorie der Innenwelt" (**Theory of Mind**) besitzt.

Rollen- bzw. Perspektivenübernahme

Das Kind begreift, dass sich die Wünsche, Absichten und Meinungen des eigenen Denkens von dem der Anderen unterscheiden können. Es kann in der Wahrnehmung die Perspektive eines anderen Betrachters beschreiben. Das Kind vermag sich in den anderen hineinzudenken, d. h., für sich selbst den Denkinhalt der anderen Person darzustellen und sich in seine Gefühls- und Stimmungslage einzufühlen. Diese Fähigkeit wird mit den bedeutungsgleichen Begriffen Rollen- bzw. Perspektivenübernahme umschrieben. Sie steht in engem Zusammenhang mit der gesamten kognitiven Entwicklung. Das bedeutet, dass sich Förderungen im kognitiven Bereich positiv auf die Ausbildung von Rollenübernahmefähigkeiten auswirken. Je besser sich die Kinder in die Lage eines anderen Menschen versetzen können, um so eher sind sie auch fähig pro-sozial zu handeln. Beobachtungen zeigen, dass das pro-soziale Verhalten während der Kindergartenzeit insgesamt zunimmt. Die unbekümmerte, spontane Hilfsbereitschaft der jüngeren Kinder ändert sich aber zunehmend in ein überlegtes, abwägendes pro-soziales Verhalten. Über eine umfassende Rollenübernahmekompetenz verfügen Kinder erst im späteren Grundschulalter.

Referentielle Kommunikation

In Gesprächen geht das Kind auf sein Gegenüber ein. Es berücksichtigt den Informationsstand seines Gesprächspartners und bezieht sich auf seine Äußerungen. Das Kind ist in der Lage eine referentielle Kommunikation zu führen.

Unterscheidung von Wirklichkeit und Schein

Die Unterscheidung von Wirklichkeit und Schein gelingt. Vierjährige sind sich z. B. sicher, dass Milch nicht wirklich blau geworden ist, nur weil man sie in ein blau gefärbtes Glas gefüllt hat. Allerdings hat jedes Kind seine ganz individuelle Übergangszeit, in der es Abschied nimmt von seinen magisch orientierten Erklärungen und seine Umwelt zunehmend realistischer erfasst. Kinder dieses Alters erkennen auch falsche Aussagen bei anderen und sich selbst. Sie können zudem bei anderen Menschen gezielt eine falsche Meinung hervorrufen, d. h. sie bewusst täuschen.

Kinderlügen

Eine differenzierte Unterscheidung von Wahrheit und Lüge müssen die Kinder sich aber mit Hilfe der Erwachsenen schrittweise erarbeiten. Mit der in dieser Zeit häufig gestellten Frage: „Stimmt das?" wollen die Kinder schon im Vorfeld prüfen, ob etwas wahr ist oder nicht. Sie berufen sich auch noch gerne auf die

Erwachsenen, in dem sie ihre Aussagen mit den Worten bekräftigen: „Das hat mein Papa, oder meine Erzieherin gesagt!" Manche Kinderlügen müssen aber auch als Signale der Not gesehen werden. Die Kinder wollen dann durch ihre Darstellung der Wirklichkeit die Erwachsenen auf Probleme hinweisen. Die Kinderlüge hat hier eine besondere Funktion. Sie soll den Erwachsenen zu der inneren Not des Kindes führen und erforderliche Hilfen einleiten.

Verständnis von Kausalität

Vierjährige unterscheiden, ob ein Handlungsergebnis beabsichtigt oder nicht beabsichtigt war. Sie wissen, dass es Ereignisse gibt, die aufgrund bestimmter Ursachen eintreffen und andere, die sie mit bewusstem Vorsatz herbeiführen können (= Verständnis von Kausalität). Den Spielkamerad versehentlich anzustoßen ist etwas anderes, als durch eine gezielte Bewegung sein Spiel zu zerstören.

Moralisches Urteilsvermögen

Ab dem vierten Lebensjahr wissen die Kinder, welche Regeln in ihrer Kultur existieren. Sie können deutlich unterscheiden zwischen unmoralischen Handeln (z. B. Sachen wegnehmen, jemanden schlagen, ungerecht verteilen) und Verstößen gegen Konventionen (z. B. Tischmanieren, Verhaltensregeln in der Kindertagesstätte).

Die Kinder besitzen jetzt auch die Fähigkeit, sich mit dem was gut und böse ist gedanklich auseinanderzusetzen. D. h., sie können über moralisches Verhalten nachdenken. Es bildet sich schrittweise ein moralisches Urteilsvermögen. Regeln und Vorschriften, die beispielsweise im Elternhaus oder in der Kindertagesstätte gelten, werden allerdings noch sehr starr und als verpflichtende Norm aufgefasst. Demzufolge bewerten die Kinder Verhaltensweisen nach dem Schema: Absolut richtig, wenn sie mit den Regeln im Einklang stehen, absolut falsch, wenn sie gegen die Regeln verstoßen. Die Kinder gehen davon aus, dass Regelverstöße unbedingt und unabwendbar geahndet werden. Man spricht von einer „äußeren", durch die Erwachsenen **„fremdbestimmten" Moral**. Erst allmählich wird den Kindern klar, dass Regeln nicht nur von den Eltern und Erzieherinnen aufgestellt werden und auch unabhängig von deren Autorität gelten. Es findet eine **Entwicklung von der „äußeren" zu einer „inneren" Moral** statt. Die Kinder eignen sich nach und nach ein ganzes System von Werten und Normen an, die Bestandteil ihrer Persönlichkeit werden und ihr moralisches Urteilsvermögen ausmachen.

Sozialverhalten

Die sozial-kognitiven Kompetenzen wie Rollen- oder Perspektivenübemahme und moralisches Urteilsvermögen brauchen die Kinder in Situationen, in denen sie mit anderen Menschen (Erwachsenen, anderen Kindern) zu tun haben, zum Aufbau ihres Sozialverhaltens. Die neuere Forschung geht davon aus, dass Sozialverhalten **genetische Wurzeln** hat. Als wichtige Voraussetzungen für eine gesunde soziale Entwicklung werden sowohl die in der frühen Kindheit sich aufbauende **Mutter-Kind Bindung** (siehe Kap. 4.2) als auch **regelmäßige Kontakte mit anderen Kindern** angesehen.

Der Aufbau des Sozialverhaltens wurde besonders in Kindertagesstätten beobachtet und beginnt mit der Eingliederung der „Neuen" in die Gruppe. In der Regel geschieht dies in zwei Phasen:

Integration neuer Kinder

1. Phase: Die neuen Kinder halten sich zunächst noch sehr zurück, nehmen aber wohl alles auf, was um sie herum passiert. Diese passive, beobachtende Haltung ermöglicht den Kindern, den Übergang vom Elternhaus in die Kindertagesstätte allmählich zu bewältigen und durch Beobachtungslernen sich die Dinge anzueignen, die für eine erfolgreiche soziale Anpassung in der Kindertagesstätte nötig sind.

2. Phase: Die Neuen beteiligen sich zunehmend am Gruppengeschehen. Es entstehen wechselseitige Beziehungen. Die neuen Kinder finden einen Platz in der Gruppe. Beobachtungen zeigen, dass diese Integrationsphase für viele Kinder sehr anstrengend ist. Die Erzieherinnen sollten den betroffenen Kindern in dieser Zeit zur Seite stehen, um sie zu entlasten und ihr Hineinfinden in die Gruppe zu erleichtern.

Soziale Interaktionen

Die Analysen der sozialen Interaktionen in der altersgemischten Kita-Gruppe zeigen, dass die meisten gegenseitigen Kontakte zwischen Drei- und Vierjährigen ablaufen, mehr als innerhalb jeder anderen Altersgruppe. Zwischen Drei- und Fünfjährigen besteht dagegen eine andere Art von Beziehungen:

Die Älteren dienen den Jüngeren häufiger als Vorbilder. Allerdings suchen die Dreijährigen häufiger den Kontakt der Fünfjährigen als umgekehrt. Vor allem die älteren Jungen möchten mehr für sich sein und sich nicht mit den „Kleinen" abgegeben. Die sozialen Interaktionen führen insgesamt zu einer Eigendynamik der Kita-Gruppe, die von der Erzieherin aufmerksam beobachtet und pädagogisch begleitet werden sollte.

Freundschaften

Ein besonderes Übungsfeld für Sozialverhalten stellen Freundschaften dar. Hier können Kinder eine Fülle unterschiedlicher sozialer Verhaltensweisen ausprobieren. Beispielsweise: Zusammen spielen, gemeinsam etwas Neues entdecken, lernen Konflikte auszutragen und Kompromisse zu finden, einander vertrauen, Gefühle teilen.

Freundschaften entwickeln sich im Laufe der Vorschuljahre von spontan entstehenden, sehr schnell wechselnden Kontakten, die überwiegend der Befriedigung eigener Wünsche dienen, zu festen, belastbaren Beziehungen, die von gegenseitiger Toleranz und wechselseitiger Unterstützung gekennzeichnet sind. Überall auf der Welt bevorzugen Kinder während ihrer gesamten Kindheit bis in die Pubertät hinein gleichgeschlechtliche Freunde. Dieses Phänomen wird deshalb als universelles Merkmal menschlichen Sozialverhaltens angesehen.

Zeitverständnis

Zeitvergegenwärtigung

Die erweiterte Vorstellungstätigkeit ermöglicht dem Kind, vergangene und zukünftige Ereignisse in die Gegenwart zu holen (= Zeitvergegenwärtigung). Es erinnert sich z. B. gut an einen Ausflug, der vor ein paar Tagen stattgefunden hat, oder kann sich vorstellen, das gleiche Ereignis in absehbarer Zeit zu wiederholen. Das bedeutet, über Vergangenes kann in der Gegenwart nachgedacht und Zukünftiges kann vorausgeplant werden.

Basales Zeitverständnis

Ein Verständnis für die Zeit beinhaltet auch, dass das Kind sich eine bestimmte Zeitdauer vorstellen kann und diese bei seinen Handlungsplanungen berücksichtigt (= basales Zeitverständnis). Sie verstehen z. B., dass die Zeit zu kurz ist, um ein bestimmtes Spiel durchzuführen, oder dass bis zu ihrem Geburtstag noch einige Zeit vergeht.

Das basale Zeitverständnis wird durch entsprechende Lernhilfen gefestigt. So kann man die Zeitdauer bis zum Eintreffen des Ereignisses Geburtstag z. B. dadurch veranschaulichen, wie oft das Kind vorher noch den Kindergarten besucht.

Das Zeitverständnis macht es dem Kind auch leichter, bestimmte unmittelbare Bedürfnisse aufzuschieben. Es weiß jetzt, dass es sie später nachholen kann. Man spricht von einer Erweiterung der Frustrationstoleranz. Das Kind gewinnt an Selbstkontrolle und kann freier handeln.

Wenn mehrere Wünsche gleichzeitig auftreten, schafft es das Kind in diesem Alter, sie flexibel, zeitlich nacheinander zu organisieren. Eine Aufgabe, die Dreijährigen noch Probleme bereitet. Das gewonnene Zeitverständnis lässt Vierjährige auch eine Trennung von ihren Bezugspersonen besser aushalten als Dreijährige.

Verselbstständigung

Insgesamt öffnet die erweiterte Vorstellungstätigkeit dem Kind neue Handlungsspielräume, bereichert seine Kommunikationsmöglichkeiten und führt zu einer deutlichen Verselbständigung. Das Kind ist jetzt in der Lage, zusammen mit den Erwachsenen den schwierigen Übergang von der Familie in den Kindergarten zu bewerkstelligen.

Bereiche des Selbstempfindens	Fähigkeiten	Leistungen	Alter
Auftauchendes Selbst	Körperliche Anpassung auf der Basis von Reflexen (z. B. Saugreflex), ganzheitliche Wahrnehmung	Eigenständige Atmung, Temperaturausgleich , Ernährung, Integration verschiedenartiger Sinneseindrücke, Strukturen eines Selbstsystems	Geburt bis 2. Lebensmonat
Kern-Selbst	Sensorische, motorische, affektive Erfahrungen, die im „Episodengedächtnis" gespeichert werden	Selbstkohärenz, Selbsturheberschaft, Selbstaffektivität Das Selbst gegenüber dem Anderen	2. bis 7. Lebensmonat
Subjektives Selbst	Erleben innerer, subjektiver Zustände, wie z. B. Gefühle, Absichten, Wünsche Bereitschaft, die subjektive Befindlichkeit mitzuteilen	Inter-Attentionalität-Intentionalität-Affektivität Das Selbst in Beziehung zum Anderen	7. /9. bis 18. Lebensmonat
Objektives, erkennendes, verbales Selbst	Beginnende Vorstellungstätigkeit ■ Zeitlich verzögerte Nachahmung ■ Synchrone Identität ■ Objektpermanenz ■ Symbolisierung ■ Selbstobjektivierung ■ Soziale Identifikation	Das erkennende, sich mitteilende Selbst: ■ mentales Probehandeln, einsichtsvolles Denken ■ Sprache, Ziffern, Zahlbegriff ■ Selbsterkennen im Spiegel, Verursacher Ich, Geschlechtsidentität ■ eigener Wille, Anfänge der Leistungsmotivation ■ Empathie, prosoziales Verhalten	Ab 1½ bis 2 Jahre
	Erweiterte Vorstellungstätigkeit	Geschlechtspermanenz Perspektivenübernahme Referentielle Kommunikation Unterscheidung von Wirklichkeit und Schein Erkennen falscher Meinungen bei anderen und bei sich selbst Fähigkeiten zu bewussten Täuschungen Verständnis von Kausalität und Absichtlichkeit Vorstellung von Bewusstseinsvorgängen (Theory of mind)	Ab 3½ Jahre bis 4 Jahre
		Zeitverständnis: ■ Vergegenwärtigung vergangener und zukünftiger Ereignisse ■ Vorstellung von Zeitdauern ■ Bedürfnisaufschub und Selbstkontrolle ■ Trennungen aushalten, Verselbständigung	

Aufgaben

1. Erklären Sie das Konzept der Selbstwerdung.
2. Beschreiben Sie wesentliche Abschnitte der Selbstwerdung.
3. Begründen Sie, warum die folgenden Leistungen als Meilensteine auf dem Weg zur Selbstwerdung bezeichnet werden können: Episodengedächtnis, intersubjektive Bezogenheit, Vorstellungstätigkeit, Selbstobjektivierung, Fähigkeit zum Symbolisieren, Entwicklung einer Theorie des Denkens.

4.4 Pädagogisch bedeutsame Veränderungen im individuellen Lebensablauf: Übergänge oder Transitionen

Bisher wurde die individuelle Entwicklung als Selbstwerdung beschrieben. In der aktiven Auseinandersetzung mit seiner jeweiligen Umwelt bildet das „kompetente Kind" die Fähigkeiten und Fertigkeiten aus, die sein Selbst ausmachen und ihm eine optimale Entwicklung ermöglichen. Die grundlegenden Kompetenzen werden von den meisten Kindern in enger Bindung an feste Bezugspersonen im Umfeld der Familie erworben.

Neue Erfahrungsfelder kommen hinzu, wenn Kinder in die Kindertagesstätte und später in die Schule eintreten. Die betroffenen Kinder und ihre Familien erfahren deutliche Veränderungen in ihren Lebenszusammenhängen. Sie müssen Übergänge oder Transitionen von der Familie in die Kindertagesstätte und von der Kindertagesstätte in die Schule bewältigen.

Der Transitionsansatz sieht diese Übergänge als sehr komplexe, eng miteinander verwobene Wandlungsprozesse, die den Einzelnen, seine sozialen Beziehungen und seine Lebensumwelt gleichermaßen betreffen. Das bedeutet, dass in den Prozess der Veränderung alle Beteiligten einzubeziehen sind.

Die Übergänge werden nicht durch die Fähigkeiten der einzelnen Betroffenen alleine bewältigt, sondern durch die **Kompetenz des gesamten sozialen Systems**.

Die Anforderungen, die mit den Übergängen verbunden sind, werden im Transitionsansatz als **Entwicklungsaufgaben für die Kinder** betrachtet. Die Erfahrungen von Veränderungen fordern die Kinder heraus und werden zu einem wichtigen Anstoß für ihre individuelle Entwicklung.

Dazu müssen die Übergänge allerdings von den Erzieherinnen als Lernerfahrungen für die Kinder pädagogisch gestaltet werden. Auf diese Weise entsteht eine Passung zwischen den jeweiligen Anforderungen bei einem bestimmten Übergang und den individuellen Vorraussetzungen.

Die einzelnen Entwicklungsaufgaben lassen sich drei Bereichen zuordnen (vgl. Griebel, Niesel 2004, Seite 192):

Entwicklungsaufgaben

1. **Individueller Bereich**
   Veränderungen des Selbstbildes, der Identität, Bewältigung starker Gefühle

2. **Zwischenmenschlicher Bereich**
   Aufnahme neuer Beziehungen, Veränderung bzw. Verlust bestehender Beziehungen, Rollenzuwachs

3. **Bereich der Lebensumwelt**
   Pendeln zwischen zwei unterschiedlichen Lebensbereichen. Erlernen der Regeln und Normen des jeweiligen Umfeldes

Die Bewältigung der Entwicklungsaufgaben beansprucht Zeit. Der gesamte Übergang ist als Prozess zu sehen. Zusammenfassend lassen sich Transitionen durch die folgenden Merkmale charakterisieren:

Merkmale von Transitionen

- Transitionen bedeuten die Bewältigung von Entwicklungsaufgaben, die den einzelnen, seine sozialen Beziehungen und seine Lebensumwelt betreffen
- Transitionen sind ein prozesshaftes Geschehen
- Transitionen betreffen alle Akteure
- Transitionsbewältigung ist eine Kompetenz des sozialen Systems

Anschließend werden zunächst die Übergänge von der Familie in die Kindertagesstätte und von der Kindertagesstätte in die Schule anhand der aufgeführten Merkmale analysiert. Danach soll noch auf die zunehmende Betreuung von Krippenkindern und den bisher wenig beachteten Übergang von der Kinderkrippe in den Kindergarten eingegangen und gezielte pädagogische Hilfestellungen beschrieben werden. Den Abschluss bilden Überlegungen zu einer Betreuungsform, durch die die Übergänge für die Betroffenen weniger belastend gestaltet werden können: Die Erweiterung der Altersmischung.

4.4.1 Der Übergang von der Familie in die Kindertagesstätte

Heute ist ein besonderer Tag für Jan. Er wird in die Kindertagesstätte Regenbogen aufgenommen. Ein neues Erfahrungsfeld tut sich für ihn auf. Es gilt die Veränderungen zu bewältigen, die der Übergang von der Familie in die Kindertagesstätte mit sich bringt.

Pendeln zwischen zwei Lebensbereichen

Verabschieden auf Zeit

Jan wechselt nicht für immer in die Kindertagesstätte, sondern er muss lernen, sich für eine bestimmte Zeit dort und später wieder in seiner Familie zu Recht zu finden. Er muss also den Wechsel zwischen zwei unterschiedlichen Lebensbereichen immer wieder bewältigen. Jan muss lernen, sich in neuen Räumen zu orientieren, sich auf einen neuen Zeitrhythmus einzustellen und mit neuen Regeln klar zu kommen. Das Kindergartenkind muss lernen, sich in einer im Vergleich zu seiner Familie großen Gruppe von Kindern und wenigen Erwachsenen zu orientieren (siehe Wandel der Beziehungen). Das Pendeln zwischen Familie und Kindertagesstätte bedeutet für die Kinder immer ein Verabschieden auf Zeit von dem jeweils anderen Lebensbereich. In der Kindertagesstätte müssen die Kinder mit der Ungewissheit fertig werden, was während ihrer Abwesenheit zuhause passiert. Wenn sie aus der Kindertagesstätte abgeholt werden, müssen sie sich bis zum nächsten Tag z. B. von den anderen Kindern aus der Gruppe, mit denen sie gerne noch spielen würden, trennen.

Die Eltern müssen mit dem Kindergarteneintritt die Anforderungen von Familie, Arbeitsstelle und Einrichtung koordinieren. Dazu gehört z. B., dass sie die Bring- und Holzeiten einhalten und Termine der Kindertagesstätte (z. B. Elternabende, Feste usw.) neben ihren beruflichen und familiären Verpflichtungen wahrnehmen.

Koordination von Familie, Beruf und Kindertagesstätte

Die Eltern sind jetzt mit ihren Kindern weniger zusammen. Sie müssen lernen, dass sie das Tun, Erleben und die Befindlichkeit ihres Kindes nicht mehr so stark beeinflussen können wie früher. Sie erleben ihr Kind vor und nach dem Kindergarten. Veränderungen im Verhalten des Kindes können sich zeigen. Unterschiedliche Erziehungsvorstellungen und -praktiken zwischen Familie und Kindergarten werden offensichtlich.

Pädagogische Hilfestellungen

Regelmäßiger Informationsaustausch

Das Pendeln zwischen Familie und Kindertagesstätte stellt an Kinder, Eltern und Erzieherinnen hohe Anforderungen, die nur gemeinsam zu bewältigen sind. Regelmäßige, wechselseitige Informationen zwischen Eltern und Kindertagesstätte ergeben ein ganzheitliches Bild vom Kind und sind die Grundlage für die erforderliche gemeinsame Erziehung.

Stress, der durch das Pendeln zwischen den Lebensräumen entsteht, lässt sich reduzieren, wenn der Tages- und Wochenablauf für das Kind vorhersehbar wird. Dazu tragen Regelmäßigkeit und Pünktlichkeit bei. Das Kind sollte zu festen Zeiten gebracht und abgeholt werden. Damit es nicht unvorbereitet aus seinem Spiel, aus seiner Arbeit herausgerissen wird, sollten ihm Impulse gegeben werden. Es kann dann seine Tätigkeit rechtzeitig beenden und den Tag in der Kindertagesstätte als abgerundet erleben. Über Belastungen, die sich aus dem Pendeln ergeben (z. B. erschöpft sein, Unzufriedenheit) müssen Eltern und Erzieherinnen offen sprechen. So entsteht gegenseitiges Verständnis, das hilft, Konflikte zu vermeiden.

Wandel des Selbstbildes, der Identität

Vom Familienkind zum Kindergartenkind

Jan hat schon eine deutliche Vorstellung davon, wer er ist, was er kann und was er erreichen will. Er verfügt über ein Bild von sich, ein Selbstbild. Sein Selbstbild macht ihn zu einer unverwechselbaren Person, gibt ihm seine Identität.

Der Eintritt in die Kindertagesstätte bringt Jan in eine zwiespältige Lage, die seine Identität vorübergehend ins Wanken geraten lässt. Da ist die Kindertagesstätte, über die er viel gehört hat und auf die er neugierig ist. Außerdem gehört er mit dem Eintritt in die Kindertagesstätte zu den Großen und das alleine macht ihren Besuch schon reizvoll. Sich auf das neue Erfahrungsfeld einzulassen bedeutet aber, das vertraute, sichere Umfeld der Familie mit den festen Bezugspersonen zumindest zeitweise zu entbehren. Zweifel kommen bei den Kindern auf, ob sie das schaffen können. Die fremde Umgebung fordert die Kinder in vielfältiger Weise (siehe die weiteren Anforderungen beim Übergang). Sie müssen die neuen Erfahrungen in ihr Selbstbild einfügen und erleben dann eine Veränderung ihrer Identität. Die Kinder fühlen sich älter und größer im Vergleich zum Eintritt in die Kindertagesstätte. Sie entwickeln ein Gefühl für die Zugehörigkeit zur Kindertagesstätte und besonders zu ihrer Gruppe („Ich bin in der Schmetterlingsgruppe!"). Die gestellten Anforderungen bewältigen sie jetzt als kompetentes Kindergartenkind.

Von Eltern zu Kindergarteneltern

Nicht nur das Kind vollzieht einen Wandel in seiner Identität, sondern auch seine Eltern. Sie werden Kindergarteneltern. Das bedeutet, sie sind nun ein Teil einer bestimmten Gruppe von Eltern und machen mit diesen zusammen neue Erfahrungen. Die Eltern erleben die Kindertagesstätte als wichtiges Lernfeld für ihre Kinder. Sie müssen lernen ihr Kind bewusst als Mitglied der Kindertagesstättengruppe wahrzunehmen und zu merken, dass sie nicht mehr für alles zuständig sind, was ihr Kind erlebt.

Sie selber akzeptieren ihre Mitgliedschaft in der Gruppe der Eltern und bringen sich in die pädagogische Arbeit der Kindertagesstätte ein. Die veränderte Identität zu Kindergarteneltern drückt sich auch darin aus, wie sich die Eltern untereinander meist vorstellen: „Ich bin die Mutter von Tanja!" oder „Ich bin der Vater von Paul!".

Kapitel 4

Pädagogische Hilfestellungen

Informationen

Der Übergang von der Familie in die Kindertagesstätte sollte eingeleitet werden durch zutreffende, ausreichende und rechtzeitige Informationen für Eltern und Kinder über das neue Erfahrungsfeld. Zutreffend zu informieren bedeutet den Alltag in der Kindertagesstätte so darzustellen, wie er tatsächlich abläuft und z. B. auch mögliche Eingewöhnungsprobleme anzusprechen. Informationen sind ausreichend, wenn sie die Fragen der Kinder zu ihrem neuen Lernfeld beantworten. Für die Kinder ist die eigene Anschauung, also ein Schnupperbesuch kurz vor dem Übergang wichtig. Sie brauchen außerdem Erwachsene, mit denen sie über das sprechen können, worauf sie sich freuen und was sie beunruhigt.

Der rechte Zeitpunkt für die Informationen ist getroffen, wenn die Kinder nicht zu früh beunruhigt, aber auch nicht zu spät überrumpelt werden. Insgesamt erscheint es wichtig, den Übergang durch die vorbereitenden Informationen als positive Herausforderung für Eltern und Kinder darzustellen.

Rituale

Durch bestimmte Rituale können die Veränderungen der Identität für die Kinder erlebbar gemacht werden. Schon der Kauf einer besonderen Tasche und neuer Hausschuhe für die Kindertagesstätte stimmt das Kind ein auf seine neue Umgebung. In der Kindertagesstätte können die neuen Kinder dann z. B. durch ein

Lied der anderen Kinder begrüßt werden. Sie bekommen ihre Kärtchen mit den Symbolen für ihren Garderobenplatz und ihre persönliche Schublade überreicht. Die Aufnahme in die Gruppe kann z. B. durch eine kleine Feier an festlich gerichteten Tischen erfolgen. Der erste Tag kann so zum Erlebnis für das neue Kind gestaltet werden.

Übergänge werden aber nicht am ersten Tag bewältigt. Kinder brauchen Zeit um sich in dem neuen Alltag zurechtzufinden. Sie müssen sich mit den täglichen Anforderungen auseinander setzten. Die Begleitung und Unterstützung der Erzieherinnen kann ihnen Erfolgserlebnisse ermöglichen, die ihre neue Identität festigen.

Die Eltern erfahren ihre neue Identität als Kindergarteneltern in den vielfältigen Angeboten, die die Einrichtung in der Elternarbeit macht.

Wandel in den Beziehungen

Der Eintritt in die Kindertagesstätte bedeutet für Kinder und Eltern neue Beziehungen einzugehen, die sie als positiv-unterstützend oder negativ-belastend erleben können.

Gleichaltrige und Erwachsene

Das Kind entwickelt neue Beziehungen zu anderen Kindern und zur Erzieherin. Es muss lernen, diese Beziehungen weitgehend eigenständig anzuknüpfen, aufzubauen und aufrecht zu erhalten. Das Kind erwirbt so Kompetenzen, die es ihm ermöglichen auch außerhalb der Kindertagesstätte soziale Beziehungen zu Gleichaltrigen und Erwachsenen aufzunehmen. Über die Beziehungen zu andern Kindern findet das Kind seinen Platz in der Gruppe. Erfolgreiche Beziehungen tragen wesentlich dazu bei, dass sich ein Kind in der Einrichtung wohl fühlt.

Bei neuen Kindern ist oft zu beobachten, dass sie intensiv die Nähe der Erzieherin suchen und ununterbrochen Zuwendung fordern. Die Erzieherin wird zu einer wichtigen Bezugsperson des Kindes außerhalb dessen Familie.

Eltern und Erzieherinnen

Auch die Eltern treten in Beziehungen zu den Erzieherinnen. Sie erleben, dass die Erziehung ihrer Kinder nicht mehr alleine in ihrer Verantwortung liegt. Ein gemeinsames erzieherisches Handeln zum Wohle der Kinder ist nur möglich, wenn sich eine vertrauensvolle Beziehung zwischen Eltern und Erzieherinnen entwickelt.

Die Eltern gehen auch Beziehungen innerhalb der Gruppe der Kindergarteneltern ein. Sie treffen auf unterschiedliche Familienformen und Erziehungspraktiken. Es findet ein Austausch über die pädagogische Arbeit in der Kindertagesstätte statt.

Familie

Die Erfahrungen von Kindern und Eltern in der Kindertagesstätte bewirken auch Veränderungen der Beziehungen innerhalb der Familie. Das Kind wird selbstständiger und fordert größere Eigenständigkeit von seinen Eltern. Es eignet sich in der Kindertagesstätte unter Umständen Verhaltensweisen an, die die Eltern missbilligen. So kann es zu Störungen in den gegenseitigen Beziehungen kommen. Die Eltern haben durch den Besuch der Kindertagesstätte den Vergleich mit anderen Kindern und sehen ihr eigenes Kind vielleicht kritischer als zuvor. Auch die Geschwisterbeziehungen können beeinflusst werden. Das Kindergartenkind kann sich zum Beispiel gegenüber jüngeren Geschwistern dominanter, vielleicht aber auch fürsorglicher und beschützend verhalten.

Pädagogische Hilfestellungen

Überschaubare Beziehungen

Im Vergleich zur Familie treffen die Kinder in der Kindertagesstätte auf eine große Zahl von Personen (Kinder und Erwachsene), zu denen sie Beziehungen aufbauen sollen. Dies gelingt nur in überschaubaren Situationen. Erzieherinnen sollten im Tagesablauf immer wieder Möglichkeiten schaffen, in denen sich Kinder in kleinen Gruppen z. B. beim Basteln oder Bauen kennen lernen können. Durch „Patenschaften" älterer für neue Kinder können auch Beziehungen angebahnt werden.

Integrationshilfen

Kindern, denen es schwer fällt Beziehungen einzugehen, sollte in Absprache mit den Eltern rechtzeitig Integrationshilfe angeboten werden. Die möglichen Veränderungen der Beziehung innerhalb der Familie sollten zwischen Erzieherinnen und Eltern besprochen werden. Die Beziehungen, die sich innerhalb der Elternschaft ergeben, können durch gezielte Elternarbeit der Kindertagesstätte gelenkt werden (z. B. Elterabende, Gesprächsrunden, Einzelgespräche).

Rollenerweiterung

Kindergartenkind

Eltern, Erzieherinnen und das Kind selber haben Vorstellungen darüber, was ein Kindergartenkind ausmacht, was man von ihm erwartet. Diese Erwartungen an das Verhalten des Kindes bestimmen seine Rolle als Kindergartenkind, die zu der Rolle des Kindes in der Familie kommt (= Rollenerweiterung).

Die neuen Kinder lernen das gewünschte Rollenverhalten meist dadurch, dass sie nachahmen, was die Älteren tun. Sie beobachten, was andere Kinder tun und dürfen und ziehen dadurch Rückschlüsse für ihr eigenes Verhalten. Kinder bemühen sich in der Regel den Erwartungen gerecht zu werden. Nach und nach lernen sie in der Gruppe die Regeln des Miteinanders. Sie zeigen angemessenes Rollenverhalten, empfinden sich als Teil der Gruppe und werden gruppenfähig.

Kindergarteneltern

Auch an die Eltern eines Kindergartenkindes richten sich Erwartungen von Seiten der Einrichtung, so dass auch ihre Elternrolle eine Erweiterung erfährt. Die Einrichtung erwartet z. B. das die Eltern ihr Kind pünktlich bringen, dass sie bereit sind mitzuarbeiten, dass sie Vertrauen in die pädagogische Arbeit der Erzieherinnen haben.

Kapitel 4

Pädagogische Hilfestellungen

Erwartungen klären

Eltern, Kinder und Erzieherinnen können nur dann angemessenes Rollenverhalten zeigen und Rollenkonflikte vermeiden, wenn die gegenseitigen Erwartungen offen ausgesprochen und geklärt werden.

Die Regeln in der Kindertagesstätte müssen verständlich formuliert werden und für alle durchschaubar sein. In gegenseitiger Absprache muss für die Kinder eindeutig aufgestellt werden, was in der Einrichtung und was zuhause gilt.

Die Erzieherinnen müssen Verständnis dafür zeigen, dass die Kinder und ihre Eltern beim Eintritt in die Kindertagesstätte noch kein angemessenes Rollenverhalten haben können und die neuen Rollen erst schrittweise lernen.

Starke Gefühle bewältigen

Die Anforderungen, die der Übergang von der Familie in die Kindertagesstätte an Kinder und Eltern stellt, bringen starke Gefühlsregungen mit sich.

Zwischen Neugier und Angst

Die Kinder müssen die regelmäßige, zeitweise Abwesenheit der Eltern verkraften. Sie müssen sich in einer noch fremden Umgebung, in der sie noch keine vertrauensvolle Beziehung zur Erzieherin aufgebaut haben, ohne die Sicherheitsbasis Eltern zurechtfinden. Das neue Erfahrungsfeld kann als bedrohlich empfunden werden und Ängste auslösen. Andererseits weckt das Unbekannte auch das Interesse und die Neugier der Kinder. Das Gefühl der Vorfreude auf das Kommende entsteht. Die Kinder empfinden großen Stolz, wenn sie Kindergartenkind geworden sind.

Die Befragung der Praxis zeigt, dass es insgesamt nur wenige Kinder sind, die weinen, wenn sie in die Kindertagesstätte kommen. Trennungsängste werden eher bei den Eltern, vorwiegend bei den Müttern beobachtet. Sie befürchten, dass die zeitweise Trennung die enge Beziehung zu ihrem Kind beeinträchtigt und sogar dazu führen könnte, ihr Kind an die Erzieherin zu verlieren. Die Eltern machen sich auch Sorgen, ob ihr Kind den Anforderungen in der Kindertagesstätte gewachsen ist. Daneben zeigen sie sich aber, wie die Kinder, aufgeschlossen für die neuen Erfahrungen. Sie äußern die positive Erwartung, dass sich ihr Kind in der Kindertagesstätte wohl fühlt und dass es dort viel lernt. Sie freuen sich mit ihrem Kind über erzielte Erfolge.

Pädagogische Hilfestellungen

Flexible Eingewöhnungszeiten

Die Trennungssituation wird von den verschiedenen Eltern und Kindern unterschiedlich verarbeitet. Die Erzieherinnen müssen Möglichkeiten schaffen, dass sich Eltern und Kinder in der ihnen gemäßen Weise mit der neuen Situation vertraut machen und Sicherheit gewinnen können. Das bedeutet, für einige Kinder z. B. eine längere Eingewöhnungszeit einzuräumen.

Offenheit

Die Unsicherheit von Eltern sich von ihren Kindern zu trennen sollte offen angesprochen werden. Es kann z. B. darum gehen, Müttern eventuelle Schuldgefühle zu nehmen, die sie haben könnten, wenn sie ihr Kind wegen einer Erwerbstätigkeit in die Kindertagesstätte bringen. Wenn die Eltern sicher mit der Trennungssituation umgehen, wird sich das auch positiv auf die Gefühle der Kinder auswirken. Die Erzieherin sollte sich auch klar darüber werden, wie sie die Trennungsreaktionen der Kinder und Eltern empfindet. Sie sollte die Grundhaltung übermitteln: „Keine Angst vor Abschieden".

Übergang von der Familie in die Kindertagesstätte als Prozess

Der Übergang findet nicht an einem Tag statt. Für die Eltern beginnt der Übergangsprozess schon lange vor der eigentlichen Anmeldung und vor der Vorbereitung des Kindes. Sie haben sich beispielsweise überlegt, welche Einrichtung ihr Kind aufnehmen soll. Eltern suchen nach der bestmöglichen Förderung für ihr Kind. Sie erhoffen sich, dass der Übergang möglichst problemlos verläuft. Befragungen von Erzieherinnen machen deutlich, dass Kinder noch Monate nach dem Eintritt in die Kindertagesstätte Eingewöhnungsprobleme haben können.

Eingewöhnungsprobleme

In einer wissenschaftlichen Untersuchung des Staatsinstituts für Frühpädagogik in München wurden als Probleme aufgeführt (Niesel & Griebel 2000, Seite 43):

- Dominanzstreben
- Fehlende Integration in die Gruppe
- Einhalten von Regeln

- Suchen der Nähe der Erzieherin
- Fehlende Ausdauer bei Leistungsanforderungen
- Aggressive Verhaltensformen

Die Probleme werden von den Wissenschaftlern als Stressreaktionen im Zusammenhang mit der Eingewöhnung gesehen.

Die Zeit, die ein Kind braucht um sich in der Kindertagesstätte einzugewöhnen, ist nach Einschätzung der Münchner Wissenschaftler nicht abhängig vom Alter oder Geschlecht des Kindes.

In der Untersuchung sollten die befragten Erzieherinnen auch angeben, woran sie erkennen, wann für ein Kind die Eingewöhnungszeit abgeschlossen und es ein Kindergartenkind geworden ist. Die Antworten der Erzieherinnen wurden zu den folgenden Merkmalen zusammengefasst und durch Beispiele veranschaulicht (vgl. Niesel & Griebel 2000, Seite 44 - 45):

Kriterien zur Beurteilung der Eingewöhnung

Soziale Integration/ Freundschaften
Das Kind bringt sich in das Gruppengeschehen ein, es findet einen Freundeskreis.

Verhalten in der Gruppe
Das Kind spielt mit gleichaltrigen Kindern und kann sich verständigen.

Emotionale Befindlichkeit
Das Kind kommt lachend und fröhlich in die Gruppe, es spricht frei und offen.

Eigeninitiative
Das Kind äußert von sich aus seine Bedürfnisse, es geht zielstrebig auf ein Spiel zu und fragt andere Kinder, ob sie mit ihm spielen.

Akzeptieren von Gruppenregeln
Das Kind kennt die Gruppenregeln und kann sich daran halten.

Tolerieren der vorübergehenden Trennung von den Eltern
Das Kind kann sich von der Mutter lösen.

Beziehung zur Erzieherin
Das Kind kennt den Namen der Erzieherin und geht auf sie zu.

Pädagogische Hilfestellungen

Enge Zusammenarbeit zwischen Erzieherinnen und Eltern

Erzieherinnen müssen Kindern wie Eltern genügend Zeit für die Eingewöhnung lassen. Die Zeit zwischen der Anmeldung des Kindes und dem Eintritt in die Kindertagesstätte kann von der Einrichtung für die Vorbereitung der Eingewöhnung von Kindern und Eltern genutzt werden. Dazu gehören Informationen über die Grundzüge der Pädagogik sowie der praktischen Arbeit in der Kindertagesstätte. Probebesuche und eine gestaffelte Aufnahme können die Eingewöhnung erleichtern. Die Eingewöhnungsphase sollte in Absprache und in enger Zusammenarbeit zwischen Erzieherinnen und Eltern bewältigt werden. Dazu ist erforderlich, dass Elternhaus und Einrichtung von Anfang an einen intensiven, offenen Dialog führen, der durch Elternabende, Informationsmaterial und Praxisbesuche ergänzt wird (siehe Kapitel Elternarbeit).

Die Erzieherinnen müssen sich klar darüber werden, welche Voraussetzungen Kinder beim Eintritt in die Kindertagesstätte mitbringen sollen und was sie erst dort lernen können.

Der Übergang ist dann gelungen, wenn eine möglichst günstige Passung zwischen den Bedürfnissen der Familie und den Möglichkeiten der Einrichtung gefunden wurde.

4.4.2 Übergang von der Kindertagesstätte in die Schule

Wieder ist ein besonderer Tag für Jan. Er wird eingeschult. Stolz hält er seine Schultüte im Arm.

In seinem Leben wird sich mit dem heutigen Tag, wie schon beim Eintritt in die Kindertagesstätte einiges verändern. Er muss sich auf den neuen Lebensbereich Schule einstellen. Was bedeutet das für Jan und seine Altersgenossen?

Wandel des Selbstbildes, der Identität

Die Schultüte und auch der neue Schulranzen sind für Jan ein äußeres Zeichen für die Veränderungen in seinem Selbstbild, in seiner Identität. Er sieht sich jetzt als Schulkind. Das bedeutet, dass er sich größer fühlt als die Kinder, die noch die Kindertagesstätte besuchen, dass er sich mehr zutraut als sie und mehr Selbstständigkeit beansprucht.

Von Kindergartenkind zum Schulkind

Jans neue Identität ist aber keineswegs vom ersten Schultag an eindeutig und gefestigt. Bald erfährt er, dass er in der Schule zunächst einmal wieder zu den Kleinen gehört, wo er doch am Ende seiner Kindergartenzeit den Status der Großen genießen konnte. Er erlebt, dass sein Selbstbild immer mehr davon bestimmt wird, wie viel er lernt und was er kann. Ähnlich wie in der Kindertagesstätte braucht es Zeit, bis Jan ein Gefühl der Zugehörigkeit zu seiner Schule und besonders seiner Klasse entwickelt.

Schulanfänger wollen in der Regel nicht mehr Kindergartenkind sein. Sie wünschen sich neue Herausforderungen. Die erweiterten Erfahrungen fügen sie in ihr Selbstbild ein und erleben dann eine Veränderung ihrer Identität. Aus dem Kindergartenkind wird ein Schulkind.

Von Kindergarteneltern zu Schulkindeltern

Auch bei den Eltern vollzieht sich ein Wandel: Aus Eltern eines Kindergartenkindes werden Schulkindeltern. Ähnlich wie ihr Kind erleben sie die Schule als neues Erfahrungsfeld, das sich vom Kindergarten wesentlich unterscheidet. Die Eltern sehen ihre vorrangige Aufgabe darin, ihre Kinder in dem Pflichtlernfeld Schule auf vielfältige Weise zu unterstützen. Als Schulkindeltern sind sie Teil einer bestimmten Gruppe von Eltern, mit der sie sich identifizieren. Wie schon in der Kindertagesstätte drückt sich die veränderte Identität der Eltern zu Schulkindeltern darin aus, wie sie sich untereinander vorstellen. „Ich bin die Mutter von Jan", „Ich bin der Vater von Julia".

Wandel in den Beziehungen

Jan hat drei Jahre den Kindergarten besucht. Er hat dort Freunde gefunden. Einige kommen mit ihm zusammen in die Schule. Aber wie werden die anderen Kinder sein? Wird er sich mit ihnen verstehen?

Sicher trifft es allgemein zu, dass Freundschaften in diesem Alter noch relativ schnell wechseln. Das bedeutet andererseits auch, dass es den Kindern in der Regel nicht so schwer fällt, neue Kontakte zu knüpfen. Die Schulklasse wird aber erst dann zu einer neuen Bezugsgruppe, wenn es über die Einzelkontakte hinaus zu einer Klassengemeinschaft kommt, in der sich der einzelne Schüler wohl fühlt. Die Kinder dieser Altersgruppe suchen diese Zusammengehörigkeit. Sie wollen von ihrer ganz besonderen Klasse sprechen.

Im Gegensatz zur Kindertagesstätte kommen die Kinder aber nicht in eine bestehende Gruppe, sondern müssen aktiv an der Bildung der neuen gleichaltrigen Gruppe mitwirken.

Schlüsselrolle des Lehrers

Jan hat in den Jahren des Kindergartenbesuchs die Erzieherinnen als verlässliche Bezugspersonen erlebt. An ihnen hat er sich orientiert. Sie gaben ihm Sicherheit. Ihre Zuwendung und Wärme hat er gesucht. So ist die Frage, wer ihren Platz einnehmen wird, für Jan und wohl die meisten Schulanfänger von großer Bedeutung. Der Person des Lehrers kommt eine Schlüsselrolle zu. Er trägt wesentlich zum Erfolg/Misserfolg im schulischen Lernen bei.

Auch die Eltern gehen neue Beziehungen ein: Zu den Lehrern und den anderen Eltern. Es ist ihnen wichtig, wem sie ihr Kind anvertrauen. Sie fühlen sich wohler, wenn ihr Kind mit Freunden in die Klasse geht und sie die Eltern bereits kennen.

Mit dem Schuleintritt ändern sich auch die Beziehungen innerhalb der Familie. Die Eltern erleben ein Schulkind, das verstärkt nach Selbstständigkeit strebt und mehr Eigenverantwortung beansprucht.

Rollenerweiterung

Mit dem Schuleintritt kommt zu Jans Rolle als Kind in seiner Familie die Rolle als Schulkind.

Fester Zeitrhythmus

Jan ist ein Frühaufsteher. Den morgendlichen Schulanfang zu meist gleicher Zeit, wird er nicht verpassen. Das ist nicht für alle Kinder dieser Altersgruppe selbstverständlich. Sie trödeln noch gerne, sind noch verspielt und finden erst langsam zu einem festen Zeitrhythmus. Dies gilt noch stärker für den weiteren Tagesablauf. Da heißt es, sich umstellen von einer relativ freien, auf die Bedürfnisse des einzelnen Kindes abgestimmten Zeiteinteilung des Kindergartenalltags, auf einen für alle Kinder verbindlichen Zeitplan, den Stundenplan.

Schulisches Lernen

Jan ist neugierig. Er probiert vieles aus. Manchmal ist er aber auch ganz versunken in eine bestimmte Tätigkeit. Er hat sich mal wieder verspielt. In der Schule geht es aber ums Lernen. Das soll zwar spielerisch geschehen, aber dennoch nach vorgegebenen Zielen und einem geplanten Ablauf. Das Kind muss seine eigenen Wünsche zurückstellen und sich auf fremde Forderungen einlassen. Es muss lernen, unmittelbare Bedürfnisse aufzuschieben und Einschränkungen zu ertragen. Das schulische Lernen stellt somit eine neue Form der Begegnung und Auseinandersetzung mit der Umwelt für das Kind dar.

An die Eltern eines Schulkindes richten sich Erwartungen seitens der Institution Schule, so dass auch ihre Elternrolle eine Erweiterung erfährt. Die Schule erwartet beispielsweise, dass die Eltern für einen regelmäßigen Schulbesuch ihres Kindes sorgen, dass gestellte Aufgaben erledigt werden und dass die Eltern sich am Schulleben beteiligen.

Pendeln zwischen zwei Lebensbereichen

Einwirkungen der Schule auf das Familienleben

Der tägliche Wechsel zwischen Familie und Schule bedeutet für die Kinder eine stärkere Umstellung als der Wechsel zwischen Familie und Kindertagesstätte. Sie brauchen längere Zeit, um sich im Schulgebäude und -gelände zurechtzufinden.

Über ihre Zeit können die Kinder nicht mehr so frei verfügen. Tages-, Wochen- und Jahresablauf werden nun in starkem Maße von der Schule bestimmt. Die Schule wirkt sogar durch die gestellten Hausaufgaben in die Freizeit der Kinder hinein. Sie müssen sich täglich neu dem Zeitdiktat des Stundenplans unterwerfen. Ebenso müssen sich die Kinder immer wieder auf eine Vielzahl von Regeln und Bestimmungen einstellen, die im Lebensbereich Schule, aber nicht zuhause gelten.

In ihren Beziehungen müssen die Kinder den ständigen Wechsel zwischen der Bezugsgruppe Familie und der Schulklasse, zwischen Eltern und Lehrern bewältigen (siehe Wandel der Beziehungen).

Koordination von Familie, Beruf und Schule

Das Pendeln bedeutet auch, dass die Anforderungen und Angebote der beiden unterschiedlichen Lebensbereiche koordiniert werden müssen. Hier sind nun auch die Eltern gefordert. Sie müssen mit Schuleintritt ihres Kindes ihre Arbeitsteilung im Hinblick auf Erwerbs- und Familientätigkeit neu organisieren. Die Anforderungen von Familie, Arbeitsstelle und Schule müssen koordiniert werden. Der Schulalltag wirkt in das Familienleben hinein. Da gilt es z. B. Leistungsüberprüfungen vorzubereiten, Hausaufgaben zu kontrollieren oder Schulerlebnisse der Kinder aufzuarbeiten. Erziehungsvorstellungen und -praktiken des Lebensbereichs Familie treffen auf Lernziele, -inhalte und -methoden des Lebensbereichs Schule. Eltern müssen einen gemeinsamen Weg mit der Schule zum Wohl der Kinder suchen.

Starke Gefühle bewältigen

Jan zeigt sich stolz mit seiner Schultüte und seinem neuen Ranzen. Seit einiger Zeit ist die bevorstehende Einschulung das Hauptgesprächsthema in seiner Familie und auch in der Kindertagesstätte gewesen. Jan ist zusammen mit seinen Altersgenossen auf die Schule vorbereitet worden. In der letzten Zeit ist die Ungeduld der Kinder gestiegen. Sie wollten endlich in die Schule kommen. Je näher der Tag der Einschulung rückte, umso mehr stieg die Aufregung bei den Kindern.

Zwischen Vorfreude und Angst

Wenn sie dann das Schulgebäude betreten und sich in der ungewohnt großen Gruppe der Schulanfänger wieder finden, kann neben der freudigen Erregung auch das Gefühl der Unsicherheit aufkommen. Werden sie den vielen neuen Anforderungen gewachsen sein? Wird es Helfer geben, so wie in der Kindertagesstätte?

Der Abschied von dem vertrauten Lebensumfeld liegt noch nicht lange zurück. Den Kindern wird erst allmählich bewusst dass der Wechsel in die Schule endgültig ist. Sie spüren Verluste. Wenn der Übergang gelingen soll, müssen die aufkommenden Gefühle von den Kindern bewältigt werden.

Die Eltern erleben die starken Gefühle ihrer Kinder. Sie fühlen sich oft hilflos, insbesondere wenn die Kinder Schulängste entwickeln. Die zeitweise Trennung von ihrem Kind wird von den meisten Eltern beim Schuleintritt nicht so schmerzlich empfunden, wie beim Eintritt in die Kindertagesstätte. Das hat sicher wesentlich damit zu tun, dass Schulpflicht besteht. Die Eltern wissen, dass ihre Kinder ein Teil ihrer Zeit in dem Lebensbereich Schule verbringen müssen. Der Abschied auf Zeit fällt ihnen und ihren Kindern leichter, wenn sie die vorgegebenen Tatsachen akzeptieren. Starke Gefühle müssen die Eltern unter Umständen bewältigen, wenn es darum geht, Konflikte mit der Schule zu lösen. Eltern sehen sich verantwortlich für ihren Lebensbereich Familie. Sie wollen ihren Kindern helfen sich in dem neuen Lebensbereich Schule zurechtzufinden.

Übergang von der Kindertagesstätte in die Schule als Prozess

Der Übergang wird nicht mit dem Tag der Einschulung vollzogen. Er wird im Kindergarten vorbereitet (siehe Hilfen) und von der Schule fortgesetzt. Das Kind verlässt den Kindergarten nicht schulfertig, sondern wird erst im Verlauf seiner Schulzeit zum kompetenten Schulkind.

Flexible, individuelle Übergangszeiten

Es muss sich allmählich in dem neuen Umfeld einleben und eine positive Grundeinstellung gegenüber der Schule entwickeln. Das Kind ist dann ein fertiges Schulkind, wenn es die gestellten Anforderungen bewältigt und die Angebote der Schule für seine geistige, soziale und körperliche Entwicklung nutzen kann. Es erlebt die Schule jetzt als selbstverständlichen Teil seines Lebens. Jedes Kind braucht seine individuelle Zeit des Übergangs vom Kindergarten in die Schule. Der Übergangsprozess kann sich erstrecken über einige Wochen bis in die Mitte des zweiten Schuljahres.

Für die Eltern beginnt der Übergangsprozess schon lange vor der eigentlichen Schulanmeldung und vor der Vorbereitung ihres Kindes. Sie haben nach der Schule gesucht, die ihrer Einschätzung nach die besten Voraussetzungen zur Förderung ihres Kindes bietet. Eltern erhoffen sich, wie schon beim Eintritt ihres Kindes in den Kindergarten, dass auch der Übergang in die Schule möglichst problemlos verläuft. Sie erleben, wie ihre Kinder versuchen den Übergang zu bewältigen und unterstützen sie. An die Eltern selber werden vielfältige Anforderungen seitens der Schule gestellt, denen sie nur Schritt für Schritt nachkommen können (z. B. Mitwirkung am Schulleben, Verantwortung für regelmäßigen, pünktlichen Schulbesuch der Kinder, Lernhilfen für die Kinder).

Den neuen Lebensbereich ihrer Kinder lernen die Eltern durch Informationen, Gespräche, Elternabende, Schulbesuche usw. allmählich kennen. Zu Schulkind-Eltern werden Eltern erst im Verlauf der Schulzeit. Sie erleben wie ihre Kinder den Übergang als Prozess.

Übergangsbewältigung und Schulfähigkeit

Der Übergang von dem Lebensbereich Kindergarten in den neuen Lebensbereich Schule erfolgt für das einzelne Kind nach einem festgesetzten, allgemein gültigen Datum. Zu diesem Zeitpunkt erwartet der Gesetzgeber eine Anzahl von Fähigkeiten, die zusammen die **Schulfähigkeit oder Schulreife** ausmachen. Es handelt sich hierbei um **Anforderungen, die von der Schule als Vorraussetzung für das Lernen gesehen werden**. In den einzelnen Bundesländern existieren unterschiedliche Anforderungskataloge. Sie enthalten meist körperliche, sprachlich-kognitive, soziale, emotionale und motivationale Voraussetzungen.

Beispiele:

Kriterien der Schulfähigkeit

- **Körperliche Vorraussetzungen:**
  Körpergröße, Gewicht, Zahnentwicklung, Seh- und Hörfähigkeit, Körperbeherrschung, Finger- und Handgeschicklichkeit, allgemeiner Gesundheitszustand, körperliche Beeinträchtigungen.

- **Sprachlich-kognitive Vorraussetzungen:**

  Sprache:
  Richtige Aussprache der verschiedenen Laute, altersgemäßer Wortschatz, Satzbildung, Grammatik, Ausdrucksfähigkeit, Sprachgedächtnis.

  Wahrnehmung:
  Erfassen und wiedergeben von wahrgenommenen Mustern, unterscheiden von ähnlich aussehenden Figuren und ähnlich klingenden Lauten, auswählen optisch und akustisch bedeutsamer Reize.

  Denken:
  Handlungen in Gedanken durchführen und verändern, Objekte bestimmten Klassen zuordnen, Beziehungen zwischen Objekten erkennen, Mengenerfassung und Vorstellung von Zahlen.

- **Soziale, emotionale und motivationale Voraussetzungen:**
  Mit anderen Kindern Kontakt aufnehmen, eigene Bedürfnisse für Gruppenziele zurückstellen, sich an Regeln halten, sich ausdauernd und konzentriert beschäftigen, Anweisungen genau aufnehmen und richtig ausführen, sich auf wechselnde Situationen einstellen, Belastungen ertragen, Misserfolge verkraften, sich gefühlsmäßig ausgeglichen verhalten, sich ansprechen lassen und Neugier zeigen.

Die Kriterien werden oft mit Hilfe psychologischer Tests festgestellt. Die Tests überprüfen vorwiegend den sprachlich-kognitiven Bereich. Über die Fähigkeit des Kindes, die vielfältigen schulischen Anforderungen, den Schulalltag zu bewältigen, können solche Tests nur wenig aussagen. Es wird deutlich, dass das Kind erst durch die Erfahrungen in der Schule zum fertigen Schulkind werden kann.

Schulnahe Vorläuferkompetenzen

Die aufgeführten Schulfähigkeitskriterien erscheinen nach vorliegenden Studien wenig geeignet, den Schulerfolg eines einzelnen Kindes verlässlich vorauszusagen. Kammermeyer (2004) spricht sich deshalb dafür aus, Kompetenzen heranzuziehen, die in direktem Zusammenhang mit schulischen Lerninhalten stehen. Sie bezeichnet diese Fähigkeiten als schulnahe Vorläuferkompetenzen.

Lesen, Schreiben und Rechnen werden heute als Entwicklungsprozesse gesehen, die weit vor der Einschulung beginnen. Deshalb sind die Vorerfahrungen, die die Kinder in der Vorschulzeit mit Buchstaben und Lauten sowie mit Mengen und Zahlen gemacht haben, bedeutsam für das Erlernen des Lesens, Schreibens und Rechnens.

Als wichtigste Lernvoraussetzung für den Schriftspracherwerb hat sich in vielen Studien die **phonologische Bewusstheit** (z. B. Wörter in Silben gliedern, Reime erkennen, Laute heraushören) erwiesen.

Für den Schulerfolg in Mathematik ist besonders das **mengen- und zahlenbezogene Vorwissen** (z. B. Zählen, Zahlenkenntnis, Ordnen nach Größen, Mengenerfassung usw., siehe Entwicklung des Zahlbegriffs) bedeutsam.

Kommunikative und soziale Kompetenzen

Die kognitiven Vorläuferfähigkeiten sind zu ergänzen durch kommunikative und soziale Kompetenzen. Hierzu gehört beispielsweise, dass die Kinder verbale Informationen und Instruktionen der Schule verstehen, Fähigkeiten zum Lösen von Problemen mitbringen, den Kontakt zu anderen Kindern aufnehmen und sich kooperationsbereit zeigen.

Selbstkonzept

Die Übergangsbewältigung hängt auch wesentlich davon ab, wie das Kind seine eigenen Fähigkeiten einschätzt, d. h. von seinem Selbstkonzept. Das Selbstkonzept entsteht im Laufe der Entwicklung und unterscheidet sich bereits vor der Einschulung deutlich von Kind zu Kind (siehe Entwicklung). Kinder, die wenig von sich selbst halten, also ein negatives Selbstkonzept besitzen, haben verstärkt Probleme beim Übergang vom Kindergarten in die Grundschule. Sie lassen sich z. B. in einer schwierigen Situation leichter unterkriegen als Kinder mit einem positiven Selbstkonzept und zeigen weniger psychische Widerstandsfähigkeit (Resilienz).

Schulfähigkeit im Transitionsansatz

Kompetenz des gesamten sozialen Systems

Die aufgeführten Kompetenzen werden im Transitionsansatz als eine wichtige Vorraussetzung für eine erfolgreiche Übergangsbewältigung gesehen. Es gilt jedoch nicht nur das Kind für den Eintritt in die Schule fit zu machen, sondern die Schule muss sich ihrerseits fähig erweisen, das Kind aufnehmen und optimal bilden zu können. Der Kindergarten als abgebende Institution muss die Förderung der Übergangsbewältigung ausdrücklich in sein Bildungskonzept aufnehmen. Das soziale Umfeld des Kindes (insbesondere die Eltern) muss den Übergang begleiten und unterstützen. Die Übergangsbewältigung hängt somit nicht allein von den Fähigkeiten des Schulanfängers ab, sondern von der Kompetenz des gesamten sozialen Systems.

Einen besonderen Stellenwert nimmt dabei die Kooperation zwischen den beiden Bildungseinrichtungen Kindergarten und Grundschule ein. Vorschulische

Kooperation zwischen Kindergarten und Schule

Einrichtungen gehören in Deutschland - im Gegensatz zu anderen europäischen Ländern- zum Sozialsystem, die Grundschule dagegen zum Bildungssystem. Aus dieser Zuordnung haben sich deutliche Unterschiede zwischen den beiden Einrichtungen entwickelt, die sich auf die Übergangssituation und die Form der Zusammenarbeit auswirken.

Kindertagesstätten und Grundschulen unterscheiden sich z. B. in den Organisationsformen, Kommunikationsstrukturen, beruflichen Vorraussetzungen der Fachkräfte und Bildungszielen.

Eine Angleichung der pädagogischen Konzepte von Grundschule und Kindertagesstätte wurde bis heute nicht erreicht. Es gibt auch keine bundesweite gesetzliche Rahmenvorgabe für die Zusammenarbeit der beiden Bildungsinstitutionen. In den Bundesländern liegen lediglich unterschiedliche Empfehlungen zur gemeinsamen Gestaltung des Übergangs vor.

Die Empfehlungen beziehen sich auf die Schulanfänger, (z. B. Besuch von Kindergartenkindern in der Grundschule), ihre Eltern (z. B. Informationsabende) und die Kooperationspartner (z. B. Gesprächskreise von Lehrern und Erziehern zu aktuellen pädagogischen Themen, Gestaltung des ersten Schultages).

Der Kindergarten soll die Kinder so vorbereiten, dass sie schulbereit sind, während die Schule dafür verantwortlich ist, dass die Kinder Schulkinder werden. Ziel der Kooperation ist es nicht, dass die beiden Institutionen möglichst ähnlich werden, vielmehr soll das Können und Wissen, das die neuen Schulkinder im Kindergarten erworben haben, als Grundlage für schulische Lernprozesse genutzt und weiterentwickelt werden.

Wichtig erscheint die regelmäßige Überprüfung der einzelnen Schritte einer Kooperation. Im Rahmen eines Studienprojekts an der Universität Oldenburg wurden Vorschläge dazu gemacht. Anhand eines Kriterienkatalogs können Kindergarten und Grundschule, aber auch die Eltern den Verlauf des Übergangs beobachten und Verbesserungsmöglichkeiten erkennen.

Kriterien zur Kooperation

Beispiele (vgl. Franken 2002, Seite 30):

Der **schriftliche Informationsaustausch** zwischen Kindergarten und Grundschule (Pädagogische Konzepte, Tagesrhythmus usw.)

Gemeinsame Treffen von Lehrkräften und Erziehern. Es wurde z. B. ein Terminplan zur Kooperation für den Zeitraum des Schulübergangs festgelegt.

Austausch über pädagogische Maßnahmen (Begrüßungs- und Abschiedsrituale, Spiel- und Arbeitsformen, Bilderbücher, die Kinder mögen, Verhaltensregeln bei Streitigkeiten).

Neukonzeption des Schuleintritts und des Anfangsunterrichts

In vielen Bundesländern wird empfohlen, Kooperationsbeauftragte zu benennen, die die Zusammenarbeit koordinieren sollen. Als Rahmen für die gemeinsame Planung wird in einigen Bundesländern ein Kooperationskalender erstellt, der alle wichtigen Daten der Zusammenarbeit enthält.

In den Grundschulen wird eine Neukonzeption des Schuleintritts und des Anfangsunterrichts diskutiert und zum Teil schon praktiziert. Das **Einschulungsalter** soll von derzeit durchschnittlich 6½ Jahren **herabgesetzt** werden.

Einige Bundesländer regeln die frühzeitige Einschulung nach Stichtagen (z. B. Berlin, Kinder die bis zum 31.3. des Einschulungsjahres fünf Jahre alt werden, Rheinland-Pfalz, Kinder, die bis zum 31.12. des Einschulungsjahres sechs Jahre alt werden) andere geben keine Altersgrenze an (z. B. Nordrhein-Westfalen und Baden-Württemberg). Die **flexible Schuleingangsphase** zählt zur Neugestaltung des Anfangsunterrichts. Hierbei werden die Klassen eins und zwei zu einer pädagogischen Einheit zusammengeschlossen, in welcher der Unterricht jahrgangsübergreifend gestaltet werden kann. Der Anfangsunterricht muss von sehr unterschiedlichen Lernvoraussetzungen und Möglichkeiten der Kinder ausgehen. Er soll pädagogisch angemessene Lernsituationen und -angebote schaffen, um jedem Kind optimale Startchancen und individuelle Lernfortschritte zu ermöglichen.

Verhinderung von Zurückstellungen

Die bisherige Einschulungspraxis sieht vor, dass Kinder, deren Entwicklungsstand nicht den schulischen Anforderungen entspricht, als nicht-schulfähig vom Schulbesuch zurückgestellt werden. Die Erfahrung zeigt, dass durch eine solche Zurückstellung meist nicht verhindert werden kann, dass Kinder später ein Schuljahr wiederholen müssen. Außerdem bedeutet die Zurückstellung ein starkes Misserfolgserlebnis für das Kind, das sein späteres Lernen entscheidend beeinflusst. Durch die Neugestaltung des Anfangsunterrichts soll die Quote der Zurückstellung von rund 10 % eines Altersjahrgangs minimiert werden. Insgesamt versucht die Grundschule dem einzelnen Kind mit seinen individuellen Lernvoraussetzungen gerecht zu werden. An die Stelle einer bislang stärker ausleseorientierten Einschulungspraxis tritt die gemeinsame Bemühung um einen **kindgerechten Übergang** vom Kindergarten in die Grundschule.

Für einen gelungenen Übergang bleibt festzuhalten:

Der Übergangsprozess muss gemeinsam von Kindergarten und Schule geplant und systematisch gestaltet werden. Eltern und Kinder sind von Anfang an mit einzubeziehen. Die Schulanfänger müssen spüren, dass die Erwachsenen, die sich um ihre Bildung kümmern, vertrauensvoll miteinander umgehen und ihr Handeln aufeinander abstimmen. Den Kindern muss genügend Zeit gelassen werden, Abschied von der gewohnten Umgebung Kindergarten zu nehmen und sich in der neuen Wirklichkeit Schule einzuleben.

Aufgaben der Erzieherinnen bei der Bewältigung des Übergangs

Die Förderung der Kompetenzen zur Bewältigung des Übergangs beginnt vom ersten Kindergartentag an. Sie ist im Bildungsauftrag des Kindergartens enthalten.

Individuelle Entwicklungsbegleitung

Eine spezifische Förderung durch ein gezieltes Training im letzten Kindergartenjahr erscheint nur angezeigt, wenn besondere Entwicklungsauffälligkeiten vorliegen. Voraussetzung für jede Förderung ist ein möglichst genaues Bild vom jeweiligen Lern- und Entwicklungsstand der Kinder. Die Erzieherinnen müssen zunächst die individuellen Entwicklungen über die ganze Kindergartenzeit hinweg systematisch festhalten. Sie müssen aber auch die schulischen Anforderungen berücksichtigen, um die Kinder gezielt fördern zu können. Die wesentlichen Förderbereiche ergeben sich aus den beschriebenen Vorläuferkompetenzen und aus den Fähigkeiten, die zur Übergangsbewältigung wesentlich erscheinen.

Im Hinblick auf die Vorläuferfähigkeiten besteht die wichtige Aufgabe der Erzieherin darin, das Interesse der Kinder an Buchstaben und Lauten sowie an Mengen und Zahlen zu wecken, zu entwickeln und aufrechtzuerhalten. Die Schule kann dann im Anfangsunterricht an diese Vorläuferfähigkeiten anknüpfen.

Für die Bewältigung des Übergangs wurde insbesondere ein positives Selbstkonzept herausgestellt. Die Erzieherin kann dazu beitragen, dass das Kind seine eigenen Stärken und Schwächen erkennt und ein gesundes Selbstbewusstsein in der Gruppe entwickelt. Sie kann die individuellen Fortschritte hervorheben und dem Kind helfen, eigene Interessen zu finden und auszubauen.

Soziales Lernen in der Gruppe

In der Kindergartengruppe lernen die Kinder die Regeln des sozialen Miteinanders. Sie entwickeln Einfühlungsvermögen und werden in ihrem Sozialverhalten sicherer. In gemeinsam verwirklichten Spielideen werden sie zur Zusammenarbeit befähigt. Die Erzieherin ermöglicht das selbsttätige Entdecken und Ausprobieren der Kinder, so dass sie das Lernen aus eigenem Antrieb, Ausdauer, Konzentration und die Freude am selbst hergestellten fertigen Produkt erleben können.

Die Eltern sollten über die Förderbereiche Bescheid wissen und mit den Erzieherinnen im Gespräch sein.

Organisation des Übergangs

Neben der Förderung der Kinder haben die Erzieherinnen auch die Aufgabe, sich an der Organisation des Übergangs zu beteiligen. Dazu ist es erforderlich, dass sie ihr Bild von Schule selbstkritisch klären und eine enge Zusammenarbeit bei der Bewältigung des Übergangs bejahen. Die Erzieherinnen können dann den Eltern als kompetente Ansprechpartner zur Verfügung stehen. Sie sollten die Eltern darüber informieren, wie Kindergarten und Grundschule zusammenarbeiten und welche Angebote für die Eltern vorgesehen sind (z. B. Informationsveranstaltung, Kennenlernen der Schule und Lehrer).

Die Erzieherinnen tauschen sich über das Verhalten des einzelnen Kindes und seine Entwicklung mit den Eltern aus. Gemeinsam können sie Fragen klären, die die Kompetenzen des Kindes zur Übergangsbewältigung betreffen.

Beratung der Eltern

Solche Fragen könnten sein:

„Ist das Kind bereit, sich für einen gewissen Zeitraum auf eine Tätigkeit einzulassen, die von einem nicht vertrauten Erwachsenen angeleitet wird?"

„Wie geht das Kind an eine neue Aufgabenstellung heran?"

„Ist es aktiv und zuversichtlich, dass es eine Lösung finden wird?"

„Führt es eine angefangene Tätigkeit zu Ende?"

„Holt es sich Hilfe, wenn es nicht weiterkommt?"

„Freut es sich über sein eigenes Tun?"

„Kann es seine Gefühle angemessen ausdrücken?"

„Zeigt es eine selbstbejahende und selbstsichere Grundhaltung?"

Wenn die Eltern nicht sicher sind, ob sie ihr Kind einschulen sollen oder nicht, sind die Erzieherinnen als Beraterinnen gefragt. Wichtig ist hierbei, dass die Erzieherinnen ihre eigenen Kompetenzen nicht überschätzen und die Eltern bei bestehender Unsicherheit, an eine professionelle Beratungsstelle weiterleiten.

4.4.3 Übergang von der Familie in die Kinderkrippe

Nach dem Transitionsmodell müssen beim Übergang von Kindern unter drei Jahren (Krippenkinder) grundsätzlich die gleichen Merkmale beachtet werden, wie bei den zuvor beschriebenen Übergängen. Im Folgenden sollen deshalb nur die Anforderungen hervorgehoben werden, die sich den beteiligten (Kind, Eltern, Erzieherinnen) beim Eintritt in die Kinderkrippe in besonderer Weise stellen.

Mutter-Kind-Bindung

Für das Kind geht es vor allem darum sichere Bindungsbeziehungen zu mehreren Personen (Mutter, Vater, Erzieherin) aufzubauen. Die Bindungsforschung zeigt, dass Krippenkinder eindeutig eine vorrangige Mutter-Kind-Bindung aufrechterhalten. Die Mutter bleibt die „primäre Bezugsperson". Daneben entwickelt sich aber eine Erzieherin-Kind-Beziehung gewissermaßen als Zweitbindung, die sicherheitsgebend während des Krippenaufenthaltes ist (vgl. Ahnert 2004). Das Kind braucht für seine Entwicklung die Erwachsenen als sichere Basis. Erst nach seinem zweiten Geburtstag nimmt es sich selbst als eigenständige Person wahr (z. B. in dem es sich in einem Spiegel erkennt) und beginnt mit Hilfe der Sprache, sich seine Identität aufzubauen.

Der Übergang in eine außerfamiliale Betreuung ist in so frühem Alter nur zu bewältigen, wenn die primären Bezugspersonen (in der Regel Mutter und/oder Vater) das Kind einfühlsam begleiten und den Übergangsprozess gemeinsam mit dem pädagogischen Fachpersonal gestalten.

Das Kind und seine Eltern müssen den Übergang aktiv bewältigen. Die Erzieherin begleitet ihn pädagogisch. Die Aufnahme von Krippenkindern ist mit erhöhtem personellem Aufwand verbunden. Eine gesonderte Fachkraft sollte dem Kind (und seinen Eltern) als Bezugs-Erzieherin zur Verfügung stehen. Die Bindungsforschung stellt als wesentliche Anforderung an diese Fachkraft **die Feinfühligkeit gegenüber dem Kind** heraus.

Bezugs-Erzieherin

Dazu gehört: Die Signale des Kindes aufmerksam wahrzunehmen, sie den kindlichen Bedürfnissen entsprechend zu interpretieren, prompt zu reagieren, zugewandt und liebevoll mit den Kindern umzugehen, sie anzuregen und angemessen mit ihnen zu interagieren (siehe Bindung).

Für eine erfolgreiche Bewältigung des Übergangs von der Familie in die Krippe hat sich vor allem die Art der Eingewöhnung als bedeutsam erwiesen. Nach der Eingewöhnungsforschung (vgl. Beller 2004) ist für einen möglichst wenig belastenden Übergang insbesondere wichtig, dass die primäre Betreuungsperson (in der Regel die Mutter) am Anfang noch mehrfach anwesend ist und das Kind z. B. wickelt, füttert und mit ihm spielt. Kleinkinder bewältigen neue Situationen mit ihren Müttern also eindeutig besser als ohne sie.

Eingewöhnungsschritte

Im Team wird geklärt, wer die Eingewöhnungsphase des Kindes gestaltet. Diese Bezugserzieherin nimmt Kontakt zu den Eltern auf, informiert sich eingehend über das Kind(Stärken, Vorlieben, Besonderheiten) und begleitet die primäre Betreuungsperson während der Eingewöhnung. Die Erzieherin bereitet auch die Kinder der Gruppe auf die Neuaufnahme vor, so dass diese eine aktive Rolle im Eingewöhnungsprozess übernehmen können. Die Kinder finden z. B. einen Platz für die Sachen des neuen Kindes und überlegen, wo es sitzen und wo es schlafen kann. Sie zeigen ihm die Spielsachen und werden zu Spielgefährten.

Die tägliche Aufenthaltsdauer des Kindes in der Krippe sollte schrittweise gesteigert werden (**sanfte Eingewöhnung**). Die erste Trennung von der primären Bezugsperson kann erfolgen, wenn das Kind zu anderen Kindern Kontakt aufgenommen hat und sich von seiner Erzieherin trösten lässt.

Die primäre Bezugsperson hält sich zunächst noch in der Nähe auf, so dass sie jeder Zeit zurückkehren kann, wenn das Kind die erste Trennung noch nicht verkraftet. Verbleibt das Kind einen gewissen Zeitraum problemlos in der Einrichtung, so kann versucht werden, dass die Erzieherin die alleinige Betreuung übernimmt. Die primäre Bezugsperson hat die Kindertagesstätte dann verlassen, ist jedoch jederzeit erreichbar.

Die Eingewöhnung kann als beendet betrachtet werden, wenn das Kind die Erzieherin als „sichere Basis" während seines Krippenaufenthaltes akzeptiert, den Kontakt zu anderen Kindern hergestellt hat und von der Gruppe angenommen wird. Eine derart **pädagogisch gestaltete Eingewöhnung** bietet nach der Vorstellung des Transitionsansatzes allen Beteiligten (Eltern, Kind, Erzieherin) positive Lernmöglichkeiten und hilft, die Übergangsbelastung zu überwinden.

Für das Gelingen einer außerfamilialen Betreuung von Kleinkindern erscheinen darüber hinaus die folgenden **Rahmenbedingungen** von Bedeutung (vgl. Deutsche Liga für das Kind 2008, DJI 2009):

- Qualifizierte Fachkräfte (Kleinkindpädagogik, Pflege- und Betreuungskompetenzen, Entwicklungs- und Bildungsbegleitung)
- Ein Fachkräfte-Kind-Schlüssel, der am Kindeswohl orientiert ist (nicht mehr als drei Kinder unter einem Jahr bzw. vier Kinder zwischen ein und drei Jahren pro Fachkraft)
- Eine möglichst kontinuierliche Betreuung der Kinder (Feste Anstellungen und wenig Teilzeitarbeit des Fachpersonals)
- Eine Gruppengröße, die den entwicklungspsychologischen Voraussetzungen der Altersgruppe entspricht (max. sechs Kinder zwischen null und zwei Jahren bzw. acht Kinder zwischen zwei und drei Jahren pro Gruppe)
- Eine altersgemäße Raumausstattung (dem starken Bewegungsbedürfnis und Forscherdrang der Kinder nachkommen und die altersentsprechende Weiterentwicklung der Bewegungsfähigkeit und Erkundungsinteressen einbeziehen)
- Eine enge, vertrauensvolle Erziehungs- und Bildungspartnerschaft zwischen Eltern und Fachpersonal (Regelmäßige Information der Eltern durch das Fachpersonal, kontinuierlicher Austausch zwischen Eltern und Fachkraft über das Verhalten und Erleben der Kinder zuhause und in der Einrichtung, Beteiligung der Eltern an der Erziehungs- und Bildungsarbeit)

4.4.4 Übergang von der Kinderkrippe in den Kindergarten

Im Gegensatz zu den bisher beschriebenen Übergängen wurde der Wechsel von der Kinderkrippe in den Kindergarten in der Fachliteratur bisher kaum behandelt.

Den wenigen Befragungen von Erzieherinnen ist zu entnehmen, dass dieser Übergang den Eltern offenbar mehr Probleme bereitet als den Kindern (vgl. Griebel & Niesel 2004).

Wenn das Kind nicht in der gleichen Einrichtung verbleiben kann, so müssen die Eltern zunächst überhaupt einen Kindergartenplatz bekommen. Sie erleben dann einen Übergang, der im Gegensatz zum Eintritt in die Kindergrippe eine zweite Institution, den Kindergarten, einbezieht. Das bedeutet für die Eltern sich auf neue Fachkräfte und andere Betreuungsformen (größere Gruppen, ungünstiger Personal-Kind-Schlüssel, weniger intensive Eltern-Erzieherinnen-Kontakte) einzustellen. Sie müssen den Wandel vom Selbstbild als Eltern eines Krippenkindes zum Selbstbild als Eltern eines Kindergartenkindes vollziehen (z. B. den zunehmenden Wunsch der Kinder nach Eigenständigkeit akzeptieren) und sich in die neue Elterngruppe integrieren.

Von dem pädagogischen Fachpersonal wird erwartet, dass Krippen- und Kindergartenerzieherinnen eng zusammenarbeiten, sich fachlich austauschen und die Familien in der Übergangsbewältigung kompetent unterstützen. Das ist in Einrichtungen, in denen mit einer erweiterten Altersmischung gearbeitet wird (z. B. von zwei bis zehn Jahren) eher zu gewährleisten, als bei einer strikten Einteilung in Krippe, Kindergarten und Hort. Das pädagogische Konzept einer erweiterten Altersmischung hat für die Kinder und ihre Familien den weiteren Vorteil, dass ihnen zumindest ein Übergang erspart bleibt. Es wird im Folgenden näher erläutert.

Enge Zusammenarbeit zwischen Krippen- und Kindergartenerzieherinnen

Erweiterung der Altersmischung

Das Erzieherinnenteam der Kindertagesstätte Regenbogen hat gemeinsam beschlossen, einem Teil der Kinder, die in die Schule kommen eine Weiterbetreuung anzubieten und freie Plätze für Kinder unter drei Jahren zur Verfügung zu stellen, d. h., die Altersmischung in der Kindertagesstätte zu erweitern. Der Entscheidung ging eine gründliche fachliche Diskussion voraus. Den Erzieherinnen war vor allem wichtig, dass das gesamte Team hinter der Idee steht.

Aus der Sicht der Transitionsforschung ist die Erweiterung der Altersmischung schon deshalb eine pädagogisch sinnvolle Maßnahme, weil die Kinder **weniger Übergänge** bewältigen müssen. Sie können kontinuierlich von einer Bezugserzieherin betreut werden, zu der sie eine Bindung aufbauen. Die Bezugserzieherin dient den Kindern als sichere Basis, von der aus sie die Welt innerhalb und außerhalb der Kindertagesstätte erkunden und schrittweise erobern.

Gemeinsames Lernen

Die Erweiterung der Altersmischung bietet den Kindern auch mehr Möglichkeiten von einander und miteinander zu lernen. Beobachtungen in altersgemischten Kindergruppen zeigen, dass Ältere und Jüngere Wechselbeziehungen eingehen, von denen durchaus beide Seiten profitieren. Es werden z. B. gemeinsame Entdeckungen gemacht, Freundschaften geknüpft und soziale Verhaltensweisen (gegenseitige Rücksichtnahme, Übernahme von Verantwortung, gemeinsame Konfliktlösung usw.) eingeübt. Allerdings darf die erweiterte Altersmischung nicht dazu führen, dass altersspezifische Interessen und Bedürfnisse zu kurz kommen.

Hier sind nun die Erzieherinnen gefragt. Sie müssen Rahmenbedingungen schaffen, die eine pädagogisch sinnvolle Betreuung bei erweiterter Altersmischung ermöglichen.

Nach dem das Erzieherinnenteam der Kindertagesstätte Regenbogen sich grundsätzlich darüber einig war, die Altersmischung zu erweitern, wurden die gegenwärtigen Betreuungsbedingungen in der Kindertagesstätte analysiert. Es wurde zum Beispiel festgehalten, wie viel Kinder eingeschult werden und wie viel Anmeldungen, für welche Altersgruppen vorliegen.

Eine entscheidende Frage war, wie viele Erzieherinnen zur Betreuung eingesetzt werden können. Bei einer Altersmischung zwischen zwei und zehn Jahren wird in den vorliegenden Personalschlüsseln von zwei vollen Erzieherinnenstellen ausgegangen. Dabei sind die Öffnungszeiten und eventuelle Sondermaßnahmen (wie zum Beispiel Sprachtrainingsprogramme oder die Integration von ausländischen oder Kindern mit Behinderung) zusätzlich zu berücksichtigen.

Rahmenbedingungen

Dem Erzieherinnenteam wurde sehr schnell klar, dass man bei der Planung der erweiterten Altersmischung in längeren Zeiträumen denken muss. Wenn man zum Beispiel Schulkindern die Möglichkeit bieten will, in der Einrichtung zu verbleiben, so muss man das Platzangebot zumindest auf die nächsten vier Jahre, die Grundschulzeit, ausrichten.

Die Anzahl der vorgesehenen Plätze wirkt sich unmittelbar auf die Organisation der Gruppen aus. Betreut man Kinder im Alter zwischen zwei und zehn Jahren, so erscheint eine Gruppenstärke von 20 Kindern möglich. Eine ideale Altersmischung sollte keine Lücken aufweisen, d. h. in der Gruppe der Zwei- bis Zehnjährigen sind Kinder jeder Entwicklungs- oder Altersstufe vertreten. Durch eine solche Altersmischung ist auch eine kontinuierliche Zusammensetzung der Gruppe über den ganzen Tag gewährleistet.

Die Kinder werden in festen Gruppen, Stammgruppen und organisierten Gruppenformen (z. B. Spielgruppen, gleichaltrigen Gruppe, Freundschaftsgruppen) betreut. Die Stammgruppen bieten den Kindern Sicherheit und Orientierung. Durch das Angebot der offenen Gruppen wird ihren individuellen und altersspezifischen Interessen und Bedürfnissen entsprochen.

Die Mischung aus festen und offenen gruppenpädagogischen Angeboten lässt sich nur praktizieren, wenn die räumliche Ausstattung eine entsprechende Differenzierung zulässt. Neben dem Gruppenraum müssen interessenbezogene Räume (z. B. Werkraum, Turnraum) und Räume zur individuellen, persönlichen Nutzung (z. B. Leseecke, Raum der Stille) bereitgehalten werden.

Pädagogische Konzeption

Das Regenbogen-Team hat sich aber nicht nur Gedanken über die Rahmenbedingungen für eine erweiterte Altersmischung gemacht, sondern auch die neuen erzieherischen Anforderungen reflektiert. Mit der Erweiterung der Altersmischung dehnt sich auch die Bandbreite von Interessen und Handlungsweisen der Kinder aus, auf die sich die Erzieherinnen einstellen müssen. Differenzierte Spiel- und Betätigungsmöglichkeiten, die den Bedürfnissen der verschiedenen Altersgruppen gerecht werden, sind gefragt.

Ebenso sind die Festlegung von Regeln und Grenzen sowie das erzieherische Handeln auf die Altersgruppen abzustimmen. Die Erzieherinnen werden bei der großen Altersstreuung bald merken, dass sie sich nicht für alles Geschehen in der Gruppe zugleich verantwortlich fühlen können. Die Schulkinder sorgen zum Beispiel häufig für sich selbst und übernehmen Verantwortung für die Jüngeren. Eine solche Erfahrung bedeutet für die Erzieherinnen, auf die vielfältigen Anforderungen gelassener zu reagieren und zuzulassen, dass die Kinder ihre Angelegenheiten vermehrt selbst regeln können. Den Erzieherinnen bleibt dann mehr Zeit auf das einzelne Kind einzugehen und den individuellen Bedürfnissen gerechter zu werden. Durch die geringere Gruppenstärke bei der erweiterten Altersmischung könne die Erzieherinnen vor allem die Vormittage kindgerechter gestalten und zum Beispiel vermehrt mit Kleingruppen arbeiten. Das bedeutet natürlich auch, dass es während der Öffnungszeit generell keine kinderfreien Zeiträume mehr gibt und sich die Erzieherinnen auf einen veränderten Tagesrhythmus einstellen müssen.

Bei der erweiterten Altersmischung begleiten die Erzieherinnen die Kinder pädagogisch eine längere Zeitspanne als in der üblichen Kindergartenarbeit. Sie nehmen maßgeblich teil an der Entwicklung der Kinder. Die pädagogische Arbeit erscheint sinnvoller und führt zu mehr Berufszufriedenheit.

Auf den Punkt gebracht

Im Laufe ihrer Entwicklung haben die Kinder eine Reihe von Übergängen zu bewältigen: Von der Familie in die Kindertagesstätte, von dort in die Grundschule und später in weiterführende Schulen. Der Transitionsansatz sieht diese Übergänge als sehr komplexe, eng miteinander verwobene Wandlungsprozesse, die den Einzelnen, seine soziale Beziehungen und seine Lebensumwelt gleichermaßen betreffen.

Die erfolgreiche Bewältigung der verschiedenen Übergänge hängt deshalb von der Kompetenz des gesamten sozialen Systems ab.

Für die Kinder stellen sich die Übergänge als Entwicklungsaufgaben dar, die sich auf den individuellen, den zwischenmenschlichen und den Bereich der Lebensumwelt erstrecken. Aufgabe der Erzieherin ist es, den Kindern und ihren Familien bei der Übergangsbewältigung gezielte pädagogische Hilfestellungen zu geben.

Aufgaben

1. Tauschen Sie sich in Kleingruppen über erlebte Übergänge aus.
2. Erläutern Sie den Transitionsansatz.
3. Diskutieren Sie Möglichkeiten und Grenzen, Übergänge pädagogisch zu begleiten.

4.5 Kindheit heute

Die Collage will anregen zu einer Reflexion über Kindheit heute und über notwendige pädagogische Hilfestellungen in dieser Lebensphase. Als Grundlage der Reflexion soll die Darstellung wesentlicher gesellschaftlicher Bedingungen und ihrer Auswirkungen auf die Lebensphase Kindheit sowie die Beschreibung der Lebenswelten von Kindern dienen.

4.5.1 Gesellschaftliche Bedingungen der Lebensphase Kindheit

Die kindliche Entwicklung ist eingebettet in die jeweiligen gesellschaftlichen Gegebenheiten. Im Folgenden werden wesentliche Bedingungen der heutigen Leistungsgesellschaft und ihre Auswirkungen auf die Lebensphase Kindheit ausgeführt. Die Fakten und Zahlen sind dem Kinderreport Deutschland des Deutschen Kinderhilfswerks e. V. (2002) sowie dem elften Kinder- und Jugendbericht der Bundesregierung entnommen.

Die Erzieherin muss sich mit den gesellschaftlichen Bedingungen, unter denen die Kinder aufwachsen vertraut machen, um ihnen gezielte pädagogische Hilfestellungen geben zu können.

Wertorientierungen

Pluralisierung und Individualisierung

Die heutige Leistungsgesellschaft ist charakterisiert durch eine Vielfalt an Vorstellungen darüber, was für Menschen wünschenswert ist und wie sie ihr Zusammenleben regeln sollten (Wertepluralismus). Das einzelne Gesellschaftsmitglied hat die Wahl, sein Leben nach seinen Wünschen und Bedürfnissen einzurichten. Für seine Entscheidungen ist es selbst verantwortlich. Kind-Sein ist nicht mehr festgelegt durch soziale Herkunft, sondern individuell gestaltbar.

In der Erziehung besteht ein Individualitätsanspruch: Das einzelne Kind mit seinen Wünschen und Bedürfnissen rückt in den Mittelpunkt. Es entstehen oft übersteigerte Erwartungen nach sofortiger Bedürfnisbefriedigung. Die Selbstständigkeit und frühe Eigenverantwortung der Kinder wird betont. Sie werden manchmal schon mit Erwachsenenproblemen konfrontiert (z. B. als Partner-Ersatz bei einem allein erziehenden Elternteil), die sie überfordern.

Wandel der Geschlechterbeziehung

Die Beziehung der Geschlechter zueinander hat sich gewandelt. Männliche und weibliche Kompetenzen, Tätigkeiten und Lebensweisen werden gleich bewertet. In der Pädagogik wird eine geschlechtergerechte Erziehung angestrebt. Das bedeutet, dass die herkömmlichen Geschlechtsstereotype aufgegeben werden müssen.

Es kann beispielsweise nicht mehr darum gehen, typisches Jungen- bzw. Mädchenspielzeug bereitzustellen, sonder Lernanregungen zu geben, die unabhängig vom Geschlecht die Fähigkeiten des einzelnen (männlichen und weiblichen) Kindes gezielt fördern. Die Neudefinition der Geschlechtsrollen verändert die Beziehungen zwischen Jungen und Mädchen. Die Erzieherinnen müssen sensibilisiert werden für die neue Sicht der Geschlechterbeziehungen.

Kulturelle Vielfalt

Multikulturelles Aufwachsen

Die Kinder wachsen in einer Kultur auf, die ihnen eine große Auswahl von möglichen Lebensweisen bereitstellt. Sie zeigt sich in entsprechenden modischen Ausdrucksformen, Musikstilen und Freizeitbeschäftigungen. Die Vielfalt der eigenen Kultur wird noch einmal erweitert durch die vermehrte Zuwanderung. Die Kinder treffen ein Nebeneinander verschiedener kultureller Szenen an, die sich einerseits von einander abgrenzen, sich aber andererseits auch überlagern. Ein weiter Lern- und Erfahrungsraum tut sich auf. Den Kindern werden sehr komplexe Orientierungsleistungen abverlangt, die sie nur durch eine begleitende, interkulturelle Erziehung bewältigen können (siehe Kapitel 5: Interkulturelle Erziehung).

Umweltsituation

Gesundheitsschädliche, kinderfeindliche Umwelt

In engen Zusammenhang mit der kindlichen Entwicklung stehen insbesondere die folgenden drei Merkmale der heutigen Umweltsituation:

- Zunehmende Belastung der Umwelt mit Schadstoffen
- Erhöhtes Verkehrsaufkommen
- Zunehmende Bebauung (Verstädterung)

Am stärksten gesundheitsschädigend für Kinder wirkt sich der Tabakrauch als Schadstoffgemisch aus. Kinder verbringen einen großen Teil ihrer Zeit in Innenräumen. Jedes zweite Kind muss dabei zuhause passiv mitrauchen. Neugeborene von rauchenden Vätern und Müttern erkranken häufiger an akuten und chronischen Atemwegsinfektionen und neigen vermehrt zu Allergien. Der Tabakrauch wirkt sich besonders gesundheitsschädigend und entwicklungshemmend auf ein werdendes Kind im Mutterleib aus. Die Neugeborenen von rauchenden Müttern sind im Durchschnitt 250 g leichter als die von Müttern, die nicht rauchen.

Eine deutliche Zunahme ist im Bereich der allergischen Krankheiten der Haut und Schleimhäute (insbesondere Neurodermitis und Asthma Bronchiale) bei Kindern zu beobachten.

Der Autoverkehr hat zugenommen und gefährdet die Kinder vermehrt. Ihr selbständiger Aktionsraum wird immer mehr eingeschränkt. Dies geschieht auch durch die zunehmende Bebauung. Spiel- und Freizeitflächen der Kinder werden immer enger bemessen. Sie können sich körperlich nicht mehr ausreichend betätigen. Der Bewegungsmangel zieht gesundheitliche Schäden nach sich, die die Entwicklung der Kinder nachhaltig beeinträchtigen.

Sozioökonomische Situation (Lebenslagen)

Die materiellen Lebensbedingungen haben sich insgesamt gesehen verbessert. Die Kinder leben im Vergleich zu früheren Gesellschaften in relativ gesicherten, komfortablen Verhältnissen. Kinder und Jugendliche können heute in der Summe soviel eigenes Geld ausgeben, wie keine Generation vor ihnen (Taschengeld, Geldgeschenke, Sparguthaben, Arbeitsverdienst). Sie sind eine umworbene Konsumentengruppe, für die eigene Marketingstrategien entworfen werden.

Wohlstand und Kinderarmut

Die Konsum- und Freizeitwelt haben sich in Abhängigkeit von der sozioökonomischen Situation enorm erweitert. Die Kinder und Jugendlichen werden mit einer großen Vielfalt im Konsum und in den Möglichkeiten der Freizeitgestaltung konfrontiert. Konsum und Lifestyle (Mode, Musik, Freizeitaktivitäten) erhalten identitätsstiftende Funktion. Kinder und Jugendliche stehen unter Konsumdruck. Eine zunehmende Verschuldung der Jugendlichen ist festzustellen. Strafbare Handlungen zur Beschaffung der benötigten Geldmittel oder der erwünschten Ware nehmen zu. In der Freizeit wird insgesamt mehr konsumiert und immer weniger aktiv gestaltet.

Neben der allgemeinen Verbesserung der materiellen Lebensbedingungen ist gleichzeitig eine Ausweitung ökonomischer und sozialer Notlagen vor allem bei Alleinerziehenden, kinderreichen Familien und Aussiedlerfamilien festzustellen. Die östlichen Bundesländer sind dabei mehr betroffen als die westlichen. Die Familie und ihre Kinder leben am bzw. unter dem Existenzminimum (Kinderarmut).

Kleidung und Wohnraum sind unzureichend, Mangelernährung führt zu problematischen Gesundheitszuständen, die Entwicklungschancen der Kinder werden erheblich reduziert.

Medieneinfluss

Medienkindheit

Neue Informations- und Kommunikationstechnologien sind neben die traditionellen Medien (Hörfunk, Fernsehen, Tonträger, Zeitung, Zeitschrift und Buch) getreten. Die Kinder erleben eine Medienkindheit. Sie werden zu attraktiven Konsumenten im kultur- industriellen Markt. Es besteht die Gefahr der Manipulation. Das Erleben der Kinder über die Medien ist nicht mehr ursprünglich, sondern ein „verstelltes Erleben". Die Kinder werden zum Konsum verleitet.

Die neuen Medien ermöglichen einen erweiterten Zugriff auf Informations- und Kommunikationsmöglichkeiten. Das Interesse an fernen Welten wird geweckt und die eigene Fantasie angeregt. Das Wissen der Kinder und Jugendlichen wächst. Der Vorsprung der Erwachsenen schrumpft.

Neue Medienformate wie Chatten, Talk-Shows oder Container-Sendungen führen dazu, dass Intimes öffentlich wird. Das Telefonieren und das Versenden von Kurznachrichten (Short Message Service, SMS) ist für Jugendliche zur wichtigen, alltäglichen Praxis geworden (Organisation von Freizeit, Aufbau und Erhalten von Freundschaftsbeziehungen, Austausch von Informationen, Besprechen persönlicher Probleme usw.).

Über die Medien werden die Kinder und Jugendlichen früh mit Problemen der Erwachsenenwelt konfrontiert. Hier muss die Medienpädagogik ansetzen, damit die jungen Konsumenten nicht überfordert werden (siehe Kapitel Medienpädagogik).

Bildungssituation

Frühe Bildung

Es besteht ein hoher Grad der Versorgung von Kindern und Jugendlichen mit institutionellen Erziehungs- und Bildungseinrichtungen (Rechtsanspruch auf einen Kindergartenplatz ab dem dritten Lebensjahr, allgemeine Schulpflicht flächendeckend durchgesetzt). Die Kindheit wurde als lernintensivste Zeit erkannt und in Folge erhielten die vorschulischen Einrichtungen einen eigenen Bildungsauftrag. Das durchschnittliche Bildungsniveau ist angestiegen, und die Schulbesuchsdauer hat sich in den letzten Jahrzehnten um mehrere Jahre verlängert.

Ungleiche Bildungschancen

Gleichwohl ist die Teilhabe an Angeboten des Bildungswesens weiterhin abhängig von der sozioökonomischen Situation und dem Lebensort (Stadt- Land- Gefälle, Unterschiede zwischen den Bundesländern). Es bestehen somit ungleiche Bildungschancen, was sich negativ auf die Lernmotivation, die Schulleistungen und die allgemeine Entwicklung der Kinder und Jugendlichen auswirkt.

Wissensverfall

Das Wissen vermehrt sich beschleunigt. Angeeignetes Wissen veraltet schneller. Man spricht von einer Abnahme der Halbwertzeit von Wissensbeständen. Durch erhöhte Mobilität und Medienzugang verlagern sich Lern- und Bildungsprozesse zunehmend außerhalb des institutionellen Raumes der Schulen.

Die Kinder und Jugendliche wachsen in einer Wissensgesellschaft auf, die erhöhte Anforderungen stellt und das eigenständige Lernen und Arbeiten betont. Weitreichende intellektuelle und sprachliche Fähigkeiten und vor allem Medienkompetenz (Informationen ordnen, interpretieren und bewerten) werden verlangt.

Lebenslanges Lernen

An die Stelle von klar umschriebenen, stabilen Berufskarrieren sind vielfältige, weniger festgelegte Bildungs- und Ausbildungsgänge gerückt. Die Jugendlichen müssen sich einstellen auf eine weniger planbare berufliche Zukunft und auf ein lebenslanges Lernen (siehe Kapitel Bildung und Lernen).

Verbesserung der rechtlichen Situation der Kinder

Menschenrechte auch für Kinder

Im Jahre 1968 wurde das Kind als Grundrechtsträger anerkannt. Das bedeutet für die Kinder ein Aufwachsen in Rechtssicherheit. Die Gesellschaft musste von diesem Zeitpunkt an für den Rechtsträger Kind einen erhöhten Betreuungsaufwand erbringen.

Der Wechsel von elterlicher Gewalt zu elterlicher Sorge (1980) führte zu einem veränderten Eltern-Kind-Verhältnis. Die Erwachsenen sind jetzt angehalten, stärker auf die Belange der Kinder einzugehen und sie an Entscheidungsfindungen zu beteiligen.

In der UN-Konvention für die Rechte der Kinder (1989) verpflichten sich die Vertragsstaaten in einer verbindlichen Rechtsform darauf, positive Rahmenbedingungen für die Entwicklung von Kindern und Jugendlichen zu schaffen. Die Kinderkonvention garantiert einen rechtlichen Mindeststandard in Bezug auf die Versorgung, den Schutz und die Teilhabe der Kinder an gesellschaftlichen Prozessen. Mit der Hinterlegung der Ratifizierungsurkunde beim Generalsekretär der Vereinten Nationen ist das Übereinkommen über die Rechte des Kindes in der Bundesrepublik in Kraft getreten (1992).

Zur Verbesserung der Entwicklungsbedingungen von Kindern und Jugendlichen dient auch das **Kinder- und Jugendhilfegesetz (KJHG)**, das 1990 verabschiedet wurde. Das Gesetz unterstreicht die Bedeutung der öffentlichen Verantwortung für das Aufwachsen der Kinder und will mit den aufgeführten staatlichen Hilfeleistungen ihr „Wohl" bestmöglich verwirklichen.

Der Schutz der Kinder vor Gewaltanwendungen, den die UN-Konvention einfordert, wird in der Bundesrepublik durch die **Ächtung der Gewalt in der Erziehung** (2001) rechtlich gesichert

Veränderungen in den familialen Lebensformen

Vielfalt der Familiensozialisationen

Die heutige Familiensituation ist gekennzeichnet durch vielfältige Formen des Zusammenlebens von Eltern und Kindern: Ehepaare, nicht-eheliche Lebensgemeinschaften, Alleinerziehende, homosexuelle Paare mit Kindern, Patchwork-Familien. Die Kinder erleben also unterschiedliche Formen der Familiensozialisation, die sich beispielsweise in Veränderungen der Rollenbilder oder des Eltern- Kind-Verhältnisses zeigen. Für die Erzieherinnen heißt es, sich in ihrer pädagogischen Arbeit einzustellen auf einen heterogenen familiären Hintergrund.

Rund ein Fünftel aller Kinder wachsen als Einzelkinder auf. Ihnen fehlt die Gleichaltrigengeselligkeit. Ihre Familie bietet wenig Möglichkeiten, soziales Lernfeld zu sein: Geschwisterrivalitäten auszuleben, Zuwendung der Eltern zu teilen, konkurrierende Interessen zu respektieren, lernen Kompromisse zu schließen usw.

Es ist ein Anstieg der Anzahl der Alleinerziehenden (ohne Lebenspartner im Haushalt mit Kindern unter 27 Jahren) zu verzeichnen. Biologische und soziale Elternschaft werden in dieser familialen Lebensform entkoppelt. Die Kinder erfahren somit veränderte Sozialisationsbedingungen. Sie übernehmen oft früh Verantwortung. Es besteht die Gefahr, dass der Erwachsene das Kind als Partnerersatz sieht und mit seinen Ansprüchen überfordert.

Immer weniger Paare bleiben ein Leben lang zusammen: Rund ein Drittel der Ehen werden geschieden. Beide Partner haben im Laufe ihres Lebens mehrere Beziehungen. Die Kinder müssen die Scheidung verkraften. Sie erleben wechselnde, oft rivalisierende Bezugspersonen. Im schlimmsten Fall werden die Kinder als Waffe im Partnerstreit verwendet. Oft erfahren die Kinder widersprüchliche Erziehungspraktiken und werden verunsichert. Insbesondere jüngere Kinder haben es schwer, die für ihre Entwicklung wichtigen, festen Beziehungen aufzubauen.

Scheidungskinder

4.5.2 Lebenswelten von Kindern und Jugendlichen

Zur Beschreibung der Lebenswelten von Kind und Jugendlichen soll der Begriff soziale Nahräume herangezogen werden, der in dem 11. Kinder- und Jugendbericht der Bundesregierung (2002) verwendet wird. Als soziale Nahräume werden die mehr oder minder dauerhaften Beziehungen (sozialen Netzwerke), in die eine Person einbezogen ist, bezeichnet. Die Nahräume lassen sich als konzentrische Kreise darstellen. Den innersten Kreis bilden die familialen Lebensformen. Es folgt die Ausweitung über die informellen Netzwerke (Gruppe der Gleichaltrigen) zu organisierten Netzwerken, die in der Regel einen formalen bzw. institutionalisierten Charakter haben (Kindertagesstätten, Schulen, Jugendzentren). Kinder und Jugendliche bewegen sich meist in mehreren dieser Kreise. Die subjektive Bedeutung einzelner Kreise kann sich phasen- und momentweise verschieben. Je älter Kinder werden, desto vielfältiger und weniger ortsgebunden baut sich der soziale Nahraum auf.

Soziale Nahräume

Lebenswelten von Kindern, soziale Nahräume

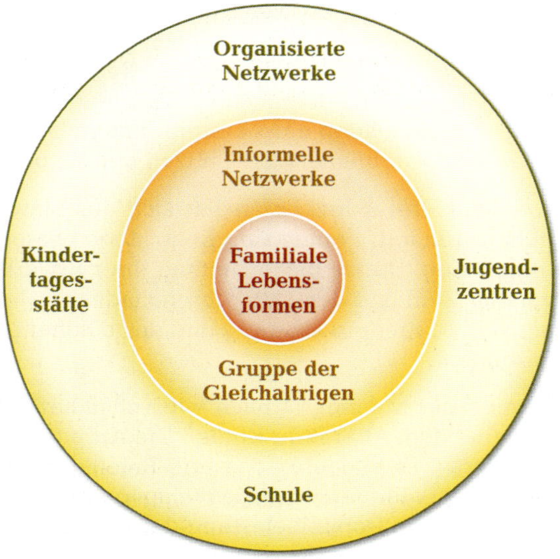

Familie als sozialer Nahraum

Die ersten sozialen Beziehungen entstehen für die meisten Kinder im sozialen Nahraum Familie.

Als Familien zählen in der heutigen Gesellschaft eng umgrenzte Personengemeinschaften innerhalb eines Privathaushalts, die durch Ehe oder Abstammung bzw. das Sorgerecht miteinander verbunden sind.

Familienformen

Diese Personengemeinschaften können unterschiedlich zusammengesetzt sein, so dass sich sehr vielfältige Familienformen (Familienstände) und Sozialisationsbedingungen für die aufwachsenden Kinder ergeben.

Man unterscheidet: Zusammenlebende Ehepaare mit oder ohne ledige Kinder im Haushalt sowie allein stehende (d. h., ledige, verheiratet getrennt lebende, geschiedene und verwitwete) Mütter und Väter, die mit ihren ledigen Kindern im gleichen Haushalt zusammenleben. Wenn z. B. noch Großeltern mit im gleichen Haushalt leben, so wird der Einfamilienhaushalt zum Dreigenerationenhaushalt erweitert.

Die neuesten Entwicklungen der Gegenwartsfamilie sind dem Datenreport: „Die Familie im Spiegel der amtlichen Statistik" (2003) zu entnehmen.

Danach wächst die große Mehrheit aller Kinder in Deutschland bei einem verheirateten Paar auf: 83,9 Prozent aller Kinder unter 18 Jahren in Westdeutschland. In Ostdeutschland allerdings nur 69 Prozent.

Neben dem Aufwachsen in dieser „Normalfamilie" werden minderjährige Kinder vor allem von geschiedenen oder getrennt lebenden Müttern groß gezogen: Jedes 10. Kind unter 18 Jahren lebt in einem solchen Haushalt.

Alleinerziehende

Die genauen Auswirkungen der Elternschaft von Alleinerziehenden sind noch nicht hinreichend gut erforscht. Die Familienstatistik belegt aber, dass die Alleinerziehenden mit weitaus weniger finanziellen Mitteln auskommen müssen als andere Familienformen. 24 Prozent aller Alleinerziehenden mit minderjährigen Kindern erhält Hilfe zum Lebensunterhalt. Von den Alleinerziehenden mit drei oder mehr Kindern sind sogar 42,7 Prozent Sozialhilfeempfänger. Das heißt, diese Kinder wachsen unter sehr eingeschränkten materiellen Bedingungen, die oft an die Armutsgrenze reichen, auf und sind dadurch in ihren Entwicklungsmöglichkeiten deutlich benachteiligt. Die Erzieherin muss diesen Kindern besonders einfühlsam begegnen, sie vor sozialer Diskriminierung schützen und sie bestmöglich fördern.

Status der Frauen

In den letzten zwei oder drei Jahrzehnten hat sich der Status der Frauen in Deutschland deutlich verändert. Frauen sind heutzutage besser qualifiziert und in größerer Zahl berufstätig. Der zeitliche Umfang ihrer Erwerbstätigkeit hängt aber wesentlich von der Zahl und dem Alter ihrer Kinder ab: Je älter die Kinder sind, desto häufiger sind Mütter erwerbstätig und desto höher ist der Anteil Vollerwerbstätiger unter ihnen.

Erwerbstätigkeit

Die Erwerbsbeteiligung der Männer ist nach wie vor nahezu unbeeinflusst geblieben von der Zahl und dem Alter ihrer Kinder. Die Arbeitsteilung im Haushalt hat sich kaum verändert. Das bedeutet, dass die Beteiligung der Väter an der Familienarbeit zu Lasten der Frauen unausgeglichen geblieben ist. Befragungen lassen erkennen, dass sich die Doppelbelastung der Frauen negativ auf ihre Zufriedenheit mit Ehe und Partnerschaft auswirkt.

Eine neuere Studie des DJI im Auftrag der Bertelsmann Stiftung (vgl.Zerle,C., Krok.J.2008) stellt allerdings deutliche Veränderungen im Bild der „Vaterrolle" junger Männern und (werdenden) Vätern fest. In der deutschlandweiten, repräsentativen Befragung (1133 kinderlose Männer zwischen 15 und 33 Jahren und 670 Vater zwischen 21 und 42 Jahren) verstehen sich die jungen Männer als „moderne Ernährer". Dem „klassischen Emährungsmodell" entspricht die Vorstellung, als Mann für den wesentlichen Lebensunterhalt der Familie aufzukommen und ihr ein Heim zu bieten. Neu hinzugekommen ist der Wunsch der jungen Männer, sich zugleich in der Betreuung der Kinder zu engagieren und sich Zeit für sie zu nehmen. Das bedeutet, die jungen Männer wollen in Beruf und Familie gleichermaßen aktiv sein. Allerdings geben 37 % der Befragten an, „es im Berufsleben aufgrund ihrer Familienverpflichtungen schwer zu haben." Mehr als die Hälfte führt an, dass es an ihrem Arbeitsplatz kein ausreichendes Angebot zur Unterstützung berufstätiger Eltern bei der Kinderbetreuung gibt (Kindertageseinrichtungen, Tagespflegestellen, betriebliche Kinderbetreuung). Außerdem beklagen die Väter das Fehlen von Teilzeitarbeitsplätzen und „familienfreundlichen Arbeitszeiten" für Mütter und Väter. Die Frage nach der Vereinbarkeit von Familie und Beruf ist also nach der DJI-Studie jetzt auch ein „Männerthema".

Die „neuen Väter"

Das neue, kindorientierte Rollenbild der Väter ist geprägt durch die eigenen Erfahrungen mit Eltern. Geschwistern und Kinder: Drei und mehr Kinder wünschen sich häufiger Befragte, die mit beiden Eitern aufgewachsen sind, mehrere Geschwister und regelmäßigen Kontakt zu Kindern haben. Als wichtigste Voraussetzungen für die Realisierung einer Vaterschaft sehen die jungen Männer: Eine feste Partnerschaft, ausreichendes Einkommen und einen sicheren Arbeitsplatz.

Kinder empfinden es nicht von vorneherein als negativ, wenn beide Eltern erwerbstätig sind und weniger Zeit für sie haben. Belastend für die Familie wirkt der Stress, den die Eltern von der Arbeit mit nach Hause bringen.

Durch berufsbedingte Mobilität der Eltern werden Kinder in Zukunft aber noch häufiger nur mit einem Elternteil zusammen sein, obwohl sie in einer Zweielternfamilie leben.

Dem Datenreport ist zu entnehmen, dass Kinder heute einen stärkeren Wechsel der Struktur der Familientypen erleben als früher und deshalb sehr komplexe Familienerfahrungen machen:

Komplexe Familienerfahrungen

Ein Teil der anfangs unverheirateten Elternpaare heiratet oder trennt sich, verheiratete Elternpaare lassen sich scheiden (ca. jede dritte Ehe ist geschieden), Alleinerziehende gehen eine neue Paarbeziehung ein, es wird eine zweite Ehe geschlossen und eine Patchwork-Familie, vielleicht mit Stiefgeschwistern und neugeborenen Halbgeschwistern entsteht.

Die Lebensbedingungen der Stieffamilie wurden bislang nur wenig systematisch untersucht. Klinische Studien und repräsentative Untersuchungen zeigen aber auf, wie komplex die Beziehungen in diesen Familien sind. Stieffamilien werden im Vergleich zu normalen Zwei- Elternfamilien als verletzlicher dargestellt, besonders wenn es um Erziehungsfragen geht (vgl. Schneewind 1999).

Die Erzieherin wird mit den komplexen Beziehungsgeflechten solcher Familien konfrontiert. Sie erlebt die hohen Anforderungen, die die Wandlungsprozesse an die Familien stellen und kann ihnen beratend zur Seite stehen.

Mehrgenerationenbeziehungen

Wegen der zunehmenden Lebenserwartung hat sich die Chance erhöht, dass drei oder gar vier Generationen des erweiterten Familiensystems gleichzeitig leben. Neun von zehn Kindern lernen heute ihre Großmutter kennen, sieben von zehn ihren Großvater. Großeltern vermitteln den Enkeln grundlegende Lebenserfahrungen, beteiligen sich an ihrer Betreuung und bieten oftmals wichtige Unterstützung in kritischen Familienphasen (z. B. bei Scheidung und Trennung). Das Verhalten der Großeltern gegenüber den Enkeln wird allerdings wesentlich bestimmt durch die Beziehung der Eltern zu den Großeltern. Enkel entwickeln vor allem dann eine emotional positive Beziehung zu den Großeltern, wenn diese mit den Eltern gut harmonieren.

Die Mehrgenerationenbeziehungen verlangen allen Beteiligten ein hohes Maß an Sensibilität und Toleranz ab. Die zunächst willkommene Unterstützung der Großeltern kann sehr schnell als ungebührliche Einmischung in die Belange der eigenen Familie gesehen werden.

Die Erzieherinnen sollten die Beziehungen in einem solchen erweiterten Familiensystem kennen. Für eine erfolgreiche gemeinsame Erziehung der Kinder ist es wichtig, dass die Erzieherinnen verantwortliche Ansprechpartner in der Familie haben.

Familienentwicklung

Familien müssen aber auch bei normaler Entwicklung im Verlauf des Lebens eine Vielzahl von Veränderungen bewältigen. Das Kind kommt in den Kindergarten oder ein weiteres Kind wird geboren. Der Schuleintritt steht bevor. Die Kinder werden selbständig, so dass die Phase der aktiven Elternschaft beendet ist. Krankheiten von Familienmitgliedern, Verlust des Arbeitsplatzes oder Trennung und Scheidung sind weitere kritische Lebensereignisse, die die Familie verändern. Man spricht von Übergängen oder Transitionen in der Familienentwicklung, die in jüngster Zeit vermehrt erforscht werden. Das Transitionskonzept (vgl. Niesel & Griebel 2004) ermöglicht die genaue Analyse der Anforderungen, die an Familien und ihre Mitglieder bei der Bewältigung von Übergängen gestellt werden (siehe Kap. 4.4). Die Forschungsergebnisse helfen der Erzieherin, die Situation von Kindern, deren Familien sich in Transitionsprozessen befinden, besser einzuschätzen. Sie kann ihre eigene Einstellung überprüfen, den Kindern und ihren Familien objektiver begegnen und ihnen gezielte Hilfestellungen geben.

Die erzieherische Grundhaltung sollte sein, dass jede Familienform für das betroffene Kind eine normale Entwicklungsumgebung darstellt. Kinder und Eltern können so ihre eigene Identität als Mitglieder einer der unterschiedlichen Familienformen festigen, die alle gleichermaßen zu achten und zu unterstützen sind.

Geschwister

Etwa Dreiviertel aller Kinder wächst mit Geschwistern oder Halbgeschwistern auf. Am häufigsten leben Kinder in Deutschland mit einem einzigen Geschwister.

Es sind allerdings Unterschiede zwischen den alten und neuen Ländern festzustellen. Die Geschwisterstruktur ist in den alten Ländern im Zeitraum von 1991-2000 relativ stabil geblieben. Knapp die Hälfte aller Kinder wuchs 2000 mit einem Geschwister im Haushalt auf. Ein Drittel lebte in einer großen Familie mit zwei oder mehr Geschwistern.

Weniger als ein Viertel aller Kinder in den alten Ländern wuchs als Einzelkind im Haushalt auf.

In den neuen Bundesländern ist jedes dritte Kind Einzelkind. Jedes zweite lebt in einer Zwei-Kind-Familie. Der Anteil an Kindern, die in Familien mit drei und mehr Kindern leben, liegt etwa 10 Prozentpunkte unter dem Wert für die alten Bundesländer und ist seit 1991 annähernd konstant geblieben.

Neben der Geschwisterzahl ist für die pädagogische Arbeit vor allem die Frage bedeutsam, wie sich Geschwister auf das Familienleben und das Verhalten der einzelnen Kinder auswirken.

Geschwisterbeziehungen

Die Untersuchungen zu den Geschwisterbeziehungen belegen, dass sich durch das Hinzukommen weiterer Kinder zum Familienverband die Paarbeziehung der Eltern, die Gestaltung der Eltern-Kind-Beziehung sowie das Familienklima insgesamt verändern.

Geschwisterbeziehungen können als **zwischenmenschliche Beziehungen besonderer Art** charakterisiert werden: Sie beruhen auf einer gemeinsamen Vergangenheit, dauern in der Regel am längsten, sind unaufkündbar und annähernd gleichwertig.

Jede Geschwisterbeziehung muss individuell gesehen werden. Dennoch lässt sich eine allgemein gültige Veränderung im gemeinsamen geschwisterlichen Lebenslauf beobachten: Die Nähe zwischen Geschwistern nimmt bis zur mittleren Lebensphase ab und im späteren Erwachsenen- und vor allem Seniorenalter wieder deutlich zu (siehe Schneewind 1999).

Konstellationen

Eine besondere Bedeutung für die Sozialisation in der Familie kommt der Stellung des Kindes in der Geschwisterreihe zu (Geschwisterkonstellation).

Dabei ist nicht so sehr die zeitliche Aufeinanderfolge gemeint, sondern vielmehr die psychologische Position des Kindes innerhalb seiner Geschwister und der Familie (Grad der Anerkennung, Rang, Platz, Ausmaß an Macht über die anderen, Beeinflussung der Interaktion zwischen Eltern und Kindern).

Die Eltern haben im Allgemeinen für die erstgeborenen Kinder mehr Zeit. Jedes weitere Kind bringt zwangsläufig eine Aufteilung der verfügbaren Zeit mit sich. Eine Reihe von Untersuchungen haben festgestellt: Das erstgeborene Kind glaubt mit größerer Wahrscheinlichkeit als später geborene, dass die Geschwister von den Eltern begünstigt werden. Durch die Geburt des zweiten Kindes muss das erstgeborene Einschränkungen hinnehmen und fühlt sich verdrängt.

Ältere Geschwister haben besonders in den ersten Jahren des gemeinsamen Aufwachsens eine Art „Pionierfunktion" für die jüngeren Geschwister. Die Eltern scheinen beim zweiten und dritten Kind die Erfahrungen mit dem ersten zu nutzen und sicherer in ihrem Erziehungsverhalten zu werden. Die älteren Schwestern sind für ihre jüngeren Geschwister die bevorzugten Modelle und Lehrerinnen.

Der Kontakt zu ihnen scheint besonders wichtig für die Beziehung der Geschwister untereinander und stärkt das persönliche Wohlergehen.

Eltern gehen davon aus, dass Geschwister unter ähnlichen Bedingungen aufwachsen und nahezu gleich von ihnen behandelt werden. Sie zeigen sich oft überrascht, wie unterschiedlich sich Geschwister verhalten. Für die Familienforschung ist dies nicht verwunderlich. Geschwister haben lediglich 50 Prozent gemeinsames Erbgut (ausgenommen eineiige Zwillinge).

Bei näherer Betrachtung erweisen sich die scheinbar gleichen Umwelten als unterschiedlich. Aber auch objektiv gleiche Umweltgegebenheiten eignen sich die Geschwister nachweislich unterschiedlich an. Überprüft man das elterliche Verhalten genauer, so ergibt sich eine ungleiche Behandlung der einzelnen Kinder, die zu unterschiedlichen Reaktionen führt. Schließlich sind die unterschiedlichen Verhaltensweisen auch auf die Art der Geschwisterbeziehungen zurückzuführen.

Die Erzieherin erlebt Geschwister direkt in ihrer pädagogischen Arbeit oder hört von ihnen indirekt durch Erzählungen der von ihr betreuten Kinder und Familien. Auf jeden Fall sollte sie ihren Einfluss auf die Erziehung kennen und sie als natürliche Miterzieher akzeptieren.

Ausländische Familien

Von den etwa neun Prozent Ausländern und Ausländerinnen in Deutschland leben fast drei Viertel in Familienhaushalten mit Kindern. Nichteheliche Lebensgemeinschaften mit Kind und Alleinerziehende sind bei ihnen weniger verbreitet als in der Gesamtbevölkerung. Die ausländischen Familien haben im Durchschnitt mehr Kinder als die deutschen und als die zwei Prozent binationalen Familien (ausländische Ehefrau und deutscher Mann bzw. ausländischer Ehemann und deutsche Ehefrau).

Die Kinder ausländischer und binationaler Familien müssen sich auf vielfältige Weise mit ihrem Anderssein auseinandersetzen. Sie werden aber auch ganz selbstverständlich an das Miteinander unterschiedlicher Lebensstile gewöhnt, das die Gesellschaft zukünftig verstärkt prägen wird.

Für die Erzieherin bedeutet es, sich vermehrt auf eine multikulturelle Erziehung einzustellen.

Die Bedeutung der Familie

Differenzierte Sozialisationserfahrungen

Die unterschiedlichen Formen des Zusammenlebens Personensorgeberechtigter mit Kind oder Kindern führen zu sehr differenzierten Sozialisationserfahrungen der Minderjährigen. Für alle trifft aber nach dem 11. Kinder- und Jugendbericht der Bundesregierung (2002) ein langfristiger historischer Trend einer Herauslagerung von Sozialisationsleistungen aus dem Bereich der Familie zu.

Kinder und Jugendliche erweitern ihren sozialen Nahraum wesentlich eher als vorausgegangene Generationen. Sie verbringen z. B. einen Teil ihrer Freizeit in anderen Familien und lernen die dortigen Lebensformen und Erziehungspraktiken kennen. Die Sozialisation in der eigenen Familie wird so ergänzt.

Die Kinder vergleichen ihre Familie mit anderen. Familie wird zunehmend öffentlicher. Dies führt auch dazu, dass die Formen des Zusammenlebens zwischen Eltern und Kindern in verstärktem Maße ausgehandelt werden. Man spricht deshalb heute von **Aushandlungsfamilien**.

In familiären Entscheidungsprozessen (z. B. Kaufentscheidungen, Urlaub oder Ähnliches) sind Kinder und Jugendliche in der Gegenwartsfamilie früher und gleichberechtigter beteiligt.

Die Experten stellen auch einen anhaltenden Trend zur Vorverlagerung der soziokulturellen Verselbständigung der Kinder und Jugendlichen fest. Gleichzeitig besteht eine längere, vor allem finanzielle Abhängigkeit der Jugendlichen durch die Dauer der Schul- und Berufsausbildung.

Herauslagerung von Sozialisationsleistungen

Eine Herauslagerung von Sozialisationsleistungen aus dem Bereich der Familie findet auch dadurch statt, dass in immer größerem Umfang zuvor familial erbrachte Erziehungsleistungen durch andere Institutionen ergänzt werden (Tagespflege, Tagesgruppen, hohe Inanspruchnahme der Kindertagesstätten)

Die Familie verliert an Bedeutung als Institution, die die soziale Platzierung der Heranwachsenden in die Gesellschaft bestimmt. Auch für die Gestaltung der Freizeit der Kinder und Jugendlichen spielt sie nicht mehr die herausragende Rolle früherer Zeiten. Familie bleibt wichtig, wenn es um die Vermittlung gesellschaftlich anerkannter Wertorientierungen und Einstellungen geht. Der soziale Nahraum Familie wird aber von den Befragten der 13. Shell Jugendstudie vor allem als **Ort von Verlässlichkeit, Treue, Häuslichkeit, Partnerschaft und als emotionaler Rückhalt gesehen** (Deutsche Shell 2000).

Die Sozialisation der Kinder geschieht heute in gemeinsamer Verantwortung von Eltern und professionellen Erzieherinnen. Sie gelingt, wenn beide Seiten sich optimal abstimmen und stets das Wohl der Kinder im Auge behalten.

Netzwerke als soziale Nahräume

Informelle Netzwerke umschreibt der 11. Kinder- und Jugendbericht als alle jene Formen sozialer Beziehungen und Unterstützungsleistungen, die in den unmittelbaren Lebensbereichen der Jugendlichen verankert sind (2002, Seite 127).

Informelle Netzwerke

Zu denken ist vor allem an Gleichaltrigengruppen (peer- groups, peers), die insbesondere das Konsum- und Freizeitverhalten der Jugendlichen beeinflussen. Die Peers werden zu einer Art Experimentierraum, in dem die Jugendlichen unterschiedliche Identitätsentwürfe erproben können. Sie schaffen sich einen gemeinsamen Erlebens- und Erfahrungsraum, mit dem sie sich auseinandersetzen. Die jugendliche Identitätsfindung geschieht über die Differenzerfahrungen zwischen Jugendlichen und Erwachsenen sowie zwischen Jugendlichen selbst.

So leisten die informellen Netzwerke als soziale Nahräume einen wichtigen Beitrag zu einer erfolgreichen Sozialisation der Kinder und Jugendlichen. Die Peers haben in den vergangenen Jahrzehnten an Bedeutung zugenommen. Die Erzieherin muss sich kundig machen über die vielfältigen informellen Netzwerke und ihr Sozialisationspotential für ihre pädagogische Arbeit nutzen.

Organisierte Netzwerke

Zu den organisierten Netzwerken zählen alle außerfamiliären Erziehungs- und Bildungsinstitutionen: Die unterschiedlichen Kindertageseinrichtungen und das Schulsystem sowie die Hilfen zur Erziehung als ergänzende, unterstützende oder ersetzende Formen familiärer Erziehung. Auch die Angebote der Jugend(verbands)arbeit und Vereine sowie kommerzielle Freizeitangebote gehören zumindest teilweise zu dem Bereich des organisierten sozialen Nahraums.

Diese formellen Netzwerke werden im Gegensatz zu den informellen größtenteils von Erwachsenen organisiert und verantwortet. Die Kinder und Jugendlichen gehören den organisierten sozialen Netzen zu unterschiedlichen Zeitpunkten in ihrem Lebenslauf und für wechselnde Zeitdauer an.

Insgesamt sind die organisierten sozialen Nahräume in den letzten Jahrzehnten deutlich ausgedehnt worden. Sie stellen das Hauptbetätigungsfeld für die Erzieherinnen dar (siehe Kap. Erziehen als Beruf). Sie sollten sich informieren über die neuesten Entwicklungen in den einzelnen Bereichen des formellen Netzwerks, um sich an der konzeptionellen Weiterentwicklung aktiv beteiligen und die Kinder und Jugendlichen optimal betreuen zu können.

Angebote im sozialen Nahraum – Gemeinwesenarbeit

In unserer Gesellschaft steht die Individualisierung zunehmend mehr im Vordergrund. Dies wird in der Wohnsituation (z. B. Einfamilienhäuser, Single-Wohnungen), im Freizeitverhalten (z. B. jeder sieht vor seinem Fernsehgerät sein Programm) oder im Individualverkehr (z. B. jeder Volljährige strebt den Führerschein und ein eigenes Fahrzeug an) deutlich.

Die zunehmende und geforderte Mobilität des Menschen erschwert den Aufbau von stabilen sozialen Beziehungen, wie die nachfolgende Übersicht verdeutlicht:

Entwicklungstendenzen

von	über	nach
Schule im Wohngebiet	Schulzentrum in der Stadt	Schulzentren in weiter Entfernung
Freundeskreis im Wohngebiet	Freundeskreis im größeren Umkreis	Kontakte im Chat-Room
Einkaufsmöglichkeiten im Wohngebiet	Einkaufszentren am Stadtrand mit erheblichen Anfahrtswegen	Einkauf im Internet
Fester, sicherer Arbeitsplatz am Wohnort	Arbeitsplatz an wechselnden Orten bzw. in großer Entfernung	Hohe Arbeitsplatz unsicherheit
Freizeitgestaltung im Wohngebiet	Freizeitangebote in Freizeitparks in großer Entfernung	Freizeitgestaltung am PC
Feste Arbeitszeiten	Schichttätigkeit und Ausweitung des Zeitkorridors	Bedarfsabhängige unregelmäßige Arbeitszeit

Kapitel 4

Bedingt durch diesen Wandel werden die sozialen Kontakte immer instabiler, da die Kommunikationspartner häufiger wechseln. Der Erfahrungs- und Lebensraum der Menschen erweitert sich aufgrund der zunehmenden Mobilität erheblich. Für viele Personen hat die Individualität und persönliche Freiheit einen höheren Stellenwert als die Gemeinschaft mit sozialen Verpflichtungen. Man trainiert im teuren Sportstudio und engagiert sich weniger gern im Verein, der bei einem vergleichbaren Angebot aber auch soziales Engagement erwartet. Die Kompromissbereitschaft und Anpassungsfähigkeit des Individuums gehen zurück. Viele erwarten beispielsweise eine unmittelbare und umfassende Befriedigung ihrer momentanen Interessen und Bedürfnisse und handeln verstärkt nach dem persönlichen Lustprinzip.

Definition

Die soziale Gemeinwesenarbeit umfasst die aufeinander abgestimmten Angebote und Hilfen im sozialen Umfeld (Nahraum) von Menschen. Das Gemeinwesen beschreibt die sozialen Strukturen, in denen Menschen eines Wohngebietes eingebunden sind. Die sozialen Kommunikations- und Kontaktbedürfnisse können im sozialen Gemeinwesen befriedigt werden. Das Individuum findet Gesprächspartner, Interessengruppen und Hilfsangebote, die der zunehmenden Anonymisierung im unserer Gesellschaft entgegen wirken.

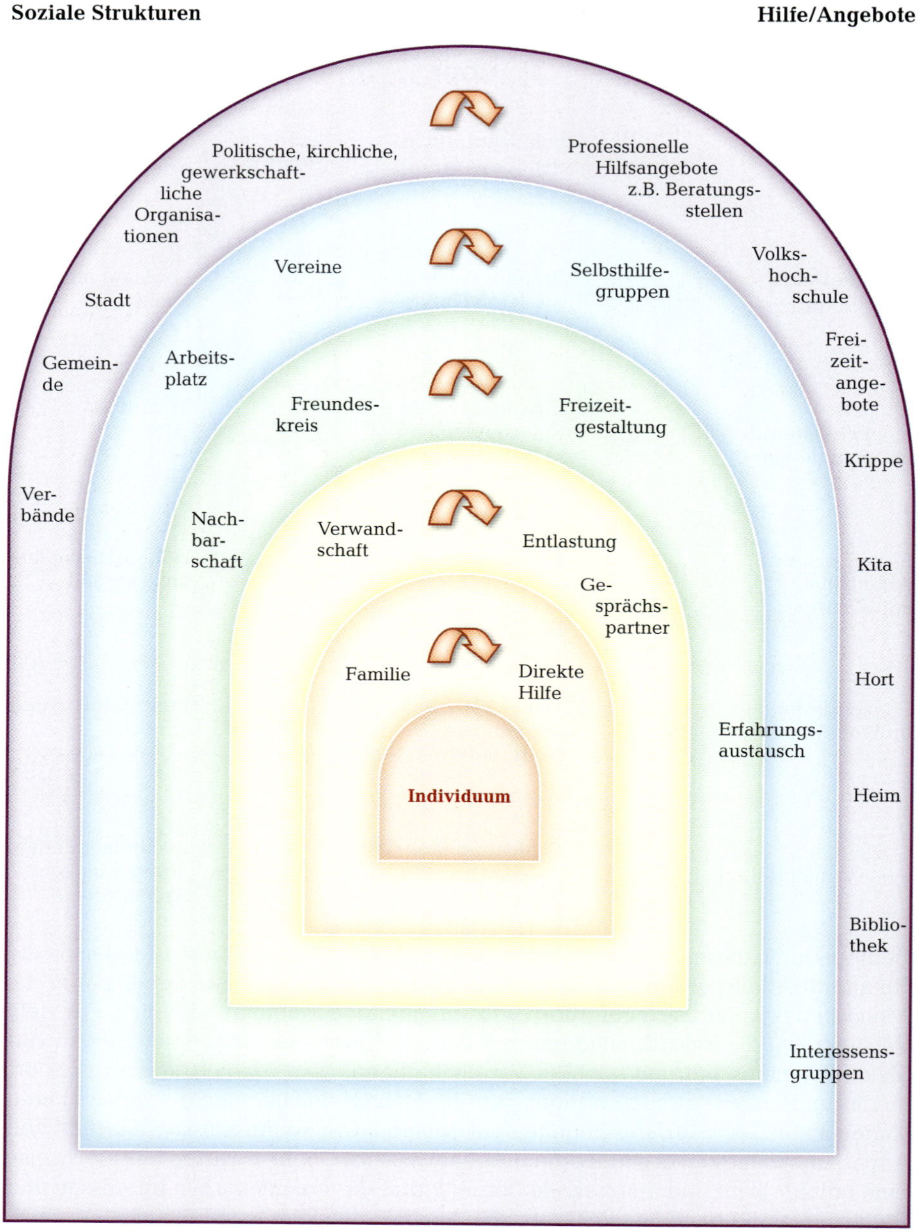

Das Gemeinwesen mit seinen Hilfsangeboten

Die Kindertagesstätten sind Teil des Gemeinwesens. Ihre Verknüpfungen mit anderen Angeboten im Gemeinwesen soll am Beispiel der Kindertagesstätte Regenbogen, einer kommunalen Einrichtung in einem Stadtteil einer Großstadt, verdeutlicht werden.

Sozialpädagogische Einrichtungen im Gemeinwesen

Ziele und Bedeutung der Gemeinwesenarbeit

Die soziale Gemeinwesenarbeit verfolgt folgende Ziele:

Optimierung: Die Angebote im sozialen Nahraum sollen auf die Interessen und Bedürfnisse der Bewohner abgestimmt und im Hinblick auf die Angebotsvielfalt optimiert werden.

Koordinierung: Die Angebotspalette sollte inhaltlich aufeinander abgestimmt werden, um den unterschiedlichen Zielgruppen gerecht zu werden. Die Vielfalt an Angeboten reicht von der Still-Gruppe, dem Eltern-Kind-Treff bis hin zu Angeboten für Senioren.

Kooperation: Die Anbieter von Angeboten und Hilfen im sozialen Gemeinwesen sollten sich als Kooperationspartner und weniger als Konkurrenten verstehen. Die Angebote sind zu bündeln und weiter zu entwickeln. Die soziale Verantwortung für die Ausgestaltung der Gemeinwesenarbeit sollte auf viele Schultern verteilt werden.

Prävention: Soziale Gemeinwesenarbeit hat einen präventiven Charakter, der sich aus der sozialen Verantwortung für den anderen ergibt. Das Aufeinander-Sehen und die damit verbunden soziale Sensibilisierung wirken der sozialen Abstumpfung und Gleichgültigkeit entgegen und ermöglichen somit in einem frühen Stadium das Erkennen von Problemen, Abweichungen bzw. Auffälligkeiten.

Hilfen: Die Hilfsmöglichkeiten im sozialen Gemeinwesen reichen vom verständnisvollen Zuhören, dem Engagement in Selbsthilfegruppen bis hin zu professionellen Hilfsangeboten, die beispielsweise in unterschiedlichen Beratungsstellen zu finden ist.

Schlagwortartig lassen sich die Grundsätze der sozialen Gemeinwesenarbeit wie folgt kennzeichnen:

- Soziale Verantwortung statt Gleichgültigkeit
- Solidarität statt Konkurrenz
- Miteinander statt Nebeneinander
- Prävention statt Therapie

Formen der Gemeinwesenarbeit

Als Sarah im Berufspraktikum an der ersten Teamsitzung teilnahm stand das Thema „Konsequenzen aus den zurückgehenden Anmeldezahlen" auf der Tagesordnung. Die viergruppige Kindertagestätte mit 100 Plätzen wird zurzeit von 87 Kindern besucht. Die Anmeldungen lassen einen weiteren Rückgang auf ca. 80 Kinder erwarten, so dass die Schließung einer Gruppe droht. Zwei Mitarbeiterinnen müssten dann abgebaut werden. Nach der ersten Betroffenheit wurden im Team Möglichkeiten erörtert, um die drohende Misere zu vermeiden. Einige schlugen vor, die Attraktivität der Kindertagestätte zu erhöhen, indem die bislang vernachlässigte Öffentlichkeitsarbeit intensiviert wird. Es wurde eine Arbeitsgruppe Öffentlichkeitsarbeit gebildet, in der auch Sarah mitarbeitet.

Bei der ersten Zusammenkunft wurden die bisherigen Aktivitäten (Aushänge, Sommerfest, Beteiligung beim St.-Martin-Umzug der Gemeinde Nordstadt) aufgelistet und Vorschläge für neue Aktivitäten gesammelt. Eine Erzieherin schlug vor, durch Artikel in der Tagespresse die Kindertagesstätte stärker in das Bewusstsein der Öffentlichkeit zu rücken. Im vergangenen Jahr wurde lediglich vom Sommerfest berichtet, das fanden alle entschieden zu weinig. So könnte die

Öffentlichkeit über folgende Bereiche informiert werden: Seit Juni wird Französisch als Fremdsprache angeboten; im übernächsten Jahr kann die Einrichtung ihr 25-jähriges Bestehen feiern; zurzeit wird das Projekt „Umweltschutz in der Kindertagesstätte" durchgeführt; die erfolgreiche Theateraufführung der Kindertagesstätte: „Wo die wilden Kerle wohnen", sollte auch der Öffentlichkeit präsentiert werden. Die Erzieherinnen stellten bei der Reflexion der ersten Arbeitsergebnisse fest, dass im Kindergarten sehr viel geschieht, von dem die Öffentlichkeit viel zu wenig erfährt.

Auf den Punkt gebracht

Die kindliche Entwicklung ist eingebettet in die jeweiligen gesellschaftlichen Gegebenheiten. Wesentliche Bedingungen der heutigen Leistungsgesellschaft, die sich auf die Lebensphase Kindheit nachhaltig auswirken sind:

- Vielfalt an Wertorientierungen und der Trend zur Individualisierung
- Wandel in den Geschlechterbeziehungen
- Kulturelle Vielfalt
- Gesundheitsschädliche und kinderfeindliche Umweltsituation
- Nebeneinander von Wohlstand und Kinderarmut
- Medieneinfluss
- Anstieg an Bildungsangeboten bei weiterhin ungleichen Bildungschancen
- Verbesserung der rechlichen Situation
- Veränderungen in den familialen Lebensformen

Die Erzieherinnen müssen die gesellschaftlichen Bedingungen und ihre Auswirkungen auf die Kindheit kennen, um gezielte pädagogische Hilfestellungen geben zu können.

Für das Aufwachsen der Kinder sind die sozialen Beziehungen, in die sie einbezogen sind (soziale Nahräume) von Bedeutung. Der erste soziale Nahraum ist für die meisten Kinder die Familie. Kinder machen heute sehr komplexe Familienerfahrungen. Die Erzieherinnen müssen sich in ihrer pädagogischen Arbeit auf die unterschiedlichen familialen Hintergründe einstellen. Neben dem sozialen Nahraum Familie treten informelle (z. B. Gleichaltrigengruppe) – und organisierte (z. B. Kindertagesstätte) soziale Netzwerke. Die Familiensozialisation wird zunehmend ergänzt durch andere Institutionen (Tagespflege, Tagesgruppen, Kindertagesstätten). Im sozialen Nahraum gibt es aufeinander abgestimmte Angebote und Hilfen (z. B. Kindertagesstätte, Beratungsstellen, Freizeitangebote). Sie werden in der sozialen Gemeinwesenarbeit organisiert.

Aufgaben

1. Machen Sie sich ein Bild von der Kindheit heute, indem Sie die aufgeführten Fakten mit Ihren eigenen Erfahrungen vergleichen.
2. Diskutieren Sie notwendige pädagogische Hilfestellungen, die sich aus den gesellschaftlichen Bedingungen der heutigen Kindheit ergeben.
3. Stellen Sie die sozialpädagogischen Einrichtungen in Ihrem Stadtteil als Teil der Gemeinwesenarbeit dar.

4.6 Resilienz

Definition

Unter Resilienz (abgeleitet vom lateinischen Wort resilere = abprallen) versteht man die Fähigkeit des Menschen, belastende Lebenssituationen erfolgreich zu bewältigen. Dazu gehören die beschriebenen Übergänge, aber auch plötzlich auftretende Belastungen, wie beispielsweise gesundheitliche Beeinträchtigungen oder Veränderungen im Familienleben, wie etwa die Scheidung der Eltern. Psychisch robuste Kinder verkraften die Belastungen gut und verarbeiten sie schnell. Sie zeichnen sich nach Petermann (2000) zum Beispiel durch Ich- Stärke, ein positives Selbstwertgefühl, angemessene Problemlösefähigkeiten, positive und stabile Bindungen zu Bezugspersonen und eine klare Wertorientierung aus.

4.6.1 Resilienz als Entwicklungsressource

Petermann bewertet die Resilienz als eine wichtige Ressource, die sich risikomindernd auf die kindliche Entwicklung auswirkt. Er unterscheidet zwischen risikoerhöhenden und risikomindernden Faktoren.

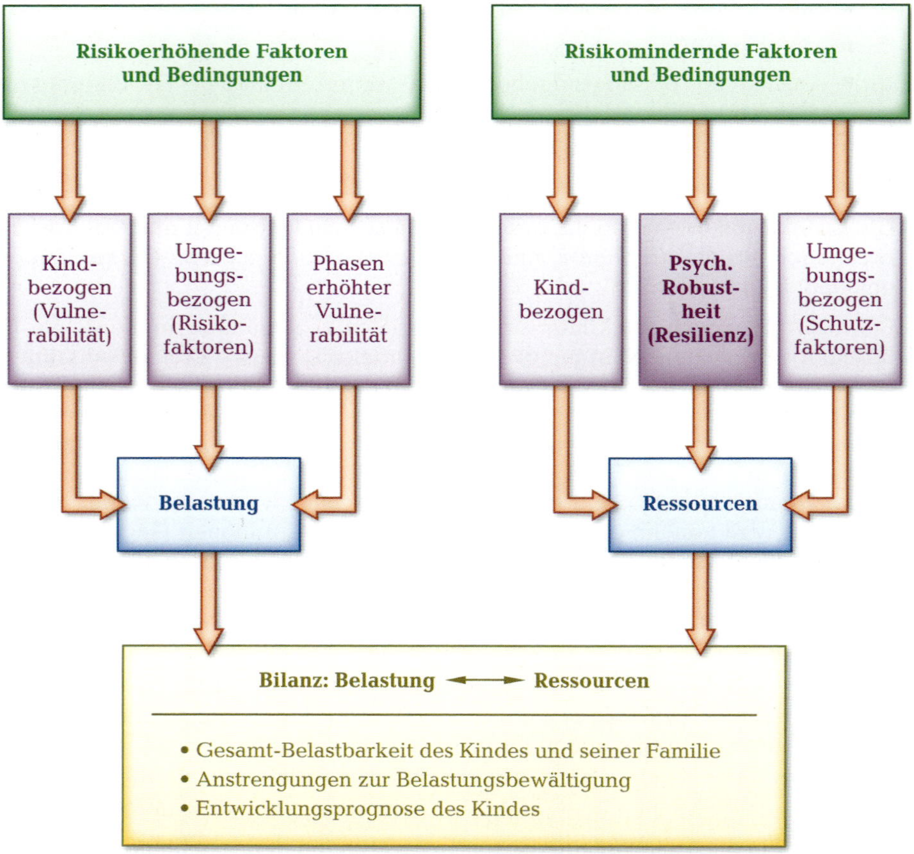

Risikoerhöhende und risikomindernde Faktoren in der Entwicklung (nach Petermann 2000, Seite 12)

Die **risikoerhöhenden Faktoren** setzen sich aus der körperlichen und seelischen Stabilität des Kindes und den schädigenden Umwelteinflüssen zusammen. Liegen z. B. genetisch bedingte Schädigungen, chronische Krankheiten, starke entwicklungsbedingte körperliche Veränderungen vor, dann erhöht sich die Wahrscheinlichkeit, dass ungünstige Umwelteinflüsse eine Beeinträchtigung auslösen bzw. verstärken.

Die **Vulnerabilität** bezeichnet die Verletzlichkeit des Kindes gegenüber ungünstigen Einflussfaktoren. Entwicklungsphasen mit einer erhöhten Vulnerabilität bestehen z. B. im Verlauf der Schwangerschaft, während des Gestaltwandels, in der Pubertät oder beim Übergang in das Berufsleben. Risikoerhöhend wirken sich zudem familiäre und soziale Belastungsfaktoren aus. Gestörte Eltern-Kind-Beziehungen, Verlust einer liebevollen Beziehung, psychische Störungen der Bezugspersonen, Konflikte zwischen den Eltern, Misshandlung und Gewalt in der Familie, geringer sozioökonomischer Status der Eltern, inkonsequentes Erziehungsverhalten, isolierte Familie oder gesellschaftliche Einflüsse (Verfolgung, Diskriminierung, Migration) führen zu Belastungen, die sich auf die Entstehung und Entwicklung von Beeinträchtigungen negativ auswirken.

Die **risikomindernden Faktoren** haben eine Schutzfunktion. Die Widerstandsfähigkeit des Kindes gegenüber starken Belastungen und ungünstigen Einflüssen kennzeichnet die **Resilienz** des Kindes.

Entstehung und Entwicklung von Beeinträchtigungen werden durch ein komplexes System von Schutz- und Risikofaktoren sowie Entwicklungsfaktoren bestimmt. So sind einige Kinder anfälliger gegenüber negativen Einflüssen, während andere Kinder über stärkere Widerstandskräfte verfügen, so dass keine Beeinträchtigung zum Ausbruch kommt.

In den verschiedenen Entwicklungsabschnitten wirken unterschiedliche risikoerhöhende- und risikomindernde Faktoren. Sie werden in der nachfolgenden Übersicht verdeutlicht.

Pränatale Risiken und Schädigungen

In die Ursachenforschung wird verstärkt die vorgeburtliche Entwicklung einbezogen, da in dieser Entwicklungsphase die Vulnerabilität des Kindes sehr hoch ist. Besondere Beachtung finden die **Risikokinder**, die aufgrund von genetischen Erkrankungen der Eltern, Problemen während der Schwangerschaft und des Geburtsverlaufs sowie Auffälligkeiten kurz nach der Entbindung in ihrer geistigen und körperlichen Entwicklung als gefährdet gelten.

Entwicklungsabschnitt		Risikomindernde Schutzfaktoren Resilienz	Risikoerhöhende Faktoren Vulnerabilität
Vor der Geburt (pränatal)		Bei der Mutter: Wahrnehmung von Vorsorgeuntersuchungen, Einhalten von Schutzbestimmungen …	Bei der Mutter: Medikamente, Drogen, Strahlenbelastung, Infektionen, Mangelernährung, Vergiftungen ...
Während der Geburt (perinatal)		Geburtsvorbereitende Maßnahmen, Frühdiagnostik ...	Frühgeburt, Sauerstoffmangel, Steißentbindung, Nabelschnurverschlingungen, Wehenschwäche, instrumentelle bzw. operative Entbindung ...
Nach der Geburt (postnatal)	Säuglingsalter Kleinkindalter Schulkindalter Jugendalter	**Biologische Faktoren:** Weibliches Geschlecht Konstitution Ernährung **Persönlichkeitsfaktoren:** Positive Temperamentseigenschaften Ausgeglichenheit Ich-Stärke Autonomie Soziale Orientierung Soziale Attraktivität Soziale Kompetenz Vielseitigkeit Positives Selbstkonzept Realistische Zielsetzung Überdurchschnittliche Intelligenz **Psychosoziale Faktoren:** Erstgeborenes Kind Positive Stressbewältigung Familiärer Zusammenhalt Emotionale Unterstützung in der Familie Stabile emotionale Beziehung zu einer Bezugsperson Lehrer als Vorbild / positive Schulerfahrungen Mehrere Ansprechpartner auch außerhalb der Familie Mitgliedschaft in sozialen Gruppen (Kirchengemeinde, Sportverein) **Soziale Faktoren:** Positive Freundschaftsbeziehungen und Integration in Bezugsgruppen	**Biologische Faktoren:** Infektionen Chronische Erkrankungen **Psychosoziale Faktoren:** Geringer sozialer Status Beengte Wohnsituation Psychische Störungen der Eltern Schwere Eheprobleme Verlust eines Elternteils Vernachlässigung **Entwicklungsübergänge:** Gestaltwandel / Einschulung Pubertät Eintritt in das Berufsleben **Soziale Einflüsse:** Negative Freundschaftsbeziehungen Bezugsgruppen

Schutz und Risikofaktoren in der Entwicklung des Kindes (Bernitzke 2005)

Auf eine Million Einwohner kommen im Durchschnitt pro Jahr 12.000 Neugeborene. Etwa 20 % der Neugeborenen (2.400 Kinder) gelten als **Risikokinder**, deren weitere Entwicklung zumeist unauffällig verläuft. Bei etwa 10 % der Neugeborenen (1.200 Kinder) liegen in den beiden ersten Lebensjahren Auffälligkeiten vor, die sich in vielen Fällen wieder im Verlauf der weiteren Entwicklung spontan zurückbilden. Diese Kindergruppe wird als **Überwachungskinder** bezeichnet. Etwa 5 % der Kinder eines Jahrgangs (600 Kinder), die sich im Wesentlichen aus der Gruppe der Risiko- und Überwachungskinder zusammensetzen, sind behindert.

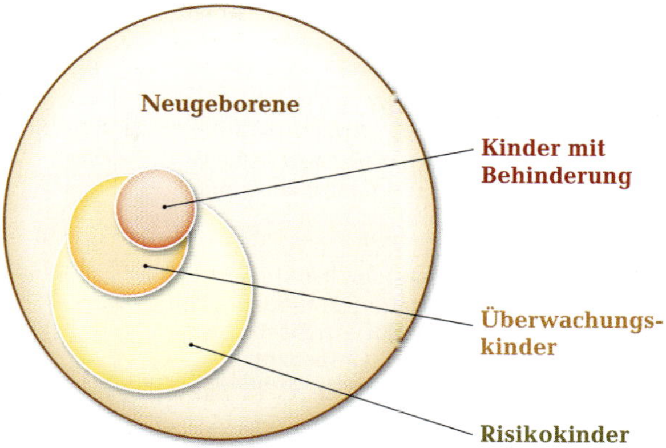

Erbschäden und Chromosomen- oder Genstörungen

Innerhalb der verschiedenen Ursachenbereiche sind die Schädigungen des Erbgutes zwar nur im geringen Umfang nachweisbar (ca. 0,5 % aller Neugeborenen sind von Chromosomenveränderungen betroffen), führen aber zu den schwersten Fehlentwicklungen und Missbildungen. So werden beispielsweise Kleinwüchsigkeit, Fehlbildungen innerer Organe, Immunschwäche oder Gefäßveränderungen durch die Chromosomenveränderungen ausgelöst.

Ursachen

Als Ursachen für Veränderungen im Erbgut (Mutationen) können zum einen äußere Schädigungseinflüsse wie Strahlenschäden (z. B. Tschernobyl), Medikamente (z. B. Contergan), chemische Stoffe (z. B. Pflanzenschutzmittel), dioxinhaltige Umweltgifte, Blei oder Quecksilber in Frage kommen; zum anderen treten Störungen an Genen und Chromosomen spontan auf, wobei die Wahrscheinlichkeit einer Spontanmutation mit zunehmenden Alter der Eltern ansteigt.

Eine Vererbung von Chromosomen- und Genstörungen ist nur dann gegeben, wenn diese Störung in den Keimzellen der Eltern vorliegt. Genstörungen wirken sich in einzelnen Merkmalen aus und können von geringen Abweichungen (z. B. zu kurzes Fingerglied) bis hin zu lebensbedrohlichen Veränderungen (z. B. Stoffwechselstörungen) reichen.

Entwicklung während der Schwangerschaft

In der nachfolgenden Abbildung wird die Wirkung der Schädigung auf die Entwicklung während der Schwangerschaft aufgezeigt. Sie ist abhängig vom Zeitpunkt der Schädigung und kann sich auf die Funktionsfähigkeit des Körpers bzw. auf die Form und Struktur des Körperbereichs auswirken.

Eine Übersicht über die pränatalen Schädigungsmöglichkeiten und ihre Auswirkungen gibt von Loh (1990):

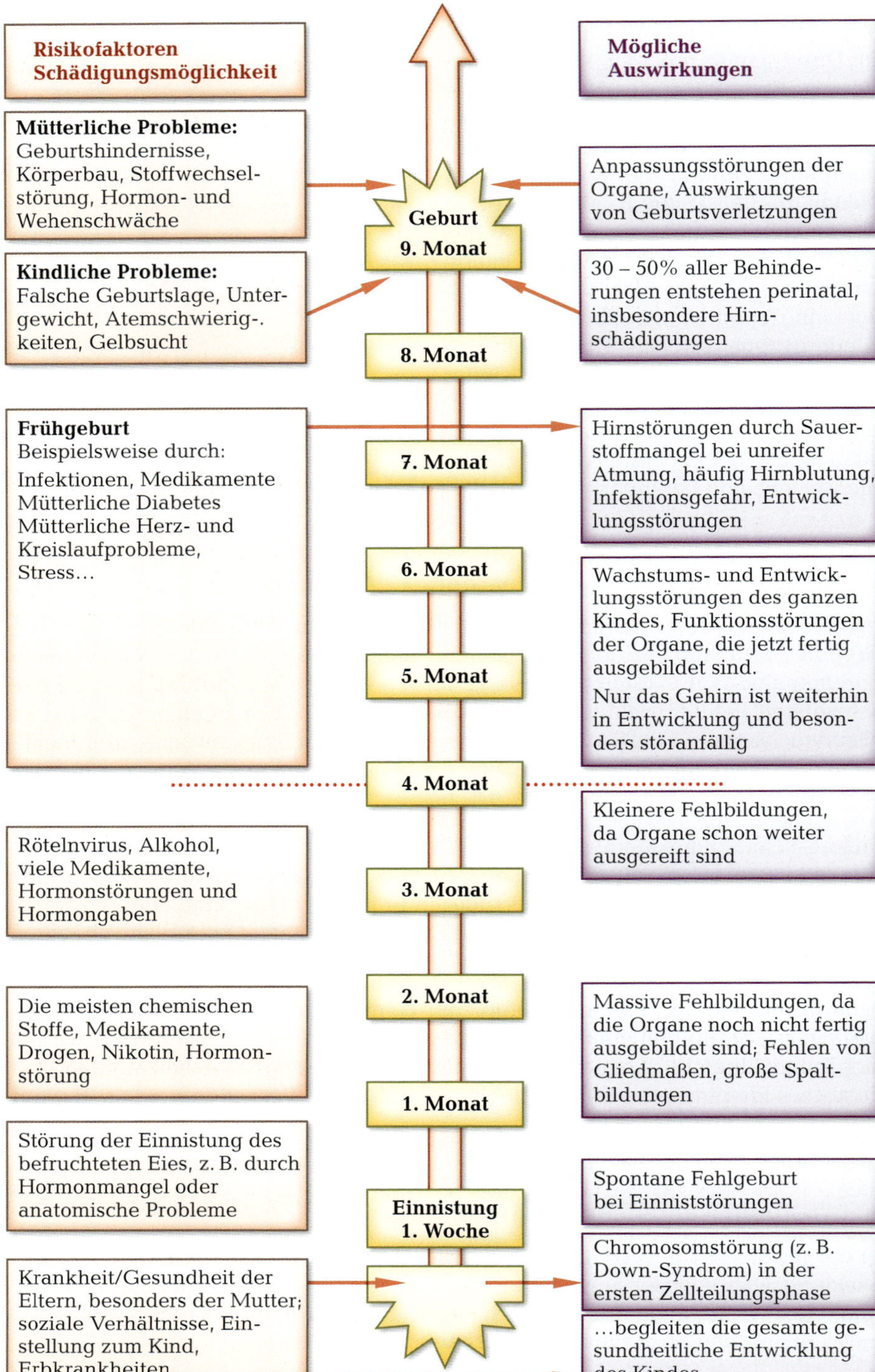

Pränatale Schädigungsmöglichkeiten und ihre Auswirkungen (v. Loh 1990)

Perinatale Risiken und Schädigungen

Die Geburtsreife ist nach 280 Tagen Schwangerschaftsdauer gegeben bzw. wenn das Kind ein Gewicht von über 2.500 g und eine Länge von mehr als 48 cm aufweist. Pechstein (1975) beschreibt folgende Geburtsrisiken:

- Früh- oder Mangelgeburten
- Mehrlingsgeburten
- Steißlagen-Entbindung
- Instrumentelle und operative Entbindungen (z. B. Kaiserschnittentbindung; Zange; Saugglocke usw.)
- Vorzeitiges Lösen der Plazenta, feste Nabelschnurumschlingungen, Nabelschnurvorfall
- Abnorme Wehentätigkeit oder Wehenschwäche mit einer Verlängerung der Geburt
- Erhöhte Druckbelastung aufgrund einer Verengungen des Geburtskanals, insbesondere des Beckens
- Erstickungszustand von mehr als 2 Minuten Dauer bis zum ersten Atemzug.

Die **Geburtshilfen** stellen ein erhöhtes Risiko dar. Als besonders gefährlich wird die Zangengeburt eingeschätzt. Geistige Behinderungen und cerebrale Lähmungen sind häufig auf Sauerstoffmangel zurückzuführen.

Zellschädigungen mit gravierenden Folgen beruhen in der Regel auf einen Sauerstoffmangel, der z. B. durch Schleim in den Atemwegen oder Nabelschnurumschlingungen verursacht wird. Abhängig von der Dauer und der Art des Sauerstoffmangels können dauerhafte Schädigungen des Gehirns und der Bewegungssteuerung ausgelöst erfolgen.

Risikomindernd wirken sich geburtsvorbereitende Maßnahmen aus, die den natürlichen Geburtsverlauf unterstützen. In die Geburtsvorbereitung sollte auch der werdende Vater einbezogen werden.

Postnatale Risiken und Schädigungen

Die Möglichkeiten einer postnatalen Schädigung sind vielfältig; ihre Wirkung ist abhängig vom Zeitpunkt des Auftretens. Von besonderer Bedeutung ist dabei die Entwicklung des Gehirns und der Sensomotorik innerhalb der ersten Lebensjahre.

Erkrankungen des Kindes (z. B. Gehirn- und Hirnhautentzündungen), **Ernährungsstörungen**, **Impfschäden** (z. B. cerebrale Beeinträchtigungen nach einer Pockenschutzimpfung), **Unfälle** (besonders Kopfunfälle) können zu dauerhaften körperlichen Beeinträchtigungen führen.

Risikoerhöhend sind aber auch **umweltbezogene Faktoren** wie Vernachlässigung des Kindes, Erziehungsunfähigkeit der Eltern, familiäre Konflikte, pädagogisch ungünstiges Erziehungsverhalten (mangelnde Zuwendung, Verwöhnung, Überforderung) oder Misshandlung des Kindes.

Risikomindernd wirkt sich die Wahrnehmung der kinderärztlichen Untersuchungen in den ersten vier Lebensjahren (U1 – U8) aus.

4.6.2 Grundlagen der Resilienz

Resilienz entwickelt sich im sozialen Umfeld. Die Untersuchungen zur Resilienz zeigen, dass für die Entstehung von Resilienz eine **dauerhafte und verlässliche Beziehung** zu einer liebevollen Bezugsperson bedeutsam ist. In dieser Beziehung können sich Vertrauen in die eigenen Fähigkeiten und eine optimistische Lebenseinstellung entwickeln. Diese Bezugspersonen dienen als Orientierungshilfen und vermitteln Zuversicht bei der Bewältigung zukünftiger Aufgaben. Das Kind hat nicht das Gefühl, hilflos den Anforderungen und kritischen Lebensereignissen ausgesetzt zu sein. Das Kind fühlt sich sicher, die Schwierigkeiten selbst überwinden zu können, da es über wirksame Vorgehensweisen und Strategien verfügt.

Zur Stärkung der Resilienz ist ein **verlässlicher Rahmen** erforderlich, in dem sich das Kind entwickeln und erproben kann. Dies gilt sowohl im häuslichen Bereich als auch in sozialpädagogischen Einrichtungen und Schulen.

Haug-Schnabel (2004) nennt folgende Einflussgrößen zur Entwicklung der Resilienz:

Persönlichkeitsfaktoren

- Positive, freundliche und aufgeschlossene Grundstimmung, auf die auch die soziale Umwelt positiv reagiert
- Sichere Bindung an zumindest ein Familienmitglied
- Selbstvertrauen in die eignen Kräfte, positive Selbsteinschätzung
- Realistische Handhabung von schwierigen Situationen, wobei auch mit Verantwortung und Schuldgefühlen angemessen umgegangen wird
- Gut entwickelte Fähigkeiten und soziale Kompetenzen (z. B. Konfliktlösungsstrategien, Empathie und Wertschätzung)
- Ausgeprägtes Selbstwertgefühl und Selbstvertrauen

Familiäre Einflussgrößen

- Verlässliche primäre Bezugsperson
- Familiärer Zusammenhalt
- Emotionale Wärme und Harmonie in der Familie
- Erziehungsverhalten, das Selbstständigkeit und Eigenverantwortung des Kindes fördert

Außerfamiliäre Einflüsse

- Feste Freundschaften
- Unterstützung durch Erwachsene (z. B. Lehrer, Erzieher ...)
- Positive Erfahrungen in sozialpädagogischen und schulischen Einrichtungen, verbunden mit erfüllbaren Leistungsanforderungen, Regeln und angemessene Verstärkung für Leistung und soziales Verhalten.

4.6.3 Förderung der Resilienz

Die amerikanische Resilienzforscherin E. Grotberg hat einen Leitfaden zur Förderung der Resilienz von Kindern verschiedener Altersgruppen (Geburt -3 Jahre, 4-7 Jahre, 8-11 Jahre) aufgestellt. Der Leitfaden basiert auf einem internationalen Resilienzprojekt, in dem wesentliche Faktoren, die zur Resilienz beitragen, festgestellt wurden. Nach Grotberg lassen sich aus den gefundenen Faktoren drei Quellen der Resilienz ableiten:

1. Ressourcen im sozialen Umfeld

2. Persönliche Ressourcen

3. Soziale und lösungsorientierte Kompetenzen

Für ihren Leitfaden hat Grotberg (1995) die folgende eingängige Formulierung der Resilienzfaktoren gefunden, die eine gezielte Umsetzung in die Förderpraxis ermöglicht.

Ein resilientes Kind sagt:

... ich habe

- Menschen um mich, die mir vertrauen und die mich bedingungslos lieben
- Menschen um mich, die mir Grenzen setzen, an denen ich mich orientieren kann und die mich vor Gefahren schützen
- Menschen um mich, die mich dabei unterstützen und bestärken, selbstbestimmt zu handeln

... ich bin

- eine Person, die von anderen wertgeschätzt und geliebt wird
- respektvoll gegenüber mir selbst und anderen
- zuversichtlich, dass alles gut wird

... ich kann

- mit anderen sprechen, wenn mich etwas ängstigt
- Lösungen für Probleme finden, mit denen ich konfrontiert werde
- Mein Verhalten in schwierigen Situationen kontrollieren
- Jemanden finden, der mir hilft, wenn ich Unterstützung brauche

Grotbergs Konzept kann als Leitfaden für individuell zu erstellende Förderprogramme gesehen werden. Bisher gibt es kein Gesamtkonzept zur Resilienzförderung, sondern lediglich punktuelle Förderansätze (z. B. Training von gezieltem Problemlöseverhalten, einfühlender Gesprächsführung, positivem Denken, gewaltfreien Konfliktlösungen). Den Ansätzen ist gemeinsam, dass sie die kindlichen Selbsthilfekräfte aktiveren wollen, um eine Bewältigungskapazität aufzubauen. Dem Kind werden Kompetenzen vermittelt, die sein Selbstwertgefühl steigern und die Entwicklung einer optimistischen Grundhaltung fördern. Das Kind erlangt Vertrauen in die Selbstwirksamkeit des Handelns und kann seine Erfahrungen auf neue Situationen übertragen.

Resilienz entwickelt sich im sozialen Umfeld. Die Untersuchungen zur Resilienz zeigen, dass neben den Eltern auch die Erzieherinnen wichtige Bezugspersonen sind, die in den Kindern die Resilienz stärken können. Die Erzieherinnen sollten in der Lage sein, **Stärken und Schwächen der Kinder zu erkennen und sensibel damit umzugehen**.

Auf den Punkt gebracht

Resilienz kennzeichnet die Widerstandsfähigkeit des Kindes gegenüber starken Belastungen und ungünstigen Einflüssen. Die psychische Robustheit des Kindes wird durch die Sozialisationserfahrungen entwickelt und durch die Verstärkung bestehender positiver Eigenschaften (z. B. Temperament des Kindes) aufgebaut. Neben der familiären Unterstützung gewinnen mit zunehmendem Alter die Bezugsgruppen und Freundschaften für die Ausprägung der Widerstandsfähigkeit an Bedeutung. Die Resilienz ist als wichtige Entwicklungsressource einzustufen. Die Erzieherinnen müssen die Stärken und Schwächen der Kinder analysieren, um gezielte Angebote zur Festigung der Resilienz machen zu können.

Aufgaben

1. Beschreiben Sie das Verhalten von Kindern mit hoher Resilienz.
2. Erläutern Sie die Resilienz als Entwicklungsressource.
3. Stellen Sie ein Programm zur Resilienzförderung zusammen.

4.7 Verhaltensabweichungen

Die Erzieherin wird in ihrem beruflichen Alltag immer mit Verhaltensabweichungen konfrontiert werden. Einige Verhaltensabweichungen sind entwicklungsbedingt normal, andere treten nur zeitweise auf und bedürfen gezielter pädagogischer Maßnahmen und nur wenige Verhaltensabweichungen sind behandlungsbedürftig. So ist beispielsweise Angst bei allen Menschen zu finden, da die Angst als Schutzmechanismus lebenswichtig ist. Die Höhenangst verhindert, dass sich Menschen in Gefahr begeben und ungesichert auf das Dach eines Hauses klettern. Bestimmte Ängste (z. B. Fremdeln) treten nur in bestimmten Entwicklungsphasen auf, sind normal und nicht behandlungsbedürftig. Die Prüfungsangst des Schulkindes kann von den Erzieherinnen im Hort durch pädagogische Maßnahmen (z. B. Unterstützung beim Lernen, um Lernlücken zu schließen, üben der Prüfungssituation) vermindert werden. Ist die Prüfungsangst jedoch so stark, dass ein Schulversagen droht, starke körperliche Reaktionen auftreten und in jeder Anforderungssituation die Symptome zu beobachten sind, dann liegt eine behandlungsbedürftige Phobie vor, die in einer Beratungsstelle z. B. von Psychologen abgebaut werden kann.

Verhaltens-abweichung	Beispiele	Ursachen	Maßnahmen
Entwicklungs-bedingt	Stottern eines dreijährigen Kindes; Einnässen eines Kleinkindes; Fremdeln des Säuglings; Trotzverhalten des Kleinkindes; Reizbarkeit in der Pubertät;	Organische Reifungsprozesse	Begleitende pädagogische Maßnahmen; Beobachtung des Verhaltens;
Situations-abhängig	Wutausbruch bei Misserfolg; Ängstlichkeit nach einem Autounfall; Niedergeschlagenheit und Lustlosigkeit nach einer erfolglosen Bewerbung;	Nicht verarbeitete Erfahrungen; Lernen;	Gezielte pädagogische Hilfen, um die Bewältigung der Situation zu unterstützen;
Beständig, massiv	Insektenphobie (jedes Insekt löst starke Ängste aus); Hyperaktives Verhalten; Einnässen nach dem 6. Lebensjahr;	Organische Ursachen, Lernerfahrungen; Erziehungseinflüsse; kognitive Ursachen;	Therapeutische Maßnahmen durch Fachkräfte

Werden Verhaltensabweichungen in einer Beratungsstelle (z. B. Erziehungsberatungsstelle, schulpsychologischer Dienst) behandelt, so kommt es in der Regel zu folgendem Ablauf:

Anmeldung: Die Erziehungsberechtigten melden das Kind in der Beratungsstelle an und erhalten eine Einladung zum Erstgespräch.

Anamnese: Zunächst werden im Erstgespräch Informationen über das Kind, die Verhaltensauffälligkeit und die Lebenssituation gesammelt. Diese Informationen bilden die Grundlage für das Erkennen von Ursachen und die Festlegung, welche weiteren Informationen diagnostisch erfasst werden sollen.

Diagnose: In der Beratungsstelle stehen verschiedene diagnostische Verfahren zur Verfügung. Die Exploration beinhaltet die gezielte Befragung des Kindes zu seiner Lebenssituation und zur Verhaltensauffälligkeit. Zahlreiche Testverfahren (z. B. Leistungstests, Intelligenztests, Persönlichkeitsfragebogen) können zur objektiven und differenzierten Erfassung der ausgewählten Persönlichkeitsmerkmale (z. B. Ängstlichkeit, Intelligenz, Konzentration) durchgeführt werden. Weiterhin können Beobachtungen (z. B. Video-Aufnahmen zur Hausaufgabenerledigung des Kindes mit der Mutter) die Diagnose unterstützen. Am Ende des diagnostischen Prozesses stehen Aussagen zu Ursachen und zur Ausprägung der Verhaltensabweichung.

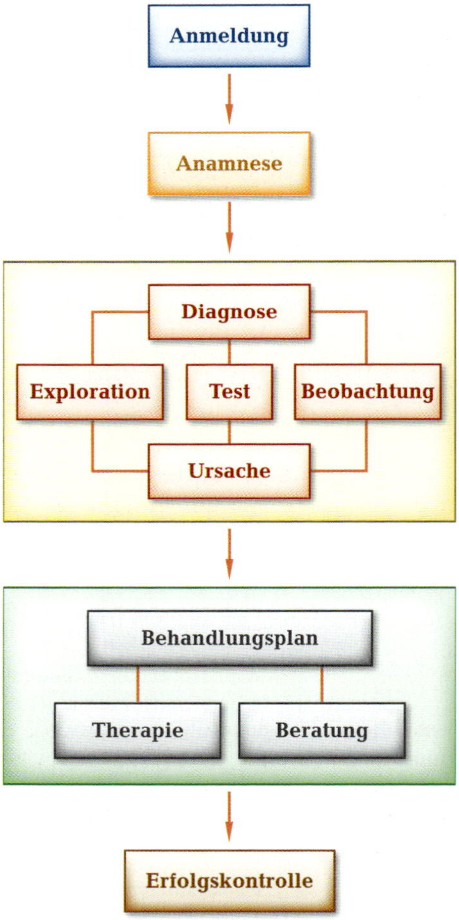

Behandlungsplan: Abhängig von den Ursachen wird ein Behandlungsplan erstellt. Neben den therapeutischen Verfahren (z. B. Verhaltenstherapie, Gesprächspsychotherapie, Spieltherapie) erfolgt auch eine Beratung der Bezugspersonen, um den Behandlungserfolg sicherzustellen.

Erfolgskontrolle: Nach Abschluss der Behandlung erfolgt eine Überprüfung der beabsichtigten Wirkung. Neben der Befragung der Betroffenen können nochmals diagnostische Verfahren eingesetzt werden, um Verhaltensänderungen objektiv zu erfassen. Liegt kein Behandlungserfolg vor, dann ist zu prüfen, ob die tatsächlichen Ursachen erkannt wurden bzw. die Behandlungsverfahren unzureichend waren. Abhängig vom Prüfergebnis werden weitere diagnostische Verfahren eingesetzt oder ein neuer Behandlungsplan erstellt.

Die Erzieherin kann in diesem Ablauf an unterschiedlichen Phasen beteiligt sein. Arbeitet die Erzieherin in einem Heim und stellt fest, dass der sechsjährige Jürgen, der seit sechs Wochen in ihrer Heimgruppe ist, nachts einnässt, dann kann die Erzieherin in allen Phasen des Vorgehens einbezogen sein.

Anmeldung

Die Erzieherin wird den psychologischen Dienst im Heim über die Situation informieren und um Unterstützung bitten.

Anamnese

Durch Aussagen über die Lebenssituation des Kindes im Heim (z. B. Sozialverhalten in der Gruppe, Rückmeldungen aus der Schule, besondere Ereignisse, Verarbeitung der Trennung von den familiären Bezugspersonen) kann die Erzieherin wichtige Informationen zur Ursachenabklärung durch den psychologischen Dienst geben.

Diagnostik

Um das Ausmaß des Einnässens zu dokumentieren, sind Daten über die Häufigkeit, den Zeitpunkt und die Menge erforderlich. Diese Daten wird die Erzieherin innerhalb eines Zeitraums von einer Woche festhalten und besondere Vorkommnisse im Tagesverlauf notieren.

Behandlungsplan

Entscheiden sich die Therapeuten für den Einsatz der „Klingelhose" in Verbindung mit einem Verstärkerprogramm, dann ist die Erzieherin bei der Umsetzung der Maßnahmen beteiligt. Die Erzieherin legt die Klingelhose an, erfasst das Einnässen (Häufigkeit, Zeitpunkt) und setzt das Verstärkerprogramm ein (Belohnung für „trockene" Nächte).

Erfolgskontrolle

Die Dokumentation des Einnässens während der Behandlung und das Einnässen nach Abschluss der Behandlung (z. B. Rückfall) bildet die Grundlage für Überprüfung des Behandlungserfolgs.

4.7.1 Normen

Definition

Um Abweichungen im Verhalten und Erleben der Kinder feststellen zu können, muss die Erzieherin ihre Beobachtungen an vereinbarten, für alle verbindlichen Maßstäben messen. Solche Bezugsgrößen werden als Normen bezeichnet. **Man unterscheidet zwischen statistischen, idealen, individuellen und funtionellen Normen.**

Statistische Norm

Die statistische Norm beschreibt jenen Bereich, in dem die Ausprägung eines Merkmals innerhalb der jeweiligen Bezugsgruppe am häufigsten vorkommt. So gilt ein regelmäßiges Einnässen bei einem zweijährigen Kind als normal. Ein sechsjähriger Bettnässer (Enuretiker) dagegen weicht von der statistischen Norm ab. Statistische Normen erweisen sich als sehr fragwürdig, da sie in vielen Bereichen einem schnellen Wandel unterliegen (z. B. Einstellungen, Mode). Häufig werden Abweichungen von der statistischen Norm unterschiedlich bewertet. Ein Unterschreiten dieser Norm (z. B. Intelligenzleistung: IQ 70) wird negativ, ein Übertreffen (z. B. Intelligenzleistung: IQ 130) dagegen positiv beurteilt. Die statistische Norm stellt zwar ein relativ objektives Kriterium dar, ist aber aus pädagogischer Sicht wenig hilfreich, da für das Verhalten und Erleben von Menschen oft subjektive Faktoren bedeutsamer sind.

Statistische Normen werden oft mit der Normalverteilung von Merkmalsausprägungen verknüpft.

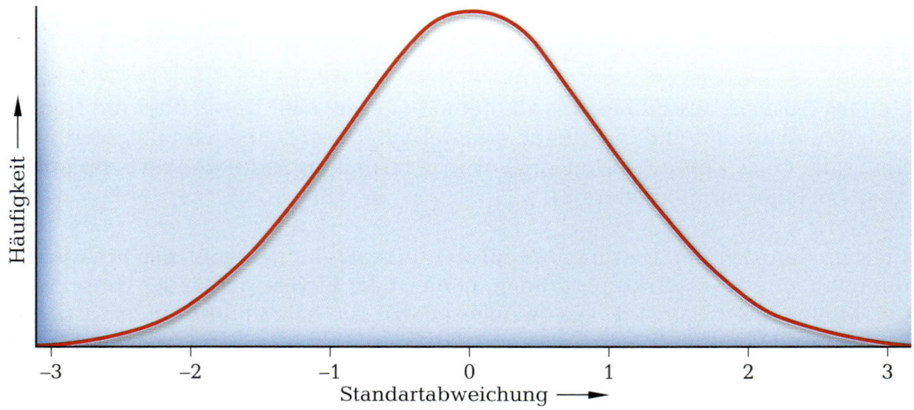

Ideale Norm

Die ideale (gesellschaftliche oder soziale) Norm kennzeichnet das Wunschdenken der Mitglieder einer bestimmten Gruppe bzw. der Gesellschaft. Diese Zielgröße wird u. U. in der Realität nur selten von Menschen erreicht (z. B. Idealgewicht). Ideale Normen unterscheiden sich in verschiedenen Kulturen, Gesellschaften, sozialen Schichten. Idealnormen werden von einem Ziel oder Zweck ausgehend definiert. Man unterscheidet weiterhin zwischen einer **Maximalnorm** (das Leistungssoll, das faktisch Mögliche), einer **Optimalnorm** (die günstigste Ausprägung und Mischung) und einer **Idealnorm** (oft nicht erreichbar, aber dennoch richtungsweisend). Die ideale Norm beruht auf soziokulturellen Kriterien, die sich in der Gesellschaft beständig verändern.

Individuelle Norm

Die individuelle Norm meint das subjektive Normempfinden einer bestimmten Person. Die Personen gehen in der Regel davon aus, dass ihre persönliche Norm mit der gesellschaftlichen und statistischen Norm übereinstimmt. Diese Normvorstellung kennzeichnet die Angepasstheit der Einzelperson an sich selbst und an ihre Umgebung.

Funktionelle Norm

Die funktionelle Norm kennzeichnet eine Person dann als normal, wenn sie ihre Aufgaben (z. B. eigenständige Lebensführung, Alltagsbewältigung, Ausübung beruflicher Tätigkeiten) erfüllen kann.

Wird eine Person mit Behinderung als „abnorm" bezeichnet, so kann dies entsprechend unterschiedliche Bedeutungen haben: Der Beeinträchtigte weicht von einem festlegbaren Durchschnitt, dem statistischen Mittelwert, ab; der Beeinträchtigte entspricht nicht dem gesellschaftlichen Idealbild des Schönen und Unversehrten; der Beeinträchtigte kann alltägliche Aufgaben nicht wahrnehmen und entspricht somit nicht der funktionellen Norm. Häufig vermischen sich im Alltag die verschiedenen Normarten. Die Wahrnehmung der Normerfüllung bzw. -abweichung unterliegt zudem subjektiven Verzerrungen. Menschen, die von der statistischen Norm wenig abweichen, gehen davon aus, dass sie der Idealnorm entsprechen. Tatsächlich erreicht kaum jemand die ideale Norm.

Der Einsatz von Normen und Normtabellen ist nicht unproblematisch, wie die nachfolgenden Aussagen belegen:

Bewertungsfunktion: Normen helfen die Verhaltensweisen anderer Personen einzuschätzen. Aus diesen Einschätzungen ergeben sich für die Erzieherin ggf. pädagogische Handlungskonsequenzen oder Aktivitäten zur Einleitung von therapeutischen Maßnahmen.

Orientierungsfunktion: Normen geben Orientierung und führen zu Verhaltenserwartungen (z. B. in welchem Alter sollte das Kind alle Laute sauber artikulieren können).

Gefahr der Verunsicherung: Normen können verunsichern, wenn beispielsweise das eigene Kind nicht der Norm entspricht und erst mit 15 Monaten läuft.

Gefahr der Überforderung: Normen können zu Überforderungen führen, wenn das Kind die Normerwartung erfüllen muss, obwohl es noch einen Entwicklungsrückstand hat.

Gefahr der Starrheit: Normen unterstellen, dass sich alle Personen mit geringen Abweichungen parallel entwickeln. Die Entwicklung des Kindes ist dagegen dynamisch, sprunghaft (Entwicklungsschub) und nicht so kontinuierlich, wie es die Normen vorgeben.

Gefahr der Stigmatisierung: Normen können Stigmatisierungen auslösen. Wer nicht normal ist, der wird ausgegrenzt und lächerlich gemacht.

Gefahr der Überbewertung: Normabweichungen werden unterschiedlich bewertet. Liegt eine Person in ihrer Intelligenzleistung weit unter dem Durchschnitt, ist die Person behindert und wird stigmatisiert; übertrifft eine Person mit ihrer Intelligenzleistung den Durchschnittswert deutlich, dann wird sie als hochbegabt bewundert.

4.7.2 Ausgewählte Verhaltensabweichungen

Definition

Eine Verhaltensabweichung liegt vor, wenn das Erleben und Verhalten einer Person über einen längeren Zeitraum hinweg erheblich von der Norm abweicht. Die Abweichung schränkt die Person in ihrer Lebensführung so stark ein, dass pädagogische / psychologische Maßnahmen erforderlich werden. Im Folgenden werden Verhaltensabweichungen dargestellt, mit denen die Erzieherin häufig konfrontiert wird.

Aggression/Gewalt

Definition

Aggressionen sind zielgerichtete Verhaltensweisen, um Personen und Objekte direkt oder indirekt zu schädigen, zu schwächen oder in Angst zu versetzen.

Formen

Folgende Aggressionsformen werden unterschieden:

Ausdrucksform	**Körperlich** (treten, schlagen, beißen, verletzen ...,	**Verbal** (Beschimpfungen, Anschreien, Bloßstellen ...)
Absicht	**Räuberisch** (instrumentell, um etwas zu erreichen)	**Affektiv** (feindselig, wütend)
Beobachtbarkeit	**Offen** (für alle sichtbare Handlungen, Schlägerei ...)	**Verdeckt** (hinterhältige Handlungen; Feuer legen, Objekte beschädigen ...)
Bezug zum Opfer	**Direkt** (Angriff gegen den Verursacher der Verärgerung)	**Indirekt** (Verursacher ist zu mächtig, so dass auf Ersatzobjekte / -personen ausgewichen wird)
Auslöser	**Aktiv** (Aggressionen werden ohne erkennbare Bedrohung gezeigt)	**Reaktiv** (Aggressionen erfolgen nach Provokation, Angriff bzw. Bedrohung)
Beteiligte	**Individuell** (einzelne Person zeigt Aggressionen und ist dafür verantwortlich)	**Kollektiv** (Gruppe ist aggressiv; Verantwortung trägt die „anonyme" Gruppe)
Objektwahl	**Selbstaggression** (selbst schädigendes Verhalten)	**Fremdaggression** (gegen andere Personen bzw. Objekte gerichtetes Verhalten)

Welche Aggressionsform gezeigt wird, ist von verschiedenen Faktoren abhängig:

- Alter/Entwicklungsstand der aggressiven Person
- Person des Aggressionsopfers (z. B. Alter, Stärke, Macht)
- Situation (z. B. Anwesenheit anderer Personen)

Besonders problematisch ist die Selbstaggression, die zur Selbstverletzung führen kann. Hier ist eine professionelle Hilfe (z. B. Beratungsstelle, Kinder- und Jugendpsychiatrie) erforderlich.

Ursachen

Aggressionen werden auf biologische Ursachen (z. B. Triebe), kognitive Faktoren (z. B. Frustrationen) oder Lernerfahrungen (z. B. aggressive Vorbilder) zurückgeführt.

Triebtheorie

Die Psychoanalyse und die vergleichende Verhaltensforschung (Konrad Lorenz) gehen von einem vererbten Aggressionstrieb aus. Die vergleichende Verhaltensforschung führt Aggressionen auf einen Instinkt zurück, der vier Funktionen erfüllt:

- Verteidigung des Lebensraums
- Bestimmung der Rangordnung
- Auswahl des Partners zur Fortpflanzung
- Schutz des Nachwuchses

Beim Menschen sind Instinktreste vorhanden, so dass die genannten Funktionen in abgeschwächter Form auch die menschliche Aggression beeinflussen.

Frustrations-Aggressions-Theorie

Aggressionen werden als Folge einer erlebten Frustration gesehen. Wenn ein Bedürfnis bzw. ein Wunsch nicht ausreichend befriedigt werden konnten oder sich Misserfolge einstellen, dann treten Frustrationen auf, die Wut-, Ärger- und Zornreaktionen auslösen. Die Person wird reizbarer und die Frustrationstoleranz sinkt. Bereits geringe weitere Frustrationen führen zu massiven Aggressionen, um innere Spannungen zu lösen. Nach der Aggressionshandlung entspannt sich die Person (= Katharsis-Wirkung). Sie ist bereit, erneut Frustrationen bis zum Erreichen der Frustrationstoleranz aufzustauen.

Lernerfahrungen

Der Aufbau von aggressiven Verhaltensweisen kann sowohl mit dem Lernen am Modell als auch mit der instrumentellen Konditionierung erklärt werden. Aggressive Modelle (z. B. in den Medien) werden nachgeahmt, wenn sie als attraktiv, erfolgreich oder mächtig eingeschätzt werden. Die Person wird Aggressionen auch dann zeigen, wenn diese Verhaltensweisen erfolgreich sind und somit verstärkt werden. Die Verstärkung kann beispielsweise im Statusgewinn innerhalb der Gruppe, dem Erreichen von persönlichen Vorteilen, Anerkennung, Angst auslösende Wirkung auf andere Personen bestehen.

Hilfen

Prävention: Wichtig sind Maßnahmen, die bereits im Vorfeld dazu beitragen, dass Aggressionen nicht auftreten. Von grundlegender Bedeutung ist das Verhältnis zu den Bezugspersonen. Erfährt das Kind Zuwendung, emotionale Wärme und Unterstützung bei der Bewältigung von kritischen und belastenden Lebenssituationen, kann das Kind Urvertrauen aufbauen, sozial angemessene Verhaltensweisen verfestigen sowie Kompetenzen entwickeln, um Belastungen angemessen zu bewältigen und im sozialen Umfeld aggressionsfrei zu agieren.

Deeskalationstraining durchführen: Im pädagogischen Arbeitsfeld hat sich das Deeskalationstraining bewährt. Dieses Programm beinhaltet eine systematische Auseinandersetzung mit

- eigenen Normen und Werten
- Einstellung gegenüber Aggressionen
- Umgang mit aggressionsauslösenden Situationen (z. B. Provokationen)
- kontrollierte Erfahrungen mit Aggressionen

Die handlungsbezogenen Erfahrungen im Deeskalationstraining haben eine einstellungsändernde Wirkung.

Aggressionsfreie Modelle anbieten: Die Erzieherinnen sollten, um Nachahmungseffekte zu nutzen, den Kindern und Jugendlichen Vorbilder vermitteln (z. B. in Büchern, Filmen), die Konflikte aggressionsfrei bewältigen.

Alternatives Verhalten vermitteln: Aggressionen sind zum Teil Ausdruck von fehlenden Möglichkeiten, Konflikte ohne Aggressionen zu lösen, bzw. weisen auf eine Überforderung hin. Es ist deshalb sinnvoll, mit den Kindern und Jugendlichen alternatives, aggressionsfreies Verhalten einzuüben (z. B. im Rollenspiel).

Aggressionshemmungen aufbauen: Zum Aufbau von Aggressionshemmungen können verschiedene Strategien genutzt werden.

- Leidinduzierte Hemmung: Der Aggressor wird mit dem Leid, das durch die Aggressionshandlungen ausgeht, konfrontiert, indem Schmerzen, Qualen, Verletzungen bewusst gemacht werden.
- Negative Konsequenzen: Aggressionen werden bestraft, geächtet. Dies kann dazu führen, dass die Aggressionen lediglich unterdrückt werden, so lange eine Strafwirkung erwartet wird.
- Vermittlung moralischer Werte: Die Erzieherin kann durch die Vermittlung von entsprechenden Normen darauf hinwirken, dass Aggressionen als ethisch verwerflich bewertet werden und Aggressionshandlungen zu Schuldgefühlen führen.

Frustrationstoleranz erhöhen: Ausgehend von der Annahme, dass Frustrationen zu Aggressionen führen, ist es sinnvoll, die Frustrationstoleranz von Kindern und Jugendlichen zu erhöhen. Dazu kann die Erreichbarkeit von Zielen, die zu Frustrationen führen, kritisch überprüft werden. Die Ziele sollten so realistisch gesetzt werden, dass eine höhere Erfolgswahrscheinlichkeit besteht. Zum anderen kann die Erzieherin versuchen, die angemessene Verarbeitung von Misserfolgen zu erreichen, indem die Ursachen von Misserfolge analysiert und Handlungsalternativen entwickelt werden, um Misserfolge zu vermindern.

Perspektivenwechsel durchspielen: Im Rollenspiel können die Täter-Opfer-Rollen getauscht werden, um die Aggressionswirkung auf der Opferseite zu erfahren.

Angst

Definition

Als **Angst** wird ein unangenehmer Zustand bezeichnet, der sich bei einer Situation, die als bedrohlich eingeschätzt wird, ergibt.

Bei der **Furcht** ist der Auslöser des unangenehmen emotionalen Zustandes der Person bewusst.

Die **Phobie** stellt eine krankhafte, behandlungsbedürftige Form der Angst bzw. Furcht dar.

Panikattacken treten unerwartet ohne Vorwarnung auf und werden von keinen bestimmten Reizen ausgelöst.

Die Angst / Furcht umfasst drei Ebenen:

- **kognitive Ebene:** die Person bewertet die Situation als gefährlich, bedrohlich
- **physiologische Ebene:** körperliche Reaktionen werden ausgelöst (z. B. Schwitzen, Harndrang, Pupillenerweiterung, erhöhte Atem- und Herzfrequenz, Mundtrockenheit, Zittern, Schwindel)
- **motorische Ebene:** Flucht/Vermeidungsverhalten, Abwehrverhalten. Zähneknirschen, Verkrampfung der Kiefermuskulatur

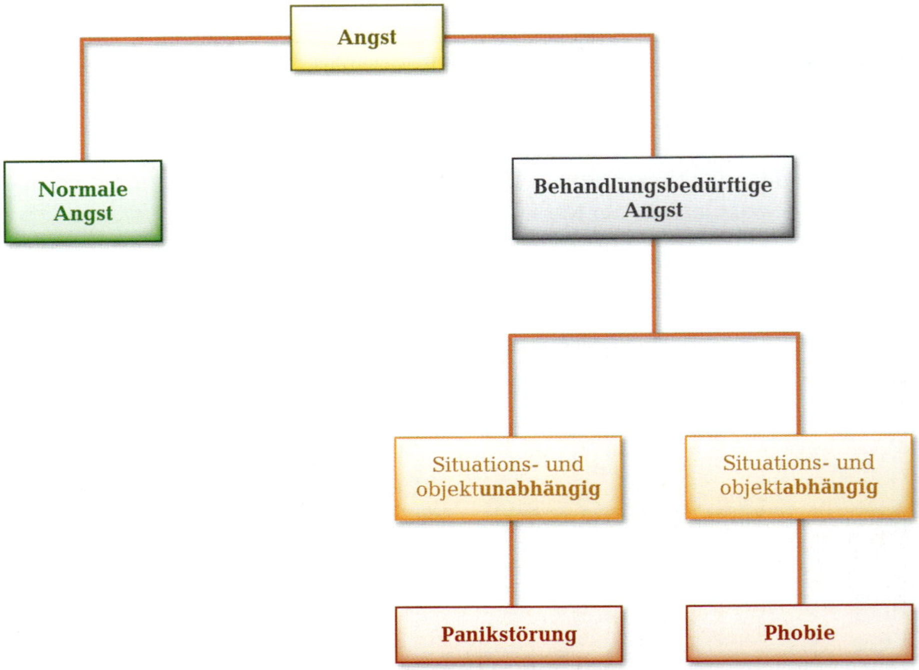

Formen der Angst (Bernitzke 2005)

Angst und Furcht sind zunächst eine normale Reaktionen und dienen als Schutzmechanismus, um gefährliche, lebensbedrohliche Situationen zu vermeiden.

Die Angst bzw. Furcht wird dann behandlungsbedürftig, wenn ...

- die Person keine Erklärung für das Auftreten der Angst hat, über keine Möglichkeiten zur Verminderung der Angst verfügt und die Lebensqualität stark beeinträchtigt wird.
- die Angst überdauernd (chronisch) auftritt.
- Panikattacken wiederholt, spontan und unerwartet (ohne erkennbare Ursache) auftreten, dann entsteht bei der Person eine starke Angst über das Auftreten weiterer Panikattacken. Es liegt eine **Panikstörung** vor.
- auf vermeintlich harmlose Reize unbegründet stark reagiert wird, jeder Angstreiz eine starke Reaktion auslöst und die Angstreaktionen (z. B. Vermeidungsverhalten) das soziale Zusammenleben bzw. die Berufsausübung erheblich beeinträchtigen, dann wird eine **Phobie** diagnostiziert.

Formen

Hennenhofer & Heil stellen in ihrer Übersicht die furchtauslösenden Reize im Säuglings- und Kleinkindalter dar.

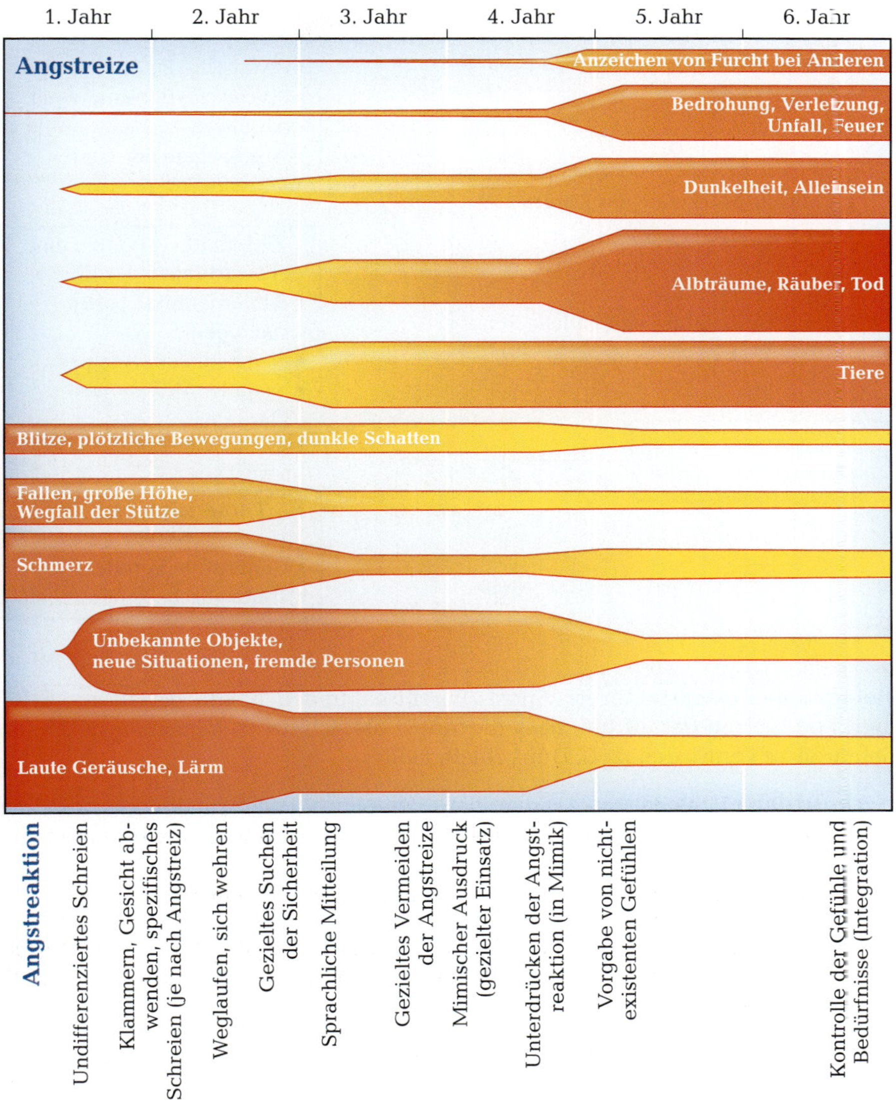

Im Schulkindalter nehmen die sozialen und schulisch bedingten Ängste (Prüfungsangst, Versagensängste) zu.

Ursachen

Für die Ausprägung sind ein Bündel von Einflussfaktoren verantwortlich, die in der nachfolgenden Übersicht zusammengestellt werden:

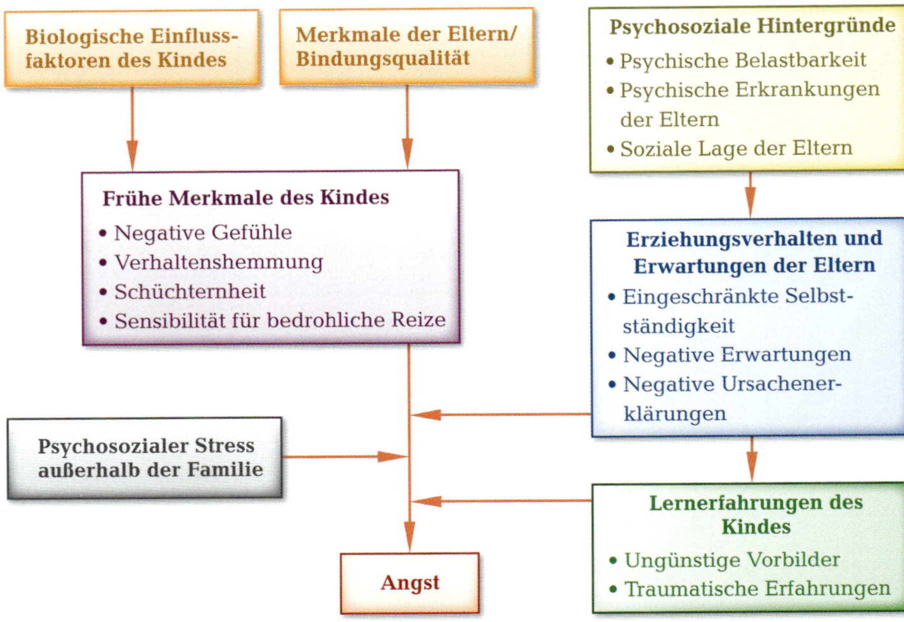

Biologische Einflussfaktoren: Angst-/Furchtreaktionen haben genetische Ursachen und weisen darauf hin, dass die Angst als Schutzmechanismen nutzt, um Gefahren zu vermeiden (z. B. Dunkelheit, Höhe)

Psychosozialer Hintergrund: Die familiäre Situation hinsichtlich ihrer psychischen Belastung (z. B. Scheidung) und psychischen Beeinträchtigungen wirken sich auf die Entstehung der Angst aus.

Erziehungsverhalten der Eltern: Wenn die Eltern das Kind überbehüten und damit die Selbstständigkeitsentwicklung beeinträchtigen, dann lösen für das Kind neue Situationen Angst aus. Wird dem Kind wenig zugetraut und Misserfolge befürchtet, wird das Kind Ängste entwickeln. Die negative Bewertung von ungefährlichen Umweltreizen verstärken Ängste. Als angstauslösend hat sich eine ausgeprägt autoritäre Erziehung sowie eine Überforderung des Kindes durch zu hohe Erwartungshaltungen erwiesen. Das Angstmachen als Erziehungsmittel erhöht zudem die Ängstlichkeit des Kindes.

Merkmale des Kindes: Die Persönlichkeit des Kindes (allgemeine Ängstlichkeit, Schreckhaftigkeit), ein negatives Selbstbild und Verhaltenshemmungen begünstigen das Auftreten der Angstzuständen.

Lernerfahrungen des Kindes: Vor allem traumatische Erfahrungen (z. B. Katastrophen, Kriegserfahrungen, Misshandlung) führen zu starken Ängsten. Auch ängstliche Vorbilder (z. B. Freunde, Bezugspersonen, Eltern) verstärken die Angst des Kindes. Ängste werden zudem klassisch und instrumentell konditioniert.

Stressfaktoren: Belastungen außerhalb der Familie (z. B. schulische Anforderungen) lösen ebenfalls Ängste aus.

Hilfen

Im Alltag reagieren ängstliche Personen vorwiegend mit Vermeidungsverhalten, d. h., sie versuchen den angstauslösenden Reizen aus dem Weg zu gehen. Ist dies nicht möglich, so werden Ablenkungsstrategien (z. B. Musik, Singen) eingesetzt oder die Person verdrängt die Angst, d. h., die Angst wird unterdrückt, so dass sie nicht in das Bewusstsein der Person gelangt.

Die pädagogischen und therapeutischen Maßnahmen setzen zum einen beim Kind und zum anderen im sozialen Umfeld bei der Familie an. Beim Kind soll die Wirkung der Angstsymptome vermindert und die sozialen Kompetenzen erhöht werden. Die Familie soll funktionsfähiger werden und die Bezugspersonen sollen lernen, auf die Angst des Kindes unterstützend zu wirken.

Der Erziehende sollte selbst ein angstfreies Vorbild sein.

Die Ängste des Kindes ernst nehmen und auf das Kind eingehen.

Die Ängste des Kindes nicht bestrafen oder sich darüber lächerlich machen.

Das Selbstvertrauen des Kindes stärken.

Das Kind an angstauslösende Reize allmählich und schrittweise gewöhnen.

Aufmerksamkeits-Defizit-Störung

Definition

Die Aufmerksamkeits-Defizit-Störungen (ADS) kennzeichnet Kinder, die durch erhöhte Ablenkbarkeit, schnell wechselnde Aktivitäten und fehlende Ausdauer auffallen.

Diese Störung tritt in drei Formen aus:

ADS – vorwiegend unaufmerksamer Typ („Träumer, Hans-Guck-in-die-Luft")

ADHS – vorwiegend hyperaktiv-impulsiver Typ („Zappelphilipp")

AD(H)S – kombinierter Typ (Mischtyp)

Neben dem Begriff der Aufmerksamkeits-Defizit-Störung werden auch die Bezeichnungen hyperkinetisches Syndrom (HKS) und minimale cerebrale Dysfunktion (MCD) verwendet.

Das hyperkinetische Syndrom (HKS) zeigt sich in einer gestörten Aufmerksamkeit, die zusammen mit hoher Ablenkbarkeit, Impulsivität, erhöhte Aggressivität, ungehemmter Überaktivität und starken Stimmungsschwankungen auftritt. Darüber hinaus liegen in der Regel soziale Auffälligkeiten und Entwicklungsstörungen in verschiedenen Fähigkeitsbereichen (Teilleistungsstörungen) vor.

Erscheinungsbild

Folgende Symptome kennzeichnen die Aufmerksamkeitsdefizitstörung:

Tätigkeitsdrang: Die Kinder verhalten sich scheinbar ziel- und rastlos. Sie bewegen sich unablässig und sind auch in Situationen, die Ruhe verlangen, übermäßig aktiv. Sie können ihren Bewegungsdrang nur begrenzt willentlich steuern.

Ablenkbarkeit und geringe Konzentration: Das Kind lässt sich von minimalen Störreizen ablenken. Offenbar bestehen Probleme, Reize gezielt auszuwählen. Wichtige Informationen werden nicht schnell genug von unwichtigen Reizen unterschieden, so dass sich die Aufmerksamkeit auf jeden neuen Reiz richtet. Das Verhalten des Kindes erscheint sprung- und wechselhaft. Vorgänge vermag das Kind häufig nicht abzuschließen, weil es durch neue Reize abgelenkt wird. Deshalb benötigt das Kind zur Bewältigung von Konzentrationsaufgaben, wie beispielsweise die Erledigung von Hausaufgaben, das Abschreiben von der Tafel, mehr Zeit als andere Kinder.

Impulsivität: Ohne Rücksicht auf mögliche Folgen handelt das Kind spontan. Es gelingt dem hyperaktiven Kind nicht, den aktuellen Handlungsimpuls zurückzuhalten. Das impulsive Verhalten führt bisweilen zu Unfällen und Verletzungen. Bereits geringe Frustrationen lösen bei dem hyperaktiven Kind starke Wutreaktionen aus und führen zu aggressivem Verhalten gegenüber Personen und Gegenständen. Für das soziale Umfeld handelt das Kind offenbar planlos und ist unberechenbar. Das impulsive Verhalten führt auch zu Unordnung.

Wahrnehmungsprobleme: Die Raum-Lage-Wahrnehmung bereitet dem hyperaktiven Kind Probleme. Das Kind kann die eigene Position in Raum nicht richtig einschätzen. Abstände und Hindernisse werden nur mangelhaft erkannt, so dass das Kind gegen Hindernisse stößt oder stolpert. Zudem ist die Figur-Grund-Wahrnehmung beeinträchtigt. Dadurch ist das Erkennen von unterschiedlichen, beziehungsweise gleichen Zeichen wie Buchstaben oder Zahlen erschwert.

Die Wahrnehmungsprobleme werden auch deutlich, wenn das Kind Situationen ganzheitlich mit allen Sinnesorganen erfassen soll.

Leistungsstörungen: Bei einigen Kindern liegen Teilleistungsstörungen vor, die sich beispielsweise als Lese-Rechtschreib-Schwäche oder Rechenschwäche zeigen. Häufig werden Zahlen oder Buchstaben verdreht und es treten Fehler beim Abschreiben beziehungsweise der Übernahme von Zahlen bei Rechenaufgaben auf. Bei den meisten hyperaktiven Kindern liegen starke Leistungsschwankungen vor.

Koordinationsstörungen: Etwa die Hälfte der hyperaktiven Kinder haben Koordinationsprobleme. Im feinmotorischen Bereich zeigen sich Probleme beim Schuhebinden, beim Zuknöpfen oder bei der Stifthaltung. Zudem ist die Hand-Auge-Koordination beeinträchtigt, was beim Werfen und Fangen deutlich wird. Gleichgewichtsstörungen zeigen sich beim An- und Ausziehen, Fahrradfahren, Rollschuhlaufen, Balancieren, Treppensteigen usw.

Störungen im Sozialverhalten: Hyperaktive Kinder zeigen Widerstand gegenüber sozialen Forderungen. Sie widersetzen sich Ge- und Verboten und schließen sich bei sozialen Aktivitäten (z. B. gemeinsames Feiern, Gruppenspiele) aus. Zwar gelingt es den Kindern schnell soziale Kontakte zu knüpfen, aber sie haben Probleme dauerhafte Freundschaften zu schließen.

Häufig erfahren die hyperaktiven Kinder Ermahnungen, Kritik und Zurechtweisungen. Dies führt langfristig zu einer niedrigen Selbsteinschätzung und einem geringen Selbstwertgefühl. Die Kinder trauen sich deshalb wenig zu und vermeiden Konkurrenzsituationen. Die zahlreichen Misserfolge führen zu starken Versagensängsten **(= „ADS-Teufelskreis")**.

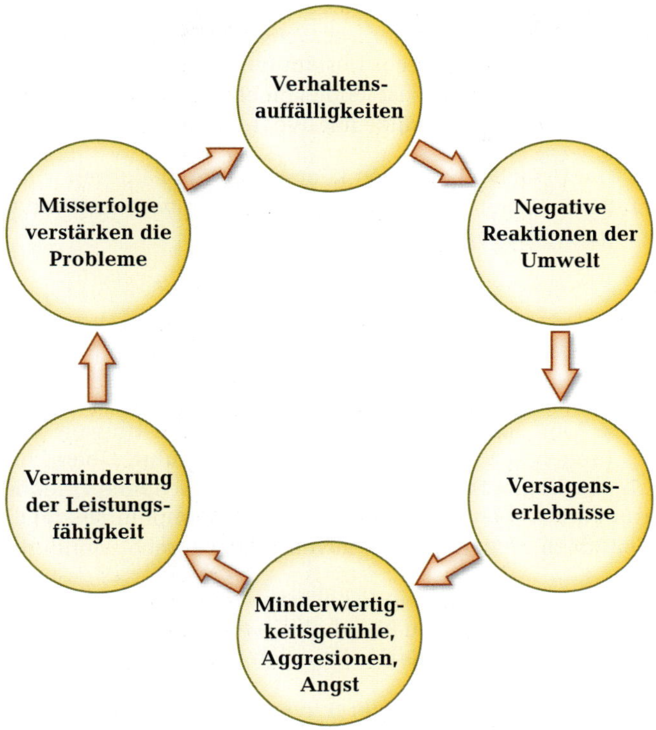

Der „ADS-Teufelskreis"

Ursachen

Die Ursachen des hyperkinetischen Syndroms (ADS) sind noch nicht endgültig erkannt. Drei Ursachenbereiche werden zurzeit genannt.

Hirnorganische Ursache

Das hyperkinetische Syndrom wurde zunächst bei Kindern beobachtet, die eine frühkindliche Hirnstörung aufwiesen. Der Begriff minimale cerebrale Dysfunktion (MCD) wurde verwendet. Inzwischen weiß man, dass nicht jede hirnorganische Beeinträchtigung zwangsläufig zum hyperkinetischen Verhalten führen muss. Viele ADS-Kinder sind hirnorganisch unauffällig.

Neurochemische Ursache

Das hyperkinetische Verhalten wird auch auf fehlende Neurotransmitter (chemische Botenstoffe, die Nervenimpulse weiterleiten) zurückgeführt. Fehlen Neurotransmitter, dann können Impulse nicht weitergeleitet werden. Die Konzentrationsfähigkeit wird beeinträchtigt und die Kontrolle über das Verhalten eingeschränkt.

Ernährungsbedingte Ursache

Lebensmittelzusätze (z. B. künstliche Farbstoffe, Phosphate), die in vielen Lebensmitteln wie Wurst- und Backwaren, Marzipan, Schmelzkäse, Cola-Getränke oder

Schokoküssen zu finden sind, werden als Auslöser für das hyperaktive Verhalten genannt. Zahlreiche Untersuchungen zur Gefährdung durch Lebensmittelzusätze konnten diese Ursache jedoch nicht bestätigen, so dass die Verwendung dieser Zusätze nicht verboten wurde. Es ist jedoch nicht auszuschließen, dass bestimmte Kinder auf diese Lebensmittelzusätze mit hyperaktiven Verhalten reagieren.

Neben diesen drei Ursachenbereichen können weitere Faktoren wie Hirnhautentzündung, Unfälle, Schädigungen während der Schwangerschaft und während des Geburtsvorgangs hyperaktives Verhalten auslösen.

Hilfen

Da zurzeit noch Unklarheit über die Ursachen des hyperaktiven Verhaltens besteht, ist es schwierig, gezielte Hilfen zu entwickeln.

Das hyperaktive Kind sollte in einer klar strukturierten Umwelt aufwachsen, in der das Überschreiten von Regeln zu Konsequenzen führt. Übersichtlichkeit und Ordnung im Tagesablauf ermöglichen dem Kind eine schnelle Orientierung. Auch die Reduzierung der Außenreize (z. B. Fernsehen, Computerspiele) dient dem hyperaktiven Kind dazu, sich in seiner Umwelt besser zurechtzufinden.

Wortsignale sind einsetzbar, um ein Eskalieren des Verhaltens zu vermeiden. Mit dem Wortsignal (z. B. „Jetzt bist du überdreht") wird der Verhaltensablauf gestoppt und das Kind zeitlich begrenzt aus der Situation herausgenommen.

Um die Selbstverantwortung des hyperaktiven Kindes zu steigern und sein Selbstbewusstsein zu erhöhen, sollten dem Kind täglich wechselnde oder dauerhafte Pflichten übertragen werden.

Bei Gruppenarbeiten ist die Zahl der Gruppenmitglieder möglichst gering zu halten, um Ablenkungen zu vermeiden.

Aufgrund der vorliegenden Problematik benötigt das hyperaktive Kind zum Beispiel bei der Hausaufgabenerledigung mehr Arbeitszeit. Während der Erledigung sollte das Kind verbal und nonverbal verstärkt und ermuntert werden.

Die Erzieherin sollte das hyperaktive Kind davor schützen, dass es von anderen Kindern abgelehnt und damit zum Außenseiter wird. Das Kind sollte in Gruppenaktivitäten eingebunden werden und in der Gruppe Erfolgserlebnisse haben.

Das hyperaktive Kind sollte die Möglichkeit erhalten, in Freiräumen (z. B. Pausen) seinem ausgeprägten Bewegungsdrang nachzukommen.

Ess- und Gewichtsstörungen

Die Häufigkeit von Ess- und Gewichtsstörungen hat in den letzten Jahrzehnten deutlich zugenommen. Dies steht in enger Beziehung zu den gesellschaftlichen Normen, die das Schlanksein als Schönheitsideal fordern. Diesem Ideal wollen vor allem Frauen entsprechen, die etwa 10 bis 12 mal häufiger von Essstörungen betroffen sind als Männer. Den ausgeprägten Wunsch, abnehmen zu wollen, haben sowohl übergewichtige als auch normalgewichtige und sogar untergewichtige Frauen.

Eine Einordnung des Gewichts lässt der Body-Maß-Index (BMI) zu. Dabei wird das Körpergewicht (in Kilogramm) auf die Körpergröße (in Metern) bezogen:

$$BMI = \frac{kg}{m^2} \qquad \text{Beispiel: } \frac{62}{(1{,}71 \times 1{,}71)} = 21{,}2$$

Untergewicht:	BMI = 15,0 - 18,9
Normalgewicht:	BMI = 19,0 - 24,9
Übergewicht:	BMI = 25,0 - 29,9
Fettsucht:	BMI = 30,0 - 39,9

Liegt der BMI unter 13, dann liegt ein lebensbedrohliches Untergewicht vor.

Essstörungen sind durch eine ausgeprägte Furcht vor dem Dickwerden, einem veränderten Essverhalten und einer Störung der Körperwahrnehmung gekennzeichnet. **Definition**

Formen

Die beiden häufigsten Formen der Störungen sind die Magersucht (Anorexia nervosa) und die Ess-Brech-Sucht (Bulimia nervosa)).

Eine **Pubertäts-Magersucht** (Anorexia nervosa) liegt dann vor, wenn bewusst eine extreme Gewichtsabnahme herbeigeführt wird, so dass ein deutliches Untergewicht (unter 85% des Normalgewichts) vorliegt.

Das Verhalten der Betroffenen ist auf eine ständige Gewichtsabnahme konzentriert, die durch Fasten, Diäten, Missbrauch von Medikamenten oder übertriebene körperliche Aktivitäten gezielt herbeigeführt wird. Magersüchtige beschäftigen sich genauestens mit der Nahrungsaufnahme (Zählen von Kalorien) und den Möglichkeiten Körpergewicht zu vermindern. Sie haben eine ausgeprägte Angst vor einer Gewichtszunahme und nehmen ihren Körper als zu fett war (Störung der Körperwahrnehmung). Das Untergewicht verzögert in der Pubertät die körperliche Reifung.

Besonders stark sind Mädchen im 14. und dem 18. Lebensjahr betroffen. Etwa 2 % bis 4 % der Mädchen in diesem Alter sind magersüchtig. Aufgrund der hohen Dunkelziffer kann die Verbreitung der Magersucht nur geschätzt werden.

Bulimie

Bei der Bulimie folgt unmittelbar auf eine Heißhungerattacke mit einer übermäßigen Nahrungsaufnahme ein selbst herbeigeführtes Erbrechen. Das Körpergewicht liegt noch im Normalbereich.

Die Betroffenen beschäftigen sich intensiv mit ihrem Aussehen, ihrer Figur und ihrem Gewicht. Die Personen sind bemüht ein möglichst konstantes Körpergewicht zu halten. Typisch für die Bulimie ist das wiederholte Auftreten von Essattacken. In kurzer Zeit werden dann große Nahrungsmengen, vorwiegend Nahrungsmittel mit hohem Fettgehalt, zu sich genommen. Die Betroffenen verschlingen hohe Essmengen mit hoher Geschwindigkeit oft heimlich. Nach der Essattacke treten Schuld- und Versagensgefühle auf, das eigene Essverhalten nicht mehr kontrollieren zu können. Um einer Gewichtszunahme entgegenzuwirken, werden unmittelbar nach der Nahrungsaufnahme Maßnahmen ergriffen, um ein Erbrechen auszulösen.

Die Bulimie tritt verstärkt bei Mädchen im Alter von 14 bis 18 Jahren auf (ca. 1 % der Mädchen). Etwa die Hälfte der Betroffenen weisen vor der Bulimie bereits Phasen der Magersucht auf.

Das häufige Erbrechen führt zu körperlichen Folgeschäden. Das Erbrochene ist bereits mit Säure durchsetzt, so dass Entzündungen im Rachenbereich und der Speiseröhre sowie Zahnschmelzschädigungen auftreten. Der Verlust von Kalium und Magnesium beeinträchtigt die Herztätigkeit, bewirkt Muskelschwäche und Schädigungen der Nieren.

Beide Formen der Essstörungen können auch in Kombination (Mischform) auftreten.

Ursachen

Bei den Essstörungen wirken verschiedene Ursachenbereiche zusammen, wie die nachfolgende Abbildung verdeutlicht:

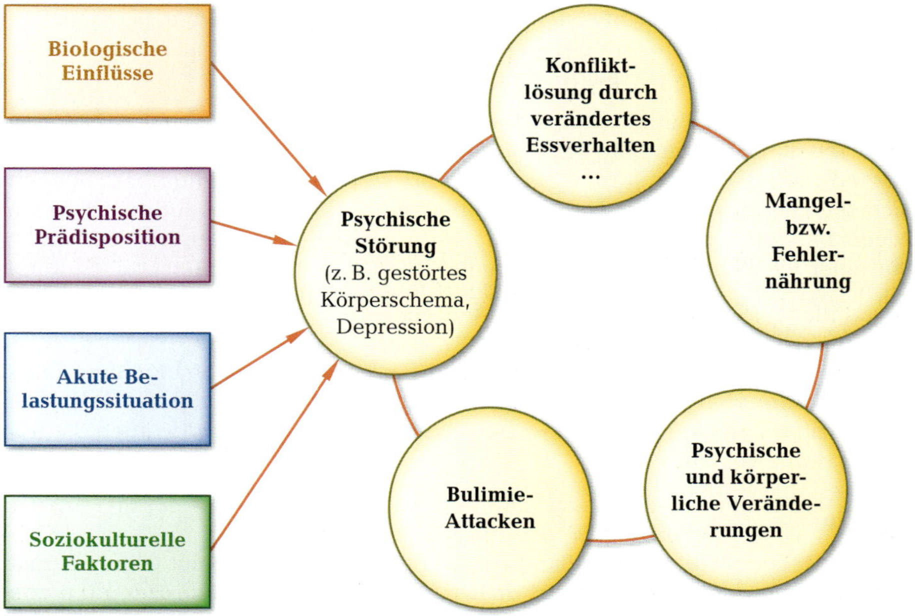

Biologische Einflüsse: Die Essstörungen beruhen auch auf Störungen der Sättigungswahrnehmung, die von verschiedenen körperlichen Systemen gesteuert wird. Zwar legen Zwillingsstudien die Vererbung von Essstörungen nahe, es fehlen jedoch noch eindeutige Belege.

Psychische Prädisposition: In der Pubertät kann es zu negativen Einstellungen gegenüber den körperlichen Veränderungen kommen; die Person möchte nicht erwachsen werden, Verantwortung übernehmen, Entscheidungen treffen. Die Person fühlt sich unzulänglich, hilflos und entwickelt ein negatives Selbstbild. Der Gewichtsverlust wirkt sich beispielsweise auf die sexuellen Reifungsprozesse aus und kann zum Ausbleiben der Menstruation führen.

Die Magersucht ist mit einer Störung des Körperschemas verbunden, d. h., es besteht keine realistische Körperwahrnehmung. Trotz deutlicher Unterernährung fühlt sich die Betroffene als zu dick. Magersüchtige sind stolz, wenn sie erleben, dass sie körperliche Veränderungen bewusst steuern können.

Akute Belastungssituation: Insbesondere familiäre Konflikte (z. B. gestörte Mutter-Kind-Beziehung) begünstigen das Auftreten von Magersucht.

Soziokulturelle Faktoren: Das gesellschaftliche Schönheitsideal „schlank sein" führt bei vielen Personen zur Unzufriedenheit mit der eigenen Erscheinung. In der Folge werden selbst bei deutlichem Untergewicht Diäten durchgeführt, um diesem fragwürdigen Ideal, das in den Medien propagiert wird, zu entsprechen.

Hilfen

Hilfsmaßnahmen setzen bei dem Betroffenen zunächst Leidensdruck voraus, d. h., die Einsicht, dass ein behandlungsbedürftiges Untergewicht vorliegt.

Neben speziellen Beratungsstellen für Essgestörte können auch Selbsthilfegruppen eine wichtige Unterstützung sein.

Abhängig vom Ausmaß des Untergewichts ist bei einem lebensbedrohlichen Körperzustand (Körpergewicht liegt mehr als 75 % unter dem Normalgewicht) eine stationäre Behandlung erforderlich, da schwerwiegende körperliche und seelische Folgeschäden zu erwarten sind.

Übergewicht (Adipositas)

Definition

Von einem krankhaften Übergewicht (Adipositas) wird ausgegangen, wenn eine gesundheitsgefährdende Vermehrung des Fettgewebes besteht. Liegt der Body-Maß-Index (BMI) im Erwachsenenalter über 25,0, besteht ein Übergewicht. Adipositas als krankhafte Form des Übergewichts beginnt bei einem Body-Maß-Index über 30,0. Aufgrund der Wachstumsprozesse und der damit verbundenen Veränderungen in der Körperzusammensetzung, wird im Kinder- und Jugendalter bei der Bestimmung des Übergewichts das Gewicht auf die jeweilige Altersgruppe bezogen.

Die nachfolgende Abbildung zeigt den Kurvenverlauf für Mädchen. Ein Prozentrang von 90 besagt, dass 90 % der Gleichaltrigen leichter und 10 % der Gleichaltrigen schwerer sind als die Person. Liegt der Prozentrang bei Kindern und Jugendlichen über 90 besteht ein Übergewicht; übersteigt der Prozentrang den Wert 97 liegt Adipositas vor.

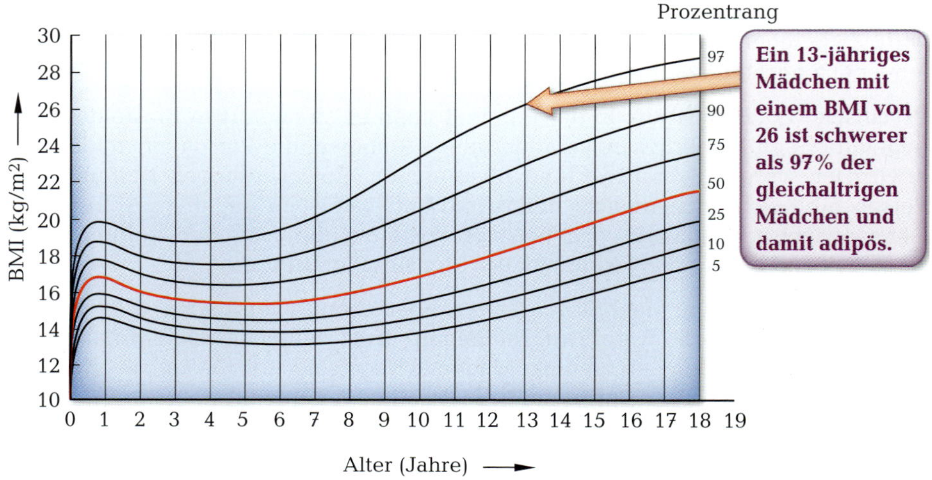

Abb.: Bestimmung des Übergewichts von weiblichen Kindern und Jugendlichen gemäß der Leitlinien der Arbeitsgemeinschaft Adipositas im Kindes- und Jugendalter (Kromeyer-Hauschild u. a. 2001)

Häufigkeit und Erscheinungsbild

In der Studie zur Gesundheit von Kindern und Jugendlichen in Deutschland (Erfassungszeitraum 2003 bis 2006) zeigte sich, dass ca. 15 % der Kinder bzw. Jugendlichen in Deutschland übergewichtig sind. Bei etwa 6,3 % liegt eine Adipositas vor. Jungen und Mädchen sind in gleichem Umfang betroffen. Im Vergleich zum Erfassungszeitraum 1985 bis 1999 hat sich die Zahl der übergewichtigen Kinder und Jugendliche um 50 % erhöht. Die Zahl der adipösen Kinder und Jugendlichen hat sich verdoppelt. Bezogen auf verschiedene Altersgruppen ergibt sich folgendes Bild:

Übergewicht bei Kindern und Jugendlichen

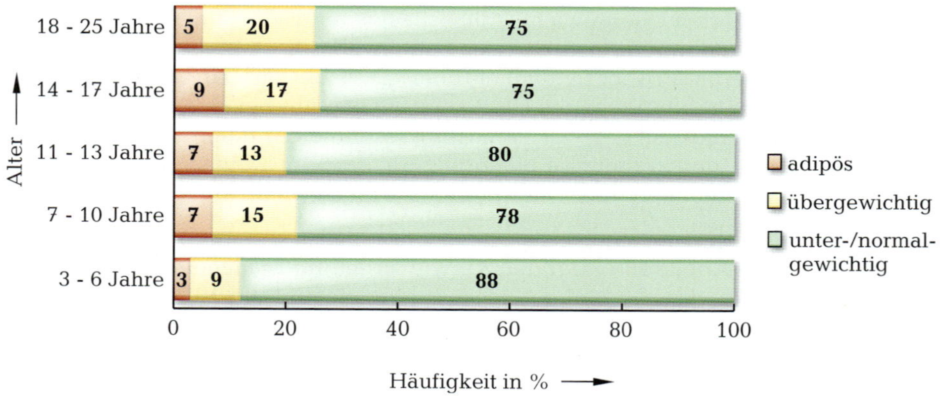

Bei adipösen Personen sind folgende Merkmale zu beobachten:

- Schnelles, hastiges Essen
- Essen ohne Hungergefühl
- Fehlendes Sättigungsgefühl
- Essen bis sich ein unangenehmes Gefühl einstellt
- Essen als Ausgleich für negative Gefühle
- Verknüpfung des Essens mit externen Reizen (z. B. Fernsehen)
- Hohe Sensibilität für Essenreize (Aussehen, Geschmack, Geruch)

Adipositas führt bereits bei Kindern und Jugendlichen zu organischen Folgeschädigungen wie Bluthochdruck, Fettstoffwechselstörungen, Zuckerstoffwechselstörungen (Diabetes melitus Typ 2) oder orthopädischen Erkrankungen (z. B. Gelenkschäden, Gelenkfehlstellungen).

Zudem sind psychische Folgewirkungen wie Schuld und Schamgefühle, Selbsthass, Minderwertigkeitsgefühle oder sozialer Rückzug zu beobachten.

Ursachen

Es kommt dann zum Übergewicht. wenn die individuelle Energie- bzw. Nährstoffbilanz nicht ausgeglichen ist und die Person mehr Nahrung aufnimmt als sie verbraucht. Für dieses Ungleichgewicht sind familiäre und gesellschaftliche Einflüsse und die veränderten Lebensbedingungen, die das Bewegungs- und Freizeitverhalten beeinflussen, verantwortlich:

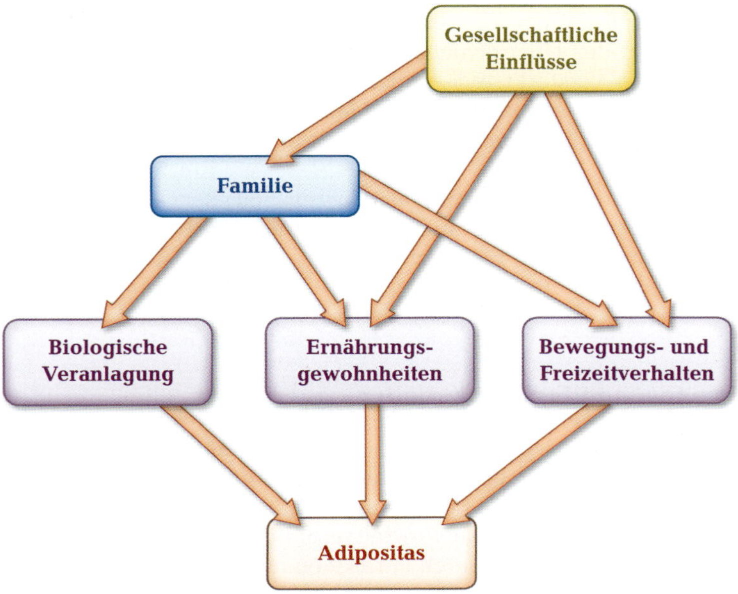

Abb.: Ursachenbereiche des Übergewichts

Biologische Veranlagung

Eine Veranlagung zum Übergewicht kann erblich bedingt sein. Zwillingsstudien legen nahe, dass ca. 60 – 80 % des Körpergewichts genetisch bedingt sind. Genetisch bedingt ist nicht das Übergwicht, sondern es sind die biologischen Prozesse (z. B. Verbrennung im Fettgewebe, Appetitregulation oder lnsulinintensität), die auf die Entstehung von Adipositas Einfluss nehmen.

Der **unterschiedliche individuelle** Energiebedarf ist eine Einflussgröße, die das Übergewicht beeinflusst. Der Energiebedarf wird von folgenden drei Faktoren beeinflusst:

- Grundumsatz (Gesamtenergie, die zur Aufrechterhaltung der Körperfunktionen benötigt wird; 50 – 70 % des gesamten Energieverbrauchs)
- Thermogenetischer Nahrungseffekt (Menge der Körperwärme, die durch die Nahrung erzeugt wird; ca. 6 – 10%)
- Körperliche Aktivität (Energieverbrauch aufgrund körperlicher Tätigkeiten; ca. 20 – 40 %).

Einige Studien belegen, dass Übergewichtige einen geringeren Grundumsatz aufweisen als Normalgewichtige und deshalb eine geringere Nahrungsmenge benötigen. So führt bereits eine normale Essensmenge zur Gewichtszunahme.

Emährungsgewohnheiten

Veränderte Ernährungsverhalten und -gewohnheiten wirken sich direkt auf die Entstehung des Übergewichts aus. Aus dem Überangebot an Nahrungsmitteln werden verstärkt fett- und zuckerhaltige Lebensmittel ausgewählt. An die Stelle von frisch zubereiteten Mahlzeiten treten Fastfood-Gerichte mit einem hohen Fett-, Salz- und Zuckergehalt.

Die Essensaufnahme nebenher (beim Fernsehen, Lesen) und das Essen aus Langeweile, Frust oder Stresssituationen führen zu einer unkontrollierten Nahrungsaufnahme, die nicht am Hunger orientiert ist und ein natürliches Sättigungsgefühl übergeht.

Bewegungs- und Freizeitverhalten

Übergewichtige bewegen sich weniger als Normalgewichtige und meiden körperliche Anstrengungen. Experimentelle Studien legen nahe, dass etwa ein Drittel des Fettgewebes bei Übergewichtigen auf Bewegungsmangel zurückgeführt werden kann. Das Freizeitverhalten adipöser Kinder wird stärker als bei Normalgewichtigen durch Fernsehen und Computer bestimmt.

Hilfen

Da das Übergewicht in der Regel auf das Zusammenwirken mehrerer Faktoren zurückzuführen ist, sollten auch die Behandlungsmaßnahmen möglichst vielfältig angelegt sein. Der Einsatz von Medikamenten oder operative Verfahren (z. B. Verkleinerung des Magens) haben sich als wenig erfolgversprechend erwiesen.

Die Eltern sollten über Ursachen des Übergewichts und Hinweise für eine gesunde Ernährung und Lebensweise informiert werden. Zudem sollen Kinder und Jugendliche ihre eigene Verantwortung für das Körpergewicht wahrnehmen. Bei einer systematischen Vorgehensweise steht die **kritische Selbstreflexion** am Anfang des Veränderungsprozesses. Auf die Problematik von einseitigen Diäten und Alternativen zu den bisherigen, übergewichtsfördernden Essgewohnheiten wird zunächst hingewiesen. Die übergewichtigen Kinder und Jugendliche werden mit den Grundsätzen einer gesunden Ernährung vertraut gemacht und können somit die Zusammensetzung der Mahlzeiten bewerten und ggf. verändern. Das zumeist fremdgesteuerte Essverhalten (z. B. Aussehen der Nahrung, Geruch, Geschmack sowie Kopplung des Essens an andere Aktivitäten) soll von einem selbstgesteuerten Essverhalten, das von inneren Prozessen (z. B. Hungergefühl, Sättigungsgrad) beeinflusst wird, abgelöst werden.

Eine Ernährungsumstellung, die das gesamte Umfeld einbeziehen sollte, umfasst mehrere Stufen. Zunächst steht eine Veringerung der Fettaufnahme (ca. 60 g pro Tag) im Vordergrund; in der zweiten Phase wird der Verzehr von Kohlehydraten und Eiweiß systematisch veringert und der Verzehr von pflanzlichen Produkten, die eine geringe Energiedichte aufweisen, erhöht. Extrem einseitige Diäten weisen ein hohes medizinisches Risiko verbunden mit einer geringen Langzeitwirkung auf und sind deshalb abzulehnen.

Soll das Gewicht stabil reduziert und langffistig gehalten werden, dann ist eine **vermehrte körperliche Betätigung** von ca. 5 Stunden zusätzlicher Bewegung pro Woche erforderlich. Im Mittelpunkt steht der Aufbau einer positiven Einstellung zur Bewegung und die körperliche Betätigung in Bereichen, die dem Betroffenen Spaß bereiten (Bewegungsspiele). Die Erzieherin sollte adipöse Kinder und Jugendliche spielerisch an Bewegungsangebote heranführen und verschiedene Sportarten anbieten. Die sportlichen Aktivitäten können langfristig stabilisiert werden, wenn sich der Betroffene einer Gemeinschaft (z. B. Sportverein, Fitness-Studio, Lauftreff) anschließt.

Eine Langzeitwirkung ist nur dann sicherzustellen, wenn...

... ein Rückfall zum früheren Essverhalten verhindert werden kann.

... die Essensumstellung (z. B. fettreduzierte Kost) verinnerlicht wurde und die alltägliche Nahrungsaufnahme (unbewusst) bestimmt.

... durch körperliche Aktivitäten der Energieverbrauch erhöht und der Erhalt der Muskelmasse gesichert wird.

... das soziale Umfeld unterstützend wirkt.

Borderline Syndrom

Das Borderline Syndrom ist eine Persönlichkeitsstörung, die im Jugendalter und jungen Erwachsenenalter verstärkt auftritt.

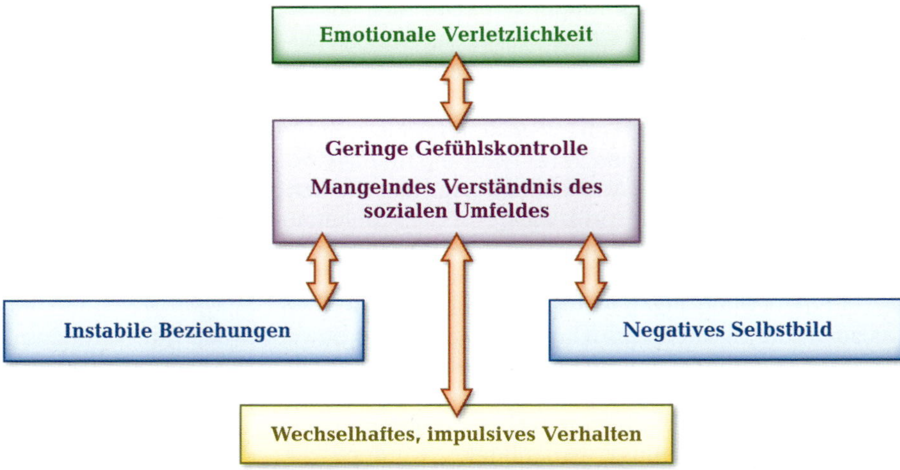

Borderline-Syndrom (in Anlehnung an Mitmansgruber 2006)

Definition

Die Bezeichnung Borderline (= engl. Grenzfall) weist darauf hin, dass Symptome aus unterschiedlichen Störungsformen auftreten. Das Borderline Syndrom liegt an der Grenze zwischen Neurosen und Psychosen.

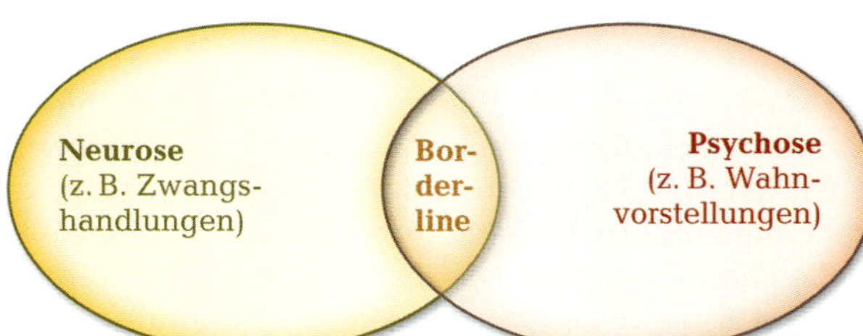

Es ist gekennzeichnet durch:

(1) Verzweifeltes Bemühen ein tatsächliches oder vermutetes Verlassenwerden zu vermeiden

(2) Instabile, aber intensive zwischenmenschliche Beziehungen, die durch einen Wechsel zwischen Idealisierung und verächtlicher Ablehnung gekennzeichnet sind

(3) Identitätsstörung, Instabilität des Selbstbild und der Selbstwahrnehmung

(4) Impulsivität mit selbst schädigendem Verhalten in mindestens zwei der folgenden Bereiche: Geldverschwendung, Sexualität, Substanzmissbrauch, rücksichtsloses Fahren, Fressanfälle

(5) Wiederholte Suizidhandlungen, -andeutungen bzw. -drohungen oder Selbstverletzungsverhalten

(6) Starke Stimmungsschwankungen, Ängste und Verstimmungen

(7) Dauerhaftes Gefühl der Leere

(8) Unangemessene, heftige Wut beziehungsweise Probleme, die Wut zu kontrollieren

(9) Vorübergehende belastungsbedingte Wahnvorstellungen (z. B. Misstrauen)

Wie Untersuchungen belegen, treten mit der Borderline-Störung weitere Auffälligkeiten auf. Fast alle Betroffenen zeigen Depressionen und Angststörungen. Bei etwa der Hälfte der Betroffenen ist ein Substanzmittelmissbrauch (z. B. Alkohol, Medikamente, Drogen) nachweisbar. Vor allem bei Frauen sind Essstörungen zu beobachten. Circa 70 % der Betroffenen unternehmen Selbsttötungsversuche.

Die Borderline-Störung tritt überwiegend bei Frauen (circa 60 bis 70 % der Betroffenen) auf. Der Höhepunkt der Störung liegt im Jugendalter beziehungsweise im frühen Erwachsenenalter.

Ursachen

Das Borderline Syndrom wird auf familiäre Ursachen, organische Einflüsse, Persönlichkeitsfaktoren und traumatische Erfahrungen in der frühen Kindheit zurückgeführt.

Familiäre Ursachen

Die Beziehungen der Betroffenen zu den Eltern ist zwiespältig. Einerseits besteht das Bedürfnis nach Bindung und andererseits eine starke Feindseligkeit und Ablehnung. Häufig liegen unglückliche Kindheitserfahrungen (Trennung, Scheidung der Eltern, Misshandlungen, Vernachlässigung geringe emotionale Unterstützung) vor. Die Beziehung zwischen der Mutter und den Betroffenen ist problembelastet.

Organische Einflüsse

Inwieweit die Borderline-Störung vererbt ist, ist noch nicht abschließend geklärt. Da Persönlichkeitsstörungen in der Regel genetisch bedingt sind und andere Familienmitglieder ebenfalls psychische Beeinträchtigungen aufweisen, wird der Vererbungseinfluss nicht ausgeschlossen. Studien weisen daraufhin, dass frühkindliche Hirnschädigungen zu Entwicklungsverzögerungen führen, die in Beziehung zur Borderline-Störung stehen. Das impulsive Verhalten und die Schwierigkeiten bei der Gefühlskontrolle sprechen für neurobiologische Fehlfunktionen.

Persönlichkeitseinflüsse

Aus der Sicht der Psychoanalyse kann die Borderline-Störung auf Problemen in der frühen Kindheit (zwischen dem zweiten und vierten Lebensjahr) beruhen. In diesem Abschnitt entwickelt sich die eigene Identität des Kindes. Offenbar ist es dem Kind nicht gelungen, die positiven und negativen Seiten bei sich selbst und anderen Personen zu integrieren.

Negative Erfahrungen

Bei Personen mit dem Borderline Syndrom sind häufig traumatische Kindheitserfahrungen (Misshandlungen, sexueller Missbrauch, gestörte Elternkindbeziehung) nachweisbar.

Hilfen

Pädagogische Maßnahmen reichten nicht aus, um Personen mit der Borderline-Störung angemessen zu helfen. Bei etwa 20 % der Betroffenen ist eine vorübergehend stationäre psychiatrische Behandlung erforderlich. Dies ist vor allem dann notwendig, wenn eine starke Selbstgefährdung und massive Probleme im sozialen Umfeld vorliegen.

Die Betreuung von Personen mit einer Borderline-Störung ist sehr anstrengend und emotional belastend, da der Helfer häufig mit krisenhaften, für den Betroffenen lebensbedrohlichen Situationen, impulsiven und widersprüchlichen Verhalten konfrontiert wird. Folgende Vorgehensweisen erleichtern den Umgang mit den Betroffenen (siehe Stricker-Jannan 2004):

- Keine Vorwürfe und Anschuldigungen
- Zweideutigkeiten vermeiden und klare Aussagen treffen, um beispielsweise auf der Beziehungsebene klare Verhältnisse zu schaffen
- Eigene Grenzen der Unterstützung und Hilfe deutlich machen; Betroffene mit einer Borderline-Störung erwarten häufig ein hohes Maß an Zuwendung und Aufmerksamkeit, was vom Helfer nicht zu leisten ist
- Die Eigenverantwortung des Betroffenen herausstellen und nicht die Verantwortung für die Lösung der Probleme übernehmen
- Als Helfer sich im Team Rückhalt und Unterstützung holen; gemeinsam im Team agieren und sich nicht untereinander ausspielen lassen; ggf. ist Supervision erforderlich, um die Erfahrungen mit den Betroffenen verarbeiten zu können
- Absprachen mit den Betroffenen vereinbaren, wie bei autoaggressiven Impulsen zu reagieren ist (z. B. Ansprechpersonen festlegen)

Suizid

Definition

Unter Suizd (lat. sui cidium = Selbsttötung) werden Handlungen verstanden, die darauf abzielen, das eigene Leben mit bewusster Absicht zu beenden. Der Suizidversuch umfasst alle Handlungen zur absichtlichen Selbstschädigung mit der Möglichkeit des tödlichen Ausgangs.

In Deutschland sterben mehr Menschen durch Selbsttötung (2004: 10.700 Personen) als durch Autounfälle (2006: 5.900 Personen). Etwa drei Viertel der Personen sind männlich und ein Viertel weiblich. In den letzen Jahren ist die Zahl der Selbsttötungen rückläufig. Bei Kindern und Jugendlichen ist die Selbsttötung die zweithäufigste Todesursache nach dem Unfalltod.

Altersgruppe	Insgesamt	männlich	weiblich
insgesamt	10.733	7.939	2.794
10 - 15 Jahre	23	16	7
15 - 20 Jahre	219	172	47
20 - 25 Jahre	428	346	82

Anzahl der Selbsttötungen 2004 (Quelle: Statistisches Bundesamt, Robert-Koch-Institut)

Bei etwa 8 % der Durchschnittsbevölkerung sind Suizidgedanken nachweisbar und ca. 2 % unternehmen Suizidversuche zu irgendeinem Zeitpunkt.

Formen

Vor der Selbsttötung können suizidale Krisen mit einem drohenden Angriff auf die eigene Person beobachtet werden (Selbsttötungsversuche oder Selbstbeschädigungen / Selbstverletzungen).

Pöldinger (1988) unterscheidet drei Phasen. In der **Phase der Erwägung** wird die Selbsttötung als Lösung und Überwindung von aktuellen Problemen erwogen. Dies gilt inbesondere für Jugendliche, die über wenig Lebenserfahrungen und Strategien von Bewältigung von Krisen verfügen. In dieser Phase ist die Person besonders sensibel für Hinweise auf Suizid (z. B. Medien).

Zwischen der ersten Erwägung und der Suizidhandlung liegt eine länger andauernde **Phase der Unschlüssigkeit** (Ambivalenz). In dieser Phase kann durch äußere Einflüsse die weitere Entwicklung aufgehalten oder beschleunigt werden. Deshalb sind therapeutische Maßnahmen in dieser Phase besonders wichtig.

In der letzten Phase ist der **Entschluss zur Selbsttötung** gefasst. Es kommt zu einer Phase der Ruhe (Ruhe vor dem Sturm), in der die Person gefasst, selbstsicher und klar denkend erscheint. Das soziale Umfeld interpretiert dieses Verhalten fälschlicherweise als ein Überwinden der Krise.

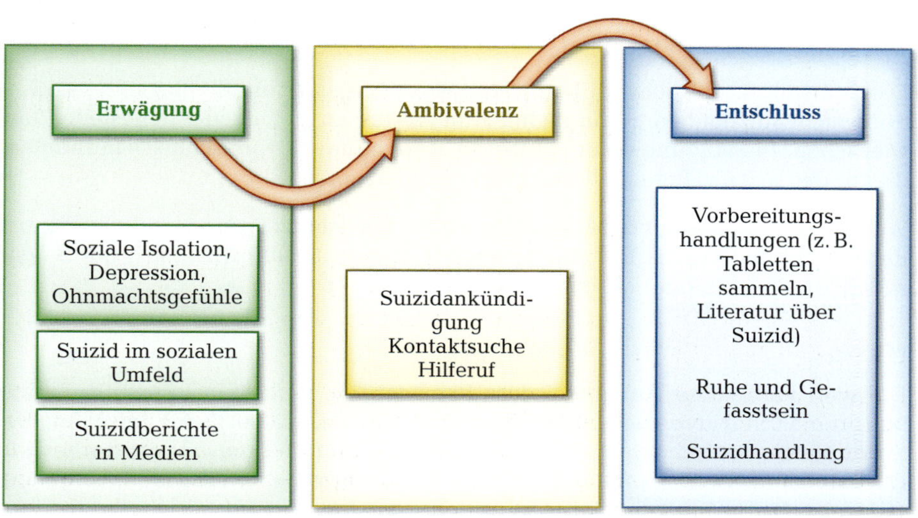

Ursachen

Als besonders gefährdet gelten folgende Risikogruppen:

- Drogen- und Medikamentenabhängige, Alkoholiker
- Personen mit traumatischen Erfahrungen
- Chronisch Kranke und Schmerzpatienten
- Menschen in Haft
- Depressive Menschen
- Menschen nach einer Trennung

Suizid ist multifaktoriell bedingt, d. h., es besteht eine **Wechselbeziehung zwischen psychologischen, soziologischen und biologischen Faktoren**.

Freud geht von einem **Todestrieb** aus, der als Aggressionshandlung gegen die eigene Person gerichtet ist. Das Über-Ich als regulierende Instanz ist zu gering ausgeprägt und das Ich als handelnde Person zu schwach, um den Wunsch nach Selbsttötung abzuwehren bzw. nach außen auf Ersatzobjekte umzulenken.

Als Ursache kommt eine Störung des zerebralen Serotoninstoffwechsels in Frage. Auf **genetische Ursachen** weist auch die Häufung von Selbsttötungen in bestimmten Familien hin. Der Transmitter Serotonin ist auch für die Kontrolle impulsiver und aggressiver Verhaltensweisen verantwortlich.

Bei einer Depression treten folgende Symptome auf: Selbstvorwürfe, sozialer Rückzug, Verbitterung, Aggressionen und Selbsttötungabsichten, da die Aggressionen nicht nach außen abgeleitet sondern gegen die eigene Person gerichtet werden. **Depressive sind stark suizidgefährdet**.

Suizid wird als **Abschluss einer krankhaften psychischen Entwicklung** gesehen (präsuizidales Syndrom). Die Person erlebt die Außenwelt bedrohlich und übermächtig und sich selbst als schwach, hilflos und ohnmächtig diesen Einflüssen ausgeliefert. Auftretende Aggressionen werden gegen sich selbst gerichtet. Es entstehen Selbsttötungsphantasien mit einer meist konkreten Vorstellung über den Ablauf des Suizids.

Die Selbsttötungsabsicht wird zum Appell an den anderen, die Beziehung / Bindung nicht aufzugeben. So führt ein Partnerverlust (z. B. Tod eines nahestehenden Menschen, Beendigung einer intensiven Beziehung) zu **Kurzschlusshandlungen**, die für das soziale Umfeld oft nicht vorhersehbar sind.

Wenn sich lang andauernde, stark belastende **Krisen** zuspitzen und die Person das Gefühl der Ausweglosigkeit und der Ohnmacht hat, erhöht sich die Bereitschaft zur Selbsttötung.

Hilfen

Die weit verbreitete Annahme, dass Personen die eine Selbsttötung ankündigen, keinen Suizidversuch unternehmen, ist falsch. Etwa 80 % der Personen, die Suizidhandlungen durchführen, kündigen ihre Selbsttötungsabsicht vorher an. Deshalb ist es wichtig, eine Suizidgefährdung frühzeitig zu erkennen. Folgende **Hinweisreize** sollten beachtet werden:

- Mitteilung einer beabsichtigten Selbsttötung
- Abschied nehmen
- Selbsttötungsversuche in der Vergangenheit
- Gefühle von Hoffnungslosigkeit und Ohnmacht
- Suchterkrankungen, Alkohol-, Medikamenten- Drogenabhängigkeit
- Ablehnung von Hilfsangeboten
- Starke psychische Belastungen, schicksalhafte Lebensereignisse
- Vergebliche Suche nach Lösungen, Ausweglosigkeit, Hoffnungslosigkeit
- Gefühl der Lebensunfähigkeit, Sinnlosigkeit des Lebens
- Personen mit psychischen Beeinträchtigungen (z. B. Depressionen, Schizophrenie, Borderline-Syndrom,)
- Neigung zur Selbstentwertung

Die Einschätzung des Suizidrisikos ist schwierig, da die Betroffenen z. T. bagatellisieren und ihre Absichten verleugnen. Folgende Kriterien können zur **Bewertung des Suizidrisikos** herangezogen werden:

- Es liegen mehrere Selbsttötungsversuche mit zunehmend massiveren Methoden vor
- Helfer, Bezugspersonen werden über die Tötungsabsicht informiert
- Betroffene sucht nach Anleitung zur Selbsttötung (Literatur, Internet)
- Nach der Suizidankündigung tritt ungewöhnlich lange Zeit der Ruhe ein
- Argumente zur Selbsttötung sind stärker als lebenserhaltende Argumente
- Langandauernde Suizidgedanken
- Ausgeprägtes selbstgefährdendes Verhalten
- Vorbereitungshandlungen (z. B. Abschiedsbrief, Tabletten sammeln)
- Es liegt ein konkreter Handlungsplan vor
- Betroffener spricht ruhig, gelassen über seine Selbsttötungsabsicht
- Ausgeprägte Schuldgefühle und Selbstvorwürfe
- Kränkende Lebensereignisse
- Depressivität

Das wichtigste Mittel zur Krisenbewältigung bei Suizidgefährdung ist das **Gespräch** zwischen dem Betroffenen und der Erzieherin als Helferin. Erst wenn es gelingt, eine **vertrauensvolle Beziehung aufzubauen**, ist die Möglichkeit einer wirkungsvollen Hilfe gegeben. Im Gespräch sollten auch die Suzidabsichten des Betroffenen angesprochen werden. Besteht das Gespräch vorwiegend aus Ablenkungen, Trost spenden, Übergehen der Problematik, dann fühlt sich Betroffene nicht ernst genommen.

Das vom Wiener Kriseninterventionszentrum entwickelte **Kriseninterventionskonzept** BELLA (siehe Schwarzer & Trost 1999) umfasst folgende Elemente:

B eziehung aufbauen

E rfasse die Situation

L indere die Symptome

L eute einbeziehen

Ausweg aus der Krise suchen

Ankündigungen einer Selbsttötung sollten nicht verharmlost bzw. beschwichtigt werden, sondern sind ernst zu nehmen. Es ist zwar sinnvoll und notwendig, auf den Gefährdeten einzugehen und mit ihm Hilfsmöglichkeiten zu entwickeln, doch es besteht die Gefahr, dass diese Maßnahmen nur oberflächlich wirken.

Die Erzieherin muss professionelle Hilfsmöglichkeiten einbeziehen und eine Behandlung des Betroffenen durch einen Facharzt bzw. psychiatrische Kliniken oder Kriseninterventionsstellen anbahnen. Es sollte beobachtet werden, inwieweit der Betroffene die Hilfsmöglichkeiten wahrnimmt.

Die Erzieherin sollte zudem **die Hilfssysteme des Betroffenen** (Familienangehörige, Freunde) **aktivieren**.

Auf den Punkt gebracht

Wenn das Verhalten und Erleben einer Person über einen längeren Zeitraum hinweg erheblich von der Norm abweicht, so spricht man von Verhaltensauffälligkeiten. Die dargestellten Beispiele erläutern auffälliges Verhalten, mit dem die Erzieherin häufig konfrontiert wird (Aggression, Angst, ADS, Ess- und Gewichtsstörungen, Borderline Syndrom, Suizid). Sie sollte die Verhaltensauffälligkeiten kennen, um betroffene Familien beraten und angemessene pädagogische Hilfen geben zu können.

Aufgaben

1. Beschreiben Sie Verhaltensabweichungen, die Sie erlebt haben und diskutieren Sie angemessene pädagogische Hilfen.
2. Unterscheiden Sie zwischen „normaler Angst" und „auffälliger Angst".
3. Erörtern Sie, wie Sie mit kindlichen Aggressionen im Erziehungsalltag umgehen können.
4. Erklären Sie den „ADS-Teufelskreis".
5. Zeigen Sie den Zusammenhang zwischen Essstörungen und gesellschaftlichen Normen auf.
6. Erläutern Sie das „Borderline-Syndrom".
7. Tauschen Sie sich über Hinweise auf Suizidgefährdung aus.

5 Bildung und Lernen

Aus den neuen Erkenntnissen der Hirnforschung sowie der Lern- und Entwicklungspsychologie (siehe Kap. Entwicklung) lassen sich drei wesentliche Folgerungen für das heutige Verständnis von Bildung ableiten:

Verständnis von Bildung

- Es besteht eine besonders große Bildsamkeit im Kleinkindalter.
- Kinder können nicht gebildet werden, sie bilden sich selbst.
- Grundlage für die Selbstbildung ist eine sichere Bindung.

Perspektivenwechsel

Das bedeutet einen Perspektivenwechsel im Verständnis von Bildung vorzunehmen: Bildung wird nicht mehr wie früher verstanden als Entfaltung von natürlichen Anlagen, sondern als fortlaufende, situationsbezogene Konstruktion von Bedeutungen.

Der Erwachsene belehrt nicht das Kind und versucht ihm etwas beizubringen, sondern begleitet das eigenständige Lernen der Kinder, ihren Selbstbildungsprozess. Nach den Ergebnissen der Bindungsforschung stellt der Erwachsene für die Kinder die sichere Basis für ihre Welterkundung und -aneignung dar.

Kinder bilden sich in der aktiven Auseinandersetzung mit ihrer Umwelt. Sie konstruieren fortlaufende „Vorstellungen von Welt", die sie anhand ihrer Erfahrungen überprüfen und weiterentwickeln. Die Kinder suchen in der Auseinandersetzung mit der Welt Sinn und Bedeutung. Ihr **Selbstbildungsprozess** folgt vorrangig entwicklungspsychologischen Gesetzmäßigkeiten und nicht Bildungszielen, die überwiegend aus der Erwachsenenwelt stammen.

Aufgabe der Erwachsenen ist es, dafür zu sorgen, dass die Kinder ihre eigenen Erfahrungen machen können, dass es für sie vielfältige und reichhaltige Bildungsanlässe gibt. Laewen (2002 Seite 73) sieht zwei Bereiche, in die sich die Erwachsenen in den Selbstbildungsprozess der Kinder einmischen können:

Lernhilfen zur Selbstbildung

- Gestaltung der Umwelt des Kindes. Dazu gehört: Die Architektur der Kindertagesstätte und die Anlage des Freigeländes, im engeren Sinne die Raumgestaltung und die materielle Ausstattung der Einrichtung sowie die Gestaltung von Zeitstrukturen und Situationen.
- Gestaltung der Interaktion zwischen Erwachsenen und Kind. Dazu gehört: Die Zumutung von Themen durch die Erwachsene, die Beantwortung der Themen der Kinder durch die Erwachsenen sowie die Wahl des Dialogs als Form der Interaktion.

Bildungsförderung setzt danach die Beobachtung von Lern- und Bildungsprozessen der Kinder in ihren jeweiligen Lebenswelten voraus (siehe Methoden). Die Erzieherin muss sich ein Bild von den Fähigkeiten und Interessen der Kinder machen. Sie kann dann Selbstbildungsprozesse anregen. Dies gelingt, wenn die Erzieherin das Kind in seiner Eigenständigkeit anerkennt. Sie muss sich zurückhalten und dem Kind genügend Freiräume für seine Selbstbildung belassen. Sie muss ihm Zeit für die Entwicklung seiner Fähigkeiten geben und seine Kompetenzen stärken. Fehler müssen als Chance zur Neuorientierung genutzt werden (aus Fehlern lernen!). Insbesondere muss die Erzieherin bereit sein, die Sichtweise der Kinder als eine mögliche zu tolerieren.

Die wechselseitige Anerkennung bedeutet aber nicht, dass die natürliche Differenz zwischen Erwachsenen und Kindern eingeebnet wird. Die Verschiedenheit muss vielmehr bewusst wahrgenommen und akzeptiert werden. Erwachsene und Kinder müssen ihre Kompetenzen und Interessen gleichermaßen einbringen können. Sie machen dann Erfahrungen, die für beide wichtig sind, ein gemeinsames Lernen findet statt.

Verständnis von Lernen

Wenn Bildung die kindliche Welt- und Selbstkonstruktion umschreibt, so kann man mit Lernen konkrete, benennbare Teile des gesamten Bildungsprozesses bezeichnen (z. B. eine Sprache lernen, Laufen lernen, Umgangsformen lernen). Die Psychologie spricht vom Verhalten des Menschen. Immer wenn durch Erfahrung und / oder Übung eine **Veränderung im Verhalten** eintritt, hat der Mensch gelernt.

Die Verhaltensveränderungen müssen aber dauerhaft sein.

Außerdem zählen Veränderungen, die genetisch bedingt sind (Reifungsprozesse) oder durch körperliche Reaktionen (z. B. Ermüdung, Stress, Krankheit) zustande kommen, nicht zum Lernen.

Mit **Reifung** werden biologische Wachstumsvorgänge umschrieben, die spontan aufgrund innerer Impulse einsetzen und deren Verlauf weitgehend von innen (genetisch) gesteuert wird. Reifung ist Funktionsvoraussetzung für ein bestimmtes Verhalten. Jetzt erst ist das Verhalten möglich! Reifung setzt Grenzen für Lernvorgänge und Umwelteinflüsse.

Beispiel Sprache: Voraussetzung für das Erlernen der Sprache ist die Reifung des Sprechapparates und des Gehirns. Der Spracherwerb ist nach erfolgter Funktionsreifung ein Lernprozess. D. h., Reifungs- und Lernprozesse wirken in der menschlichen Entwicklung eng zusammen.

Biologisch gesehen bedeutet Lernen, Verbindungen zwischen den Hirnzellen (neuronale Verbindungen, Synapsen) zu schaffen, zu vertiefen oder zu löschen.

Das menschliche Gehirn mit seiner besonderen Struktur und den differenzierten Aktivitäten der Hirnrinde ist gewissermaßen darauf spezialisiert ein Leben lang zu lernen (siehe Entwicklung).

Auf den Punkt gebracht

Bildung wird verstanden als Selbstbildung im doppelten Sinn:
Bildung als Selbsttätigkeit und Bildung des Selbst (siehe Entwicklung).
Bildung geschieht im gleichwertigen Dialog zwischen Erwachsenen und Kindern auf der Grundlage einer sicheren Bindung.
Unter Lernen verstehen wir dauerhafte Verhaltensveränderungen, die durch Erfahrung und/oder Übung zustande kommen. Genetisch bedingte Veränderungen und solche, die auf körperliche Reaktionen zurückzuführen sind, zählen nicht zum Lernen.

Biologisch gesehen werden beim Lernen ein Leben lang Verbindungen zwischen den Gehirnzellen auf-, um- und abgebaut. Die Lerninhalte sind Teile des gesamten Bildungsprozesses.

Aufgaben

1. Erläutern Sie den Perspektivenwechsel im Verständnis von Bildung.
2. Entscheiden Sie, bei welchem der Beispiele es sich um Lernen bzw. kein Lernen handelt. Begründen Sie Ihre Entscheidung.

Beispiel	Lernen	kein Lernen	Begründung
Ein Kind kann Radfahren, nachdem es eine Zeitlang geübt hat.			
Man merkt sich eine Telefonnummer und kann sie einmal benutzen			
Die Stimme ist verändert, weil man eine Erkältung hat.			
Die Stimme ist verändert, weil man in den Stimmbruch gekommen ist.			
Jemand beherrscht eine Fremdsprache, nachdem er mehrere Jahre im Ausland verbracht hat.			
Man misstraut einem Menschen, weil man von ihm bestohlen wurde.			
Man kann die Geheimnummer seines Kontos ohne Hilfsmittel fehlerfrei benutzen.			
Ein bestimmter Gesichtsausdruck löst immer wieder Abneigung aus.			

5.1 Bildungsinhalte

Es besteht eine bundesweite Übereinstimmung in dem oben beschriebenen Bildungsverständnis, dass die Kinder sich die Welt selber forschend aneignen.

Themen der Kinder

Die Weltaneignung macht sich an Themen fest, d. h. Inhaltsbereiche (z. B. Sprache, Naturwissenschaften, Bewegung, Gestalten) spielen eine große Rolle. Sie werden allerdings in den einzelnen Bundesländern unterschiedlich formuliert und gewichtet. Daneben werden Themen wie Resilienz (siehe Kap. Entwicklung) und lernmethodische Kompetenzen (siehe Kap. Lernen) berücksichtigt. Im Mittelpunkt der Bildungsbemühungen steht in allen Bundesländern der Dialog zwischen Erwachsenen und Kindern.

Deutliche Unterschiede bestehen aber zwischen den Bundesländern hinsichtlich der Umsetzung der Bildungsvorstellungen in die Erziehungspraxis. Sie reichen von reinen Empfehlungen bis zu einem verbindlichen gesetzlichen Rahmen.

Bildungsschwerpunkte

Wesentliche Impulse für Reformen im Bildungsbereich gehen von dem Forum Bildung aus, einer Expertengruppe der Bund- Länderkommission für Bildungsplanung und Forschungsförderung. Das Forum veröffentlichte (2001) Empfehlungen für eine Bildungsreform in Deutschland. Danach sollen Kinder vor allem in Naturwissenschaften, Technik, Fremdsprachen und musisch- kreativen Fächern bereits in den Kindertagesstätten gefördert werden.

Im Auftrag des Bundesfamilienministeriums sowie der zuständigen Ministerien in Sachsen, Brandenburg und Schleswig-Holstein, hat das Institut für angewandte Sozialisationsforschung Frühe Kindheit e.V. Berlin (Infans) ein Projekt zum Bildungsauftrag von Kindertagesstätten durchgeführt (1997 - 2000).

Die Wissenschaftler dokumentierten mit Kameras und Fragebögen alltägliche Spielszenen in insgesamt 12 Kindertagesstätten der beteiligten Bundesländer. Sie wollten herausfinden, wie Kinder die Welt entdecken.

Die Mitarbeiter des Infans-Instituts haben die Kinder als Forscher, Künstler und Konstrukteure erlebt und ihre Erfahrungen in einem Buch mit dem gleichen Titel festgehalten. Ihr Forschungsbericht ist eine wichtige Grundlage für die Formulierung der Bildungsinhalte.

Bildungsbereiche

Als Beispiel sollen die Bildungsbereiche von Brandenburg aufgeführt werden:

- Körper, Bewegung und Gesundheit
- Sprache, Kommunikation und Schriftkultur
- Musik
- Darstellen und Gestalten
- Mathematik und Naturwissenschaften
- Soziales Leben.

Das Weltwissen der Siebenjährigen

Elschenbroich legt mit ihrer „Weltwissen-Recherche" (der Siebenjährigen) einen offenen Bildungskanon für die ersten Jahre vor.

In über 150 Interviews hat sie Menschen allen Alters, aller Schichten und Bildungshintergründe danach gefragt, was die heute Siebenjährigen können, erfahren haben, über welches Weltwissen sie verfügen sollten. Herausgekommen ist eine umfangreiche Liste von Bildungsgelegenheiten, Anregungen, Erfahrungen, Ahnungen und Fragen, die insgesamt das Weltwissen der Siebenjährigen ausmacht (siehe Elschenbroich 2001 Seite 28-32).

Die Aufstellung reicht vom Bauen einer Sandburg, über die Erfahrung, dass Wasser trägt, bis zu Ahnungen von anderen Kontinenten und Fragen nach der eigenen Herkunft und Verwandtschaftsbeziehungen.

Elschenbroich versteht unter Weltwissen nicht die passive Speicherung von abfragbaren Fakten und Informationen über die Welt, sondern **das aktive Herangehen an die Welt**. Wissen heißt nicht, über etwas viel reden, sondern etwas tun können (2001, Seite 47).

Bildungsminiaturen

In 15 „Bildungsminiaturen" bietet Elschenbroich vielfältige Anregungen, wie sich Weltwissen im Erziehungsalltag für und mit den Kindern entwickeln lässt. Da geht es z. B. darum, ein Ich-als-Kind-Buch anzulegen, den Weltausschnitt vor meinem Fenster beschreiben zu können oder sich zu fragen, wie Leben entsteht (vgl. Elschenbroich 2001, Seite 157-219).

Als Ergänzung und Veranschaulichung hat Elschenbroich zusammen mit dem Dokumentarfilmer Otto Schweitzer mehrere Filme zum Thema „Weltwissen der Siebenjährigen" gedreht.

5.1.1 Sprachförderung

Alle Bundesländer sehen in der Sprachförderung einen wesentlichen Bildungsinhalt. Sie soll deshalb schwerpunktmäßig behandelt werden.

Grundsätze der Sprachförderung

Das Kind ist ein sprachbegabtes, zum Dialog fähiges Wesen. Es will sich mit Hilfe der Sprache einen Zugang zum anderen und zur Welt verschaffen.

Während seiner Entwicklung begegnet dem Kind Sprache aber als ein hoch strukturiertes Kommunikationsmittel. Es muss einen individuellen Einstieg in das komplexe Regelwerk finden und schrittweise die Komponenten der Sprache erfassen.

Sprachgebrauch im Kindergartenalltag

Sprache wird durch ihren Gebrauch erworben. Das heißt, Kinder müssen mit ihr beständig in Kontakt kommen. Sprachförderung bedeutet in diesem Zusammenhang, sprachpädagogisch bewusst gestalteter Kontakt mit Sprache, von dem Tag an, an dem das Kind in die Einrichtung kommt.

Der Sprachkontakt erfolgt in den zwischenmenschlichen Begegnungen. Sprachförderung beginnt daher mit dem Aufbau einer Beziehung zwischen Erzieherin und Kind und der Anbahnung von Kontakten der Kinder untereinander.

Sprachförderung geschieht vorrangig im täglichen sozialen Umgang in der Kindertagesstätte und richtet sich grundsätzlich an alle Kinder. Die vielfältigen Sprachanlässe in den Alltagssituationen werden hierbei zur Förderung in allen Bereichen der sprachlichen Entwicklung (Lautbildung, Wortschatz, Sprachverständnis, Grammatik, Satzbau) und zum bewussten Umgang mit Kommunikation genutzt. Es soll eine breite Begegnung des Kindes mit dem Medium Sprache stattfinden (siehe Konzept literacy).

Kleingruppenarbeit

Neben der gezielten Sprachförderung in Alltagssituationen für alle Kinder kann z. B. für jüngere, neu aufgenommene oder besonders sprachgehemmte Kinder die Arbeit in Kleingruppen angezeigt sein. Die geringere Kinderzahl ermöglicht der Erzieherin, ein genaueres Bild von der sprachlichen Entwicklung des einzelnen Kindes zu erstellen und differenziert zu fördern.

Sprachbiografien

Zur sprachpädagogisch bewussten Umgang mit Sprache gehört auch, dass die Erzieherin an das vorhandenen sprachliche Wissen bzw. Können der Kinder anknüpft und ihre individuelle Sprachbiografie berücksichtigt. Das hat zur Folge, dass Sprachförderung in der Regel von sehr heterogenen Kindergruppen ausgehen muss. Bei allen Kindern geht es aber gleichermaßen um die Erweiterung und Differenzierung der bereits vorhandenen kommunikativen Fähigkeiten.

Ganzheitliche Sprachförderung

Sprachförderung ist immer mit der Gesamtentwicklung des Kindes zu verknüpfen und in ein umfassendes Konzept frühkindlicher Bildung zu integrieren. Sie berücksichtigt neben dem Erwerb der Muttersprache auch Kinder, die mit dem Eintritt in die Kindertagesstätte eine zweite oder dritte Sprache erlernen und ist so Bestandteil interkultureller Bildung.

Methodische Prinzipien

Dialog

Die Förderung geschieht nicht in einer sprachlichen Unterweisung der Kinder durch die Erzieherin, etwa in täglichen Sprachlektionen, sondern im Dialog zwischen beiden.

Die Kinder wollen der Erzieherin etwas mitteilen oder sie fragen. Der Inhalt ist ihnen dabei wichtiger als die sprachlich korrekte Form. Die Erzieherin sollte sich daher im Dialog zunächst auf die Inhalte konzentrieren und das kindliche Mitteilungsbedürfnis nicht durch formale Sprachkorrekturen unterbrechen.

Konzentriertes Zuhören

Indem die Erzieherin Blickkontakt herstellt, signalisiert sie dem Kind, dass sie es intensiv wahrnimmt, ihm zuhört oder ihm etwas sagen will. Der Blickkontakt bewirkt eine gemeinsame Aufmerksamkeit. Er eröffnet den Dialog.

Es sollte ein konzentriertes Zuhören folgen. Das bedeutet, dass die Erzieherin Nebentätigkeiten einstellt und sich körperlich und gedanklich voll dem Kind zuwendet. Ein intensives Eingehen auf das Kind und insbesondere seine Gefühle wird durch das aktive Zuhören erreicht (siehe Kommunikation).

Offene Fragen stellen

Durch Fragen kann die Erzieherin ihr Interesse an den Mitteilungen des Kindes bekunden und den Dialog einleiten. Mit Hilfe von Fragen kann auch überprüft werden, ob ein Kind Begriffe oder Sachverhalte richtig verstanden hat. Fragen aktivieren auch den passiven Wortschatz. Die Erzieherin sollte das Kind aber nicht abfragen, sondern offene Fragen stellen, d. h., Fragen, die das Kind mit einer Aussage beantworten kann.

Beispiel: Nach einem gemeinsamen Theaterbesuch sollte die Erzieherin nicht fragen: „Hat dir das Theater gefallen?" Eine Frage, die den Dialog fördert wäre: „Was hat dir besonders gefallen?"

Korrigierende Wiederholung und Erweiterung

Wenn ein Kind Fehler in der Aussprache oder Grammatik macht, reagiert die Erzieherin mit der korrigierenden Wiederholung. Beispiel: Das Kind sagt: „Ich habe den Apfel gegesst."

Die Erzieherin entgegnet: „Ja, du hast den Apfel gegessen."

Der Dialog wird durch die Erzieherin sinnvoll fortgesetzt, wenn sie an die korrigierende Wiederholung eine Erweiterung anschließt. Auf das obige Beispiel bezogen: „Ja, du hast den Apfel gegessen, hat er dir geschmeckt?"

Das wechselseitige Reden gelingt nur, wenn beide Gesprächspartner verstehen, was der andere meint. Die Erzieherin muss sich einerseits bemühen, die kindlichen Äußerungen zu verstehen und sich andererseits versichern, ob das Kind sie verstanden hat. Sie kann sich Verständnis sichern, indem sie auf die Reaktionen des Kindes achtet und wenn nötig seine Äußerungen wiederholt, umformuliert oder durch Nachfragen klärt.

Übung und Vertiefung

Für einen beständigen Spracherwerb ist das einmalige Hören bestimmter Begriffe oder Satzformen nicht ausreichend. Erst die wiederholte Anwendung in unterschiedlichen Zusammenhängen führt zu einer stabilen Begriffsbildung und sprachlichen Flüssigkeit. Die Erzieherin sollte dem Kind kontinuierlich vielfältige Sprechanlässe zum Üben und Vertiefen bieten.

Der Aufbau der Sprache kann durch nicht-sprachliche (non-verbale) Ausdrucksmittel (Mimik, Gestik, Körpersprache) wesentlich unterstützt werden. Allerdings ist darauf zu achten, dass verbale und non-verbale Kommunikation übereinstimmen. Kinder sind sonst verwirrt und wissen nicht, woran sie sich orientieren sollen. Ein irritierendes Beispiel wäre, wenn eine ernste Mitteilung durch Lachen begleitet würde.

Im gemeinsamen Dialog ist die Erzieherin für das Kind Sprachvorbild. Sie sollte selbst Kommunikationsfreude zeigen und Sprache klar und eindeutig verwenden. Dazu gehört, in vollständigen, grammatikalisch richtigen Sätzen zu sprechen, auf Stimmklang, Lautstärke und Betonung zu achten. Die Erzieherin sollte die aufgeführten methodischen Prinzipien anwenden und ihr Sprachverhalten immer wieder überprüfen.

Erzieherin als Sprachvorbild

Ansätze zur Sprachförderung

Alltagsbegegnungen

Der sprachliche Austausch in der Kindertagesstätte beginnt mit der morgendlichen Begrüßung und setzt sich z. B. beim gemeinsamen Tischdecken, Bauen oder Basteln fort. Die Erzieherin fördert in diesen gemeinsamen Aktivitäten die Sprache vorwiegend dadurch, dass sie ihr eigenes Tun und das der Kinder sprachlich begleitet.

Sprachliche Begleitung des Alltags

Lieder und Reime

In Liedern und Reimen werden die Kinder auf den Sprachrhythmus, auf ihre Melodie aufmerksam. Beim Singen und Klatschen haben sie Spaß daran, Wörter und Silben zu zerlegen. Sie erkennen Reime und können selbst welche bilden. Sie bekommen ein Gefühl für den Umgang mit Phonemen (Lauten), den kleinsten Einheiten der gesprochenen Sprache. Diese Fähigkeiten werden mit phonologischer Bewusstheit im weiteren Sinne umschrieben. Auf ihr baut die phonologische Bewusstheit im engeren Sinne auf, bei der es im Rahmen des Schriftspracherwerbs in der Schule um das bewusste Erkennen und Unterscheiden der einzelnen Laute geht (vgl. Küspert & Schneider 2003).

Phonologische Bewusstheit

Die phonologische Bewusstheit ist eine wesentliche Grundlage für den Lese- und Schreiblernprozess. Wenn Kinder Lieder singen, lernen sie ihren Atemfluss zu regulieren. Beim Sprechen und Lesen muss das Kind seinen Atem einteilen können.

Spiele

Erweiterung des Wortschatzes

In Kreis- und Singspielen können die Kinder gleich bleibende Sprachformen zwanglos wiederholen und so ihren Wortschatz spielerisch erweitern.

Spiele aus der Wahrnehmungs- und Bewegungsförderung helfen den Kindern durch selbsttätiges Handeln Begriffe zu erwerben. So können sie z. B. Bezeichnungen wie leicht und schwer, rund und eckig, süß und sauer usw. durch eigene Erfahrungen lernen.

Sprachertüchtigung

Bewegungsspiele, in denen spontan Töne oder Geräusche produziert werden, aktivieren die Freude am Sprechen und unterstützen spielerisch die Artikulation. Besonders Kinder, die das Sprechen vermeiden, können über Bewegungsangebote leichter zur Sprache finden.

In gleicher Weise wirkt das Spiel mit Handpuppen. Es liefert Sprechanlässe und erleichtert den Dialog. Eigene Texte werden erfunden. Die Kinder erweitern ihren Wortschatz und üben sich im freien Sprechen.

Als Gestaltungs- und Kommunikationsmittel wird Sprache in Rollenspielen erlebt, die sich sehr vielseitig und kreativ zur Sprachförderung einsetzen lassen.

Bilderbuchbetrachtung

Ein besonderes Gefühl für Sprache entsteht durch die gemeinsame Bilderbuchbetrachtung. Bilderbücher können sehr vielfältig und flexibel zur Sprachförderung eingesetzt werden.

Es lassen sich drei Zugänge zum Bilderbuch unterscheiden, die auch miteinander verbunden werden können:

Bilderbuchbetrachtung und Vorlesen

Bilderbuchbetrachtung und Erzählen

Dialogorientierte Bilderbuchbetrachtung.

Vorlesen

Beim Vorlesen wird das ausgewählte Buch von Anfang bis Ende in lebendiger, betonter Weise gelesen. In gezielt eingesetzten Pausen können die Kinder die Bilder betrachten. Sie lernen Schriftsprache als Ergänzung und Erweiterung zur gesprochenen Sprache kennen. Sie entdecken, dass die Buchstaben Bedeutung haben und dass Sprech- und Schrifteinheiten zusammengehören. Allerdings benötigen die Kinder Konzentration und ausreichendes Sprachverständnis, um der Geschichte folgen zu können.

Erzählen

Wenn die Erzieherin zu den Bildern erzählt, passt sie sich in Wortwahl und Satzbau dem Sprachentwicklungsstand der Kinder an. Es entsteht ein enger Bezug zwischen Erzieherin und Kind. Erzählen ist für Kinder geeignet, die einem vorgegebenen Text nicht oder noch nicht folgen können.

Dialogorientierung

Die Dialogorientierung bezieht die Kinder von Anfang an aktiv in die Betrachtung des Bilderbuches ein. Das Kind ist gleichzeitig Zuhörer und Erzähler. Das Bilderbuch regt zum Fragen, Kommentieren und Erzählen an. Die Erzieherin gibt den Kindern durch Hinweise und Fragen zu den Bildern Impulse zur sprachlichen Beteiligung. Im Dialog können die Kinder ihrem eigenen Tempo folgen. Sie entdecken das Bilderbuch für sich und setzen seine Inhalte fantasievoll und kreativ z. B. im Malen, Basteln oder Vertonen um. Wenn die dialogorientierte Methode in kleinen Kindergruppen mehrmals wöchentlich durchgeführt wird, stellt sich nach sprachpädagogischen Untersuchungen der größte Sprachzuwachs ein.

Erzählen von Geschichten

In freier, kreativer Form wird Sprache beim Erzählen von Geschichten benutzt. Die sprachlichen Botschaften müssen ohne direkten Bezug zur Umgebung oder Handlung verstanden bzw. gebildet werden. Beim Erzählen von Geschichten werden gewissermaßen innere Bilder in Worte gefasst nach außen gekehrt Sprache wird abstrakt benutzt.

Ausdruckskraft und Vielfalt der Wortsprache

Das freie Erzählen von Geschichten kann durch Erlebnisberichte der Kinder von zu Hause oder vom Urlaub angebahnt werden. Bilder oder Fotos erleichtern den Einstieg ins Erzählen. Die Kinder erarbeiten sich durch das Geschichtenerzählen wichtige Voraussetzungen für die spätere Lesekompetenz und das Schreiben von Texte. Sie erfahren die Ausdruckskraft und Vielfalt der Wortsprache.

Aufschreiben von Geschichten

Erzählte Geschichten können auch schriftlich festgehalten werden, indem die Kinder sie den Erwachsenen diktieren. Die Geschichten werden bearbeitet, gedruckt und zu kleinen Büchern (mit richtigem Umschlag, Autoren- und Seitenangaben usw.) zusammengestellt. Die Kinder erfahren so, wie sich mündliche Sprache in Schriftsprache umwandelt. Sie lernen an Texten zu arbeiten. Ihr Wortschatz und ihre Ausdrucksfähigkeit werden erweitert. Wenn gemeinsam überlegt wird, wie eine Geschichte beginnen und wie sie enden soll, wird das sprachlogische Verständnis der Kinder aufgebaut.

Begegnungen mit Schreib- und Schriftkultur

Spontanes Schreiben

Lesen und Schreiben lernen die Kinder in der Schule, aber der Schriftspracherwerb ist als Entwicklungsprozess zu verstehen, der vor der Einschulung beginnt. So ist z. B. zu beobachten, wie Kinder Briefe mit Bildern und einzelnen nachgemalten Buchstaben an ihre Freunde schicken, ihren Namen stolz schreiben, Wortbilder auf Werbeplakaten erkennen oder Anweisungen beim Computerspiel entziffern. Sie experimentieren mit Form und Struktur von Schrift.

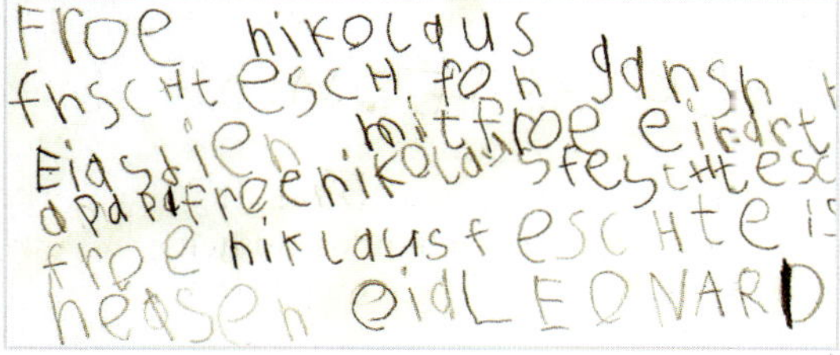

Das spontane Schreiben der Kinder wird z. B. gefördert, wenn sie ihre Werke in extra Mappen sammeln oder in einer eigenen Ausstellung präsentieren dürfen.

Welt der Buchstaben entdecken

Buchstaben durch Bilder attraktiv aufbereitet führen die Kinder auf ihrer Entdeckungsreise in die Welt der Buchstaben. Sie sammeln Logos und Wörter aus ihrer Umgebung. Rollenspiele mit Schreibszenen (z. B. Wir spielen Post) werden angeregt.

Die Kinder denken sich Geschichten aus und lesen sie ihren Puppen vor. Wenn die Erzieherin beim Schreiben langsam mitspricht, erleben die Kinder, wie Sprache zur Schrift wird. Das Interesse an Schrift und Schreiben wird geweckt.

Themenorientierte Arbeit

Sprache lässt sich auch bei der Planung und Durchführung von Angeboten oder Projekten bewusst einsetzen.

Bei der Auswahl des Themas sollten sprachpädagogische Gesichtspunkte berücksichtigt werden. Das Thema spricht die Kinder an, wenn an es an ihren Lebenswelten orientiert ist.

Passung zwischen Themen und Wortschatz der Kinder

Die Lebenswelten kommen in einem bestimmten Wortschatz und Begriffsumfang zum Ausdruck. Der Lebensweltbezug eines Themas hängt also wesentlich davon ab, inwieweit Kinder ihre Erfahrungen in Worte fassen können und in welchem Maße die Erzieherin den jeweiligen Wortschatz und Begriffsumfang der Kinder berücksichtigt.

Nach der Themenfindung muss man sich die sprachlichen Anforderungen, die mit einem Thema verbunden sind bewusst machen. Hier kann eine Wortschatzliste behilflich sein, die möglichst alle Worte enthält, die im Zusammenhang mit dem Thema gebraucht werden. Diese Liste sollte die Erzieherin mit dem Wortschatz der Kinder abgleichen. So kann eine Passung der sprachlichen Anforderungen in den geplanten Aktivitäten erreicht werden.

Literacy-Erziehung – Ein umfassendes Sprachförderkonzept

Die beschriebenen Ansätze zur Sprachförderung lassen sich in das Konzept der Literacy-Erziehung integrieren. Der englische Begriff literacy bedeutet wörtlich übersetzt: Lese- und Schreibkompetenz, bezieht sich aber auf wesentlich mehr, als auf das Können von Lesen und Schreiben.

Literacy umfasst nach Ulich Kompetenzen wie „Text- und Sinnverständnis, sprachliche Abstraktionsfähigkeit, Lesefreude, die Fähigkeit, sich schriftlich auszudrücken, Vertrautheit mit Schriftsprache oder mit literarischer Sprache oder sogar Medienkompetenz“ (2003 Seite 6).

Diese Kompetenzen beinhalten eine umfassende sprachliche Bildung. Reichhaltige Literacy-Erfahrungen wirken sich positiv auf die Entwicklung der Sprache sowie des Lesens und Schreibens aus. Eine ganzheitliche sprachliche Förderung aller Kinder ist daher am ehesten durch eine möglichst frühe, gezielte Literacy-Erziehung zu erreichen.

Für die Praxis der Sprachförderung bedeutet das, dass sich die Kindertagesstätten zunächst für Literacy als grundlegende Form der Sprachförderung entscheiden müssten.

Literacy-Erziehung kommt dann in der Gestaltung des Raumes (z. B. Einrichtung einer Leseecke), in den für Kinder verfügbaren Materialien (z. B. Bücher, Tonträger) und in den eingeführten Regeln und Ritualen (z. B. feste Vorlesezeiten) zum Ausdruck.

Durch die Literacy-Erziehung werden die Bildungschancen der Kinder entscheidend verbessert. Sprachförderung kann somit als Schlüssel zur Bildung gesehen werden.

Auf den Punkt gebracht

Die Themen zur Selbstbildung der Kinder, d. h. die Bildungsinhalte werden in den einzelnen Bundesländern unterschiedlich formuliert und gewichtet. Alle Bundesländer sehen aber in der Sprachförderung einen wesentlichen Bildungsinhalt. Es soll eine breite Begegnung aller Kinder mit dem Medium Sprache im täglichen sozialen Miteinander stattfinden (Lieder, Reime, Bilderbuchbetrachtung, Geschichten erzählen, Rollenspiele). Ein umfassendes Sprachförderkonzept stellt die Literacy-Erziehung dar.

Gezielte Sprachförderung kann für einzelne Kinder (z. B. neu aufgenommene, besonders sprachgehemmte oder ausländische Kinder) angezeigt sein. Die Sprachförderung ist mit der Gesamtentwicklung des Kindes zu verknüpfen und in die Bildungskonzeption der Einrichtung zu integrieren.

Aufgaben

1. Erläutern Sie die Grundsätze einer kindgemäßen Sprachförderung.
2. Entwerfen Sie ein Konzept zur Literacy-Erziehung.

5.2 Lernprozess

Der Lernprozess nimmt seinen Ausgang in einer vorgegebenen Situation (= Reizsituation, Informationsaussendung) und endet mit einer entsprechenden Reaktion des Lernenden (= Verhaltenssteuerung).

Stark vereinfacht lässt sich der sehr komplexe Prozess in folgende Phasen unterteilen:

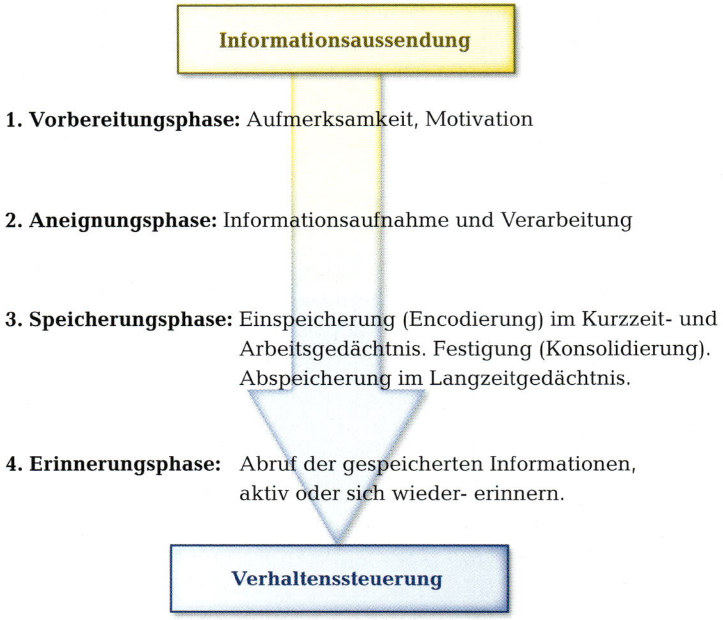

5.2.1 Aufmerksamkeit

Wenn ein Lehrer einem Schüler vorwirft, dieser habe nicht aufgepasst, sei nicht aufmerksam gewesen, so könnte der Schüler zurückfragen: „Was meinen Sie genau damit? Denken Sie, ich habe vor mich hingedöst, bin nicht richtig wach gewesen, glauben Sie, ich habe mich gerade mit etwas Anderem beschäftigt oder meinen Sie, es ist mir nicht möglich gewesen, dem Unterricht zu folgen und gleichzeitig meinem Nachbarn zu antworten?"

Teilaspekte

Die Fragen des Schülers verweisen auf drei wesentliche Teilbereiche der Aufmerksamkeit:

Vigilanz (Wachheit)
Darunter versteht man, wie stark das Gehirn aktiviert ist, den „Erregungszustand" des Gehirns, der von hellwach bis komatös reicht. Bei zunehmender Erregung nimmt die Leistung zunächst zu, erreicht einen Höchststand und nimmt dann wieder ab.

Selektive Aufmerksamkeit
Damit ist die Fähigkeit gemeint, aus der Vielzahl gleichzeitig auftretender Reize in einer bestimmten Situation die bedeutsam erscheinenden auszuwählen und sich nicht von Störreizen ablenken zu lassen. Wenn der Schüler im Eingangsbeispiel seine Aufmerksamkeit auf die Stimme des Lehrers richtet, kann er die Randgespräche seiner Mitschüler ausblenden.

Geteilte Aufmerksamkeit
Sie beschreibt die Fähigkeit, zwei oder mehrere Aufgaben gleichzeitig zu erledigen. Dazu wird die Aufmerksamkeit gewissermaßen zwischen zwei oder mehr Anforderungen aufgeteilt. Dies gelingt umso besser, je weniger die Durchführung einer bestimmten Aufgabe die Bewältigung anderer beeinflusst. Der erwähnte Schüler wird

zum Beispiel durchaus in der Lage sein, dem Unterricht konzentriert zu folgen und gleichzeitig seinem Banknachbarn einen Zettel zu reichen. Es wird ihm aber schwer fallen, eine mathematische Aufgabe parallel zu einer Textanalyse durchzuführen.

5.2.2 Motivation

Angeborenes Explorationsverhalten

Der Begriff Motivation leitet sich aus dem lateinischen Wort emovere ab, was soviel wie in Bewegung setzen bedeutet. Es liegt im Wesen des Kindes aktiv zu sein seine Umwelt zu erkunden (siehe Entwicklung). Das Kind verfügt über ein angeborenes Explorationsverhalten. Allerdings muss die Umwelt ausreichend Reize bieten, um den Organismus anzukurbeln, eine physiologische Erregung auszulösen und das Explorationsverhalten in Gang zu setzen.

Ein mittlerer Grad der Aktivität, d. h. nicht zu schwache, aber auch nicht zu starke Reize, löst das günstigste Explorationsverhalten aus.

Intrinsisch

Zu Beginn seiner Entwicklung bedeutet für das Kind aktiv sein und motiviert sein das Gleiche. Die Motivation steckt in der Tätigkeit selber. In der Spielentwicklung spricht man von der Funktionslust der Kinder. Die Tätigkeiten werden zum Ziel. Solche Zielhandlungen sind aus sich heraus für das Kind interessant, man nennt sie intrinsisch motiviert (**= primäre, sachbezogene Motivation**).

Extrinsisch

Neben diese Tätigkeiten, die zum Ziel werden, treten aber schon im Verlauf des zweiten Lebensjahres Tätigkeiten, die zum Mittel werden, ein bestimmtes Ziel zu erreichen. Solche Mittelhandlungen sind austauschbar. Sie sind nur interessant, weil sie der Zielerreichung dienen, man nennt sie extrinsisch motiviert (**= sekundäre, sachfremde Motivation**).

Motive

Die Zielvorstellungen werden als Motive bezeichnet. Sie lösen die Handlungen aus, die zur Erreichung des Ziels dienen. So dient z. B. die Vorbereitung auf die Schule dem Ziel, einen möglichst guten Abschluss zu erreichen. In diesem Fall hat das Leistungsmotiv die erforderlichen Handlungen in Gang gesetzt.

Motivation

Oft sind mehrere Mittelhandlungen nötig, um über Zwischenziele ein Endziel anzusteuern. Immer wenn ein Mensch erkennt, dass ein Mittel Voraussetzung dafür ist, zu einem Zwischen- oder Endziel zu gelangen, wird es für ihn interessant. Er ist motiviert, die Mittelhandlungen auszuführen. Dieses Aktivwerden, die Umsetzung des Motivs in einer konkreten Situation umschreibt man mit dem Begriff Motivation.

Kognitives Motivationsmodell

Ob sich ein Mensch in einer bestimmten Situation zum Handeln entscheidet, also motiviert ist, hängt von einer Vielzahl von Faktoren ab. Einige wesentliche erklärt das folgende Motivationsmodel von Heckhausen & Rheinberg (1995). Es sieht Motivation als einen **bewussten, schrittweisen Entscheidungsprozess** und wird deshalb als kognitives Motivationsmodell bezeichnet.

Erwartungen

In einer gegebenen Situation stellt der Handelnde bestimmte Erwartungen auf, die seine Handlungen bewirken, ihn motivieren oder nicht. Er fragt sich zunächst, ob er überhaupt etwas tun kann, oder ob das Ergebnis durch die Situation bereits festgelegt ist. Dies bezeichnet man als **Situations-Ergebnis-Erwartung** (S – E).

Wenn grundsätzlich Handlungsmöglichkeiten gesehen werden, überlegt man weiter, ob das Ergebnis durch eigenes Handeln hinreichend beeinflusst werden kann. Man stellt die **Handlungs-Ergebnis-Erwartung** (H – E) auf.

Fällt auch die positiv aus, so werden abschließend noch Annahmen darüber aufgestellt, in welchem Maße Folgen auf bestimmte Ergebnisse zurückzuführen sind, die **Ergebnis-Folge-Erwartung** (E – F). Hier geht es um die Fragen, ob die möglichen Folgen eines angestrebten Ergebnisses persönlich wichtig genug erscheinen und ob das Ergebnis überhaupt die erwünschten Folgen nach sich zieht.

Anreize

Neben den drei Erwartungsarten spielt der Anreiz eine Rolle. Er ergibt sich aus den Folgen. Eine Handlung ist danach nur deshalb attraktiv, weil ihr Ergebnis attraktive Folgen nach sich zieht (= **extrinsische Motivation**). Es gibt aber auch Tätigkeiten, deren Ausführung als solche Spaß macht. Der Anreiz besteht hier in der Tätigkeit selber (= **intrinsische Motivation**).

Untersuchungen zur Motivation haben ergeben:

Eigeninitiative

Die Handlungstendenz einer Person (ihre Motivation) ist umso stärker, je sicherer das Handlungsergebnis Folgen mit hohem Anreizwert nach sich zieht. Außerdem sind Personen dann stärker motiviert, wenn das Ergebnis vom eigenen Handeln abhängt und sich nicht aus dem Gang der Dinge ergibt oder fremd gesteuert ist.

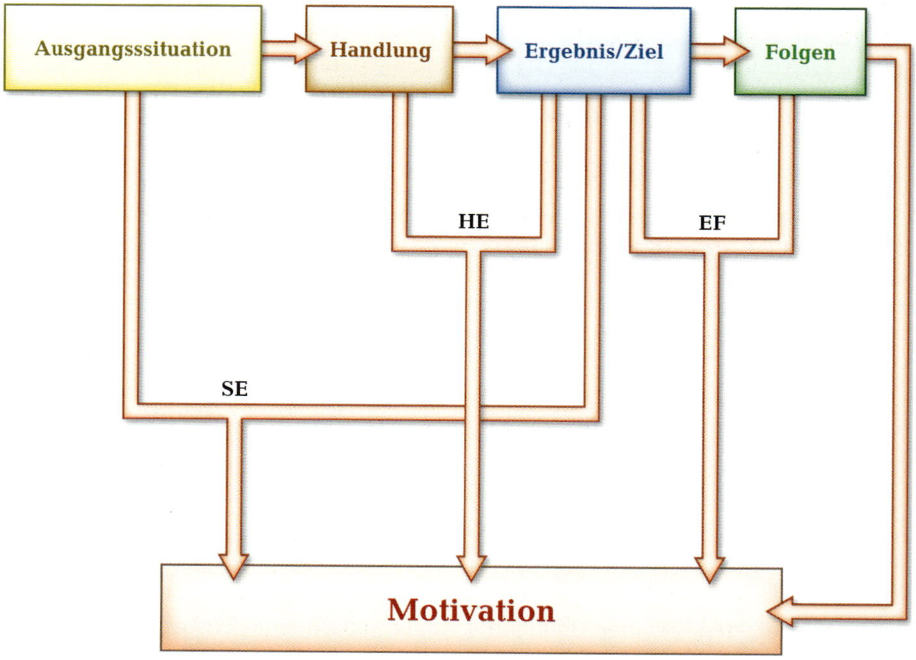

Der Prozess der Motivation (kognitives Motivationsmodell nach Heckhausen & Rheinberg, 1995)

Beispiel zum kognitiven Motivationsmodell

Ein Schüler steht vor der Frage, ob er für eine bestimmte Prüfung lernen soll oder nicht. Sein gegenwärtiger Leistungsstand ist mangelhaft (= Ausgangssituation).

- Situations- Ergebnis- Erwartung (S – E): Der Schüler fragt sich, ob er überhaupt für die Prüfung lernen soll, oder das Ergebnis dem Zufall überlässt.
- Handlungs- Ergebnis- Erwartung (H – E): Wenn der Schüler erkennt, dass er durch seine Vorbereitung auf jeden Fall eine Ergebnisverbesserung erzielen kann, wird er sich entscheiden für die Prüfung zu lernen.
- Ergebnis-Folge-Erwartung (E – F): Das Ausmaß der Vorbereitung hängt wesentlich auch davon ab, wie wichtig dem Schüler Leistungsergebnisse generell sind und welche Folgen eine bestandene/ nicht bestandene Prüfung hat.

Der Anreiz als weiterer Motor für das Lernen könnte darin bestehen, dass die bestandene Prüfung einen Berufsabschluss und späteren Verdienst ermöglicht (= extrinsische Motivation). Anreiz kann aber auch die Neugier und das Interesse an dem Prüfungsgebiet sein (= intrinsische Motivation).

5.2.3 Wahrnehmung

Definition

Informationen über unsere Umwelt und uns selbst erhalten wir über unsere Sinnesorgane wie Seh-, Gehör-, Geruchs-, Geschmacks- und Hautsinn. Auf unsere Sinnesorgane treffen bestimmte Reize, das sind Energien aus der Umwelt oder dem Körperinneren, z. B. in Form elektromagnetischer Wellen, mechanischer Schwingungen oder chemischer Veränderungen. Jedes Sinnesorgan verfügt über bestimmte Empfangssysteme, Sinnesrezeptoren. Sie haben die Aufgabe, die unterschiedlichen physikalischen und chemischen Reize in elektrische und chemische Signale umzuwandeln. Als Folge entsteht eines **Sinnesempfindung**. Ihre Intensität hängt von der Reizstärke ab, ihre Qualität von der Art des Sinnesorgans. Jedes Sinnesorgan liefert nur ganz bestimmt, typische Informationen. Das Auge also nur Lichtempfindungen, das Ohr nur Ton- und Geräuschempfindungen. Reize müssen eine bestimmte Stärke aufweisen, damit eine Empfindung entsteht (= absolute Reizschwelle). Es gibt auch eine obere Grenze, eine Schmerzgrenze für Empfindungen.

Die chemischen und elektrischen Signale, die zum Gehirn weitergeleitet werden, haben keine besondere Bedeutung, sie sind also neutral. **Das Gehirn wählt aus, ordnet und interpretiert** die zunächst neutralen Ereignisse. Diesen aktiven Vorgang und die Ergebnisse bezeichnen wird als Wahrnehmung.

Wahrnehmungsprozess

Der Wahrnehmungsprozess, wie er in der nachfolgenden Abbildung dargestellt wird, umfasst mehrere Stufen. Er beginnt mit den Reizen, die vom Wahrnehmungsgegenstand ausgehen (*1. Stufe: Informationsaussendung*), führt mit der Aufnahme der Reize durch die verschiedenen Sinnesorgane zu Empfindungen (*2. Stufe: Informationsaufnahme*), die im Gehirn zu einer Wahrnehmung des Gegenstandes verarbeitet werden (*3. Stufe: Informationsverarbeitung*) und schließlich Reaktionen des Individuums auslösen (*4. Stufe: Verhaltenssteuerung*).

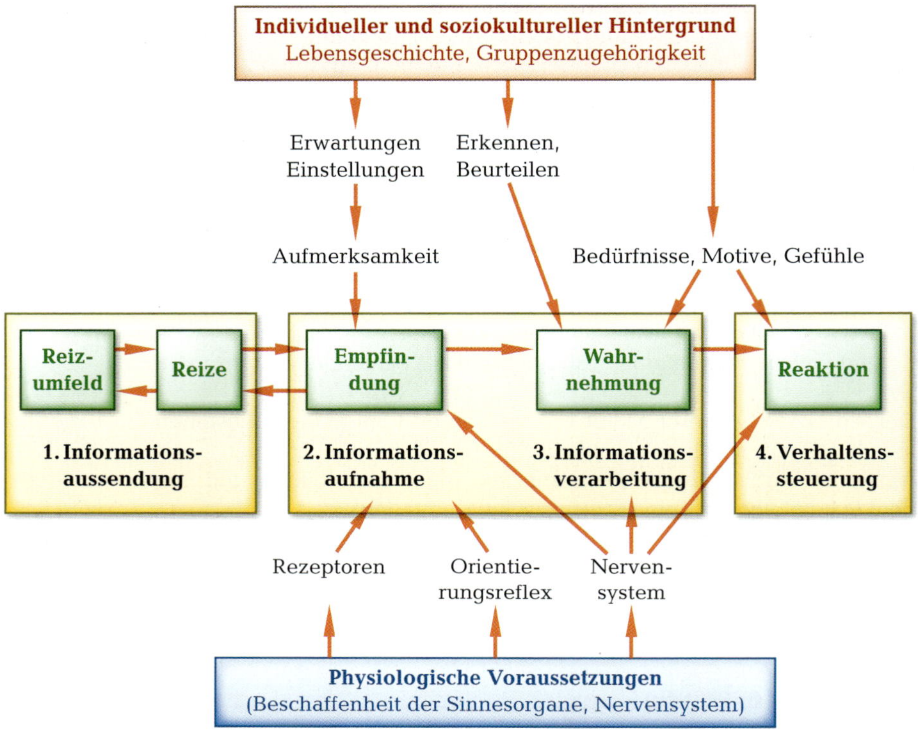

Wahrnehmungsprozess

1. Stufe: Informationsaussendung

Der Wahrnehmungsgegenstand verfügt über verschiedene physikalische und chemische Eigenschaften, die von ihm ausgehen. Das Kind, das in den Armen einer Erzieherin liegt und weint sendet visuelle (z. B. Mimik), akustische (z. B. Weinen), olfaktorische (z. B. Geruch) und taktile Reize (z. B. Berührung, Hautkontakt) aus.

Der Reizhintergrund, d. h. die gesamte Reizsituation ist für das Erkennen und die Bewertung von Reizen bedeutsam. Verschiedene Wahrnehmungsgesetze, auf die in Abschnitt drei (Informationsverarbeitung) näher eingegangen wird, berücksichtigen beispielsweise Aspekte wie Figur – Hintergrund, Nähe von Reizen, Ähnlichkeit oder die Prägnanz von Reizen.

2. Stufe: Informationsaufnahme

Die verschiedenen Sinnesorgane bilden den Wahrnehmungsgegenstand im Organismus ab. Die Informationen werden über die entsprechenden Rezeptoren aufgenommen und in elektrische Impulse (Potentiale) umgewandelt. Es erfolgt eine Weiterleitung über aufsteigende Nervenbahnen in die entsprechenden Zentren der Großhirnrinde. Hier entstehen die Empfindungen. Einzelempfindungen der verschiedenen sensorischen Zentren im Gehirn werden koordiniert. Dieser Vorgang wird mit dem Begriff **sensorische Integration** umschrieben.

Die Unvollkommenheit der Wahrnehmungsorgane sowie die Mehrdeutigkeit von Sinnesreizen verhindern eine objektgetreue Abbildung und begünstigen dadurch Wahrnehmungsfehler. Abhängig von der Beleuchtung kann z. B. das Kind im Arm der Erzieherin blass und kränklich aussehen.

Die Kapazität des Individuums zur Informationsaufnahme ist begrenzt. Die Vielzahl an „Reizangeboten" zwingt deshalb die Person auszuwählen. Die Person richtet ihre Aufmerksamkeit auf bestimmte Reize, die für sie im Augenblick besonders wichtig oder interessant sind. **Wahrnehmung ist immer selektiv und subjektiv**.

Die Aufmerksamkeit wird von soziokulturellen Faktoren beeinflusst. Wir sehen bei einem Waldspaziergang andere Reize bewusster als z. B. ein Jäger eines Naturvolkes, der im Wald Spuren von Tieren lesen kann, die wir übersehen.

Die Auswahl von Reizen wird in unserer Gesellschaft über die Lerninhalte in Schulen beeinflusst. Darüber hinaus spielt auch die persönliche Bedürfnislage (z. B. Hunger) bei der Reizauswahl (z. B. bewusstere Wahrnehmung von Essenswerbung, Hinweise auf Lokalen) eine Rolle.

Reize, die überraschend auftreten, lösen den **Orientierungsreflex** aus, d. h. die Person wendet sich der Reizquelle zu, um mögliche Gefahren schnell zu erkennen und angemessen reagieren zu können.

3. Stufe: Informationsverarbeitung

Das Gehirn verarbeitet die eingegangenen Reize, es kommt zum Prozess des Erkennens und Beurteilens. Verschiedene Leistungen werden vollbracht:

Unvollständige Wahrnehmungsbilder werden ergänzt, indem das Gehirn den Reiz mit bereits gespeicherten Informationen (Wissen, Erfahrungen) vergleicht. Die Gestaltpsychologie spricht vom Gesetz der guten Gestalt (**Prägnanzgesetz**), wenn die Person die verschiedenen Reize zu einer vollständigen Figur zusammensetzt. Im grafischen Bereich werden z. B. unvollständige Zeichnungen von der Person zu einer guten Gestalt ergänzt. Das Wahrnehmungsobjekt wirkt dann vollständiger, harmonischer als es in Wirklichkeit ist.

Liegt eine sehr komplexe Reizsituation vor, dann neigt die Person dazu, die Reizmenge durch Gruppierung der vorhandenen Informationen zu vereinfachen. Die eingehenden Reize werden geordnet, strukturiert oder zeitlich analysiert (z. B. Erkennen von Blinksignale). Es werden die Gestaltgesetze der **Ähnlichkeit**, der **Nähe** und der **Geschlossenheit** aktiviert. Sieht man in der Abbildung die Zeile, so wird das mittlere Zeichen als 13 gelesen; wird dagegen nur die Spalte beachtet, erscheint das mittlere Zeichen als B.

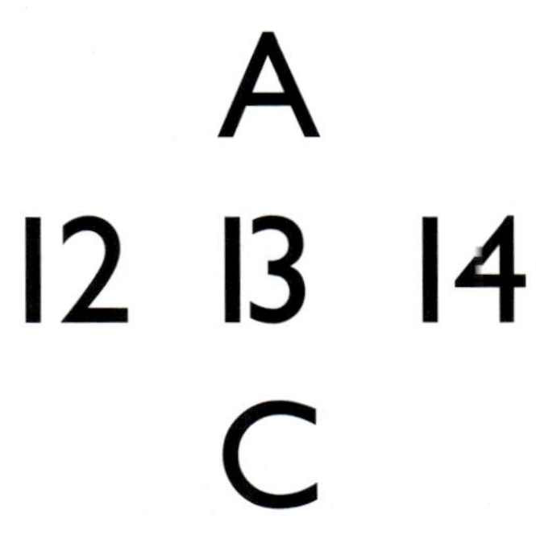

Wunschvorstellungen (z. B. Interessen, Bedürfnisse) können die Interpretation der Informationen beeinflussen und zu Wahrnehmungsfehlern führen.

Die Informationsverarbeitung ist ein vom Individuum beeinflusster Prozess und führt zu sehr unterschiedlichen Bewertungen der Informationen. Abhängig von der Qualität der verschiedenen Sinnesorgane werden die Informationen unterschiedlich genau erfasst. **Die individuellen Bedürfnislagen, Interessen und Motive** bestimmen, wie umfassend und differenziert die verschiedenen Informationen wahrgenommen und verarbeitet werden.

4. Stufe: Verhaltenssteuerung

Auf der Wahrnehmungsverarbeitung baut die Verhaltenssteuerung auf. Die Bewertung der Information (z. B. knurrender Hund) wird mit den bisherigen Erfahrungen und dem Wissen der Person (individueller und soziokultureller Hintergrund) verknüpft. Negative Erfahrungen (die Person wurde von einem Hund gebissen) oder positive Erfahrungen (die Person besitzt selbst einen Hund) beeinflussen sowohl den Prozess der Informationsverarbeitung (Einschätzung der Gefährlichkeit des Hundes) als auch das Handeln (Annäherung oder Flucht).

Personenwahrnehmung und Wahrnehmungsfehler

Von einer Erzieherin werden im Alltag häufig zuverlässige Aussagen über Personen erwartet. So sollte sie beispielsweise die Schulfähigkeit von Kindern oder die Leistung von Praktikantinnen möglichst differenziert und objektiv beurteilen. Aber gerade der Bereich der Wahrnehmung von Personen oder Gruppen wird von verschiedenen Wahrnehmungsfehlern stark beeinflusst.

Auftrag:

In der Abbildung werden sechs Personen dargestellt.

1. *Welche Berufe üben die abgebildeten Personen aus?*
2. *Wie alt sind die Personen?*
3. *Welche Personen sind miteinander verheiratet?*
4. *Begründen Sie Ihre Einschätzungen!*

Folgende Faktoren beeinflussen den Prozess der Personenwahrnehmung:

Reize Informationen	Merkmale des Wahrnehmenden	Eindruck vom anderen
Körperliche Erscheinung	Erinnerungen, die durch die Reize wachgerufen werden	Wahrgenommene Reize werden mit Persönlichkeitsmerkmalen verbunden
Mimik und Gestik	Bedeutung der Person für den Wahrnehmenden	Durch die wahrgenommenen Reize ausgelösten Gefühle gegenüber dem anderen
Motorisches Verhalten	Einstellungen, Vorurteile, Erwartungen	Vermutete Absichten, Ziele, die der andere verfolgt
Sprachliches Verhalten		

Einflussfaktoren

Die Personenwahrnehmung ist ein vom Wahrnehmenden aktiv gestaltet Prozess, bei dem Vorerfahrungen, Wissen oder Erwartungen häufig eine größerer Rolle spielen als die objektiven Merkmale der zu beurteilenden Person. Der Wahrnehmende ist bemüht, die Vielzahl von Informationen, die er von einer Person erhält, zu reduzieren und zu systematisieren. Dazu entwickelt die Person ein individuelles System von Menschentypen, bei denen bestimmte Eigenschaften zusammen auftreten. Werden Hinweisreize auf die gebildeten Typologien bei anderen Personen wahrgenommen, dann erfolgt eine (vor-) schnelle Zuordnung.

Die Wahrnehmung einer Person erfolgt deshalb nicht wertneutral, sondern es werden **Vorurteile** bzw. **innere Bilder** von Personen, die bestimmte Merkmale (z. B. Aussehen, Kleidung, Nationalität) aufweisen, aktiviert. Man sieht nicht objektiv die Person sondern zahlreiche Erwartungen ergänzen bzw. verfälschen die Wahrnehmung. Das Verhalten der Person wird vor dem Hintergrund der eigenen Vorurteile interpretiert. Das Heben der Hand könnte zum einen als Gruß zum anderen als Drohgebärde gedeutet werden.

Dieses individuell sehr unterschiedliche, im Verlauf des Lebens entwickelte „Wissen über Menschen" wird als **implizite Persönlichkeitstheorie** bezeichnet.

Kapitel 5

Im Verlauf der Personenwahrnehmung treten folgende Effekte auf:

- **Primacy-Effekt** (Effekt des ersten Eindrucks)

Wahrnehmungsfehler

Eine lang andauernde Wirkung hinterlässt der erste Eindruck, den man von einer Person oder eine Gruppe gewinnt. Aus dem ersten Eindruck entwickelt sich als Orientierung für die weitere Wahrnehmung ein stabiler Bezugsrahmen. Die Erzieherin wird mit diesem Wahrnehmungsfehler z. B. beim Vorstellungsgespräch in einer Einrichtung, beim ersten Kontakt mit neuen Kindern in der Gruppe konfrontiert. Der erste Eindruck beruht jedoch nicht auf objektiven Tatsachen, sondern wird von Gefühlen, Vorurteilen, Vergleich mit Personen, die ähnliche Merkmale aufweisen beeinflusst.

- **Halo-Effekt oder Hof-Effekt**

Im Mittelpunkt stehen besonders auffällige Einzeleigenschaften. Die Wahrnehmende verbindet mit dieser Eigenschaft andere Merkmale, die gemeinsam einen Erwartungshof bilden (Halo = Hof um eine Lichtquelle). Die vorschnelle Verallgemeinerung von einem Merkmal auf andere wird auch als logischer Fehler bezeichnet. Die Wahrnehmende verfügt über verschiedene „Schubladen", die sich aus solchen Einstellungs- und Erwartungsfeldern zusammensetzen. Wenn einige Merkmale erkannt werden, dann nimmt die Wahrnehmende an, dass auch die anderen Merkmale vorliegen.

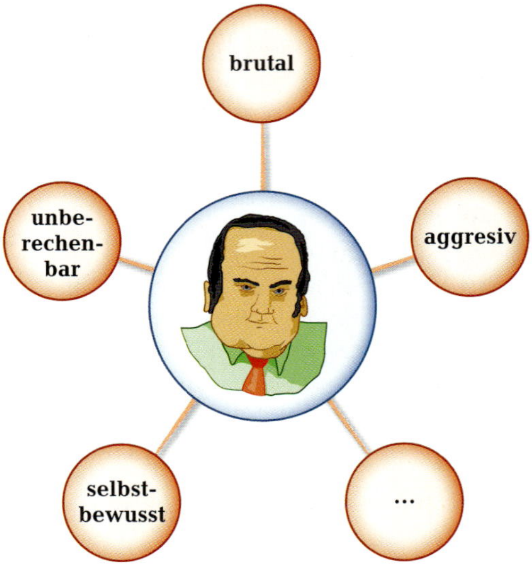

- **Filter-Effekt**

Der Filter besteht aus verschiedenen Erwartungen, die auf eigenen Erfahrungen, Vorurteilen und Einstellungen beruhen. Die Wahrnehmende erhält über die verschiedenen Sinneskanäle eine Vielzahl von unterschiedlichen Reizen. Da ihre Verarbeitungskapazität nicht ausreicht, alle Informationen zu verarbeiten, ist sie gezwungen auszuwählen. Die Selektion der Reize erfolgt durch den Einstellungsfilter, durch den nur das dringt, was den bereits bestehenden Erwartungen entspricht. Die Wahrnehmende wird dadurch in ihren Einstellungen und Vorurteilen bestätigt.

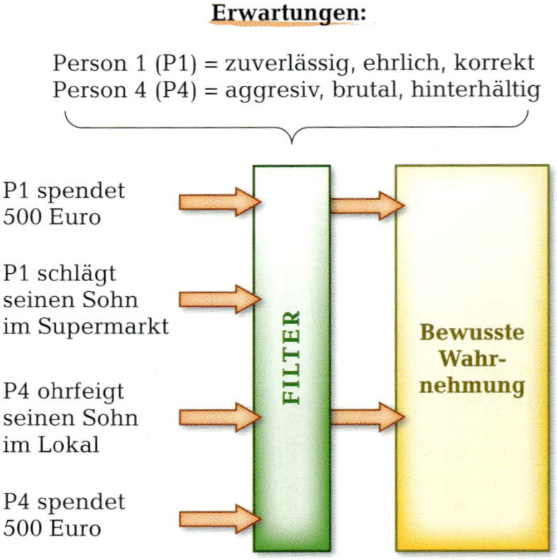

- **Ähnlichkeits- bzw. Kontrast-Effekt**

Die Wahrnehmende achtet bei sozialen Reizen (Personenwahrnehmung) besonders auf Persönlichkeitseigenschaften, die sie selbst aufweist und unterstellt eine ähnliche Persönlichkeitsstruktur auch bei der anderen Person (= Ähnlichkeits-Effekt). Wenn sich die Anleiterin mit der Praktikantin identifiziert, dann ordnet die Anleiterin ihr Eigenschaften, Motive, Persönlichkeitsmerkmale zu, die sie sich selbst zuschreibt.

Eigenschaften, über die man selbst nicht verfügt (z. B. Musikalität, sportliche Fähigkeiten) werden bei dem anderen verstärkt wahrgenommen (= Kontrast-Effekt).

■ **Milde-Strenge-Effekt**

Untersuchungen zeigen, dass Personen, die man sympathisch findet, positiver wahrgenommen und beurteilt werden als Personen, zu denen eine Antipathie besteht. Unsympathische Personen werden kritischer beurteilt, negative Eigenschaften werden verstärkt wahrgenommen.

■ **Soziale Effekte**

Die Personenwahrnehmung erfolgt immer im sozialen Kontext, d. h. die Wahrnehmung wird beeinflusst vom Wissen über die Schichtzugehörigkeit des anderen, seine Rolle und seine Position im sozialen Gefüge sowie seine Mitgliedschaft in Gruppen (wie Kirchengemeinde, Vereinen, Parteien). So wird die Rolle bzw. Position, die der anderen einnimmt mit den typischen Rollenmerkmalen unbewusst verknüpft, so dass man von der Mutter besondere Fürsorge für ihr Kind erwartet oder ein mütterliches Interesse an der Entwicklung und Förderung ihres Kindes unterstellt.

Auf den Punkt gebracht

Die Wahrnehmung ist ein aktiver Prozess, durch den Eindrücke, die von den Sinnesorganen stammen (Empfindungen) ausgewählt, geordnet und mit Bedeutung versehen werden.

Wenn man wahrnimmt wird nicht die vorhandene Wirklichkeit direkt abgebildet, sondern man schafft sich sein (subjektives) Bild von der Wirklichkeit (= Subjektivität der Wahrnehmung). Dieses subjektive Bild stellt immer nur einen Ausschnitt aus der gesamten erlebbaren Wirklichkeit dar (= Selektivität der Wahrnehmung).

Der Wahrnehmungsprozess unterliegt physiologischen Voraussetzungen (Beschaffenheit der Sinnesorgane, Nervensystem) und wird vom individuellen und soziokulturellen Hintergrund jedes Menschen bestimmt.

Die Erzieherin hat wesentlich mit der Wahrnehmung von Personen zu tun. Im Verlauf der Personenwahrnehmung treten Effekte auf, die sich die Erzieherin bewusst machen muss, um Wahrnehmungsfehler zu vermeiden.

Aufgaben

1. Erläutern Sie den Wahrnehmungsprozess mit den verschiedenen Stufen an folgenden Beispielen:
   - Kleinkinder sehen sich die Sendung mit der Maus im Fernsehen an.
   - Am Vormittag spielen die Kinder im Außengelände als ein Düsenjäger im Tiefflug über die Einrichtung donnert.

2. Der abgebildeten Person können verschiedene Rollen zugeschrieben werden (z. B. Bankangestellter, Versicherungsvertreter, Familienvater, Schöffe beim Familiengericht): Verdeutlichen Sie die Auswirkungen dieser Rollenzuschreibungen auf die Wahrnehmung der Person.

5.2.4 Gedächtnis

Bisher wurde beschrieben, wie Informationen aufgenommen und verarbeitet werden. Die verschiedenen Sinneseindrücke und Erfahrungen würden aber „zerfallen" und nicht zum Lernen und zur Verhaltenssteuerung führen, wenn sie nicht „zusammengehalten" (gespeichert) würden durch bestimmte Gehirnfunktionen, die wir mit „Gedächtnis" umschreiben. Dabei handelt es sich nicht um einzelne „Schubladen" im Gehirn, in die wir unsere Eindrücke packen und aus denen wir sie nach Bedarf wieder herausholen.

Definition

Gedächtnis beinhaltet vielmehr einen aktiven Vorgang, der über die gesamte Großhirnrinde verteilt ist und bei dem unterschiedliche Systeme (Gedächtnisformen) interagieren (zusammenwirken).

Die folgende Übersicht enthält die wesentlichen, bisher erforschten Gedächtnissysteme. Sie geht davon aus, dass bei der Betrachtung des Gedächtnisses zwei unterschiedliche Gesichtspunkte zu berücksichtigen sind, der zeitliche und der inhaltliche (siehe Pritzel, Brand & Markowitsch 2003).

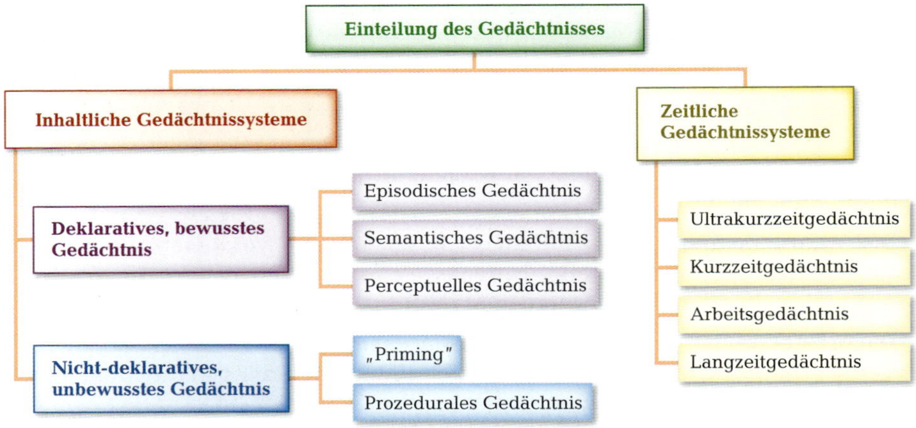

Zeitliche Einteilung des Gedächtnisses

Ultrakurzzeit

Die unterschiedlichen Umweltreize (visuelle, auditive, taktile, gustatorische, olfaktorische) werden aufgenommen, ausgewählt und für eine Zeitspanne von Millisekunden (Ultrakurzzeit!) gespeichert. Die Informationen zerfallen dann bzw. sind für immer verloren, wenn sie nicht abgerufen werden.

Kurzzeitgedächtnis

Ein Speicher für ca. sieben Informationseinheiten (z. B. eine Zahlenfolge von sieben Ziffern) für eine Dauer von Sekunden bis maximal wenige Minuten ist das Kurzzeitgedächtnis. Die Informationen sind wiederum bleibend verloren, wenn sie nicht verarbeitet werden und ins Langzeitgedächtnis gelangen (siehe Gedächtnisprozesse).

Arbeitsgedächtnis

Während das Kurzzeitgedächtnis Informationen passiv kurzfristig speichert, werden sie im Arbeitsgedächtnis aktiv verändert. Außerdem werden bereits gespeicherte Inhalte aus dem Langzeitgedächtnis abgerufen. Das Arbeitsgedächtnis wird mit diesen Funktionen als eine Art Schnittstelle zwischen Kurz- und Langzeitgedächtnis verstanden.

Aufnahmekapazität und Behaltensdauer des Langzeitgedächtnisses sind im Prinzip unbegrenzt. Vergessen kann als ein **Nichtwiederfinden** verstanden werden. Dies kann zum Beispiel der Fall sein, wenn die Inhalte im Langzeitgedächtnis nicht geordnet sind, Assoziationen fehlen oder wenn eine ungenaue Anfrage gestellt wird. Auch das **motivierte Vergessen**, dessen Zweck die Gedächtnisforschung darin sieht, den Organismus vor Bedrohungen zu schützen, gehört dazu.

Langzeitgedächtnis

Wenn man von einem beliebigen Zeitpunkt ausgeht, so bilden alle Informationen, die bis zu diesem Zeitpunkt abgespeichert wurden, das Altgedächtnis. Als Neugedächtnis bezeichnet man alle Informationen, die nach diesem Zeitpunkt aufgenommen werden.

Neu-Alt-Gedächtnis

Inhaltliche Einteilung des Gedächtnisses

Ein Großteil der Inhalte des Langzeitgedächtnisses wird bewusst abgerufen.

Man spricht vom deklarativen, expliziten Gedächtnis.

Deklaratives Gedächtnis

Es gibt jedoch auch Inhalte, die ohne bewussten Abruf unser Verhalten steuern. Sie bilden das nicht-deklarative, implizite Gedächtnis.

Nicht-Deklaratives Gedächtnis

Insgesamt lassen sich fünf Systeme des Langzeitgedächtnisses unterscheiden, die in einer Rangfolge (hierarchische Organisation) zu sehen sind. Die Inhalte und die Verarbeitung auf Hirnebene werden von System zu System komplexer.

Die höchste Hierarchieebene stellt das episodische Gedächtnis dar. Hier werden Inhalte mit klarem Raum- und Zeitbezug (kontextgebunden) abgespeichert. Die Inhalte beziehen sich zu einem Großteil auf die eigene Lebensgeschichte (z. B. das Erlebnis der Einschulung in einem bestimmten Gebäude zu einer bestimmten Zeit).

Aber auch andere Informationen, die kontextgebunden eingespeichert wurden, stellen Teile des episodischen Gedächtnisses dar (z. B. die Erinnerung an eine Theateraufführung mit bestimmten Darstellern und entsprechender Kulisse).

Episodisches Gedächtnis

Durch das Erinnern von Episoden können wir uns in die erlebte Situation zurück versetzen. Die Erinnerungen bestehen häufig aus verschiedenen Sinneserfahrungen und sind mit Gefühlen verbunden. So können wir beim Erinnern an bestimmte Ereignisse meist sagen, ob wir uns in der Situation gut oder schlecht gefühlt haben.

Zu den episodischen Gedächtnisleistungen gehört auch, die Quelle einer gelernten Information zu wissen, d. h., sich an die Bedingungen (zeitliche, räumliche) zu erinnern, unter denen der Inhalt eingespeichert wurde. Hier kommt das **Quellengedächtnis** zur Geltung.

Unabhängig von einem Raum- und Zeitbezug werden bestimmte Fakten im „Wissenssystem" (auch semantisches Gedächtnis) abgespeichert. Dazu gehört das Schul- und Allgemeinwissen, aber auch feststehende Daten wie z. B. Geburtstage der Kinder einer Kindertagesstätte oder die vorgeschriebene Gruppenstärke einer Heimgruppe.

Semantisches Gedächtnis

Wenn man ein bestimmtes Objekt wahrnimmt und man kann es erkennen und einordnen, weil es einem vertraut vorkommt, so ist das eine Leistung des perceptuellen Gedächtnisses. Es steht in der Hierarchie der Gedächtnissysteme zwischen dem Wissens- und dem Primingsystem und stellt wie das Wissenssystem eine bewusste Form des Gedächtnisses dar.

Perceptuelles Gedächtnis

Priming

Eine bessere Wiedererkennungsleistung durch zuvor unbewusst Wahrgenommenes wird mit dem Begriff Priming (vorbereiten, bahnen) umschrieben. Das Primingsystem ist weitestgehend unabhängig vom bewussten Reflektieren. Man sagt, es steuert unser Verhalten implizit. Die Werbung macht sich dieses Gedächtnissystem zunutze, wenn sie einen bestimmten Werbespot zweimal mit kurzer Unterbrechung sendet. Der ersten längeren Fassung folgt eine zweite etwas kürzere. Beim zweiten Sehen genügen Ausschnitte, um die Produktinformation wieder zu erkennen. Die erste Darbietung hat offenbar zu unbewussten Vorerfahrungen geführt, die das bewusste Verarbeiten bahnen und erleichtern (= priming).

Prozedurales Gedächtnis

Unbewusst sind auch die Inhalte des prozeduralen Gedächtnisses, das hauptsächlich motorische Fertigkeiten (z. B. Inliner fahren) umfasst. Die motorischen Abläufe sind so (unbewusst) eingespeichert, dass wir nicht darüber nachdenken müssen. Es fällt uns aber auch schwer, die unbewussten Inhalte in Worte zu fassen. Versuchen sie z. B. einmal die Bewegungen des Inlinerfahrens zu verbalisieren.

Gedächtnisprozesse

Gedächtnisprozesse sind Teile des gesamten Lernprozesses (siehe Übersicht). Man geht davon aus, dass ankommende Informationen Schritt für Schritt (seriell) verarbeitet werden.

Selektion

Auf der ersten Gedächtnisebene werden die Sinneseindrücke im sensorischen Register (Ultrakurzzeitgedächtnis) aufbereitet. Es wird entschieden, ob es sich um wichtige oder unwichtige Reize handelt, d. h., im Ultrakurzzeitgedächtnis findet eine Reizselektion statt.

Encodierung

Konsolidierung

Die ausgewählten Informationen werden dann im Kurzzeit- und Arbeitsgedächtnis eingespeichert (encodiert). Es folgt die Festigung (Konsolidierung) der eingespeicherten Inhalte z. B. durch Wiederholung, Bilden von Assoziationen, Bereitstellen von Ordnungsschemata usw. Die encodierten Inhalte werden auf diese Weise in bereits bestehende Netzwerke von Informationen eingebaut und können dann (im Langzeitgedächtnis) längerfristig abgespeichert werden.

Das Erinnern von Gedächtnisinhalten bezeichnet man als Abruf. Unsere Abrufleistungen sind unter anderem davon abhängig, wie häufig bestimmte Inhalte erinnert werden.

Re-Encodierung

Jeder Abruf von Inhalten aus dem Langzeitgedächtnis führt zu einer erneuten Einspeicherung (Re-Encodierung) und damit zu einer Verfestigung der Gedächtnisspur.

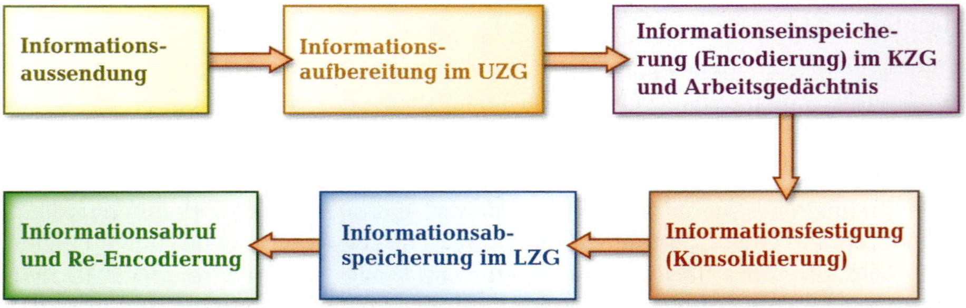

Übersicht Gedächtnisprozesse

Entwicklung des Gedächtnisses

Schon das Neugeborene besitzt die Fähigkeit, Eindrücke zu speichern, die sein weiteres Verhalten bestimmen. Es verfügt über nicht-deklarative Leistungen (siehe Einteilung des Gedächtnisses).

Wiedererkennen

Etwa in der Mitte des ersten Lebensjahres können wir beim Säugling das Wiedererkennen beobachten. Sobald das Kind bekannte Personen oder Objekte sieht, reagiert es positiv. Es lächelt, streckt die Händchen aus und gibt freudige Laute von sich.

Allmählich erkennt das Kind immer mehr Personen und Gegenstände wieder. Auch der Zeitraum zwischen dem Wahrnehmen und dem Wiedererkennen wird größer.

Bereits vor dem ersten Lebensjahr erwerben die Kinder Gedächtniseinträge, die dauerhaft sind. Sie können über frühere Wahrnehmungen zu einem späteren Zeitpunkt und in Abwesenheit des Gegenstandes oder der Person erneut verfügen. Es existiert eine Vorstellung von den Dingen und Ereignissen (siehe Entwicklung).

Provozierte Erinnerungen

Die Kinder suchen zum Beispiel nach einem verschwundenen Gegenstand, oder wenden den Blick in die Richtung eines von den Erwachsenen benannten Objekts. Zunächst tauchen die assoziierten oder provozierten Erinnerungen auf. Anlässlich eines bestimmten Ereignisses fällt dem Kind ein anderes ein, das ursprünglich mit dem ersten verbunden (assoziiert) war. Beispielsweise erinnert sich das Kind beim Einblick eines Hauseinganges an einen Hund, der am Vortag dort herausgesprungen ist.

Spontane Erinnerungen

Spontane Erinnerungen, die ohne äußeren Anlass auftauchen, treten erst einige Monate später auf. Anfangs bleiben Eindrücke nur sehr kurze Zeit im Gedächtnis haften. Erwachsene können sich deshalb kaum an Ereignisse aus den ersten zwei bis drei Lebensjahren erinnern. Man bezeichnet diesen Umstand als **kindliche Amnesie**.

Allmählich wächst die Erinnerungsspanne auf Wochen und Monate an. Vom dritten bis vierten Lebensjahr an ist das Gedächtnis praktisch unbegrenzt. Es fällt aber auf, dass Kinder in diesem Alter mehr speichern als wiedergeben können. Das liegt daran, dass sie offenbar noch nicht bewusst Methoden (Lern- und Gedächtnisstrategien) einsetzen, um Lernmaterial behalten und später wiedergeben zu können.

Unwillkürliche Erinnerungen

Im Vorschulalter hat das Gedächtnis vorzugsweise unwillkürlichen Charakter. Die Gegenstände, mit denen das Kind während seiner praktischen Tätigkeit oder während des Spielens zu tun hat, prägt es sich ohne feste Absicht (unwillkürlich) ein. Stellen die Erwachsenen einem drei- bis vierjährigen Kind die Aufgabe etwas im Gedächtnis zu behalten, so führt das zu keinerlei Ergebnissen und wirkt sich sogar negativ auf den Erfolg des Einprägens aus. Die Kinder können in diesem Alter mit einer gezielten Aufgabenstellung offenbar noch nichts anfangen. Gegen Ende der Vorschulzeit sind jedoch Anfänge eines willkürlichen Einprägens und Erinnerns zu beobachten.

Beispiele: Ein bestimmter Auftrag soll nicht sofort, sondern erst nach einiger Zeit erledigt werden. Dazu muss sich das Kind den Auftrag merken. Die Kinder können auch schon über zurückliegende Ereignisse, zum Beispiel einen Ausflug oder den Tagesablauf im Kindergarten berichten.

Instabilität

Das Gedächtnis des Kleinkindes ist insgesamt noch relativ großen Schwankungen unterworfen. Drei grundlegende Faktoren sind für die relative Instabilität des Gedächtnisses in der frühen Kindheit verantwortlich:

- Die kognitiven Strukturen (Schemata) sind noch nicht soweit organisiert und differenziert, dass die Wahrnehmungen eingeordnet werden können.
- Die Aufnahme und Verarbeitung von Umwelteindrücken ist noch stark „Ich-bezogen", d. h. Eindrücke, die für das Kind bedeutsam sind, die sein Gefühl ansprechen, für die es sich unmittelbar interessiert, wird es sich besser einprägen.
- Das Fehlen eines angemessenen Wortschatzes erschwert die Speicherung bestimmter Eindrücke. Das Kind ist noch stark von der konkreten, unmittelbaren Anschauung abhängig. Vorschulkinder merken sich anschauliches Material (Gegenstände und deren Abbildungen) besser als verbalen Stoff. Von einem verbalen Stoff werden anschauliche Beschreibungen, besonders wenn sie emotional ansprechend sind, wesentlich besser im Gedächtnis behalten.

Willkürliche Erinnerungen

Beim Schulkind lassen sich allgemeine Verbesserungen der Behaltensleistungen feststellen, die auf die sachliche, realistische Grundeinstellung und die fortschreitende kognitive Entwicklung zurückzuführen sind. Die Verbesserungen beziehen sich vor allem auf das aktive Reproduzieren vorangegangener Reize, beziehungsweise Lerninhalte. Das Kind eignet sich in zunehmendem Maße Verfahren des willkürlichen, logischen Einprägens an. Es lernt, sich mit einem anschaulichen oder verbalen Stoff bekannt zu machen, den Inhalt sinnvoll zu erfassen und die einzuprägenden Handlungen und Wörter zu wiederholen.

Metagedächtnis

Dies setzt aber voraus, dass Kinder etwas über ihr eigenes Gedächtnis und über die Möglichkeiten ihre Gedächtnisleistung zu verbessern wissen (siehe Erwerb lernmethodischer Kompetenzen). Es lassen sich zwei Teilaspekte des gedächtnisbezogenen Wissens (Metagedächtnis) unterscheiden:

- Das deklarative Metagedächtnis, das verbalisierte Wissen über das Gedächtnis
- Das prozedurale Metagedächtnis, die Nutzung von gedächtnisbezogenem Wissen bei der Bewältigung von Gedächtnisaufgaben

Im Vorschulalter ist das explizite Wissen über das Gedächtnis noch relativ beschränkt. Vier- und Fünfjährige sind sich beispielsweise noch nicht sicher, ob Wiedererkennen einfacher ist als Erinnern. Gleichwohl scheinen die Vorschulkinder ein implizites Wissen über ihr Gedächtnis zu besitzen, denn sie bewältigen vielfältige Gedächtnisaufgaben. So kontrollieren schon die meisten Dreijährigen ihre eigenen sprachlichen Äußerungen bezüglich der korrekten Aussprache (aus „Onjebus" wird „Omnibus") oder der richtigen grammatikalischen Form (aus die „Mutters" werden die „Mütter").

Gedächtnisstrategien

Die Art und Weise, wie man an eine bestimmte Lern- und Gedächtnisaufgabe herangeht, wird als Gedächtnisstrategie bezeichnet. Die Strategien können beim Einprägen, beim Abspeichern und beim Abrufen verwendet werden. Das Einüben von Lern- und Gedächtnisstrategien führt zur Verbesserung der Gedächtnisleistungen. Wichtige Strategien sind zum Beispiel:

- Wiederholung des Lernmaterials in der Erwerbsphase
- Ordnen und Systematisieren z. B. die Begriffe *Apfel*, *Sessel*, *Hund*, den drei Oberkategorien *Früchte*, *Möbel* und *Tiere* zuordnen
- Ausarbeitung des Lernmaterials
- Gedächtnishilfen beim Abrufen z. B. Verbindung der Inhalte mit einer Geschichte

Die Kinder eignen sich die Gedächtnisstrategien Schritt für Schritt durch Erfahrung, durch Beobachtung erfolgreichen Modellverhaltens und durch die direkte Unterweisung an. Vierjährige tun sich allerdings noch schwer, Gedächtnisstrategien aus eigenem Antrieb und gezielt einzusetzen, selbst wenn sich diese als erfolgreich und leistungssteigernd gezeigt haben. Erst ungefähr zwei Jahre später verwenden die Kinder von sich aus verschiedene Strategien. Im Laufe der nächsten Jahre gelingt ihnen dann die Übertragung bewährter Lern- und Gedächtnisstrategien auf neue Aufgaben und ihre flexible Anwendung.

Gedächtnisleistungen

Die Geschwindigkeit der Informationsverarbeitung nimmt zwischen dem fünften und siebten Lebensjahr deutlich zu: Im Durchschnitt um 35%. In den darauffolgenden Jahren ist der Zuwachs nicht mehr so bedeutend. Im Alter nimmt die Verarbeitungsgeschwindigkeit ab. Erworbenes Wissen kann die Defizite des Gedächtnisses im Alter teilweise, aber nicht vollständig ausgleichen. Die nicht deklarativen (impliziten) Gedächtnisinhalte (z. B. motorische Abläufe) bleiben lebensaltersübergreifend weitgehend unverändert. Die deklarativen (expliziten) Gedächtnisleistungen (z. B. Aneignung von neuem Wissen) sind bei jüngeren Erwachsenen besser als bei Kindern und bei älteren Erwachsenen.

Auf den Punkt gebracht

Gedächtnis beinhaltet einen aktiven Vorgang, der über die gesamte Großhirnrunde verteilt ist und bei dem unterschiedliche Systeme (Gedächtnisformen) zusammen wirken. Die Gedächtnissysteme lassen sich nach zeitlichen und inhaltlichen Gesichtspunkten unterteilen. Gedächtnisprozesse (Selektion, Encodierung, Konsolidierung, Re-Encodierung) sind wichtige Bestandteile des gesamten Lernprozesses.

Die Gedächtnisfunktionen entwickeln sich lebenslang. Sie sind durch gezielte Lern- und Gedächtnisstrategien zu verbessern. Im Alter nimmt allerdings die Geschwindigkeit der Informationsverarbeitung ab.

Aufgaben

1. Erläutern Sie, inwieweit Gedächtnis ein aktiver Vorgang ist.
2. Beschreiben Sie verschiedene Formen des Vergessens und was Sie tun können, um die Gedächtnisleistungen zu verbessern.
3. Veranschaulichen Sie die Instabilität des Gedächtnisses in der frühen Kindheit.
4. Erklären Sie die Begriffe „deklaratives und prozedurales Metagedächtnis".

5.3 Theorien über den Lernprozess

Lernen wurde definiert als ein Prozess, der sich abspielt zwischen einem Verhalten in einer früheren Situation und einer späteren. Die Ausgangssituation und die Endreaktion lassen sich beobachten. Der dazwischen liegende Lernprozess ist nicht beobachtbar. Für seine Erklärung wurden unterschiedliche Theorien aufgestellt. Sie lassen sich grob unterteilen in zwei Gruppen:

Behavioristische Ansätze

Die eine Gruppe von Lernforschern geht davon aus, dass Lernen ein einheitlicher Vorgang ist, der bei Menschen (und Tieren) nach gleichen, allgemein gültigen Gesetzen abläuft. Diese Forscher haben sich nur auf den Teil des Lernprozesses konzentriert, den man direkt beobachten kann: Die Ausgangssituation (den Reiz) und das Lernergebnis (die Reaktion). Dazwischen liegende, innere Prozesse (wie z. B. Gedanken, Gefühle, Entscheidungen usw.) sind nicht messbar und werden deshalb zur Erklärung des Lernens nicht herangezogen. Die Forscher untersuchen nur das beobachtbare Verhalten. Sie werden deshalb als „Behavioristen" (von englisch: behavior = Verhalten) bezeichnet. Menschliches und tierisches Verhalten wird von den Behavioristen im Prinzip gleichgesetzt. Alles menschliche und tierische Lernen beruht nach ihrer Auffassung auf der Verbindung von Reiz (englisch: stimulus) und Reaktion (englisch: reaction). Die Behavioristen haben ihre Theorie meist durch Tierexperimente (mit Hunden, Ratten, Katzen, Tauben und anderen Tieren) zu belegen versucht und aus den Ergebnissen dann auf das menschliche Lernen geschlossen.

Den behavioristischen Ansätzen steht eine Richtung der Lernforschung gegenüber, die zwischen menschlichen und tierischen Lernen unterscheidet. Diese Lernforscher gehen von der Annahme aus, dass es eine Vielzahl ganz unterschiedlicher „Lernarten" gibt, die man nicht einfach auf ein Grundschema (Reiz-Reaktionsverbindung) zurückführen kann.

Kognitive Ansätze

Beim menschlichen Lernen spielen neben den Reiz-Reaktions-Verbindungen Denkprozesse eine wesentliche Rolle. Sie werden zur Erklärung des Lernens in den kognitiven Lerntheorien verwendet.

Beide Positionen sind für die lernpsychologische Erklärung des kindlichen Verhaltens und des erzieherischen Handeln von Bedeutung und sollen im Folgenden in ihren wesentlichen Ergebnissen und Anwendungsmöglichkeiten in der Pädagogik dargestellt werden.

5.3.1 Behavioristische Ansätze zur Erklärung des Lernens

Die systematische, wissenschaftliche Lernforschung beginnt mit einer eher zufälligen Entdeckung, die der russische Physiologe **Ivan P. Pawlow (1849 - 1936)** machte. Er forschte über Verdauungsprozessen bei Tieren. Die Hunde, mit denen Pawlow experimentierte sonderten angeborenermaßen Speichel ab, wenn sie Futter bekamen. Pawlow fiel nun auf, dass die Hunde, die schon einige Zeit im Labor waren, schon speichelten, wenn sie nur die Person sahen, die ihnen üblicherweise Futter brachte. Die Hunde hatten ihr Verhalten geändert. Sie hatten gelernt. Wie es zu der Verhaltensveränderung kam, untersuchte Pawlow in dem folgenden Hundeversuch, der in die Geschichte der Lernforschung einging.

Pawlows Hundeversuch

Pawlow setzte dem Laborhund das Futter vor. Es wurde messbarer Speichel abgesondert. Dieser Vorgang des Speichelabsonderns wurde vom Hund nicht gelernt, sondern ist angeboren und wird biologisch gesteuert. Man bezeichnet dies als eine unbedingte Reaktion (unconditioned response = UCR). Auslöser dieses Vorgangs ist der natürliche Reiz, das Futter (unconditioned stimulus = UCS). Natürlich für den Hund, weil das Futter gut riecht, satt macht und seine Bedürfnisse befriedigt.

Auf einen neutralen Reiz, einen Glockenton (neutraler stimulus = NS) erfolgte zunächst keine Speichelreaktion. Neutral bedeutet, vom Glockenton geht kein Reiz, keine Aufforderung aus, denn er riecht nicht gut, macht nicht satt und befriedigt das vorhandene Bedürfnis nicht.

Wurde der neutrale Reiz, Glockenton (NS), gekoppelt mit dem natürlichen Reiz, Futter (UCS), wiederholt dargeboten, speichelte der Hund (UCR).

Ließ man anschließend den natürlichen Reiz weg und bot nur noch den ursprünglich neutralen Reiz, so speichelte der Hund ebenfalls. Der NS trat nun an die Stelle des UCS und zog die ursprünglich natürliche Reaktion (Speichelfluss) nach sich. Der Hund hatte gelernt auf den Glockenton eine Reaktion zu zeigen, die nicht eine natürliche Folge auf diesen Reiz ist, sondern eine künstliche, Pawlow sagt, konditionierte Reaktion.

Der neutrale Reiz (NS) wurde zum konditionierten Reiz (CS), die Reaktion, Speichelfluss, wurde zur konditionierten, gelernten Reaktion (CR).

Die Schritte des Experiments graphisch dargestellt:

Vor dem Lernprozess	**UCS** Futter	→	**UCR** Speichelfluss
	NS Glockenton	→	Keine spezifische Reaktion
Lernprozess	**UCS + NS** Futter + Glockenton	→	**UCR** Speichelfluss
Nach dem Lernprozess	**CS** Glockenton	→	**CR** Speichelfluss

Der von Pawlow beschriebene Lernvorgang wird als **klassische Konditionierung** bezeichnet, weil er die erste und für die weitere behavioristische Lernforschung grundlegende Form der Konditionierung darstellt.

Da der Glockenton Signalfunktion bekommt, hat sich in der Lernforschung neben dem Begriff Konditionierung auch die Bezeichnung **Signallernen** eingebürgert.

Bedingungen

Die klassische Konditionierung (Signallernen) kann nur stattfinden, wenn die folgenden zwei Voraussetzungen erfüllt sind:

- Es müssen **Reflexe oder vererbte Verhaltensmuster** vorhanden sein.
- Der unbedingte, natürliche Reiz muss mehrmals, zeitlich kurz nacheinander, räumlich beieinander, mit dem neutralen Reiz gekoppelt werden. Man spricht vom Gesetz der Kontiguität (**Gleichzeitigkeit**).

Lernpsychologische Gegebenheiten

Im Laufe seiner Experimente stellte Pawlow eine Reihe Lernpsychologische Gegebenheiten fest:

Der Hund speichelte nicht nur bei einem bestimmten Glockenton, sondern auch bei Tönen, die ähnlich klangen. Dies nennt man **Reizgeneralisierung**.

Pawlows Hund lernte aber auch zwischen dem ursprünglichen Glockenton und anderen Tönen zu unterscheiden, vor allem dann, wenn er nur mit dem ursprünglichen Glockenton gefüttert wurde. Er speichelte dann bei ähnlichen Glockentönen nicht mehr. Es fand eine **Reizdifferenzierung** statt.

Blieb die Reizkoppelung im dritten Schritt längere Zeit aus, dann speichelte der Hund auf den Glockenton (CS) nicht mehr. Die bedingte Reaktion nahm dann allmählich ab, bis sie ganz verschwand. Diesen Vorgang nennt man **Extinktion** (Löschung).

Wenn die CR nach einiger Zeit bei erneuter Darbietung wieder auftritt, spricht man von **Spontanerholung**.

Zusammen mit dem Glockenton kann man einen weiteren bedingten Reiz bieten, z. B. ein Lichtsignal. Die Reaktion (Speichelabsonderung) tritt dann nach einigen Durchgängen auch auf den zweiten konditionierten Reiz (das Lichtsignal) alleine auf, obwohl der nie mit dem ursprünglichen Reiz (UCS = Futter) in Verbindung gebracht wurde. Diesen Vorgang bezeichnet man als **Konditionierung höherer Ordnung**.

Klassische Konditionierung beim Menschen und ihre Anwendung in der Erziehung

Ebenso bekannt wie der Pawlowsche Hund ist in der Lernforschung der kleine Albert geworden, an dem der amerikanische Psychologe **J. B. Watson (1878 - 1958)** zeigte, dass Menschen in gleicher Weise zu konditionieren sind wie Tiere.

Der elf Monate alte Junge hatte ein zutrauliches Verhältnis zu weißen Ratten aufgebaut. Plötzliche laute Geräusche (z. B. ein Knall oder lauter Gong) lösten bei Albert (angeborene) Angst- und Schreckrektionen (z. B. zusammenzucken, wegkrabbeln, weinen) aus. Watson schaffte es, in einem ethisch fragwürdigen Experiment dem Jungen Angst vor Ratten beizubringen, das heißt, eine Angstkonditionierung durchzuführen. Immer wenn Albert eine weiße Ratte zu sehen bekam, ertönte hinter ihm ein unangenehmes, lärmendes Geräusch. Albert zuckte zusammen, versuchte wegzukrabbeln und begann zu weinen. Nach einiger Zeit löste allein die weiße Ratte bei Albert die Angstreaktionen aus.

Emotionale Reaktionen

Neben emotionalen Reaktionen (negative wie positive) können auch allgemeine Verhaltensmuster über die klassische Konditionierung gelernt werden. Die Möglichkeiten reichen hier von einfachen Konditionierungen bestimmter Reflexe bis hin zu sehr komplexen Konditionierungen höherer Ordnung. So kann z. B. der Lidschlussreflex, der angeborenermaßen durch einen Luftstrom oder einen Fremdkörper, der sich dem Auge nähert ausgelöst wird, auf ein Lichtsignal konditioniert werden. Komplexe Konditionierungen liegen vor, wenn bestimmte Gewohnheiten aufgebaut werden. Das Holen der Zeitung kann z. B. zum Auslöser für das Frühstücken an einem bestimmten, gleichbleibenden Ort werden.

Gewohnheiten

Auch die Werbung bedient sich der klassischen Konditionierung. Der Kaufgegenstand stellt für den Kunden zunächst noch einen neutralen Reiz dar, auf den er nicht besonders reagiert. Er wird attraktiv gemacht, indem man ihn mit einem unbedingten Reiz koppelt, der angenehme Reaktionen auslöst. Die Zigarettenwerbung verbindet z. B. das Bedürfnis nach Freiheit und Abenteuer mit ihrem Produkt. Es werden entsprechende Bilder (UCS), die das Bedürfnis (UCR) wecken sollen, zusammen mit der Zigarette präsentiert (UCS + CS). Der erfolgreich konditionierte Mensch greift dann nach einer Zigarette, um das Bedürfnis nach Freiheit und Abenteuer zu befriedigen.

Werbung

In der Erziehung kann der Konditionierungsvorgang in zweifacher Weise wirksam werden:

Es können **erwünschte** Verhaltensweisen **aufgebaut** und bereits erworbene, **unerwünschte abgebaut** werden.

Zu den erwünschten konditionierten Verhaltensweisen gehört eine Vielzahl von Reiz- Reaktionsverbindungen, die dem Kind zur Gewohnheit werden und ihm Verhaltenssicherheit geben. Beispiele: Die täglichen Hygienevorrichtungen, das Anziehen, Essgewohnheiten, aber auch die gleich bleibende Erfahrung einer sicheren Bezugsperson.

Aufbau erwünschter Verhaltensweisen

Feste und eindeutige Verknüpfungen zwischen Reiz und Reaktion werden aber nur erreicht, wenn die Erzieherin sich klar und konsequent verhält. Eine inkonsequente Erziehung (z. B. auf das Schreien des Kindes einmal mit Zärtlichkeit und einmal mit Strafen zu reagieren) löst durch den ständigen Wechsel Angst und Unsicherheit beim Kind aus. Es gerät in eine Konfliktsituation zwischen verschiedenen gelernten Reiz- Reaktionsverbindungen.

Die Erzieherin sollte in der Lernsituation auch möglichst sofort reagieren. Nur so kann das Kind die gewünschte Reiz-Reaktionsverbindung eindeutig erkennen. Erfolgreiches Konditionieren setzt außerdem voraus, dass die Erzieherin oft und langfristig mit dem Kind übt.

Abbau unerwünschter Verhaltensweisen

In der Regel wird eine Konditionierung aufgehoben, wenn der unbedingte Reiz längere Zeit nicht mehr mit dem bedingten Reiz gekoppelt wird. Es kommt zur Löschung (Extinktion), zum Abbau des Verhaltens. Diese Vorgehensweise reicht jedoch meist nicht aus, unerwünschte emotionale Reaktionen, insbesondere Angst, verschwinden zu lassen. Lernpsychologische Untersuchungen haben gezeigt, dass die alte (unerwünschte) Reiz- Reaktionsverbindung durch eine neue ersetzt werden muss. Der bedingte Reiz der die unerwünschte Reaktion ausgelöst hat, muss umgewandelt werden in einen Reiz, der zu der erwünschten Reaktion führt. Die Lernpsychologie spricht von der **Gegenkonditionierung**. Die neue Konditionierung wird möglich, wenn man einen Reiz darbietet, dessen Reaktion mit der unerwünschten Reaktion unvereinbar ist.

So wirkt zum Beispiel Freude und Entspannung der Angst entgegen. Wenn man bei einem Kind die konditionierte Angst vor einem Tier abbauen will, muss man ihm also gleichzeitig mit dem Tier einen Reiz bieten, der Freude auslöst, wie zum Beispiel Spielsachen oder Süßigkeiten. Es hat sich gezeigt, dass negative emotionale Reaktionen insbesondere Ängste, nur allmählich verlernt werden.

Der Betroffene muss schrittweise mit dem ursprünglich schwächsten bis zum ursprünglich stärksten Angst auslösenden Reiz konfrontiert werden. Es erfolgt eine **systematische Desensibilisierung**. Die zuletzt beschriebenen Methoden sind nur von entsprechend ausgebildeten therapeutischen Fachkräften durchzuführen. Die Erzieherin sollte sich aber mit den Möglichkeiten der Verhaltenstherapie auf jedem Fall vertraut machen, um die Eltern beraten zu können und gegebenenfalls eine Therapie pädagogisch angemessen zu begleiten.

Lernen aus den Verhaltenskonsequenzen – die operante Konditionierung

Eine zweite Linie innerhalb der behavioristischen Lerntheorien entwickelte sich in Amerika. Die Lernforscher **Thorndike (1874 - 1949)** und **Skinner (1904 - 1990)** untersuchten ebenfalls in Tierexperimenten die Bedeutung der Konsequenzen eines Verhaltens für das Lernen.

Thorndike entwickelte für seine Lernexperimente mit Katzen einen speziellen Versuchskäfig, **eine Problem-Box**.

In dem Käfig befinden sich mehrere Hebel. Die Käfigtür lässt sich aber nur öffnen, wenn das Versuchstier einen bestimmten Hebel drückt.

Versuchsablauf:

Eine Katze wurde in den Käfig gesperrt. Thorndike konnte beobachten, wie die Katze versuchte herauszukommen. Sie lief im Käfig umher, kratzte an den Gitterstäben und streckte ihre Pfoten durch. Zufällig betätigte sie dann den Hebel, der die Käfigtür öffnete.

Nach mehren Durchgängen fand die Katze den richtigen Hebel sofort ohne weiter herumzuprobieren. Für Thorndike löste die Katze das gestellte Problem durch Versuch und Irrtum (Trial and Error), der erfolgreiche Versuch wurde beibehalten. Die Katze lernte am Erfolg. Thorndike leitete aus seinen Katzenexperimenten drei grundlegende Gesetzmäßigkeiten für das **Lernen durch Versuch und Irrtum (Lernen am Erfolg)** ab:

Gesetzmäßigkeiten des Lernens am Erfolg

- Es muss eine Bereitschaft zum Lernen vorhanden sein. Dies ist der Fall, wenn ein Bedürfnis vorliegt. Die Katzen wollten ihre Freiheit zurückgewinnen oder an Futter gelangen, wenn man sie hungrig in den Käfig gesperrt hatte (= **Gesetz der Bereitschaft**).
- Aus der Vielzahl der ausprobierten Verhaltensweisen werden nur die wieder gezeigt, die zum Erfolg geführt haben. Die Wahrscheinlichkeit, mit der ein bestimmtes Verhalten wieder auftritt, wird also bestimmt durch die jeweilige Konsequenz auf das Verhalten (= **Gesetz der Wirkung**).
- Das Verhalten, das zum Erfolg führt, wird erst durch eine Reihe von Übungen bzw. Wiederholungen erlernt. Fehlt die Übung und Wiederholung wird das Verhalten abgebaut und Verlernt (= **Gesetz der Übung**).

Skinner untersuchte das Gesetz der Wirkung genauer. Zu diesem Zweck konstruierte er die später nach ihm benannte **Skinner-Box**.

Der Käfig enthielt Vorrichtungen, die sehr unterschiedliche Versuchsanordnungen erlaubten. Skinner arbeitete mit Ratten. Die Tiere erhielten auf Hebeldruck Futter, konnten durch Hebeldruck den Strom abschalten, unter dem ihr Käfig stand, oder man versetzte ihnen einen Stromschlag, wenn sie den Hebel betätigten. Nach mehreren Versuchen beobachtete Skinner, dass die Ratten unter den ersten beiden Bedingungen den Hebel immer wieder drückten. Den Hebeldruck, der zu einem Stromschlag führte, unterließen sie.

Skinner führte die Reaktion der Ratten auf das gleiche Lernprinzip zurück wie Thorndike:

Die Tiere hatten einen Zusammenhang hergestellt zwischen ihrem Verhalten und den erfahrenen Konsequenzen. Skinner bezeichnete die Verhaltenskonsequenz (Futter) als **Verstärker**, die Verabreichung der Konsequenz (die Futtergabe) als **Verstärkung** und den Lernprozess als **Lernen durch Verstärkung**. Der Lernende wirkt hierbei aktiv auf seine Umwelt ein, um bestimmte Folgen (Konsequenzen) zu erreichen. Er zeigt operantes Verhalten. Man spricht deshalb auch von **operanter Konditionierung**.

Verstärkungsarten

Skinner unterscheidet verschiedene Arten von Verstärkung, die sich in den unterschiedlichen Versuchsanordnungen seiner Rattenexperimente erkennen lassen. Er spricht von **positiver Verstärkung**, wenn der Lernende dadurch angenehme Konsequenzen herbeiführen, aufrechterhalten oder steigern kann. Die Futtergabe führte dazu, dass die Ratte lernte, den richtigen Hebel zu drücken (positive Verstärkung). Das Verhalten, das dazu führt, dass unangenehme Konsequenzen beseitigt, vermindert oder vermieden werden können, bezeichnet Skinner als **negative Verstärkung**. Um den unangenehmen Strom abzuschalten musste die Ratte wiederum den richtigen Hebel finden (= negative Verstärkung). Wenn man das unerwünschte Verhalten ignoriert und gleichzeitig alle Ansätze erwünschten Verhaltens sofort verstärkt, so handelt es sich um eine **differentielle Verstärkung**. Die Ratten erhielten kein Futter, wenn sie nur im Käfig herumrannten oder den falschen Hebel drückten. Nur die erwünschte Reaktion führte zum Ziel und wurde verstärkt.

Das Futter und andere Verstärker, die angeborene oder primäre Bedürfnisse (z. B. Hunger, Durst, Schlaf) befriedigen, werden als **primäre Verstärker** bezeichnet. Kommen andere Reize wiederholt mit primären Verstärkern zusammen, so könne sie zu gelernten, **sekundären- oder generalisierten (allgemeinen) Verstärkern** werden. Skinner sieht im Bereich des menschlichen Lernens das Geld als einen besonderen sekundären Verstärker. Es kann gegen eine Vielzahl primärer Verstärker (z. B. Nahrung, Getränke, Schutz usw.) eingetauscht werden und wird so zum **generalisierten Verstärker** für viele Einzelhandlungen.

Wird ein Verhalten jedes Mal verstärkt, sobald es auftritt, so spricht man von **kontinuierlicher Verstärkung**. Verstärkt man nur ab und zu, so handelt es sich um eine **intermittierende Verstärkung**. Hierbei kann die Verstärkung nach einer bestimmten Anzahl von erwünschten Verhaltensweisen (= **Quotenverstärkung**) oder nach Ablauf einer festgelegten Zeitspanne (= **Intervallverstärkung**) erfolgen. Die Art der Verstärkung wirkt sich auf den Lernerfolg und die Löschung aus: Durch kontinuierliche Verstärkung wird schneller gelernt. Bei ausbleibender Verstärkung wird das Gelernte aber auch wieder schneller abgebaut. Durch intermittierende Verstärkung wird langsamer, aber dauerhafter gelernt.

Extinktion

Bekamen die Ratten in der Skinner-Box für ihr Hebeldrücken kein Futter mehr, so wurde diese Verhaltensweise immer seltener gezeigt und trat schließlich nur rein zufällig auf. Es kam zur Löschung (Extinktion) des Verhaltens.

Verhaltensformung

Um komplexe Verhaltensweisen zu konditionieren entwickelte Skinner eine Methode, bei der er schon Teilreaktionen des angestrebten Gesamtverhaltens verstärkte. Er nannte die schrittweise Annäherung an das gewünschte Endverhalten shaping of behavior (Verhaltensformung). So konnte er z. B. sogar Tauben das Pingpongspielen beibringen. Jede Bewegung der Tiere, die irgendwie mit dem angestrebten gemeinsamen Spiel zusammenhing, wurde sofort und regelmäßig verstärkt. Allmählich bauten sich die Reaktionen auf, die unmittelbar zum Pingpongspielen gehörten. Sie wurden zunächst kontinuierlich und später intermittierend verstärkt, bis die Tiere das gewünschte Verhalten regelmäßig zeigten. Durch Übung und Wiederholung wurde das Pingpongspiel der Tauben gefestigt.

Anwendung der operanten Konditionierung in der Erziehung

Nach den lernpsychologischen Erkenntnissen des operanten Konditonierens sind es die Konsequenzen auf ein bestimmtes Verhalten, die pädagogisch nutzbar gemacht werden können. In der folgenden Übersicht werden zunächst die möglichen Konsequenzen auf ein bestimmtes Verhalten und die in der Lernforschung festgestellten Auswirkungen dargestellt. Aus der Tabelle lassen sich dann pädagogische Möglichkeiten zur Verhaltensveränderung ableiten.

Mögliche Konsequenzen auf ein bestimmtes Verhalten	Lernpsychologische Auswirkungen
Darbietung einer positivern Konsequenz (= positive Verstärkung)	Das erwünschte Verhalten tritt mit hoher Wahrscheinlichkeit häufiger auf
Darbietung einer unangenehmen Konsequenz (in der Pädagogik als Bestrafung 1. Art bezeichnet)	Das unerwünschte Verhalten tritt mit hoher Wahrscheinlichkeit weniger häufig auf
Entfernen einer angenehmen Konsequenz bzw. Verwehren der Möglichkeit eine solche zu erreichen (in der Pädagogik als Bestrafung 2. Art bezeichnet)	Das unerwünschte Verhalten tritt mit hoher Wahrscheinlichkeit weniger häufig auf
Entfernung, Verminderung oder Vermeidung einer unangenehmen Konsequenz (= negative Verstärkung)	Das Verhalten, das dazu führt tritt mit hoher Wahrscheinlichkeit häufiger auf
Keine Konsequenz auf eine Verhaltensweise (= Löschung)	Das Verhalten wird mit hoher Wahrscheinlichkeit nicht mehr gezeigt

Aufbau von erwünschtem Verhalten

Erwünschtes Verhalten lässt sich sowohl durch positive Verstärkung als auch durch negative aufbauen. Wenn man die **positive Verstärkung** einsetzt, sind nach den Ergebnissen der Lernforschung bestimmte Bedingungen zu beachten um erfolgreich zu lernen. Sie sollen an dem folgenden Beispiel aufgezeigt werden:

Ein Kind soll lernen sein Zimmer aufzuräumen. Verhaltensbeobachtungen haben ergeben, dass das Kind gerne mit einem Spielzeugtraktor fährt. Dieser kann als positiver Verstärker eingesetzt werden, um das Aufräumen zu lernen.

Die folgenden Bedingungen sind zu beachten:

- Eine Verstärkung muss dann einsetzen, wenn das gewünschte Verhalten auftritt. Das Kind muss klar erkennen, welche Verhaltensweise wodurch verstärkt wird. Das Kind darf nicht in launenhafter Weise und unabhängig von seinem Verhalten verstärkt werden. Es muss eindeutig einen Zusammenhang zwischen seinem Verhalten und der nachfolgenden Verstärkung erkennen. Die Lernforscher sagen, es muss Kontingenz bestehen.

  Kontingenz

  Beispiel: *Das Kind muss klar erkennen, dass es erst Traktor fahren darf, wenn es aufgeräumt hat. Darf es einmal nach dem Aufräumen Traktor fahren und ein andermal nicht, dann kann es den Zusammenhang nicht erkennen und weiß nicht, wovon es abhängt, Traktor fahren zu dürfen.*

- Eine Verstärkung muss sofort aufhören, wenn das erwünschte Verhalten zurückgeht oder sogar unerwünschtes Verhalten gezeigt wird. Der Lernende muss die Folgerichtigkeit erfahren. Würde die Verstärkung bei Rückfall in unerwünschtes Verhalten nicht aufhören, dann würde auch unerwünschtes Verhalten verstärkt.

  Folgerichtigkeit

Beispiel: *Dürfte das Kind auch Traktor fahren, nachdem es sich geweigert hat aufzuräumen und nur herum gesprungen ist, so würde dieses unerwünschte Verhalten verstärkt*

Reihenfolge

- Eine Verstärkung darf nie vor dem gewünschten Verhalten, sondern immer erst im Anschluss gegeben werden. Die Reihenfolge muss eingehalten werden, damit der Zusammenhang zwischen Verhalten und Verstärkung besteht und die Motivation, das erwünschte Verhalten zu zeigen nicht verloren geht.

  Beispiel: *Darf das Kind zuerst mit seinem Traktor fahren und soll anschließend aufräumen, dann hat es wahrscheinlich keine Lust dazu und kann auch keinen Zusammenhang zwischen Aufräumen und Traktor fahren erkennen.*

Übung

- Um das Verhalten schnell aufzubauen, sollte es in der Anfangsphase zunächst kontinuierlich (immer und sofort) verstärkt werden. Nach einiger Zeit sollte eine intermittierende Verstärkung (ab und zu) erfolgen, damit das Verhalten langfristig gefestigt wird. Die Verstärkung muss wiederholt gegeben werden.

  Beispiel: *Zunächst darf das Kind jedes Mal, wenn es aufgeräumt hat, sofort Traktor fahren. Dann darf es Traktor fahren, wenn es einen Tag, mehrere Tage usw. aufgeräumt hat. Die Verstärkung (Traktor fahren) wird eingesetzt, bis das erwünschte Verhalten (Aufräumen) zur Gewohnheit geworden ist.*

Bevor ein Verhalten positiv verstärkt werden kann, muss es allerdings zunächst einmal aufgetreten sein. Wenn das Kind also nicht von sich aus beginnt aufzuräumen, so kann die Erzieherin die positive Verstärkung nicht einsetzen. Sie kann sich aber in der folgenden Weise der **negativen Verstärkung** bedienen, um das erwünschte Verhalten zu erreichen:

Die Erzieherin teilt dem Kind mit, dass es mit seinem Traktor erst dann fahren darf, wenn es sein Zimmer aufgeräumt hat. Die Lernforschung geht davon aus, dass das Kind die unangenehme Konsequenz, seinen Traktor nicht fahren zu dürfen, vermeiden will und deshalb das Verhalten, das dazu führt (das Aufräumen des Zimmers) vermehrt zeigt.

Das erwünschte Verhalten erweist sich oft als sehr komplex. So gehören auch zum Aufräumen viele Einzeltätigkeiten. Um das Endverhalten zu erreichen hat sich die Konditionierungsmethode der **Verhaltensformung** (Englisch: Shaping) bewährt. Man verstärkt schrittweise jedes Verhalten, das sich dem angestrebten Ziel nähert. Die Erzieherin reagiert z. B. schon, wenn das Kind mit Aufräumen beginnt. Die nächste Verstärkung erfolgt, wenn ein Teil des Zimmers in Ordnung ist.

Um die Bereitschaft des Kindes zu angemessenem Verhalten zu verbessern, hat sich ein **Punkte-Plan** als erfolgreich erwiesen. Wenn das Kind das erwünschte Verhalten zeigt, erhält es dafür sofort gemeinsam mit der Erzieherin festgelegte Punkte, die dem Kind später eine gewünschte Sonderbelohnung verschaffen.

Punkte-Plan in der Erziehungspraxis

Bei der Entwicklung und Durchführung eines Punkte-Plans geht man folgendermaßen vor:

- Das Problemverhalten und die Situation, in der es auftritt, werden möglichst konkret beschrieben.

  Beispiel: *Paul steht morgens nach dem Wecken nicht direkt auf und beginnt nicht sich zu waschen und anzuziehen.*

- Es wird genau beschrieben, wie das unproblematische (erwünschte) Verhalten in dieser Situation im Einzelnen aussehen müsste. Das heißt, komplexe Situationen werden in kleine Schritte aufgeteilt. Das ist für die spätere Punktevergabe wichtig

  Beispiel: *Paul steht spätestens fünf Minuten nach dem Wecken auf, wäscht sich und zieht sich an.*

- Gemeinsam mit dem Kind wird überlegt, was es als unmittelbare Verstärkung bekommt, wenn es sich in der Situation unproblematisch verhält. In der Praxis haben sich einfache Klebepunkte, Bildchen oder Stempel bewährt, die das Kind in sein Punktekonto eintragen kann. Außerdem wird mit dem Kind eine Wunschliste für Sonderbelohnungen angelegt und die Anzahl der Punkte bestimmt, die für die Sonderbelohnungen notwendig sind. Die Liste sollte weniger materielle Dinge enthalten, sondern vor allem Vergünstigungen und Aktivitäten wie z. B. etwas länger aufbleiben dürfen, vorgelesen bekommen oder mit den Eltern Schwimmen gehen. Verhaltensweisen und Punktezahl werden genau bestimmt.

  Beispiel: *Paul erhält je einen Punkt, wenn er innerhalb von fünf Minuten, nach einmaligem Wecken, ohne weitere Aufforderung aufgestanden ist, wenn er sich selbständig gewaschen und ohne Aufforderung angezogen hat.*

- Die Spielregeln des Punkte-Plans und das Punkte-Konto werden an einem gut sichtbaren Ort angebracht und regelmäßig mit dem Kind besprochen. Man sollte dem Kind Mut machen, wenn es nicht so erfolgreich war und die erzielten Punkt hervorheben.

- Die Punkte sind sofort zu geben, nachdem das Kind das erwünschte Verhalten gezeigt hat. Einmal verdiente Punke dürfen dem Kind nicht weggenommen werden, das heißt, es gibt keine Minuspunkte!

Abbau von unerwünschtem Verhalten

Nichtbeachten

Wenn man unerwünschtes Verhalten konsequent nicht beachtet, so verschwindet es nach und nach. Es kommt zur Löschung des Verhaltens. Die Erzieherinnen müssen allerdings darauf achten, dass sie dem Problemverhalten von Kindern wirklich keinerlei Aufmerksamkeit schenken, da es sonst (ungewollt) verstärkt wird.

Differentielle Verstärkung

Problemverhalten lässt sich auch durch eine differentielle Verstärkung abbauen. Das unerwünschte Verhalten muss konsequent ignoriert werden, während gleichzeitig alle Ansätze erwünschten Verhaltens positive Verstärkung erfahren.

Beispiel: Im Kindergarten läuft ein Kind in der Gruppe herum und stört die anderen Kinder. Der Erzieher weist es nicht gleich zurecht, sondern beobachtet sein Verhalten und wendet sich dem Kind sofort zu, wenn es z. B. ein Gespräch mit anderen Kindern beginnt oder sich etwas zum Spielen holt.

Eine Maßnahme, die in der Erziehung häufig angewandt wird, um unerwünschtes Verhalten abzubauen, ist die Bestrafung. In der Pädagogik werden zwei Arten von Strafen unterschieden.

Bestrafung

Bei der **Bestrafung erster Art** erfolgt auf ein unerwünschtes Verhalten eine unangenehme Konsequenz, die dazu führen soll, dass das Problemverhalten in Zukunft weniger gezeigt wird.

Beispiel: *Ein Jugendlicher kommt später als verabredet aus der Disko nach Hause. Seine Eltern verbieten ihm für die nächste Zeit den Besuch der Disko.*

Von **Bestrafung zweiter Art** spricht man in der Pädagogik, wenn durch die Maßnahmen ein angenehmer Zustand beendet bzw. die Möglichkeit einen solchen zu erreichen, verwehrt wird.

Auszeit

Die praktische Umsetzung dieser Art von Bestrafung geschieht im Erziehungsalltag dadurch, dass ein Kind z. B. von bestimmten Aktivitäten, die es gerne ausführt (= angenehmer Zustand) für eine bestimmte Zeit ausgeschlossen wird. Für diesen begrenzten sozialen Ausschluss einer Person verwendet man den Begriff Auszeit (englisch: Time out), der auch in manchen Sportarten (z. B. Eishockey) bekannt ist.

Auszeit ist eine erzieherische Maßnahme, die eingesetzt werden kann, wenn das Kind Aufforderungen und Grenzsetzungen trotz positiver Verstärkung für angemessenes Verhalten nicht beachtet. Auszeit hat sich außerdem bei Kindern mit häufigen und heftigen Wutausbrüchen erzieherisch bewährt. Die Anwendung der Auszeit stellt sich im Erziehungsalltag allerdings als schwierig dar.

Regeln für die Auszeit

Die folgenden Regeln sollten für eine fachgerechte Vorbereitung und Durchführung unbedingt beachtet werden:

- Die Auszeit sollte **nur bei besonders belastenden Erziehungsproblemen** eingesetzt werden (z. B. häufige, heftige Wutausbrüche, keine Reaktion, trotz mehrfacher Aufforderung sich ruhig zu verhalten). Es ist pädagogisch nicht sinnvoll, die Auszeit jedes Mal anzuwenden, wenn sich das Kind irgendeiner Aufforderung widersetzt.
- Es muss ein **geeigneter Ort** für die Auszeit gefunden werden. Er sollte nicht Angst einflößend sein, aber auch nicht besonders „reizvoll" und interessant. Für das Kind darf keine Verletzungsgefahr bestehen, vor allem, wenn es zu Wutausbrüchen neigt und sich dann kaum noch kontrollieren kann. Die Erzieherin sollte das Kind beobachten können um gegebenenfalls einzugreifen.
- Das Kind muss stets eine **Mindestzeit** in der Auszeit verbringen. Als pädagogisch sinnvolle Erfahrungswerte haben sich ein bis zwei Minuten für jedes Lebensjahr herausgestellt.
- Das **Auszeit-Verfahren muss mit dem Kind besprochen werden**. Das Kind erfährt, dass es von jetzt an bei bestimmten Verhaltensweisen (genau benennen) für kurze Zeit an den Auszeitort gebracht wird und dort die Mindestzeit (genau angeben) verbringen muss. Die Auszeit wird erst dann beendet, wenn das Kind sich nach Ablauf der Mindestzeit ruhig verhält.
- Die Auszeit wird eingesetzt, wenn das Kind der Aufforderung der Erzieherin sich in einer bestimmten Weise zu verhalten, nicht nachkommt. Die Erzieherin gibt die **Aufforderung stets mit einer festen aber freundlichen Stimme**. Sie sorgt dafür, dass das Kind aufmerksam ist, wenn sie die Aufforderung gibt. Sie

geht zum Kind, beugt sich auf seine Höhe herunter und hält **Blickkontakt zum Kind**. Die Aufforderung muss einfach und klar sein, damit sie vom Kind verstanden und erfüllt werden kann. Die **Erzieherin bleibt in der Nähe des Kindes** um sicher zu gehen, dass das Kind der Aufforderung nachkommt. Wenn das Kind nach kurzer Zeit die Aufforderung nicht befolgt, wiederholt sie die Erzieherin noch einmal eindringlicher und lässt sie vom Kind bestätigen

- Die **Auszeit wird angekündigt**, wenn das Kind der zweiten Aufforderung nicht Folge geleistet hat.
- Das Kind wird mit festem Griff am Handgelenk oder Oberarm **sofort und ohne zu zögern zum Auszeitort** geführt.
- Die Erzieherin sagt dem Kind, dass sie nicht zurückkomme, bevor die Mindestzeit (Minuten angeben) vorüber und das Kind ruhig sei.
- Während der Auszeit darf niemand mit dem Kind sprechen. Die Auszeit darf nicht unterbrochen werden (z. B. essen, auf die Toilette gehen).
- **Die Erzieherin wartet, bis die Mindestzeit beendet ist und das Kind sich danach mindestens eine Minute ruhig verhalten hat.** Sie beendet dann die Auszeit, indem sie das Kind fragt, ob jetzt alles wieder gut sei, oder indem sie einfach die Tür öffnet und sagt, dass das Kind wieder herauskommen könne.

Folgekosten

Als Bestrafung zweiter Art wirken auch die Folgekosten (englisch: Response cost). Davon spricht man, wenn ein erworbener Verstärker aufgrund eines unangemessenen Verhaltens entzogen wird.

Beispiel: *Ein Kind darf zu einer bestimmten Zeit eine Fernsehsendung sehen. Es hat seine Hausaufgaben nicht gemacht und bekommt (als Folge) die Fernsehsendung gestrichen.*

Auf den Punkt gebracht

Das operante Konditionieren gehört wie das klassische Konditionieren zu den behavioristischen Lerntheorien, die davon ausgehen, dass alles Lernen (tierisches wie menschliches) dem Reiz-Reaktions-Schema folgt.

Der wesentliche Unterschied zwischen den beiden Konditionierungsarten liegt darin, dass bei der klassischen Konditionierung auf einen Reiz eine Reaktion erfolgt, während bei der operanten Konditionierung eine schon abgelaufene Reaktion verstärkt wird, damit sich ihre Auftrittswahrscheinlichkeit erhöht.

Beide Lernarten finden ihre Anwendung in der Erziehung. Die klassische Konditionierung liefert ein Modell für Lernvorgänge, die auf der Grundlage von vererbten Verhaltensweisen wie z. B. Reflexen und emotionalen Reaktionen ablaufen und bei denen der Lernende eine eher passive Rolle einnimmt. Nach der operanten Konditionierung wirkt der Lernende aktiv auf die Umwelt ein, um bestimmte Folgen zu erzielen. Das Lernen aus den Konsequenzen eines Verhaltens lässt sich in der Erziehung zum Aufbau erwünschten und zum Abbau unerwünschten Verhaltens einsetzen.

Aufgaben

1. Analysieren sie das Verhalten der Erzieherin in dem folgenden Beispiel nach lernpsychologischen Gesichtspunkten.

   Die Kinder spielen mit der Erzieherin im Stuhlkreis „mein rechter Platz ist leer". Sven, sechs Jahre alt, fällt es schwer still zu sitzen. Auch wenn er nicht an der Reihe ist, lässt er sich von seinem Stuhl in die Kreismitte fallen und stört so ständig den Spielverlauf. Die Erzieherin ignoriert dieses Verhalten zunächst. Die anderen Kinder lachen. Die Erzieherin ermahnt daraufhin Sven. Er hört nicht auf. Einige andere Kinder lassen sich jetzt auch vom Stuhl fallen. Die Erzieherin bricht das gemeinsame Spiel ab.

2. Die kleine Svenja zeigt im Kindergarten öfters trotzige Reaktionen. Die Gruppenleiterin sperrt sie dann einfach in den benachbarten Gymnastikraum. Hat sie sich beruhigt, wird sie wieder in die Gruppe geholt. Sie ist dann völlig verängstigt und sitzt teilnahmslos auf ihrem Stuhl.

   Immer wenn sie an diesem Raum vorbeigehen soll, wählt sie einen anderen Weg. Inzwischen wehrt sich das Mädchen heftig, an der Bewegungserziehung im Gymnastikraum teilzunehmen.

   Vervollständigen Sie die graphische Darstellung der Konditionierung von Svenja auf den Gymnastikraum.

5.3.2 Kognitive Ansätze zur Erklärung des Lernens

Ebenso bekannt wie die Tierversuche Pawlows, Thorndikes und Skinners sind in der Lernforschung die Versuche mit Affen geworden, die der deutsche Psychologe **W. Köhler (1887 - 1967)** auf der Insel Teneriffa (1913 - 1914) durchführte.

Durch genaue Beobachtung und Beschreibung des Verhaltens versuchte Köhler herauszufinden, wie bestimmte Problemaufgaben von den Versuchstieren gelöst werden. Was macht z. B. ein Affe, wenn eine Banane außerhalb seiner Reichweite hinter Gitterstäben liegt?

Köhler beobachtete, dass das Tier zuerst vergeblich durch das Gitter griff. Dann probierte es mit einem herumliegenden Stock das Futter zu erreichen. Dieser Versuch schlug auch fehl. Es folgte eine Zeit, in der das Tier einfach da saß und die Szene beobachtete. Nach Köhlers Beschreibung ergriff der Affe dann plötzlich zwei Stöcke, die neben ihm lagen. Er hantierte mit ihnen, schob sie zusammen und angelte sich die Banane. Die Lösung des Problems schien also plötzlich aufgetaucht zu sein. Köhler bezeichnete diesen Überraschungseffekt als **Aha-Erlebnis**. Er sah seine Vermutung bestätigt, dass Lernen nicht durch zielloses

Herumprobieren (Versuch und Irrtum) zustande kommt, sondern dadurch, dass eine sinnvolle Beziehung zwischen den einzelnen Teilen einer Problemsituation erkannt wird: Der Lernende gewinnt Einsicht in die Struktur des Problems. Dieses Lernen wird deshalb als **Lernen durch Einsicht oder Problemlösungslernen** bezeichnet.

Merkmale

Das Lernen durch Einsicht ist vor allem durch die folgenden Merkmale gekennzeichnet:

- Das Gewinnen von Einsicht ist wesentlich abhängig von der Anordnung der Problemsituation. Ein Affe löst z. B. das Problem des Gebrauchs der Stöcke schneller, wenn die Stöcke zum Zusammenschieben in der Nähe des Futters liegen und nicht irgendwo im Käfig.
- Der Lernerfolg stellt sich nicht Schritt für Schritt (nach Versuch und Irrtum) ein, sondern plötzlich, meist nach einer Phase des Nichthandelns (= Aha-Erlebnis).
- Eine durch Einsicht gewonnenen Problemlösung kann auch in neuen veränderten Situationen wieder angewendet werden. Gelernt wird nicht nur ein bestimmter Handlungsablauf, sondern eine kognitive Struktur, ein bestimmtes Lösungsprinzip.

Lösungsschritte

Die Erforschung des Problemlösungsverhaltens beim Menschen hat für eine systematische Lösung von Problemen folgende Lösungsschritte ergeben:

- Ausgangssituation: Das Problem wird bewusst.
- Problem wird genau benannt.
- Lösungswege werden entworfen.
- Konsequenzen der Entwürfe werden logisch entwickelt.
- Geeignet erscheinender Lösungsentwurf wird ausgewählt.
- Lösung wird angewendet und übertragen.

Die folgende Übersicht zeigt auf, wie der Lernende durch gezielte Fragen (Suchfragen) und entsprechende kognitive Tätigkeiten ein bestehendes Problem systematisch lösen kann.

Lösungsschritte	Suchfragen	Kognitive Tätigkeiten
Ausgangssituation: Problembewusstsein	Besteht überhaupt ein Problem, ein Konflikt?	Information, Aufmerksamkeit, Motivation
Das Problem wird genau benannt	Worin genau besteht das Problem? Was ist verlangt, was ist nicht verboten? Wodurch wird das Erreichen des Zieles verhindert?	Konkretisierung, Differenzierung
Lösungswege werden entworfen	Welche Informationen sind für die Lösung von Bedeutung?	Suchbereich abgrenzen, Beseitigung von störendem Beiwerk, Auswahl bedeutsamer Bestandteile
	Wie hängen die Problembestandteile zusammen?	Strukturieren, umstrukturieren, Perspektivenwechsel, kombinieren
	Welche Hilfsmittel gibt es und wie kann man sie einsetzen?	Materialanalyse: Den Gebrauchswert (Funktionalwert) feststellen
	Welche verschiedenen Lösungswege ergeben sich?	Freies Kreisen lassen der Gedanken (Brainstorming), Vergleich mit früheren Erfahrungen
Die Konsequenzen der Entwürfe werden logisch entwickelt	Welche Folgen ergeben sich aus den einzelnen Lösungsentwürfen?	Bedingungen bedenken, die die Lösungen erfüllen müssen, Prüfung von Zwischenergebnissen, Zusammenfassung von Teilschritten
Der geeignete Lösungsentwurf wird ausgewählt	Beantwortet das Ergebnis die gestellte Frage? Was spricht für/ gegen die einzelnen Entwürfe?	Lösungen selbstständig prüfen: Innere Konsistenz (Stimmigkeit) feststellen, Zusammenhängen sehen
Die Lösung wird angewendet und übertragen	Hilft das Ergebnis ähnliche Probleme zu lösen?	Übungen, Suchen anderer Lösungen

Schema zum Problemlösungslernen

Anwendung des Lernens durch Einsicht in der Erziehung

Einsicht lässt sich nicht von außen erzwingen. Zur Einsicht muss der Zu-Erziehende selbst finden. Die Erzieherin kann aber die einzelnen Lernschritte des Problemlösungslernens unterstützen. Einige Beispiele sollen die Lernhilfen verdeutlichen, die an den kognitiven Tätigkeiten des Lernenden ansetzen können.

Im Bereich des schulischen Lernens beginnen die Schwierigkeiten für einen Schüler z. B. oft schon bei der Fragestellung einer Aufgabe. Dem Lernenden ist nicht klar, worin das Problem genau besteht. Hier helfen Denkanstöße und eine möglichst genaue Fassung des Problems.

Klarheit ist auch wichtig in der Beziehung zwischen Erzieherin und Zu- Erziehenden. Bei einem Konflikt sollte die Erzieherin z. B. das Problem direkt und genau ansprechen und dem Kind seine Erwartungen deutlich mitteilen (siehe Kommunikation). Das offen gelegte Erzieherinnenverhalten fördert den Einsichtsprozess beim Zu-Erziehenden und regt ihn an, seine eigenen Wünsche und Bedürfnisse offen und unmissverständlich auszusprechen.

Wenn die Erzieherin sich in die Lage des Zu-Erziehenden versetzt und ein bestehendes Problem aus dessen Blickwinkel betrachtet, so regt sie das Kind an, seinerseits die Sichtweise zu ändern. Eine **andere Perspektive** hilft die Situation umzustrukturieren und dadurch Einsicht zu gewinnen.

Lernhilfen zur Gewinnung von Einsicht

Einsicht kann nur entstehen, wenn alle zur Lösung erforderlichen Bestandteile im Blickfeld des Lernenden sind. Oft sieht dieser den sprichwörtlichen Wald nicht mehr vor lauter Bäumen. Die Erzieherin muss dafür sorgen, dass der Zu-Erziehende den Wald erkennt. Er muss lernen, in einer Problemstellung Wesentliches von Unwesentlichem zu trennen. Die Erzieherin kann ihm dabei helfen, indem sie beispielsweise **störendes Beiwerk beseitigt** und die wichtigen Informationen hervorhebt. Diese Lernhilfe lässt sich an Rechenaufgaben gut zeigen.

Beispiel: Drei Arbeiter schaffen 36 Quadratmeter Fliesen pro Stunde. Jeder Arbeiter verdient 25 Euro und arbeitet acht Stunden am Tag. Wie viel Quadratmeter Fliesen schaffen fünf Arbeiter pro Stunde? Folgende Angaben sind für die Lösung überflüssig: Der Verdienst und die tägliche Arbeitszeit der Arbeiter.

Versteht der Lernende wesentliche Zusammenhänge nicht, so kann **eine anschauliche, logische Darstellung** zur Einsicht verhelfen. Dazu dienen unter anderem Beispiele, Bilder, Skizzen und Geschichten. Wichtig ist auch eine **klare, verständliche Sprache** und die Aufgliederung des Lernstoffes in **überschaubare Einheiten**.

Beispiel: Ein rechteckiges Grundstück wird ringsum mit einem Zaun umgeben. Man braucht 125 m Zaun. Das Grundstück ist 35 m lang. Wie breit ist es?

Veranschaulichungshilfe:

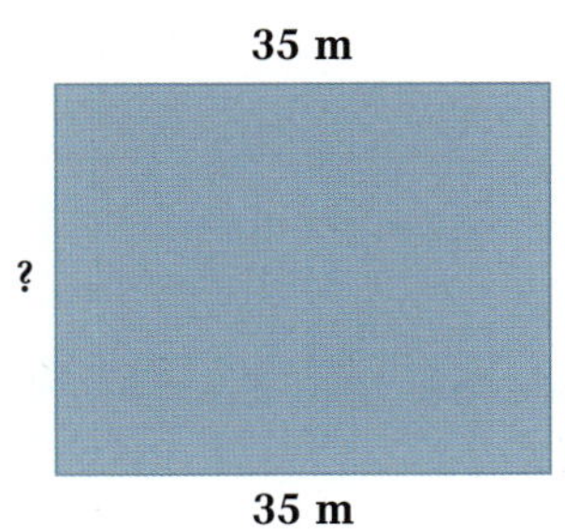

Viele Probleme lassen sich auch lösen, wenn man in einer neuen Situation auf Erfahrungen zurückgreift, die man in einer früheren Situation gewonnen hat. Dazu muss man aber zunächst herausfinden, inwieweit alte und neue Situation übereinstimmen. Wenn Gemeinsamkeiten oder Entsprechungen **(Analogien)** bestehen, kann man von der alten Situation auf die neue schließen. Auf der Grundlage der Analogien wird eine Beziehung hergestellt, die zur Problemlösung führt. Man spricht von **„relationalem Denken"**, über das bereits viele Vierjährige verfügen. Wenn man den Kindern z. B. eine Abbildung zeigt, auf der ein Vogel und ein Nest mit Eiern zu sehen ist und eine andere mit einem Hund und sie nach dem Zusammenhang fragt, so stellen sie u. a. die folgende Analogie her: „Der Vogel legt Eier in sein Nest und der Hund legt Babys, die heißen Junge."

Die Erzieherinnen können das analoge Denken gezielt fördern, in dem sie die Kinder direkt auf Entsprechungen und Ähnlichkeiten, die „relationalen Übereinstimmungen" zwischen verschiedenen Dingen und Ereignissen hinweisen. Außerdem sollten für die Kinder vielfältige Materialien bereitstehen, an denen sie in spielerischer Form die **relationalen Übereinstimmungen** eigenständig und ggf. mit kleinen Hilfestellungen der Erzieherinnen entdecken können. Durch das Bilden von Analogien verknüpfen die Kinder ihr vorhandenes Einzelwissen und schaffen Querverbindungen zwischen zuvor für sie getrennten Wissensbereichen. In der kognitionspsychologischen Fachsprache ausgedrückt kommt es zur **„Vernetzung und Integration kognitiver Strukturen"**.

Für eine systematische Problemlösung sind meistens mehrere aufeinanderfolgende Schritte notwendig, die geplant werden müssen. Beobachtet man die Lösungsstrategien jüngerer Kinder, so fällt auf, dass sie ein Ziel fast immer direkt ansteuern und so die Problemlösung noch oft verfehlen. Es fällt ihnen schwer, Umwege in Kauf zu nehmen, um ein Ziel zu erreichen. Bereits Vierjährige schaffen es aber, **mehrere Schritte im Voraus zu planen** und so zu einer sichereren Problemlösung zu kommen

Vierjährige bringen auch die erforderlichen sozial-kognitiven Kompetenzen (siehe Kap. 4) dafür mit, sich erfolgreich an gemeinsamen Problemlösungen beispielweise in einem Projekt zu beteiligen. Die Kinder erleben, dass es auf eine **gute Zusammenarbeit** ankommt, wenn man Probleme gemeinsam effektiv lösen will.

Wenn der Zu-Erziehende das Problemlösungslernen erfolgreich abgeschlossen hat, so sollte die Erzieherin für **vielfältige Anwendungsmöglichkeiten** sorgen, um die gewonnene Einsicht zu festigen. Die Anregung, **alternative Lösungswege** zu suchen bewahrt den Lernenden schließlich davor, gefundene Lösungen starr und pauschal anzuwenden.

Lernen am Modell: Die sozial-kognitive Lerntheorie von Bandura

Definition

Ein zweiter kognitiver Erklärungsansatz befasst sich mit einem Lernprozess, der im Erziehungsalltag von besonderer Bedeutung ist: Die Wirkung von Vorbildern oder wie die Lernpsychologie sagt Modellen. Die entsprechende Lernform wird als Lernen am Modell, Beobachtungslernen oder Nachahmungslernen (Imitationslernen) bezeichnet. Gemeint ist der Vorgang, bei dem sich ein Lernender (hier als Beobachter bezeichnet) Verhaltensweisen dadurch aneignet, dass er andere Personen (Modelle) beobachtet.

Das Nachahmungslernen wird nach Auffassung des kanadischen Lernforschers Bandura durch kognitive Aktivitäten des Lernenden möglich. Lernen findet in einer Wechselwirkung zwischen Beobachter und Modell in einem sozialen Kontext statt. Bandura bezeichnet seinen Erklärungsansatz deshalb als sozial-kognitive Lerntheorie. Im Folgenden sollen die für die Pädagogik wesentlichen Forschungsergebnisse Banduras und seiner Mitarbeiter dargestellt werden.

Zur Beschreibung des sehr komplexen Lernprozesses wurde das folgende vereinfachte Modell vorgeschlagen:

Phasen beim Lernen am Modell

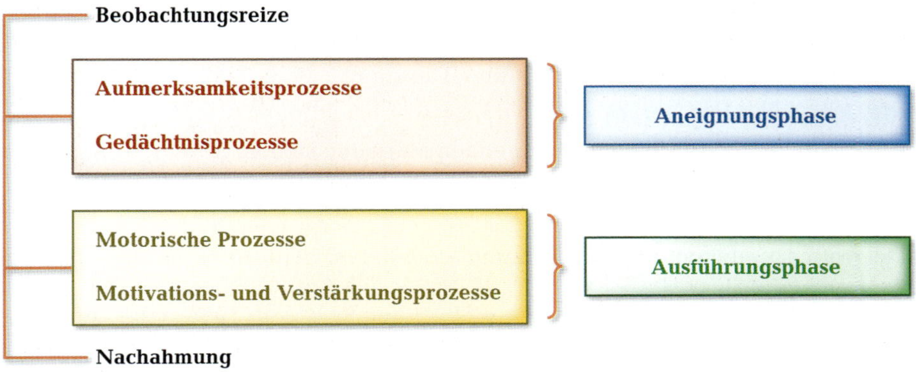

Beispiel zur Veranschaulichung der Lernphasen:

Der fünfjährige Peter ist mit seiner Mutter im Schwimmbad. Er sitzt am Rand des Nichtschwimmerbeckens und beobachtet das Geschehen um ihn herum, während seine Mutter im großen Becken schwimmt. Ihm fällt ein Junge auf, der schon mehrmals einen Kopfsprung ins Wasser gemacht hat (= **Beobachtungsreiz**). Peter findet das toll. Er bewundert die Fähigkeit des Jungen, der nicht viel älter ist als er. Aufmerksam sieht er sich die Arm- und Beinhaltung des Jungen an, bevor dieser ins Wasser springt (= **Aufmerksamkeit**). Es entsteht eine bildhafte Vorstellung der einzelnen Schritte, die zum Kopfsprung führen (Vorbereitung der Körperhaltung, beugen der Beine, Absprung). Peter führt den Kopfsprung in Gedanken aus (= **Gedächtnisprozesse**).

Nachdem Peter nun eine genaue Vorstellung für die Ausführung des Kopfsprungs im Gedächtnis hat, versucht er diese motorisch umzusetzen. Hier kommt es darauf an, ob Peter über die einzelnen Teilfertigkeiten wie z. B. die richtige Körperhaltung und das Beugen der Beine verfügt oder ob er sie noch üben muss. Peter fällt die komplette Vorbereitung und Durchführung des Kopfsprungs noch schwer. Deshalb übt er am Beckenrand zunächst nur die Körperhaltung. Er beugt sich nach vorne, springt und landet anfangs auf dem Bauch im Wasser (= **Motorische Prozesse**).

Peter setzt seine Übungen fort. Seine Mutter lobt ihn für seine Kopfsprungversuche. Peter möchte die Anerkennung durch seine Mutter beibehalten. Außerdem will er eine ebenso gute Leistung wie der andere Junge erzielen (= **Motivations- und Verstärkungsprozesse**). So übt er den Kopfsprung weiter. Durch die Wiederholungen wird Peters Kopfsprung dem beobachteten immer ähnlicher. Die **Nachahmung** beschließt Peters Lernen am Modell.

Mit Hilfe variationsreicher Versuchsanordnungen fanden Bandura und seine Mitarbeiter eine Vielzahl von Bedingungen heraus, die für das Gelingen des Lernens am Modell verantwortlich sind. Zu den Wichtigsten gehören:

Lernbedingungen

Merkmale des Modells

Besonders nachgeahmt werden Menschen mit folgenden Eigenschaften:

- Genießen Ansehen
- Besitzen soziale Macht
- Wirken anziehend (Geschlecht, Alter, Herkunft)
- Haben mit ihrem Verhalten Erfolg bzw. werden dafür verstärkt
- Können die Bedürfnisse des Lernenden zufrieden stellen

Merkmale des Beobachters

Die Aufmerksamkeit gegenüber einem Modell wird begünstigt durch:

- Unsicherheit
- Geringes Selbstvertrauen
- Vorerfahrungen des Beobachters

Beziehung zwischen Modell und Beobachter

Die Nachahmungsbereitschaft wird verstärkt, wenn eine positive Beziehung zwischen Modell und Beobachter besteht, aber auch, wenn der Beobachter vom Modell abhängig ist.

Verstärkung (Bekräftigung) und Motivation

Bandura konnte in seinen Lernexperimenten mit Kindern zeigen, dass Verstärkung (er spricht auch von Bekräftigung) eine förderliche, aber keine notwendige Bedingung des Lernens am Modell ist. Die Kinder lernten auch ohne bekräftigt zu werden. Wenn man ihnen aber einen besonderen Anreiz gab, so zeigten sie mehr von den Verhaltensweisen, die sie an einem Modell beobachtet hatten.

Bandura unterscheidet zwischen einer Bekräftigung des Beobachters und einer des Modells, einer **stellvertretenden Bekräftigung**.

Der Beobachter lernt, wenn er direkt verstärkt wird. Die Verhaltensveränderung kann aber auch schon dadurch bewirkt werden, dass der Beobachter nur an Situationen und Reaktionen denkt, von denen er sich Verstärkung erhofft. Der Lernprozess wird also nach der sozial-kognitiven Theorie durch eine gedankliche Vorwegnahme der angenehmen Konsequenzen in Gang gesetzt (**= antizipierte Bekräftigung**).

Bandura führt bestimmte Erwartungshaltungen auf, die einen Menschen motivieren das Verhalten eines Modells nachzuahmen. Bevor ein Beobachter das gelernte Verhalten tatsächlich ausführt, wird er z. B. abschätzen, ob ihm sein Handeln angenehme Konsequenzen erbringt. Er wird also Erwartungen bezüglich des Ergebnisses seines Verhaltens haben (**= Ergebniserwartungen**).

Der in Aussicht stehende Erfolg alleine motiviert meistens noch nicht zum Handeln. Der Beobachter muss sich auch zutrauen, das beobachtete und gespeicherte Verhalten ausführen zu können. Er schätzt seine eigenen Fähigkeiten (Kompetenzen), die er zum Nachahmen braucht, ein. Bandura spricht hier von **Kompetenzerwartungen**.

Die **persönlichen Einstellungen** des Beobachters werden schließlich auch darüber entscheiden, ob er eine erlernte Reaktion tatsächlich ausführt. Er wird die Verhaltensweisen, die er selbst als befriedigend empfindet übernehmen und diejenigen, die er missbilligt, ablehnen.

Sprache

Das Lernen am Modell ist wirkungsvoller, wenn die beobachteten Verhaltensweisen des Modells vom Beobachter sprachlich bezeichnet (verbalisiert) werden. Die Sprache verstärkt den Aufbau von Vorstellungen im Gedächtnis des Lernenden, die er aktiviert, wenn er das beobachtete Verhalten nachahmt.

Lerneffekte beim Beobachter

Das Beobachten eines Modells kann nach Bandura beim Beobachter zu folgenden Lerneffekten führen:

- Er kann sich neue Verhaltensweisen aneignen, sein eigenes Verhalten wird modelliert (= **modellierender Effekt**)
- Das beobachtete Verhalten kann eigene, bereits bestehende Verhaltensweisen auslösen (= **auslösender Effekt**)
- Das bestehende, eigene Verhalten wird durch die Beobachtung verändert. Es kann gehemmt (= **hemmender Effekt**) oder enthemmt (= **enthemmender Effekt**) werden.

Beispiele:

Modellierender Effekt:

Jugendliche begeistern sich an Filmidolen. Entsprechend den Vorbildern modellieren sie ihr eigenes Verhalten: Von der Kleidung bis zum Gang, versuchen sie das Vorbild zu kopieren.

Hemmender Effekt:

Ein junges Mädchen bewundert die Freundin, die sich auffallend schminkt. Sie möchte es ihr gleichtun, kollidiert dabei aber mit den elterlichen Verboten. Als sie erlebt, wie ihre Freundin von gleichaltrigen Jungen als wandelnder Farbtopf ausgelacht wird, reduziert sich auffallend ihr Schminkbedürfnis.

Enthemmender Effekt:

Ein sehr schüchternes, gehemmtes Kind wird in einer therapeutischen Situation mit einem anderen Kind zusammengebracht, das sich gegenüber dem Therapeuten ungezwungen und offen verhält. In der Einzelsitzung, die nach einem längeren Zeitraum erfolgt, zeigt sich das schüchterne Kind gelöster und freier.

Auslösender Effekt:

Unter den Jugendlichen einer Heimgruppe herrscht seit längerer Zeit ein gespanntes Verhältnis. Bisher kam es jedoch noch nicht zu einer offenen Konfliktaustragung.

Einer der Jungendlichen beginnt nun eines Tages einen Streit mit einem anderen. Nach kurzer Zeit ist die gesamte Gruppe in Auseinandersetzungen verwickelt.

Möglichkeiten der Anwendung des Lernens am Modell in der Erziehung

Modellwirkung

In der Beziehung zwischen Erzieherin und Zu-Erziehendem findet ständig Lernen am Modell statt. In der Rolle der Erzieherin vereinen sich viele Merkmale, die sie zu einem geeigneten Modell für den Beobachter Kind machen: Sie besitzt eine gewisse soziale Macht und Ansehen, kann viele Bedürfnisse de Kinder befriedigen und ist ihnen in der Regel sympathisch. Die Erzieherin muss sich also ihrer Modellwirkung bewusst sein und ihr Verhalten ständig kritisch reflektieren.

Auswahl von Modellen

Neben der Erzieherin sind für die Kinder noch andere, manchmal auch negative Modelle, attraktiv. Eine wichtige erzieherische Aufgabe besteht deshalb auch in der Auswahl von Modellen, die für die einzelnen Altersgruppen geeignet erscheinen. Insbesondere geht es hierbei um die Vielfalt an symbolischen Verhaltensmodellen, die den Kindern in Büchern, Zeitschriften, Comics, Videos, Fernseh- und Kinofilmen geboten werden.

Komplexes Lernen

Das Lernen am Modell eröffnet spezielle Möglichkeiten, das Verhalten der Zu-Erziehenden pädagogisch zu beeinflussen. So lassen sich komplexe Verhaltensabläufe z. B. bei einer bestimmten Bastelarbeit durch Nachahmung ganzheitlich lernen. Bei sehr komplizierten Handlungen empfiehlt es sich, den Kindern einzelne Teilschritte vorzumachen. Die erfolgreiche Nachahmung sollte bekräftigt werden.

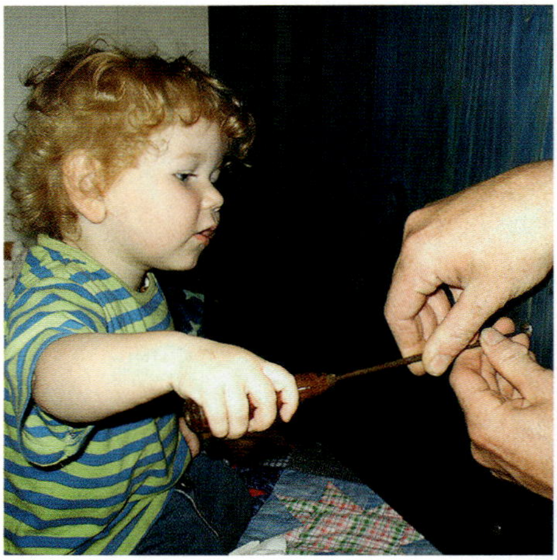

Stellvertretendes Lernen

Die Erzieherin kann auch andere Kinder als Modell benutzen, bzw. eine stellvertretende Bekräftigung einsetzen um Lernen zu bewirken. Der vierjährige Paul beobachtet z. B., wie sein Freund die Spielecke aufräumt und dafür von der Erzieherin gelobt wird. Wenn Paul etwas an der positiven Reaktion der Erzieherin liegt, wird er das Verhalten seines Freundes nachahmen und auch aufräumen. Die Erzieherin hätte dann eine indirekte Verhaltensveränderung (über das Modell) herbeigeführt. Sie kann auch davon ausgehen, dass Paul das neue Verhalten speichert und in einer entsprechenden Situation abruft. Der Junge muss also nicht jedes Mal neu lernen. Beobachtetes Verhalten kann zeitlich verschoben aktiviert werden.

Gespeicherte Verhaltenskonsequenzen

Gespeichert werden auch die Verhaltenskonsequenzen. So lässt sich erklären, warum ein Kind beispielsweise einer Aufforderung einer Erzieherin nicht nachkommt. Es hat wohl in Vergangenheit negative Konsequenzen erfahren, an die es sich erinnert. Diese vorgestellten (antizipierten) Konsequenzen bewirken das aktuelle Verhalten. Die Erzieherin muss also, bevor sie reagiert, versuchen herauszufinden, welche Lernerfahrungen möglicherweise hinter den beobachteten kindlichen Reaktionen stecken.

Auf den Punkt gebracht

Probleme werden nicht durch zielloses Herumprobieren (Versuch und Irrtum), sondern durch Nachdenken gelöst. Verschiedene kognitive Tätigkeiten führen dazu, dass eine sinnvolle Beziehung zwischen den einzelnen Bestandteilen einer Problemsituation erkannt wird. Diesen Prozess bezeichnet man als Lernen durch Einsicht oder Problemlösungslernen. Zur Einsicht muss der Zu-Erziehende selbst finden. Die Erzieherin kann aber den Prozess des Problemlösungslernens durch sinnvolle Lernhilfen unterstützen.

Lernen am Modell bedeutet, dass sich ein Lernender (= Beobachter) Verhaltensweisen aneignet, die er bei einer anderen Person (= Modell) beobachtet hat. Gelernt wird durch Nachahmung mit Hilfe symbolischer Repräsentation.

Verstärkung (des Modells oder des Beobachters) ist eine förderliche aber keine notwendige Bedingung des Lernens am Modell.

Das Lernen bewirkt beim Beobachter, dass er sich neue Verhaltensweisen aneignet (= modellierender Effekt) und dass bestehendes Veralten ausgelöst (= auslösender Effekt) oder verändert wird (= enthemmender- und hemmender Effekt).

Das Lernen am Modell findet als soziales Lernen in der Erziehung breite Anwendung.

Aufgaben

1. Die Erzieherinnen der Kindertagesstätte Regenbogen möchten ihren Kindern verschiedene Interessengruppen anbieten. Es stellt sich das Problem, dass zu wenige Räume vorhanden sind.

   Erarbeiten Sie Lösungsvorschläge anhand der sechs Schritte des Problemlösungslernens.
2. Erklären Sie die Modellwirkung der Hauptdarsteller in Kinderserien.

5.4 Erwerb lernmethodischer Kompetenzen bei Kindern

Definition

In ihrer aktiven Welterkundung lernen die Kinder neue Inhalte. Sie werden in der Interaktion mit Anderen auch mit den Methoden vertraut gemacht, sich die Inhalte anzueignen. Die Fähigkeiten, die den Erwerb von Wissen fördern, bezeichnet man als lernmethodische Kompetenzen.

Metakognition

Als besonders wirksam für das selbständige Aneignen von Wissen hat sich erwiesen, wenn man den Kindern ihre eigenen Gedankengänge bewusst macht, wenn man sie anleitet über ihr eigenes Lernen nachzudenken, es zu verstehen. Für das Nachdenken über das eigenen Denken hat man den Begriff Metakognition geprägt (von griechisch meta = über). Durch metakognitives Bewusstsein erwerben die Kinder lernmethodische Kompetenzen. Sie könne Bezüge herstellen zwischen der Situation des Lernens in der Kindertagesstätte und anderen Situationen, in denen das erworbene Wissen angewandt werden soll. Sie erkennen, dass sie sich Wissen durch verbale Vermittlung aneignen können.

Inhalte, Strukturen, Prozesse

Im metakognitiven Ansatz wird neben dem Inhalt, seine Struktur und der Lernprozess selbst mit den Kindern thematisiert (siehe Gisbert, 2004). In der praktischen Durchführung geht man methodisch ähnlich vor wie bei Projekten (siehe Methoden). Hinzu kommt aber, dass die Kinder gemeinsam und mit Hilfe der Erzieherin im Verlauf des Projekts immer wieder reflektieren, was sie gerade lernen und wie sie lernen (= metakognitives Moment der Methoden).

Der metakognitive Ansatz fördert lernmethodische Kompetenzen bereits im Vorschulalter. Er lässt sich vielfältig in die praktische Arbeit der Kindertagesstätten integrieren. Der Ansatz betont „Lernen" als wesentlichen Bestandteil des kindlichen Aufwachsens. Er ermöglicht den Kindern mit Verständnis für ihr Lernen zu lernen.

Beispiel: Metakognitive Momente beim Projekt Wetter

Als Einstieg könnte man die Kinder auffordern, auf die eine Hälfte eines Blattes gutes und auf die andere Hälfte schlechtes Wetter zu malen. Es werden sehr unterschiedliche und vielfältige Darstellungen des Begriffs Wetter entstehen. Die Kinder setzen sich auf diese Weise (mit Hilfe der Erzieherin) mit dem **inhaltlichen Aspekt** auseinander. Sie entdecken auch, dass gutes und schlechtes Wetter für jeden eine unterschiedliche Bedeutung hat. Ein Kind malt z. B. auf die Gutwetterseite, wie es in den Regenpfützen planscht. Ein anderes stellt auf der Schlechtwetterseite dar, wie es bei Regen nass wird. Die Erzieherin regt die Kinder an, sich über ihre unterschiedlichen Bilder und Gedanken zum Thema Wetter auszutauschen, ihr Denken zu reflektieren.

Nach dieser Stoffsammlung geht es darum, die Inhalte zu ordnen, die Kinder den **Aufbau, die Struktur des Themas** erkennen zu lassen. Hier könnten gemeinsam erstellte Wandbilder helfen, die z. B. den Kreislauf des Wassers veranschaulichen.

Kleine Wetterexperimente z. B. mit Wasserdampf oder eigene Wetterbeobachtungen, lassen die Kinder darüber nachdenken, wie man etwas herausfinden kann, was man nicht weiß. Den Kindern wird in diesem Schritt bewusst gemacht, wie sie lernen. Der dritte metakognitive Aspekt, **der Lernprozess wird thematisiert**.

6 Erziehung

Definition

Im Zusammenhang mit der kindlichen Entwicklung sowie seiner Bildungs- und Lernprozesse meint Erziehung die Tätigkeit von Erwachsenen, durch die das kindliche Handeln absichtsvoll beeinflusst wird, um bestimmte Ziele zu erreichen.

Die gezielte Beeinflussung des Kindes durch die Erzieherin geschieht durch **Erziehungsmaßnahmen**. Sie basieren auf lernpsychologischen Gesetzmäßigkeiten und wurden deshalb bereits in Kapitel fünf (Bildung und Lernen) als Anwendungsmöglichkeiten der verschiedenen Lernformen in der Erziehung dargestellt.

Die Definitionen von Erziehung unterscheiden sich darin, wie das zielgerichtete Handeln der Erziehenden verstanden wird und welche Ziele sie verfolgen. Grundlage für das pädagogische Handeln ist immer das jeweilige Bild vom Kind.

Die moderne Entwicklungspsychologie beschreibt das Kind als ein von Anfang an kompetentes Wesen, das aber gleichzeitig auf lebenslanges Lernen angewiesen ist (siehe Kap. Entwicklung).

Diese Charakterisierung bedeutet für die Pädagogik, Abschied zu nehmen vom Kind als einem hilflosen Wesen, das sich nach Vorstellungen der Erzieherin formen lässt oder auf sie geprägt werden kann.

Die Erzieherin trifft vielmehr auf ein Wesen, das aufgrund seiner Hirnstruktur und Organisation eine einmalige Entwicklung zu einer unverwechselbaren Persönlichkeit vollzieht.

Diese Entwicklung folgt grundsätzlich inneren, dem Gehirn eigenen Gesetzmäßigkeiten und kann somit von außen nicht bestimmt werden. Das Gehirn braucht aber vielseitige Anregungen und die stetige Kommunikation mit der Außenwelt, um sich optimal an die jeweilige Umwelt anzupassen (siehe Grundlagen der Entwicklung, Anlage-Umwelt). Das heißt, das Kind bewältigt den Anpassungsprozess nicht ohne fremde Hilfe. In Abhängigkeit von seiner Entwicklung benötigt es die Mitwirkung der Erwachsenen.

6.1 Prozess der Erziehung

Selbsterziehung

Die Erzieherin geht von der grundsätzlichen Lernfähigkeit des Kindes aus. Sie akzeptiert das Kind als eigenständiges Wesen.

Erziehung bedeutet dann aus der Sicht der Erzieherin, Lernprozesse beim Kind zu ermöglichen und ihm Hilfe zur Selbsterziehung zu geben.

Lernhilfen

Die Erzieherin kann die Voraussetzungen zur Selbsterziehung fördern und konkrete Hilfen geben.

Zu den Voraussetzungen gehört:

- Den Raum für die Selbsterfahrungen des Kindes abstecken, durch das Setzen pädagogisch sinnvoller Grenzen (siehe Grenzen und Konsequenzen).
- Das Kind aufmerksam machen auf die Wirkung seines Verhaltens bei anderen und die Folgen aufzeigen (siehe Grenzen und Konsequenzen).
- Das Kind zum Nachdenken anregen durch gemeinsame Reflexion seines Verhaltens.

Die konkreten Hilfen der Erzieherin bei der Selbsterziehung des Kindes beziehen sich auf die Zielfindung, Zielbeschreibung und Unterstützung bei der Zielerreichung.

In der Erziehungspraxis beobachtet die Erzieherin aufmerksam das Verhalten des Kindes. Sie achtet auf Signale, die auf die individuellen Entwicklungsziele des Kindes hinweisen.

Die Erzieherin benennt die Ziele und sucht gemeinsam mit dem Kind nach Möglichkeiten, sie zu verwirklichen.

Erziehung im Dialog zwischen Kind und Erwachsenem

Ihr pädagogisches Handeln wird von einer einfühlsamen, wenig-lenkenden Grundhaltung bestimmt. Das Kind bleibt der Akteur seiner Entwicklung. Es tritt freiwillig in die Interaktion mit der Erzieherin ein und stimmt der pädagogischen Beeinflussung zu.

Die Pädagogik spricht von einem dialogischen Erziehungsverständnis.

6.2 Verantwortung in der Erziehung – Die erzieherische Autorität

Wenn man Erziehung als eine Wechselbeziehung (Interaktion) zwischen Erzieherin und Zu-Erziehenden sieht, so sind grundsätzlich beide dafür verantwortlich, dass die Interaktion gelingt.

Da das Kind zunächst jedoch auf die Hilfe des Erwachsenen angewiesen ist, trägt er die Verantwortung dafür, das Kind mit allem zu versorgen, was es für seine Entwicklung benötigt (leibliches Wohl, Sicherheit, Geborgenheit, Lernhilfen usw.).

Für die Gefühle, Gedanken, Meinungen und Einstellungen des Kindes ist die Erzieherin hingegen nicht verantwortlich. Diese sind aus subjektiver Sicht immer „richtig“, angemessen und passend. Wenn die Erzieherin das Kind achtet, muss sie dessen Entscheidungen respektieren. Die Erzieherin kann nur versuchen, sich in die Gedankenwelt der Kinder hineinzuversetzen, ihre Logik und das daraus folgende Handeln zu verstehen.

Zu verantworten hat die Erzieherin nur ihre eigenen Gefühle, Gedanken, Meinungen und Einstellungen, die sie dem Kind offen und klar übermitteln sollte. Das Beispiel der Erzieherin kann dem Zu-Erziehenden helfen, Selbstverantwortung zu erlernen und eigenständig zu handeln.

Erzieherische Autorität

Der Erwachsene ist dem Kind überlegen durch seine Position, sein Wissen und seine Erfahrung. Er besitzt Amts- Sach- und Persönlichkeitsautorität, ist Autoritätsträger. Das Kind braucht die Unterstützung des Erwachsenen. Es ist Autoritätssuchender. Der Erwachsene kann das Kind aus seiner Abhängigkeit führen, wenn er ihm taktvoll begegnet. Das bedeutet, sich auf das Kind einzulassen, es anzunehmen, so wie es ist, seine Stärken zu entdecken und seine Fähigkeiten ernst zu nehmen. Das Kind ist dann bereit, den Erwachsenen freiwillig anzuerkennen. Dieses Verhältnis zwischen Erzieherin und Zu-Erziehenden, das auf gegenseitige Achtung gegründet ist, wird als erzieherische Autorität bezeichnet. Erzieherische Autorität ist nichts Feststehendes, Vorformuliertes, sondern muss von Fall zu Fall ausgehandelt werden. Wer heute Autorität beansprucht, muss bereit sein, sie morgen aufzugeben.

In der Erziehung wird es auch nicht nur ein Autoritätsverhältnis geben, sondern vielfältige Kontaktbereitschaften und pädagogische Beziehungen.

Die gegenseitige Achtung gebietet schließlich, dass in einem besonderen Fall sogar der Zu-Erziehende zur Autorität für die Erzieherin werden kann. Dies könnte eintreten, wenn ein Kind oder Jugendlicher z. B. einen Wissensvorsprung in Computertechnik besitzt und seine Kenntnisse einem Erwachsenen vermittelt.

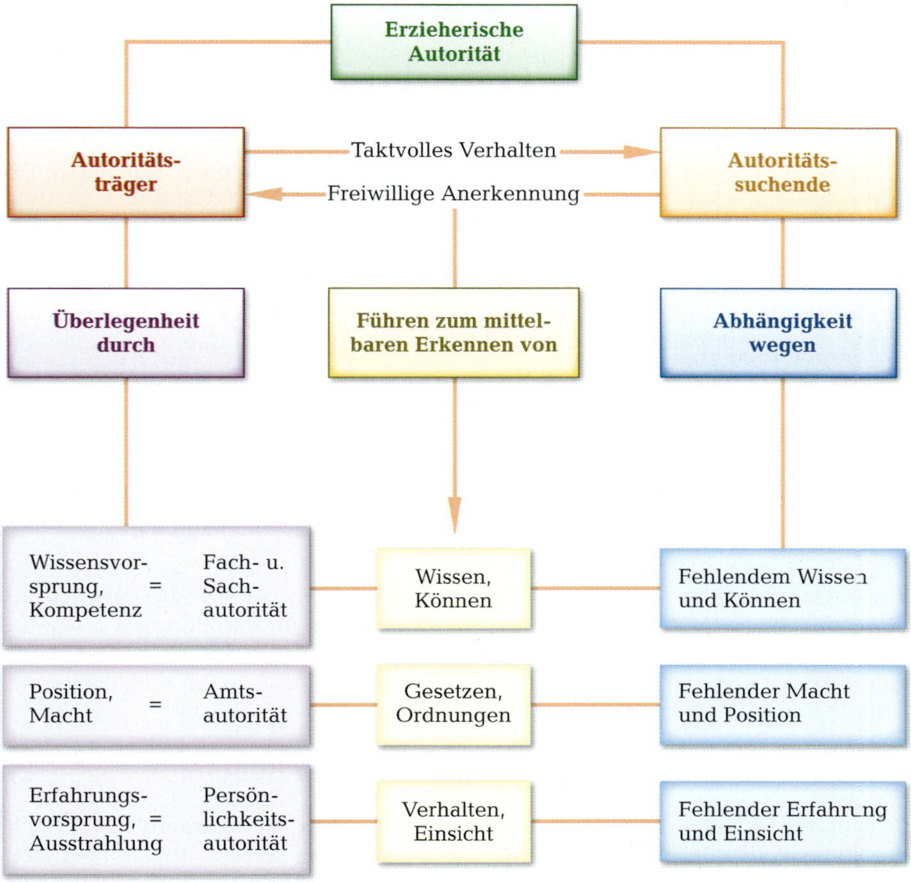

6.3 Grenzen und Konsequenzen in der Erziehung

Kinder wachsen in einer Gemeinschaft auf. Sie sind noch nicht fähig, die Konsequenzen ihrer Handlungen vollständig zu überblicken. Die Erzieherin übernimmt die Verantwortung für das Handeln des Zu-Erziehenden, indem sie in der Erziehung Grenzen setzt.

Das Kind erfährt Grenzen als Abstimmung zwischen eigenen und fremden Interessen und Bedürfnissen sowie als Regeln für das Zusammenleben mit anderen Menschen.

Grenzen müssen immer gesetzt werden, wenn Kinder sich in Gefahr bringen. Nur so lernen sie schrittweise Risiken und Gefahren richtig einzuschätzen.

Verhaltenssicherheit

Auf dem Weg zur Selbständigkeit müssen Kinder sich ausprobieren und in der Auseinandersetzung mit der Erzieherin ihre eigenen Grenzen finden. Dies gelingt, wenn die Erzieherin eine Balance schafft zwischen dem Raum für eigene Erfahrungen und der notwendigen Sicherheit für das Kind.

Grenzen müssen nachvollziehbar sein und sachlich begründet werden. Sie dürfen nicht von Launen oder Sympathie bzw. Antipathie des Erwachsenen gegenüber dem Kind abhängen.

Erziehende sollten sich über die Grenzen einig sein. Ein Austausch über unterschiedliche Grenzen z. B. in der Kindertagesstätte und im Elternhaus ist deshalb notwendig, um eine abgestimmte, gemeinsame Erziehung zu gewährleisten.

Grenzen sollten mit den Kindern gemeinsam festgelegt werden. Das macht sie wirkungsvoller und schafft gute Beziehungen.

Grenzen müssen klar formuliert sein. Wenn man sie aufstellt, müssen die Konsequenzen für Grenzübertretungen mitbedacht werden.

Grenzübertretung und Konsequenz müssen in einem für das Kind nachvollziehbaren Zusammenhang stehen. Es sollten auch keine Konsequenzen angedroht werden, die nicht umzusetzen sind.

Eigenständiges Lernen

Konsequenzen ergeben sich folgenotwendig aus bestimmten Handlungsschritten (siehe Lerntheorien). Sie konfrontieren die Kinder mit einer direkten Folge ihres Tuns. Die Kinder können so an den Handlungsfolgen selbständige Lernerfahrungen machen. Sie sind für ihr Lernen verantwortlich. Die Erwachsenen helfen den Kindern, indem sie gemeinsam mit ihnen die Konsequenzen aufstellen und dafür sorgen, dass sie eingehalten werden.

Grenzübertretungen werden mit dem Kind alleine (nicht vor der Gruppe) besprochen. Besonders wichtig erscheint, die individuelle Situation jedes Kindes zu beachten und die Gefühle zu reflektieren, die bei der Grenzübertretung entstanden sind.

6.4 Einstellungen und Haltungen in der Erziehung

Einstellungen beschreiben die Bereitschaft, Personen, Situationen, sowie Sachverhalte positiv oder negativ zu bewerten. Diese Bewertung beruht auf Gefühlen (Emotionen), Meinungen (Kognitionen) und Verhaltensbereitschaften (Motivation), die im Verlauf der Entwicklung gegenüber dem Einstellungsobjekt erworben wurden. Folgende Merkmale kennzeichnen also Einstellungen (vgl. Altenthan u.a. 2005):

Merkmale

- **Gegenstand**
  Einstellungen können sich auf Personen (z. B. Kind), Gruppen (z. B. Kindergartengruppe), Objekte (z. B. Kindertagesstätte) oder Sachverhalte (z. B. Erziehungsmaßnahmen) beziehen.
- **Struktur**
  Einstellungen umfassen **Emotionen** (z. B. die gefühlsmäßige Ablehnung von körperlichen Strafen), **Kognitionen** (z. B. die verstandesmäßige Begründung

der Ablehnung) und **Verhaltensweisen** (z. B. körperliche Strafen werden in der Erziehung nicht eingesetzt).

- **Dauer**
  Einstellungen haben eine dauerhafte Wirkung. Abhängig von der Wichtigkeit des Bereichs können Einstellungen ein Leben lang beibehalten werden.
- **Erwerb**
  Einstellungen werden gelernt. Dabei sind vor allem die sozialen Lerntheorien (z. B. Lernen am Modell) von Bedeutung.

Funktionen

Einstellungen sind Bezugssysteme und dienen der schnellen Informationsverarbeitung von Menschen in einer komplexen Welt. Neue Informationen werden mit den bestehenden Einstellungen (Kategorien) verglichen und bewertet. Daraus resultiert eine selektive Reizaufnahme, d. h., man nimmt vor allem das wahr, was den bestehenden Einstellungen entspricht und damit die bestehenden Einstellungen bestätigt. Dadurch wirken Einstellungen wie Wahrnehmungsfilter (siehe Wahrnehmung).

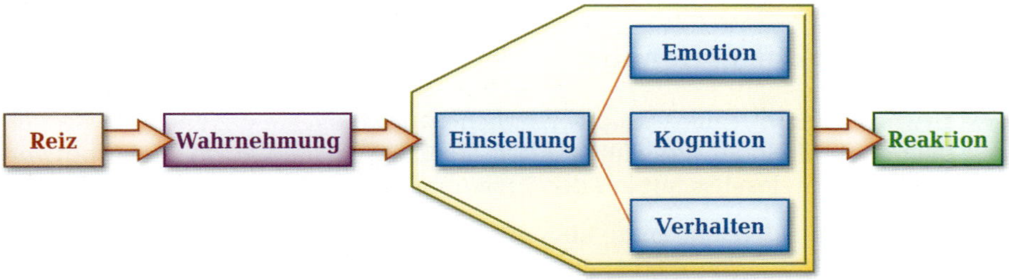

Im Einzelnen lassen sich folgende Funktionen unterscheiden:

- Einstellungen führen zu einer für die Person strukturierten, vorhersagbaren Welt und geben damit der Person das Gefühl von **Sicherheit**.
- Einstellungen erlauben ein **schnelles Reagieren** und **effektives Handeln**. Neue Informationen werden (zu) schnell den bestehenden Einstellungen zugeordnet und lösen damit gewohnte Verhaltensmuster aus.
- Einstellungen signalisieren die Übereinstimmung der Person mit ihrer sozialen Umwelt (**Konformität**), so wie mit Bezugsgruppen. Daraus ergibt sich die individuelle Ablehnung der Verantwortung für die Einstellung, da sie „normal" ist und von allen geteilt wird.
- Einstellungen dienen der **Selbstdarstellung** gegenüber anderen und erlauben damit eine Einschätzung der eigenen Person. Es besteht der Wunsch nach einer möglichst positiven Selbstdarstellung mit sozial erwünschtem Verhalten.
- Einstellungen machen das **Verhalten** einer Person für andere **berechenbarer**, da die Einstellungen verhaltenssteuernd wirken und recht stabil beibehalten werden.

Bedeutung von Einstellungen in der Erziehung

Gemeinsame Handlungsgrundlage

Die erzieherische Grundhaltung (Einstellung) ist die Basis für eine gemeinsame pädagogische Arbeit im Erzieherteam und für eine positive Zusammenarbeit mit den Eltern. Alle an der Erziehung der Kinder Beteiligten sollten sich über ihre pädagogischen Einstellungen austauschen und eine möglichst gleiche Grundhaltung im erzieherischen Umgang mit den Kindern zeigen. Erzieherinnen und Eltern haben dann eine gemeinsame Handlungsgrundlage. Ihr Verhalten im Erziehungsalltag wird sicherer und vorhersagbarer. Die gemeinsame pädagogische Einstellung wird zu einer wesentlichen Orientierungshilfe für die Kinder. Sie gewinnen eine Sicherheitsbasis für ihre Entwicklung.

Einstellungen sind im Allgemeinen sehr stabil. Das ist für die Erziehung grundsätzlich als positiv einzuschätzen. Das pädagogische Handeln erhält eine feste und dauerhafte Grundlage. Eine wirkungsvolle, gemeinsame Erziehung ist aber dann gefährdet, wenn erzieherische Einstellungen sich verfestigen und unveränderbar erscheinen. Die pädagogische Handlungssicherheit schlägt dann um in eine Erziehungsstarrheit. Dies ist zu vermeiden, wenn die pädagogischen Einstellungen immer wieder zwischen den Erwachsenen abgeklärt und an den kindlichen Bedürfnissen ausgerichtet werden.

6.5 Ziele in der Erziehung

Wert- und Normvorstellungen der Gesellschaft

Die Erwachsenen beeinflussen das kindliche Verhalten, sie erziehen die Kinder, um bestimmte Ziele zu erreichen. Durch die Ziele werden Wert- und Normvorstellungen einer Gesellschaft auf den Erziehungsbereich übertragen.

Unter „Werten" versteht man allgemeine, grundlegende Vorstellungen des „Wünschenswerten". Die Werte sind keine direkten Verhaltensanweisungen. Sie werden erst verhaltenswirksam über situationsbezogene „soziale Handlungsnormen." Ein Wert kann sich in einer Vielzahl von Normen konkretisieren. In eine Norm können viele Werte eingehen.

Beispiel: Der Grundwert Freiheit drückt sich in den konkreten Handlungsnormen Gewissensfreiheit, Pressefreiheit, Meinungsfreiheit usw. aus. Ein Erziehungsziel, das sich aus dem vorgegebenen Grundwert und den daraus folgenden Normen ableiten lässt, ist z. B.: Das Kind soll lernen, sich eine eigene Meinung zu bilden und sie gegenüber Anderen zu äußern.

Erziehungsziele werden von gesellschaftlichen Gruppen und Instanzen (z. B. politische Parteien, Kirchen, Verbände, Wirtschaftsinstanzen usw.) festgesetzt, die damit einen wesentlichen Einfluss auf die Erziehung und Erziehungsinstitutionen nehmen. Die Erzieherin muss diesen Einfluss kritisch betrachten und sich dafür verantwortlich fühlen, dass die aufgestellten Erziehungsziele dem Wohl der Zu-Erziehenden dienen.

Ein formuliertes Erziehungsziel beinhaltet, welches Verhalten bei dem Zu-Erziehenden erreicht werden soll und durch welches pädagogische Handeln die Erzieherin das angestrebte Ziel erreicht.

Beispiel: Erziehungsziel: Selbständigkeit.

Angestrebtes Verhalten des Kindes: Es soll lernen sich selbständig anzuziehen.

Pädagogisches Handeln der Erzieherin: Sie gibt dem Kind Hilfestellungen z. B. zeigt sie ihm, wie man eine Jacke richtig zuknöpft.

Wenn Erzieherinnen Erziehungsziele aufstellen, sollten sie folgende Punkte beachten:

Anforderungen an Erziehungsziele

- Ziele sollten als Orientierungshilfe für das pädagogische Handeln und für die Entwicklung des Zu-Erziehenden gesehen werden
- Ziele sollten von den Bedürfnissen, dem Entwicklungsstand und den Lebensbedingungen des Zu-Erziehenden ausgehen
- Ziele sollten sich darauf konzentrieren, was der Zu-Erziehende wirklich erreichen kann (realistische Ziele)
- Ziele sollten als veränderbar betrachtet werden

Ziele in der Erziehungspraxis

Erziehungsziele erschweren einerseits die Erziehung und können die Erzieherin verunsichern. Wenn die Ziele aber auf die konkreten Interaktionen zwischen Erzieherin und Kind abgestimmt werden, ermöglichen sie ein individuelles, flexibles pädagogisches Handeln und geben der Erzieherin Sicherheit. Sie kann ihr pädagogisches Handeln an den Zielen orientieren und überprüfen. Die gemeinsam aufgestellten Erziehungsziele sind die Voraussetzung für eine Verständigung über die Erziehung im Team und ein einvernehmliches pädagogisches Handeln. Ziele sind auch die Grundlage für eine öffentliche Diskussion der Erziehung.

Auf den Punkt gebracht

Erziehung meint das zielgerichtete Handeln der Erwachsenen, durch das die kindliche Entwicklung absichtsvoll beeinflusst wird.

Grundlage der Erziehung ist das jeweilige Bild vom Kind. Die moderne Entwicklungspsychologie geht vom Kind als einem eigenständigen, kompetenten Wesen aus, das gleichzeitig auf lebenslanges Lernen angewiesen ist.

Für die Erzieherin bedeutet das, die Eigenständigkeit des Kindes anzuerkennen und ihm taktvoll zu begegnen. Das Kind nimmt dann die erzieherische Autorität an.

Die Erzieherin fördert die Voraussetzungen zur Selbsterziehung des Kindes und gibt konkrete Hilfen.

Sie setzt pädagogisch sinnvolle Grenzen und hilft dem Kind, aus den Konsequenzen seines Handelns zu lernen. Erzieherin und Kind treten in eine Wechselbeziehung ein. Erziehung geschieht im Dialog zwischen Erwachsenem und Kind.

Aufgaben

1. Veranschaulichen Sie die aufgeführten Voraussetzungen zur Selbsterziehung des Kindes.
2. Sie haben beobachtet, wie ein Kind versucht mit Holzbausteinen ein Haus zu bauen, das aber immer wieder einstürzt. Beschreiben Sie pädagogisch sinnvolle Lernhilfen. Beachten Sie dabei die einfühlsame, wenig lenkende erzieherische Grundhaltung.
3. Diskutieren sie pädagogisch sinnvolle und notwendige Grenzen.
4. Zeigen Sie den Zusammenhang von Erziehungszielen, Wert- und Normvorstellungen in der heutigen Leistungsgesellschaft auf.

6.6 Erzieherinnenverhalten

Einflüsse

Das Erzieherinnenverhalten wird von der Persönlichkeit der Erzieherin, ihren persönlichen Erfahrungen in Erziehungssituationen (z. B. erlebtes Verhalten der Eltern), ihren pädagogischen Einstellungen (z. B. Bewertung von Strafen, Wichtigkeit von Erziehungszielen) sowie den Rahmenbedingungen der Erziehungssituation (z. B. Entwicklungsstand der Kinder, Größe der Kindergruppe, Raumsituation, Anzahl der Erzieherinnen in der Gruppe) bestimmt. Die Erforschung des Erzieherinnenverhaltens stellt somit ein sehr komplexes Problem dar. In der pädagogischen Theorie hat man versucht, die verschiedenartigen Formen des Umgangs von Erzieherinnen mit den Zu-Erziehenden durch die Einführung des Begriffs Erziehungsstil zu strukturieren und messbar zu machen.

Erziehungsstile kennzeichnen recht konstante erzieherische Grundhaltungen, die sich auf die Interaktion zwischen Erzieherinnen und Zu-Erziehenden auswirken. Die Erziehungsstile zeigen sich in wiederkehrenden, typischen Erziehungspraktiken, die aus bestimmten Erziehungseinstellungen, sowie Erziehungszielen abgeleitet werden können.

Konzepte

Vor dem Hintergrund der Gruppenforschung und politisch motiviert untersuchte Lewin, ein in der Nazizeit in die USA emigrierter Psychologe, zusammen mit Lippit & White in den 30er-Jahren die Wirkung von unterschiedlichen Führungsstilen auf das Verhalten von Kindern. Auf Annemarie und Reinhard Tausch gehen in den 60- und 70er-Jahren empirische Studien zu Erziehungsdimensionen zurück. Zu dieser Zeit wurden von verschiedenen Pädagogen unterschiedliche Konzepte und Bezeichnungen für Erziehungsverhalten entwickelt.

Im Folgenden sollen zunächst die klassischen Ansätze von Lewin und Tausch & Tausch differenzierter analysiert und kritisch hinterfragt werden. Auf der Grundlage der klassischen Konzepte sollen dann Merkmale erzieherischen Verhaltens entwickelt werden, die der Verwirklichung der dialogischen Erziehung dienen.

6.6.1 Führungs- und Erziehungsstile nach Lewin

Geprägt von den Erfahrungen im Dritten Reich setzte sich der Österreicher Lewin zusammen mit den Amerikanern Lippit & White (1939) mit der Wirkung von unterschiedlichen Erziehungsstilen auseinander. Die Wissenschaftler überprüften die Wirkung von verschiedenen Führungsstilen bei 10- und 11-jährigen Kindern, die in Freizeitgruppen von Erwachsenen betreut wurden. Die Gruppenleiter verwirklichten in den verschiedenen Gruppen folgende drei Führungsstile:

- **Autoritärer Führungsstil**

Der Gruppenleiter bestimmt den Ablauf und die Regeln. Die Kinder sind über die Absichten und Planungen des Leiters nicht informiert und führen lediglich das aus, was ihnen der Leiter vorgibt. Der Gruppenleiter bestimmt die Zusammensetzung der Gruppen. Lob und Tadel wird eng auf das jeweilige Kind bezogen. Der Leiter beobachtet die Gruppenarbeit mit Abstand von außen. Die Beziehung zu den Kindern ist eher distanziert und unpersönlich.

- **Demokratischer Führungsstil**

Die Gruppenregeln ergeben sich aus einer Gruppendiskussion. Der Leiter stellt verschiedene Vorgehensweisen vor und überlässt der Gruppe die Entscheidung. Die Gruppe legt den Ablauf selbst fest. Die Kinder entscheiden selbst, mit wem sie zusammenarbeiten wollen. Lob und Tadel werden vom Gruppenleiter sehr sachbezogen gegeben. Der Leiter arbeitet zeitweise auch in den Gruppen mit. Bei Problemen geht der Leiter in persönlichen Gesprächen auf die Kinder ein.

- **Laissez-faire Führungsstil**

Die Gruppe entscheidet unbeeinflusst vom Leiter, der sich passiv zurückhält. Der Gruppenleiter bietet, wenn es die Gruppe wünscht, Materialien zur eigenständigen Weiterarbeit an, beteiligt sich aber an den Gruppenarbeiten nicht. Die Arbeitsergebnisse werden nicht durch Lob oder Tadel bewertet. Der Leiter greift in den Ablauf nicht ein. Zu den Kindern besteht eine eher neutrale, unpersönliche Beziehung.

In der pädagogischen Fachliteratur sind für die verschiedenen Erziehungsstile weitere Begriffe zu finden. Der demokratische Erziehungsstil wird auch als sozialintegrativer oder partnerschaftlicher Erziehungsstil bezeichnet. Für den autoritären Erziehungsstil werden die Begriffe dominativ und autokratisch verwendet.

Untersuchungen zu den Führungs- bzw. Erziehungsstilen erbrachten folgende Unterschiede:

	Autoritärer Führungsstil	Demokratischer Führungsstil	Laissez-faire Führungsstil
Verhalten der Erzieherin			
Verhalten	Ablauf bestimmend, viele Vorgaben, Zuerziehenden nicht in die Planung einbezogen; Strafen, Drohungen, Bloßstellen;	Vorgehen wird mit der Gruppe abgestimmt; die Leitungen der Gruppenmitglieder erfolgt sachlich und objektiv nachvollziehbar für die anderen; die Gruppenmitglieder werden als Partner ernst genommen;	Erzieherin bleibt passiv; der Gruppenprozess wird nicht unterstützt; sie wird nur auf Wunsch der Gruppe aktiv, beteiligt sich aber an Gruppenaktivitäten nicht;
Sprache	Befehlston, personenbezogenes Lob und Tadel;	Diskussionsanregende Gesprächsimpulse;	Keine Anregungen;
Auswirkungen auf die Situation			
Atmosphäre	Unzufriedenheit, gespannte Atmosphäre;	Arbeitsfördernde Atmosphäre, die von gegenseitiger Achtung und Partnerschaft gekennzeichnet ist.	Frustrationen, da die Gruppe wechselhaft, unproduktiv handelt; häufig wird nutzlos, ergebnislos diskutiert;

Kurzfristige Auswirkungen auf die Zu-Erziehenden			
Verhalten gegenüber Erzieherin	Hohe Anpassung an Vorgaben, Unterwürfigkeit und Gleichförmigkeit, aber auch Widerstand, rebellierendes Verhalten;	Positive, wertschätzende Grundhaltung; die Erzieherin wird als Partnerin gesehen;	Wechselhafte Beziehung zur Erzieherin, die wegen ihrer Passivität zum einen Kritik bzw. für die zugestandenen Freiheiten Anerkennung erfährt;
Motivation	Lustlosigkeit, Wunsch nach Beendigung der Tätigkeit, geringe Motivation;	Hohe Arbeitsfreude; gegenseitige Anregung und Unterstützung;	Wechselhafte Motivationslage, die von Phasen der Euphorie bis zum frustrierten Desinteresse reicht.
Gefühle	Ängste gegenüber dem Leiter bzw. sich in der Gruppe zu blamieren;	Freudige, offene, persönliche, angstfreie Situation, die das Selbstwertgefühl und das Selbstbewusstsein unterstützen;	Gereiztheit, zeitweise Ratlosigkeit; bisweilen aggressive Grundstimmung:
Soziales Verhalten	Gespannte Beziehungen; geringes Wir-Gefühl, erhöhte Reizbarkeit und vermehrt aggressive Tendenzen; in der Gruppe sind Sündenböcke und Außenseiter zu finden.	Gutes Zusammengehörigkeitsgefühl; stabile Gruppenbeziehungen, die sich auch auf den privaten Bereich beziehen; kaum Außenseiter;	Geringes Wir-Gefühl; Bildung von Untergruppen; häufig übernimmt ein Gruppenmitglied die Führungsposition;
Leistungsstand	Gute, überdurchschnittliche Leistungen;	Gute, überdurchschnittliche Leistungen;	Geringe, unterdurchschnittliche Leistungen auf Grund planloser Aktivitäten.

Langfristige Auswirkungen

Ein besonderes wissenschaftliches Interesse besteht an der Analyse von langfristigen Auswirkungen der verschiedenen Erziehungsstile. Dabei ist zu beachten, dass neben den Erziehungsstilen eine Vielzahl weiterer Einflüsse die Entwicklung des zu Erziehenden beeinflussen, die Erziehungsstile von den Erziehenden sehr unterschiedlich und bisweilen wechselhaft praktiziert werden und die Verarbeitung von Erziehungspraktiken bei den Kindern und Jugendlichen recht unterschiedlich erfolgt. Die nachfolgenden Aussagen können deshalb als allgemeine Hinweise verstanden werden.

Autoritärer Erziehungsstil

Der autoritäre Erziehungsstil führt zu deutlichen Veränderungen im sozialen und emotionalen Bereich. Die erzieherische Bevormundung beeinträchtigt die erforderliche Selbstständigkeitsentwicklung der Zu-Erziehenden und den Aufbau einer selbstbewussten, starken Persönlichkeit. Die dominante Erzieherin verstärkt ängstliches und unsicheres Verhalten des Erzogenen. Der von der Erzieherin ausgelöste Leistungsdruck, häufige Kontrollen und die an die erfolgreiche Leistung gekoppelte Zuwendung bewirken eine extrinsische (von äußerer Verstärkung abhängige) Leistungsmotivation des Erzogenen, der Leistung negativ als unangenehme Pflichterfüllung sieht. Die in der Erziehung erfahrene Geringschätzung der eigenen Person wird auf den Umgang mit anderen übertragen. Häufig erlebte, negative Kritik verhindert den unbefangenen Umgang mit Feedback durch andere.

Der demokratische Erziehungsstil dagegen fördert die Entwicklung zu einer selbstbewussten Persönlichkeit, die sich angstfrei und selbstsicher neuen Herausforderungen stellt. Die Person bringt sich aktiv und konstruktiv bei Problemlösungen ein. Die in der Erziehung erfahrene Wertschätzung wird in der sozialen Interaktion auch auf den Kommunikationspartner bezogen. Rückmeldungen anderer werden selbstkritisch und entwicklungsfördernd verarbeitet. Eine positive, lebensbejahende Grundeinstellung bestimmt das Handeln. Die Leistungsmotivation ist intrinsisch geprägt und geht vom eigenen Interesse am Lerngegenstand aus. Die Verhaltenssteuerung ist weniger von der Anerkennung durch andere und deren Kontrolle abhängig.

Demokratischer Erziehungsstil

Der laissez-faire Erziehungsstil unterstützt die Unabhängigkeit der Person und den Aufbau eines starken Selbstbewusstseins, das aber auch egoistische Züge ausweist. Eine kritische Grundhaltung bestimmt die Auseinandersetzung mit den Umwelteinflüssen. Laissez-faire Erzogene weisen bei der Erziehung ihrer Kinder verstärkt autoritäre Verhaltensmuster auf.

Laissez-faire Erziehungsstil

Kritik an der Verwendung des Begriffs Erziehungsstil zur Beschreibung des Erzieherinnenverhaltens.

1. Erziehungsstile sind künstliche Gebilde, die das Erzieherinnenverhalten zu Typen (demokratisch, autoritär, laissez-faire) zusammenfassen, die in dieser Form im Erziehungsalltag nur selten vorkommen.
2. Durch die Bildung von Typologien wird das Schubladendenken gefördert und eine differenzierte Auseinandersetzung mit dem individuellen Erzieherinnenverhalten verhindert.
3. Die Begrenzung auf drei Erziehungsstile ist willkürlich. Es lassen sich unendlich viele Erziehungsstile aufstellen und begründen.
4. Die Bezeichnung der verschiedenen Erziehungsstile ist problematisch und die Verwendung von politisch belegten Begriffen (demokratisch, autoritär) führt zu Assoziationen und Bewertungen, die einer sachlichen wissenschaftlichen Auseinandersetzung mit den Erziehungspraktiken im Wege stehen.

6.6.2 Erziehungsdimensionen

Vor dem Hintergrund der Kritik an der Erziehungsstilforschung entwickelten Tausch und Tausch ihr Konzept der Erziehungsdimensionen. Auf der Basis von zahlreichen Beobachtungen in unterschiedlichen Erziehungssituationen schätzten sie das Verhalten von Erzieherinnen nach einer Vielzahl von Merkmalen ein. Die Einzelmerkmale, die in einem engen statistischen Zusammenhang standen, fassten sie zu Faktoren (Dimensionen) zusammen. Mit Hilfe der Dimensionen kann man Stärke und Richtung des Erzieherinnenverhaltens angeben. Auf diese Weise gelangten Tausch und Tausch zunächst zu zwei Hauptdimensionen erzieherischen Verhaltens, die sie wie folgt umschrieben:

Stärke und Richtung des Erzieherinnenverhaltens

Zwei Hauptdimensionen

■ **Emotionale Dimension: Wertschätzung – Geringschätzung**

Die emotionale Dimension reicht in abgestufter Form von hoher Wertschätzung (emotionale Wärme, Freundlichkeit, Zuneigung) bis zu hoher Geringschätzung (emotionale Kälte, Abneigung). Tausch & Tausch geben folgende Verhaltensbeispiele für die emotionale Dimension.

Wertschätzung				Geringschätzung		
+ 3	+ 2	+ 1	0	– 1	– 2	– 3
Anerkennung zollen, mit dem anderen freundlich und herzlich umgehen, Nachsicht üben, Ermutigung und wohl wollende Unterstützung, Hilfe anbieten, Vertrauen schenken, Trost spenden, Schutz und Beistand gewähren, Offenheit und Echtheit verwirklichen.				Andere abwerten, keine Beachtung schenken, mit ihnen unbarmherzig, schroff, herzlos umgehen, sie lieblos, grob und verächtlich behandeln, andere in Angst versetzen, sie durch Drohungen einschüchtern, Bestrafungen durchführen, Misstrauen entgegen bringen.		

■ **Lenkungsdimension: Hohe Lenkung – geringe Lenkung**

Die Lenkungsdimension erstreckt sich von hoher Lenkung, die dem Zu-Erziehenden keine Handlungsspielräume belässt (Befehle, Anordnungen, Kontrolle) bis zu geringer Lenkung, bei der Erzieherinnen nicht eingreifen (Nachgiebigkeit, Zurückhaltung). Folgende Merkmale kennzeichnen auf der Verhaltensebene nach Tausch & Tausch die Lenkungsdimension:

Hohe Lenkung				Geringe Lenkung		
6	5	4	3	2	1	0
Durch zahlreiche Vorschriften bis ins Detail gehende Vorschriften machen, persönliche Freiheiten und Entscheidungsmöglichkeiten einschränken, Befehle und Anordnungen sowie Belehrungen und Ermahnungen geben, Überprüfungen und Kontrollen durchführen, den anderen unterbrechen, die eigene Meinung aufdrücken.				Entscheidungsmöglichkeiten und persönliche Freiräume gewähren, nicht eingreifen sondern warten, bis der andere Unterstützung anfordert, den anderen in seinen Entscheidungen akzeptieren und nicht an eigenen Maßstäben messen.		

Da die beiden Hauptdimensionen, Wertschätzung und Lenkung, voneinander unabhängig sind, können sie zu einem Koordinatenkreuz zusammengefasst werden, in das die Erziehungsstile wie folgt einzuordnen sind:

Erziehungsstile und -dimensionen

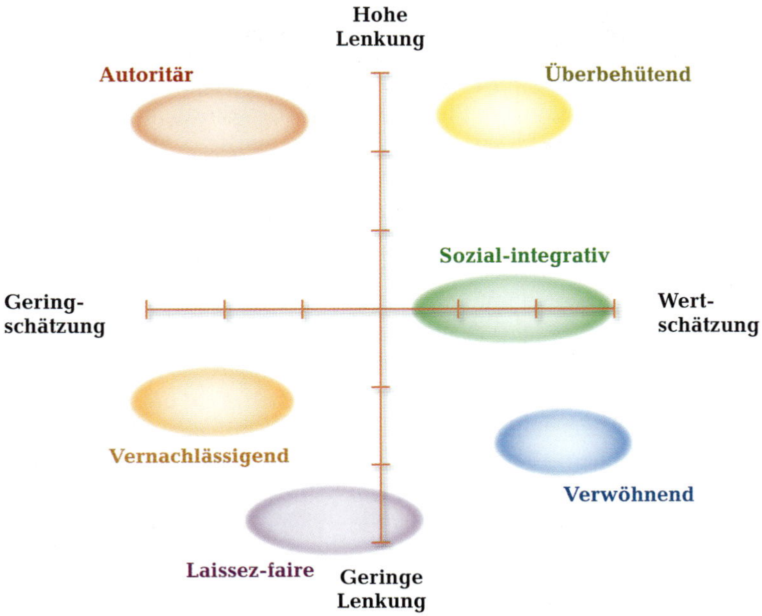

In das Koordinatenkreuz können neben den drei dargestellten Erziehungsstilen weitere Erziehungsgrundhaltungen (vernachlässigend, verwöhnend, überbehütend) eingeordnet werden. Auch das individuelle Erziehungsverhalten ist in dem Koordinatensystem verankerbar.

6.6.3 Erzieherinnenverhalten in der dialogischen Erziehung

Echtheit

Umfangreiche Untersuchungen von Tausch & Tausch und ihren Mitarbeitern in verschiedenen Erziehungsfeldern (Familie, Schule, Kindergarten, Heim) führten zu weiteren Erziehungsdimensionen. Als wichtigsten Aspekt erzieherischen Verhaltens stellten die Forscher die Echtheit und Aufrichtigkeit (Authentizität) in der Beziehung zwischen Erwachsenem und Kind heraus.

Die Erzieherin macht sich vertraut mit dem, was in ihr vorgeht. Sie wird sich ihrer Gedanken, Absichten und Gefühle bewusst. Sie sagt das, was sie denkt und fühlt. Ihr erzieherisches Verhalten stimmt überein mit ihrem inneren Erleben. Wenn eine Erzieherin sich z. B. über ein Kind ärgert, nimmt sie dies bewusst wahr, teilt ihr Gefühl dem Kind mit und tut nicht so, als sei sie mit ihm zufrieden.

Kinder und Jugendliche haben meist ein gutes Gespür für unechtes Verhalten. Sie reißen Fassaden schonungslos ein und entlarven gekünsteltes, aufgesetztes Verhalten, wie z. B. einen vorgespielten Perfektionismus oder eine betont professionelle Haltung. Unechte Verhaltesformen führen die Erzieherin zudem immer weiter weg von sich selbst, vergrößern die Distanz zwischen ihrem Denken, Fühlen und Handeln. Die pädagogische Beziehung wird in Mitleidenschaft gezogen. Das Kind weiß nicht, woran es bei einer Erzieherin ist, die sich nicht echt verhält. Es verliert die Orientierung und kann die eingegangene Beziehung zu dem Erwachsenen nicht für seine Entwicklung nutzen. Ein dialogisches Erziehungsverständnis erfordert authentisches Erzieherinnenverhalten. Es ist die Grundlage für die gegenseitige Achtung und Wertschätzung und dient dem Kind als Beispiel für sein eigenes Verhalten.

Eine dialogische Erziehung verbietet eine starke Lenkung, die sich unter anderem in folgendem Erzieherinnenverhalten äußert: Die Erzieherin interpretiert das kindliche Denken, Fühlen und Handeln aus Erwachsenensicht. Sie belehrt, überredet und bevormundet das Kind. In die kindlichen Handlungen greift sie vermehrt ein.

Fördernde, nicht dirigierende Tätigkeiten

Pädagogisch angemessen erscheint in einer dialogischen Erziehung hingegen die Erziehungsdimension: Fördernde nicht-dirigierende Tätigkeiten, die Tausch und Tausch (1998) in der Erweiterung ihres Erziehungskonzepts beschreiben. Dazu gehört z. B.: Dem Zu-Erziehenden Lernmaterial und Hilfsmittel zugänglich machen, ihm Rückmeldung über sein Verhalten geben, gemeinsam mit ihm lernen, Lernimpulse setzen, dem Zu-Erziehenden klärende Konfrontationen ermöglichen usw.

Wertschätzung

Auch die Dimension Wertschätzung trägt wesentlich dazu bei, eine positive emotionale Beziehung zwischen Erwachsenem und Kind aufzubauen. Erfährt der Zu-Erziehende ein wertschätzendes Umfeld, dann kann das Kind ein gesundes Selbstvertrauen entwickeln. Die Grundbedürfnisse des Kindes werden in der Erziehung umfassend berücksichtigt. Die dialogische Erziehung, die den anderen als Partner ernst nimmt, fördert die soziale Kompetenz des Kindes, das angstfrei und selbstbewusst mit anderen in Kontakt treten kann. Die wertschätzende Erzieherin wirkt als soziales Modell, das dazu anregt, die Gefühle des Kommunikationspartners differenziert wahrzunehmen und mit dem anderen verantwortungsvoll umzugehen (siehe Gesprächsführung).

Auf den Punkt gebracht

Die Erziehungsstile beschreiben erzieherische Grundhaltungen, in denen sich typische Erziehungspraktiken und -einstellungen widerspiegeln. Eine Vielzahl von Erziehungsstilen ist unterscheidbar. Auf Lewin geht die Einteilung in drei Erziehungsstile (autoritär, demokratisch, laissez-faire) zurück.

Das Konzept der **Erziehungsdimensionen** vertreten Tausch & Tausch. Jedes Erziehungshandeln ist durch Gefühle (= emotionale Dimension) und durch Einflussnahme (= Lenkungsdimension) gekennzeichnet. Mit Hilfe der Dimensionen kann man Stärke und Richtung des Erzieherinnenverhaltens angeben.

In das Koordinatensystem der Erziehungsdimensionen können die verschiedenen Erziehungsstile eingeordnet werden. So ist für den autoritären Erziehungsstil ein hohes Maß an Lenkung und Geringschätzung kennzeichnend. Ein mittleres Maß an Lenkung verbunden mit Wertschätzung weist auf den demokratischen, sozial-integrativen Erziehungsstil hin. Der laissez-faire Erziehungsstil kommt ohne Lenkung aus und weist wenig Wert- sowie Geringschätzung auf.

Eine **dialogische Erziehung** ist gekennzeichnet durch ein authentisches Erzieherinnenverhalten, das den Zu-Erziehenden ernst nimmt, ihn wertschätzt und fördernd, nicht-dirigierend seine Selbstbildung begleitet.

Aufgaben

1. Erklären Sie die Unterschiede zwischen Erziehungsstilen und Erziehungsdimensionen.
2. Diskutieren Sie die Möglichkeiten und Grenzen, das Erzieherinnenverhalten durch die Konzepte Erziehungsstile und Erziehungsdimensionen zu erfassen.
3. Charakterisieren Sie die dialogische Erziehung.

6.7 Erziehungsgestaltung: Feste und Feiern

Silvia leitet in einer dreigruppigen Kindertagesstätte die Igelgruppe. In ihrer Gruppe ist es Tradition, dass ein Kindergeburtstag gemeinsam gefeiert wird. An der Wand, rechts neben dem Eingang, hat sie einen Geburtstagskalender platziert. Eine bunte Eisenbahn mit 12 Wagons steht für die 12 Monate. Im jeweiligen Monatswagon sind Kinderbilder, die Vornamen und die Geburtsdaten eingetragen. Auch die Erzieherinnen sind auf diesem Geburtstagskalender zu finden.

Zur Gestaltung des Geburtstages tragen auch die Eltern bei, die beispielsweise Kuchen backen. Nachdem die Kinder die Tische für die Geburtstagsfeier in Blockform zusammen geschoben haben, decken die Erzieherinnen mit den Kindern die Tische mit Tellern, Tassen, Besteck und Servietten ein. Am Kopfende wird der Platz des Geburtstagskindes mit einem Lichterkranz, dem Kuchen und einem Geschenk der Erzieherinnen für das Kind vorbereitet. Nachdem das Geburtstagskind mit zwei selbst ausgewählten Nachbarn am Kopfende Platz genommen haben, beginnen die Kinder das traditionelle Geburtstagslied zu singen. Danach wünscht sich das Kind ein weiteres Lied oder Spiel, bevor der Kuchen ausgeteilt wird. Die Kinder freuen sich auf diesen Höhepunkt und einige erzählen schon lange vorher, wer neben ihnen sitzen soll und welches Lied sie sich wünschen.

Dieses Geburtstagsritual wurde in Frage gestellt, als eine Mutter aus religiösen Gründen den Erzieherinnen untersagte, ihr Kind an den Feiern der Einrichtung teilnehmen zu lassen. Sie forderte die Erzieherin auf, während der Geburtstagsfeier ihr Kind in die Nachbargruppe zu schicken oder, wenn dies nicht möglich ist, ihr Bescheid zu sagen, damit das Kind an diesem Tag zu Hause bleiben kann. Ihre Einstellung zu den Festen und Feiern in der Einrichtung brachte sie zudem durch eine Broschüre zum Ausdruck, die sich kritisch mit dem Unsinn und den heidnischen Gründen des Feierns auseinander setzte.

Sollte man in der Gruppe das lieb gewonnene Ritual der Geburtstagsfeier abschaffen?

Feste und Feiern bilden im Alltag Höhepunkte, an die man sich gern erinnert. Sowohl für den Einzelnen als auch für die Gruppe werden durch die Gestaltung von Festen und Feiern ein Rahmen geschaffen, in dem einerseits Lebensfreude und Ausgelassenheit und andererseits Gemeinschaftserleben und Verbundenheit entwickelt werden. Wiederkehrende Veranstaltungen spiegeln Traditionen wieder, durch die das Jahr gegliedert wird.

Es können verschiedene Jahresrhythmen unterschieden werden, die für den Einzelnen von Bedeutung sind:

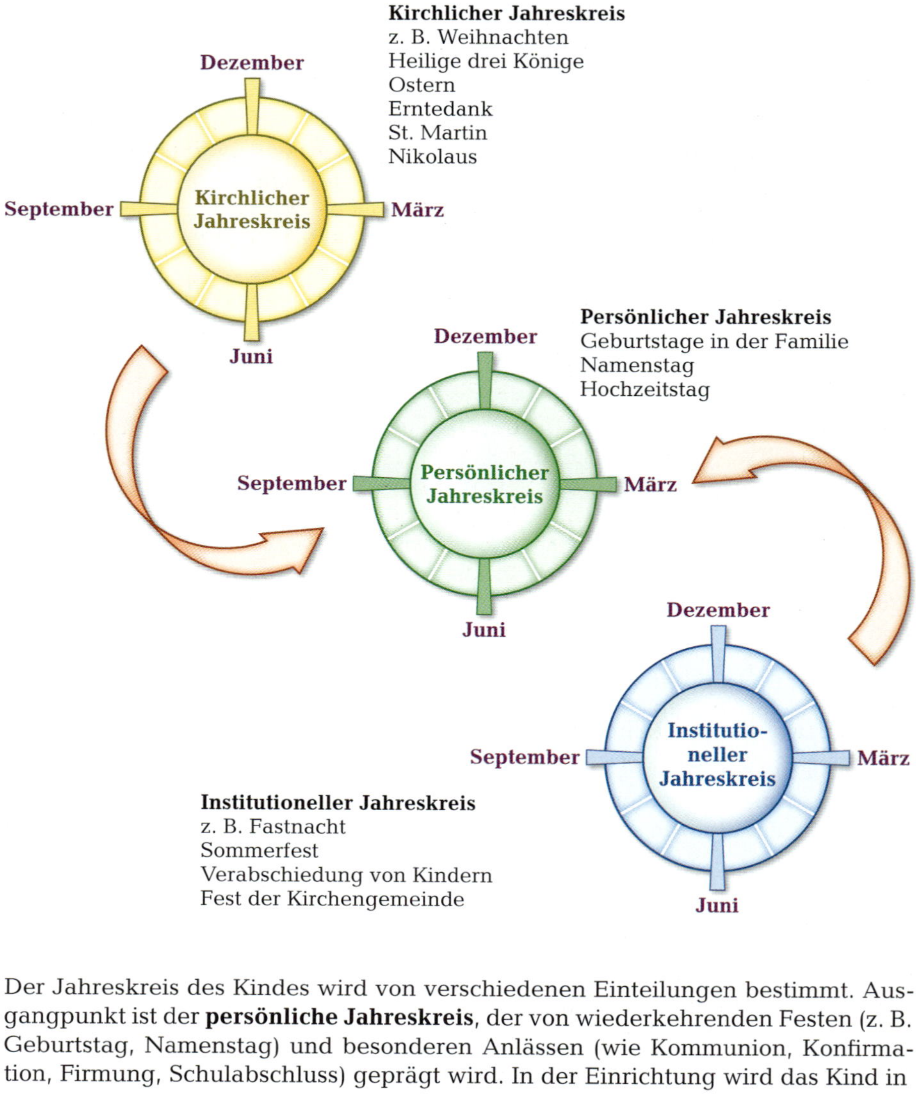

Der Jahreskreis des Kindes wird von verschiedenen Einteilungen bestimmt. Ausgangpunkt ist der **persönliche Jahreskreis**, der von wiederkehrenden Festen (z. B. Geburtstag, Namenstag) und besonderen Anlässen (wie Kommunion, Konfirmation, Firmung, Schulabschluss) geprägt wird. In der Einrichtung wird das Kind in den **institutionellen Jahreskreis** eingebunden, der aus wiederkehrenden Festen (z. B. Sommerfest, Abschiedsfest, Fastnacht) bestehen kann. In einigen Einrichtungen beteiligen sich die Erzieherinnen mit den Kindern an Gemeindefesten wie Stadtjubiläum, Umzüge oder Kirmes. Die kirchliche Trägerschaft einer Einrichtung und die christliche Ausrichtung des Gemeinwesens erweitert die Anlässe zum Feiern um die Feste des **kirchlichen Jahreskreises** (z. B. Nikolaus, Weihnachten, Heilige drei Könige, Ostern).

6.7.1 Bedeutung von Festen und Feiern

Die Bedeutung von Festen und Feiern kann zum einen aus der individuellen Sicht der Beteiligten und zum anderen aus der Perspektive der Gemeinschaft bzw. der Institution beleuchtet werden.

Bedeutung für den Einzelnen und die Gruppe:

Emotionale Wirkung

Feste und Feiern haben für die Beteiligten eine starke emotionale Wirkung. Dies ist vor allem dann gegeben, wenn im Rahmen einer Feier bestimmte Personen geehrt sowie ihre Leistung und Verdienste herausgehoben werden oder die Personen zu einem Abschiedsfest zusammen kommen. Unabhängig von einer persönlichen Würdigung im Rahmen des Festes führt bereits die Vorbereitung auf ein Fest bei den Beteiligten zu einer erhöhten Anspannung. Auch die Durchführung selbst ist für die Aktiven mit Aufregungen verknüpft, die erst nach dem eigenen Beitrag zum Fest zurückgeht. Die ausgelassene Stimmung, Überraschungen und gemeinsame Aktivitäten erhöhen die Freude und Begeisterung der Festteilnehmer, die keine Mühen, und Anstrengungen scheuen.

Soziale Kompetenz

Das gemeinsame Vorbereiten und die Durchführung des Festes stärkt vor allem die sozialen Kompetenzen. Die an der Feier Beteiligten verspüren das Eingebettetsein in die Gemeinschaft und erleben die Bedeutung des Einzelnen für die Gemeinschaft, wenn jeder sich für die Gruppe einsetzt und Aufgaben uneigennützig übernimmt. Der Auftritt vor anderen kann als Übungsfeld gesehen werden, um Ängste abzubauen und soziale Sicherheit zu verstärken. Das gemeinsame Feiern erleichtert die ungezwungene Kontaktaufnahme, fördert die soziale Interaktion und Kommunikation.

Kognitionen

Die kognitive Bedeutung eines Festes kann in der aktiven Fortführung von Traditionen, im Innehalten und in der Besinnung auf gemeinsame Wertvorstellungen gesehen werden. Im Rahmen eines Festes werden unterschiedliche Wahrnehmungsbereiche angesprochen und gefördert.

Bedeutung für die Institution:

Einrichtungskultur

Feste und Feiern haben aber auch eine große Bedeutung für die Einrichtung selbst. Der institutionelle Jahreskreis, wie er sich in den wiederkehrenden Festen und Feiern zeigt, ist auch Ausdruck der Einrichtungskultur, d. h. für Außenstehende wird das Selbstverständnis, die weltanschauliche Ausrichtung, das Engagement für das Gemeinwesen erkennbar. An der Auswahl und der Form des Festes wird deutlich, was der Institution wichtig ist.

Elternarbeit

Bei einigen Veranstaltungen sind die Feste und Feiern auch ein Aspekt der Elternarbeit. Die Mitwirkung der eigenen Kinder bei Auftritten löst auch bei den

Eltern Freude und Stolz aus. Weiterhin setzen sich Eltern auch persönlich durch ihre Hilfe und Unterstützung für die Einrichtung ein. Dieses Engagement fördert die Verbundenheit und die Identifikation mit der Institution.

Öffentlichkeitsarbeit

Für die Einrichtung spielt auch der Aspekt der Öffentlichkeitsarbeit eine Rolle. Durch die Feste und Feiern werden auch Menschen angesprochen, die sonst wenig Kontakt zur Einrichtung haben. Deren Teilnahme an den Veranstaltungen sowie die Berichte über das Fest in den Medien verstärkt zum einen das Gefühl der Verbundenheit mit der Einrichtung bzw. erhöht zum anderen das Interesse an der Institution, da durch Informationen in der Presse auf Aktivitäten, Besonderheiten und Schwerpunkte der Einrichtung hingewiesen werden kann.

Bei all den zahlreichen positiven Wirkungen ist zu bedenken, dass für die sozialpädagogische Arbeit das Kind im Mittelpunkt stehen muss. Falsch verstandener Ehrgeiz von Erzieherinnen und Eltern überfordert diese und die Kinder, die bisweilen voller Angst ihrem Auftritt vor einer großen, unbekannten Menge gegenüber stehen. Die Qualität einer Einrichtung misst sich nicht an der Zahl der Feste und der Berichte in den Medien. Ein Fest für und mit Kindern darf nicht zur Selbstdarstellung von Erwachsenen verkommen.

6.7.2 Gestaltung von Festen und Feiern

Vorüberlegungen

Allgemeine Hinweise: Vor der Gestaltung eines Festes steht die Auseinandersetzung mit dem Sinn bzw. Charakter des Festes, um dem Anliegen des Festes gerecht zu werden. Sollte beispielsweise zu einem christlichen Anlass eine Feier gestaltet werden, dann ist zunächst die christliche Grundlage zu analysieren. Oft hat sich im Verlauf der Zeit zu den verschiedenen Festen ein umfangreiches Brauchtum entwickelt, das sich vom ursprünglichen Sinn des Festes weit entfernt hat (z. B. Osterhase, Weihnachtsbaum). Die Erzieherin sollte bei der Planung ihres Angebots den Sinngehalt des Festes nicht aus dem Auge verlieren.

Pädagogische Vorüberlegungen: Die Bedeutung des Festes bzw. der Feier ist aus der Sicht der Beteiligten zu reflektieren. So steht bei der Geburtstagsfeier ein einzelnes Kind mit seiner Persönlichkeit und seinen Wünschen im Mittelpunkt. Die Gestaltung sollte deshalb auf die jeweilige Person abgestimmt und entsprechend variiert werden. Die an einer Festgestaltung Beteiligten sind bei der Planung und Durchführung einzubeziehen, damit die Veranstaltung zu einem Anliegen aller wird. Das Einbeziehen der Gruppe verdeutlicht, dass Kinder und Jugendliche als Partner ernst genommen werden, es fördert das Gemeinschaftserleben und stärkt das Verantwortungsgefühl des Einzelnen, der durch seinen persönlichen Beitrag zum Gelingen des Festes beiträgt.

Planung

Die konkrete Planung berücksichtigt die im Kapitel (Planung) genannten Bereiche: Analyse der Situation, Berücksichtigung der Zielgruppen, Formulierung der Ziele des Festes sowie der Beachtung der Lernprinzipien.

Situationsanalyse

Die Situationsanalyse führt bei einem witterungsabhängigen Sommerfest zur Planung von Angeboten im Außenbereich und bei schlechtem Wetter zu Alternativen im Haus. Zu beachten sind die verschiedenen Ressourcen, die genutzt werden können: Raumangebot, Anzahl der aktiven Erzieherinnen, Eltern und andere Helfer, finanzielle Möglichkeiten (Aufwand/Kosten und Einnahmen).

Damit ein Fest gelingt, ist die Struktur der Zielgruppe(n) zu beachten. Nehmen unterschiedliche Zielgruppen (Kinder, Eltern, Nachbarn) teil, dann bestehen verschiedene Möglichkeiten. Eine Zielgruppe (z. B. Kinder) kann im Mittelpunkt stehen, für die verschiedenen Zielgruppen können unterschiedliche Angebote entwickelt werden (z. B. Elterncafe, Kinderspiele). Es sind Angebote denkbar, bei denen die verschiedenen Zielgruppen gemeinsam aktiv werden. **Zielgruppe**

Es empfiehlt sich bei großen Festen die Planung in verschiedene Bereiche aufzuteilen, für die verschiedene Arbeitsgruppen verantwortlich sind: *Organisationsteam* (Einladung – Öffentlichkeitsarbeit – Finanzen – Auf- und Abbau), *Programmteam* (Entwicklung, Koordinierung und Betreuung von Angeboten, Musikgestaltung, Ansager/Conferencier, Dekoration), *Verpflegungsteam* (Organisation von Essens- und Getränkeangeboten, Aktivierung der Eltern für Kuchen- oder Salatspenden). **Arbeitsgruppen**

Das **Ziel** eines Festes bestimmt den Charakter der Veranstaltung. Steht als Ziel die Ehrung einer bestimmten Person im Vordergrund, wäre als Inhalt ein Rückblick auf den Werdegang der Person und eine Würdigung ihrer Leistung in einer entspannten, lockeren Atmosphäre denkbar, die durch künstlerische Beiträge umrahmt wird. Die Zielsetzung kommt auch indirekt im Motto, unter dem die Veranstaltung steht, zum Ausdruck. So kann eine Fastnachtsfeier im Kindergarten unter dem Thema „Zirkus", ein Sommerfest unter dem Motto „Kinder dieser Welt" stehen. **Motto**

Vorbereitung

Für die umfangreiche Vorbereitung, die auf den Schultern von Arbeitsgruppen ruhen kann, muss ausreichend Zeit eingeplant werden. Hilfreich sind Erfahrungswerte, die aus vergangenen Festen z. B. zur Anzahl der Personen, zu Kosten, zum Essens- und Getränkebedarf vorliegen.

In die Vorbereitung auf ein Fest können auch die Eltern einbezogen werden, die verschiedene Aufgaben übernehmen.

Um einen Überblick über den Stand der Vorbereitungen zu haben, empfiehlt es sich, Checklisten (Kontrolllisten) zu erstellen, in denen die Aufgabe mit der verantwortlichen Person festgehalten und die Erledigung der Aufgabe dokumentiert wird. Anhand eines Plakates kann für alle Beteiligten der Stand der Vorbereitung sowie die Verantwortlichen für die verschiedenen Aufgaben sichtbar gemacht werden. Eine solche Übersicht sollte auch für die Kinder in verständlicher Form erstellt werden.

Durchführung

Der Ablauf eines Festes folgt häufig folgender Grundstruktur:

- Vorbereitung des Raumes
- Bereitstellung des Getränke-/Essensangebotes
- Begrüßung
- gemeinsame Aktivität (z. B. Lied)
- Darbietungen als Höhepunkt
- Dank an Mitwirkende und Helfer
- Abschlussaktivität
- Aufräumen

Reflexion

Nach Abschluss des Festes erfolgt die kritische Auseinandersetzung mit dem Fest. Die verschiedenen Phasen (Planung, Vorbereitung, Durchführung), die verschiedenen Programmpunkte werden aus verschiedenen Perspektiven beleuchtet:

Erzieherinnenperspektive: Was hat die Erzieherinnen zufrieden gestellt und was hat Verärgerung ausgelöst? Hat sich der Aufwand gelohnt? Wie war die Zusammenarbeit in den Arbeitsgruppen und wie haben diese das Fest erlebt? Welche Pannen sind aufgetreten? Was kann optimiert werden?

Kinderperspektive: Hat das Fest allen Freude bereitet? Wurde das Fest den Interessen und Bedürfnissen der Kinder gerecht? Wie war das Engagement der Kinder? Waren Kinder überfordert und warum?

Elternperspektive: Wie hat das Fest auf die Eltern gewirkt? Welchen Eindruck haben die Eltern von der Einrichtung gewonnen? Wie war ihre Beteiligung, ihre Identifikation mit der Einrichtung?

Am Ende sollten Konsequenzen für das nächste Fest gezogen und wichtige Informationen für die Planung des nächsten Festes festgehalten werden (wie Anzahl der Teilnehmer, Kosten, Zufriedenheit mit Lieferanten usw.).

Auf den Punkt gebracht

Feste und Feiern gehören zum Erziehungsalltag. Sie folgen kirchlichen (z. B. Weihnachten), persönlichen (z. B. Geburtstag) oder institutionellen (z. B. Sommerfest) Jahreskreisen.

Feste und Feiern sind bedeutsam für die einzelnen Beteiligten, die Gruppe und die Einrichtung.

Zur systematischen Gestaltung von Feste und Feiern gehören: Planerische Vorüberlegungen, die Durchführung nach einem festen Ablauf sowie die Reflexion nach Abschluss eines Festes oder einer Feier aus Kinder-, Eltern- und Erzieherinnenperspektive.

Aufgaben

1. Planen Sie eine Abschiedsfeier für die Kinder, die den Hort nach der 6. Klasse verlassen. Setzen Sie dabei die Hinweise zur Gestaltung einer Feier um.
2. In einer kirchlichen Kindertagesstätte soll im Rahmen eines Gottesdienstes eine Erntedankfeier unter Beteiligung der Kinder aus der Kindertagesstätte durchgeführt werden.
3. Die Erzieherinnen in einer Außenwohngruppe mit 9 Kindern im Alter von 5 bis 12 Jahren wollen eine altersgerechte Form der Geburtstagsfeier verwirklichen.

6.8 Interkulturelle Erziehung

Begriffsklärung

In unserem Land ist eine Situation der Zuwanderung entstanden, die kaum noch überschaubar ist. Von 1955 - 1973 wurden von der Bundesrepublik etwa 14 Millionen Ausländer(innen) als Arbeitskräfte angeworben. Da treffen einheimische Deutsche auf „einheimische Ausländer", die sich in der zweiten und dritten Generation längst wie Deutsche fühlen. Es kommen Fremde aus dem Ausland, die sich als „Deutsche unter Deutschen" bezeichnen und hier bei uns leben wollen. Viele von uns unterscheiden nicht mehr zwischen:

- Ausländischen Arbeitnehmern
- Asylbewerbern
- Flüchtlingen
- Eingewanderten
- EU-Nachbarn

Alle werden häufig als Ausländer betrachtet. Der Begriff Ausländer wurde im Sprachgebrauch gleichgesetzt mit den seit 1955 angeworbenen Arbeitskräften und ihren Angehörigen aus den Mittelmeerländern. So sind auch Aussiedler keine Ausländer, sondern deutsche Staatsangehörige im Sinne des GG Art. 116. Alle Bürger aus EU-Staaten haben das Recht, in jedem Mitgliedsland unter den gleichen Bedingungen wie die einheimische Bevölkerung zu leben. In der heutigen Zeit ist das Zusammenleben zwischen Einheimischen und Fremden schwieriger geworden. Diskussionen werden sehr emotional und angstbesetzt geführt. Es kommen Vorurteile der folgenden Art auf:

Vorurteile

Ausländer nehmen uns die Arbeitsplätze weg!

30.000 selbständige Türken haben 100.000 Arbeitsplätze geschaffen.

In München sind 83 % des Haus- und Küchenpersonals der Krankenhäuser ausländischer Herkunft, weil deutsche Kräfte dafür nur schwer zu bekommen sind!

Ausländer überschwemmen uns!

Statistisch gesehen sind noch 90% der Bevölkerung Deutsche. Die Anteile an Ausländern sind in Frankreich, Großbritannien und Niederlande wesentlich höher.

Ausländer leben auf unsere Kosten

Ausländer zahlen jährlich mehr als 10 Mrd. Euro an Lohn- und Einkommenssteuer. Sie leisten Beiträge in den Sozialversicherungen.

Ausländer passen sich nicht an!

Die Bereitschaft zur Integration hängt eng zusammen mit der Akzeptanz, die Ausländer bei uns erfahren. Ablehnung führt notgedrungen zum Rückzug auf die eigene Gruppe und zum Festklammem an die eigene kulturelle Tradition.

Ausländer sind krimineller als Deutsche!

Die Kriminalitätsstatistik ist in den einzelnen Bundesländern unterschiedlich hoch.

In der Statistik sind auch die Ausländer aufgeführt, die gegen das Ausländergesetz verstoßen haben. Delikte, die Deutsche gar nicht begehen können. Es werden auch Tatverdächtige in den Zahlen erfasst. Verdächtigt werden Ausländer eher als Deutsche.

Einstellungen und Haltungen gegenüber Menschen aus anderen Kulturen können sehr schnell von einer Seite zur anderen „umschlagen" – Von Freundlichkeit und Verständnis zur Ablehnung und Feindlichkeit. Der eigene Standpunkt orientiert sich an Erfahrungen, Betroffenheit und Lebensgeschichten.

Multikulturelle Gesellschaft

Sheila trägt, seit sie in Deutschland ist, aus Überzeugung, wie sie selbst sagt, ein Kopftuch.

Ihre Mitschüler in der Klasse haben das längst akzeptiert, einige finden es „toll", andere nehmen einfach für sich in Anspruch tolerant zu sein. Auf dem Pausenhof aber wird Sheila immer noch mit lächerlichen und bissigen Bemerkungen konfrontiert. Einige Klassenkameraden haben sie vor Anfeindungen und Aggressionen sogar in Schutz genommen. „Ich habe nie gedacht, dass ich deutsche Freunde haben werde", sagte Sheila beiläufig in einer Unterrichtsdiskussion.

Die Bezeichnung multikulturell taucht erst auf, als Menschen aus fremden Kulturen nach Europa einwanderten, z. B. aus islamischen Ländern.

Unter Kultur verstehen wir alle Lebensbedingungen, die sich Menschen schaffen, so z. B.

Merkmale von Kultur

- Weltanschauung
- Politik
- Gesellschaft
- Technik
- Moral – Sitte

Welche Kultur wir erwerben, hängt davon ab wo und in welchem Jahr wir geboren wurden, von dem jeweiligen sozialen Umfeld wie Familie, Ort, Nachbarschaft, Freundeskreis, Religion, Sprache und politische Gemeinschaft. An diesen richtet sich unser Verhalten aus.

Es kann sich eine soziale Identität herausbilden, die sich aber durch äußere Einflüsse ständig verändert. Es werden auch nicht alle kulturellen Besonderheiten von einem Menschen übernommen. Auch Kulturen in sich sind nicht statisch, sondern veränderbare Größen. Daher lässt sich ein einheitliches, klar zu umschreibendes ethnisches Kulturbild nie blind auf den einzelnen übertragen.

Sheilas Verhalten lässt sich daher nie als typisch türkisch abtun, sondern ist das Verhalten einer einzelnen jungen Türkin mit individueller persönlicher und sozialer Identität.

Nur wer seine eigene Kultur kennt und sich intensiv mit ihr auseinandergesetzt hat, wird auch Menschen aus anderen Kulturkreisen verstehen können!

Kultur kann Geborgenheit, Identität, Solidarität, Sicherheit, Heimat und Schutz bieten.

Wenn Europäer, wie Deutsche, Franzosen, Italiener, Spanier, Engländer o. a. zusammenleben, spricht man von europäischer Kultur mit nationalen Ausprägungen.

Der Begriff multikulturell wird hier erst gar nicht gebraucht!

Multikulturelle Gesellschaft

In einer multikulturellen Gesellschaft leben Angehörige verschiedener Abstammung, Sprache, Herkunft und Religion in gegenseitiger Achtung und Anerkennung gleichberechtigt zusammen!

Es gibt Befürworter und Gegner einer multikulturellen Gesellschaft. Die Gegner halten sie für eine absolute Utopie, die begründet ist im territorialen und dominanten Streben des Menschen, sowie in festgelegten archaischen Abwehrreaktionen (Revierverteidigung!).

Sheila wird immer damit rechnen müssen, Menschen zu begegnen, die das Tragen eines Kopftuches nicht befürworten, ihr sogar mit Vorurteilen begegnen.

Interkulturelle Erziehung

Sheila möchte den Beruf der Erzieherin lernen. Sie ist fest davon überzeugt, dass das friedliche, multikulturelle Zusammenleben der Menschen bereits im Kleinkindalter anerzogen werden muss.

Ansätze

Traditioneller und kompensatorischer Ansatz	Interkultureller Ansatz
Assimilation – Angleichung an deutsche Verhältnisse über Behebung von Mängeln – Kompensation!	Andersartigkeit bedeutet Bereicherung. Kulturelle Eigenständigkeit beachten. Achtung des Kindes und seiner Eltern in ihrer kulturellen Identität.
Anpassung an Kultur, Normen und Werte.	Kind ist Träger der Familienkultur.
Übernahme hiesiger Erziehungsvorstellung.	Lebenssituation des Kindes ist Ausgangspunkt (Situationsorientierter Ansatz).
Mängel beheben über Spiel- und Lernmittel.	Individualisierung (weg vom Blick auf die Gesamtgruppe).

Definition

„Interkulturelle Erziehung will darauf vorbereiten, dass Menschen unterschiedlicher Kultur zusammenleben und sich gegenseitig durch Kulturbegegnungen bereichern können. Menschen sollen lernen, kulturelle Unterschiedlichkeiten und Widersprüchlichkeiten auszuhalten und vereinbarte Grundregeln und Absprachen einzuhalten".

(Prof.H.Schwab, Kathol. FH Freiburg)

Probleme

Interkulturelle Erziehung ist aber auch mit Gefahren und Schwierigkeiten verbunden.

Stereotypisierung:	„Muslimische Familien sind so!"
Diskriminierung bzw. Stigmatisierung:	„Das ist typisch türkisch, spanisch ...
Außenseiterrolle:	Ausländische Kinder werden zu etwas Besonderem.
Vereinfachung bzw. Versimplifizierung	Rückführung auf multikulturelle Elemente, wie Kochen, Essen und Feste.

Für Sheila könnte das bedeuten

„Die muss halt ein Kopftuch tragen, weil sie Muslime ist". (Stereotypisierung)

„Der sieht man von weitem schon an, wo sie hingehört". (Stigmatisierung)

Sheila steht im Mittelpunkt der Klasse und wird wegen ihres Mutes bewundert. (Außenseiter).

„Die macht zuhause sicher nur die weiblichen Hausfrauenarbeiten" (Vereinfachung)

Die Situation migranter Kinder unterscheidet sich häufig gravierend von der der Erwachsenen: Kindern fällt es leichter unabhängig von Kultur, Hautfarbe oder Rasse miteinander zu kommunizieren und zu interagieren. Diese Chance sollte die Elementarpädagogik, hier der Kindergarten nutzen!

6.8.1 Ziele einer interkulturellen Erziehung

- Migrantenkinder in der Entwicklung einer positiven ethnischen Identität unterstützen und ihnen die Chancen einer zweisprachigen Erziehung geben. Auch für die zweite und dritte Generation von Migranten die Herkunftskultur pflegen und zulassen.
- Minoritäten, deren Sprache und Kultur von der Majorität missachtet oder ignoriert werden, nicht in kulturelle Isolation oder ins Randgruppendasein (Ghetto) abgleiten lassen. Völkerverständigung und Minoritätenschutz sind oberste Prinzipien.
- Das Anderssein wird akzeptiert und respektiert, während zugleich ein Kulturaustausch stattfindet.
- Eltern verstärkt über die Muttersprache einbeziehen. Abbau von Überlegenheits- und Unterlegenheitsgefühlen.
- Interkulturelle Erziehung will Kindern und Jugendlichen die Fähigkeiten vermitteln, mit Menschen aus unterschiedlichen Kulturkreisen friedlich zusammenzuleben. Eigene Ängste, Vorurteile und Hemmschwellen müssen erkannt werden. Akzeptanz und Ablehnung sollen ausgehalten werden können. Ausgrenzung, Diskriminierung, Vorurteile, Fremdenfeindlichkeit und Rassismus erkannt und beim Namen genannt werden, unabhängig von Ansehen und Beliebtheitsgraden.

Aus einem multikulturellen Nebeneinander wird dann ein interkulturelles Miteinander.

Die Bezeichnung „interkulturell" bekommt somit eine andere Qualität als nur ein multikulturelles Nebeneinander.

Interkulturelles Lernen setzt bereits nach der Geburt ein und dauert ein Leben lang. Es geht darum, andere Menschen in ihrer Andersartigkeit zu verstehen und in sein eigenes System der Orientierung einzuordnen.

6.8.2 Gestaltungselemente im erzieherischen Alltag

Die Ziele interkultureller Erziehung lassen sich im pädagogischen Alltag am ehesten in Projektform umsetzen. Im Folgenden werden Beispiele für mögliche Projektthemen aufgeführt:

Thematische Schwerpunkte	Erarbeitungsbeispiele
Überprüfen vorhandener Lieder, Spiele und Bücher, ob und wie Kinder anderer Herkunft, Rasse, Hautfarbe und Religion dargestellt werden.	Negativbeispiele Zehn kleine Negerlein... Wer fürchtet sich vor dem schwarzen Mann? Wer kommt denn da, der Mohrenkönig aus Afrika (Fingerspiel)
Werbung und Welttourismus in den Medien	Afrikaner und Asiaten in Werbespots. Sextourismus. Kinderprostitution / -arbeit. Auf den Spuren der letzten Wilden, Menschen werden wie Zootiere begafft. Mögliches Thema: Genießen ohne auszubeuten!
Sprachförderung in der Muttersprache und in der zweiten Sprache.	Sprachspiele : Liedgut, Verse, Reime und Gedichte. Nacherzählen mit Bildern. Alltagssprache: Grußformeln Namen, Abschied Schimpfworte, Sprichwörter
Eltern- und Kinderfeste planen und durchführen	Wie werden in anderen Kulturen Feste im Kalenderjahr und in den einzelnen Lebensabschnitten gefeiert? Geburt, Neujahr, Religiöse Feste ...

6.8.3 Bedeutung der interkulturellen Erziehung

Interkulturelle Erziehung ist eine Herausforderung an meine Person und meinen Beruf.

ICH				
erkenne	**überprüfe**	**ergänze**	**erziehe**	**arbeite**
die sozialen Erziehungsprobleme und berechtigten Spannungen	meine Einstellungen und Werthaltungen	meine Wissens- und Informationslücken	die Heranwachsenden zur Toleranz und zum Miteinander	im Team und in der Mitarbeitergruppe

Interkulturelle Erziehung ist

Teamorientiert	Grundsätzliche Einigung im Team anstreben. Planung, Besprechung, Durchführung und Erfolgskontrolle im Team. Einbindung des Trägers einer Institution in den konzeptionellen Ansatz. Fortlaufende Information und Sensibilisierung über die Hintergründe der Herkunftsländer der Kinder.
Familienorientiert	Gruppenbezogene Elternabende oder -nachmittage. Eltern- und Kinderfeste mit Themen aus den Heimatländern unserer Kinder. Auch „Tür - und Angel - Gespräche". Einzelgespräche und Beratung (auf Fragestellungen, Wünsche und Probleme eingehen). Eltern als „Mittler" (z. B. Sprachhilfe) im erzieherischen Alltag einsetzen. Wenn gewünscht auch Hausbesuche.
Kindorientiert	Lebenssituation und Persönlichkeit der Kinder als Ausgangspunkt (situationsorientiert) jeder Erziehung. Wertschätzung des Kindes in seiner Unverwechselbarkeit und Einzigartigkeit einbeziehen. Entwurzelung vorbeugen: Muttersprache fördern (Kinder kennen oft die Kultur ihres Mutterlandes nicht!). Geschlechterrolle annehmen können! Sprachlosigkeit der Kinder über Bewegung, Mimik, Tanz, Körperhaltung, Stimmbildung überwinden.
Gemeinwesenorientiert	Einbezug des Teams in die Stadtteilarbeit. Mitarbeit in sozialen Brennpunkten. Zusammenarbeit mit Behörden, Flüchtlings- und Ausländerbeirat, Frauenbeauftragte, Frühförderstellen, Erziehungsberatungsstellen, Ausländerbeauftragte und Sozialdienste der Kirchen, der öffentlich-rechtlichen Träger.
Methodik- / didaktikorientiert	Entwicklung von Zielen, methodische Hilfen und Gestaltung von Rahmenbedingungen für die gesamte Institution, um erfolgreich interkulturell arbeiten zu können. Kritische Überprüfung der Ergebnisse (Evaluation). Erstellen von Dokumenten und Öffentlichkeitsarbeit. Angebot an Fortbildungen wahrnehmen.

Stärkung von Migranteneltern

Lebensgeschichten verlaufen heute sehr unterschiedlich. Eine „Normalbiographie" gibt es kaum noch.

Die Lebensbewältigung für Heranwachsende ist aber nicht leichter geworden. So schaffen z. B. die vielfältigen, individuellen Entscheidungs- und Handlungsmöglichkeiten sehr viele Chancen zur Verbesserung der Lebensqualität und -standards, andererseits schaffen sie auch Entscheidungsdruck, Risiken und den Zwang, komplexe Aufgaben bewältigen zu müssen.

Migranteneltern und deren Kinder sind davon stärker betroffen als Einheimische. Das liegt u. a. an den oft unklaren, für sie undurchsichtigen und verwirrenden Lebensverhältnissen. Die Balance zwischen der eigenen Lebensgeschichte, der Andersartigkeit und den neuen gesellschaftlichen Bedingungen, ist oft schwierig zu halten. Wird das „Eigene" zu schnell aufgegeben und einem Wandel unterzogen, indem man sich der „neuen" Welt anpasst (Assimilation), führt das nicht selten zu Chaos, Rückzug ins Private, Unverständnis. In der Erziehung kann das zu verstärkten Disziplinieren der Kinder und stark behüteten und kontrollierten Umgang untereinander führen.

Wie können Familien mit Migrationshintergrund gestärkt werden?

- Die sichere Mutter/Vater-Kind-Beziehung ist eine bedeutende Entwicklungsressource. Die Erkenntnis darüber muss mit den Eltern thematisiert und besprochen werden. Unsichere Bindungen haben Auswirkungen auf die Jugendphase: Desorientierung, Hilflosigkeit, feindselige Einstellungen bis zur offenen Aggression, wenig Ich-Flexibilität, negatives Selbstkonzept.

- Migranteneltern haben oft hohe Erwartungen an ihre Kinder, wobei sie oft nicht in der Lage sind, Heranwachsende in ihrer Sozialisation zu unterstützen. Das kann die Familiensituation und das Zusammenleben der Familienmitglieder untereinander nach innen und außen belasten.

  Kinder lernen belastende Situationen nicht zu leugnen oder zu vermeiden, sondern aktiv und selbstständig zu bewältigen und sicher damit umzugehen. Die Entscheidungskontrolle wird gestärkt. Wichtig ist, dass Eltern in diesen Prozess eingebunden werden.

- Kulturelle Vielfalt wird als Bereicherung und nicht als Hindernis verstanden. Dem Einzelnen wird eine verantwortliche Rolle und Position gegeben.

- Die Ressource „Mehrsprachigkeit" sollte gefördert werden. Wer nur fordert „Deutsch" zu sprechen, verschenkt diese Ressource.

- Die Zuordnung von älteren Kindern i. S. von Patenschaften zu Risikokindern hat sich bewährt. Positive Rollenvorbilder sind so möglich, fördern und aktivieren die positive Entwicklung.

- Religiöse Bindungen, die Erfahrung von Sinnhaftigkeit des eigenen Lebens, vorhandene Lebensziele geben dem Leben Sinn und Bedeutung.

Kapitel 6

Auf den Punkt gebracht

Die Kinder in Deutschland wachsen in einer multikulturellen Gesellschaft auf. Das Zusammenleben mit Menschen anderer Kulturen muss schon im Kleinkindalter eingeübt werden. Interkulturelles Lernen bedeutet, Menschen anderer Kulturen in ihrer Andersartigkeit zu verstehen. Interkulturelle Erziehung ereignet sich in vielfältigen Formen im Kindergartenalltag und trägt zur Völkerverständigung bei.

Aufgaben

1. Befragen Sie ausländische Mitschülerinnen oder Nachbarn nach ihren ersten Eindrücken in Deutschland.
2. Diskutieren Sie Schwierigkeiten bei der interkulturellen Erziehung.
3. Planen Sie Aktivitäten, die sprachliche und kulturelle Barrieren überwinden.

6.9 Integrative Erziehung

Antje und Jens gehören zu einer Integrationsgruppe im Kindergarten. Antje ist ein Kind mit Down-Syndrom. Für manche Dinge braucht sie länger als ihre Altersgenossinnen. Durch ihr fröhliches Wesen hat sie schnell Kontakt zu den anderen Kindern gefunden und sich in der Gruppe gut eingelebt.

Der Kindergarten ist ein Ort des individuellen und sozialen Lernens aller Kinder. Die Erziehung in einer Einrichtung für Kinder mit und ohne Behinderung nennt man integrative Erziehung.

Ziel ist es, jedes Kind nach seinen Fähigkeiten zu fördern, ohne sozialen Ausschluss und ohne das Etikett behindert zu sein und ausgegrenzt zu werden. Dadurch kann jedem Menschen die aktive Teilnahme am gesellschaftlichen Leben in Würde ermöglicht werden. Langfristig muss erreicht werden, dass Kinder mit Behinderung einen anderen Platz als am Rande der Gesellschaft finden. Aussonderung ist in sich eine Behinderung!

Damit ist Integration nicht ein Angebot aus sozialem Mitleid dem Schwächeren gegenüber, sondern ein verbrieftes Grundrecht, das allen Menschen zusteht.

Damit haben alle Eltern den Anspruch, dass ihr Kind gemeinsam mit anderen Kindern aufwachsen kann und erzogen wird. Ungefähr 10 % der Kinder brauchen nach internationalen Schätzzahlen sonderpädagogische Förderung.

Behindert wird jemand nicht nur durch sein körperliches, geistiges oder seelisches Handikap oder Defizit, sondern durch die jeweiligen konkreten Umweltbedingungen, die ihm geboten oder vorenthalten werden. Es ist Aufgabe der integrativen Erziehung der Ausgrenzung und Diffamierung von Menschen, die anders sind als die übrige Bevölkerung, so früh wie möglich entgegenzuwirken. Ein wichtiger Ansatz ist die Frühförderung. Man unterscheidet folgende Organisationsformen:

Frühförderung

Regelkindergarten in additiver Form	Begegnungen von Kindern ohne und mit Behinderungen werden gefördert. Die Einrichtungen – Regelkindergarten und sonderpädagogischer Kindergarten – können entfernt oder auf demselben Gelände sich befinden. Die Kinder lernen sich kennen in gemeinsamen Aktivitäten und Unternehmungen.
Regelkindergarten mit integrativen Gruppen	Gemischte Gruppen von Kindern ohne und mit Behinderungen leben, spielen und lernen im Alltag zusammen. Es gibt Förderangebote sowohl für die behinderten Kinder entsprechend ihrem Bedürfnis als auch für die übrigen Kinder.
Heilpädagogischer Sonderkindergarten	Es sind grundsätzlich Ganztagsangebote Kinder werden in einer individuellen Betreuung gezielt nach einem Förderplan betreut und gefördert.

Regelkindergarten mit Integrationsgruppen

Integrativer Fachdienst

Der Rückgang der Kinderzahl könnte für den Regelkindergarten die Chance einer Neuordnung in Bezug auf die Einrichtung von Integrationsgruppen sein, wenn Rahmenbedingungen und Förderrichtlinien entsprechend den Länderbestimmungen vorhanden sind.

Das bloße Mitführen von Kindern mit Behinderung bringt noch nicht die gewünschte Qualität in der Integration.

Kindergärten mit Integrationsgruppen sind besonders auf professionelle, fachliche Unterstützung, auf einen integrativen Fachdienst angewiesen.

Viele Bundesländer und die benachbarten europäischen Länder, die über jahrelange Erfahrung mit Integrationsgruppen im Regelkindergarten verfügen, haben erkannt, dass eine entscheidende Voraussetzung für das Gelingen integrativer Arbeit ein professioneller, integrativer Fachdienst ist.

Fachliche Begleitung

Integrationsdienst muss begleitet werden durch:

- Supervision
- Fort- und Weiterbildung
- Fachberatung
- Zusammenarbeit mit medizinischem, therapeutischen Personal und Eltern
- Persönliche Stütze und Betreuung des Kindergartenpersonals

Bevor ein Regelkindergarten Kinder mit Behinderung aufnimmt, sollten folgende Fragen erörtert und eine Antwort gefunden werden:

- Steht das gesamte Team der Einrichtung hinter den *Zielsetzungen* Integration?
- Sind Gemeinde, Träger und Eltern über das Vorhaben informiert und fand ein ausgiebiger *Austausch* untereinander statt? Konnten *Ängste und Bedenken* offen dargelegt und besprochen werden?
- Steht uns das notwendige *Fachpersonal* (integrativer Fachdienst) zur Verfügung?

Organisationsfragen

- Sind die *rechtlich-ökonomischen* und *finanziellen Voraussetzungen* geklärt?
- Ist das Personal sich einig über eine *Qualitätsevaluation*? Wie soll diese umgesetzt werden?
- Welche praktischen Schritte wurden für die Öffentlichkeitsarbeit geplant?
- Sind *Teamsitzungen*, *Supervision* und *fachliche Begleitung* möglich?
- Gibt es entsprechende Räumlichkeiten und Ausstattungen (Einzel- und Gruppenförderung, behindertengerechte Hilfsmittel und Materialien)?

Die integrative Gruppe

Die integrativen Gruppen als offene Gruppen zu führen hat sich bewährt. Alle Kinder lernen sich aktiv, experimentierend und erforschend mit ihrer personalen und dinglichen Umwelt auseinander zu setzen. Das setzt Lernprozesse in Gang und fördert alle Kompetenzbereiche.

Heilpädagogische Einrichtungen

Behinderte Kinder sind Kinder, die sich nach den gleichen Gesetzmäßigkeiten entwickeln wie die übrigen Kinder.

Für Kinder mit bestimmten Behinderungen ist eine spezielle Förderung in einer heilpädagogischen Einrichtung oder in Sonderkindergärten mit Ganztagsangeboten von Vorteil, z. B. bei schweren geistigen Behinderungen – Mehrfachbehinderungen – Seh-Hörbehinderungen.

Die Gruppen sind in diesen Einrichtungen wesentlich kleiner als in Regelkindergärten.

Für jedes Kind wird ein gesonderter Förderplan aufgestellt:

- Reiten – Gymnastik – Sprachtherapie – Werken und Gestalten – Verhaltenstherapie,
- In diesem Therapieplan ist festgelegt, welche gezielte Förderung das Kind erhält (Motorik, Körperkoordination, Wahrnehmung, Lebenspraxis…).

Besonderheiten der Integration

Integration erschöpft sich nicht nur in Aufgaben, die einfach abzuarbeiten sind. Schwerpunkte können sein:

Achtung des Andersseins

Integration bedeutet nicht Gleichschaltung von Menschen mit und ohne Behinderung. So ist z. B. die Integration von Kindern mit Lernbehinderung und Kindern mit geistiger Behinderung nicht dasselbe. Die kognitiven (intellektuellen) und psychomotorischen Fähigkeiten des Regelkindes kann für das Kind mit Behinderung nicht die Richtschnur und das anzustrebende Maß sein. Die intellektuellen Kapazitäten und das psychomotorische Können bewegen sich im Bereich des Anerkennens der Unterschiede und der Achtung des Andersseins.

Vorteile der integrativen Erziehung:

- Kinder ohne Behinderung können mit Kindern mit besonderem Förderbedarf aus ihrer Umgebung Kontakte knüpfen.
- Zusätzliche pädagogisch / therapeutische Fachkräfte ermöglichen dem Stammpersonal einer Einrichtung auf die spezifischen Bedürfnisse von allen Kindern einzugehen.
- Das Selbstbewusstsein aller Kinder wird gestärkt.
- Die Kinder lernen eigenverantwortlich Entscheidungen zu treffen und Sozialkompetenz zu entwickeln.
- Vorurteile, Berührungsängste, Infantilisierung und Mitleidshaltungen gegenüber Kindern mit Behinderung werden abgebaut.
- Die Würde und die Gleichheit der Menschen bleibt nicht nur moralische Verpflichtung und leeres Gerede, sondern wird aktiv umgesetzt.
- Das Miteinander von Menschen mit und ohne Behinderung wird als normal erlebt. Aus Separation wird Integration. Die Trennung im Lebensalltag zwischen Behinderten und Nichtbehinderten wird aufgelöst.

Ressourcenorientierte Integration

Der Gedanke der Ressourcenorientierten Integration bekommt in der integrativen Erziehung eine zunehmende Bedeutung. Traditionell wurde bisher die Analyse von Auffälligkeiten oder Störungen und Behinderungen und deren Ursachen zum Gegenstand der Untersuchungen und Therapien gemacht.

Stärken nutzen

Untersuchungen haben gezeigt (Grawe 1998), dass es wesentlich ist, die Stärken, Fähigkeiten und Wünsche der Kinder für den Integrationsprozess und damit den Sozialisationsprozess zu nutzen. Vorhandene, verborgene Ressourcen, die in den Kindern „schlummern", werden freigesetzt und aktiv in die Entwicklung in den jeweiligen Lebenswelten einbezogen. Zu den wesentlichen Ressourcen gehören die vielfältigen Fähigkeiten und Kräfte, mit denen Kinder ausgestattet sind. Zum Beispiel ihre Lernfähigkeit, Neugier, Phantasie, Kreativität.

Aufgaben der Erzieherin

Kinder begeben sich selbst auf „Entdeckungsreise", um neue „Spielräume" zu erschließen und Veränderungen auszuprobieren. Der Erzieherin kommt nur eine unterstützende Rolle zu. Sie begleitet die Kinder auf ihrem Weg der Selbstbildung. Puppen und Stofftiere als besondere „Vertraute" der Kinder können der Erzieherin dabei helfen, die erforderliche pädagogische Beziehung zu den Kindern aufzubauen.

Durch kreative Hilfsmittel regt die Erzieherin die Kinder an, sich mit sich selbst und mit den Dingen in ihrer Umwelt auseinanderzusetzen. Sie setzt z. B. Alltagsmaterialien (Becher, Dosen, Tücher), Farben und Naturmaterialien (Blumen, Erde, Steine) ein, um die Kinder ihre Stärken und Fähigkeiten entdecken zu lassen.

Die vielfältigen Angebote der Bewegungserziehung (Bewegungsbaustelle, Tanz durch Improvisation und Gestaltung, Übung von Bewegungsabläufen) lassen die Kinder ihren Körper erfahren. Sie lernen sich im Raum zu orientieren und bauen schrittweise ein sicheres Körpergefühl auf. Die zunehmende Körperbeherrschung macht die Kinder auch entdeckungsfreudiger. Neugierig und interessiert erkunden sie ihre Umwelt. Sie wollen lernen durch „Be- greifen" und „Erfahren". Man spricht von „Bewegtem lernen". Aufgabe der Erzieherin ist es, die Lernlust der Kinder zu unterstützen und ihnen vielseitige und nachhaltige Lernerfahrungen zu ermöglichen.

Eine Ressource auf die viele Kinder mit und ohne Behinderung zurückgreifen können, ist das Empfinden für Musik und Rhythmik. Im gemeinsamen Singen und Musizieren sowie in rhythmischen Übungen (Trommeln, Klangstäbe, Naturinstrumente, Stangen, Seile, Bänder) wird Integration erlebbar gemacht.

Allen ressourcenorientierten Fördermaßnahmen ist gemeinsam, dass sie von der Vielfalt und Verschiedenartigkeit der kindlichen Entwicklung ausgehen. Integration bedeutet dann:

Kinder können unabhängig von ihrer Herkunft, ihrer Lerngeschichte und ihrer Entwicklung voneinander lernen und profitieren. Aufgabe der Erzieherin ist es, jedem einzelnen Kind zu ermöglichen, seine Stärken zu entdecken und für eine ganzheitliche Entwicklung in der Gemeinschaft einzusetzen.

Auf den Punkt gebracht

Integrative Erziehung ...

... bedeutet ein Leben in Würde für alle Menschen.

... braucht bestimmte Rahmenbedingungen, wenn sie gelingen soll.

... wirkt rechtzeitig der Ausgrenzung und Diffamierung entgegen.

... zielt nicht auf Anpassung, sondern stärkt die Verschiedenheit.

... setzt bei allen Kindern Lernprozesse in Gang und fördert alle Kompetenzbereiche

... nutzt die Stärken der Kinder

Aufgaben

1. Diskutieren Sie die verschiedenen Organisationsformen der Frühförderung.
2. Beschreiben Sie die notwendigen Rahmenbedingungen für das Einrichten einer integrativen Gruppe im Regelkindergarten.

6.10 Medienerziehung

Definition

Unter einem Medium werden alle Kommunikationsmittel und -verfahren verstanden, die dazu dienen, Informationen zu übertragen (z. B. Sprache, CD, Internet). Im folgenden Kapitel stehen die Massenmedien, die für eine große Anzahl von Nutzern ausgelegt ist, im Mittelpunkt.

In der Lebenswelt von Kindern und Jugendlichen haben die vielfältigen Massenmedien eine zunehmende Bedeutung erlangt. Die verschiedenen Medienangebote bieten Sekundärerfahrungen (Erfahrungen aus zweiter Hand), die immer mehr an die Stelle von Primärerfahrungen (eigenes Erleben) treten.

Die Medienpädagogik setzt sich mit allen erzieherischen Fragestellungen, Problemen und Themen auseinander, die sich aus dem Medienangebot, der Mediennutzung und der Medienwirkung ergeben.

Die Medienlandschaft ist eine wichtige Einflussgröße für die Sozialisation von Kindern und Jugendlichen. Die Nutzung von Medien ist eine Grundlage für das Zusammenleben in der Gesellschaft. Die Medienpädagogik muss sich durch die Entwicklung neuer Medien (z. B. Computer, Internet, Multimedia) mit neuen Fragestellungen auseinandersetzen. An die Stelle der alten analogen Medien (z. B. Rundfunk) sind digitale Medien (z. B. CD, Computer) getreten. Satt Massenkommunikation erfolgt eine verstärkt individuelle Kommunikation über die Medien. Die Einweg-Medienbeziehungen (z. B. Fernsehen, Film) werden vermehrt durch interaktive Medienbeziehungen (z. B. Computerspiele) abgelöst. Der Computer ist zur Multimediamaschine geworden. Nahezu alle Medienarten (siehe Übersicht) können über den Computer genutzt werden.

Entwicklung im Medienbereich

Die Entwicklung im Medienbereich ist durch folgende Veränderungen gekennzeichnet:

- Vielfalt des Medienangebots
- Kommerzialisierung (z. B. Vermarktung, Werbung)
- Perfektionierung der Präsentationstechniken
- Vermischung von Realität und Fiktion, von Wirklichkeit und Inszenierung
- Zunehmende Medienpräsenz im Alltag

Medienarten

Auditive Medien	Visuelle Medien	Audiovisuelle Medien
• Rundfunk • Tonträger (Kasette, CD, MP3-Player, Tonband, Schallplatte) • Telefon, Handy • Hörbücher	• Foto • Dia • Telefax • Zeitung • Buch • Zeitschrift • Plakat	• Fernsehen • Film • Video • Bildtelefon • Internet • Computer

Wir leben in einer Mediengesellschaft, in der unterschiedliche Medien (z. B. Zeitschriften, Fernsehen, Kino, Handy, Internet) unser Leben beeinflussen. Die effiziente Nutzung dieser Medienvielfalt (z. B. Lehrbücher, Veranstaltungshinweise, Verkehrsinformationen, Internetrecherche) erfordert Kenntnisse und Fertigkeit, die in den Bildungseinrichtungen systematisch vermittelt und durch Erfahrung (z. B. spielerischer Umgang mit neuen Medien) aufgebaut werden.

Medienpädagogik setzt sich mit der Bedeutung der Medien im Bildungsprozess auseinander und umfasst alle Bereiche, in denen Medien für die Entwicklung des Menschen, für die Erziehung, für die Aus- und Weiterbildung von Bedeutung sind (siehe Kron & Sofos (2003).

Ansätze der Medienpädagogik

Das Verständnis von Medienpädagogik hat sich im Verlauf des letzten Jahrhunderts gewandelt und lässt sich vier Ansätzen zuordnen:

- **Beschützend – wertevermittelnde Medienpädagogik**

Die Medien werden kritisch hinterfragt und die Erzieherin versteht sich als Beschützerin und Wertevermittlerin. Das Kind soll vor negativen Einflüssen bewahrt werden. Das Medienangebot wird unter ethisch-moralischen Gesichtpunkten bewertet.

- **Gesellschaftskritische Medienpädagogik**

Die Medien werden kritisch als Manipulationsinstrumente gesehen, denen Kinder und Jugendliche passiv ausgesetzt sind.

- **Medienpädagogik zur Bildungsvermittlung**

Im Mittelpunkt steht die Nutzung der Medienvielfalt für die Entwicklung und Verbreitung von Bildungsinhalten (z. B. Unterrichtsmedien, E-Learning, Telekolleg).

- **Handlungsorientierte Medienpädagogik**

Die Kompetenzen der Mediennutzer werden gezielt aufgebaut, um eine effektive, verantwortungsvolle Mediennutzung zu erreichen.

Für den erzieherischen Bereich führt die Auseinandersetzung mit den Medien zu folgenden Fragestellungen:

Mediendidaktik

Wie kann die Erzieherin die Medien sinnvoll einsetzen, um Erziehungs- und Lernprozesse zu gestalten? Die Medien werden als Lehr- und Arbeitsmittel wie Modelle, Filme, Arbeitsblätter genutzt. So werden im Telekolleg Fernsehsendungen, Lehrbuch und Unterrichtseinheiten miteinander verknüpft, um beispielsweise Schulabschlüsse zu vermitteln.

Medienerziehung

Wie kann das Kind / der Jugendliche dazu befähigt werden, die Medien kritisch-reflexiv zu nutzen? Dabei soll die Medienkompetenz des Kindes durch die Erzieherin systematisch entwickelt werden.

Medienkompetenz

Über welche Fähigkeiten zum optimalen Umgang mit den Medien sollte der Mediennutzer verfügen?

6.10.1 Ziele und Methoden

Medien dienen der Informationsvermittlung; insbesondere die Massenmedien stellen die Kommunikation zwischen verschiedenen Gruppen (z. B. Politiker – Bürger, Interessensvertreter, Bürgerinitiativen ...) sicher.

Medien führen zur Meinungs- und Willensbildung und beeinflussen dadurch individuelle Entscheidungen

Medien geben die Plattform für einen Informationsaustausch zwischen verschiedenen gesellschaftlichen Gruppen (z. B. Nachrichten, Leserbriefe, Chat-Room)

Kinder und Jugendliche sollen zu einem sachgerechten und selbstbestimmten, kreativen und sozialverantwortlichen Handeln in einer von Medien durchdrungenen Welt befähigt werden (Tulodziecki 1992).

Die Medienerziehung verfolgt folgende Ziele:

Kinder und Jugendliche sollen ...

- ... die Medieninhalte und ihre Medienerfahrungen be- und verarbeiten;
- ... die Wirkung der Medien auf die eigene Person erkennen;
- ... ihre Nutzungsgewohnheiten kritisch hinterfragen;
- ... Regeln zum Umgang mit den Medien entwickeln;
- ... Medien zur Befriedigung eigener Bedürfnisse einsetzen und Handlungsalternativen zur Mediennutzung kennen lernen;
- ...Verfahren der Mediengestaltung verstehen und bewerten;
- ...Bedingungen der Medienproduktion und -verbreitung kritisch bewerten

Angebote im Vorschulbereich

Die Erzieherinnen sollten ein medienpädagogisches Konzept entwickeln, das in ihrer pädagogischen Arbeit kontinuierlich zum Ausdruck kommt. Die Medienerfahrungen der Kinder werden zum Ausgangspunkt für Einzel- und Gruppengespräche oder führen zu Projekten. Die Medienerlebnisse der Kinder, die im Rollenspiel, in Gesprächen, in Verhaltensmustern deutlich werden, werden von den Erzieherinnen aufgegriffen.

Darüber hinaus gibt die Erzieherin den Kindern Anregungen, Erfahrungen im Umgang mit Medien zu sammeln, indem sie zum kindgerechten, kreativen Umgang mit Medien angeregt werden. Die gestalterischen, kreativen Elemente der Aktivitäten mit Medien sollten von der Erzieherin genutzt werden.

Die Auseinandersetzung mit den Medien sollte zur Erarbeitung von Nutzungsregeln führen, die den Aufbau von angemessenen Gewohnheiten der Mediennutzung beiträgt.

Angebote im Schulkindalter

Mit Schulkindern ist die Durchführung von Medienprojekten sinnvoll. Die Projekte können von der Auseinandersetzung mit der Mediengestaltung (beispielsweise Darstellungsformen, Codierung über Sprache und Bilder, Ablaufstrukturen) bis zur eigenen Nutzung der Medien bei der Gestaltung von Zeitungen, Hörspielen, Videoaufzeichnungen reichen.

Angebote im Jugendalter

Jugendliche verfügen in der Regel über gute Kenntnisse in der Mediennutzung. Sie haben, abhängig von den Gewohnheiten der Mediennutzung, vielseitige technische Kompetenzen.

Die Angebote für Jugendliche bestehen nicht nur in der Bereitstellung von Zugangsmöglichkeiten zu den Medien und Verbesserung im Umgang mit den Medien (z. B. Internet-Kurse) bestehen, sondern sollten die kritische Auseinandersetzung mit den Inhalten und Botschaften der Medien sowie mit den eigenen Nutzungsgewohnheiten umfassen. Dazu dienen offene Gesprächsangebote, Informationsveranstaltungen für Jugendliche und Eltern, gezielte Projekte z. B. in Kooperation mit Medienanbietern (z. B. offener Kanal). In den sozialpädagogischen Einrichtungen können Arbeitsgemeinschaften initiiert werden, die sich mit Inhalten wie Webseitengestaltung, Video-AG, Computerspiele auseinandersetzen.

6.10.2 Mediennutzung und -wirkung

Zahlreiche Studien beschäftigen sich mit der Mediennutzung und Medienwirkung. Zum einen geht man von der Frage aus, wie gehen Medien mit den Medien um (Forschung zur Mediennutzung), und zum anderen wird untersucht, welche Wirkung die Medien auf den Konsumenten hat.

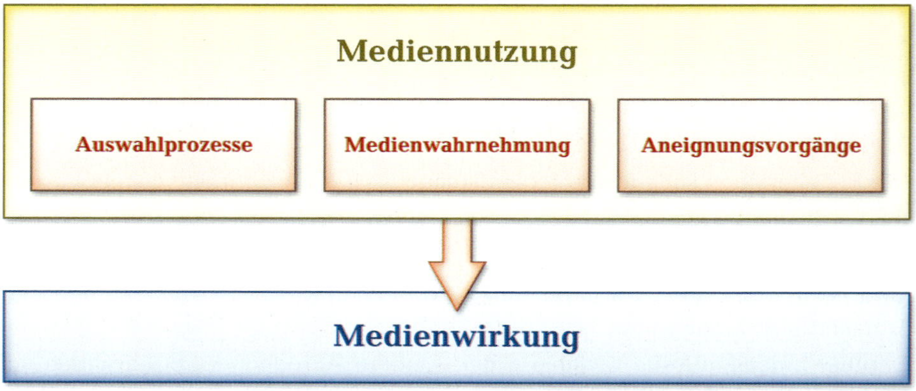

Mediennutzung

Die Mediennutzer handeln in der Regel zielorientiert und wählen jene Medien aus, die zur individuellen Befriedigung von Wünschen und Bedürfnissen beitragen. Die regelmäßige Nutzung bestimmter Medien führt zum Aufbau von Nutzungsgewohnheiten, die recht dauerhaft den Tagesablauf beeinflussen können. Werden Fernsehkonsumenten befragt, welche Motive ihr Sehverhalten steuern, werden folgende Antworten gegeben: Ablenkung, Entspannung, Gewohnheit, Spannung, Zeitfüller, Information, Einsamkeit. Bei Kindern und Jugendlichen ist auch die Altersgruppe für die Auswahl der Medien bedeutsam. Bisweilen besteht ein gewisser Gruppendruck, bestimmte Medien zu nutzen, um in der Gruppe akzeptiert zu sein.

Medien begleiten den Alltag mehr oder weniger bewusst, wie das Tagesprotokoll von Sarah (9 Jahre) verdeutlicht.

Tagesprotokoll

Zeitraum	Tätigkeit	Begleitende Medien
06.30	Aufstehen	Musik (Kassettenrecorder)
06.30 - 06.45	Waschen, anziehen	
06.45 - 07.00	Frühstücken	Musik (Radio)
07.00 - 07.15	Schultasche kontrollieren, anziehen	Musik (Radio)
07.15 - 07.45	Weg zur Schule	Musik (mp3-Player)
07.45 - 08.00	Gespräch mit Klassenkameradinnen	
08.00 - 12.15	Unterricht	Unterrichtsmedien (Bücher, Schaubilder, Tonträger, Video, Film)
12.15 - 12.45	Heimweg	Musik (mp3-Player)
12.45 - 13.00	Mithilfe im Haushalt	Musik (Radio)
13.00 - 13.30	Essen abräumen	Musik (Radio)
13.30 - 14.30	Ausruhen, spielen	Video, Comedy (Fernseher)
14.30 - 16.00	Schriftliche Hausaufgaben	Schulbücher, Musik (CD-Player)
16.00 - 18.00	Freundinnen treffen, spielen	Playstation, Video (Computer, Fernseher)
18.00 - 18.30	Abendessen	Comedy (Fernseher)
18.30 - 19.00	Mündliche Hausaufgaben	
19.00 - 20.30	Freizeit (lesen, spielen)	Musik (CD-Player)
20.30 - 21.00	Ausziehen, waschen	Musik (CD-Player)
21.00	Einschlafen	

Eine Analyse der Mediennutzung zeigt, dass sich die Nutzung der verschiedenen Medienarten verändert. Der Tagesverlauf gliedert sich in drei Phasen, die etwa gleich lang sind: Arbeit – Schlafen – Freizeit. Die Gestaltung des Freizeitbereichs wird überwiegend durch Medien bestimmt.

Probleme der Mediennutzung:

Überreizung im optischen und akustischen Bereich: Die Aufmerksamkeit und Ausdauer wird durch die Reizüberflutung, der ständige Wechsel von Sinneseindrücken (z. B. zappen) stark herabgesetzt. Die optische Wirkung ist wichtiger als der Inhalt.

Vermischung von Realität und Inszenierung: Für den Mediennutzer wird es aufgrund der technischen Gestaltungsmöglichkeiten immer schwieriger zwischen der Realität und der Medienwelt, zwischen Information und Manipulation, Ereignis und Inszenierung zu differenzieren.

Kontaktarmut: Soziale Erfahrungen werden eingeschränkt (z. B. ist in jedem Zimmer ein Fernsehgerät entfällt die Auseinandersetzung darüber, was gesehen wird; jeder sieht, was er will).

Abstumpfungseffekt: Die Vielzahl von Emotionen, die von den Medien gezielt ausgelöst werden, führen langfristig zu einer Gewöhnung an diese Reize und zur Abstumpfung gegenüber den emotional besetzten Situationen (z. B. Gewalt, Misshandlung, Krieg).

Chancen der Mediennutzung:

Die Bundeszentrale für gesundheitliche Aufklärung empfiehlt, dass der tägliche Fernsehkonsum bei Vorschulkindern 30 Minuten, bei sechs bis achtjährigen Kindern 60 Minuten und bei älteren Grundschulkindern 90 Minuten nicht überschreitet.

Bei der Auswahl von Sendungen sollten unter dem Gesichtspunkt des Jugendschutzes folgende Kriterien beachtet werden und folgende Darstellungsformen vermieden werden:

Problematische Inhalte

- Darstellung von Problemsituationen, die für den Altersbereich unverständlich sind und die Kinder überfordern
- angstauslösende Situationen
- Gewaltdarstellungen bzw. gewaltverherrlichende Szenen
- Wecken von Konsumwünschen
- Aufbau von Vorurteilen

Gewaltdarstellungen in Medien (Fernsehen, Video, Computerspiele)

Für Kinder und Jugendliche üben Gewaltdarstellungen einen besonderen Anreiz aus. Da das Ansehen solcher Inhalte in der Gesellschaft verpönt ist, werden die Filme und Spiele heimlich konsumiert, so dass erzieherische Maßnahmen nicht möglich sind. Einen starken Einfluss auf den Konsum von Gewaltdarstellungen übt die Gruppe der Gleichaltrigen aus. Das Ansehen und das Aushalten brutaler Gewaltszenen werden in der Gruppe zur Mutprobe. Um mit den anderen mithalten und mitsprechen zu können, kann sich der Jugendliche dem Gruppendruck kaum entziehen.

Der Konsum von Gewaltdarstellungen (z. B. in Horrorvideos) löst Ängste aus, die von den Jugendlichen als prickelnder Spannungszustand („Angstlust") empfunden wird. Das Bedürfnis nach Abenteuer, Spannung, Nervenkitzel wird durch Gewaltdarstellungen fehlgeleitet und auf fragwürdige Weise scheinbar befriedigt.

Einstellungsveränderungen

In den Gewaltdarstellungen werden folgende problematische Einstellungen vermittelt:

- Gewalt ist anonym
- Gewalthandlungen machen Spaß
- Gewalt benötigt keine erkennbaren Motive bzw. Auslöser
- Gewaltdarstellungen sind lustvoll
- Gewalt geht von Personen aus (z. B. Außerirdische, Zombies), die für ihr Handeln nicht zur Rechenschaft gezogen werden

Auswirkungen

Kommt es zu einem dauerhaften, extremen Konsum von Gewaltdarstellungen sind folgende Auswirkungen zu beobachten:

- Angst
- Schlafstörungen (Alpträume)
- Aggressionen / erhöhte Gewaltbereitschaft
- Abstumpfung gegenüber realen Gewalthandlungen
- fehlendes Mitgefühl mit Gewaltopfern
- Entwicklung fragwürdiger Werthaltungen
- fehlgeleitete Moralentwicklung

Besonders der Einfluss auf Einstellungen und Moralvorstellungen ist problematisch, da die Entwicklung des Gewissens und der Wertvorstellungen noch nicht abgeschlossen ist. Brutale Gewalt wird beispielsweise zum erlaubten Mittel, um seine Ziele zu erreichen, Gegenüber Mitmenschen werden Vorurteile als Grundhaltung für einen geringschätzenden Umgang aufgebaut.

Erklärungsansätze

Zur Erklärung der Auswirkungen von Gewaltdarstellungen im Kino, Fernsehen oder Büchern werden folgende theoretischen Ansätze angeboten:

Stimulationsansatz: Die Gewaltdarstellung regt zum Nachahmen an. Die Gewaltdarstellung hat einen enthemmenden Effekt und der Mediennutzer zeigt ebenfalls die in den Medien dargestellte Gewalt.

Katharsisansatz: Das Ansehen von Gewaltdarstellungen hat eine reinigende Wirkung. Der Konsument baut durch das Betrachten der Gewaltszenen eigene Aggressionen ab. Dieser Ansatz gilt durch zahlreiche Forschungsergebnisse als widerlegt.

Habitualisierungsansatz: Werden Gewaltdarstellungen häufig konsumiert, dann treten Abstumpfungseffekte auf. Der Konsument gewöhnt sich an die Gewaltszenen und reagiert selbst gleichgültig in realen Gewaltsituationen. Er akzeptiert die Ausübung von Gewalt als normales Verhalten.

Medium Computer

Eine zentrale Bedeutung in der Medienvielfalt nimmt inzwischen der Computer ein. Nahezu alle Möglichkeiten der Mediennutzung ermöglicht der Computer. Spielprogramme machen den PC zum unerschöpflichen Spielautomaten, der keine Wünsche offen lässt. Von Strategiespielen (z. B. Schachcomputer) bis hin zu interaktiven, Gewalt verherrlichenden Spielprogrammen reicht das Angebot. Die Vernetzung mit anderen Computern erlaubt es, in der Gruppe mit- und gegeneinander zu spielen.

Das Internet ist eine universelle Datenbank, die den Zugang zu einer unerschöpflichen Informationsmenge ermöglicht. Über Internetsuchmaschinen sind in kürzester Zeit Informationen verfügbar. Der Nutzer hat das Problem, die Stimmigkeit und Korrektheit der Informationen zu bewerten. Jeder kann unkontrolliert Informationen im Internet veröffentlichen.

Über das Internet können auch Kontakte geknüpft und Beziehungen gepflegt werden. Der Computer wird zum Kommunikationsmittel, über das Gespräche und Bildinformationen preisgünstig abgewickelt werden. Das Versenden von E-mails hat in vielen Bereichen den Brief abgelöst. Die Schnelligkeit der Informationsweitergabe, die nahezu unbegrenzt übermittelbare Datenmenge sowie die Möglichkeit, mit den zugesandten Dateien weiterarbeiten zu können, werden im Beruf immer wichtiger.

Der Computer wird zum Arbeitsmittel, das beispielsweise zur Textgestaltung, Bildbearbeitung, Berechnung oder Informationsübermittlung und -verwaltung dient, und aus dem beruflichen Alltag nicht mehr wegzudenken ist. Die effektive und effiziente Nutzung des Computers ist inzwischen zu einer Basiskompetenz geworden, die im gesellschaftlichen und beruflichen Leben von zentraler Bedeutung ist.

Medienwirkung

Die Medienwirkung umfasst nicht nur die kognitiven, emotionale und verhaltensbezogenen Effekte der Medien sondern berücksichtigt auch motivationale Elemente.

Emotionen:

Unangenehme Gefühle wie Angst, Schrecken, Abscheu oder Wut können durch den Medienkonsum ausgelöst werden. Aber auch angenehme Gefühle wie Sympathie, Zuneigung, Freude und Entspannung kann die Mediennutzung bewirken.

Motivation:

Durch die Medieninhalte kann das Interesse für bestimmte Sachverhalte geweckt und damit Handlungsbereitschaft (z. B. Engagement für soziale Zwecke, Spendenbereitschaft) bewirkt werden. Aber auch die Gewaltbereitschaft und Aggressionshandlungen werden durch Medieninhalte beeinflusst. Unterschwellig löst die Werbung Stimmungen aus bzw. weckt Bedürfnisse und Wünsche.

Kognitionen:

Einstellungen (z. B. Vorurteile) werden durch die Medien, die meinungsbildend sind, aufgebaut und verändert. Wie Untersuchungen zeigen, verstärken die Medien bereits bestehende Meinungen und Einstellungen. Zu den wichtigen kognitiven Wirkungen gehört die Wissensvermittlung (z. B. Dokumentarsendungen, Telekolleg, Fernstudiengänge, Bildungsangebote). Die Medien beeinflussen im erheblichen Umfang den Sprachgebrauch und den passiven Wortschatz.

Verhalten:

Die Medien aktivieren, steuern und hemmen Verhaltensweisen. So wird das Kaufverhalten gezielt durch Werbung in den verschiedenen Medien angeregt und das Interesse an den Produkten systematisch aufgebaut. Das Freizeitverhalten von Kindern und Jugendlichen (z. B. Kinobesuche, gemeinsame Computerspiele, Internetnutzung) orientiert sich in vielfältiger Weise an den medialen Angeboten.

Soziale Kontakte:

Die Wirkung der Medien im sozialen Bereich ist recht unterschiedlich. Zum einen ermöglichen sie neue Formen von Gemeinschaftserlebnissen (z. B. Spielaktivitäten im Internet mit weltweit vernetzten Spielpartnern, Teilhabe an Großveranstaltungen), andererseits geht der unmittelbare, reale Kontakt zum Kommunikationspartner verloren. Die Kontaktmöglichkeiten innerhalb und außerhalb der Familie werden weniger genutzt. Die Isolation des Einzelnen und seine Vereinsamung nimmt zu. An die Stelle persönlicher Kontakte treten anonymisierte Beziehungen. So chatten Personen im Internet miteinander, die sich vermeintlich kennen (siehe Karikatur).

Altersabhängige Medienverarbeitung

Die nachfolgende Übersicht bezieht die Medienwahrnehmung und Medienwirkung auf die unterschiedlichen Altersbereiche:

Altersbereich	Medienwahrnehmung	Medienwirkung	Medium
Pränataler Bereich	Akustische Reize werden wahrgenommen (z. B. Musik, Sprache);	Akustische Reizmuster werden wieder erkannt und führen zu physiologischen Reaktionen (z. B. Beruhigung) und Interesse (Neugierverhalten);	Hörmedien
0 - 3 Jahre	Keine Unterscheidung zwischen Medienwirklichkeit und Realität; ganzheitliche Wahrnehmung; Details werden weniger beachtet; im 1. Jahr: Starke Reaktionen auf Geräusche; im 2. und 3. Jahr sind besonders visuelle Handlungsabläufe interessant;	Übertragung der Medienwelt auf die Spielsituation; Nachahmen von Personen und Tieren;	Hör- und Printmedien
3 - 6 Jahre	Abhängig von der Erfahrung des Kindes wird zwischen der Medienwelt und der Realität differenziert; Zeit- und Raumsprünge, Vor- und Rückblenden werden nicht verstanden; mehrere parallel ablaufende Handlungsstränge bleiben unverbunden; besonders stark wird auf hohes Tempo von Abläufen reagiert; kurze Handlungsabläufe können verfolgt werden;	Das noch geringe Umweltwissen erschwert das Verstehen der Medieninhalte; das Kind glaubt, was es sieht; neben äußeren Kennzeichen von Personen und Abläufen werden auch Gefühle und Handlungsintentionen erkannt; bestehen bereits eigene Erfahrungen, wird z. B. das im Fernsehen Gesehene mit der Selbsterfahrung verknüpft;	Fernsehen, Hörmedien, Printmedien
6 - 10 Jahre	Inhalte und Abläufe werden verstanden, wenn sie gradlinig aufgebaut sind; Zeitsprünge und Situationswechsel werden nur zum Teil nachvollzogen;	Abläufe können strukturiert und Elemente nach ihrer Wichtigkeit beurteilt werden; verschiedene Perspektiven können eingenommen werden; zwischen realen und gezeichneten Figuren wird unterschieden;	Fernsehen, Hör- und Printmedien, Computer
10 - 13 Jahre	Kind unterscheidet verschiedene Ebenen: Inhalt und Darstellung; Perspektivenwechsel in der Darstellung wird gut nachvollzogen; sichere Unterscheidung zwischen Realität und Fiktion;	Übertragung von Mediensituationen (z. B. Problembearbeitung, Lösungen) auf die eigene Situation erfolgt, wenn ein direkter Transfer gegeben ist;	Fernsehen, Computer, Handy, Hör- und Printmedien
ab 13 Jahre	Komplexe Strukturen, Abläufe werden verstanden;	Kritische Bewertung von Medieninhalten (z. B. Realitätsnähe);	

Zur Optimierung der Medienwirkung koordiniert die Medienwirtschaft ihre Vorgehensweise im **Medienverbund**; d.h. der Werbeträger (z. B. eine Comic-Figur) wird umfassend vermarktet, so dass er in vielen Bereichen des täglichen Lebens wieder zu finden ist.

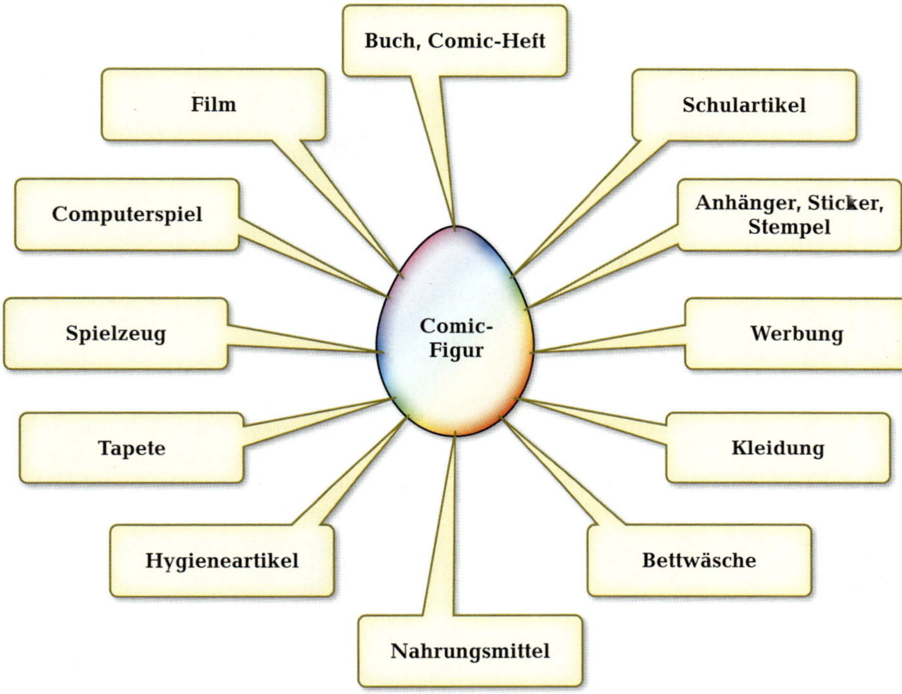

Medienverbund (vgl. Helbig u.a. 2001, Seite 153)

Die Werbestrategen gehen systematisch vor, um den Werbeträger (z. B. Comic-Figur) zunächst in der Zielgruppe bekannt zu machen. Parallel dazu werden Strategien zur gezielten Vermarktung der Produkte entwickelt, um den Bekanntheitsgrad des Werbeträgers zu steigern und wirtschaftlich zu nutzen, indem Vermarktungsrechte verkauft werden.

Theorien zur Medienwirkung

Zur Medienwirkung unterscheiden Böcher & Koch (1998) folgende theoretischen Ansätze:

Reiz-Reaktions-Modell (einfache Lerntheorie): Die Medien setzen gezielt Reize, um das Verhalten des Individuums in die gewünschte Richtung zu beeinflussen. Die Stärke der Reize, die Anzahl von Wiederholungen der Reiz-Reaktions-Verbindungen und die Auswahl des Massenmediums bestimmen den Wirkungsgrad.

Zweistufenfluss der Kommunikation: Die Wirkung der Massenmedien bezieht sich zunächst auf die Meinungsführer der Zielgruppe. Die Meinungsführer beeinflussen im nächsten Schritt die eher passive Mehrheit, die sich in ihrem Verhalten an den Meinungsführern orientiert. In bestimmten Bereichen sind die Erzieherinnen Meinungsführer (z. B. Auswahl von Spielen und Büchern, Erziehungshaltungen). Sollen die Eltern erreicht werden, so kann es sinnvoll sein, zunächst die Erzieherin zu überzeugen.

Nutzenansatz: Der Mediennutzer mit seinen Wünschen, Interessen und Bedürfnissen entscheidet aktiv und selbstbestimmt über die Auswahl aus der Medienvielfalt. Für den Medienanbieter ergeben sich daraus zwei Konsequenzen: zum einen sind die Bedürfnisse der Medienkonsumenten zu erforschen, um das Medienangebot exakt auf die Zielgruppe abstimmen zu können; zum anderen werden bei neuen Angeboten durch gezielte Werbung die Bedürfnisse der Konsumenten erst geweckt.

Thematisierungsansatz: Aus der Informationsmenge werden von den Medienanbietern und -gestaltern bestimmte Themen ausgewählt, über die häufig berichtet wird. Die ständige Auseinandersetzung mit diesen Themen führt langfristig zu einer recht stabilen Beeinflussung des Mediennutzers.

Ansatz zur Wirklichkeitskonstruktion: Der Mediennutzer integriert die Informationen, die er über die Medien erhält, in seine eigene Auffassung über die Wirklichkeit. Die Wirkung der Medien ist vor allem dann gegeben, wenn Medienangebote unkritisch und häufig konsumiert werden. Die Einstellungen und das vermeintliche Wissen werden von den Medien bestimmt. Eigene Erfahrungen werden durch Informationen aus zweiter Hand ersetzt.

Wissenskluft-Hypothese: Die Auswahl und die Nutzung des Medienangebots sind von Persönlichkeitsmerkmalen des Konsumenten abhängig. Studien belegen den Zusammenhang zwischen der Schichtzugehörigkeit und der Mediennutzung. Die Wissensunterschiede zwischen verschiedenen Bevölkerungsgruppen nehmen durch das unterschiedliche Nutzungsverhalten zu.

6.10.3 Medienfunktionen

Geschlechtsspezifische Sozialisation:

Die Nutzung zeigt unterschiedliche Vorlieben bei Jungen und Mädchen. Während Mädchen gefühlsbezogene Beziehungsgeschichten bevorzugen, präferieren die Jungen handlungsbezogene Aktionsdarstellungen. Geschlechtsbezogene Klischees werden in den Medien gepflegt (z. B. Werbung) und Rollen werden vermittelt.

Psychische Funktionen: Identifikation mit Helden kann das Selbstbewusstsein und das Selbstvertrauen stärken. So können die Medien nicht nur Ängste aufbauen (z. B. Horrorfilme, Gewaltdarstellungen) sowohl auch dazu beitragen, Ängste zu bewältigen bzw. zu vermindern. Die Unterhaltungsfunktion der Medien ermöglicht Entspannung und Ablenkung.

Soziale Funktionen: Medien können Modelle der Konfliktbewältigung sein. Der Computer ist ein vielseitiges Werkzeug, das auch soziale Funktionen erfüllen kann:

- Gestaltungswerkzeug (Schrift und Grafik)
- Lernhilfe (Lern- und Übungsprogramme, Veranschaulichung ...)
- Kommunikation (e-mail, chatten ...)
- Informationsgewinnung (Internet ...)
- Entspannung (Computerspiele ...)

Gesellschaftliche Funktionen: Die Medien haben in der Gesellschaft eine Kontrollfunktion. Über das Handeln von Menschen, Entscheidungsträgern oder Organisationen wird in den Medien berichtet, so dass durch die Medien beispielsweise eine kritische Auseinandersetzung mit Verhaltensweisen und Entscheidungen von Verantwortungsträgern ermöglicht werden.

6.10.4 Medienkompetenz

Unter Medienkompetenz wird das Hinführen zu einem verantwortungsbewussten Umgang mit den bestehenden und zukünftigen Medien verstanden, um eine angemessene Kommunikationskultur aufzubauen (Maier 1998). Die internationale Bezeichnung für Medienkompetenz lautet Medialiteracy. Medienkompetenz geht über das reine Faktenwissen (z. B. Wie nutze ich ein PC-Programm) hinaus und beinhaltet die Fähigkeit, mit Wissen umzugehen, es zu übertragen und weiterzuentwickeln. Die sich schnell verändernde Medienlandschaft mit neuen Medien erfordert eine lebenslange Auseinandersetzung mit den Möglichkeiten und der Nutzung des Medienangebots.

Nach Baacke (1997) beinhaltet die Medienkompetenz vier Dimensionen:

- **Medienkunde**

  Die Medienkunde umfasst sowohl den Wissenserwerb über Medien und Mediensysteme (z. B. Programmaufbau, Gestaltungsmittel, journalistische Arbeitsweisen) als auch die Fähigkeit zur Handhabung und Gestaltung von Medien.

- **Medienkritik**

  Sie bezieht sich auf die Fähigkeit, die Medienangebote im Hinblick auf Inhalte, Gestaltungsmittel, ethische Aspekte kritisch zu hinterfragen.

- **Mediennutzung**

  Die aktive Auseinandersetzung mit den Medien, die selbstbestimmte Nutzung und die Beherrschung der technischen Möglichkeiten als Mediennutzer sowie die interaktive Möglichkeiten der Medien (z. B. Tele-Shopping) stehen im Mittelpunkt.

- **Mediengestaltung**

  Die Medien bieten dem Nutzer die Möglichkeit, eigene Ideen kreativ und innovativ zu verwirklichen. Die Medien werden zu einer Ausdrucksform der eigenen Persönlichkeit.

Pöttinger (1997) unterteilt die Medienkompetenz in drei Bereiche, denen sie verschiedene Fähigkeiten zuordnet:

Wahrnehmungskompetenz

Die *Strukturierungsfähigkeit* der Kinder und der Jugendlichen soll sie befähigen, ästhetische Formen zu erkennen und zu verstehen.

Die *Interpretationsfähigkeit* ist die Grundlage für das Verstehen und die Interpretation von Handlungsabläufen und Medienformen.

Mit Hilfe der *Differenzierungsfähigkeit* soll zwischen der Realität und der medialen fiktiven Wirklichkeit von Personen und Situationen unterschieden werden.

Nutzungskompetenz

Die *Steuerungsfähigkeit* dient dem Selbstschutz vor zu starken Medieneinflüssen und der gezielten Beeinflussung von Stimmungen.

Die *Auswahlfähigkeit* beinhaltet die bedürfnis- und interessenbezogene Entscheidung zwischen verschiedenen Medienangeboten.

Die *Kommunikationsfähigkeit* wird im Austausch der Medienerfahrungen (Inhalte, Gefühle, Gestaltungsmittel) zwischen den Mediennutzern deutlich.

Handlungskompetenz

Die *Produktionsfähigkeit* umfasst das Wissen über die Arbeitsweise in den Medien und deren Verbreitung.

Die *Gestaltungsfähigkeit* zeigt sich im kritischen Umgang mit den Medien und dem gestalterischen Umgang mit ihnen.

Die *Veröffentlichungsfähigkeit* ermöglicht die Medien als individuelle Ausdrucksmöglichkeit zu nutzen und mit anderen zu kommunizieren.

6.10.5 Elternarbeit zur Mediennutzung

Die Eltern haben eine wichtige Vorbildwirkung für die Mediennutzung von Kindern und Jugendlichen. Im Alltag der Familie erlebt das Kind, wie Medien den Alltag begleiten (z. B. Radio als Hintergrundmusik bei häuslichen Arbeiten, Musik/Radio bei der Hausaufgabenerledigung) und wie Medien den Tagesablauf bestimmen (regelmäßiges Sehen von Fernsehserien; Abendessen während der Nachrichtensendung; Musik als Wecker am Morgen). Bedingt durch die Lebenssituation der Eltern, die beispielsweise als Alleinerziehende berufstätig sind oder im Schichtdienst bis zum späten Abend arbeiten, gestalten zahlreiche Kinder ihre Freizeit selbst. Dabei dominiert in vielen Familien der unkontrollierte und übermäßige Medienkonsum. Die Medien ermöglichen den Kindern und Jugendlichen Rückzug und Entspannung, sie geben die Möglichkeit Bedürfnisse zu befriedigen, spielen eine heile Welt voller Harmonie vor und geben eine bisweilen fragwürdige Orientierungshilfe. **Medien werden zu einem problematischen Elternersatz.**

Die Werthaltungen der Eltern gegenüber den Medien kommen in den **medienpädagogischen Einstellungen und Überzeugungen** zum Ausdruck. Die Einstellungen können von einer Ablehnung bestimmter Medien (z. B. Fernsehen, Internet) bis zu einer unkritischen Medienkonsumhaltung reichen.

Die Erzieherinnen, die in den Einrichtungen mit den Auswirkungen des Medienkonsums tagtäglich konfrontiert werden, müssen im Rahmen der Elternarbeit die medienpädagogische Zusammenarbeit initiieren. Eine belehrende Grundhaltung ist zu vermeiden, um **mit den Eltern in einem offenen, partnerschaftlichen Dialog die medienpädagogischen Vorstellungen zu erörtern**.

So könnte ein klassischer Elternabend zur kritischen Auseinandersetzung mit den Medien führen. Im Mittelpunkt des Themas „Fernsehen – die heimliche Erzieherin" oder „Medienkinder" sollten die altersbezogene Medienwirkung und die sinnvolle Mediennutzung stehen. Andere Formen der Elternarbeit (z. B. Workshops zum Thema Video, Internet) könnten gezielt zur Optimierung der Mediennutzung beitragen.

Auf den Punkt gebracht

Der Einfluss der Medien auf das Verhalten des Menschen und die Nutzung der Medien im privaten und beruflichen Alltag gewinnen immer mehr an Bedeutung. Die Medienpädagogik setzt sich mit den erzieherischen Fragestellungen und Problemen auseinander, die sich aus dem Medienangebot, der Mediennutzung und Medienwirkung ergeben.

Im Rahmen der Medienerziehung sollen Kinder und Jugendliche zum sachgerechten und selbstbestimmten Umgang mit den Medien befähigt werden. Die Probleme und Chancen der Mediennutzung sollten den Mediennutzern bewusst werden, um einen effektiven und kritischer Umgang mit den Medien aufzubauen. Dazu werden pädagogische Angebote für die unterschiedlichen Altersgruppen entwickelt. Eine zentrale Bedeutung in der Medienvielfalt stellt der PC dar, da über den Computer nahezu alle Möglichkeiten der Medien von der gezielten Informationssuche bis zur Unterhaltung im Spiel gegeben sind.

Die Wirkung der Medien bezieht sich auf den emotionalen, kognitiven, sozialen und motivationalen Bereich. Die Verarbeitung der Medieninhalte ist vom Entwicklungsstand des Kindes bzw. Jugendlichen (z. B. Wahrnehmungsfähigkeit, Intelligenz, Wissen, Erfahrungshintergrund) abhängig. Die individuelle Entwicklung wird durch Medienvorbilder, die bestimmte Persönlichkeitsmerkmale und Handlungsmuster aufweisen, beeinflusst.

Zum verantwortungsbewussten Umgang mit den Medien soll die Medienkompetenz entwickelt werden. Die Medienkompetenz bezieht sich auf die Wahrnehmungs-, Nutzungs- und Handlungsebene.

Aufgaben

1. Erläutern Sie die Aufgaben der Medienpädagogik für die verschiedenen Altersstufen.
2. Stellen Sie die Bedeutung der Medien für den Jugendlichen dar. Veranschaulichen Sie Ihre Aussagen.
3. Entwickeln Sie ein Konzept zur Durchführung eines Elternabends zum Thema „Medien – Möglichkeiten und Gefahren" in einer Kindertagesstätte bzw. einem Hort.
4. Die Eltern wünschen die Einrichtung einer Computer-Ecke in einer Kindertagesstätte. Einige Eltern sind bereit, PCs zu spenden. Setzen Sie sich mit dem Vorschlag der Eltern kritisch auseinander. Stellen Sie Vor- und Nachteile gegenüber und entwickeln Sie eine gemeinsame Position des Teams gegenüber den Eltern.

7 Gruppenpädagogik

Maren besucht seit einem halben Jahr die Fachschule, um Erzieherin zu werden. In der Klasse kannte sie keine Mitschülerin und sie verhielt sich zunächst abwartend und war mit ihren Äußerungen vorsichtig. Die Wahl einer Klassensprecherin gestaltete sich äußerst schwierig. Niemand wollte dieses Amt übernehmen und erst durch die eindringlichen Bitten der Klassenleiterin, die an soziale Verantwortung des Einzelnen für die Gruppe appellierte, waren einige bereit, sich zur Wahl zu stellen. Der einzige Junge in der Klasse erhielt die meisten Stimmen und wurde Klassensprecher. Als in der letzten Woche eine Studienfahrt geplant wurde, kam es zu heftigen, emotionalen Auseinandersetzungen und persönlichen Angriffen. Den Vorschlag einiger, nach Italien zu fahren, fand Maren zwar toll aber unerschwinglich teuer. Als sie ihre Bedenken äußerte, hielt ihr Sandra vor: „Wenn du das Rauchen aufgibst, dann hast du im nächsten Jahr genug Geld, um nach Italien zu fahren." In der Klasse bildeten sich verschiedene Untergruppen, die an ihren Reisezielen vehement fest hielten und sich nicht auf ein gemeinsames Ziel einigen wollten. Maren hatte von ihrer Klasse die Nase gestrichen voll, keine Lust mehr auf eine Klassenfahrt und das mit Sandra war auch noch nicht vergessen.

Der Einzelne ist immer auch als Teil von sozialen Systemen zu sehen (Klasse, Familie, Clique). Das Individuum als Mitglied verschiedener Gruppen entwickelt sich in seiner Persönlichkeit in einer permanenten Wechselwirkung mit den jeweiligen Gruppen, sodass die Gruppe als zentrales Erfahrungsfeld von der Erzieherin beachtet und im sozialpädagogischen Handeln berücksichtigt werden muss.

Im folgenden Kapitel werden die Gruppen und ihre Bedeutung für das Individuum unter folgenden Gesichtspunkten analysiert:

Die Gruppe als soziales System und Handlungsfeld	→	Gruppenmerkmale
Die Stellung des Einzelnen in den sozialen Systemen	→	Gruppenstrukturen
Die Entwicklung der Gruppe und die Gruppenprozesse	→	Gruppenphasen und Gruppendynamik
Die sozialpädagogische Arbeit der Erzieherin mit Gruppen	→	gruppenpädagogische Prinzipien

7 Gruppenpädagogik

7.1 Gruppenmerkmale

Die in der Fachliteratur verwendeten Definitionen einer Gruppe stimmen in folgenden Merkmalen überein:

Definition

> Eine Gruppe setzt sich aus mindestens zwei miteinander in Beziehung stehenden Personen zusammen, die
>
> - gemeinsame Ziele verfolgen,
> - gemeinsame Normen und Wertvorstellungen entwickeln,
> - erkennbare Rollenbeziehungen zueinander aufweisen,
> - sich als zusammengehörig (Wir-Gefühl) miteinander verbunden fühlen
>
> und sich damit von anderen Personen bzw. Gruppen abgrenzen.

Gruppen können nach unterschiedlichen Gesichtspunkten klassifiziert werden. Die wichtigsten Einteilungsaspekte werden in der nachfolgenden Übersicht verdeutlicht:

Gesichtspunkt	Gruppenart	Kennzeichnen	Beispiele
Anzahl der Mitglieder	**Klein-** und **Großgruppe**	Die **Kleingruppe** besteht aus einer überschaubaren Anzahl von Personen, die regelmäßig im direkten Kontakt zueinander steht. Die **Großgruppe** umfasst so viele Mitglieder, dass nur noch eine indirekte Kommunikation zwischen den Personen möglich ist.	**Kleingruppe:** Clique, Kindergartengruppe, Schulklasse **Großgruppe:** Nation, Volk, Schulgemeinschaft
Bedeutung für die Gruppenmitglieder	**Primär-** und **Sekundärgruppe**	Der **Primärgruppe** gehört der Mensch zuerst an. Sie beeinflusst die Person besonders intensiv und hat eine starke, dauerhafte Wirkung. Die **Sekundärgruppe** hat eine nachgeordnete Bedeutung, die erst im späteren Verlauf des Lebens zum Tragen kommt.	**Primärgruppe:** Familie, Nachbarschaft, Spielgruppen **Sekundärgruppe:** Schulklasse, Kindergartengruppe, Sportverein
Ausmaß an **festgeschriebenen Regelungen**	**Formelle** und **informelle Gruppe**	Die Mitglieder einer **formellen Gruppe** handeln auf der Basis von festgelegten Gruppenzielen und -normen (z. B. Vereinssatzung) mit klaren Rollenzuordnungen (z. B. Vorsitzende, Schriftführer ...). **Informelle Gruppen** entstehen spontan und zufällig; sie verfügen über keine festgelegten Strukturen.	**Formelle Gruppe:** Verein, Klub, Schulklasse, Team einer sozialpädagogischen Einrichtung **Informelle Gruppe:** Spielgruppe, Clique, Elternstammtisch
Identifikation mit einer Gruppe	**Bezugsgruppe**	Mit der **Bezugsgruppe** identifiziert sich die Person; diese Gruppe dient als Orientierung für das Handeln (z. B. Kleidung, Sprachmuster) und Denken (z. B. Einstellungen) der jeweiligen Person.	**Bezugsgruppe:** Freundeskreis, Jugendbande, Religionsgemeinschaft, politische Gruppierung

Aktuelle Zugehörigkeit zu einer Gruppe	**Eigen-** und **Fremdgruppe**	Die **Eigengruppe** kennzeichnet die Gruppe, zu der sich die Person gegenwärtig zugehörig fühlt, mit der sich die Person identifiziert. Alle anderen Gruppen werden als **Fremdgruppen** bezeichnet, zu denen im Extremfall eine feindselige, diskriminierende Einstellung besteht.	**Eigengruppe:** Kindergartengruppe, Clique, Nation, Nichtbehinderte, Fangruppe **Fremdgruppe:** Andere Nationen, Behinderte, andere Fangruppen
Entscheidungsfreiheit / Zwang zur Mitgliedschaft	**Freiwillige** und **Unfreiwillige Gruppe**	Über die Mitgliedschaft in einer **freiwillige Gruppe** entscheidet die Person selbst. Mitglied in einer **unfreiwilligen Gruppe** wird man zwangsläufig.	**Freiwillige Gruppe:** Verein, Clique **Unfreiwillige Gruppe:** Familie, Verwandtschaft, Nation

Analysiert man die Situation von Maren, die sich im ersten Jahr ihrer Fachschulausbildung befindet, so findet man folgende Gruppenzugehörigkeiten:

Maren ist seit Schuljahresbeginn Schülerin der Fröbel-Fachschule *(Großgruppe)*, die zurzeit 430 Schüler/innen besuchen. Sie hat sich vor einem Jahr für diese Fachschule entschieden und ihre Aufnahme beantragt *(freiwillige Gruppe)*. Die Fachschulklasse besteht aus 24 Schüler/innen *(Kleingruppe)*, von denen sich einige im Verlauf der ersten Woche in mehrere Untergruppen *(informelle Kleingruppe)* zusammengeschlossen haben. Während die Klasse den schulischen Regelungen (Hausordnung, Wahl des Klassensprechers, Klassenbuchführer) unterworfen ist *(formelle Gruppe)*, haben sich in der Klasse spontan Untergruppen gebildet bzw. sind aus Fahrgemeinschaften entstanden. Maren trifft sich in den Pausen in der Raucherecke des Schulhofs mit Schülern aus den Parallelklassen *(informelle Gruppe)* und tauscht ihre Erfahrungen mit Lehrern, Klassenarbeiten sowie den Unternehmungen am Wochenende mit den anderen aus. Ihre Freizeit verbringt Maren mit einer Clique von 3 Paaren, die alle begeisterte Motorradfahrer sind und seit drei Jahren ihren Urlaub gemeinsam verbringen *(Bezugsgruppe)*. Sie haben sich den Namen „Easy Rider“ gegeben. Als Ausdruck ihrer Verbundenheit haben sich die drei Paare vor einem Monat ein Motorrad mit der Unterschrift „Easy Rider“ auf ihr linkes Schulterblatt tätowieren lassen. Häufig erlebt Maren Beschimpfungen, wenn sich andere durch den Lärmpegel der Motorräder gestört oder das Aussehen provoziert fühlen. Maren verteidigt ihre Gruppe *(Eigengruppe)* gegenüber anderen *(Fremdgruppen)*. Auch ihre Eltern und Großeltern *(Primärgruppe)* haben für Marens Interesse am Motorradfahren kein Verständnis; doch sie haben es aufgegeben, Zeitungsberichte über Motorradunfälle auf Marens Schreibtisch zu legen.

Bedeutung der Gruppe für den Einzelnen

Der Mensch als soziales Wesen ist auf die Gruppe angewiesen. Im Wesentlichen können folgende Funktionen der Gruppe für das Gruppenmitglied unterschieden werden:

Modell der Gruppensozialisation
nach Moreland & Levine (1982 in Thomas)

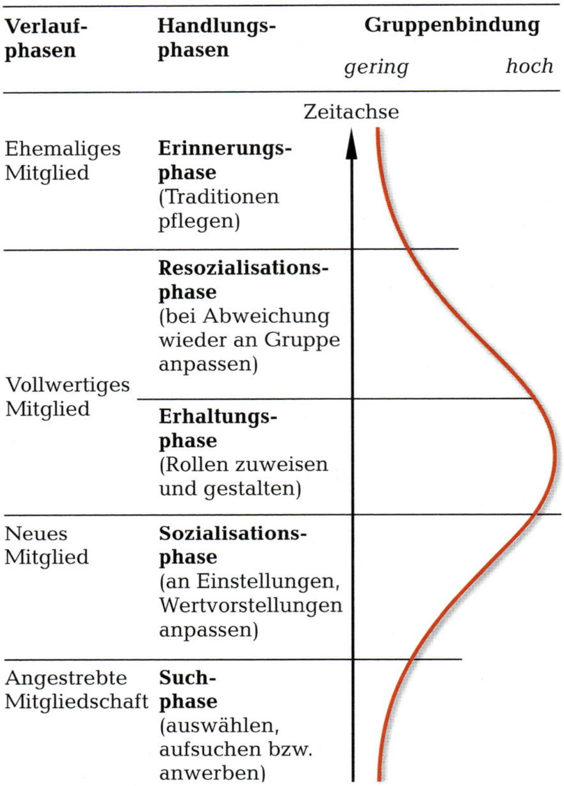

■ Sozialisationsfunktion

Im pädagogischen Verständnis steht die Sozialisation des Einzelnen im Mittelpunkt. Eine zentrale Aufgabe hat dabei die Familie als Primärgruppe. Durch Erfahrungen im sozialen Umfeld (Familie, Freunde, Kindergartengruppe) erlernt das Kind soziale Verhaltensweisen, die eine Eingliederung in die Gesellschaft ermöglichen.

Bei der Sozialisation in der Gruppe können nach Moreland & Levine fünf Handlungsphasen unterschieden werden. In der *Suchphase* erfolgt zum einen die Wahl geeigneter Gruppen durch den Interessenten bzw. die Auswahl interessierter Bewerber durch die Gruppe. Die *Sozialisationsphase* ist gekennzeichnet durch die Übernahme von Einstellungen, Verhaltensweisen, Wertvorstellungen der Gruppe. Das neue Mitglied passt sich er Gruppe allmählich an und die Gruppe integriert den Neuling. Das neue Mitglied übernimmt in der *Erhaltungsphase* Gruppenrollen. Die Rollenauslegung durch das neue Mitglied muss den Erwartungen der Gruppe weitgehend entsprechen, sonst entwickelt sich das neue Mitglied zum Außenseiter. Abweichungen führen zu intensiven Auseinandersetzungen des Einzelnen mit der Gruppe, die nur ein gewisses Maß an Abweichung von den Gruppenstandards zulässt. Übersteigen die individuellen Abweichungen dem Gruppenverständnis, dann kommt es zum Ausschluss aus der Gruppe. In der *Resozialisationsphase* erfolgt die Wiedereingliederung von „Abweichlern" in die Gruppe. Nach der Beendigung der Gruppenzugehörigkeit besteht nur noch ein lockerer Verbund mit der Gruppe *(Erinnerungsphase)*.

■ Schutzfunktion

Die Gruppe gibt dem Einzelnen Sicherheit und Geborgenheit. Die Sicherheit, dass andere für den Einzelnen einstehen, ihn unterstützen und in der Not Hilfe anbieten, stärkt die Persönlichkeit. Der Verlust von Gruppenbindungen stellt eine starke psychische Belastung dar, die Lebenskrisen auslösen können. Die Einsamkeit, die Trauer um den Verlust bewirken Depressionen bis hin zur Suizidgefährdung.

■ Normierungsfunktion

Das Individuum wird durch die Gruppe mit bestehenden Normen konfrontiert. Im Verlauf seiner sozialen Entwicklung können verschiedene Phasen der Normierung erlebt werden: Das Kleinkind übernimmt zunächst unkritisch und unreflektiert die Normen seines sozialen Umfeldes; die Pubertät und das Jugendalter sind gekennzeichnet durch die kritische Auseinandersetzung mit den bestehenden Normen; mit zunehmender Reife wird die Peson selbst zur normsetzenden Instanz, wenn z. B. im Freundeskreis, Arbeitsfeld oder Familie die Entwicklung von Normen beeinflusst wird.

- **Orientierungsfunktion**

Die Gruppe dient vor allem in Phasen der Unsicherheit und Unwissenheit zur Orientierung des Verhaltens. Diese Funktion wird vor allem in Übergangsphasen (z. B. Eintritt in den Kindergarten, Schulwechsel, Pubertät) deutlich. Orientiert sich das Kleinkind an der Familie, so nimmt im Jugendalter die Freundesgruppe die Orientierungsfunktion ein und beeinflusst sowohl Einstellungen, Interessen als auch äußerliche Merkmale wie Kleidung oder Frisur sowie das Freizeitverhalten des Jugendlichen.

- **Rollenzuweisungsfunktion**

In der Gruppe werden Rollen entweder zugewiesen (z. B. Familie: Kind-, Schwester-, Frauenrolle) oder sie bilden sich in freiwilligen Gruppen allmählich aus.

- **Übungsfeld**

Die Gruppe als soziales Handlungsfeld ermöglicht dem Individuum sozialen Kontakt einzuüben bzw. zu erproben. In der Gruppe können beispielsweise verschiedene Konfliktlösungsstrategien erprobt werden.

- **Vergleichsfunktion**

Die Gruppe bietet die Möglichkeit des sozialen Vergleichs. Die Einschätzung der eigenen Person (Fähigkeiten, Können, Leistung, Meinung, Stärken, Schwächen ...) orientiert sich am Maßstab (Normen, Werte) der Vergleichs- bzw. Bezugsgruppe. Ergeben sich beim Vergleich zur eigenen Gruppe keine positiven Ergebnisse, dann versucht die Person durch den Vergleich mit Fremdgruppen zu einer positiven Selbsteinschätzung zu gelangen.

- **Ich-Entwicklungs-Funktion**

Die Entwicklung des Ichs erfolgt in der Auseinandersetzung mit dem sozialen Umfeld. Der Einzelne tritt mit den verschiedenen sozialen Systemen, wie Gesellschaft, Familie, Schule oder Clique in Beziehung und entwickelt im Vergleich mit den anderen sein Selbstkonzept. Der Einzelne ist um eine positive Entwicklung des Ichs bemüht und wählt deshalb solche Vergleichspartner und -gruppen, bei denen er möglichst gut abschneiden kann.

- **Peer-Gruppe**

Einfluss der Peer-Gruppe

Die Erzieherin muss vor allem im Jugendalter den Einfluss der Gleichaltrigen-Gruppe (Peer-Gruppe) beachten. Die Peer-Gruppe löst im gewissen Umfang die Eltern in ihrer Sozialisationswirkung ab. Die von der Erzieherin organisierte Gruppenarbeit gibt der Peer-Gruppe das Handlungsfeld. Hier bestehen Möglichkeiten der Einflussnahme, wenn es um die Gruppenzusammensetzung, Themen oder Erfahrungsaustausch geht.

In der Phase der Abgrenzung von Erwachsenen gibt die Peer-Gruppe die Möglichkeit der Orientierung und Stabilisierung. Während die Auseinandersetzungen mit dem Erwachsenenumfeld konfliktträchtig und emotional belastet verläuft, vermittelt die Peer-Gruppe Verständnis und emotionale Unterstützung.

Die Peer-Gruppe unterstützt den Ablösungsprozess von den Eltern und übernimmt in bestimmten Teilen die Sozialisation, indem Wertvorstellungen überprüft und verändert sowie Normen neu gesetzt werden. Der Jugendliche entwickelt sein Selbstkonzept und seine Ich-Identität unter dem Einfluss der Peer-Gruppe weiter.

Das Hineinwachsen in die Erwachsenen-Rolle kann im Rahmen der Peer-Gruppe erprobt werden, wenn es z. B. um die Geschlechterrolle oder Konsumentenrolle geht. Die Gruppe der Gleichaltrigen beeinflusst den Aufbau entsprechender Einstellungen bzw. hinterfragt abweichende Haltungen kritisch.

7.2 Gruppenstrukturen

Der Aufbau von Gruppen wird zum einen bestimmt durch die Regeln (Normen), die die Gruppenmitglieder für ihr Zusammenleben gemeinsam aufstellen. Zum anderen prägen die unterschiedlichen Positionen, die die Einzelnen im sozialen System einnehmen, die Gruppenstrukturen.

7.2.1 Normen

Definition

Soziale Normen beinhalten die von Gruppenmitgliedern gemeinsam geteilten Auffassungen darüber, wie man sich in bestimmten Situationen verhalten bzw. gerade nicht verhalten soll (z. B. Gewohnheiten, Gebräuche, Vorschriften, Gesetze, moralische und ethische Auffassungen).

Normen entwickeln sich innerhalb des sozialen Systems (z. B. Familie, Clique) oder werden durch verbindliche Regelungen (z. B. Hausordnung, Satzung, Gesetz) durch die Gruppe (z. B. Verein, Staat) von außen festgelegt. In der Regel erleben die Gruppenmitglieder die Normen als von außen kommend.

Entstehung von Normen

Die Entstehung von Normen wird von der Gruppengröße bestimmt. In einer Kleingruppe entwickeln sich Normen aus Absprachen sowie Gewohnheiten und sind abhängig vom persönlichen Einfluss der Gruppenmitglieder; Normen unterliegen einem schnelleren Wandel. In größeren Systemen (z. B. Staat) erfolgt eine schriftliche Fixierung (Kodifizierung) der Normen in Gesetzen, Vorschriften), deren Veränderung (z. B. Novellierung von Gesetzen) recht aufwändig ist.

Reichweite von Normen

Normen unterscheiden sich, abhängig vom betroffenen Personenkreis in ihrer Reichweite beträchtlich; so sind beispielsweise die Regelungen der UN-Charta für alle Menschen verbindlich. Vor allem bei Gruppen, die eine rechtliche Struktur aufweisen wie Vereine oder staatliche Einrichtungen, findet man sehr präzise gefasste Normen, deren Einhaltung überwacht und deren Missachtung mit Sanktionen belegt werden. Die Stärke der Sanktion ist abhängig von der Bedeutung der Norm für die Gruppe.

Die Verbindlichkeit von Normen wird an den zu erwartenden Sanktionen bei der Überschreitung der Normen deutlich. Während Modetrends nur geringe Verbindlichkeiten aufweisen, führt die Verletzung von Tabus (z. B. Inzest, Kannibalismus) zu massiven Sanktionen. Einen mittleren Grad an Verbindlichkeit weisen in der Gesellschaft Sitten und Gebräuche auf, aus denen Verhaltenskonventionen (Vorschriften) abgeleitet werden können (z. B. Im Gottesdienst spricht man leise, bei einer Beerdigung kleidet man sich schwarz).

Verbindlichkeit von Normen

7.2.2 Rollen

Jede Person nimmt in dem sozialen Gefüge (z. B. Gesellschaft) eine bestimmte Position ein. Diese Position leitet sich z. B. aus dem Geschlecht, Alter, Familienstand, Beruf oder der Herkunft ab. Mit dieser Verortung im sozialen System sind Erwartungen damit verbunden, wie sich der jeweilige Inhaber der Position zu verhalten hat. Daraus ergibt sich folgendes Rollenverständnis:

Die soziale Rolle besteht aus Normen und Erwartungen, die an das Verhalten eines bestimmten Rollenträgers (oder an eine bestimmte Position) in einer Gruppe gerichtet sind.

Definition soziale Rolle

Die individuelle Rolle kennzeichnet die Normen und Erwartungen, die an das Verhalten einer bestimmten Person in einer bestimmten zukünftigen Situation gerichtet werden. Die Erwartungen haben sich dabei aus früheren ähnlichen Situationen entwickelt.

Definition individuelle Rolle

In ihrer Entwicklung gehört eine Person – in unserem Beispiel Maren – verschiedenen Gruppen an und übernimmt dabei unterschiedliche Rollen.

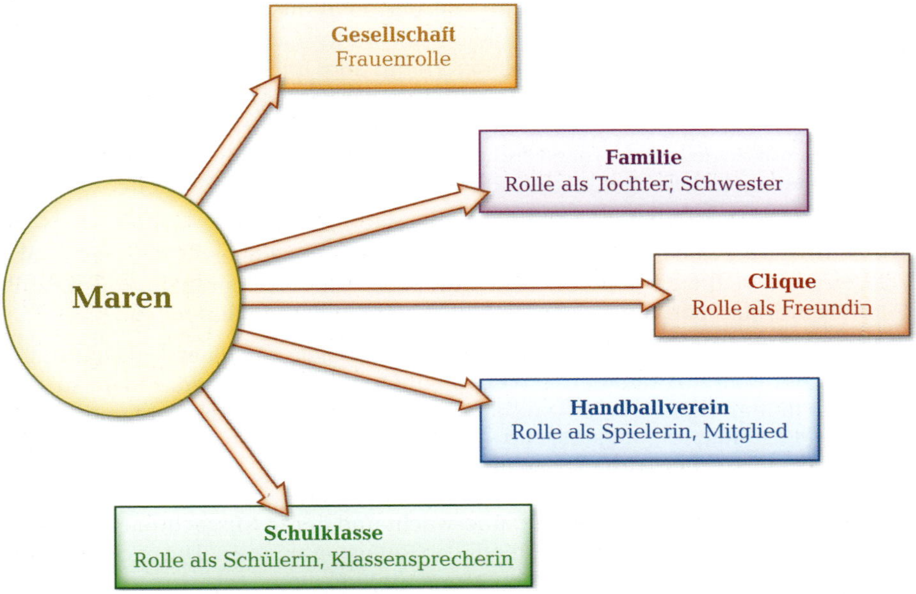

Rollen bestehen aus einer Sammlung von Verhaltenserwartungen, denen der Rollenträger gerecht werden soll. Bei einer näheren Analyse der Rolle lassen sich zwei Aspekte unterscheiden:

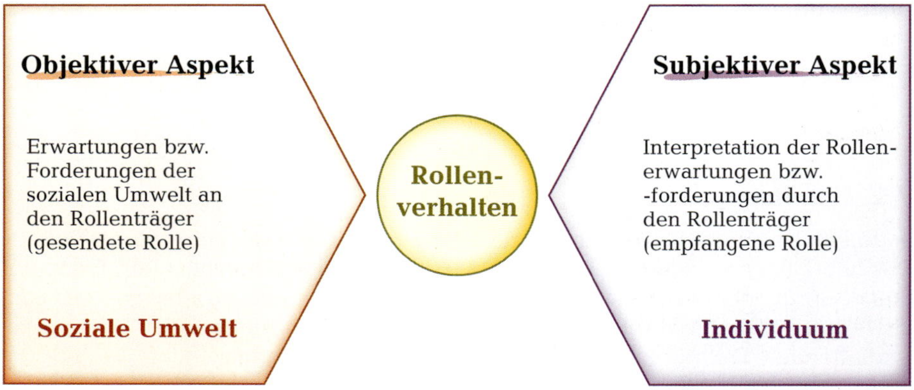

Einflüsse auf das Rollenverhalten

Diese Gegenüberstellung von objektiven und subjektiven Aspekten weist auf den Spannungszustand zwischen Individualität und Anpassung an die soziale Umwelt hin. Vor diesem Hintergrund lassen sich Rollen unter verschiedenen Gesichtpunkten analysieren:

Festgelegte und vage Rollen

Festgelegte und vage Rollen: Die Rollen unterscheiden sich darin, welcher Handlungsspielraum dem Rollenträger noch verbleibt. Das Verhalten der Erzieherin (Berufsrolle) ist nicht eindeutig festgelegt und folgt allgemeinen Vorstellungen und Erwartungen. Der Erzieherin bleibt ein breiter Gestaltungsspielraum, der von der sozialen Umwelt wie Eltern oder Träger aber auch eingefordert wird (Gestaltungsanforderung). Die Rolle als Verkehrsteilnehmerin dagegen wird durch Gesetze und Vorschriften ohne großen individuellen Spielraum festgelegt. Vage Rollen bieten zwar einen großen individuellen Freiraum, können zu Verhaltensunsicherheiten führen; festgelegte Rollen können als Einengung oder auch als Hilfe verstanden werden.

Durchdringende und begrenzte Rollen

Durchdringende und begrenzte Rollen: Durchdringende Rollen (z. B. Geschlechtsrolle) wirken sich auch auf andere Rollen aus, während begrenzte Rollen (z. B. Schriftführer im Sportverein) keinen Einfluss auf andere Rollen haben.

Komplementäre Rollen

Komplementäre Rollen: Das soziale System setzt sich aus einer Vielzahl unterschiedlicher Rollen zusammen, die aufeinander abgestimmt sind. Einige soziale Rollen enthalten soziale Beziehungen, die mit anderen Rollen direkt verbunden sind. Solche Rollen nennt man sich ergänzende oder komplementäre Rollen (z. B. Kind - Erzieherin, Vorgesetzte - Untergebene).

In der Gruppe können sich unterschiedliche Rollen entwickeln. Die nachfolgende Übersicht enthält eine Auswahl von Gruppenrollen.

Gruppenrolle	Typisches Verhalten	Reaktionen der Gruppenmitglieder
Star	Er bestimmt, was in der Gruppe läuft. Der Star genießt ein hohes Ansehen und kann andere schnell für eine Ideen gewinnen.	Er wird bewundert, hofiert, kopiert und dient als Orientierung; bisweilen unkritische Übernahme seiner Ideen.
Mitläufer	Er orientiert sich am Star, den er bewundert und dessen Meinung er unkritisch übernimmt. Er hat ein geringes Selbstbewusstsein und vermag sich nicht in der Gruppe durchzusetzen.	Er bleibt eher unbeachtet und hat keinen großen Einfluss auf die anderen.
Außenseiter	Er vermag sich nicht in die Gruppe zu integrieren und weist häufig Merkmale auf, die sich deutlich von der Gruppe unterscheiden und von den anderen abgelehnt werden.	Er wird verspottet, gehänselt; ihm wird wenig zugetraut.
Arbeitstier	Es übernimmt gern Aufgaben für die Gruppe und investiert viel Zeit in die Gruppe, mit der es sich stark identifiziert. Es fühlt sich für das Funktionieren der Gruppe verantwortlich.	Es wird mit Aufgaben überhäuft die Gruppe verstärkt sein Verhalten durch Anerkennung.
Helfer	Er bietet seine Hilfe an, übernimmt aber keine Initiativen bei der verantwortlichen Wahrnehmung von Aufgaben.	Seine Hilfsbereitschaft wird ausgenutzt; seine Hilfe wird oft eingefordert.
Experte	In einem begrenzten Bereich verfügt der Experte über einen deutlichen Wissens- und Erfahrungsvorsprung gegenüber den anderen Gruppenmitgliedern.	Sein umfassendes Wissen und Können wird bei Problemen bzw. zur Absicherung der eigenen Meinung genutzt. Er erfährt starke Anerkennung („Unser Computer-Profi").
Moralist	Er ist ein Bedenkenträger, der das Handeln der Gruppe unter rechtlichen und sittlichen Vorstellungen bewertet, und sich weigert gegen moralische Prinzipen zu verstoßen.	Auf ihn beruft sich die Gruppe bei moralisch problematischem Verhalten („Wenn sogar Jürgen spickt, dann ...").
Playboy	Er ist ein Genießer, der sich den schönen Seiten des Gruppenlebens zuwendet. Mit Scharm bewältigt er stilvoll, galant und souverän das Leben.	Er hat eine kontroverse Wirkung Mit seinem Charme, Aussehen und Gehabe beeindruckt er die einen, die ihn anhimmeln; die anderen lehnen ihn kategorisch ab, die ihn hinter seinem Rücken verspotten.
Schlichter	Seine ausgleichende Art wird von allen Gruppenmitgliedern geschätzt. Er vertritt von vielen akzeptierte Positionen, kann gut auf andere zugehen und zuhören.	Er wird bei Streitigkeiten angerufen und um einen Vorschlag zur Problemlösung angehalten.

Organisator	Er managt die Gruppe als Ganzes, indem er z. B. die Gruppe strukturiert, als Gruppenvertreter den Kontakt zu anderen Gruppen aufbaut und bei Veranstaltungen den Überblick behält.	Auf ihn verlässt sich die Gruppe als korrekter, umsichtiger Planer.
Sündenbock	Bei Konflikten in der Gruppe, unangenehmen Vorkommnissen (z. B. Beschädigung von Gegenständen) wird ihm die Schuld zugeschoben. In der Gruppe hat er eine Randposition.	Ihm wird die Verantwortung bei Problemen zugeschoben; er entlastet die Gruppe bei erforderlicher Selbstkritik.
Tyrann	Er bestimmt, was gemacht werden soll und nimmt dabei auf die Interessen anderer keine Rücksicht. Vor allem schwächere Gruppenmitglieder weichen zurück, da er aggressiv (verbal und körperlich) seine Position vertritt.	Andere haben Angst und gehen ihm aus dem Weg bzw. versuchen, Auseinandersetzungen zu vermeiden.
Nörgler	Er ist mit anderen, der Gruppensituation ständig unzufrieden. Eine negative Grundhaltung (Meckerer) bestimmt sein Verhalten; positive Vorschläge werden selten vorgebracht.	Er geht den anderen mit seiner Unzufriedenheit auf die Nerven.
Rebell	Gruppenregeln werden nicht akzeptiert und in Frage gestellt. Er wendet sich gegen die Gruppenleitung und vor allem gegen den Star. Er engagiert sich für das, was ihn interessiert mit hohem Kräfteeinsatz und Disziplin.	In der Gruppe hat er heimliche Bewunderer, die genau so denken, aber es nicht wagen, offen dafür einzutreten.
Clown	Fehlende Beachtung und Anerkennung erfährt der Clown durch seine Späße. Zum einen entspannt er kritische Situationen, zum anderen nervt er in ernsten Situationen, wenn konstruktive Mitarbeit gefordert ist.	Er entspannt die Gruppenatmosphäre und erhält Beifall; lustige Beiträge werden eingefordert. Er wird von anderen aber nicht ernst genommen.

Rollenkonflikte

Da eine Person unterschiedliche Rollen wahrnimmt, die von der sozialen Umwelt mit bisweilen widersprechenden Erwartungen verknüpft werden, bleiben Rollenkonflikte nicht aus.

Es kann dabei zwischen dem **Rollendruck** und dem **Rollenkonflikt** unterschieden werden. Der Rollendruck weist auf die Spannung hin, die mit der Übernahme und/oder der Ausführung einer Rolle empfunden wird. Wenn die Erwartungen bzw. Normen, die an den Rolleninhaber gerichtet werden, so gegensätzlich sind, dass er sie nicht in Einklang bringen kann, spricht man von einem Rollenkonflikt. **Drei Konfliktformen** können auftreten:

Inter-Rollenkonflikt

Nimmt eine Person zwei oder mehrere unterschiedliche Rollen wahr, die jedoch nicht in Einklang zu bringen sind, so liegt ein Inter-Rollenkonflikt (inter = zwischen) vor.

Beispiel: Die 17-jährige Fachschülerin Martina ist seit einem Jahr mit Jürgen befreundet und wohnt bei ihren Eltern. Gegenüber den Eltern nimmt Marina die **Kindrolle** ein und in der Beziehung zu Jürgen hat sie eine **Partnerrolle**. Martina ist am Wochenende mit Jürgen und ihrer Clique unterwegs. Die Eltern erwarten, dass Martina in der Nacht bis zwei Uhr zu Hause ist, Jürgen bittet Martina bei ihm zu übernachten.

Intra-Rollenkonflikt

Werden an den Rolleninhaber unterschiedliche Normen und Erwartungen gerichtet, sodass sich die Rollenerwartungen widersprechen, liegt ein Intra-Rollenkonflikt (intra = innerhalb) vor.

Beispiel: Martina wurde in der Fachschule zur Klassensprecherin gewählt Die Mitschülerinnen erwarten, dass Martina die Interessen (wie das Verschieben von Klassenarbeiten) gegenüber den Lehrern und Schulleitung vertritt. Die Lehrer erwarten von Martina Verständnis für die Belange der Schule, ein vorbildhaftes Verhalten und ein besonderes Engagement bei schulischen Veranstaltungen.

Person-Rolle-Konflikt

Die Diskrepanz zwischen den objektiven und subjektiven Aspekten schlägt sich im Person-Rollen-Konflikt nieder. Es besteht ein Widerspruch zwischen den Rollenerwartungen der sozialen Umwelt und den persönlichen Einstellungen und Bedürfnissen des Rollenträgers.

Beispiel: Einige Mitschülerinnen erwarten von Martina, dass sie auch Einzelinteressen von Schülerinnen gegenüber den Lehrern vertritt (z. B. eine Schülerin fühlt sich ungerecht benotet). Martina ist dagegen nur bereit, sich für die Forderungen einzusetzen, wenn sie von der Klasse gemeinsam beschlossen wurden.

Möglichkeiten der Bewältigung von Rollenkonflikten

Rollenaufgabe: Sind verschiedene Rollen nicht vereinbar, so können unvereinbare Rollen abgegeben werden.

Rollendistanz: Die subjektive Interpretation der Rolle setzt eine kritische Auseinandersetzung mit den Rollenerwartungen der sozialen Umwelt voraus. Um die eigene Identität zu wahren, ist es wichtig, eine Auslegung der Rolle zu finden, die den eigenen Erwartungen, der eigenen Persönlichkeit entspricht. Dieses Rollenverständnis ist der sozialen Umwelt zu verdeutlichen.

Rollenneudefinition: Mit dem Wandel in der Gesellschaft und der Entwicklung von Gruppen gehen auch Veränderungen im Rollenverständnis einher. So unterscheidet sich die Frauenrolle in unserem Verständnis deutlich von der traditionellen Frauenrolle, wie sie vor 50 Jahren gesehen wurde. In einer Übergangsphase stehen sich die unterschiedlichen Rollenauslegungen unvereinbar gegenüber: Es ist die Aufgabe des Rolleninhabers, bei der Rollenneudefinition mitzuwirken.

Rollenkompromiss: Bei Rollen, die wenig festgelegt sind, kann der Rolleninhaber die unterschiedlichen Rollen so auszulegen, dass sie weitgehend vereinbar sind. In der Rollenwahrnehmung müssen Abstriche gemacht werden.

Zeitliche Trennung: Die verschiedenen Rollen werden, soweit dies möglich ist, zeitlich und räumlich voneinander getrennt. Beispiel: Zu Hause hat Martina die

Kindrolle, in Bezug auf ihren Freund nimmt sie die Partnerrolle ein und in der Schule hat sie Klassensprecherrolle.

Äußerliche Erfüllung mit innerem Protest: Können Rollen, die man nicht wahrnehmen will, nicht aufgegeben werden (z. B. Zwangsrollen wie Kind- ,Geschlechts- oder Altersrolle), so findet man häufig die äußere, formale Wahrnehmung der Rolle bei innerlicher Ablehnung. Die Rolle wird ohne innere Überzeugung und Beteiligung nur gespielt.

7.2.3 Erfassung von Gruppenstrukturen (Soziometrie)

Definition

Soziometrie befasst sich mit der systematischen Erfassung und grafischen Veranschaulichung zwischenmenschlicher Beziehungen. Die soziometrische Methode wurde von Moreno (1892 – 1974), einem rumänisch-amerikanischem Wissenschaftler, der sich mit Gruppenprozessen und dem Psychodrama beschäftigte, in den 30er-Jahren entwickelt. Im Rahmen einer soziometrischen Untersuchung werden die Mitglieder einer Gruppe nach Sympathie- bzw. Antipathie-Beziehungen befragt.

Dabei können folgende Informationen aus der Soziometrie abgeleitet werden:

- Intensität und Art der Beziehung der Gruppenmitglieder untereinander
- Art der Untergruppen und deren Struktur
- Positionen der Gruppenmitglieder
- Gruppenklima
- Erfassung und Dokumentation des Gruppenprozesses

Ablauf einer soziometrischen Untersuchung

Die Gruppenanalyse mit Hilfe der Soziometrie umfasst vier Phasen:
(1) Erhebung der soziometrischen Daten
(2) Darstellung der Ergebnisse in einer Soziomatrix
(3) Erstellung eines Soziogramms
(4) Auswertung und Interpretation der Ergebnisse (Positionen, Strukturen)

(1) **Erhebung der soziometrischen Daten**

Es können unterschiedliche Erhebungsverfahren zur Anwendung gelangen. Durch Beobachtung und Fragebogenverfahren können die Informationen über Sympathie und Antipathie innerhalb der Gruppe erfasst werden.

Häufig werden Fragebögen eingesetzt, in denen die Mitarbeiter die anderen Gruppenmitglieder hinsichtlich bestimmter Kriterien auswählen bzw. bewerten. Dabei stellt sich die Frage, ob man eine begrenzte oder unbegrenzte Anzahl von Wahlen zulässt (z. B. Wer sollte Gruppensprecher werden? Welche beiden Kinder sollten bei der Geburtstagsfeier neben dir sitzen? Welche Kinder würdest du zu deiner Geburtstagsfeier einladen?). Eine begrenzte Anzahl kann jedoch das Ergebnis verfälschen, da ein Kind, das keinen Freund hat nur zufällig Personen auswählt und anderseits ein Gruppenmitglied mit einem großen Freundeskreis nur wenige Personen benennen darf.

Ein weiterer wichtiger Aspekt stellt die Fragestellung dar. Es sollte eindeutig sein, **was** bzw. **welche Merkmale** durch die Befragung bestimmt werden sollen. Die Fragestellung muss von allen Befragten in gleicher Weise verstanden werden.

(2) **Darstellung der Ergebnisse in einer Soziomatrix**

(Parallelbegriffe: Soziometrische Tabelle, Urliste)

Übungsbeispiel:

Befragte: 7 Jugendliche einer Heimgruppe.
Vorgabe: 2 positive Wahlen

	A	B	C	D	E	F	G	Σ
Andreas				×			×	2
Brigitte			×			×		2
Christine		×					×	2
Dieter	×						×	2
Eike				×			×	2
Fred	×						×	2
Gerd	×			×				2
Σ	3	1	1	3	0	1	5	14

Soziomatrix

(3) **Erstellung eines Soziogramms**

Ausgehend von der soziometrischen Tabelle, in der alle Wahlen festgehalten werden, wird das Soziogramm erstellt. Die grafische Darstellung der Sympathie bzw. Antipathie in einem Soziogramm sollte möglichst überschneidungsfrei sein, um eine prägnante, übersichtliche Darstellung zu erhalten. Dazu können verschiedene Strategien angewandt werden, die zu unterschiedlichen Darstellungsformen führen können. Zwei alternative Darstellungsformen werden auf das Übungsbeispiel bezogen.
Bei der grafischen Umsetzung der Ergebnisse ist Folgendes zu beachten:

positive Wahl

negative Wahl

gegenseitige positive Wahl

gegenseitige negative Wahl

Hilfen bei der Erstellung des Soziogramms:

Die Person mit den meisten Stimmen in die Mitte setzen; unbeachtete Personen bzw. Personen mit wenigen Stimmen an den Rand platzieren.

Personengruppen, die in engem Kontakt stehen (z. B. Paar, Dreieck), nebeneinander setzen.

Übungsbeispiel:

	A	B	C	D	E	F	G	Σ
Andreas				×			×	2
Brigitte			×			×		2
Christine		×					×	2
Dieter	×						×	2
Eike				×			×	2
Fred	×						×	2
Gerd	×			×				2
Σ	3	1	1	3	0	1	5	14

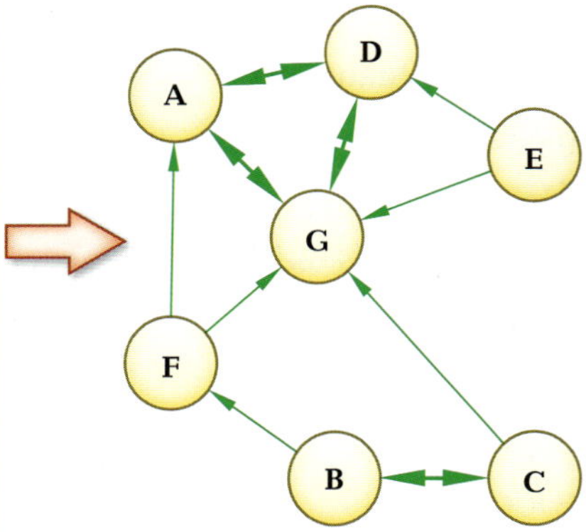

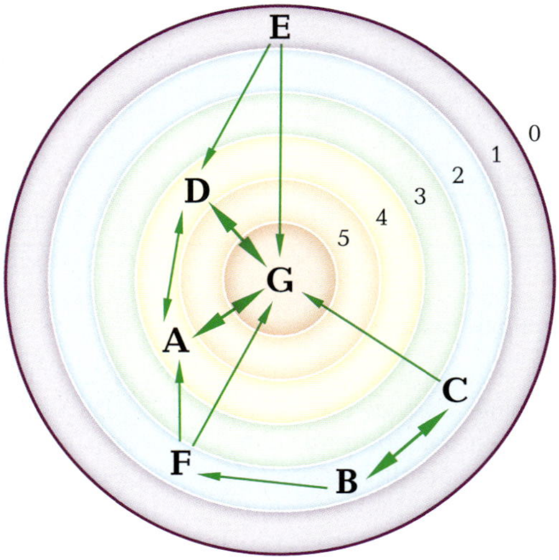

(4) **Auswertung und Interpretation der Ergebnisse**

Die Ergebnisse des Soziogramms können unter verschiedenen Gesichtspunkten analysiert werden. Folgende Leitfragen sind zu beantworten:

a) Welche typischen Beziehungen kennzeichnen die Gruppenstruktur?

b) Welche Positionen nehmen die verschiedenen Gruppenmitglieder ein?

c) Welche Konsequenzen können aus den Ergebnissen abgeleitet werden?

Problematik

Über-interpretation

Bei der Interpretation sollten verschiedene Einschränkungen beachtet werden. Vor einer Überinterpretation der Ergebnisse muss gewarnt werden. Die Ergebnisse stellen zunächst eine Momentaufnahme der Gruppe dar, die abhängig vom Alter und geistigen Entwicklungsstand der Befragten sowie der gewählten Fragestellung durchaus Zufallscharakter haben kann. Mit zunehmendem Alter der Befragten verringert sich die Instabilität der Ergebnisse und die Interpretationen werden aussagekräftiger.

Veröffentlichung

Eine Veröffentlichung der Ergebnisse ist kritisch abzuwägen. Zum einen verringert die angekündigte Veröffentlichung die Offenheit und Ehrlichkeit der Befragten, die zum Beispiel Gruppenmitglieder schonen bzw. ihre negativen Einschätzungen für sich behalten wollen. Werden die Wahlen z. B. in Form eines Soziogramms bekannt gegeben, dann ist mit einer hohen Betroffenheit von Gruppenmitgliedern zu rechnen, die besonders negativ gesehen oder wenig beachtet werden. Nur ein erfahrener Gruppenleiter kann die ausgelösten Emotionen auffangen und eine positive Verarbeitung der Ergebnisse erreichen. Auch innerhalb der Gruppe löst eine Veröffentlichung gruppendynamische Prozesse aus, die im Vorfeld kaum berechenbar sind.

Übersichtlichkeit

Umfasst die soziometrische Erhebung eine große Personenzahl, so ergeben sich Schwierigkeiten in einer aussagekräftigen, übersichtlichen Darstellung der Wahlen im Soziogramm.

Die Analyse des Soziogramms berücksichtigt typische Beziehungen und wichtige Positionen:

Typische Beziehungen

Paar

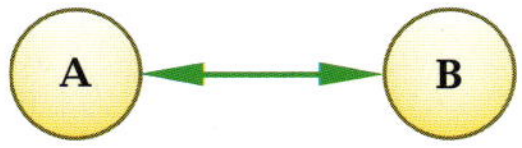

Zwei Personen wählen sich gegenseitig.

Kette

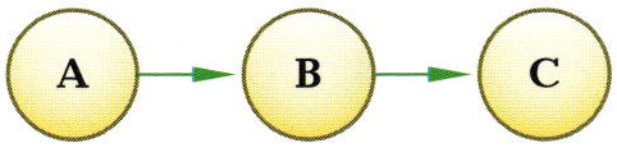

Mehrere Mitglieder stehen im direkten (A-B) bzw. indirekten Kontakt (A-C). Person B hat eine Mittlerfunktion.

Gabelung

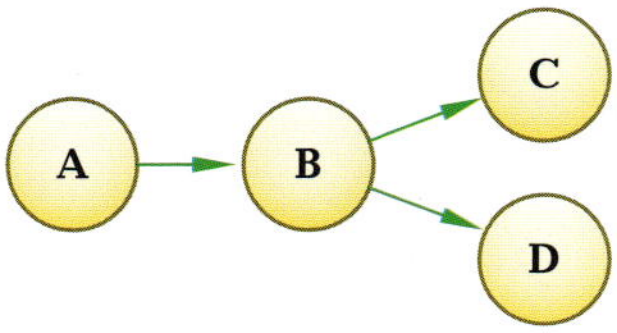

Mehrere Mitglieder stehen indirekt über einen Mittler (Person B) in Beziehung.

Dreieck

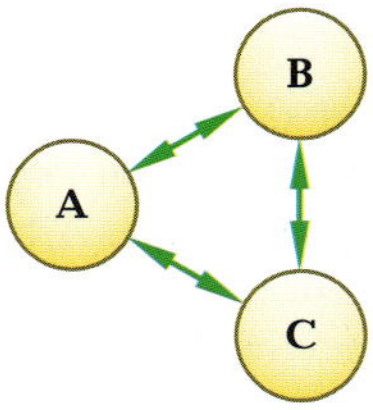

Drei Personen stehen in wechselseitiger Beziehung. Sie bilden eine Clique.

Typische Beziehungen

Viereck

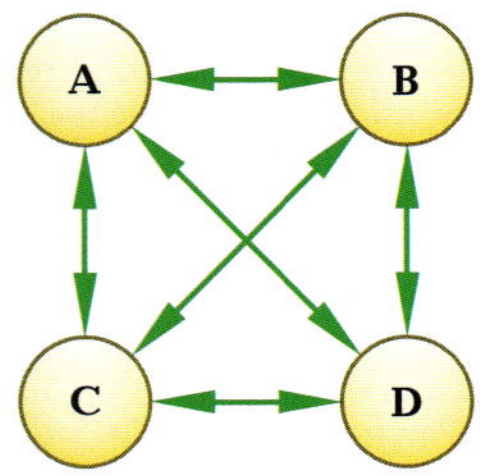

Vier Personen stehen in wechselseitiger Beziehung.

Stern

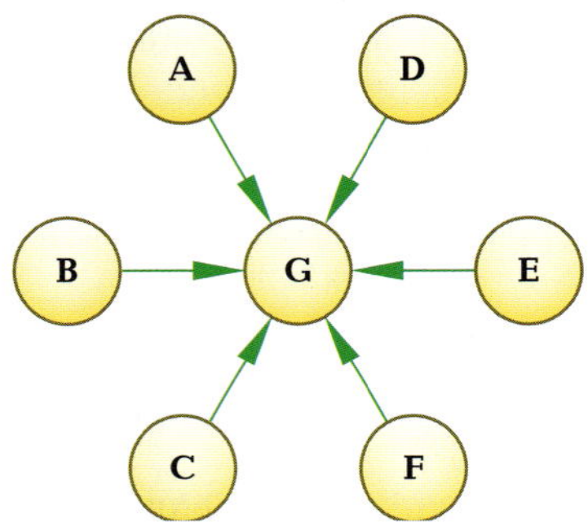

Eine Person wird von vielen gewählt, die sich untereinander z. T. kaum beachten

Wichtige Positionen:

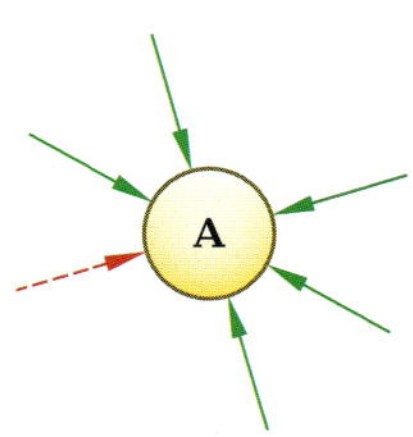

Star:
Gruppenmitglied mit den meisten positiven Stimmen

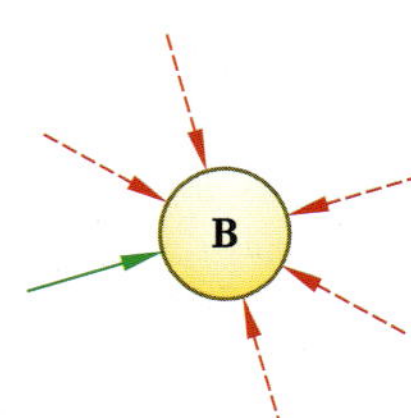

Abgelehnter:
Gruppenmitglied mit den meisten negativen Stimmen

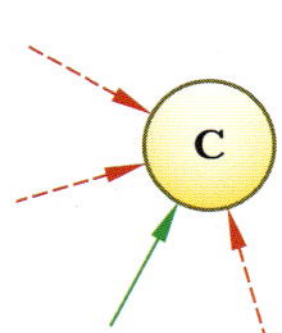

Ausgestoßener:
Gruppenmitglied, das nur negative Stimmen erhält

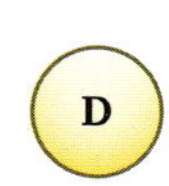

Unbeachteter:
Gruppenmitglied, das keine Stimme erhält

Übungsaufgabe: Soziometrie

Maren beteiligt sich in den Sommerferien an einer dreiwöchigen Freizeitmaßnahme des Jugendamtes in Stuttgart. Zusammen mit Susanne, einer Studentin, ist sie für das Ferienprogramm einer Gruppe mit 9 Kindern im Alter von 8 bis 12 Jahren zuständig. Die Kinder kommen aus verschiedenen Schulen und kennen sich untereinander nicht. Die Gruppe setzt sich aus vier Mädchen und fünf Jungen zusammen. Am Ende der zweiten Woche setzen sich die beiden Gruppenleiterinnen zusammen und erstellen auf der Basis ihrer Beobachtungen folgende Einschätzungen hinsichtlich Sympathie und Antipathie zwischen den Gruppenmitgliedern:

Gruppenmitglieder	A	B	C	D	E	F	G	H	I	+	–	Σ
Andreas ♂,9 Jahre			+	–								
Bastian ♂, 8 Jahre	+						+		+			
Christiane ♀, 12 Jahre		–		–	+		–	+				
Dragan ♂, 11 Jahre			+									
Esther ♀, 11 Jahre			+	–				+				
Funda ♀, 10 Jahre				–				+				
Günter ♂, 8 Jahre		+	–					–				
Helga ♀, 11 Jahre			+		+		–					
Ingo ♂, 8 Jahre	+			–								
Erhaltene positive Stimmen												
Erhaltene negative Stimmen												
Summe aller Stimmen												

1. Soziomatrix

Ergänzen Sie die Soziomatrix hinsichtlich der abgegebenen Stimmen.

2. Soziogramm

Erstellen Sie ein möglichst überschneidungsfreies Soziogramm. Zeichnen Sie Ihr Ergebnis zur Darstellung im Klassenverband auf eine Folie.

3. Auswertung und Interpretation

Welche typischen Positionen kann man erkennen?

Welche Aussagen über die Gruppenstruktur und die einzelnen Gruppenmitglieder können abgeleitet werden?

Welche pädagogischen Konsequenzen könnten sich aus dieser Analyse ergeben?

Begründen Sie Ihre Aussagen.

Welche Aussagekraft haben die Auswertung und die Interpretation?

Nehmen Sie zur Erfassung der Gruppenstruktur mit Hilfe der Beobachtungsergebnisse kritisch Stellung.

Welche weiteren Möglichkeiten könnten zur Erfassung der Beziehung genutzt werden? Zeigen Sie deren Vor- und Nachteile auf!

Sollte diese Analyse veröffentlicht und somit den Gruppenmitgliedern rückgemeldet werden? Wenn ja, in welcher Form?

Alternativen zum traditionellen Soziogramm

Offenes Soziogramm

Die Gruppenmitglieder erhalten folgenden Auftrag: Nehmt im Raum die Position ein, die eurer Position in der Gruppe entspricht. Wenn jede Person ihre Position gefunden hat, erfolgt die Auswertungsphase: Jeder äußert sich zur Position, die er nun für alle sichtbar einnimmt. Er formuliert seine Gefühle. Die Stellung im Raum ist interpretierbar im Hinblick auf die Lage im Raum (z. B. Rand, Zentrum ...), die Nähe zu anderen Gruppenmitgliedern (Untergruppen), den Blickkontakt zu den anderen und die Ausrichtung auf andere Personen.

Schuh-Soziogramm

Bei dieser Variante des offenen Soziogramms stellt jedes Gruppenmitglied einen Schuh stellvertretend für die eigene Person in den Raum.

Fragenkatalog

Der Ablauf kann drei Schritte umfassen:

1. Im Fragenkatalog werden verschiedenen Situationen aufgelistet. Die Person soll Gruppenmitglieder notieren, die für die jeweiligen Aufgaben am ehesten geeignet, vorstellbar sind. Zudem werden Gruppenmitglieder ausgewählt, die weniger geeignet erscheinen.
2. Jedes Gruppenmitglied liest die ausgewählten Personen vor. Die jeweils benannten Gruppenmitglieder halten fest, für welche Aufgabe sie von welchem Gruppenmitglied benannt wurden.
3. In der Auswertungsphase kann rückgefragt werden, warum eine Person für eine bestimmte Aufgabe ausgewählt wurde.

Fragenkatalog:

Situation	Am liebsten	Am wenigsten gern
Lernen für eine Klassenarbeit		
Ausflug in einen Freizeitpark		
Klassen-/Gruppensprecher		
Im Zimmer bei einer Klassenfahrt		
Einladung zu einer Party		
Geheimnis anvertrauen		
Schlichter bei einem Streit		
Zuhörer bei einem persönlichen Problem		
Partner für aggressive Auseinandersetzung		

7.3 Gruppenphasen und Gruppendynamik

Das Zusammenleben in Gruppen geschieht schrittweise. Es lassen sich verschiedene Phasen unterscheiden. In diesen Phasen sind Wechselbeziehungen zu beobachten, in der Gruppe entwickelt sich eine Dynamik.

7.3.1 Gruppenphasen

Untersuchungen zur Entwicklung von Gruppen führen zu vier bis fünf deutlich voneinander abgrenzbaren Gruppenphasen. Auf Bernstein und Lowy geht ein fünfphasiges Modell zur Gruppenentwicklung zurück:

1. Phase: Voranschluss / Orientierung

In dieser Anfangsphase sind sich die Gruppenmitglieder noch fremd und das Verhalten gegenüber den anderen ist zum einen durch Neugierde und freudige Erwartung und zum anderen durch Unsicherheit, Angst und Vorsicht geprägt. Die Gruppenmitglieder beobachten sich, sie **suchen nach Orientierung und Strukturierung in der unklaren Gruppensituation**. In Kindergruppen orientieren sich die Gruppenmitglieder z. B. am Verhalten von Erzieherinnen.

2. Phase: Machtkampf / Kontrolle

Wenn sich die Gruppenmitglieder gegenseitig besser kennen und einschätzen können, entstehen deutlich erkennbare Ab- und Zuneigungen zwischen den Einzelnen. Es kommt zu Machtkämpfen, die den zukünftigen Status der Gruppenmitglieder, ihren Einfluss auf die Gruppe bestimmen. In dieser Phase bilden sich auch **Untergruppen**, **Freundschaften** und **gezielte Aktionen gegen einzelne Gruppenmitglieder** können beobachtet werden. Durch die gemeinsamen Erfahrungen in der Gruppe entwickeln sich **Regeln** und **Normen** sowie erste Rollenfestschreibungen.

3. Phase: Vertrautheit / Intimität

Die persönlichen Beziehungen zwischen den Gruppenmitgliedern werden intensiver und die Interaktionen nehmen deutlich zu. Die Einzelnen kennen die Stärken und Schwächen der anderen und haben gelernt damit umzugehen. Die **Gruppenmitglieder identifizieren sich mit der Gruppe und das Zusammengehörigkeitsgefühl nimmt deutlich zu**. Einzelne sind bereit, für die Gruppe freiwillig Aufgaben zu übernehmen, um sich für die Belange der Gruppe zeitintensiv zu engagieren. Es entwickelt sich ein gewisser Stolz der Gruppe anzugehören. Die Offenheit in der Kommunikation ermöglichen Vertrautheit und steigern das Bedürfnis nach Nähe. Die **Aufnahme von neuen Gruppenmitgliedern** wird bisweilen heftig und **kontrovers diskutiert**, da sie die gewonnene Stabilität der Gruppe gefährden.

4. Phase: Differenzierung

Die Gruppe ist inzwischen so stabil, dass die **Unterschiedlichkeit zwischen den einzelnen Gruppenmitgliedern akzeptiert und durchaus als bereicherndes Element erlebt** wird. Eine einengende Rollenfestlegung wird aufgegeben und die Gruppenmitglieder können sich flexibel auch in neuen Erfahrungsbereichen erproben. Die Bewertung von Leistungen erfolgt in der Gruppe realistisch.

5. Phase: Trennung / Auflösung

Am Ende des Gruppenprozesses steht die Auflösung des bestehenden Gruppenverbandes. Dies kann sich aus dem **Erreichen des Gruppenziels** (z. B. Entwicklung einer Konzeption in einer Projektgruppe), **aus organisatorischen Gründen** (z. B. Schulkinder verlassen die Kindergartengruppe, Mitarbeiterin wird versetzt) oder **aus privaten Gründen** (z. B. Interessenwechsel, Wechsel des Wohnorts) ergeben. Der Auflösungsprozess bedeutet für einige eine schmerzliche Erfahrung, da man sich von Personen, die man schätzt oder freundschaftlich verbunden ist, trennen muss.

Nach dieser Phase kann die Gruppe auf frühere Entwicklungsphasen zurückgeworfen werden und es treten z. B. Machtkämpfe, die in der Orientierungsphase typisch sind, wieder auf.

	Phase 1: Voranschluss/ Orientierung	Phase 2: Machtkampf/ Kontrolle	Phase 3: Vertrautheit/ Intimität	Phase 4: Differenzierung	Phase 5: Trennung/ Auflösung
Kennzeichen	Kennen lernen der anderen; Gruppenmitglieder schwanken zwischen: Distanz ↔ Nähe sowie Neugierde ↔ Angst;	Position und Status der Einzelnen in der Gruppe festlegen; erste Rollenfestschreibungen; Gruppennormen entwickeln sich;	Zusammengehörigkeitsgefühl verstärkt sich; offener Umgang der Gruppenmitglieder untereinander;	Unterschiede zwischen den Gruppenmitgliedern werden akzeptiert; „Vielfalt in der Einheit"; starke Identifikation mit der Gruppe;	Die Gruppe löst sich auf; Ablösungsprozesse finden statt; die Gruppenmitglieder erleben „Trennungsschmerz";
Gefahren	Angst vor Zurückweisung und Bloßstellung; Geringe Bereitschaft zur Kontaktaufnahme; Einige kapseln sich von den anderen ab (spielen bevorzugt allein);	Häufig Streit und frustrierte Gruppenmitglieder; unzufriedene Gruppenmitglieder verlassen die Gruppe; Gruppenmitglieder „testen" die Gruppenleiterin (Machtkämpfe);	Deutlicher Anpassungsdruck auf die Gruppenmitglieder; Abgrenzung gegen andere (Fremde); Aufnahme neuer Personen in die Gruppe stößt auf Widerstände;	Negative Gewohnheiten (z. B. Unpünktlichkeit, Unzuverlässigkeit) treten bei einigen Gruppenmitgliedern stärker auf;	Aufrechterhalten der Gruppe ohne Perspektive; Routinetätigkeiten dominieren; der Gruppe fehlt es an Elan und neuen Ideen; Schuldgefühle bei einzelnen Gruppenmitgliedern;
Chancen	Kennen lernen von neuen Ideen, Meinungen; entdecken von Gemeinsamkeiten; vorsichtiger Aufbau von neuen Bindungen;	Orientierung der Gruppenmitglieder an der Gruppenleiterin als Einflussmöglichkeit nutzen; Schneller Aufbau eines Beziehungsnetzes zwischen den Gruppenmitgliedern;	Gegenseitige Akzeptanz und große Hilfsbereitschaft; Verständnis für den Anderen; Gruppe plant gemeinsam und Einzelne übernehmen flexibel Verantwortung für die Gruppe;	Guter Zusammenhalt und gegenseitige Unterstützung; Entwicklung von Traditionen; Kontakte zu anderen Personen und Gruppen werden aufgenommen;	Zukunftsperspektiven tun sich auf und können genutzt werden;

Aufgaben der Gruppenleiterin	Zum gegenseitigen Erkunden und zur Kontaktaufnahme ermuntern; offene, ungezwungene Atmosphäre schaffen; Rückzugsmöglichkeiten zulassen;	Gruppenauseinandersetzungen zulassen; Regeln für Auseinandersetzungen und Umgang miteinander vereinbaren bzw. Grenzen stecken; Unterlegene bzw. Schwächere stützen;	Überforderung einzelner, die zu viele Aufgaben übernehmen, verhindern; Gemeinschaftsaufgaben, bei denen alle gefordert sind, entwickeln; Außenseiter integrieren; Untergruppen wieder mit der Gesamtgruppe zusammenführen;	Sich überflüssig machen, sich zurückhalten; die Eigenständigkeit der Gruppe stärken; Kontakt zu anderen Gruppen anbahnen; Klärungshilfe bei Auseinandersetzungen anbieten	Abschied angemessen gestalten; Ausgeschiedene Mitglieder als „Ehemalige" für die Interessen noch bestehender Gruppen nutzen; Organisation von „Ehemaligentreffen";
Angebote / Programm	Kennenlernspiele; Sachorientierte Angebote, bei denen sich die Gruppenmitglieder näher kennen lernen; Angebote, die schnell zu einem Erfolgserlebnis führen anbieten; Angebote, bei denen kein Gruppenmitglied einen besonderen Wissensvorsprung einbringen kann;	Sachorientierte Angebote, bei denen alle teilnehmen und erfolgreich sein können, einbringen; Gemeinsames Erstellen von Gruppenregeln; Angebote mit wechselnder Zusammensetzung der Untergruppen;	Verschiedene Angebote, bei denen die unterschiedlichen Stärken der Gruppenmitglieder zum Tragen kommen; Angebote, die gefühlsbezogen sind und ein Kennenlernen des anderen in ungewohnten Situationen ermöglicht;	Gruppe entwickelt eigenständig Aufgaben und organisiert selbstständig die Aufgabenbearbeitung; Treffen mit anderen Gruppen (z. B. Durchführung eines Turniers);	Abschiedsfest mit Rückblick, Erfahrungsaustausch und Ausblick in die Zukunft; Gestaltung einer Abschlussarbeit (z. B. Dokumentation, Fotoalbum, Erinnerungsgegenstand für den Gruppenraum); Gruppenbild;

7.3.2 Gruppendynamische Prozesse

Definition

Gruppen ändern sich ständig. Mit der Analyse und Beeinflussung von Interaktions- und Kommunikationsprozessen innerhalb von Kleingruppen, die sich unter Einfluss von Normen, Rollen, Gruppendruck, sozialer Macht und gemeinsamer Erfahrung entwickeln, setzt sich die Gruppendynamik auseinander.

Die **gruppendynamische Analyse** beschäftigt sich mit der Beschreibung, Systematisierung und Erklärung der Kommunikationsprozesse innerhalb der Gruppe. Die **gruppendynamischen Methoden** umfassen eine Vielzahl von Übungen und Therapieformen, um soziale Erfahrungen in der Gruppe zum einen als Hilfe für den Einzelnen und zum anderen für die Weiterentwicklung der Gruppe zu nutzen.

Kohäsion. Unter Kohäsion versteht man das Ausmaß wechselseitiger positiver Gefühle (vgl. Soziometrie). Mit zunehmender Kohäsion verbessert sich auch das Wir-Gefühl.

Die Gruppenkohäsion nimmt zu, wenn Personen häufig miteinander kommunizieren und sich als ähnlich empfinden. Zudem begünstigt die räumliche Nähe, die Kommunikationsdauer und eine kleine Gruppengröße die Entwicklung des Wir-Gefühls. Hat das Team ein gemeinsames Ziel, das gemeinsam effizienter erreicht werden kann, dann verbindet auch der Arbeitsinhalt. Die Gruppe vermittelt oft dem einzelnen Mitglied durch die Gruppenmitgliedschaft emotionale Geborgenheit und Sicherheit.

Ein ausgeprägtes Wir-Gefühl kann zum einen die Zufriedenheit der Gruppenmitglieder deutlich steigern und zum anderen zu einer strikteren Einhaltung der Gruppennormen führen.

7.3.3 Analyse von Gruppenprozessen: Johari-Fenster

Die amerikanischen Sozialpsychologen Joe Luft und Harry Ingham entwickelten ein Schema, das zur Beschreibung der Selbst- und Fremdwahrnehmung im Verlauf des Gruppenprozesses herangezogen werden kann. Sie bezeichneten es nach ihren Vornamen als „Johari-Fenster". Es werden vier Felder unterschieden:

Felder des Johari-Fensters

Die Arena bzw. öffentliche Person (1) beinhaltet Informationen über eine Person, die von ihr selbst der Gruppe mitgeteilt wird bzw. für die anderen wahrnehmbar sind wie Name, Alter, Größe, Wohnort, Interessen, Familiensituation. In diesem Bereich kann die Person frei handeln. Die Fassade bzw. private Person (2) umfasst Bereiche, die mir zwar selbst bewusst sind, über die ich andere aber nicht informieren möchte wie Misserfolge oder Missgeschicke, finanzielle Situation, gescheiterte Beziehungen. Der blinde Fleck (3) bezeichnet all das, was andere an mir wahrnehmen, mir selbst aber nicht bewusst ist oder verdrängt wurde. Dazu gehören Gewohnheiten im Sprachverhalten („äh ..."), in der unbewussten Gestik und Mimik, Äußerlichkeiten (Kleidungsstil, Farbenwahl), Körper- oder Mundgeruch. Der unbekannte Bereich (4) bezieht sich auf das Verhalten in neuartigen, extremen, ungewohnten Situationen (z. B. Verhalten bei einem Unglück, Zeuge einer Gewalttat).

Im Verlauf des Gruppenprozesses ergeben sich folgende Veränderungen:

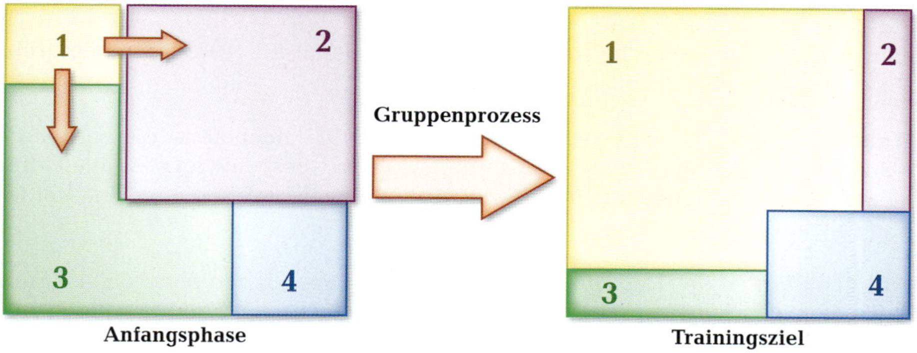

Die öffentliche Person (1) erweitert sich durch Feedback der Gruppenmitglieder in Richtung Feld 3, d. h. der blinde Fleck (3) verringert sich, da die Person von den Gruppenmitgliedern Rückmeldungen über die Wirkung auf andere erhält. Die private Person (2) verkleinert sich im Verlauf des Gruppenprozesses, da Gruppenmitglieder zunehmend offener miteinander umgehen und auch Informationen über die Privatsphäre der Person erhalten. Der unbekannte Bereich (4) bleibt in der Regel konstant, es sei denn, es werden Trainingseinheiten durchgeführt, die eine Person bzw. eine Gruppe in Extremsituationen bringt, um deren Teamverhalten zu stärken (Survival-Training).

In welchem Maß eine **Veränderung** in die beschriebene Richtung eintritt, ist von der Bereitschaft einer Person abhängig, Privates in der Gruppe preiszugeben und Rückmeldungen der Gruppenmitglieder angemessen zu verarbeiten. **Gruppendynamische Übungen führen zu starker persönlicher Betroffenheit und lösen Gruppenprozesse aus**, die oft nur ein erfahrener Trainer auffangen und steuern kann. Vor unüberlegtem Experimentieren mit Gruppen und Gruppenübungen muss ausdrücklich gewarnt werden.

7.4 Gruppenpädagogische Prinzipien

Gruppenpädagogische Prinzipien beschreiben allgemein gültige pädagogische Handlungsgrundsätze, die sich für die Arbeit mit Gruppen als bewährt erwiesen haben. Auf Grund ihrer Erfahrung entwickelt jede Erzieherin für sich Vorgehensweisen, die sich bewährt haben. Abhängig von der jeweiligen Gruppe (z. B. Entwicklungsstand) und der spezifischen Erziehungssituation (z. B. im Heim) sowie der Persönlichkeit der Erzieherin können recht unterschiedliche Handlungsstrategien erfolgreich sein. Die gruppenpädagogischen Prinzipien geben **Denkanstöße zur Planung und Reflexion von Gruppenaktivitäten**, sind aber keine Vorschriften, an die sich die Erzieherin sklavisch zu halten hat.

Für die sozialpädagogische Arbeit mit Gruppen nennt Erl (1973) folgende gruppenpädagogischen Prinzipien:

Anfangen, wo die Gruppe steht: Ausgangspunkt für Angebote ist die Leistungsfähigkeit der Gruppe. Gerade in der Anfangsphase ist es wichtig, dass alle Gruppenmitglieder motivierende Erfolgserlebnisse haben. Eine Über- oder Unterforderung ist zu vermeiden.

Mit den Stärken der Einzelnen arbeiten: Das Einbringen von persönlichen Stärken erhöht das Selbstvertrauen auch bei schwächeren Kindern und ermutigen das Gruppenmitglied.

Kooperation statt Konkurrenz: Im Mittelpunkt steht die Gesamtleistung der Gruppe, die dem persönlichen Erfolg untergeordnet wird. Das Wir-Gefühl, die gegenseitige Unterstützung und das Vertrauen in die Gruppe werden sich vor allem dann entwickeln, wenn unter den Gruppenmitgliedern das Konkurrenzdenken vermindert werden kann.

Individualisierung: Die pädagogischen Maßnahmen setzen immer an einzelnen Gruppenmitgliedern an; daraus ergibt sich für die Gruppenleiterin die Notwendigkeit, sich um jedes einzelne Gruppenmitglied zu kümmern.

Die Gruppe bestimmt das Tempo: Die Leistungsfähigkeit der Gruppe bestimmt die Geschwindigkeit, in der Angebote entwickelt werden. Ein zu hohes Tempo führt zur Überforderung und bewirkt eine Differenzierung der Gruppe in leistungsstarke schnelle sowie langsame schwache Gruppenmitglieder.

Notwendige Grenzen positiv nutzen: Die Gruppe benötigt einen Handlungsrahmen, in dem Entscheidungsfreiräume gegeben sind. Die Gruppenleiterin hat auf das Einhalten dieser sinnvollen Grenzen und Regeln zu achten und sollte nicht vorschnell, um unangenehme Auseinandersetzungen zu vermeiden, der Gruppe nachgeben. Grenzen geben auch Sicherheit und Schutz.

Sich überflüssig machen: Im Verlauf des Gruppenprozesses sollte sich die Gruppenleiterin immer stärker aus dem Gruppengeschehen zurückziehen und die selbstregulierenden Kräfte der Gruppe stärken.

Entscheidungsfreiraum geben: Die Grundlage des Handelns in der Gruppe bilden gemeinsame Entscheidungen, die von den Gruppenmitgliedern getragen werden. Verschiedene Verfahren zur Entscheidungsfindung sollte die Gruppe kennen, um den Freiraum zu nutzen, ohne Minderheiten zu unterdrücken.

Daneben können zahlreiche weitere Prinzipien genannt werden, die sich in bestimmten Situationen als erfolgreich bewährt haben (z. B. Hilfe statt Strafe).

Auf den Punkt gebracht

Die Gruppe stellt ein zentrales Handlungsfeld für die Erzieherin dar. Sie erlebt in ihrer pädagogischen Arbeit verschiedene Gruppenarten (Klein- und Großgruppen, Primär- und Sekundärgruppen, formelle und informelle Gruppen sowie Bezugsgruppen). Alle Gruppen weisen bestimmte Strukturen auf, die in der Erziehungspraxis zu berücksichtigen sind.

In der Gruppe kristallisieren sich verschiedene Rollen. Normen regeln das Zusammenleben in der Gruppe.

Die Entwicklung der Gruppe folgt bestimmten Phasen (Orientierung, Machtkampf, Vertrautheit, Differenzierung und Trennung), in denen die Erzieherin unterschiedliche Aufgaben zu bewältigen hat.

Gruppendynamische Prozesse bestimmen das Geschehen in der Gruppe. Für die Arbeit mit Gruppen sind bestimmte Prinzipien von Bedeutung: Anfangen, wo die Gruppe steht; mit den Stärken arbeiten; Kooperation statt Konfrontation; sich überflüssig machen; Freiräume geben.

Aufgaben

1. Notieren Sie alle Normen, die in der Kindergruppe, in der Sie z. B. im Praktikum tätig waren, gültig sind. Analysieren Sie diese Normen unter folgenden Gesichtspunkten:
   - Wer hat diese Normen aufgestellt?
   - Wie verbindlich sind diese Normen?
   - Wer überwacht das Einhalten der jeweiligen Norm?
   - Welche Folgen ergeben sich aus der Nichtbeachtung der Normen?
2. Susanne arbeitet seit fünf Jahren als Gruppenleiterin in einem dreigruppigen, kommunalen Hort. Beschreiben Sie die Erwartungen, die an Susanne als Erzieherin gestellt werden, aus der Sicht des Trägers, der Kolleginnen, der Eltern, der Kinder und der Lehrer.
3. Yvonne arbeitet als Berufspraktikantin in der Elterninitiative „Wurm und Sturm". Die Eltern der Kinder begegnen der Praktikantin in verschiedenen Funktionen: Sie sind Träger einer Einrichtung (Arbeitgeberfunktion), sie sind Eltern der betreuten Kinder (Elternfunktion, sie arbeiten in der Gruppe mit, indem sie Küchen-, Putzdienst und bei Personalengpässen die Mitarbeit in den Gruppen übernehmen (Mitarbeiterfunktion)
   - Erläutern Sie an der dargestellten Situation mögliche Rollenkonflikte aus der Sicht der Mitarbeiter und aus der Sicht der Eltern.
   - Entwickeln Sie Lösungsansätze, um diese Rollenkonflikte zu vermindern.
4. Beziehen Sie das Johari-Fenster auf die verschiedenen Phasen der Gruppenentwicklung nach Bernstein & Lowy.
5. Stellen Sie Übungen zusammen, die zur Verringerung der privaten Person (Feld 2) und des blinden Flecks (Feld 3) führen und bei einer Jugendgruppe (Alter 13 – 16 Jahre) einsetzbar sind. (Zahlreiche Übungsbeispiele finden Sie bei Vopel sowie Schwäbisch & Siems)
6. Welche Grenzen sind bei der Durchführung von solchen gruppendynamischen Übungen zu beachten?
7. Erläutern Sie die gruppenpädagogischen Prinzipien anhand konkreter Situationen aus ihrer sozialpädagogischen Praxis.

8 Methoden

Im Erziehungsalltag sollte die Erzieherin über ein umfassendes Methodenrepertoire verfügen, um den vielfältigen Anforderungen gerecht zu werden. Die Methoden dienen zum einen der pädagogischen Arbeit mit der Betreuungsgruppe und zum anderen der Arbeit im Team oder in der Eltern- und Öffentlichkeitsarbeit. Die entsprechenden Methoden werden in den einschlägigen Kapiteln des Buches (Ausbildung, Teamarbeit, Eltern- und Öffentlichkeitsarbeit, Kommunikation) behandelt. Der Schwerpunkt dieses Kapitels wird zunächst die grundlegende Methode zur Erfassung des erzieherischen Alltags, die Beobachtung, sein. Danach werden besondere Beobachtungsverfahren dargestellt, mit denen man den frühkindlichen Bildungsprozessen auf die Spur kommen will. Den Abschluss des „Methodenkapitels" bilden die Planungsformen, die in der Elementarpädagogik und in der Jugendhilfe angewandt werden.

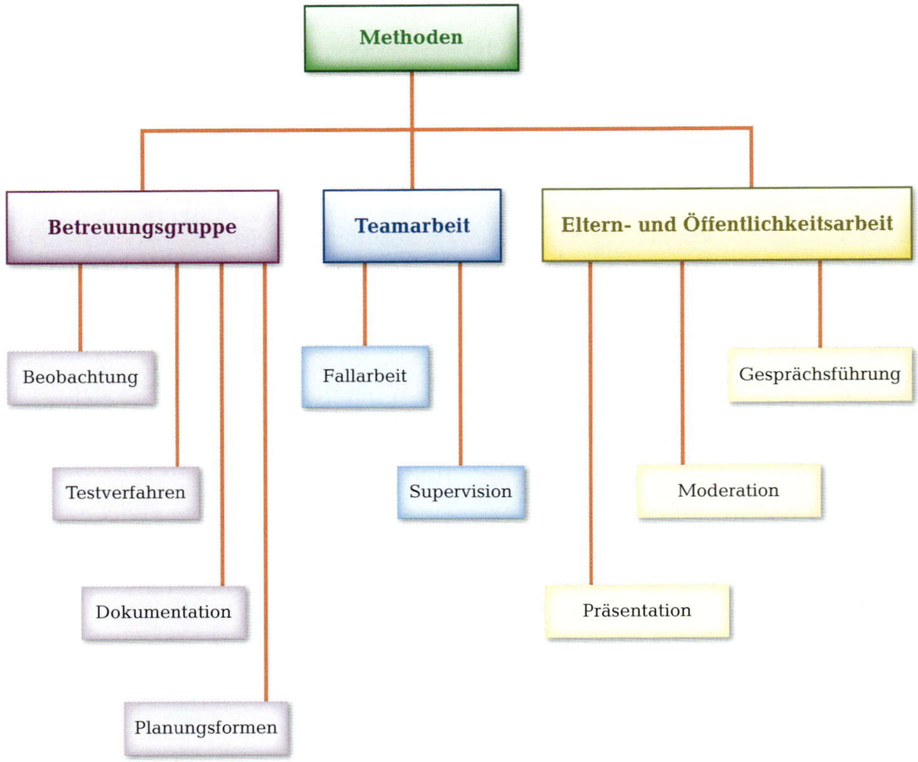

8.1 Beobachtung

Jutta, eine Berufspraktikantin in der Kindertagesstätte Südpol, ist mit einer Erzieherin, die Jutta im Praktikum anleitet, zum Frühdienst eingeteilt. Die ersten Kinder kommen kurz nach 7:00 Uhr und werden in einer Sammelgruppe von Jutta und ihrer Anleiterin in Empfang genommen. Die meisten Kinder spielen in dieser Freispielphase, einige Kinder frühstücken. Jutta notiert die Namen der anwesenden Kinder und ihr Blick schweift im Gruppenraum umher. Sie sieht, dass zwei Kinder in der Bauecke zusammen spielen und ein Mädchen ein einfaches Puzzle legt. Am Maltisch kommt es zu einer Auseinandersetzung, weil der vierjährige Jürgen das Blatt eines dreijährigen Mädchens bemalt hat. Jutta richtet ihr Augenmerk auf den sich anbahnenden Streit. Nachdem Jürgen der kleinen Sandra die Schale mit den Stiften weggenommen hat, kommt das Mädchen weinend mit dem Blatt in der Hand auf Jutta zu. Jutta beruhigt und tröstet das Mädchen. Danach ruft sie Jürgen herbei, um die Situation zu besprechen.

Es wird deutlich, welche Bedeutung die Beobachtung für die Erzieherin in der beschriebenen Situation hat. Die Beobachtung der Gruppe steuert das Verhalten der Erzieherin. Die Beobachtungsergebnisse führen zu Einschätzungen der Kinder z. B. im Hinblick auf deren Interessen, Entwicklungsstand oder im Fall der beiden streitenden Kinder auf deren Fähigkeit, den Konflikt selbst zu lösen. Die Beobachtungsgenauigkeit ist in der dargestellten Situation dagegen recht unterschiedlich: Jutta beobachtet zunächst die gesamte Gruppe und richtet dann ihre Aufmerksamkeit auf den sich anbahnenden Streit. Die Beobachtung der komplexen Gruppensituation lässt jedoch nur eine ungenaue Erfassung zu. Würde Jutta zum Dienstschluss nach der Kleidung der Kinder in der Sammelgruppe befragt oder dazu, welche Spiele von den Kindern ausgewählt wurden, dann wären ihre Aussagen recht unpräzise, unter Umständen sogar falsch. Recht genau könnte sie dagegen die Streitsituation zwischen Jürgen und Sandra wieder geben.

Ein Beispiel aus dem Erziehungsalltag, in dem sich „Beobachtung" ereignet. Im Kapitel werden folgende Fragestellungen bearbeitet:

Was kennzeichnet eine objektive Beobachtung?	**Begriffsbestimmung**
Wie kann eine Beobachtung durchgeführt werden?	**Beobachtungsformen**
Welche Bedeutung haben Beobachtungsergebnisse?	**Beobachtungsauswertung**
Welche Fehler verfälschen Beobachtungsergebnisse?	**Beobachtungsfehler**

8.1.1 Begriffsbestimmung

Definition

Eine Verhaltensbeobachtung kennzeichnet eine Methode, die auf der Basis von geplanten und gezielten Wahrnehmungsprozessen die Handlungen von Personen systematisch und objektiv erfasst.

Die Beobachtung wird nur dann objektiv gelingen, wenn der Beobachter die Beobachtung klar von der Interpretation der Beobachtungsergebnisse trennt.

8.1.2 Bedeutung der Beobachtung

Der Beobachtung kommen im erzieherischen Alltag folgende Funktionen zu:

- **Diagnostische Funktion**

Die Beobachtung wird eingesetzt, um über eine Person möglichst genaue Aussagen zu erlangen. So könnte mit Hilfe der strukturierten Beobachtung der Entwicklungsstand eines Kindes recht genau bestimmt werden. Daraus sind beispielsweise Aussagen über das Sozialverhalten, die Schulfähigkeit, die Stärken und Schwächen einer Person, über Entwicklungsveränderungen durch gezielte Beobachtungen ableitbar. Die gewonnenen Informationen können z. B. als Grundlage für ein Beratungsgespräch mit den Eltern dienen oder im Auftrag für eine Beratungsstelle erhoben werden.

- **Planungsfunktion**

Die Planung von sozialpädagogischen Angeboten beruht auf der Beobachtung der Gruppe, die betreut wird. Abhängig vom Planungsansatz werden die Beobachtungsschwerpunkte unterschiedlich sein: Steht der funktionsorientierte Planungsansatz im Vordergrund, dann wird sich die Beobachtung auf die Leistungsfähigkeit der Kinder bzw. Jugendlichen in den verschiedenen Fähigkeitsbereichen beziehen, um aus diesen Erkenntnissen gezielte Angebote zu entwickeln. Wird der situationsorientierte Ansatz verwirklicht, dann richtet sich die Beobachtung verstärkt auf die bei den Kindern bzw. Jugendlichen erkennbaren Interessen.

- **Kontrollfunktion**

Werden systematische Beobachtungen durchgeführt, dann können auch geringe Veränderungen erkannt werden. So kann die Wirksamkeit von Erziehungsmitteln, Verstärkerprogrammen oder therapeutischen Maßnahmen überprüft werden. Fortschritte und Rückschläge werden deutlich.

- **Reflexionsfunktion**

Das erzieherische Handeln sollte beständig kritisch hinterfragt werden. Dazu können sowohl die Selbstbeobachtung (Wie habe ich die Durchführung meines Angebots erlebt? Wie habe ich mich dabei gefühlt? Wie habe ich die Kinder und ihre Reaktionen wahrgenommen?) als auch die Fremdbeobachtung durch die Kollegin herangezogen werden.

8.1.3 Beobachtungsformen und Auswertungsmöglichkeiten

Es werden folgende Beobachtungsformen unterschieden:

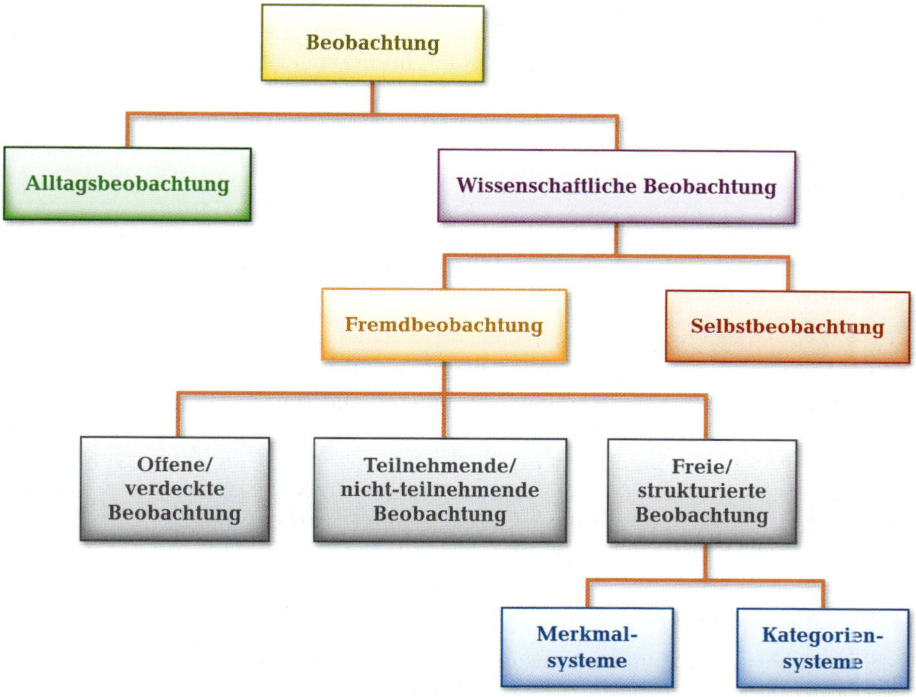

Beobachtungsformen

Alltagsbeobachtungen

Die Alltagsbeobachtung erfolgt zufällig und ungeplant. Personen, die an einem Geschehen beteiligt sind, nehmen die Situation aus ihrer Perspektive recht unterschiedlich, oft widersprüchlich wahr. Ihre Aussagen über das Erlebte sind daher sehr subjektiv, ungenau und allgemein. Häufig werden statt Beobachtungen Interpretationen des Gesehenen gegeben. Die Beobachtung „Frederik hat in der Sandkiste mit Sand auf andere Kinder geworfen" führt zur interpretierenden Aussage: Frederik ist aggressiv und gemein.

Wissenschaftliche Beobachtungen

Die wissenschaftliche Beobachtung erfolgt unter kontrollierten Bedingungen und versucht im Gegensatz zur beschriebenen Alltagsbeobachtung zu objektiven, genauen Aussagen zu gelangen. Im beruflichen Alltag wird die wissenschaftliche Beobachtung geplant und gezielt eingesetzt, die Aussagen beziehen sich in der Regel auf Verhaltensausschnitte, die möglichst differenziert erfasst werden. Die wissenschaftliche Beobachtung führt zu überprüfbaren, eindeutigen Aussagen. Die Beobachtungsergebnisse einer wissenschaftlich durchgeführten Beobachtung sind, wenn sie objektiv durchgeführt wurde, vom Beobachter unabhängig.

Selbstbeobachtung

Die Selbstbeobachtung ist auf die eigene Person gerichtet und beinhaltet beispielsweise Aussagen über Gefühle, Wünsche, Gedanken, Bedürfnisse oder Einstellungen. Es wird die Selbstbeobachtung zwar zur wissenschaftlichen Beobachtung gezählt, sie erfüllt aber die strengen Anforderungen nach Genauigkeit, Überprüfbarkeit und Objektivität der Beobachtungsergebnisse nicht. Dennoch sind die Aussagen, die auf der Selbstbeobachtung beruhen, für die Arbeit der Erzieherin unverzichtbar. Das Kind, das seine Freude oder Schmerz kund tut, oder die selbstkritische Reflexion der Erzieherin nach einem Elternabend beruhen auf Selbstbeobachtungen. Um die Ergebnisse der Selbstbeobachtung vergleichbarer und messbarer zu machen, werden Einschätzskalen (Ratingskalen) eingesetzt.

Häufig werden Rating-Skalen bei Befragungen verwendet, um persönliche Einschätzungen und Beurteilungen auf einer abgestuften Skala messbar zu machen. So könnte die Bewertung von Prüfungsängsten auf folgender Rating-Skala erfasst werden:

7	6	5	4	3	2	1

Massive Angst — Angstfreier Zustand

Die Kunin-Skala verwendet zur Erfassung der Zufriedenheit eine grafische Abstufung mit Schema-Gesichtern:

Sehr zufrieden — Sehr unzufrieden

Fremdbeobachtung

Bei der Fremdbeobachtung liegt eine Trennung zwischen Beobachter und dem Beobachtungsgegenstand vor. Diese Beobachtungsform ist für den erzieherischen Alltag von zentraler Bedeutung. Das pädagogische Planen und Handeln, Bewerten und Reflektieren beruhen auf den Ergebnissen der Fremdbeobachtung. So geben die Beobachtungen in der Freispielphase Hinweise auf Interessen und Bedürfnisse der Kinder, auf die sich die Planungen von Angeboten beziehen; die Beobachtung der Kinder lässt Aussagen über den Entwicklungsstand sowie die Ausprägung von Fähigkeiten und Persönlichkeitsmerkmale der Beobachteten zu. Innerhalb der Fremdbeobachtung können verschiedene Beobachtungsformen unterschieden werden, die unter Berücksichtigung ihrer Vor- bzw. Nachteile für die anfallenden Beobachtungsaufgaben unterschiedlich gut geeignet sind.

	Offene Beobachtung	Verdeckte Beobachtung
Definition	Erfolgt eine offene Beobachtung, dann weiß der Beobachtete, dass er beobachtet wird.	Der Beobachtete wird über die Beobachtung nicht in Kenntnis gesetzt.
Beispiele	In der Beratungsstelle wird von den Mitarbeitern z. B. die Situation der Hausaufgabenerledigung mit dem Kind und der Mutter beobachtet. Videokameras weisen gut sichtbar auf die Beobachtung von Kunden im Kaufhaus hin.	Eine verdeckte Beobachtung stellt die heimliche Videoaufnahme dar. Die Beobachtung mittels Einwegscheibe ermöglicht z. B. eine Erzieherinnenklasse dem Spiel einer Kindergruppe im Beobachtungsraum für die Kinder unbemerkt zu folgen.
Problematik	Das Wissen um die Beobachtung des eigenen Verhaltens verändert jedoch das eigene Verhalten: Der Beobachtete zeigt sich angepasst und Verhaltensauffälligkeiten werden für die Zeit der Beobachtung kontrolliert. Die Beobachtungsergebnisse sind auf Grund des starken Beobachtereinflusses fragwürdig.	Die heimliche Beobachtung stellt zunächst einen Vertrauensbruch dar und weckt bei dem Beobachteten auch in der Zukunft Misstrauen. Eine offene, vertrauensvolle Zusammenarbeit zwischen dem Beobachter und dem Beobachteten ist nur schwer wieder herzustellen.
Einsetzbarkeit	Die offene Beobachtung wird dann eingesetzt, wenn der Beobachtereinfluss unerheblich ist. Die demonstrativ offene Beobachtung wird auch eingesetzt, um gewünschtes Verhalten zu bewirken (z. B. sichtbare Videokameras, Schilder mit Hinweis auf eine Beobachtung).	Die verdeckte Beobachtung ist dann angebracht, wenn der Beobachtereinfluss sehr stark ist, so dass ein natürliches, unverfälschtes Verhalten nicht auftritt.

	Teilnehmende Beobachtung	Nicht-teilnehmende Beobachtung
Definition	Der Beobachter nimmt aktiv am Geschehen, auf das sich seine Beobachtung bezieht, teil.	Der Beobachter ist am Geschehen, auf das sich seine Beobachtung bezieht, nicht aktiv beteiligt.
Beispiele	Während des Freispiels spielt die Erzieherin Memory und beobachtet dabei das Verhalten eines hyperaktiven Kindes. Sie richtet ihr Augenmerk auf die Reaktionen des Kindes bei Frustration (z. B. Kind verliert).	Die Hortkinder haben eine Foto-Reihe zum Thema Umweltverschmutzung erstellt, die in der Einrichtung präsentiert wird. Die Präsentation wird durch Video aufgezeichnet. Die Erzieherin beobachtet bei der Analyse des Films, wie sich Sandra, ein zurückhaltendes Kind, einbringt.
Problematik	Die körperliche Anwesenheit des Beobachters beeinflusst den Beobachteten. Das Verhaltensspektrum der beobachteten Kindes verringert sich und passt sich unter Umständen den Erwartungen des Beobachters an. Zudem kann die Anwesenheit den Beobachteten verunsichern oder verängstigen (z. B. Prüfungssituation).	Die nicht-teilnehmende Beobachtung ist in der Regel mit einem größeren Abstand zum Beobachteten verbunden. Dieser Abstand verringert die Beobachtungsgenauigkeit. Will man das Verhalten in einer bestimmten Situation erfassen (z. B. die Reaktion des Kindes auf Misserfolge), dann muss der Beobachter warten, bis die Situation spontan auftritt.
Einsetzbarkeit	Die teilnehmende Beobachtung ist dann angebracht, wenn die Nähe zur genauen Erfassung von Verhaltensweisen erforderlich ist. Die aktive Mitwirkung des Beobachters kann genutzt werden, um bestimmte Situationen, die besonders wichtig und interessant sind, gezielt herbeizuführen.	Vor allem dann, wenn der Beobachtereinfluss auf ein Minimum reduziert werden muss, ist die nicht-teilnehmende Beobachtung angebracht. Tritt das zu beobachtende Verhalten spontan häufig auf, kann ebenfalls die nicht-teilnehmende Beobachtung eingesetzt werden.

	Freie Beobachtung	Strukturierte Beobachtung
Definition	Die freie Beobachtung folgt allgemeinen Beobachtungsregeln und hat keine festgelegten Beobachtungseinheiten. Dem Beobachter bleibt ein relativ großer Ermessensspielraum.	Es liegt ein detaillierter, fester Beobachtungsplan vor, der Folgendes festschreibt: - Beobachtungseinheit (wer / was) - Zeiträume (wann und wie lang) - Medien / Hilfsmittel (wie)
Beispiele	In die Heimgruppe wird ein neues Kind aufgenommen. Die Erzieherin beobachtet das Verhalten des Kindes in verschiedenen Situationen.	Mit Hilfe eines differenzierten Beobachtungsbogens werden in der Tagesförderstätte die Leistungspotenziale der geistig behinderten Kinder in Bezug auf ihre Selbstständigkeit, motorische Leistungsfähigkeit und ihr Sozialverhalten erfasst.
Problematik	Die Beobachtungsergebnisse sind recht ungenau und ihr Zustandekommen eher zufällig. Es können keine quantitativen Aussagen abgeleitet werden. Verschiedene Erzieherinnen werden bei der Beobachtung zu unterschiedlichen Aussagen gelangen, je nachdem worauf sie ihr Augenmerk gelegt haben. Es können keine quantitativen Aussagen abgeleitet werden.	Die Verwendung von standardisierten Beobachtungsplänen erfordert ein gründliches Beobachtertraining, um zu verlässlichen Aussagen zu gelangen. Werden in der Einrichtung selbst Beobachtungsbogen erstellt, so ist deren Entwicklung sehr aufwändig. Beobachtungsbögen legen den Beobachtungsbereich sehr genau fest, sodass andere Verhaltensweisen, die nicht im Beobachtungsbogen berücksichtigt werden, unbeachtet bleiben.
Einsetzbarkeit	Die freie Beobachtung wird eingesetzt, wenn über den Beobachteten nur wenige Informationen vorliegen und zunächst das gesamte Verhaltensspektrum berücksichtigt werden muss. Diese Beobachtungsform lässt allgemeine Aussagen über die Person zu.	Die strukturierte Beobachtung gelangt dann zum Einsatz, wenn es um die Genauigkeit von Beobachtungsergebnissen geht. Wenn beispielsweise die Wirkung von therapeutischen Maßnahmen, Aussagen über die Schulfähigkeit von Kindern, Entwicklungsveränderungen genau und präzise beschrieben werden sollen.

Die verschiedenen Beobachtungsformen der Fremdbeobachtung sind untereinander kombinierbar. In der Prüfungssituation können beispielsweise folgende Zuordnungen getroffen werden:

Prüfer: Offene, teilnehmende und strukturierte Beobachtung.

Protokollant: Offene, nicht-teilnehmende und strukturierte Beobachtung.

Zwei Unterformen der strukturierten Beobachtung stellen das Merkmal- und Kategoriensystem dar.

Definition

Das **Merkmalsystem** besteht aus einer recht großen Anzahl von Beobachtungseinheiten (Merkmale), um einen Verhaltensausschnitt sehr differenziert zu erfassen. Die Auswahl der Beobachtungseinheiten wird durch die Aufgabenstellung bestimmt. Die Merkmale beinhalten sehr enge, genau voneinander abgegrenzte Beobachtungseinheiten, denen nur wenige Verhaltensweisen zu geordnet werden können. Von trainierten Beobachtern können bis zu 70 Beobachtungseinheiten berücksichtigt und zutreffend fest gehalten werden. Im erzieherischen Alltag sollte die Zahl der ausgewählten Merkmale nicht 20 übersteigen, um den Beobachter nicht zu überfordern.

Das **Kategoriensystem** umfasst eine geringe Anzahl von Beobachtungseinheiten (Kategorien), mit Hilfe derer das Gesamtverhalten umfassend und vollständig beschrieben werden kann. Die ausgewählten Kategorien sind weit gefasst, sodass zahlreiche Verhaltensweisen einer Beobachtungseinheit zugeordnet werden können.

Definition

Der Unterschied zwischen einem Merkmal- und Kategoriensystem soll am Beispiel der Beobachtung einer Schulklasse verdeutlicht werden. Exemplarisch werden die zwei standardisierten Beobachtungssysteme gegenübergestellt:

Kategoriensystem

Die Interaktionsanalyse nach Flanders beschränkt sich auf 10 Beobachtungseinheiten, um die Gesamtsituation zu erfassen. Der trainierte Beobachter notiert im 3-Sekunden-Rhythmus die zutreffende Kategorie. Kann die Situation nicht eindeutig zugeordnet werden, dann wird die Beobachtungseinheit 10 (Ruhe oder Lärm) gewählt.

Lehreräußerungen	Indirekte Beeinflussung	1. **Akzeptiert Empfindungen:** Akzeptiert und klärt die Gefühlshaltung der Schüler, ohne zu drohen. Die Gefühle können positiv oder negativ sein. Das Voraussagen von sich oder Sich-Erinnern an Gefühlshaltungen sind eingeschlossen.
		2. **Lobt oder ermutigt:** Lobt den Schüler für seine Handlungsweise oder sein Verhalten oder ermutigt ihn; Scherze zur Verminderung oder Spannung, jedoch nicht auf Kosten eines anderen; Kopfnicken und Äußerungen wie „Hm" oder „weiter" sind eingeschlossen.
		3. **Akzeptiert und verwendet Ideen von Schülern:** Klärt und entwickelt Anregungen von Schülern; wenn der Lehrer mehr eigene Ideen verwendet, benutzen Sie Kategorie 5
		4. **Stellt Fragen:** Stellt Fragen nach Inhalt und Verfahren, die die Schüler beantworten sollen.
	Direkte Beeinflussung	5. **Führt neuen Stoff ein:** Nennt Tatsachen oder Meinungen über Inhalte und Verfahren; äußert seine eigenen Gedanken; stellt rhetorische Fragen.
		6. **Steuert den Unterricht:** Befiehlt, ordnet an, steuert den Unterricht und erwartet, dass die Schüler Folge leisten.
		7. **Kritisiert oder rechtfertigt seine Autorität:** Will mit seinen Äußerungen das Verhalten des Schülers in seinem Sinne verändern, schreit einen Schüler an, gibt die Gründe für sein Verhalten an; extreme Selbstdarstellung.
Schüleräußerungen		8. **Schüler antwortet:** Schüler antworten dem Lehrer; Lehrer initiiert den Kontakt oder bittet um Schüleräußerungen.
		9. **Schüler spricht freiwillig:** Schüler sprechen auf eigenen Wunsch hin. Wenn der Lehrer nur aufruft, um die Reihenfolge der Sprecher festzulegen, müssen Sie entscheiden, ob der Schüler etwas sagen wollte: Wenn ja, benutzen Sie diese Kategorie.
		10. **Ruhe oder Lärm:** Pausen, kurze Perioden der Ruhe und Perioden des Durcheinanders, in denen der Beobachter nichts verstehen konnte.

Interaktionsanalyse nach Flanders

Interaktionsanalyse

Die fortlaufende Registrierung der Beobachtungen ermöglicht nicht nur eine Häufigkeitsauszählung sondern auch eine **Interaktionsanalyse**, für die Flanders eine Matrix entwickelt hat, in der die Abfolge der Beobachtungen erfasst werden können. Besondere Beachtung finden die gekennzeichneten Felder, die beispielsweise im Hinblick auf den Unterrichtsstil der Lehrkraft ausgewertet werden können.

Die Abfolge auf 4 (Lehrer stellt Frage) folgt 10 (Ruhe) wird im Schnittfeld der beiden Kategorien markiert (siehe I).

	Kategorie	Je darauf folgende drei Sekunden									
		1	2	3	4	5	6	7	8	9	10
Die ersten drei Sekunden	1 Lehrer akzeptiert Gefühle	Indirekte Beeinflussung							Lehrer regt Schüleräußerungen an		
	2 Lehrer lobt, ermutigt										
	3 Lehrer akzeptiert Ideen										
	4 Lehrer stellt Fragen										I
	5 Lehrer führt neuen Stoff ein					Direkte Beeinflussung					
	6 Lehrer steuert Unterricht										
	7 Lehrer kritisiert										
	8 Schüler antwortet	Lehrerreaktion auf Schüleräußerung							Interaktion		
	9 Schüler spricht freiwillig										
	10 Ruhe oder Lärm										
	Gesamtsummen										

Matrix zur Auswertung der Interaktionsanalyse

Neben der Interaktionsanalyse können auch Häufigkeitstabellen, die auf den Gesamtsummen beruhen, erstellt werden. Die Darstellung kann als Säulen-, Balken- oder Kreisdiagramm erfolgen.

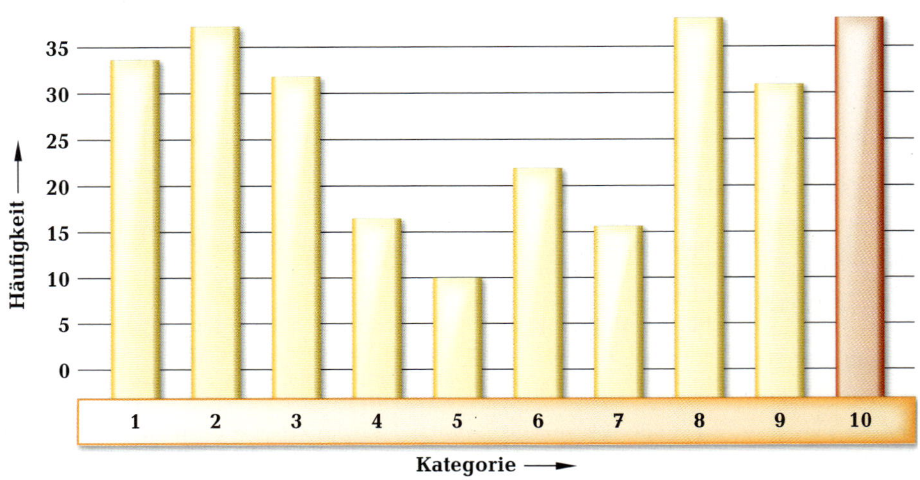

Häufigkeitsdarstellung mittels Säulendiagramm

Merkmalsystem

Das OScAR-Verfahren (Obersavation Schedule and Record) umfasst insgesamt 70 Beobachtungseinheiten, die auf zwei Beobachtungsbogen verteilt sind. Die Unterrichtsstunde ist in sechs 5-Minuten-Einheiten unterteilt. Im ersten, dritten und fünften Abschnitt wird die Vorderseite des Beobachtungsbogens mit den unteren dargestellten Beobachtungseinheiten berücksichtigt, in den anderen Zeiträumen werden die auf der Rückseite des Bogens notierten Beobachtungseinheiten berücksichtigt.

OScAR – Verfahren (Oberservation Schedule and Record) **von Medley & Mitzel**					
Summe			**Zeitraum 1**	**Zeitraum 3**	**Zeitraum 5**
	A 0	**(Lehrer Schüler - Schüler Lehrer)**			
	A 1	Lehrer arbeitet mit einem Schüler			
	A 2	Lehrer arbeitet mit kleiner Gruppe			
	A 3	Lehrer fragt, Schüler antwortet			
	A 4	Lehrer beantwortet Schülerfrage			
	A 5	Lehrer ignoriert die Frage des Schülers			
	A 6	Lehrer leitet Gesang, Exkursion oder Spiele			
	B 0	**(Lehrer - Schüler)**			
	B 1	Lehrer trägt vor			
	B 2	Lehrer liest oder erzählt Geschichte			
	B 3	Lehrer spricht zur Klasse			
	B 4	Lehrer veranschaulicht etwas an der Tafel			
	B 5	Lehrer erläutert an der Landkarte oder an Tabellen			
	B 6	Lehrer demonstriert etwas			
	B 7	Lehrer zeigt Filme, Bilder oder spielt Tonträger			
	B 8	Lehrer gibt Zeitungen oder Bücher herum			
	C 0	**(Lehrer)**			
	C 1	Lehrer arbeitet am Pult			
	C 2	Lehrer säubert oder schmückt den Raum			
	C 3	Lehrer schreibt an die Tafel oder schmückt sie			
	C 4	Lehrer spricht mit Besucher			
	C 5	Lehrer verlässt oder betritt den Raum			
	D 0	**(Schüler)**			
	D 1	Schüler studiert oder liest an seinem Platz			
	D 2	Schüler schreibt oder arbeitet manuell am Platz			
	D 3	Schüler arbeitet an der Tafel			
	D 4	...			

OScAR - Verfahren von Medley & Mitzel (Auszug aus dem Bewerbungsbogen)

Der Beobachter hält in einer Strichliste die Häufigkeit der verschiedenen Merkmale fest. Die Auswertung erfolgt über Häufigkeitstabellen und Histogramme (z. B. Säulendiagramm), wie sie in einer Abbildung dargestellt sind, oder über Kreisdiagramme.

Regeln für Merkmalsysteme

Im Erziehungsalltag werden in der Regel Merkmalsysteme eingesetzt, um Verhaltensausschnitte möglichst genau zu erfassen. Beim Erstellen von Merkmalsystemen sollten folgende Regeln beachtet werden:

- **Keine Überschneidungen**

Die Beobachtungseinheiten müssen klar voneinander abgrenzbar sein. Jede Beobachtung sollte eindeutig einer Beobachtungseinheit zuordenbar sein (vermeide Überschneidungen wie: ... *boxt* andere Kinder; ... *misshandelt* andere Kinder; ... *schlägt* andere Kinder;). Überschneidungen treten vor allem dann auf, wenn die Beobachtungseinheiten auf unterschiedlichem Abstraktionsniveau angesiedelt sind: „... das Kind *misshandelt* ..." ist eine abstrakte, umfassende Formulierung; die Aussage „... das Kind *schlägt*" dagegen ist konkreter; eine recht präzise Formulierung ist die Beobachtungseinheit „... das Kind *boxt*"

- **Keine Negationen**

Die Beobachtungseinheiten sollten aktive Verhaltensweisen erfassen. Formulierungen wie: Hans meldet sich *nicht*; Jürgen schlägt *nicht*; Sabine hat *kein* Interesse, sind zu vermeiden.

- **Keine Bewertungen**

In den Beobachtungseinheiten sollten die Verhaltensweisen wertfrei formuliert werden. Zu vermeiden sind Bewertungen wie: ... schlägt *absichtlich*; .. ist *ängstlich*.

- **Keine Häufigkeitsangaben**

Jede Markierung in einer Beobachtungseinheit beschreibt ein einmaliges Ereignis. Zu vermeiden sind Häufigkeitsangaben wie: ... meldet sich *nie*; ... schwätzt *immer*; ... unterbricht *ständig*. Häufigkeitsaussagen sind erst anhand der Auswertung der Gesamtbeobachtung ableitbar.

- **Keine Interpretationen**

Der Hinweis auf Ursachen ist häufig interpretativ und nicht objektiv feststellbar. Deshalb sind die Beobachtungseinheiten ohne Hinweis auf mögliche Ursachen zu formulieren. Zu vermeiden sind Vermutungen wie: ... schlägt, *weil ihn der Nachbar ärgert*; ... schimpft, *weil er verloren hat*.

- **Keine Mehrdeutigkeiten**

Die verwendeten Beobachtungseinheiten sollten eindeutig sein, d.h., die Beobachter sollten ein einheitliches Begriffsverständnis haben. Zu vermeiden sind Mehrdeutigkeiten wie: .. ist *brav*; ... ist *auffällig*; ... ist *nett*; ... ist *anständig*; ... ist *streitsüchtig*.

8.1.4 Beobachtungsfehler

Die Objektivität und Genauigkeit der Beobachtung werden durch verschiedene Wahrnehmungsfehler (siehe Kapitel Wahrnehmung) beeinträchtigt. Beobachtungsfehler treten vor allem bei der Alltagsbeobachtung, der Selbstbeobachtung und der freien Beobachtung auf.

Beobachtungsobjektivität

Die Beobachtungsobjektivität wird durch folgende Einflüsse verringert:

- Der Beobachter „gewöhnt" sich an den Beobachtungsgegenstand und nimmt geringfügige Veränderungen nicht mehr wahr (z. B. Besucher bemerken die Größenveränderungen der Kinder stärker als die Eltern, die mit den Kindern tagtäglich zusammenleben).
- Der Beobachter lässt sich von seinen eigenen Bedürfnissen, Erwartungen, Einstellungen usw. leiten (z. B. die Erwartung, dass ein Medikament wirksam ist, führt dazu, dass sich der Patient nach der Einnahme der Medikamente besser fühlt).
- Die Beobachtungsgenauigkeit wird durch äußere Einflüsse beeinflusst und vermindert (z. B. Lärm, schlechter Blickwinkel, Ablenkung).
- Die körperliche Verfassung des Beobachters kann das Beobachtungsergebnis zudem verfälschen (z. B. Ermüdung, Funktionstüchtigkeit der Wahrnehmungsorgane, Intelligenz, Konzentration, Ausdauer).

Beobachtungsgenauigkeit

Die Genauigkeit der Beobachtung kann erhöht werden, wenn der Beobachter sich der Fehlermöglichkeiten bewusst ist und folgende Hilfsmöglichkeiten nutzt:

- Klare Trennung von Beobachtung und Interpretation der Beobachtungsbefunde: Erst wenn die Beobachtungsergebnisse objektiv vorliegen, kann eine Interpretation der Befunde erfolgen.
- Verwendung der strukturierten Beobachtung (Beobachtungssysteme).
- Beobachtertraining (das Beobachtungssystem zur Übung wiederholt in verschiedenen Situationen erproben).
- Mehrere Beobachter einsetzen und eine Analyse der Abweichungen von Beobachtungsergebnissen interpretieren.
- Überforderung des Beobachters vermeiden, indem die Beobachtungszeiträume kurz gehalten werden, nicht mehr als 20 Beobachtungseinheiten eingesetzt werden, die Beobachtungseinheiten klar definiert und voneinander abgegrenzt sind.

Nach Abschluss der Beobachtung sollten die Beobachtungsergebnisse selbstkritisch hinterfragt und auf mögliche Beobachtungsfehler überprüft werden.

8.2 Beobachtung und Dokumentation frühkindlicher Bildungsprozesse

In den elementarpädagogischen Bildungsplänen der Bundesländer werden die Beobachtung von Kindern und die Dokumentation übereinstimmend als Grundlage der frühkindlichen Bildung herausgestellt. Frühkindliche Bildung wird als ganzheitlicher Prozess gesehen, in dessen Verlauf sich jedes Kind durch aktive Erkundung die Welt auf seine Art aneignet, sich sein individuelles Weltbild konstruiert. Die Beobachtung soll die Entwicklung und Ausprägung individueller (Selbst-) Bildungsressourcen und -potenziale erfassen.

Anforderungen

Diesem Anspruch wird entsprochen, wenn die Beobachtungsverfahren:

- Die Handlungen der Kinder (ihre Form der Auseinandersetzung mit Umweltgegebenheiten, ihre Interessen, ihre Erklärungen der „Welt") in den Mittelpunkt rücken (= **kindzentrierte Beobachtung**)
- Den Verlauf von Lern- und Bildungsprozessen erheben (= **prozessorientierte Beobachtung**)
- Auskunft über die individuellen Stärken der Kinder geben (= **stärken- bzw. ressourcenorientierte Beobachtung**)

Ziele

Durch die Beobachtung werden Anhaltspunkte gewonnen für:

- Die Anregung individueller Entwicklungspotenziale und Kompetenzen
- Das Ausrichten der pädagogischen Arbeit auf die Verschiedenheit der Kinder
- Die Gestaltung eines entwicklungsfördernden Lernumfeldes

Die folgenden Beobachtungsinstrumente erfüllen die geforderten Kriterien (kindzentriert, prozess- und ressourcenorientiert) und finden eine breite Anwendung in der elementarpädagogischen Praxis.

8.2.1 Ausgewählte Verfahren zur Beobachtung frühkindlicher Bildungsprozesse

Bildungs- und Lerngeschichten

In dem Ansatz der Bildungs- und Lerngeschichten (Learning stories) von Margaret Carr aus Neuseeland (2001) geht es darum, das Lernen von Kindern in den vielfältigen Alltagsaktivitäten (z. B. freies Spiel, angeleitete Beschäftigung, selbst gesteuertes Erforschen und Entdecken) zu beobachten und als individuelle Lerngeschichte festzuhalten.

Das Deutsche Jugendinstitut e.V. (DJI) hat die von Carr entwickelten „learning stories" unter der Bezeichnung „Bildungs- und Lerngeschichten" an die frühpädagogische Praxis in Deutschland angepasst. Zu diesem Zweck führte das DJI von 2004-2007 das Projekt „Bildungs- und Lerngeschichten" durch. In bundesweit 25 Einrichtungen wurden unter wissenschaftlicher Begleitung des DJI zusammen mit pädagogischen Fachkräften Beobachtungs- und Auswertungsinstrumente zu den „learning stories" entwickelt und erprobt. Die Fortbildung von rund 120 Multiplikatorinnen diente zur weiteren Verbreitung des Ansatzes. Nach der Projektphase in den Modell-Einrichtungen geht es gegenwärtig darum, die Bildungs- und Lerngeschichten als Beobachtungs- und Dokumentationsverfahren in der alltäglichen Kindertagesstätten-Praxis zu etablieren. Zur Einführung und Fortbildung wurden vom DJI umfangreiche Informationen und Materialien zusammengestellt (vgl. Leu,H.R u.a. 2007).

Von der Beobachtung zur Lerngeschichte

Die Erzieherin soll kurze (5- bis 10-minütige) Situationsbeobachtungen durchführen und beschreiben, was das Kind während dieser Momentaufnahme tut. Aus einer Anzahl solcher Beobachtungssequenzen lässt sich dann die individuelle Lerngeschichte erstellen.

Lerndispositionen

Zur genaueren Erfassung und Gliederung der Lerngeschichten schlägt Carr Lerndispositionen vor. Sie versteht darunter **situationsbezogene Lernstrategien**, mit deren Hilfe ein lernender Mensch Lerngelegenheiten erkennen, auswählen, für sich nutzen oder auch sich selber schaffen kann. Die Lerndispositionen sind für Carr die grundlegende Voraussetzung aller Bildungs- und Lernprozesse. Sie unterscheidet fünf Bereiche von Lerndispositionen, die aufeinander aufbauen und deren Entwicklung bei Kindern beobachtet und gefördert werden kann:

1. **Sich interessieren** (taking an interest).

Hier geht es um die Fähigkeit des Kindes, sich Menschen, Orten und Dingen zuzuwenden, sich auf sie einzulassen und so Kenntnisse zu erwerben.

2. **Engagiert sein** (being involved).

Wenn das Interesse geweckt ist, setzt sich das Kind vertieft mit einem Gegenstand oder Thema auseinander. Es lässt sich von den Dingen „gefangen nehmen".

3. **Standhalten auch bei Schwierigkeiten oder Unsicherheiten** (persisting with difficulty or uncertainity).

Das Kind will den Dingen „auf den Grund gehen". Es stellt Fragen, probiert Lösungen und entwickelt die Fähigkeit, aus Fehlern zu lernen und bei Schwierigkeiten nicht aufzugeben.

4. **Sich mitteilen, ausdrücken und mit anderen austauschen** (communicating with others).

Es entwickeln sich vielfältige Ausdrucksformen (z. B. Spiel, Sprache, Malen usw.) und das Kind kommuniziert mit anderen.

5. **Sich verantwortlich zeigen, an der Lerngemeinschaft mitwirken** (taking responsibility).

Dazu gehört, am gemeinsamen Lernen interessiert zu sein, sich um andere zu kümmern und Aufgaben für die Gemeinschaft zu übernehmen.

Die Arbeit mit Lerngeschichten

Carr sieht für die Bearbeitung der Lerngeschichten die „four D`s" vor:

- Beschreibung (describing)
- Diskussion (discussing)
- Dokumentation (documenting)
- Entscheidung (deciding)

(In der Adaptation des DJI wurden die vier Arbeitsschritte beibehalten)

Beschreibung

Die Lerngeschichten setzen sich zusammen aus den vielfältigen alltäglichen Handlungen und Aktivitäten des einzelnen Kindes. Sie müssen zunächst beobachtet und festgehalten werden.

Danach ist zu beschreiben, welche Lerndisposition in welchen kindlichen Verhaltensweisen zum Ausdruck kommt. Auch die Ausgangslage der Beobachtung (z. B. räumliche Gegebenheiten, Gruppensituation, personelle Besetzung) wird berücksichtigt.

Carr hat ein Muster- Formblatt entworfen, das vom Deutschen Jugendinstitut e.V. (DJI) zur Erprobung in deutschen Kindertagesstätten angepasst wurde.

Diskussion

Die beobachteten Handlungssequenzen werden im Team diskutiert und mit den Beobachtungen des gleichen Kindes durch andere Erzieherinnen verglichen. Sie werden auch mit den Kindern selbst und mit den Eltern besprochen. Ziel ist es, durch den Vergleich der verschiedenen Sichtweisen ein möglichst umfassendes, zutreffendes Bild des kindlichen Lernens zu erstellen. Die gemeinsamen Gespräche tragen auch zur Vorbereitung der Entscheidung darüber bei, was als nächstes getan werden sollte.

Dokumentation

Carr schlägt vor, für jedes Kind einen Ordner anzulegen, indem die Lerngeschichten sowie die Ergebnisse der Diskussionen darüber gesammelt werden. Als Grundlage dient im Wesentlichen der Beobachtungsbogen. Darüber hinaus können in dem Ordner Arbeiten, Fotos oder Kommentare der Kinder gesammelt werden. Die Kinder werden so aktiv in den Prozess der Dokumentation mit einbezogen. Der Ordner gibt den Eltern Auskunft darüber, womit sich ihr Kind in der Tageseinrichtung beschäftigt, was es lernt und wie es ihm dabei geht.

Entscheidung

Die vorausgehenden Arbeitsschritte dienen dazu, eine Entscheidung darüber zu treffen, was das Kind als nächstes braucht. Es geht dabei sowohl um geplante Vorhaben als auch um spontane Entscheidungen, die sich situativ ergeben. Als Grundlagen für Entscheidungen über nächste Schritte nennt Carr Fragen wie zum Beispiel:

„Ist eine bestimmte Lernsequenz häufig zu beobachten?"

„Werden Interessen, Fähigkeiten, Strategien des Kindes komplexer?"

„Tauchen bestimmte Fähigkeiten oder Strategien bei unterschiedlichen Aktivitäten auf?"

„Bewegt sich die Lerngeschichte entlang der verschiedenen Lerndispositionen, vom Interesse zur Engagiertheit, von der Engagiertheit zum Umgang mit Schwierigkeiten, vom Umgang mit Schwierigkeiten zum Austausch mit anderen, vom Austausch mit anderen zur Übernahme von Verantwortung?"

Besonderheiten der Bildungs- und Lerngeschichten als Beobachtungsverfahren

Offen, prozess- und ressourcenorientiert

Beobachtet werden die alltäglichen Aktivitäten des Kindes in „freier" Form, ohne Festlegung von standardisierten Kriterien. Die beobachteten Aktivitäten des Kindes werden möglichst genau und ohne vorweggenommene Bewertung beschrieben und festgehalten. Eine Strukturierung im Hinblick auf die beobachteten kindlichen Lerndispositionen erfolgt erst in der Auswertung (= offenes Verfahren).

Die beschriebenen Beobachtungssequenzen zeigen den Lernprozess des Kindes, seine „Lerngeschichte" auf (= prozessorientiertes Verfahren).

Der Beobachter konzentriert sich auf die Stärken und Kompetenzen der Kinder. Es geht darum, was sie tun, was sie können und welche Fragen sie sich bei ihren Erkundungen stellen (= ressourcenorientiertes Verfahren).

Das Verfahren der Bildungs- und Lerngeschichten ermöglicht es, die frühkindliche Bildung als „Selbstbildung" zu dokumentieren und den Austausch zwischen Kindern, pädagogischen Fachkräften und Eltern zu stärken. Das Konzept der „Lerndispositionen" lässt sich auf alle Arten kindlicher Aktivitäten anwenden. Die Bildungs- und Lerngeschichten bieten somit einen breiten Ansatz zur Beobachtung und Dokumentation frühkindlicher Bildungsprozesse.

Beispiel einer Lerngeschichte

Liebe Isabel!
Am 11. September bist Du sechs Jahre alt geworden und Du hast natürlich auch bemerkt, dass in den Tagen vor und nach Deinem Geburtstag, Heike und ich Dich beobachtet haben, um Dir nun diese Lerngeschichte zu schreiben.
Wir Erzieherinnen im Kindergarten wissen natürlich, was für ein tolles, gescheites und liebes Mädchen Du bist.
Und auch diese neuen Beobachtungen haben das wieder bestätigt.
Heike war genau wie ich, sehr von Deiner Bastelei mit der Käseschachtel fasziniert - die ähnlich wie ein Kaleidoskop funktioniert. Erstaunlich für uns war auch, wie schnell und gezielt Du dabei gearbeitet hast. Dein turnerisches Talent begeistert uns immer wieder, ebenso wie gut Du Dich um die jüngeren Kinder und auch um Deinen kleinen Bruder Lukas kümmerst. Du weißt und kannst schon sehr viel und bist in der Lage, Dein Wissen und Können in neue Situationen zu übertragen und auch anzuwenden. Du strengst Dich immer an und gibst Dein Bestes, egal ob wir singen, basteln, turnen, experimentieren und, und, und, und......Liebe Isabel, wir wünschen Dir von ganzem Herzen, dass Du Dir Deine Begeisterung, Deine Kreativität, Deine Talente und Dein liebes Wesen bewahrst und Du auch in der Schule und in Deinem weitern Leben, Deinen Freunden und Mitmenschen soviel Freude machst.
Deine Ulrike

Beobachtung und fachlicher Diskurs zu den Themen der Kinder

Das Institut für angewandte Sozialisationsforschung – Frühe Kindheit (Infans e.V.) Berlin will durch die Beobachtung die Themen erfassen, mit denen sich die Kinder in ihrem Selbstbildungsprozess beschäftigen, was sie zu einem bestimmten Zeitpunkt besonders interessiert. Der Begriff „Themen" steht nach Andres und Laewen (2005) für die **„Welt- und Selbstdeutungen der Kinder, die in der Interaktion mit anderen Kindern und Erwachsenen entstehen."**

Der Beobachter stößt auf die Themen der Kinder, in dem er zunächst alles aufschreibt, was in einer bestimmten Situation geschieht und was die Kinder tun oder sagen. Er soll dann seine eigenen Gefühle und spontanen Ideen, die ihn zu seiner Beobachtung einfallen, notieren. Damit die Empfindungen des Beobachters nicht mit denen der Kinder vermengt werden, wird zum Abschluss der Beobachtung ein Perspektivenwechsel vorgeschlagen. Die Erzieherinnen sollen aufschreiben, welche Bedeutung die Situation für sie hätte, wenn sie das Kind wären.

Zur Dokumentation der Beobachtung haben Laewen und Andres einen Beobachtungsbogen entworfen, der in den folgenden offenen Beobachtungsfragen die beschriebene Vorgehensweise widerspiegelt:

Beobachtungsfragen

Was geschieht? Was tun, sagen die Kinder?

Was macht die Situation mit mir? Welche Reaktionen (körperlich, emotional, z. B. Anspannung, Freude, Interesse, Ärger, Langeweile, Angst) werden bei mir hervorgerufen? Was berührt mich, ruft Bilder, Erinnerungen wach, löst Gedanken, Ideen aus?

Wenn ich das Kind wäre, welche Bedeutung hätte die Situation für mich? Wie fühlen sich die einzelnen Kinder aus meiner Sicht?

Auswertung

Die Themen der Kinder sollen in jeweils fünf bis zehnminütigen Beobachtungen von verschieden Erzieherinnen festgehalten werden. Die Forscher schlagen vor, die dokumentierten Beobachtungen im Gesamtteam wöchentlich zu besprechen. Für den fachlichen Diskurs im Team haben Andres und Laewen die folgenden Leitlinien aufgestellt (2005, Seite 46):

- Die Verständigung über die Themen der Kinder und ihre Bildungsprozesse ist nie abgeschlossen. In einem Teamgespräch gefundene Deutungen und Antworten sind immer vorläufig.

Leitlinien für den fachlichen Diskurs

- Der fachliche Diskurs im Team zu den Themen eines Kindes ist Teil eines spiralförmigen Prozesses, in dem die Erzieherinnen interessiert forschend beobachten und ihre Wahrnehmungen reflektieren. Es wird gemeinsam überlegt, wie dem Kind auf seine Themen angemessen „geantwortet" werden könnte, welche Unterstützung oder Herausforderung es braucht und in welchen Interessen und Kompetenzen es bestärkt werden sollte.
- Die Annahmen der Erzieherinnen werden dann im Gespräch und gemeinsamen Handeln mit den Jungen und Mädchen überprüft.
- Die neu gesammelten Beobachtungen werden wieder zum Gegenstand des fachlichen Austauschs mit den Kolleginnen, und es wird auf einer neuen Ebene des Verstehens gemeinsam weitergedacht. Es gilt also, sich eine kritische Haltung gegenüber den eigenen Hypothesen zu bewahren und sich in erster Linie als Forschende und nicht als Wissende zu verstehen. Die Erzieherinnen sollten sich bewusst sein, dass ihrem gemeinsamen Nachdenken Grenzen gesetzt sind und jeder Erkenntnisgewinn vorläufig ist.

Dokumentation

Alle Beobachtungen werden in einem Portfolio gesammelt, das für jedes Kind fortlaufend geführt wird. Das Institut für angewandte Sozialisationsforschung sieht in der Dokumentation die Grundlage für die pädagogische Arbeit in der Kindertagesstätte und den Austausch mit den Eltern.

Beobachtung von bevorzugten kognitiven Mustern

Das Berliner Modelprojekt „Kinder- und Familienzentrum Schillerstraße" des Pestalozzi-Fröbel Hauses sieht als wesentliche Beobachtungseinheit kognitive Muster (Schemata) der Kinder an. Dieser Ansatz wurde im September 2001 von dem englischen Early Excellence Centre „Pen Green" in Corby übernommen, mit dem die Berliner Einrichtung eng zusammenarbeitet. Als Schemata werden **Wahrnehmungs- und Orientierungsmuster** bezeichnet, **mit deren Hilfe ein Kind die Welt entdeckt und die es zum Aufbau seines Wissens benutzt**. Bisher sind ca. 36 solcher Muster entdeckt worden. Die folgenden Schemata wurden nach Elschenbroich (2001) am häufigsten beobachtet:

Bevorzugte kognitive Muster

- **Die Linie**, die z. B. vom Kind gemalt wird, die es im Spiel herstellt, wenn es etwa Gegenstände vom Stuhl fallen lässt, oder die es beobachten kann, wenn beispielsweise Wasser aus dem Hahn fließt.
- **Das Einwickeln**, wenn das Kind z. B. Gegenstände verpackt oder sich selbst im Schlafsack versteckt.
- **Die Rotation,** wenn sich Kinder beispielsweise intensiv für den Ventilator oder die Waschmaschine interessieren, oder sich selbst drehen.
- **Das Transportieren**, bei dem das Kind Möbelstücke verrückt oder Busfahrer spielt, der Spielgefährten von einem Ort zum anderen bringt.
- **Das Verbinden,** bei dem das Kind sich für Verschlüsse jeglicher Art interessiert oder Erwachsene an einem Baum fesselt.

Dokumentation

Die Schemata werden in Alltagssituationen beobachtet und zusammen mit Fotos, Arbeiten der Kinder, Videoaufzeichnungen usw. in einem „Dossier" für jedes Kind fortlaufend dokumentiert.

Wenn die Erzieherinnen die jeweils aktuell von den Kindern verwendeten kognitiven Muster festgestellt haben, können sie Materialien bereitstellen und Aktivitäten vorschlagen, die den Kindern ermöglichen, ihre Schemata zu erproben und ihren Selbstbildungsprozess weiterzuentwickeln.

Die Schemata sollen auch im Elternhaus festgehalten werden. Die Interpretation führen Erzieherinnen und Eltern gemeinsam durch. Sie werden dabei von wissenschaftlichen Experten und Beratern unterstützt (siehe Hebenstreit-Müller und Kühnel 2004).

Wahrnehmende und entdeckende Beobachtung

Schäfer hat zur Erprobung des Bildungskonzeptes in Nord-Rhein-Westfalen ein eigenes Beobachtungsverfahren entwickelt (2004).

Offene, ungerichtete Beobachtung

Die individuellen Bildungsprozesse können nach Schäfer nur mit einer offenen, ungerichteten Beobachtung erfasst werden. Die Beobachterin ist bereit wahrzunehmen, was das Kind direkt oder indirekt über sich, seine Erlebnisse und Gedanken mitteilt. Sie ist offen für Überraschungen in ihren Wahrnehmungen, denn ungerichtetes Beobachten will die Interessen und Stärken jedes einzelnen Kindes, oder wie Schäfer es umschreibt, die „Besonderheiten individueller Kinder" entdecken.

Dazu begibt die Beobachterin sich in Alltagssituationen und nimmt das Geschehen und sich selber (Was bewegt mich, welche Bedeutung hat es für mich?) mit allen Sinnen wahr. Ihre Eindrücke macht sie sich bewusst und tauscht sie im Team aus, um zu entdecken, was sie für das Kind und sie selber bedeuten könnten. Schäfer spricht vom wahrnehmenden und entdeckenden Beobachten, das von dem Grundgedanken geleitet wird: **Alles kindliche Tun kann als sinnvoll verstanden werden!**

Als Wegweiser für die Reflexion einer Beobachtung hat er Leitfragen zu den Sinneserfahrungen, den Wegen der inneren Verarbeitung, den Formen der sozialen Beziehungen, dem Lernen der Kinder und den Material/Raumbedingungen entwickelt.

Beispiele für die Leitfragen zum wahrnehmenden und entdeckenden Beobachten (nach Schäfer 2004):

Leitfragen zur Auswertung

Sinneserfahrungen:

- Was nehmen die Kinder mit ihrem Körper wahr?
- Was sehen sie?
- Was hören sie?
- Welche Gefühle drücken sie aus?

Wege innerer Verarbeitung:

- Welche Interessen oder Themen beschäftigen die Kinder?
- Welche Vorstellungen, Bilder entwickeln die Kinder zu ihren Themen?
- Welche Theorien äußern die Kinder zu ihren Themen?
- Welche Fantasien werden weitergesponnen?
- Welchen Sinn geben sie ihrem Tun?
- Was wird gesprochen, in Worte gefasst?

Formen sozialer Beziehungen:

- Wie verständigen sich die Kinder untereinander mit - oder ohne Worte?
- Wie verständigen sich die Kinder mit Erwachsenen?
- Worüber wird gesprochen?
- Werden Wahrnehmungen, Empfindungen, Gefühle ausgesprochen?

Lernen in komplexen Situationen und Sinnzusammenhängen:

- Ergibt sich die Lern- oder Bildungssituation aus dem Alltagszusammenhang?
- Ist der beobachtete Prozess aus einer für das Kind nachvollziehbaren und sinnvollen Situation hervorgegangen?
- Ist ein Zusammenhang mit vorangegangenen Erfahrungssituationen erkennbar?

Forschendens Lernen:

- Probieren die Kinder etwas aus, was sie noch nicht kennen/können?
- Was fragen die Kinder?
- Welche Überlegungen (Theorien) stecken hinter ihren Fragen?

Material/Raumbedingungen:

- Welche Materialien wurden genutzt?

  Wie haben sich die räumlichen Gegebenheiten auf die Kinder ausgewirkt?
- Standen dem Kind Personen zur Verfügung, mit denen es seine Tätigkeit teilen konnte?

Beobachtungsfunktionen

Die Fragen sollen konkretisieren, was zu den jeweiligen Selbstbildungspotenzialen des Kindes und zu den äußeren Lernbedingungen beobachtet werden kann. Ihre Beantwortung dient dazu, den pädagogischen Alltag in Verständigung mit den Kindern weiter zu entwickeln und die individuellen Bildungsprozesse optimal zu gestalten.

Dokumentation

Die Ergebnisse der wahrnehmenden und entdeckenden Beobachtung sollen wie bei den anderen Ansätzen in einer Art Bildungsbericht für die einzelnen Kinder festgehalten werden. Der Bericht kann neben den Beobachtungsaufzeichnungen auch Fotos und Erzeugnisse von Kindern, Beschreibungen bemerkenswerter Ereignisse und Videoaufzeichnungen enthalten.

Zur Umsetzung des Beobachtungsverfahrens in die Praxis der Kindertageseinrichtungen wurden umfangreiche Arbeitshilfen erstellt (vgl. Schäfer, Strätz 2005).

Vergleich der Verfahren zur Beobachtung frühkindlicher Bildungsprozess

Der folgende Vergleich macht deutlich, dass den ausgewählten Beobachtungsverfahren unterschiedliche pädagogische Konzepte zur Erfassung frühkindlicher Bildungsprozesse zugrunde liegen, die auch zu unterschiedlichen methodischen Vorgehensweisen führen. Vor dem Einsatz eines Beobachtungsinstruments sollte sich die Erzieherin mit den jeweiligen theoretischen Grundlagen vertraut machen, um das ausgewählte Verfahren kompetent anwenden zu können und aussagekräftige Beobachtungsergebnisse zu erzielen.

Beobachtungs-verfahren	Konzepte zur Erfassung frühkindlicher Bildungs-prozesse	Methodische Vorgehensweise
Beobachtungsbogen zur Erschließung von „Themen der Kinder" Infans e.V. Berlin Andres & Laewen (2005)	*Themen der Kinder*: Die Welt- und Selbstdeutungen der Kinder, die in der Interaktion mit anderen Kindern und Erwachsenen entstehen.	Situationsbeobachtung der Kinder (5-10 Minuten): Was geschieht? Was tun, sagen die Kinder? Gefühle, spontane Ideen der Erzieherin dazu: Was geht in mir vor? Was macht die Situation mit mir? Perspektivenwechsel: Wenn ich das Kind wäre, welche Bedeutung hätte die Situation für mich? Erschließen der Themen der Kinder aus ihren Handlungen Fachlicher Diskurs zu den Themen der Kinder nach bestimmten Leitlinien (Andres & Laewen, 2005 S. 46)
Erfassung von bevorzugten kognitiven Mustern (Schemata) Pestalozzi- Fröbel Haus, Berlin Hebenstreit-Müller, & Kühnel (2004)	*Schemata*: Wahmehmungs- und Orientierungsmuster, mit deren Hilfe ein Kind die Welt entdeckt und die es zum Aufbau seines Wissens benutzt.	Situationsbeobachtungen der Kinder (5 - 10 Minuten) Erschließen der „Schemata" aus den beobachteten Handlungen der Kinder Austausch und Auswertung im Erzieherinnenteam
Bildungs- und Lerngeschichten DJI München Leu (2007)	*Lerndispositionen*: Situationsbezogene Lernstrategien, mit deren Hilfe ein lernender Mensch Lerngelegenheiten erkennen, auswählen, für sich nutzen oder auch sich selbst schaffen kann.	*Beschreibung*: Auf der Grundlage von Situationsbeobachtungen der Kinder (5 - 10 Minuten) Handlungssequenzen beschreiben und nach den Lerndispositionen analysieren. *Diskussion*: Austausch der Erzieherinnen im Team, mit den Kindern und den Eltern. *Dokumentation*: Erstellen der individuellen Lerngeschichte, Anlegen eines Ordners für die Lerngeschichten und andere Dokumente z. B. Arbeiten, Fotos oder Äußerungen der Kinder. *Entscheidung*: Auf der Grundlage der vorausgehenden Arbeitsschritte entscheiden, was das Kind als nächstes braucht z. B. welche Lerndisposition gefördert werden sollte.
Wahmehmende und Entdeckende Beobachtung Schäfer (2004) Bildungskonzept Nordrhein-Westfalen	Keine konzeptionellen Vorgaben Offene, ungerichtete Herangehensweise, um die „Besonderheiten individueller Kinder zu entdecken".	Ganzheitliche Wahrnehmung von Alltagssituationen der Kinder Selbstwahrnehmung der Beobachterin: Was bewegt mich? Welche Bedeutung hat das Geschehen für mich? Reflexion der Beobachtung im Erzieherinnenteam nach Leitfragen zu: ■ Sinneserfahrungen ■ Wegen der inneren Verarbeitung ■ Formen der sozialen Beziehungen ■ Lernen der Kinder ■ Material/Raumbedingungen

8.2.2 Dokumentation

Funktionen

Dokumentationen sollen die individuellen Bildungswege der Kinder nachvollziehbar und verständlich machen. Sie sind für die Kinder ein **„externes Gedächtnis“** über ihre Lernzeit im Kindergarten. Über die Dokumentationen treten die Kinder in einen **Dialog mit den Erwachsenen**. Für die Erzieherin sind Dokumentationen das professionelle Werkzeug, um ihre pädagogische Arbeit zu überdenken und weiterzuentwickeln. Systematische Dokumentationen bilden auch die notwendige sachliche Grundlage für einen kompetenten **Austausch der Erzieherinnen mit den Eltern**. Diese sollten von Anfang an über das Dokumentieren informiert sein und können dann kontinuierlich Anteil nehmen an dem (Selbst-) Bildungsprozess ihrer Kinder.

Durch die Dokumentationen frühkindlicher Bildungsprozesse stellt die Einrichtung sich in der Öffentlichkeit professionell dar und weist die **Erzieherin als Expertin für die Entwicklung und Bildung von Kindern** aus.

Die Bildungsdokumentation ist als Prozess zu sehen, der in drei Schritten erfolgt:

- **Sammeln**

  Ausgangspunkt jeder Dokumentation ist die **Erhebung möglichst vielfältiger Dokumente**, die Auskunft über die (Selbst)Bildungsressourcen und -potenziale der Kinder geben. Neben den Beobachtungsergebnissen können z. B. Kinderarbeiten, notierte Äußerungen der Kinder, spontane Notizen der Erzieherin, Selbstdarstellungen der Kinder (Selbstporträt, „Das mag ich“, „Meine Familie“, „Geschichten über mich“), Fotos und Videoaufzeichnungen gesammelt werden.

  Die praktischen Erfahrungen verdeutlichen die **Vor- und Nachteile der verschiedenen Möglichkeiten zur Datensammlung**. So sagt beispielsweise ein Foto alleine noch nicht viel über den kindlichen Bildungs- und Lernprozess aus. Eine Fotoserie von zwei bis fünf Bildern, ergänzt durch die „Geschichte“ die hinter den Aufnahmen steckt, kann dagegen als aussagekräftiger Hinweis auf die Entwicklungsthemen, mit denen sich das Kind gerade beschäftigt, dienen.

  Die Handlungen des Kindes kommen natürlich noch deutlicher zum Ausdruck in Video- oder Filmaufnahmen. Dazu muss die Erzieherin aber zunächst den kameratechnischen Umgang mit Licht- und Raumverhältnissen üben. Kinder sind viel in Bewegung. Die Erzieherin muss ihnen mit der Kamera folgen und immer wieder die Position finden, aus der sie das, was die Kinder gerade tun, am besten aufnehmen kann. Dennoch wird ihre Wahrnehmung begrenzt bleiben. Dies gilt vor allem für die Gespräche der Kinder, die mit den tontechnischen Möglichkeiten einer normalen Kamera meist nur unvollständig eingefangen werden können. Oft stören starke Nebengeräusche oder man hört nur das Kind, welches unmittelbar neben der Kamera postiert ist. Die Verbesserung der Tonqualität, beispielsweise durch ein Richtmikrofon, ist für die Kindertagesstätte zu aufwendig und zu kostspielig. So bleibt nur die Möglichkeit, das, was die Kinder sagen, im Nachhinein, möglichst zeitnah, schriftlich festzuhalten.

■ Aufbereiten

Die gesammelten **Dokumente** werden **beschriftet** (Name, Datum, Titel) und gegebenenfalls mit Erläuterungen versehen. So notiert sich die Erzieherin beispielsweise, was die Kinder zu den von ihnen gemalten Bildern sagen. Sie ergänzt eine Fotoserie durch Texte, die den Hintergrund der gemachten Aufnahmen deutlich werden lassen und zum besseren Verständnis beitragen. Außerdem werden **Interpretationen** zu den Dokumenten und Materialien **erstellt**.

Dazu gehört, die Beschreibungen der kindlichen Handlungen in den gesammelten Beobachtungsprotokollen nach festgelegten Kriterien zu bewerten und zu interpretieren. Am Beispiel der „Lerngeschichten" bedeutet das: Die Situationsbeobachtungen werden nach „Lerndispositionen" analysiert. d. h., es wird z. B. gefragt, woran das „Interesse" der Kinder oder ihr „Engagement" zu erkennen ist.

Kinderzeichnungen werden aufbereitet, indem man die **individuellen Veränderungen und Fortschritte festhält und bewertet**. So entsteht für jedes Kind eine Dokumentation der Entwicklung seines bildnerischen Gestaltens. In ähnlicher Weise können auch die Dokumentationen anderer Entwicklungsbereiche (z. B. Sprache, Motorik, Sozialverhalten) bearbeitet werden.

■ Auswählen und systematisieren

Das Ezieherinnenteam betrachtet die gesammelten Dokumente und Materialien in einer **Gesamtschau** mit dem Ziel, **Aussagen zu den individuellen Bildungsprozessen zu finden** (z. B. Fortschritte in der Sprachentwicklung belegt durch notierte Kinderäußerungen, feinmotorische Fähigkeiten dokumentiert durch eine Bastelarbeit, Bewegungssicherheit, die dem Beobachtungsprotokoll zur Bewegungsbaustelle zu entnehmen ist).

In Gesprächen tauschen sich die Erzieherinnen mit den Kindern darüber aus, was aus deren Sicht wichtig ist und dokumentiert werden sollte. Sie überlegen auch gemeinsam, **in welcher Form die Dokumentation erfolgen soll** (einen vorgefertigten Ordner benutzen, eine Mappe selber basteln und gestalten, Hefte für bestimmte Bereiche führen, Kästen für Dinge, die man nicht abheften kann, beispielsweise große Bilder oder Gesammeltes von Ausflügen).

Die Dokumentation soll den Eltern die Bildungswege ihrer Kinder in der Kindertagesstätte veranschaulichen. Dazu ist eine **Unterteilung der Bildungsdokumentation in bestimmte Rubriken** hilfreich (z. B. Beobachtungsergebnisse, Lerngeschichten, Selbstdarstellungen der Kinder, Werke der Kinder).

Je nach gewählter Bezeichnung entstehen so „Portfolios, Mappen, Bildungsbücher oder- berichte", die einen festen Platz in der Einrichtung haben sollten.

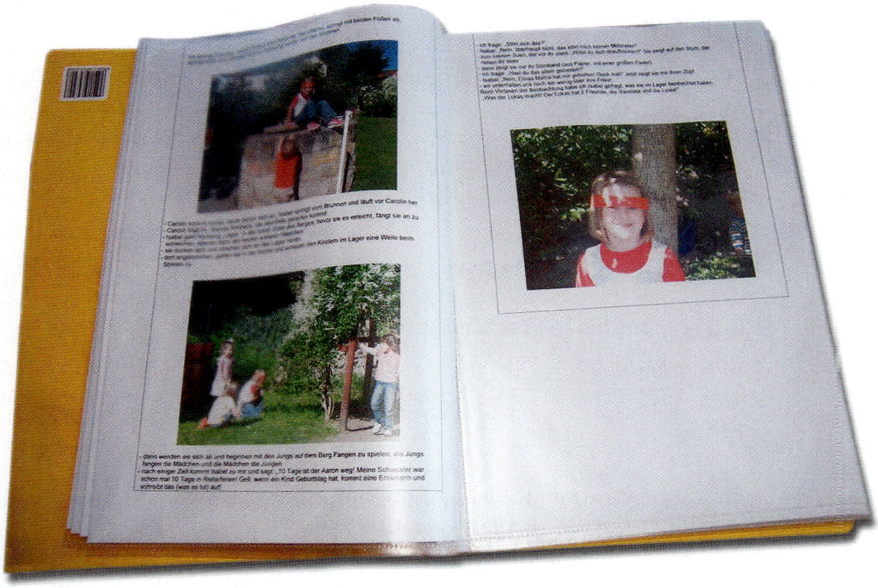

Alle gesammelten Dokumente sind Eigentum des Kindes bzw. der Eltern und dürfen deshalb auch nicht ohne deren Erlaubnis anderen (z. B. Schulen. Beratungsstellen) zugänglich gemacht werden.

Eine systematische, entwicklungszielorientierte Dokumentation der frühkindlichen Bildung hat der gemeinnützige Träger KLAX, Berlin mit seinen „Portfolio-Konzepten für Krippe, Kita und Kindergarten" vorgelegt.

In den von Bostelmann (2007/2008) herausgegebenen Handbüchern findet die Erzieherin konkrete Anleitung sowie Formulare und Kopiervorlagen für die Arbeit mit Portfolios.

Auf den Punkt gebracht

Den dargestellten Beobachtungsverfahren ist gemeinsam, dass sie sich an den Stärken der Kinder orientieren und sich auf den Prozess ihrer Selbstbildung konzentrieren (stärken- und prozessorientierte Beobachtung).

Die Beobachtungsansätze unterscheiden sich darin, in wie weit sie gerichtet an die Verhaltensäußerungen der Kinder herangehen.

In allen Ansätzen werden die Beobachtungsergebnisse dokumentiert.

Beobachtung und Dokumentation stellen die Grundlagen zur Erfassung der frühkindlichen Bildungsprozesse dar.

Aufgaben

1. Überprüfen Sie, inwieweit mit Hilfe der dargestellten Ansätze die frühkindlichen Bildungsprozesse erfasst werden können.
2. Entwerfen Sie eine Mappe zur Dokumentation der kindlichen Bildung.

8.3 Planungsformen

Die Planung in der elementarpädagogischen Arbeit unterscheidet sich grundsätzlich darin, in welchem Maße die Erzieherin für das Kind plant, bzw. das Kind in die Planung einbezieht. Im ersten Fall spricht man von geschlossener, im zweiten von offener Planung. Eine gezielte Beschäftigung der Erzieherin ist der geschlossenen Planung zuzurechnen, während die Projektarbeit mit Kindern eine offene Planung erfordert.

Die Festlegung auf eine bestimmte Planungsform für eine Einrichtung wirkt sich deutlich erkennbar auf das pädagogische Handeln der Erzieherinnen aus und **bringt das Selbstverständnis der Institution zum Ausdruck**.

8.3.1 Geschlossene Planung

Diese Planungsform beinhaltet ein Lernangebot, das von der Erzieherin entwickelt wird, **um gezielt Lernlücken zu schließen oder das Verhalten des Kindes zu verändern**. Die geschlossene Planung wird häufig zur Förderung im geistigen und motorischen Bereich eingesetzt (z. B. Erwerb von Wissen, Verkehrserziehung, Erlernen einer Sportart oder eines Musikinstruments).

Die Erzieherin erstellt ein Lernprogramm, das in aufeinander abgestimmten Lernschritten das Kind systematisch zum Lernziel führt. Am Ende des Lernprogramms kann eine Lernzielkontrolle stehen, um zu sehen, inwieweit das Kind das Lernziel erreicht hat. Bei der Entwicklung solcher Lernprogramme werden unterschiedliche Lernprinzipien berücksichtigt (z. B. Prinzip der Kindgemäßheit, der Aktivität, der Teilschritte usw.).

Die geschlossene Planung geht zunächst von der Erzieherin aus, die aus sachlogischen Gründen den Lernprozess unterteilt und in einem Lernprogramm zusammenstellt. **Das Kind wird von der Erziehenden**, die über Wissens- und Erfahrungsvorsprung verfügt, **geführt**. Dieses Vorgehen stellt besondere Anforderungen an die Erzieherin. Sie muss die Kinder dazu motivieren, an diesem Lernprogramm teilzunehmen. Sind die Vorgaben (z. B. Lernschritte, Übungsphasen) zu wenig auf die Interessen und Bedürfnisse der Kinder abgestimmt, so geht schnell die Lernfreude der Kinder und die Bereitschaft zum Mitmachen verloren.

Planung und Durchführung einer gezielten Beschäftigung

In der Einrichtung wird den Kindern die Geschichte von St. Martin vermittelt. Einige Kinder möchten die Laterne für den Sankt-Martins-Umzug selbst gestalten. Die Mitarbeiterin nimmt diesen Vorschlag auf und plant eine Aktivität für alle Kinder der Gruppe. Dabei gilt es vielerlei Gesichtspunkte zu beachten:

Planungsfragen

Wie kann das Angebot auf die unterschiedlichen Fähigkeiten der drei- bis sechsjährigen Kinder abgestimmt werden?

Sollen alle Kinder die gleiche Laterne gestalten oder sollten die Kinder aus verschiedenen Laternen mit unterschiedlichen Schwierigkeitsgraden auswählen?

Welche Materialien können verwendet werden und sind rechtzeitig zu besorgen?

Mit welchen Techniken können die Kinder die Laternen gestalten?

In welche Teilschritte sollte das Erstellen der Laterne unterteilt werden?

Wie wird erreicht, dass die Kinder mit Freude und der erforderlichen Ausdauer die Laternen basteln?

Solche Vorüberlegungen bestimmen die Planung.

Eine gute Planung gibt der Erzieherin die Sicherheit, dass die erforderlichen Vorbereitungen getroffen sind. Der Ablauf der Beschäftigung ist durchdacht und kindgemäß vorstrukturiert.

Im Einzelnen sollten bei der Planung folgende Elemente beachtet werden:

Planungs-elemente

- Analyse der Situation
- Beschreibung der Zielgruppe
- Formulierung der Lernziele
- Analyse des Lerninhalts
- Berücksichtigung der Lernprinzipien
- Planung des Verlaufs
- Reflexion der Aktivität

Analyse der Situation

Die Interessen und Bedürfnisse der Kinder und ihr Entwicklungsstand werden in vielen Situationen deutlich. Während des Freispiels beobachten die Erzieherinnen die Kinder bei unterschiedlichen Spielaktivitäten. Der Entwicklungsstand in den verschiedenen Fähigkeitsbereichen kann aus diesen Beobachtungen abgeleitet werden Die Kinder berichten beispielsweise beim Spielen, im Stuhlkreis, während des Frühstücks von Erlebnissen, die sie beschäftigen. Interessen und Bedürfnisse, Ängste und Hoffnungen, Erfolge und Enttäuschungen der Kinder kommen dabei zum Ausdruck.

Eine systematische Situationsanalyse umfasst möglichst viele Faktoren der Lebensumwelt der Kinder.

Die Analyse konzentriert sich auf folgende Bereiche:

Situation der Einrichtung

Konzeption der Einrichtung, personelle Situation, Raumangebot und Außengelände, Spiel- und Materialangebote, Ausstattung der Einrichtung.

Gruppenstruktur

Anzahl und Alter der Kinder, Verhältnis von Jungen und Mädchen, Phase des Gruppenprozesses, Positionen und Rollen der Kinder.

Situation des Kindes

Fähigkeiten und Interessen, Entwicklungsstand, Sozialverhalten, Verhaltensauffälligkeiten, Behinderungen.

Familiensituation

Familiäres Umfeld (welche Bezugspersonen betreuen das Kind?), Lebenssituation der Eltern, Wohnsituation, Interesse und Engagement der Bezugspersonen für die Arbeit in der Einrichtung.

Örtliche Gegebenheiten

Spielplätze, Ausflugsziele, kulturelle Angebote; Bildungseinrichtungen, Museum, Bibliothek, Jugendzentrum, Naherholungsgebiet.

Bedeutung der Situationsanalyse

Für die Planung der Beschäftigung ist es wichtig, sich die Situation der Kinder bewusst zu machen. Nur dann können Angebote entwickelt werden, die Kinder interessieren und motivieren. Es können aber auch möglicherweise Entwicklungsverzögerungen die Planung weiterer Angebote beeinflussen. Auf solche Auffälligkeiten sollte die Erzieherin achten, um sie im Team gezielt anzusprechen.

Beschreibung der Zielgruppe

Das geplante Angebot ist auf die jeweilige Zielgruppe (Gesamtgruppe, Teilgruppe, spezielles Kind) abzustimmen, um die an der Beschäftigung beteiligten Kinder nicht zu überfordern oder zu unterfordern.

So liegt die Konzentrationsdauer eines dreijährigen Kindes bei einem sprachbezogenen Angebot (z. B. Vorlesen, Geschichte erzählen ...) bei etwa 5 Minuten und beim handlungsbezogenen Angebot (z. B. Ausschneiden, Puzzle zusammensetzen) bei etwa 10 Minuten. Die gezielte Beschäftigung sollte nicht länger als 20 Minuten dauern.

Diese Durchschnittswerte können in der jeweiligen Zielgruppe durchaus abweichen. Wenn die Erzieherinnen die Kinder bei verschiedenen Tätigkeiten beobachten, können sie die Konzentrationsfähigkeit der Kinder recht gut einschätzen.

Für die jeweilige Beschäftigung können die Kindergruppen so zusammengesetzt werden, dass die Konzentrationsdauer der beteiligten Kinder nicht zu stark voneinander abweicht. Wenn die Kinder während der Beschäftigung unruhig werden, so kann dies auch nachlassende Konzentration signalisieren. Die Kinder verlieren das Interesse an der geplanten Aktivität, beschäftigen sich mit anderen Dingen und beginnen, andere Kinder in der Gruppe zu stören.

Planungskriterien

Neben der Konzentrationsfähigkeit der Kinder sind bei der Durchführung einer gezielten Beschäftigung weitere Gesichtspunkte zu beachten wie beispielsweise:

- Sprachverständnis des Kindes
- Gedächtnis
- Denkvermögen
- Motivation / Lernbereitschaft
- Sozialverhalten

Eine Orientierung über den Entwicklungsstand bei Kindern im Alter zwischen 3 und 6 Jahren gibt die folgende Übersicht:

Bereich	Alter: 3 Jahre	Alter: 4 Jahre	Alter: 5 Jahre	Alter: 6 Jahre
Konzentration	Sprachbezogenes Angebot: ca. 5 Min; handlungsbezogenes Angebot: ca. 15 Min.	Sprachbezogenes Angebot: ca. 10 Min; handlungsbezogenes Angebot: ca. 20 Min.	Sprachbezogenes Angebot: ca. 10 Min; handlungsbezogenes Angebot: ca. 25 Min.	Sprachbezogenes Angebot: ca. 15 Min; handlungsbezogenes Angebot: ca. 30 Min.
Sprachverständnis	Gutes Sprachverständnis, dennoch deutliches Sprechen und langsameres Sprechtempo erforderlich;	Häufig Warum- und Wie-Fragen; z. T. noch grammatikalische Fehler;	Einfache Wörter werden definiert; wenige Grammatikfehler;	Sichere Sprachbeherrschung; kaum Grammatikfehler;
Denken / Gedächtnis	Bildhaftes Speichern; nur ein Handlungsstrang kann erfasst werden;	Zunehmend sprachliche Speicherung; anschauliches Denken; Egozentrismus;	Vorwiegend sprachliche Speicherung; zwei Handlungsstränge können erfasst werden;	Sprachliche Speicherung; anschauliches Denken; zwei Handlungsstränge werden sicher erfasst;
Motivation	Personenbezogene Lernbereitschaft; starke Abhängigkeit von Zuwendung und Verstärkung durch die Erzieherin;	Personen- und sachbezogene Lernbereitschaft; immer noch starke Orientierung an der Erzieherin;		Zunehmend stärkere sachbezogene Lernmotivation;
Sozialverhalten	Hilfsbereit, freundlich; häufig Allein- und Parallelspiel; spontanes Handeln ohne Bedürfnisaufschub; eher körperliche Aggressionen;	Parallel- und phasenweise gemeinsames Spiel; Aggressionen werden körperlich und sprachlich gezeigt;	Gemeinsames Spiel mit anderen Kindern; Regeln werden eingehalten; ausgeprägter Gerechtigkeitssinn; sprachliche Konfliktlösung;	Zusammenspiel mit anderen ausgeprägt; Rücksichtnahme auf schwächere Kinder;

Entwicklungsstand

Die Angaben in der Tabelle beinhalten Durchschnittswerte, die zur ersten Einschätzung der Altersgruppe herangezogen werden können.

Nur eine gezielte Beobachtung der eigenen Kindergruppe ermöglicht, den Entwicklungsstand der Kinder zutreffend zu bewerten und damit das Angebot besser auf die Gruppe abzustimmen. Die Kinder können von diesen Werten aus ganz unterschiedlichen Gründen (z. B. Entwicklungsverzögerungen, fremdsprachliche Kinder) zum Teil erheblich abweichen.

Formulierung der Lernziele

Definition

Die Lernziele werden vor Beginn einer Beschäftigung formuliert.

Lernziele beschreiben die beabsichtigte Wirkung bei den Kindern, die an der Beschäftigung teilnehmen. Lernziele kennzeichnen somit den angetsrebten Lerngewinn für das Kind.

Wenn eine gezielte Beschäftigung geplant wird, ist es wichtig, Schwerpunkte zu setzen. Es werden bei den Angeboten häufig unterschiedliche Lern- und Erfahrungsbereiche der Kinder angesprochen. Deshalb muss bei der Festlegung der Lernziele deutlich werden, welcher Bereich im Mittelpunkt steht.

So kann die Erzieherin das Spiel „Memory" unter verschieden Gesichtspunkten einsetzen. Steht der geistige Bereich im Vordergrund, so kann die Förderung des Kurzzeitgedächtnisses beabsichtigt sein. Weiterhin kann die Erzieherin die abgebildeten Gegenstände von den Kindern benennen lassen und somit die Sprachkompetenz der Kinder, die einen geringeren Wortschatz haben, erweitern. Will man dagegen soziale Fähigkeiten ansprechen, so kann die Erzieherin Mannschaften mit jeweils zwei oder drei Kinder bilden, die sich absprechen dürfen und gegeneinander spielen.

Lernziele können verschiedene **Entwicklungsbereiche** betreffen. **Vier Lernzielbereiche** werden dabei unterschieden:

Lernziel-bereiche

Bereich	Beispiele
Geistiger Bereich	Beziehungen und Zusammenhänge erkennen, Wahrnehmungsfähigkeit, Kreativität, Sprachverständnis und sprachliche Ausdrucksfähigkeit, Gedächtnis, Wissen über Gegenstände und Sachverhalte seiner Umwelt, Konzentration und Ausdauer ...
Sozialer Bereich	Kontaktbereitschaft, Verantwortungsgefühl, Kommunikationsfähigkeit, Rücksichtnahme, Durchsetzungsvermögen, Kooperationsbereitschaft, Regelverständnis, Fähigkeit zur Konfliktlösung, Gemeinschaftsfähigkeit ...
Emotionaler Bereich	Freude, Angst, Geborgenheit, Zufriedenheit, Mitgefühl, Begeisterung, Trauer, Wut, Ablehnung, Hass, Mut, Fröhlichkeit ...
Motorischer Bereich	Geschicklichkeit, Körperbeherrschung, Beweglichkeit, Hand-Auge-Koordination ...

Lernziele können weiterhin verschiedenen **Lernziel-Ebenen** zugeordnet werden, die unterschiedlich konkret das angestrebte Verhalten der Kinder festlegen.

Weit verbreitet ist die Unterteilung in drei Lernziel-Ebenen:

Lernzielebenen

Ebene	Erläuterung	Beispiel
Richtziel	Es beinhaltet Angaben über den Zielbereich, auf den sich die Beschäftigung bezieht. Die Aussagen sind noch ungenau und können auf verschiedene Art und Weise verwirklicht werden.	Grundlegung eines verantwortungsbewussten Umgangs mit der Natur
Grobziel	Die angestrebte Verhaltensänderung bei den beteiligten Kindern wird beschrieben. Die Aussagen lassen noch eine geringe Zahl von Umsetzungen zu.	Das Kind hat Einblick in die Lebensweise von Vögeln.
Feinziel	Die angestrebte Verhaltensänderung wird genau beschrieben. Die Aussagen sind eindeutig und überprüfbar.	Das Kind beschreibt das Brutverhalten von Kohlmeisen. Das Kind zählt die typischen Merkmale der Kohlmeise auf.

Die Planung geht vom Richtziel aus und führt über Grobziele zu den Feinzielen, die am Ende einer Beschäftigung erreicht werden.

Analyse des Lerninhaltes

Die für die Beschäftigung festgelegten Lernziele müssen mit konkreten Lerninhalten verbunden werden. Dabei sind folgende Überlegungen anzustellen:

Welche Bedeutung hat der Lerninhalt für die Kinder im Augenblick (z. B. aktueller Anlass) und für die Zukunft?

Welche Zusammenhänge können durch den Lerninhalt dem Kind verdeutlicht werden?

Welche sachlogische Struktur weist der Lerninhalt auf? Inwieweit muss diese Struktur bei der Durchführung berücksichtigt werden?

Die Auswahl der Lerninhalte wird zudem von den verschiedenen Lernprinzipien beeinflusst. So ist beispielsweise zu überlegen, wie anschaulich kann der Lerninhalt vermittelt werden? Können die Kinder bei diesem Angebot zum aktiv Mitgestalten angeregt werden? Ist der ausgewählte Lerninhalt für die Kinder lebensnah und damit besonders motivierend?

Lernprinzipien

Die Lernprinzipien beschreiben **Grundsätze, durch die Lernvorgänge unterstützt und beschleunigt werden** können. Exemplarisch werden drei wichtige Lernprinzipien in der nachfolgenden Tabelle verdeutlicht:

Lern-prinzip	Erläuterung	Formen	Begründung der Wichtigkeit	Umsetzung in die erzieherische Praxis
Anschau-lichkeit	Anschauung spricht Wahrnehmung (Sehen, Hören, Fühlen, Schmecken, Riechen) an; Anschauung führt zu bildhaften Vorstellungen (bildliche Reproduktion).	Anschauungsmittel: Bild (Foto, Dia, Film, Plakat...) Modell (auf wesentliche Teile reduziert, Nachbildung), Realgegenstand	Anschauliches wird länger im Gedächtnis gespeichert; Prägt sich schneller ein (Lerntempo); Im Gehirn erfolgt eine intensivere Verankerung des Lerninhalts.	Möglichst viele Sinne beteiligen; dem Kind zum Anschauen genug Zeit lassen; Kinder sollen Gegenstände möglichst real in ihrer jeweiligen Umgebung erfahren (z. B. Ausflüge, Besichtigungen ...)
Aktivität	Kind zum praktischen Handeln anregen; Dem Kind Erfahrungsmöglichkeiten zur Eigenaktivität geben.	Aktivitätsebenen: Grobmotorik (Raumerfahrung, Bewegungserziehung ...) Feinmotorik (Experimentieren mit neuen Materialien; Bauen, Basteln ...) Sinneswahrnehmung (etwas befühlen, hören, riechen ...) Sprache (fragen, lesen, Rollenspiel ...).	Aktivität entspricht dem kindlichen Lernverhalten (z. B. Probieren, Zerstören, Aufbauen, Vergleichen ...) Learning by doing; Aktivität fördert das Neugier- und Frageverhalten; Förderung des spontanen kreativen Verhaltens; Kind wird dadurch selbstständiger / unabhängiger Selbstbestätigung und Entscheidungsfreiheit wird ermöglicht;	„Dem Kind helfen, es selbst zu tun." (Montessori); Kreativität des Kindes fördern und zulassen; Dem Kind Freiräume lassen, in denen es möglichst „gefahrlos" aktiv werden kann; Kinder bei Entscheidungen einbeziehen;
Übung	Willentliches Wiederholen geistiger oder körperlicher Tätigkeiten mit dem Ziel der Festigung von Fertigkeiten und Fähigkeiten	Übungsformen: Wiederholung (z. B. Regelspiel, Gedicht lernen ...) Wiederholung mit Variation bei gleichem Schwierigkeitsgrad (veränderte Spielregeln, andere Materialien ...) Wiederholung mit Variation bei höherem Schwierigkeitsgrad (Anzahl der Elemente deutlich höher ...).	Wiederholung führt zur Speicherung im Langzeitgedächtnis; Übung fördert die Sicherheit im Verhalten; Fehler werden schnelle erkannt und können korrigiert werden; Sicherheit im Verhalten ist die Voraussetzung für darauf aufbauende Lernprozesse.	Nicht stumpfsinnig wiederholen, sondern Variationen einplanen; Übung als Lernprinzip verbinden mit dem Prinzip der Teilschritte; Weiteres Übungsprinzip: „Vom Leichten zum Schweren";

Zu den weiteren Lernprinzipien zählen: Prinzip der Lebensnähe, Prinzip der Kindgemäßheit, Prinzip der Selbsttätigkeit, Prinzip der Teilschritte.

Planung des Verlaufs

Die Verlaufsplanung wird in drei Phasen unterteilt: Hinführung, Erarbeitung, Abschluss

Aufbau einer Beschäftigung				
Thema:				
Zielgruppe				
Ziele				
Phase	**Zeit (Min.)**	**Geplanter Verlauf**	**Medien**	**Begründung**
Hinführung:				
Erarbeitung:				
Abschluss:				
Reflexion:				

Phasen einer Beschäftigung

Hinführung

Das Kind soll für das Lernangebot motiviert werden. Die Erzieherin führt das Kind an das Thema heran und weckt das **Interesse für den Lernbereich**.

Die Lerngruppe wird positiv auf das Angebot eingestimmt und beim Kind entsteht der Wunsch, sich mit dem Thema näher zu befassen. So könnte z. B. die Erzieherin einen Gegenstand, der mit dem Thema eng verknüpft ist, mitbringen; einen Gegenstand zunächst verdecken, um die Neugier der Kinder zu wecken; etwas vorführen (z. B. Jonglieren); von einem Erlebnis berichten.

Diese Phase sollte nicht zu lange ausgedehnt werden.

Erarbeitung

Diese Phase steht im Zentrum der Beschäftigung. Das Vorgehen der Erzieherin wird vom Lerninhalt bestimmt und fällt deshalb bei jeder Aktivität unterschiedlich aus. In der Regel wird der gesamte Lerninhalt in verschiedene Lernschritte, die aufeinander bezogen sind, unterteilt.

Innerhalb der Erarbeitungsphase muss die Erzieherin zwei Abschnitte unterscheiden: Zum einen werden neue Informationen oder Handlungsschritte vermittelt und zum anderen müssen diese neuen Informationen vom Kind verarbeitet und vertieft werden. Bei der Planung sollte etwa ein Drittel der Zeit für die **Informationsvermittlung** und zwei Drittel der Zeit für die **Informationsverarbeitung und -vertiefung** vorsehen werden.

Abschluss

Die Abschlussphase rundet die Beschäftigung ab und führt zu einer Entspannung des Kindes. Am Ende der Beschäftigung sollte das Kind ein **Erfolgserlebnis** haben. Der Erziehende sollte den Verlauf so organisieren, dass die Kinder möglichst gemeinsam zum Abschluss gelangen. Es bietet sich z. B. an, am Ende des Angebots eine **gemeinsame Aktivität** durchzuführen (z. B. sich die Ergebnisse der Beschäftigung gemeinsam ansehen, ein gemeinsames Spiel, ein Lied). Die Lerngruppe sollte nach dem Abschluss bereits positiv auf die nächste Beschäftigung eingestimmt werden.

Reflexion

Nach Ablauf der Beschäftigung wird die Planung mit dem tatsächlichen Verlauf in Beziehung gesetzt.

Die Reflexion beinhaltet eine systematische Kontrolle des eigenen pädagogischen Handelns. Es wird durch die Reflexion bewusster und es werden Ansatzpunkte für eine Verbesserung der pädagogischen Arbeit mit den Kindern deutlich.

Die Reflexion kann in unterschiedlicher Weise durchgeführt werden. Die **Selbstreflexion** (z. B. nach einer gezielten Beschäftigung) besteht aus einer selbstkritischen Nachbesinnung, die häufig unter dem unmittelbaren Eindruck des Geschehens erfolgt. Die **Fremdreflexion** wird von Personen durchgeführt, die als Beobachter nur indirekt am Geschehen beteiligt sind (z. B. die Anleiterin beobachtet die Praktikantin während einer Übung). Zusätzlich kann mit Hilfe von

Aufzeichnungsgeräten (z. B. Videokamera) das Geschehen dokumentiert und die Reflexion noch differenzierter erfolgen.

Die Reflexion kann mehr oder weniger strukturiert und systematisch durchgeführt werden. Um einen langfristigen Verbesserungseffekt zu erreichen, sollte die Reflexion systematisch erfolgen und sich an folgenden Leitfragen orientieren:

Leitfragen zur Reflexion

Zielerreichung

Wurden die Ziele zutreffend formuliert?
In welchem Umfang wurden die angestrebten Ziele tatsächlich erreicht?
Aus welchen Gründen wurden Ziele nicht verwirklicht?

Angemessenheit des Lerninhaltes

Wurden die Lerninhalte kindgerecht im Hinblick auf die Bedürfnisse und Interessen der beteiligten Kinder ausgewählt?
War das Sachwissen ausreichend?
Müssen Kenntnislücken noch geschlossen werden?

Angemessenheit der Methoden

In welchem Maß wurden die Kinder in der Hinführung motiviert?
Wurden die Lernprinzipien entsprechend bedacht (z. B. Aktivität der Kinder, Anschaulichkeit und Kindgemäßheit des Angebots, Teilschritte, Übung, Differenzierung)?
War der Aufbau der Beschäftigung für die Kinder nachvollziehbar, logisch, motivierend?
Hatte die Beschäftigung einen Spannungsbogen?
Wurden Medien sach- und kindgerecht eingesetzt?
Wurde der Raum beschäftigungsgerecht vorbereitet und genutzt (z. B. Sitzordnung)?
Entsprach die Materialvorbereitung den Erfordernissen der Beschäftigung (Menge, Funktionstüchtigkeit)?

Erzieherisches Verhalten

Wie war das Verhältnis Erzieherin - Kind während der Beschäftigung?
Welche erzieherischen Mittel wurden eingesetzt (z. B. Lob, Anerkennung, Strafe)?
Wurde der Überblick behalten?
Wurde die Gruppensituation in der Beschäftigung aufgegriffen und situationsgerecht berücksichtigt?
War die Sprache verständlich, eindeutig und kindgerecht?
War die Aussprache deutlich?
Wie wurden die Kinder durch die Erzieherin zum Mittun und Fragen angeregt (Impulse, Fragetechnik, Anweisungen ...)?

Konsequenzen

Wie könnte die Beschäftigung fortgesetzt werden? Welche Möglichkeiten der Vertiefung und Festigung bestehen?

Welche Aspekte sollte bei der nächsten Beschäftigung verändert werden?

Welche langfristigen Veränderungen des eigenen Verhaltens (z. B. Erziehungsstil, Einsatz von Erziehungsmitteln) sollten angestrebt werden?

Die Durchführung einer geplanten Beschäftigung umfasst folgenden Ablauf:

Situationsanalyse	Genaue Erfassung der Lebensumwelt der Kinder;
Beschreibung der Zielgruppe	Die Fähigkeiten, Interessen, Vorerfahrungen werden erfasst, um die Kinder in der Beschäftigung nicht zu überfordern;
Formulierung der Lernziele	Vor Beginn der Beschäftigung wird die beabsichtigte Wirkung des Angebotes auf die Kinder beschrieben;
Analyse des Lerninhaltes	Der Lerninhalt wird hinsichtlich seiner Struktur, seiner Bedeutung für Kinder usw. überprüft;
Verlaufsplanung	Der geplante Ablauf wird in drei Schritte unterteilt: Hinführung – Erarbeitung – Abschluss
Reflexion	Nach Abschluss der Beschäftigung wird die Planung mit dem tatsächlichen Verlauf verglichen; die Planung, das eigene Verhalten, die Wirkung auf die Kinder, kritisch hinterfragt.

8.3.2 Offene Planung

Die offene Planung geht von der Lebenssituation der Kinder aus. Eine Analyse der Lebenssituation verdeutlicht die Lerninteressen und die Lernbereitschaft der Kinder. Diese Erkenntnisse bilden den Ausgangspunkt der offenen Planung. Das Kind wird nicht wie bei der geschlossenen Planung mit einem Lernprogramm konfrontiert. Das Kind erhält von der Erzieherin Anregungen, Hilfen und Unterstützung, um eigene Ideen zu verwirklichen. **Lernziele und Lernwege werden vom Kind selbst bestimmt**. Die Erzieherin organisiert den Lernprozess mit dem Kind und für das Kind. Das Vorgehen engt das Kind wenig ein und lässt dem Kind einen breiten Entscheidungsfreiraum.

Wenn das Kind neue Ideen entwickelt, so muss die Erzieherin abwägen, inwieweit das Lernangebot zu verändern ist oder ein neues Lernangebot an seine Stelle tritt. Wenn zu schnell und häufig gewechselt wird, besteht die Gefahr, von Lernangebot zu Lernangebot zu springen, ohne das Angefangene abzuschließen. Die genaue methodische Vorgehensweise in der offenen Planung wird in Kapitel 3.5.3 beschrieben.

Projektarbeit mit Kindern

Prinzipien

Die Projektarbeit entwickelt sich aus einem bestimmten Interesse, das vom Kind ausgeht. Hinsichtlich der Zeit und der Intensität, mit der ein Projekt bearbeitet wird, bestehen keine vorher festgelegten Grenzen. So könnte ein Projekt zum Thema „Wasser" oder „Haustiere" über mehrere Monate durchgeführt werden.

Besonders wichtig ist, dass die Kinder selbst aktiv werden, indem sie selbst Erfahrungen sammeln, etwas eigenständig erkunden und ausprobieren. Neben der **Selbsttätigkeit** des Kindes ist die **Ganzheitlichkeit** ein wichtiger Aspekt. Es ist deshalb darauf zu achten, dass möglichst viele Sinne und Ausdrucksformen im Projekt angesprochen werden.

Das Interesse des Kindes bestimmt den Ablauf und die Dauer des Projektes. Das Kind bringt sich selbst mit seinen Erfahrungen, seinem Wissen und Beobachtungen ein und sammelt im Austausch mit den anderen Kindern auch wichtige **soziale Erfahrungen**. Es lernt beispielsweise seine eigene Meinung zu äußern, Entscheidungen gemeinsam zu treffen und Mehrheitsbeschlüsse anzuerkennen.

Projektverlauf

Kindorientierte Projekte lassen sich nicht in eine feste Abfolge bringen, wie sie bei schulischen Projekten üblich ist (vgl. Kap. 2.4). Die Projektarbeit mit Kindern, wie sie in besonderer Weise in der Reggio-Pädagogik praktiziert wird, ist demgegenüber gekennzeichnet durch eine variierende Wiederholung der folgenden Hauptelemente (vgl. Knauf, 2004):

- **Sinnliche Wahrnehmung:** Entdeckungen, Erkundungen, Erfahrungen der Kinder
- **Reflexion:** Deuten von Beobachtungen, Nachdenken über Wirkungszusammenhänge, Verbinden von Wahrnehmungen und inneren Bildern, Hervorbringen von Erinnerungen an ähnliche Situationen
- **Aktion:** Erforschendes, erkundend-experimentelles Handeln, Darstellen der persönlich bedeutungsvollen Gegenstände und Handlungen und der gewonnenen Erkenntnisse durch verschiedene Ausdrucksmittel
- **Kommunikation:** Austausch über Beobachtungen, Handlungen, Gedanken und Gefühle.

Dokumentation

Parallel zum Projektverlauf werden die Entdeckungen, Ideen und Erkenntnisse der Kinder von den Erzieherinnen protokolliert und gemeinsam mit den Kindern dokumentiert. Die Dokumentation enthält z. B. Kinderarbeiten, Äußerungen der Kinder, Fotos oder Videos. Die Erzieherinnen besprechen das Projekt mit den Kindern. Im Auswertungsgespräch sollten u. a. folgende Fragen geklärt werden:

Auswertung

- Welche Inhalte haben die Kinder am meisten angesprochen?
- Welche Informationswege haben die Kinder gewählt, um den Inhalt zu erschließen?
- Welche Hilfestellungen sind gegeben worden?
- Welche Lernerfahrungen- neuen Erkenntnisse hat das Projekt den Kindern gebracht?
- Was würden die Erzieherinnen bei einem weiteren Projekt in jedem Fall wieder so praktizieren bzw. künftig unterlassen?

Beispielprojekt: „Garten"

Das Projekt „Garten" könnte vom persönlichen Erfahrungsbereich der Kinder ausgehen (z. B. der Garten des Kindergartens, der eigene Garten, Parkanlagen in der Nähe). Dieser Erfahrungsbereich kann auf vielfältige Art und Weise erfasst werden (Bilder, Fotografien, Collagen). Die Pflanzen und die Tiere im Garten werden beispielsweise von den Kindern bestimmt. Die Bedeutung des Gartens für den Menschen sowie der Einfluss des Menschen auf die Gartengestaltung kann verdeutlicht werden. Der Garten kann aus verschiedenen Perspektiven betrachtet werden (z. B. wie nehmen verschiedene Tiere den Garten wahr?). Die Veränderungen des Gartens in den Jahreszeiten könnten dazu dienen, wiederkehrende natürliche Abläufe zu verdeutlichen. Der Garten kann mit allen Sinnen erforscht werden. Die Kinder könnten an der Gestaltung des Gartens in der Einrichtung beteiligt werden (z. B. Anlage von Blumen- und Gemüsebeeten) und damit Verantwortung für die Natur unmittelbar erleben.

In besonderer Weise wurde die Projektarbeit mit Kindern in der Reggio-Pädagogik entwickelt (siehe dazu Kapitel 3.6.3).

8.3.3 Hilfeplanverfahren – Hilfeplan

Gesetzliche Grundlage

Die Erzieherin, die im Bereich der Kinder- und Jugendhilfe tätig wird, trifft auf eine besondere Planungsform, in der es darum geht, eine geeignete Erziehungshilfe für Kinder, Jugendliche und Familien zu organisieren. Die Hilfen sind in dem 1991 in Kraft getretenen achten Sozialgesetzbuch (SGB VIII) geregelt. Das SGB VIII bietet ein differenziertes Leistungsangebot für Familien, auf das ein Rechtsanspruch besteht, falls eine dem Wohl des jungen Menschen entsprechende Erziehung nicht gewährleistet ist und eine Jugendhilfeleistung als geeignetes Mittel erscheint, das Kind oder den Jugendlichen in seiner Entwicklung zu unterstützen. Das Wohl des Kindes/Jugendlichen wird von dem Jugendamt als öffentlichen Jugendhilfeträger überwacht. Der Gesetzgeber verpflichtet das Jugendamt vor Erbringung einer Hilfe ein ordentliches Verfahren durchzuführen, das als Hilfeplanverfahren bezeichnet wird.

Dieses Verfahren strukturiert die Zusammenarbeit des Jugendamtes mit dem jungen Menschen, seiner Familie und anderen Institutionen, die bei der Durchführung der Hilfe tätig werden. Es koordiniert die Mitwirkung und Mitverantwortung aller am Hilfeprozess Beteiligten mit dem Ziel. in einem offenen Dialog eine Entscheidung über die bestmögliche Hilfe im Einzelfall herbeizuführen.

Beteiligte

Beteiligt am Hilfeplanverfahren sind:

- Das *Jugendamt* als öffentlicher Träger der Jugendhilfe mit Letztverantwortung für die Gewährung der beantragten Hilfe
- Der/die Minderjährige bzw. junge Volljährige als *Leistungsempfänger/in*
- Die Sorgeberechtigten als *Leistungsberechtigte*
- Der Träger einer Einrichtung oder eines Dienstes als *Leistungserbringer*

Verfahrensschritte

Die fachlich-qualifizierte Durchführung des Hilfeplanverfahrens ist bundesweit unterschiedlich. Dennoch lassen sich die folgenden Verfahrensschritte übereinstimmend ausmachen:

Information und Beratung

Der Hilfeprozess beginnt in der Regel mit einer ausführlichen Beratung der Betroffenen (Eltern, Kinder/Jugendliche und junge Volljährige) durch das Jugendamt. Auf der Grundlage einer möglichst situationsnahen Beschreibung der aktuellen Lebenslage der Familie, der Kinder/Jugendlichen und/oder der jungen Volljährigen muss das Jugendamt vor der Gewährung einer Hilfe abklären, inwieweit ein *erzieherischer Bedarf* dafür besteht. Maßstab für die Beurteilung der Angemessenheit einer Erziehungshilfe ist für das Jugendamt die mögliche oder schon bestehende Gefährdung des Kindeswohls.

Erarbeitung von Entscheidungsvorschlägen für die Hilfen durch das Jugendamt

Wenn der erzieherische Bedarf begründet festgestellt wurde, geht es darum, *geeignete und notwendige Hilfen* zu finden. Dabei ist das Jugendamt dem *Verhältnismäßigkeitsprinzip* als verfassungsmäßigem Recht verpflichtet. Danach müssen die in Frage kommenden Erziehungshilfen dahingehend überprüft werden, ob zwischen der Aussicht auf Erfolg der Maßnahme und den Einschränkungen, die den Leistungsberechtigten auferlegt werden, eine Balance besteht.

Beispiel:
Anhaltende, massive Schulschwierigkeiten. Eine mögliche Hilfe wäre eine (teilstationäre) Tagesbetreuung. Der Betroffene kann dabei in seiner Familie verbleiben, die vor allem im Schulbereich professionelle Unterstützung erfährt. Ein stationäres Hilfeangebot (Heimerziehung) bedeutet Herausnahme aus der gewohnten Umgebung, ist aber kontrollierter und gezielter durchzuführen. Die Chancen und Risiken der verschiedenen möglichen Maßnahmen müssen also genau analysiert werden, um fallspezifisch angemessene Lösungsvorschläge zu erarbeiten.

Gemeinsame Entscheidung über die geeignete und notwendige Hilfe zur Erziehung (Hilfeplan)

In einem gemeinsamen Gespräch unterbreitet das Jugendamt den Leistungsberechtigten seine Vorschläge hinsichtlich der vorgesehenen Hilfe zur Erziehung. Nach § 5 Abs. 1 SGB VIII haben die „Leistungsberechtigten das Recht, zwischen Einrichtungen und Diensten verschiedener Träger zu wählen und Wünsche hinsichtlich der Gestaltung der Hilfe zu äußern. Sie sind auf dieses Recht hinzuweisen."

Kinder und Jugendliche sind entsprechend ihrem Entwicklungsstand an allen sie betreffenden Entscheidungen zu beteiligten (§ 8 Abs. 1 SGB VIII). Sie sind in geeigneter Weise auf ihre Rechte hinzuweisen. Der Gesetzgeber beabsichtigt mit dieser Vorgehensweise, die *Entscheidungsprozesse in der Jugendhilfe transparent zu gestalten.*

Er geht außerdem davon aus, dass die Hilfe zur Erziehung erfolgreicher und passgenauer wird, wenn die Betroffenen umfassend beteiligt sind und mitgestalten können.

Nachdem die Vorschläge der Fachkräfte des Jugendamtes gemeinsam besprochen und bewertet worden sind, wird eine *einvernehmliche Entscheidung bezüglich der geeigneten und notwendigen Hilfeform* getroffen.

Grundlage für die Ausgestaltung der Hilfen aus dem SGB VIII ist ein vom Gesetzgeber vorgeschriebener *Hilfeplan* (§ 36 SGB VIII), den alle am Hilfeprozess Beteiligten gemeinsam aufstellen.

Der Hilfeplan dient als Koordinierungsinstrument zwischen Jugendamt, Leistungserbringer und Leistungsberechtigten und trägt somit wesentlich zur Qualifizierung des Hilfeprozesses bei. *Der Hilfeplan beschreibt den erzieherischen Bedarf, die Ziele der Hilfe, die Hilfeart und die Leistungen der Jugendhilfe.*

Er legt Einzelheiten fest, die die Durchführung einer Hilfe betreffen (z. B. Umfang und zeitliche Perspektive). Der Hilfeplan beginnt bei der Hilfeeinleitung und findet seinen Abschluss bei der Beendigung der Jugendhilfe.

Erbringung der Hilfe

Die Verantwortung für die Umsetzung der Hilfeplanvereinbarungen trägt die ausgewählte Jugendhilfeeinrichtung. Sie erfüllt ihren Auftrag, indem sie für die Leistungsempfänger *individuelle Erziehungspläne* erstellt. Hier werden die Schritte und Maßnahmen aufgezeigt, die zur Erreichung der im Hilfeplan ausgewiesenen Ziele dienen. Die Einrichtung dokumentiert ihre Arbeit durch regelmäßige Aufzeichnungen. Ein Abgleich dieser Aufzeichnungen mit den Hilfeplanvereinbarungen mündet in einer schriftlich fixierten Zusammenfassung (*Situationsbericht*), die als Grundlage für das nächste Hilfeplangespräch dient.

Hilfeplanfortschreibung

Das Hilfeplanverfahren sieht vor, dass ein Hilfeplan nach der Ersterstellung in vereinbarten Zeitabständen (in der Regel halbjährig) überprüft und fortgeschrieben wird. Zu diesem Zweck findet ein erneutes Gespräch aller an der Hilfe Beteiligten statt. Verantwortlich für die Planung und die Moderation des Hilfeplangesprächs ist das zuständige Jugendamt.

Auf der Grundlage des Situationsberichtes des Leistungserbringers wird überprüft, inwieweit die gesetzten Ziele nach Ansicht der Beteiligten durch die ausgewählte Hilfe erreicht wurden. Nach der genauen Analyse der Ist-Situation (Wie hat sich die Situation verändert? Welche konkreten Ziele wurden nach Ansicht der Beteiligten durch die ausgewählten Maßnahmen erreicht, nicht erreicht oder verändert?), erfolgt die gemeinsame Entscheidung über das weitere Vorgehen, die Fortschreibung des Hilfeplans (Welche Hilfen werden angeboten, um die neuen Ziele zu erreichen? Wer leistet die Hilfen? Wie arbeiten die Beteiligten zusammen?) oder gegebenenfalls die Beendigung der Hilfe.

Das Hilfeplanverfahren im Überblick

Verfahrensschritte	Ziele	Beteiligte
1. Information und Beratung	Analyse der aktuellen Lebenslage der Hilfesuchenden. Abklären des erzieherischen Bedarfs.	Jugendamt, Leistungsberechtigte (Erziehungsberechtigte, Kinder, Jugendliche junge Volljährige)
2. Erarbeitung von Entscheidungs-vorschlägen	Geeignete und notwendige Hilfen zur Erziehung finden. Grundlage: „Verhältnismäßigkeitsprinzip" (Analyse der familiären und sozialen Risiken und Chancen der verschiedenen Hilfen).	Fachdienste des Jugendamtes
3. Hilfeplangespräch	Gemeinsame Entscheidung über die geeignete und notwendige Erziehungshilfe. Auswahl des Leistungserbringers. Erstellen des Hilfeplans.	Jugendamt, Leistungsberechtigte, Leistungserbringer
4. Fortschreibung des Hilfeplans	Analyse der gegenwärtigen Situation, Überprüfung des erzieherischen Bedarfs, Jugend Fortsetzung, Änderung oder Beendigung der Erziehungshilfe.	Jugendamt, Leistungsberechtigte, Leistungserbringer

Aufgaben der Erzieherin im Hilfeplanverfahren

Individuelle Erziehungspläne

Die Erzieherin sollte mit den gesetzlichen Bestimmungen und den Schritten des Hilfeplanverfahrens vertraut sein. Ihr wesentlicher Aufgabenbereich liegt allerdings in der pädagogischen Betreuung der Leistungsempfänger. So erstellt die Erzieherin individuelle Erziehungspläne und gestaltet ihre Umsetzung in dem jeweiligen Jugendhilfesetting mit.

Der Erziehungsplan geht von den Zielvereinbarungen des Hilfeplans aus und legt die pädagogischen Maßnahmen zur Erreichung der aufgestellten Ziele fest.

Beteiligung der Kinder und Jugendlichen

Wesentlich ist die aktive Beteiligung des Leistungsempfängers. Die Erzieherin motiviert die Kinder und Jugendlichen, sich mit ihrer aktuellen Situation auseinanderzusetzen. Sie sollen sich Gedanken darüber machen, warum sie an der Jugendhilfemaßnahme teilnehmen und was sie erreichen möchten. Die Erzieherin gibt den Kindern und Jugendlichen zu verstehen, dass das, was sie sagen, wichtig ist. Sie begegnet ihnen wertschätzend. Sie ist bereit zuzuhören, so dass die Kinder und Jugendlichen aktiv werden können. Ansatzpunkt ihrer erzieherischen Bemühungen sind die Stärken der Leistungsempfänger. Unter der Anleitung der Erzieherin lernen sie schrittweise mit ihren Schwächen umzugehen.

Elternarbeit

Zur Erziehungsplanung gehört auch die Einbeziehung der Eltern. Die Erzieherin macht sich ein Bild von der aktuellen Situation der Familie. Sie führt Elterngespräche und hält regelmäßigen Kontakt zu den Eltern. Das kann sich ergeben, wenn die Kinder abgeholt oder gebracht werden. In besonderen Fällen werden auch Hausbesuche vereinbart. Die Erzieherin beobachtet die Eltern-Kind Beziehungen und bewertet ihren Einfluss auf die Hilfemaßnahme. Sie nimmt die Elternrechte, aber auch ihre Pflichten im Hilfeprozess ernst und bringt damit ihre Wertschätzung der Eltern zum Ausdruck. Die Verantwortlichkeit der Sorgeberechtigten bleibt bestehen. Die Eltern werden als „Experten" in der gewachsenen Beziehung zu ihren Kindern gesehen und ihre Erfahrungen werden bei der Hilfeplanung berücksichtigt.

Schule und Ausbildung

Der Erziehungsplan enthält auch Ziele bezüglich der Schul- und Ausbildungssituation der Leistungsempfänger. Die Jugendhilfeeinrichtung steht in ständigem Kontakt zu den Schulen und Ausbildungsstätten. Die Erzieherin informiert sich über den aktuellen Leistungs- und Ausbildungsstand und plant zusammen mit dem Team sowie den Kindern und Jugendlichen die erforderlichen Maßnahmen zur Erreichung der gesetzten Lern- und Ausbildungsziele.

Motivation und Begleitung

Eine besondere Bedeutung kommt in der Kinder- und Jugendhilfe der Schaffung und Erhaltung von Lern- und Leistungsmotivation zu. Der Erziehungsplan sollte dazu methodisch vielseitige, individuell zugeschnittene Förderangebote ausweisen. Im Einzelfall werden auch besondere pädagogische und therapeutische Maßnahmen in den Erziehungsplan aufgenommen (z. B. Logopädie, Ergotherapie, Sonderkindergarten, Erziehunasberatung). Aufgabe der Erzieherin ist es, diese Maßnahmen pädagogisch zu begleiten. Sie motiviert die Kinder und Jugendlichen zur Teilnahme, führt ergänzende Übungen mit ihnen durch, spricht mit ihnen über ihre Erfahrungen und baut mögliche Ängste ab.

Die fortlaufende, systematische Dokumentation der pädagogischen Arbeit der Erzieherin geht in den Situationsbericht des Leistungserbringers ein. Dieser Bericht dient als Grundlage für das Hilfeplangespräch (siehe Hilfeplanverfahren) und beschreibt die aktuelle Situation des Leistungsempfängers in folgenden Punkten:

Dokumentation

Leben in der Gruppe (Schilderung des Alltags, Verhältnis zu den anderen Kindern/Jugendlichen und Betreuern, Grad der Integration in die Gruppe)

Schule/Ausbildung (Leistungsstand, Stärken/Schwächen, Verhalten, Lern- und Leistungsmotivation, Grad der Integration in die Schulklasse/Ausbildungsgruppe

Familiäre Situation/Familienarbeit (Sorgerecht, Lebenslage der Familie, Geschwister, Kontakt zum Elternhaus, Besuchsregelung, Einbeziehung der Eltern in die pädagogische Arbeit)

Soziales Umfeld (Lebenswelten von Kindern und Jugendlichen, Gruppe der Gleichaltrigen, Kinder- und Jugendzentren)

Ausblick/Perspektiven/Empfehlungen/Ziele/Klärungsbedarf (Folgerungen aus der Situationsbeschreibung, geplante Maßnahmen, Schritte zur Realisierung, Zeitplanung)

Ein hohes Maß an pädagogischen und menschlichen Anforderungen mit einer einfühlsamen und wertschätzenden Grundhaltung, einem breiten Fachwissen und vielseitigen Kompetenzen in kollegialer Verantwortung zu bewältigen.

Auf den Punkt gebracht

Die sozialpädagogische Arbeit mit Kindern und Jugendlichen wird durch unterschiedliche Formen der Planung bestimmt, die sich darin unterscheiden, in welchem Ausmaß die Kinder und Jugendlichen beteiligt werden und welchem Ziel sie dienen.

- Die **geschlossene Planung** geht von einem Lernprogramm aus, das der Erwachsenen erstellt und das ein systematisches Erarbeiten des Lerninhaltes erlaubt. Die **offene Planung** berücksichtigt die Ideen der Kinder und bietet Hilfen zur Verwirklichung dieser Ideen an.
- Die **Projektarbeit mit Kindern** führt zu einer umfassenden gemeinsamen Erarbeitung eines Themenschwerpunktes.
- Das **Hilfeplanverfahren** organisiert Erziehungshilfen für Kinder, Jugendliche und Familien.
- **Planung im Kinder- und Jugendhilfebereich** bedeutet für die Erzieherin:

  Ein hohes Maß an pädagogischen und menschlichen Anforderungen mit einer einfühlsamen und wertschätzenden Grundhaltung, einem breiten Fachwissen und vielseitigen Kompetenzen in kollegialer Verantwortung zu bewältigen.

Aufgaben

1. Diskutieren Sie die Vor- und Nachteile der offenen und geschlossenen Planung.
2. Führen Sie zu einem von Ihnen gewählten Thema eine Verlaufsplanung durch.
3. Entwickeln Sie verschiedene Vorschläge für Projekte, die in einer Kinderkrippe, in einer Kindertagesstätte und in einem Hort von den Erzieherinnen durchgeführt werden können.
4. Veranschaulichen Sie die Aufgaben der Erzieherin im Hilfeplanverfahren.

9 Kommunikation

Im Kindergarten „Kleine Freunde" wird der zweijährige Ken, der mit seinen Eltern seit wenigen Wochen in Deutschland lebt, aufgenommen. Die Erzieherinnen der „Bärengruppe" bemühen sich mit Ken Kontakt aufzunehmen. Sarah, die Gruppenleiterin, setzt sich zu dem Jungen, zeigt mit dem Finger auf den Zweijährigen und sagt: „Ken, du heißt Ken." Dann zeigt sie auf sich. „Sarah, ich heiße Sarah." Nach einigen Versuchen der Erzieherin wiederholt Ken leise: „Sarah." In den ersten Tagen gelingt die Kommunikation nur mit Hilfe von Gesten, die von Ken nur teilweise verstanden werden. Bisweilen reagiert Ken wütend und wird aggressiv, wenn er nicht mitspielen kann, weil er nicht versteht, was die anderen von ihm wollen.

Wenn Menschen in Kontakt treten und sich gegenseitig beeinflussen (soziale Interaktion), erfolgt ein Austausch von Informationen (soziale Kommunikation). Eine besondere Form der Kommunikation stellt die Massenkommunikation dar, da bei ihr keine gegenseitige Beeinflussung und kein wechselseitiger Informationsaustausch erfolgt. **Definition**

9.1 Kommunikationsprozess

Sender-Empfänger-Modell

Der Kommunikationsprozess umfasst folgende Elemente: **Wer** (Sender, Informationsquelle) sagt **was** (Information, Nachricht, Mitteilung), **zu wem** (Empfänger), **womit** (Übertragungssystem: Zeichen, Verhalten, sprachliche Signale), durch **welches Medium** (Kommunikationskanal z. B. akustischer, visueller Kanal), mit **welcher Absicht** (Ziel, Intension), mit **welcher Wirkung** (Ergebnis, Resultat).

Da der Kommunikationsprozess einen wechselseitigen Informationsaustausch beinhaltet, können diese Elemente in einem Regelkreis zusammengefasst werden:

Kapitel 9

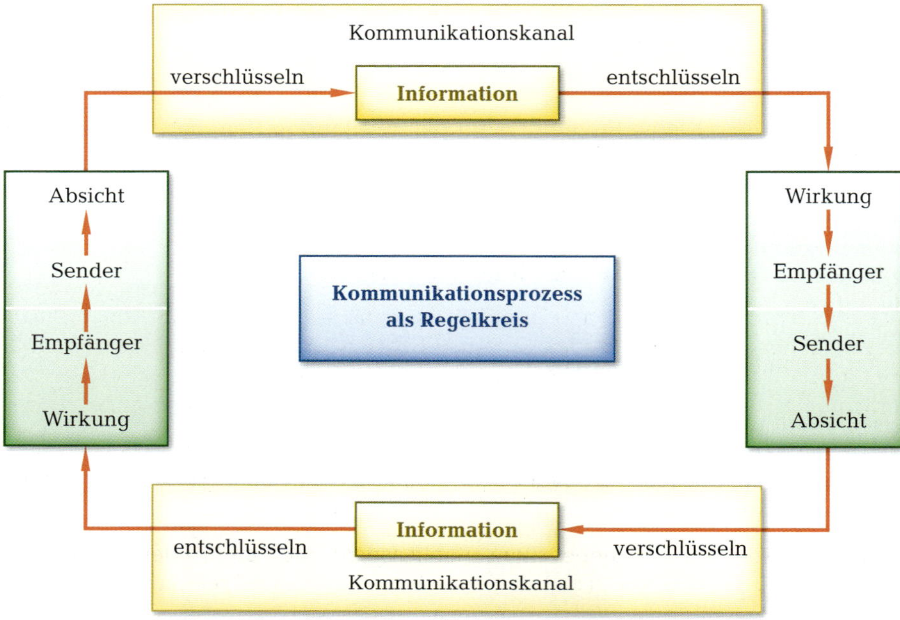

Claudia (**Sender**), eine Erzieherin im Kinderheim, hat sich über den dreizehnjährigen Timo geärgert, den sie im Zimmer beim Rauchen ertappt. Um den Regelverstoß zu ahnden (**Absicht**), hebt die Erzieherin drohend die Hand (**Medium: Gestik; Kommunikationskanal: Sehen**) und schreit (**Medium: Sprache; Kommunikationskanal: Hören**): „Ich verbiete dir am Wochenende mit den anderen ins Kino zu gehen." Timo (**Empfänger**) weicht erschrocken zurück und beginnt sich zu verteidigen (**Wirkung**). Timo (nunmehr **Sender**) will die Erzieherin vom Ausgehverbot abbringen (**Absicht**) und verspricht (**Medium: Sprache; Kommunikationskanal: Hören**): „Claudia, ich werde im Zimmer nicht mehr rauchen. Aber lass' mich mit den anderen am Samstag ins Kino gehen." Claudia (**Empfänger**) beeindruckt dieses Versprechen nicht (**Wirkung**). Im Beispiel erfolgt die Verschlüsselung der Information über verbale und nonverbale Signale wie Laute, Wörter, Sätze, Gestik und Tonfall. Die Kommunikation kann nur dann gelingen, wenn der Kommunikationspartner die verschlüsselte Information aufnehmen und verstehen, d. h. entschlüsseln kann.

Die soziale Interaktion und Kommunikation mit der **Wechselwirkung** zwischen Erziehenden und den Zu-Erziehenden bilden die Grundlage erzieherischen Handelns. In dieser Wechselbeziehung erfolgt die Sozialisation, Entwicklung und Förderung des Kindes mit den **pädagogischen Intentionen** der Erzieherinnen und den Interessen, Wünschen, Bedürfnissen und Fähigkeiten der zu Erziehenden. Beide Partner im Kommunikationsprozess verfolgen mehr oder weniger bewusst Handlungsziele, die den **Informationsaustausch** bestimmen. Die Informationsübermittlung kann aber nur dann gelingen, wenn die Kommunikationspartner die gesendeten Informationen aufnehmen und entschlüsseln können. Bei Menschen mit Behinderungen (z. B. Hör-, Sehbeeinträchtigte) kommt es zu **Kommunikationseinschränkungen**, da die möglichen Kommunikationskanäle nur in begrenztem Umfang nutzbar sind; die Entschlüsselung der gesendeten Signale ist beispielsweise von der Sprachkompetenz einer Person oder ihren geistigen Fähigkeiten abhängig. In der Regel werden mehreren Kommunikationskanäle parallel zur Informationsübermittlung genutzt.

Grundannahmen zur Kommunikation

Grundlegende Erkenntnisse zur Kommunikation fasst Paul Watzlawick in fünf Grundannahmen (Axiome) zusammen.

1. Annahme: **Man kann nicht „nicht-kommunizieren“**.

In jeder zwischenmenschlichen Situation bestehen wechselseitige Kommunikationsbeziehungen, d. h., das Verhalten des einen Kommunikationspartners hat immer eine Wirkung auf den anderen. Selbst wenn ich mich nicht an einem Gespräch beteilige und schweige, dann könnte dies vom Gesprächspartner etwa als Desinteresse oder Angst verstanden werden.

2. Annahme: **Jede Kommunikation hat einen Inhalts- und einen Beziehungsaspekt.**

Jede Information umfasst neben dem Inhaltsaspekt auch mehr oder weniger offensichtliche Hinweise zur Beziehung zwischen den beiden Kommunikationspartnern.

Die Aussage der Leiterin: „Sie kommen schon wieder 15 Minuten zu spät“, enthält Aussagen zum Inhaltsaspekt: Fehlverhalten (Verspätung), Dauer (15 Minuten) sowie Häufigkeit (schon wieder). Daneben wird auch die Beziehung zwischen der Leiterin und der Mitarbeiterin deutlich: Die Leiterin kontrolliert die Mitarbeiterin, die sich wie ein Kind behandelt fühlt.

Watzlawick hält den Beziehungsaspekt für wichtiger als den Inhaltsaspekt. Im Beispiel wird die Mitarbeiterin sich vor allem daran stören, wie sie behandelt wird, während der Inhaltsaspekt, der in der Regel weniger strittig ist, eine untergeordnete Rolle spielt.

3. Annahme: **In der Kommunikation beeinflussen sich die Kommunikationspartner wechselseitig**.

Die Interaktionspartner reagieren im Kommunikationsprozess gegenseitig aufeinander, sodass die Sender – Empfänger – Beziehung beständig wechselt. Jeder Kommunikationspartner strukturiert und bewertet den Kommunikationsverlauf individuell aus seiner eigenen Sicht.

Die Erzieherin, die sich nach einem Streit mit den betroffenen Kindern unterhält, wird unterschiedliche Sichtweisen zum Ablauf des Streits erfahren. Robert führt an, dass er Jörg nur deshalb beschimpft, weil er ihn boxt, während Jörg die körperlichen Angriffe als Reaktion auf die ständigen Beleidigungen durch Robert sieht.

4. Annahme: **Die Kommunikation beruht auf mehr oder weniger eindeutigen Kommunikationenformen**.

In der menschlichen Kommunikation werden unterschiedliche Informationsarten eingesetzt, die sich in ihrer Eindeutigkeit unterscheiden. Die Sprache stellt eine Informationsform dar, die recht eindeutig, logisch aufgebaut und durch die Grammatik strukturiert wird. Mit Hilfe der Sprache oder vergleichbaren Systemen (z. B. Fingeralphabet und Gebärdensprache bei Hörbeeinträchtigten, Braille-Punktschrift bei Blinden) kann die Kommunikation ebenfalls eindeutig erfolgen. Watzlawick spricht hierbei von einer digitalen Kommunikation, da sich die Zeichen (z. B. Worte) und deren Bedeutung sehr gut entsprechen. Die Informationsgenauigkeit von Mimik, Gestik, Verhalten oder Symbolen ist dagegen gering. Wenn sich eine Person die Hände reibt, kann dies auf Schadenfreude, Verlegenheit, kalte Hände, Unsicherheit usw. hinweisen. Diese mehrdeutigen Mitteilungen bilden für Watzlawick die Grundlage einer analogen Kommunikation. Der Inhaltsaspekt einer Information wird zumeist von der digitalen Kommunikationsform bestimmt, die Beziehungsseite wird aus der analogen Kommunikation abgeleitet.

Digitale Kommunikation

Analoge Kommunikation

5. Annahme: **Die soziale Kommunikation verläuft entweder ergänzend oder symmetrisch.**

Watzlawick unterscheidet zwei grundlegende Kommunikationsformen:

Komplementäre Kommunikation

Eine ergänzende oder komplementäre Kommunikationsbeziehung ist dann gegeben, wenn die beiden Kommunikationspartner in einem eindeutigen Über- und Unterordnungsverhältnis stehen (z. B. Eltern – Kind, Vorgesetzter – Mitarbeiter, Lehrer – Schüler).

Symmetrische Kommunikation

Sind die beiden Kommunikationspartner einander gleichwertig und ebenbürdig, so spricht man von einer symmetrischen Kommunikationsbeziehung (z. B. Vater – Mutter, Teammitglieder untereinander, Freund – Freundin). In einer symmetrischen Beziehung sind die Aussagen oder Verhaltensweisen umkehrbar. Die Gleichwertigkeit der Kommunikationspartner kann aber auch dazu führen, dass sich die Situation zuspitzt. Die Regelverletzung einer Mannschaft provoziert beim Spiel die Regelverletzungen des anderen Teams; im Streit steigern sich die gegenseitigen Vorwürfe der Konfliktpartner.

Methode zur Analyse des Kommunikationsprozesses: Transaktionsanalyse

Definition

Die Transaktionsanalyse untersucht die Beziehung zwischen Menschen und beabsichtigt, mit einfachen Grundannahmen den Kommunikationsprozess zu beschreiben. Eric Berne sieht die Transaktion als Grundeinheit einer Kommunikation zwischen zwei Personen, die aus einem Reiz und einer darauf folgenden Reaktion (Antwort) besteht. Diese Wechselbeziehung wird von verschiedenen Verhaltensstilen, die unterschiedlichen Erfahrungsbereichen (Kindheits-, Erwachsenen- und Elternerfahrungen) zugeordnet werden können, beeinflusst.

In der Transaktionsanalyse geht man davon aus, dass jede Person **drei verschiedene Ich-Zustände** aufweist, die situationsabhängig aktualisiert werden.

Eltern-ICH

Das Eltern-ICH umfasst die Erfahrungen, die der Mensch in seiner Kindheit in den ersten sechs Lebensjahren im Umgang mit seinen Eltern gesammelt hat. Da für das Kleinkind eine kritische Bewertung dieser Erfahrungen nicht möglich ist, werden die Erfahrungen unkontrolliert abgespeichert. Das Kind erlebt die Eltern sowohl kritisch als auch fürsorglich schützend. Das *kritische Eltern-ICH* kennzeichnen Vorurteile, Wertungen, Einstellungen sowie moralische Vorstellungen. Das *schützende, fürsorgliche Eltern-ICH* beinhaltet Normen, Ratschläge und Regeln, die vor unliebsamen Überraschungen und Schaden bewahren sollen.

Folgende Gesten und sprachliche Äußerungen weisen auf das Eltern-ICH hin: ausgestreckter Zeigefinger, belehrende Gestik, dem anderen auf die Schultern klopfen; „Kann ich dir helfen? Erledige das! Nie machst du etwas richtig! Wie oft habe ich dir schon gesagt? Was werden die andern davon denken?"

Erwachsenen-ICH

Das Erwachsenen-ICH beschreibt die Handlungs- und Sichtweise des Erwachsenen. Es nimmt die Informationen auf und setzt sie mit den beiden anderen ICH-Zuständen in Beziehung. Kennzeichnend für das Erwachsenen-Ich ist eine überlegte, abwägende Einstellung, die sich von sachlichen Argumenten leiten lässt.

Auf das Erwachsenen-ICH deuten folgende Gesten und sprachliche Äußerungen hin: Nachdenklichkeit sowie Fragen nach dem Was? Warum? Wer? Wie? Wo? Ich denke, dass ... Ich bin der Meinung ..."

Kindheits-ICH

Das Kindheits-ICH beinhaltet die Sichtweisen des Kindes und wird durch die Erfahrungen in den ersten sechs Lebensjahren geprägt. Berne unterscheidet zwischen dem angepassten und dem natürlichen Kindheits-ICH. Das *angepasste Kindheits-ICH* wird von den negativen Kindheitserfahrungen bestimmt. Dem Erkundungsstreben stehen die einschränkenden Forderungen der sozialen Umwelt gegenüber, die nur dann Zuwendung und Anerkennung geben, wenn sich das Kind angepasst verhält. Kreativität, Unbeschwertheit, Neugierde, Spontaneität und Lebensfreude sind im *natürlichen Kindheits-ICH* zu finden.

Kapitel 9

Das Kindheits-ICH ist an folgenden Gesten und sprachlichen Äußerungen erkennbar: Weinerliche Stimme, niedergeschlagene Augen, Freudensprünge; „Ich will ..., Gib mir sofort ... Sieh' mal her, was ich alles kann! Das kann ich noch nicht!"

Die Transaktionsanalyse überprüft, auf welchen Ebenen die Kommunikationspartner miteinander umgehen. Problemlos gestalten sich *parallele Transaktionen*, wenn die Interaktionspartner auf der gleichen Ebene aufeinander reagieren.

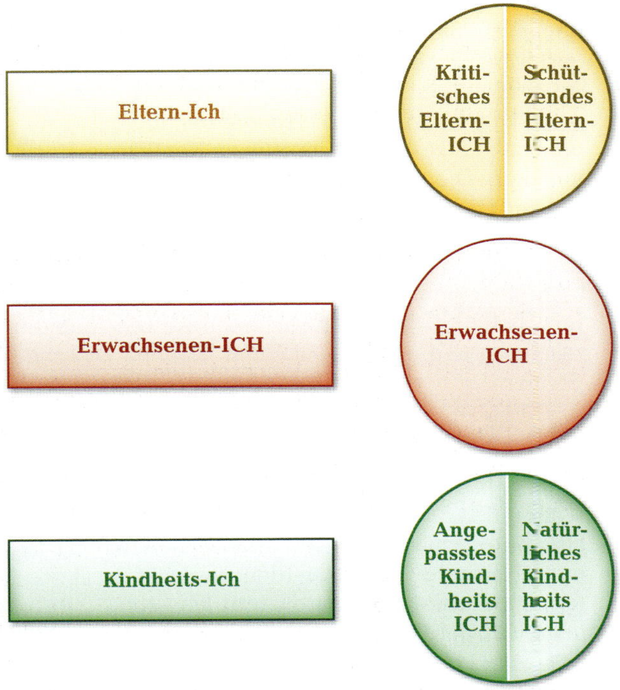

Probleme in der Kommunikation entstehen auch, wenn Transaktionen auf verschiedenen Ebenen ablaufen. Wenn die Anleiterin zur Praktikantin sagt: „Du kommst heute schon wieder zu spät", dann ruft diese Äußerung in der Praktikantin Kindheitserfahrungen wach, da sich die Anleiterin wie die kritischen Eltern verhält. Die Praktikantin reagiert unter Umständen patzig wie ein trotzendes Kleinkind (parallele Transformation auf verschiedener Ebene: Eltern-ICH – Kindheits-ICH).

Transaktionen

Parallele Transaktionen auf gleicher Ebene:

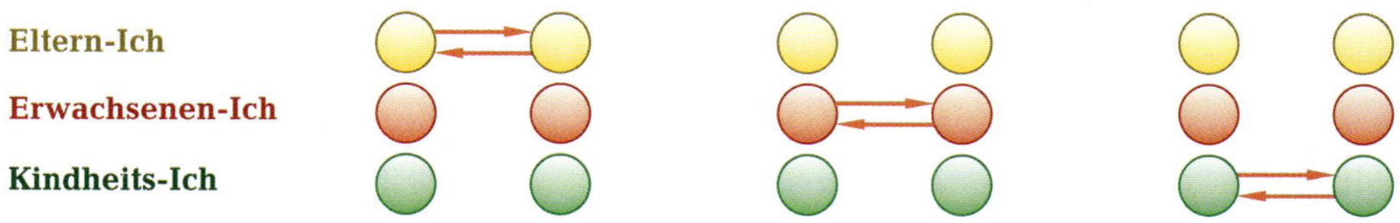

Parallele Transaktionen auf verschiedener Ebene:

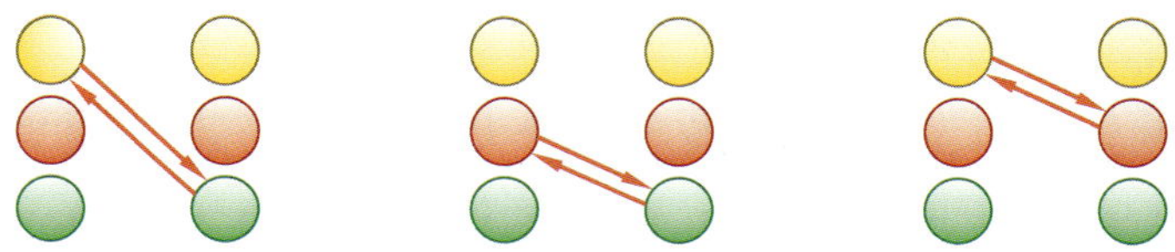

Konfliktträchtig sind Überkreuz-Transaktionen, da die Reaktion des Kommunikationspartners auf der angesprochenen Ebene erfolgt. Der Sender einer Information wird dadurch irritiert, die Kommunikation bricht ab und es kann zum offenen Konflikt kommen. Die Anleiterin spricht mit ihrem Vorwurf des Zuspätkommens als Eltern-ICH zum Kindheits-ICH. Wenn die Praktikantin darauf reagieren würde: „Bevor man anderen einen Vorwurf macht, sollte man das eigene Verhalten überprüfen", zeigt sie ein belehrendes Verhalten, das für das Eltern-ICH kennzeichnend ist. Die Anleiterin wird wahrscheinlich empört reagieren und es käme zu einem Konflikt zwischen den beiden Kommunikationspartnern.

Überkreuz Transaktionen

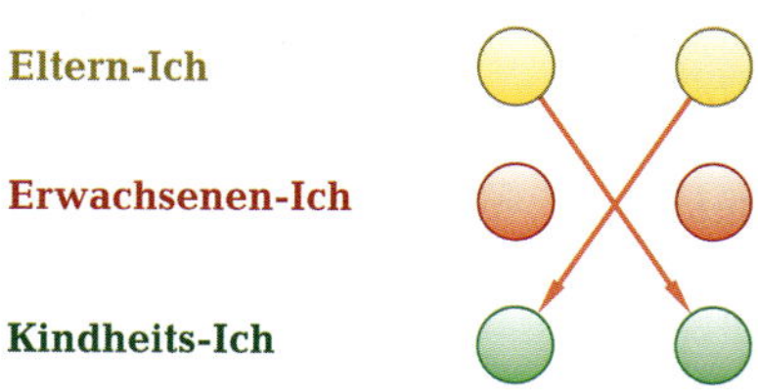

Schwerer zu erkennen sind verdeckte Transaktionen, wenn von einem Hauptreiz weitere verdeckte Nebenreize ausgehen. Während die Kommunikationspartner z. B. offenbar sachlich auf der Erwachsenenebene miteinander reden, werden verdeckt Informationen auf der Ebene Eltern-Ich – Kindheits-ICH gesandt. Die Anleiterin formuliert den Vorwurf des Zuspätkommens mit den Worten: „Für den pünktlichen Dienstantritt trägt jeder Mitarbeiter selbst die Verantwortung." Hinter dieser Aussage verbirgt sich versteckt der Vorwurf: „Du bist verantwortungslos! Du schaffst nicht einmal das, was hier jeder andere kann!"

Verdeckte Transaktionen

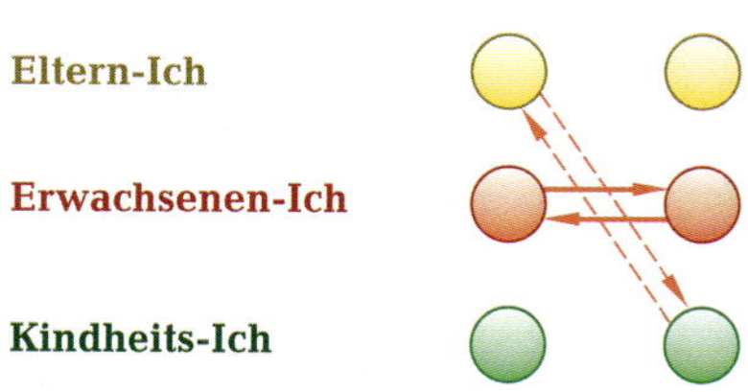

9.2 Kommunikationsformen und -besonderheiten

Verbale Botschaften

Die Sachebene im Kommunikationsprozess wird in der Regel von sprachlichen Informationen gesteuert. Aber neben Sachinformationen werden indirekt auch andere Informationen transportiert. Die Aussage „Es ist gleich 18:00 Uhr", kann den Gesprächspartnern in der Teamsitzung indirekt signalisieren: „Beeilt euch, fasst euch kürzer, damit wir vereinbarungsgemäß um 18:00 Uhr die Teamsitzung beenden können".

Nonverbale Botschaften

Nichtsprachliche Kommunikationsinhalte setzen sich aus dem Blickkontakt, der Körperhaltung, der Gestik, der Mimik und dem Sprechverhalten (z. B. Tonfall Pausen, Geschwindigkeit, Tonhöhe) zusammen. Die nonverbalen Botschaften können die verbalen Botschaften unterstützen, sie aber auch verändern oder ersetzen. Im Gegensatz zu den verbalen Botschaften geben die nonverbalen Signale vermehrt und eindeutiger Hinweise auf den inneren Zustand einer Person (Anspannung, Ängste, Unsicherheit, Stolz, Überheblichkeit, Souveränität).

	Verbale Botschaften	Nonverbale Botschaften
Informationsschwerpunkt	Sachinformation; Informationen über die äußere Welt	Emotionen; Informationen über die innere Welt
Entschlüsslung von Informationen	Aufwändig und langsam	Automatisiert und schnell
Kontrollierbarkeit durch Sender	Hohe Kontrollierbarkeit	Geringe Kontrollierbarkeit
Kulturabhängigkeit	Sprache ist kulturabhängig	Die meisten nonverbalen Signale sind kulturabhängig

Inkongruente Botschaften

Stimmen die verbalen und nonverbalen Informationen nicht überein (ein weinender Junge mit blutendem Knie sagt: „Es tut überhaupt nicht weh."), dann liegen inkongruente Botschaften vor. Sie lassen erkennen, dass der Sender verschiedene Seelen in seiner Brust verspürt. Schulz von Thun weist auf das „innere Team" in der Person hin, das diese Unstimmigkeit hervorruft. Das innere Team besteht aus verschiedenen Kräften bzw. Sichtweisen, die in unterschiedlichen Situationen entgegengesetzt wirken. In der Situation des weinenden Jungen wird zum einen der männliche Stolz, Schmerzen nicht zuzugeben, deutlich, andererseits lösen die tatsächlichen Schmerzen das Weinen aus.

Doppelbindungen

Gestörte Kommunikationsbeziehungen zeigen sich in Doppelbindungen, d. h., es **werden Informationen gegeben, die miteinander nicht vereinbar sind**. Die allein erziehende Mutter teilt der Tochter mit: „Ich finde es gut, dass du dir eine eigene Wohnung nehmen willst. Ich werde mit der Einsamkeit schon zurecht kommen." Die Mutter signalisiert zum einen: „Werde selbstständig!" und zum anderen: „Lass mich nicht allein!" Der Empfänger der Information, der in einem bindenden Abhängigkeitsverhältnis zum Gesprächspartner steht (z. B. Mutter-Tochter-Bindung), kann den widersprüchlichen Zustand nicht auflösen.

Metakommunikation

Die Metakommunikation umfasst die Analyse von Kommunikationsabläufen aus einer größeren Distanz durch die Kommunikationspartner selbst; es kommt zu einer **Kommunikation über den Kommunikationsprozess**. Dieses Vorgehen wird zur Beseitigung von Kommunikationsstörungen nahe gelegt. Die Kommunikationspartner sitzen auf einem „Feldherrenhügel" und analysieren gemeinsam die Situation.

Analyse der Kommunikation

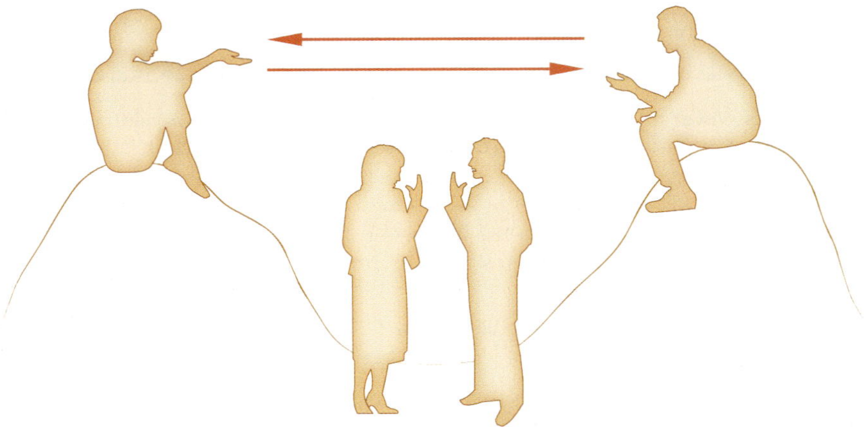

Im Abstand zum Kommunikationsablauf werden für die Beteiligten Störungen, Missverständnisse, Rituale, Interpretationen, Gefühle usw. deutlich. Die Analyse des Kommunikationsprozesses beschäftigt sich im Wesentlichen mit zwei Fragen:

Wie gehen die beiden miteinander um?

Klärung der **Beziehung** zwischen den Kommunikationspartnern; Analyse der nonverbalen und verbalen Botschaften.

Was führte zu Missverständnissen?

Klärung der **Inhaltsseite**; was war wie gemeint; Analyse der verbalen Botschaften.

9.3 Kommunikationsmodell

Auf die unterschiedliche Bedeutung einer Information bezieht sich das Kommunikationsmodell Friedemann Schulz von Thuns, der die Annahme von Watzlawick, dass jede Information einen Inhalts- und einen Beziehungsaspekt aufweist, um zwei weitere Aspekte, den Selbstoffenbarungs- und Appellaspekt, erweitert.

Das Kommunikationsquadrat nach Schulz von Thun

Sachinhalt

Der Sachinhalt ist aus einer Nachricht direkt ableitbar und kann als Ausgangsbasis der Kommunikation bezeichnet werden. Im Mittelpunkt steht die Frage: *Worüber wird informiert?* Die Sachinformationen sind, soweit sie sich auf objektiv feststellbare bzw. überprüfbare Sachverhalte beziehen, zwischen den Kommunikationspartnern in der Regel unumstritten. Die Beachtung der Sachebene des Gesprächs ist für eine sachbezogene Problemlösung von großer Bedeutung.

Selbstoffenbarung

Aspekte der Kommunikation

Jede Nachricht gibt auch Auskunft über die Person des Senders (z. B. seine Gefühle, seine aus dem Dialekt ableitbare Herkunft, seine Sichtweisen). Durch die Selbstkundgabe erhält der Empfänger indirekt, mehr oder weniger offen die Antwort auf die Frage: *Was gibt der Sender von sich zu erkennen? Was geht im Sender vor?* Diese Selbstoffenbarung kann zum einen eine gewollte positive Selbstdarstellung und zum anderen eine unfreiwillige Selbstoffenbarung beinhalten.

Beziehung

Im Beziehungsaspekt umfasst zwei Fragestellungen: *Wie stehen die beiden Kommunikationspartner zueinender? Was hält der Sender vom Empfänger?* Die Informationen zur Beziehungsseite lassen sich vor allem aus den nonverbalen Signalen wie Tonfall, Formulierung, Gestik oder Mimik ableiten. Oft ist die für den Sender unerwartete emotionale Reaktion des Gesprächspartners nicht vom Was (Sachinhalt) sondern von der Form der Übermittlung, dem Wie, abhängig.

Appell

Die Übermittlung von Informationen beabsichtigt, auf den Empfänger Einfluss zu nehmen. Der Appell beinhaltet dabei die Fragen: *Was möchte der Sender erreichen? Wozu soll der Empfänger veranlasst werden?* Die Einflussnahme kann offen oder verdeckt manipulierend sein. Da ein zu offener Appell beim Gesprächspartner Ablehnung auslöst, findet man häufig indirekte Appelle (z. B. Die Frage „Ist noch Kaffee da?“ dient als Appell „Schenke mir Kaffee ein!“).

Konsequenzen für den erzieherischen Alltag

Will die Erzieherin als kompetente Gesprächspartnerin ernst genommen werden, müssen die Sachinhalte korrekt wieder gegeben werden. Dies setzt ein differenziertes Wissen, klare Formulierungen und die adressatengerechte Verwendung von Begriffen (z. B. Fachsprache) voraus.

Die Erzieherin sollte bedenken, dass sie mehr oder weniger freiwillig und bewusst, Informationen über sich selbst preisgibt. Die Selbstoffenbarung kann auch gezielt berücksichtigt werden, wenn die Erzieherin ihre eigenen Gefühle und Betroffenheit in Form von ICH-Botschaften formuliert. Eine unfreiwillige Selbstoffenbarung kann dem Gesprächspartner auf der nonverbalen Ebene Unsicherheit, Ängste oder Überforderung signalisieren.

Im Rahmen eines Kommunikationstrainings kann die Erzieherin bei der Auswertung von Videoaufnahmen von Gesprächssituationen für ihre Wirkung auf andere sensibilisiert werden.

Die Beziehungsebene spielt vor allem bei der emotionalen Wirkung des Gesprächspartners eine Rolle. Verbale Signale wie Wortwahl, Anrede, Tonfall und nonverbale Signale sind selbstkritisch zu reflektieren, da sie oft indirekt Abstand und Nähe, unter- und überordnete Positionen der Gesprächspartner (Erzieherin – Eltern; Erzieherin – Kollegin; Erzieherin – Träger) widerspiegeln. So können ungeschickte Formulierungen, überhebliche Gestik, einer partnerschaftlichen, auf Zusammenarbeit ausgerichteten Vorgehensweise im Weg stellen. **Wenn die Erzieherin klare Zielvorstellungen hat** und weiß, was sie erreichen will, **kann sie Appelle offen und verdeckt in die Informationen einbetten**.

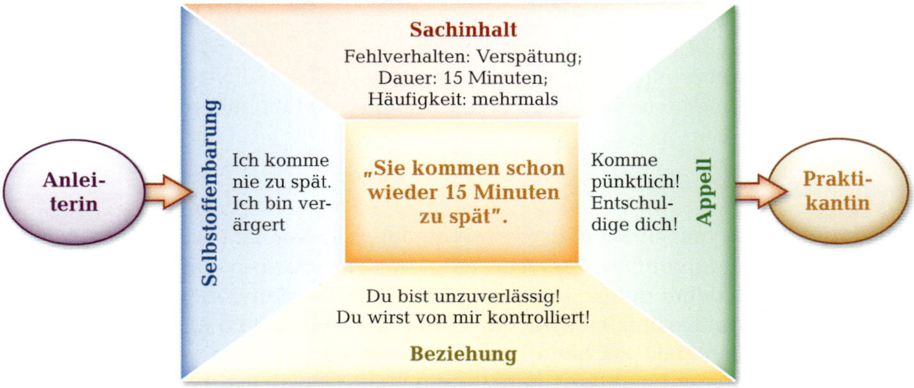

Die Nachricht kann vom Empfänger auf unterschiedliche Weise wahrgenommen und verarbeitet werden: Der Empfänger verfügt, entsprechend der vier Seiten der Information, über vier verschiedene Ohren, die unterschiedlich sensibel auf die Informationen reagieren. In der Regel dominiert auf der Empfängerseite ein Ohr, mit dem die eingehenden Informationen bevorzugt wahrgenommen werden.

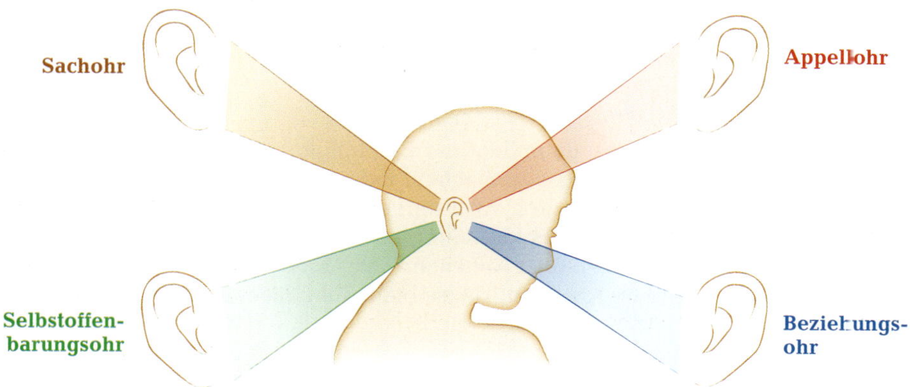

Vierohriger Empfänger

Sachohr

„Welche Sachinformation höre ich aus der Nachricht heraus?“

Dominiert das Sachohr, dann kommt es vermehrt zu Sachauseinandersetzungen, in denen beispielsweise die Genauigkeit der Information in Frage gestellt wird („Es waren nie und nimmer 15 Minuten, die sich zu spät gekommen bin. Nach meiner Uhr waren es höchstens 12 Minuten ...“). Verbreitet ist das Verschieben von Beziehungsproblemen auf eine vermeintlich objektive Sachebene. So werden Vorschläge einer Kollegin auf der Sachebene lächerlich gemacht, um die Kollegin persönlich zu treffen.

Selbstoffenbarungsohr

„Was höre ich über die Eigenarten des Gesprächspartners heraus? Wie sind seine aktuellen Gefühle?“

Der Empfänger setzt sich mit der Person, die eine solche Information verbreitet, auseinander. So könnte der Vorwurf der Leiterin über die Verspätung als persönliches Problem der Leiterin interpretiert werden. „Heute ist sie aber schlecht gelaunt, bestimmt hatte sie Ärger mit ihrem Freund.“ Eine solche Grundhaltung kann gegen berechtigte Kritik immunisieren, da der Kritisierte die Aussagen nicht auf sich selbst bezieht, sondern als ein Problem des Kritisierenden wahrnimmt und der Kritisierte nur das „zufällige, unschuldige Opfer“ darstellt.

Beziehungsohr

„Wie redet der andere eigentlich mit mir? Wen glaubt er vor sich zuhaben?"

Dieses Ohr analysiert die Beziehungsebene, die in der Information zum Ausdruck kommt. Die Aussagen des anderen werden dabei direkt auf die eigene Person bezogen und als Angriff, Beleidigung, Vernachlässigung, Vorwurf missverstanden. Der Blickkontakt wird als kritisches Mustern, das Anlächeln als Auslachen das fehlende Grüßen als Missachtung der eigenen Person interpretiert.

Appellohr

„Was will der andere von mir? Was soll ich auf Grund seiner Information nun tun, denken oder fühlen?"

Wird das Appellohr aktiviert, dann liegt der Empfänger auf der Appell-Lauer und ist bemüht, es dem Sender Recht zu machen, indem er dem Sender die Wünsche von den Lippen abliest. Die Frage „Wozu sagt er das?" unterstellt dem Gesprächspartner, dass er berechnend etwas formuliert, um den Empfänger zu manipulieren. Das weinende Kind signalisiert dem Appellohr: „Das Kind will mir ein Schuldgefühl vermitteln, damit ich heute Abend zu Hause bleibe und nicht ins Kino gehe.".

Konsequenzen für den erzieherischen Alltag:

Die Erzieherin als Empfängerin von Informationen muss auf der **Sachebene** darauf achten, dass Verständigungsprobleme ausgeräumt werden und beispielsweise die beiden Kommunikationspartner von einem gleichen Begriffsverständnis bzw. Sachverhalt ausgehen. Gegebenenfalls muss sich die Erzieherin das erforderliche Wissen aneignen.

Berücksichtigt die Erzieherin verstärkt die **Selbstoffenbarung** des Gesprächspartners, dann sollten die Prinzipien des aktiven Zuhörens beachtet werden. Das aktive Zuhören konzentriert sich auf die Sichtweise des Senders und geht auf die Gefühle, die mit der Information verbunden sind, vertiefend ein.

Hinweise zur Bedeutung der eigenen Person für den Gesprächspartner können bei vorsichtiger Interpretation der Gesprächsinhalte eine Analyse der **Beziehungsebene** ergeben. Akzeptiert der andere meine Fach- und Sachkompetenz, ist seine Anerkennung ernst gemeint oder handelt es sich dabei nur um Schmeicheleien? Die Erzieherin sollte kritisch prüfen, inwieweit die abgeleiteten Beziehungsaussagen auf Übersensibilität der eigenen Person oder auf einer unangemessenen Überreaktion beruhen.

Manche Erzieherinnen neigen dazu, die **Appellseite** verstärkt wahrzunehmen und fühlen sich aufgefordert etwas zu unternehmen. Berichtet eine Person von Problemen, so fühlt man sich als Helfer in die Pflicht genommen und neigt oft dazu, vorschnell als Retter die Probleme des anderen zu lösen.

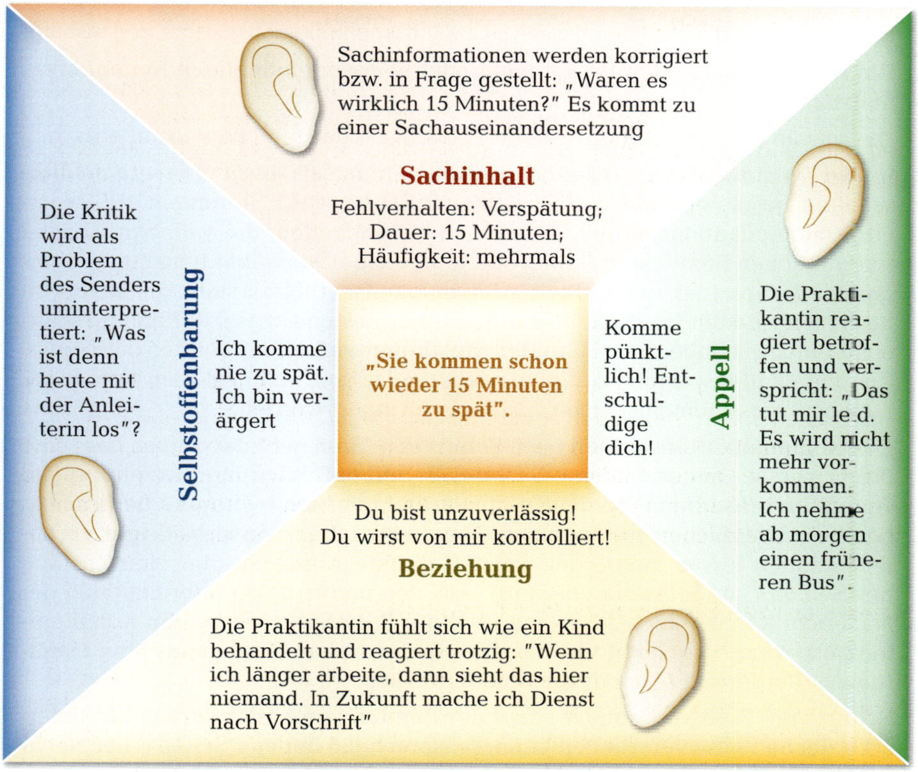

Beispiel zur Kommunikationswirkung nach Schulz von Thun

Auf den Punkt gebracht

Die **soziale Interaktion** besteht aus dem Austausch von Informationen, der **sozialen Kommunikation**.

Der **Kommunikationsprozess** besteht aus folgenden Elementen:

Der *Sender* (Informationsquelle) hat die *Absicht* eine Information an den *Empfänger* (Kommunikationspartner) weiterzuleiten. Zur Informationsübermittlung wählt der Sender einen *Kommunikationskanal* (z. B. Hören), auf dem die Information transportiert werden soll. Die vom Sender *verschlüsselte* Information (z. B. sprachliche Kodierung) kann vom Empfänger entschlüsselt werden, wenn der gewählte Kommunikationskanal nutzbar und eine *Entschlüsselung* (z. B. beide sprechen Deutsch) möglich ist. Die entschlüsselte Information löst beim Empfänger eine *Wirkung* aus, die ihn dazu veranlasst nunmehr als Sender dem anderen zu antworten. Es kommt zu einer *Wechselwirkung* zwischen den beiden Kommunikationspartnern, die mit Hilfe der Transaktionsanalyse untersucht werden kann.

Die Kommunikation beruht nach **Watzlawick** auf **fünf Grundannahmen**:

Man kann nicht „nicht-kommunizieren".

Jede Kommunikation setzt sich aus einem Inhalts- und Beziehungsaspekt zusammen.

Auf den Punkt gebracht

In der Kommunikation beeinflussen sich die Kommunikationspartner gegenseitig.

Die Kommunikation beruht auf mehr oder weniger eindeutigen Kommunikationsformen.

Die soziale Kommunikation verläuft entweder ergänzend oder symmetrisch.

In der Kommunikation können sowohl *verbale* als auch *nonverbale* Botschaften gesendet werden. Die Kommunikation weist Störungen auf, wenn ein Kommunikationspartner *inkongruente Botschaften*, die widersprüchliche Informationen beinhalten, sendet oder durch eine *Doppelbindung* einen Kommunikationspartner, der in einem Abhängigkeitsverhältnis steht, mit unvereinbaren Botschaften in einen nicht auflösbaren Zustand versetzt. Kommunikationsprobleme können mit Hilfe der **Metakommunikation,** bei der die beiden Kommunikationspartner aus einer größeren Distanz den gestörten Kommunikationsprozess gemeinsam analysieren, verringert werden.

Das **Kommunikationsmodell nach Schulz** von Thun geht davon aus, dass eine Nachricht vier Seiten umfasst: Sachinhalt, Selbstoffenbarung, Beziehung und Appell. Der *Sachinhalt* verdeutlicht, worüber informiert wird und berücksichtigt im Wesentlichen die verbalen Botschaften. Das nonverbale und verbale Verhalten lassen mehr oder weniger direkte Aussagen über den Zustand des Senders zu (*Selbstoffenbarung*). Aus den nonverbalen Informationen der Nachricht können auch Aussagen über die *Beziehung* der beiden Kommunikationspartner abgeleitet werden. Die Nachricht kann zudem als eine Handlungsaufforderung (*Appell*) verstanden werden.

Schulz von Thun verdeutlicht, dass der Empfänger eine Nachricht auf unterschiedliche Weise verarbeiten kann. Entsprechend der vier Seiten einer Nachricht verfügt der Empfänger über *vier Ohren* (*Sach-, Selbstoffenbarungs-, Beziehungs- und Appellohr*), mit denen die Information aufgenommen werden können. Da der Empfänger in der Regel mit einem Ohr besonders sensibel wahrnimmt, reagiert er bevorzugt auf diesen Aspekt der Nachricht.

Aufgaben

1. Erklären Sie die „Ich-Zustände", die der Transaktionsanalyse zugrunde liegen.
2. Erläutern Sie an einem Beispiel die „Metakommunikation"
3. Analysieren Sie die vier Seiten der Kommunikation an folgenden Beispielen:
   a) Die vierjährige Susanne beschwert sich bei der Erzieherin: „Jörg hat mich geschlagen."
   b) Der 11-jährige Hans sagt zur Erzieherin im Hort: „Die Hausaufgaben in Englisch sind viel zu schwer."
   c) Die Praktikantin teilt der Anleiterin morgens mit: „Ich fühle mich heute unwohl."
   d) Die Lehrerin informiert die Erzieherin im Heim durch einen Eintrag in das Hausaufgabenheft: „Laura erledigt ihre Hausaufgaben in den letzten Tagen unvollständig."

9.4 Gesprächsführung

Nach Abschluss ihrer Ausbildung wurde Sabrina in dem Kinderheim, in dem sie ihr Berufspraktikum absolvierte, als Mitarbeiterin in der Außenwohngruppe des Kinderheims übernommen. Sie arbeitet nunmehr drei Jahre engagiert in der Gruppe, die sch aus acht Kindern im Alter zwischen sechs und dreizehn Jahren zusammensetzt. Mit den Gruppenmitgliedern kommt Sabrina gut zurecht. Schnell hat sie Kontakt zu den Kindern aufgebaut, die in Sabrina eine Vertrauensperson gefunden haben, die auf ihre Ideen und Sorgen eingeht, sich Zeit für intensive Gespräche nimmt und dennoch ihre Privatsphäre achtet.

Vor drei Wochen wurde Ilka, eine 14-jährige Hauptschülerin, in die Außenwohngruppe aufgenommen. Aus den Unterlagen entnimmt Sabrina, dass bei Ilka ein Verdacht auf einen sexuellen Missbrauch durch den Vater vorliegt. Sabrina ist von diesem Hinweis betroffen und nimmt sich vor, sich um die Neue intensiver zu kümmern. Doch ihre Bemühungen, zu Ilka eine Vertrauensbasis aufzubauen, schlagen fehl. Ilka reagiert abweisend, ist in sich gekehrt und vertraut ihrem Tagebuch, das sie regelmäßig führt, mehr als Sabrina. Wenn sie die weinende Ilka anspricht, zieht sie sich in ihr Zimmer zurück. Sabrina kommt nicht mehr weiter.

Die Gesprächsführung ist für das erzieherische Handeln und seine Wirkung von zentraler Bedeutung. Die Beziehung zwischen der Erzieherin und dem Zu-Erziehenden sowie die Einstellung zum Gesprächspartner kommen im Gespräch mehr oder weniger bewusst zum Ausdruck und bestimmen die Grundhaltung der Gesprächspartner zueinander. Der Erfolg im erzieherischen Prozess beruht in der Regel auf der gelungenen Kommunikation zwischen den Interaktionspartnern.

9.4.1 Grundprinzipien der Gesprächsführung

Carl R. Rogers (1902 – 1987), der Begründer der klientenzentrierten Gesprächspsychotherapie, analysierte den Verlauf von Gesprächen in seiner Beratungsstelle, um herauszufinden, welches Therapeutenverhalten den Gesprächsverlauf positiv beeinflusst. Er gelangte zu drei Basisvariablen, die ein erfolgreicher Therapeut verwirklicht:

Grundprinzipien

- Echtheit / Kongruenz
- Empathie / einfühlendes Verstehen
- Wertschätzung / Akzeptanz

Echtheit / Kongruenz

Der Zuhörende wird dann als echt empfunden, wenn seine Aussagen aufrichtig und stimmig sind, d. h., wenn er hinter seinen Aussagen steht und nicht nur Verständnis vortäuscht. Handeln und Denken stimmen überein. Der Zuhörende geht mit den Aussagen des Gesprächspartners offen um und gibt sich so, wie er die Aussagen erlebt.

Der Erzählende erkennt den offenen und ehrlichen Umgang mit seinen Äußerungen und baut Zweifel gegenüber dem Zuhörenden ab. Es kann sich eine vertrauensvolle Beziehung zwischen den Gesprächspartnern entwickeln.

Empathie / einfühlendes Verstehen

Die Empathie kommt in einem einfühlenden, nichtwertenden Verstehen des Erzählenden zum Ausdruck. Der Zuhörer verdeutlicht in seinen Rückmeldungen die Gefühle, die mit den Aussagen des Erzählenden verbunden sind. Dieses Feedback vertieft das Gespräch und es kommt zu einer intensiven Auseinandersetzung mit problematischen Erfahrungen und der Verarbeitung durch den Erzählenden.

Das einfühlende Verstehen bewirkt beim Erzähler eine Aktualisierung wichtiger Erfahrungen, die ihm bewusst werden lassen, welche Zielvorstellungen, Bewertungen bislang sein Denken und Handeln bestimmten. Eine Neubewertung von Situationen, das Erkennen von Lösungsansätzen und eine Veränderung in der Verarbeitung von Problemen kann dadurch erreicht werden.

Wertschätzung

Im Gespräch erfährt der Erzählende positive Wertschätzung und emotionale Wärme. Der Zuhörende betont die Eigenverantwortung der Problemlösung durch den Erzählenden und drängt ihm keine Lösungen auf. Auf Ratschläge wird bewusst verzichtet. Die Wertschätzung zeigt sich nonverbal im Tonfall, in der Mimik und Gestik sowie im Blickkontakt. Auf der Handlungsebene signalisieren Achtung, Höflichkeit, Ermutigung und Zuwendung eine positive Wertschätzung.

Wird im Gespräch Wertschätzung verwirklicht, dann fällt die Auseinandersetzung mit der Problemsituation leichter, da sich der Erzählende nicht vor dem Zuhörenden rechtfertigen und verteidigen muss. Der Erzählende fühlt sich angenommen und verstanden, Ängste und Unsicherheit werden abgebaut. Eine angstfreie Atmosphäre fördert die aktive Problembewältigung durch den Erzählenden.

Auf eine Lenkung des Gesprächs durch den Zuhörenden wird bei der klientenzentrierten Gesprächspsychotherapie nach Rogers verzichtet.

Wirkungsweise der Grundprinzipien in der Gesprächsführung:

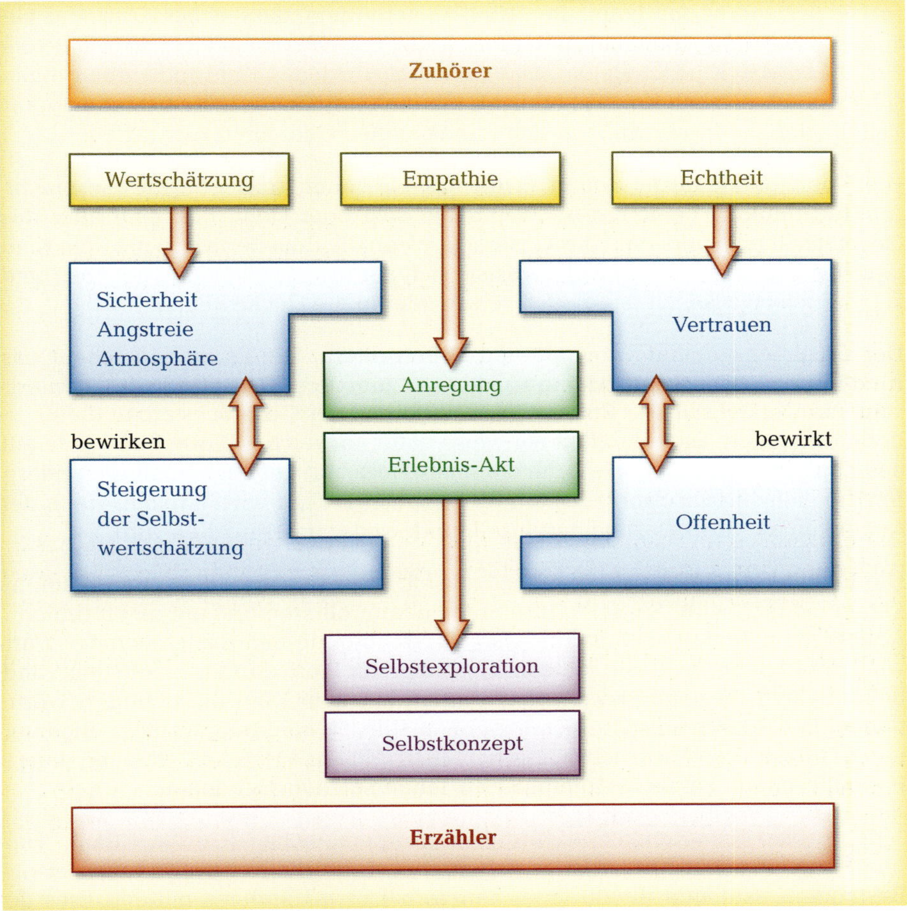

Therapeuten-Variablen im Sinne der Gesprächspsychotherapie (in Anlehnung an Möller, Laux & Deister 1996, Seite 494)

Die von Rogers aufgestellten Therapeutenvariablen können als Grundprinzipien für die Gesprachsführung in der elementarpädagogischen Praxis übernommen werden. In **Gesprächen mit Kindern** sollte die Erzieherin darüberhinaus noch die folgenden **Grundsätze** beachten:

Gesprächs-atmosphäre

Vor Gesprächsbeginn macht sich die Erzieherin Gedanken darüber, in welchem äußeren Rahmen das Gespräch stattfinden soll. Kinder empfinden Reden und Spielen nicht als unterschiedliche Aktivitäten, sondern können beide kombinieren. Die Erzieherin sollte also das Kind zum Gespräch dort „abholen", wo es gerade aktiv ist. So ergeben sich je nach Lebensalter oder auch Jahreszeit unterschiedliche Gesprächsorte, beispielsweise in der Bauecke, im Werkraum oder am Sandkasten. Dem kindlichen Lebensgefühl zu entsprechen, also Spielen und Reden zu verbinden, stellt die Erzieherin in der Praxis oft vor Schwierigkeiten.

Da sind die anderen Kinder, die sie beanspruchen, äußere Reize, die ablenken oder nachlassende Konzentration des Gesprächspartners. In solchen Situationen tut die Erzieherin gut daran, dem Kind zu vermitteln, dass es besser ist, das Gespräch zu unterbrechen und später fortzusetzen. Nach einem Gespräch sollte die Erzieherin das Kind begleiten. Das bedeutet, für jedes Kind individuell einzuschätzen, ob es noch Kontakt braucht, um die Gesprächsinhalte besser zu verarbeiten oder allein sein will, um sich seine eigenen Gedanken zu machen.

Augenhöhe

Die Kommunikationsforschung zeigt, das Größenunterschiede die Gesprächsführung deutlich beeinflussen: Wer höher sitzt oder steht, bestimmt eher das Gesprächsthema und lenkt das Gespräch. Wenn die Erzieherin sich mit dem Kind gleichwertig austauschen will, muss sie sich auf die gleiche Höhe begeben und sich beispielsweise auf den Boden setzen oder in die Hocke gehen.

Augenkontakt

Der Gesprächskontakt wird non-verbal hergestellt. Die Erzieherin schaut das Kind in Kopf- oder Schulterhöhe an, ohne es zu fixieren. Das Kind wird aufmerksam und wendet sich der Erzieherin zu. Während des Gesprächs erhält die Erzieherin durch den Augenkontakt Hinweise dafür, in welcher Weise ihre Worte auf das Kind gewirkt haben. Sie kann dann ihre Botschaft gegebenenfalls verändern. Ein möglichst natürlicher, entspannter Gesprächsablauf wird erreicht, wenn der Augenkontakt abwechselnd hergestellt und wieder unterbrochen wird.

Tonfall, Wortwahl

Die Erzieherin nähert sich dem Kind soweit, dass eine angemessene Kommunikation möglich wird. Sie sollte ihre Stimme kontrollieren und auf einen ruhigen, freundlichen Tonfall achten. Eine gute Verständigung hängt auch von der Wortwahl der Erzieherin ab. Sie sollte im Gespräch nur Worte benutzen, die dem Kind bekannt sind, beziehungsweise gemeinsam mit dem Kind die richtigen Worte finden. Die Erzieherin sollte sich um eine möglichst konkrete, weniger allgemeine oder abstrakte Ausdrucksweise bemühen. Kinder verstehen einfache, kurze Formulierungen besser als komplizierte, lange Satzkonstruktionen.

Kongruenz

Jede verbale Kommunikation wird von „Körpersprache" (Gestik, Mimik, Haltung) begleitet. Für Kinder ist es verwirrend, wenn die Erzieherin ihnen etwas Bestimmtes sagt und ihnen dabei non-verbal etwas anderes mitteilt. Dies geschieht beispielsweise, wenn die Erzieherin sich verbal an den Aktivitäten der Kindes interessiert zeigt und sich dann von ihnen abwendet. Die Erzieherin muss ihre verbalen und non-verbalen Botschaften in Übereinstimmung bringen, um von den Kindern verstanden zu werden und glaubwürdig zu sein. In nicht eindeutigen Situationen konzentrieren sich Kinder auf die non-verbalen Signale und nehmen sie als „wahre Botschaften" auf. Solche nachhaltigen Eindrücke sind später durch Worte kaum noch zu korrigieren.

Aufmerksames Zuhören

Die Erzieherin hört dem Kind aufmerksam zu. Dazu muss sie zunächst versuchen, bewusst alles auszublenden, was sie ablenken könnte (z. B. Geräuschpegel in der Gruppe, andere Kinder oder Kolleginnen). Am besten sucht die Erzieherin einen ruhigen Ort auf, wo sie mit dem Kind ungestört sprechen kann. Neben der Kontrolle der äußeren Ablenkungen muss die Erzieherin auch darauf achten „innerlich" bei der Sache zu sein. Das heißt, sich ganz auf die Worte und das Anliegen des Kindes zu konzentrieren und in seine Gedankenwelt einzutauchen. Das Kind übernimmt die Gesprächsführung. Der Erwachsene folgt ihm und motiviert es zum Reden durch unterstützende Bemerkungen.

Metakommunikation

Zum festen Bestandteil der Gespräche mit Kindern sollte auch die Metakommunikation gehören. Das heißt, Erzieherin und Kind tauschen sich aus über die Art ihrer Beziehung und die Regeln des Gesprächsverlaufs. So ist es gleich zu Beginn eines Gesprächs wichtig, das angestrebte Ziel einfach und deutlich zu formulieren. Das Kind muss erfahren, was die Erzieherin mit dem Gespräch beabsichtigt und was sie vom Kind erwartet. Beispiel: „Mir gefällt nicht, dass du die anderen Kinder beim Spielen störst. Ich möchte gerne wissen, wie du darüber denkst."

Wenn Zweck und Ziel eines Gesprächs geklärt sind, ermutigt die Erzieherin das Kind zu erzählen, was ihm wichtig ist, was es will und was es empfindet. An Beispielen zeigt sie auf, dass bei ihr ankommt, was das Kind sagt. Sie unterstreicht, wie wichtig die verbalen und non-verbalen Rückmeldungen (Feedback) des Kindes für den Gesprächsverlauf sind. Die Erzieherin lässt das Kind aber auch wissen, dass es Schweigen darf. Das Kind muss spüren, dass es selbst entscheiden kann, ob es über ein bestimmtes Thema reden will oder nicht. Die Erzieherin akzeptiert den Willen des Kindes. Sie interpretiert die meist nur kurzfristig bestehende „Gesprächsverweigerung" nicht, sondern lässt dem Kind Zeit, aus freien Stücken wieder in das Gespräch einzutreten.

Die Metakommunikation beinhaltet auch, das Kind nach Abschluss eines Gesprächs dazu einzuladen, seine Meinung zu sagen. Um es nicht zu beeinflussen und in eine bestimmte Richtung zu drängen, ist es wichtig, dass die Erzieherin offene Fragen stellt und die Äußerungen des Kindes nicht kommentiert und bewertet. Sie fragt also nicht: „Wie hat dir das Gespräch gefallen?", sondern besser: „Sag mir mal, was dir wichtig ist, wenn wir miteinander reden."

9.4.2 Gesprächsarten

Im Erziehungsalltag wird die Gesprächskompetenz der Erzieherin in sehr unterschiedlichen Situationen mit verschiedenen Zielsetzungen eingefordert. Die Erzieherin sollte in der Lage sein, auf diese unterschiedlichen Anforderungen mit geeigneten Gesprächstechniken zu reagieren.

Es sind vier typische Gesprächssituationen unterscheidbar:

	Alltagsgespräch	Beratungsgespräch	Reflexionsgespräch	Kritikgespräch
Beispiele	Gespräche mit Kindern, Kolleginnen; Tür-Angel-Gespräch mit Eltern;	Elterngespräch bei Beratungsbedarf; Beratungsgespräch mit einem Jugendlichen z. B. über Berufsalternativen;	Auswertung eines Festes im Team; Rückmeldung der Anleiterin zu den Beschäftigungsangeboten der Praktikantin;	Gespräch, um Fehlverhalten (z. B. Verstoß gegen Regeln) zu vermindern;
Kennzeichen	Zufällig; Ort und Dauer sehr unterschiedlich;	Geplant; an einem vorbereiteten Ort mit einer begrenzten Dauer;	Geplant; an einem vorbereiteten Ort mit einer unbestimmten Dauer	Zufällig, zum Teil auch geplant; Ort und Dauer sehr unterschiedlich;
Gesprächstechniken	Techniken des aktiven Zuhörens; Informationsvermittlung		Feedback-Regeln, aktives Zuhören	Ich-Botschaften; Grundregeln wirkungsvoller Kritik

Beratungsgespräch

Unter Beratung wird eine eingreifende, vorbeugende und helfende Beziehung zwischen Personen verstanden, die sprachlich miteinander kommunizieren. Durch anregende und unterstützende Methoden wird der Ratsuchende innerhalb eines relativ kurzen Zeitraums befähigt, mit Hilfe seiner Selbsthilfe-, Selbststeuerungs- und Handlungskompetenz die bestehenden Probleme zu vermindern.

Ziele

Das Beratungsgespräch ist im beruflichen Alltag wichtig, um die Kompetenzen aller an der Erziehung Beteiligten zu stärken. Zwei Ziele stehen dabei im Mittelpunkt:

- Entwicklung und Verbesserung der Handlungskompetenz durch eine Erweiterung der Handlungsmöglichkeiten
- Erhalt der Handlungsfähigkeit durch Verminderung von Belastungen/Problemen, die sich hemmend auf die Erziehungsarbeit auswirken (z. B. Abbau von Ängsten, Stärkung des Selbstbewusstseins ...)

Funktionen

Im Wesentlichen können drei Funktionen unterschieden werden, die mit dem Beratungsgespräch verknüpft sind:

- **Präventive Funktion**

Vorbeugende Maßnahmen, um das Auftreten von Problemen zu vermindern

- **Wachstumsfördernde Funktion**

Hilfsmöglichkeiten der Ratsuchenden werden bewusst gemacht; dadurch werden Stärken deutlich erkennbar und die Ratsuchenden werden in die Lage versetzt, selbsthelfende Potenziale zu aktivieren;

- **Helfende Funktion**

Der Ratsuchende erhält Hilfen, Anregungen und Impulse zur aktiven Auseinandersetzung und Bewältigung seines Problems.

Hinweise auf Beratungsbedarf

Im Berufsalltag sollte die Erzieherin folgende Hinweise auf einen Beratungsbedarf beachten:

- Denk- und Handlungsblockaden
- Zirkulär kreisende Gedanken
- Unsinniges Verhalten
- Unüberlegtes Verhalten, das die Konsequenzen außer Acht lässt
- Erhöhte Ablenkbarkeit
- Geringe Konzentration
- Zahlreiche Flüchtigkeitsfehler
- Apathisches Verhalten/Desinteresse
- Erhöhte Ängstlichkeit
- Unsicherheit

Phasenmodell der Beratung

Die angebotenen Hilfen bzw. Techniken dienen zur weitgehend eigenständigen Bewältigung schwieriger Lebens- bzw. Berufssituationen. Der Helfer nutzt die individuellen Möglichkeiten des Ratsuchenden und verfährt nach dem Prinzip: Wer das Problem hat, der hat auch die Lösung. Die Hilfen zur Selbsthilfe fördern eine aktive Problemverarbeitung durch den Ratsuchenden und stärken damit auch seine Kompetenzen im Hinblick auf weitere Problemsituationen. Das im Alltag oft planlose Herangehen an schwierige Situationen wird unter Anleitung des Helfenden zum systematischen Vorgehen bei der Problembewältigung.

Das **Phasenmodell** der Beratung umfasst sieben Abschnitte:

1. Problembestimmung

2. Perspektivenwechsel

3. Problemanalyse

4. Zielformulierung

5. Entwicklung von Lösungen

6. Bewertung der Lösungsalternativen

7. Umsetzung der Lösung

1. Phase: Problembestimmung

Aktives Zuhören

Zunächst geht es um die Abklärung des Problems und dessen näheren Bestimmung. Die Erzieherin zeigt ein einfühlendes, nicht-wertendes Verstehen (Empathie) und signalisiert dem Ratsuchenden Verständnis. Das aktive Zuhören (siehe Gordon „Familienkonferenz") fördert die Selbstreflexion des Ratsuchenden. Die akzeptierende Grundhaltung der Erzieherin verdeutlicht, dass der andere mit seinen Problemen ernst genommen wird. Die Erzieherin verzichtet auf eigene Bewertungen der Problemsituation und argumentiert nicht aus ihrem eigenen Standpunkt heraus, um den anderen zu überzeugen. Diese Gesprächsgrundhaltung beinhaltet Aufrichtigkeit und Echtheit sowie Ehrlichkeit im Umgang mit dem Ratsuchenden. Im Gespräch entwickelt sich eine Vertrauensbeziehung, die nicht ausgenutzt werden darf. Schweigepflicht und Vertraulichkeit dürfen nicht verletzt werden.

In der Phase der Problembestimmung ist besonders auf Wahrnehmungsfilter zu achten, die zu einer unbewussten Informationsverfälschungen oder -auswahl führen können.

Die erste Phase darf nicht zu kurz gefasst werden. Die Erzieherin sollte sich für eine umfassende, differenzierte Problembestimmung Zeit lassen.

Gesprächshinweise für die erste Phase:
■ Aufmerksam zuhören, ausreden lassen
■ Wiedergeben (spiegeln), was der andere mitteilt
■ Auf Gefühle näher eingehen, mitfühlendes Verstehen
■ Aussagen durch Beispiele konkretisieren lassen
■ Wesentliche Inhalte zusammenfassen
■ Ermutigen
■ Eigene Verarbeitung bzw. Wahrnehmung des Gehörten rückmelden
■ Offene Fragen formulieren (nicht ausfragen)
■ Missverständnisse/Unklarheiten durch Nachfragen beseitigen

2. Phase: Perspektivenwechsel

Konfrontation

Im Mittelpunkt der zweiten Phase steht die Auseinandersetzung mit der Wahrnehmung der Problemsituation. Indem andere Sichtweisen eingebracht und damit die eigene Perspektive relativiert wird, kommt es zum beabsichtigten Perspektivenwechsel. Eine Perspektivenerweiterung kann sich auch ergeben, wenn mein Ich einen größeren Abstand zum Problem einnimmt.

Das Verhalten der Erzieherin verändert sich im Vergleich zur ersten Phase grundlegend: Stand in der ersten Phase das uneingeschränkte Wertschätzen und Verständnis im Vordergrund, so wird in der zweiten Phase eine kritischere Grundhaltung deutlich. Die Erzieherin beginnt die Perspektive der Ratsuchenden zu ändern, indem sie Aussagen hinterfragt und neue Sichtweisen hinzufügt. Das in der ersten Phase entworfene Bild der Problemsituation beginnt sich zu wandeln. Wurde in der ersten Phase von der Erzieherin rückgemeldet, was sie gehört und verstanden hat, geht sie nun in der zweiten Phase darauf ein, was sie noch gehört haben könnte.

In dieser Phase stößt die Erzieherin auf unterschiedliche lösungsverhindernde Einstellungen der Ratsuchenden:

- Sie sind durch starke Emotionen auf sich selbst bezogen.
- Ihre Aussagen sind ambivalent, widersprüchlich.
- Sie haben den Bezug zur Realität teilweise verloren.
- Ihr Denken erfolgt starr nur in eine Richtung.
- Sie haben zu wenige Informationen zur Problemsituation.

Die Erzieherin muss den Ratsuchenden verdeutlichen, dass die Situation bzw. das Problem auch anders gesehen und erlebt werden kann. Den Perspektivenwechsel erleichtert ein Rollentausch, im dem sich die Ratsuchende in die Situation einer anderen Person im Problemfeld versetzt: „Wenn Sie die Mutter der fünfjährigen Sabine wären, wie hätten Sie die Situation erlebt und was hätten Sie von der Erzieherin erwartet?"

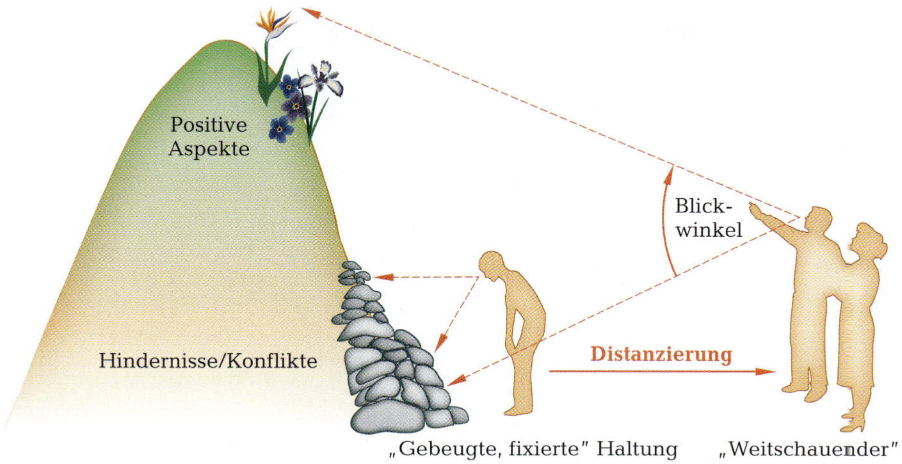

Problemberg

Wird der Perspektivenwechsel von der Ratsuchenden vollzogen, ist die zweite Phase beendet.

Gesprächshinweise für die zweite Phase:
■ Die Problemsituation vervollständigen, erweitern
■ Mit Bildern/Metaphern arbeiten, um die Situation zu kennzeichnen
■ Konsequenzen ableiten
■ Dem Problem zugrundeliegende Einstellungen verdeutlichen
■ Mit provozierenden Aussagen neue Gesichtspunkte in die Problembearbeitung einbringen. Es ist wichtig, bei aller Provokation und Konfrontation rücksichtsvoll zu sein
■ Infragestellen von Bewertungen
■ Konfrontieren mit neuen Aspekten
■ Zusammenfassen, informieren

3. Phase: Problemanalyse

Das ausgewählte Problem wird aus verschiedenen Perspektiven beleuchtet. Ursachen des Problems und Auswirkungen auf die aktuelle Situation werden im Prozess der Problemanalyse herausgearbeitet und gemeinsam bewertet. Um von der eigenen, oftmals festgefahrenen Sichtweise wegzukommen, ist eine mehrdimensionale Betrachtungsweisen aus unterschiedlichen Blickwinkeln erforderlich.

Mehrdimensionale Betrachtungsweise

Im Gespräch ist zu überprüfen, wer in der dargestellten Situation einen „Leidensdruck" verspürt und veränderungsbereit ist. Das Beratungsgespräch sollte auch berücksichtigen, welche Einflüsse die bestehende Situation verfestigen und Veränderungen erschweren.

Gesprächshinweise für die dritte Phase:
■ Ratsuchenden zur Problemanalyse anregen
■ Ursachen, Zusammenhänge gemeinsam erarbeiten
■ Impulse für Neubewertungen geben
■ Sichtweise anderer Personen verdeutlichen
■ Erfahrungen in vergleichbaren Situationen heranziehen
■ Vor- und Nachteile der Situation für die beteiligten Personen gegenüber stellen

4. Phase: Zielformulierung

Bedeutung, Realisierbarkeit

Nach der Problemanalyse, die sich hinsichtlich der Ursachenbeschreibung auf die Vergangenheit und bezüglich der aktuellen Situation auf die Gegenwart richtet, wird in der vierten Phase der Blick nach vorne gerichtet. Die Ratsuchende wird im Gespräch angeregt, Visionen und Zielvorstellungen zu entwickeln. Die genannten Ziele werden im Hinblick auf deren Bedeutung und Wichtigkeit hinterfragt sowie hinsichtlich ihrer Realisierbarkeit gemeinsam reflektiert. Es kann erforderlich sein, alternative Ziele zu entwickeln und zu bewerten. Werden Ziele ins Auge gefasst, die erst in einer weiteren Zukunft zu verwirklichen sind, so sollten Zwischen- bzw. Etappenziele formuliert werden, die auf dem Weg zum Ziel als (überprüfbare) Meilensteine dienen.

Mit der Zielformulierung sollten auch zeitliche Aspekte der Realisierung verbunden werden, um eine höhere Verbindlichkeit der Aussagen zu erreichen.

Gesprächshinweise für die vierte Phase:
■ Impulse zur Zielentwicklung und zur Formulierung von Visionen geben
■ Zielhierarchien erstellen
■ Bedeutung der Ziele hinterfragen
■ Erreichbarkeit der Ziele reflektieren
■ Ziele und ggf. Zwischenziele konkretisieren lassen

5. Phase: Entwicklung von Lösungen

Hilfe zur Selbsthilfe

Im Mittelpunkt des Beratungsprozesses steht die Entwicklung von Hilfen für die Ratsuchende. Die Erzieherin unterstützt die Ratsuchende in der aktiven Problembewältigung, indem Hilfe zur Selbsthilfe gegeben wird. Die Hilfsmöglichkeiten der Ratsuchenden werden im Gespräch verdeutlicht und, soweit erforderlich, durch Anregungen der Beraterin ergänzt.

Im Gespräch wird die Kompetenz der Ratsuchenden zur eigenständigen Problembewältigung gestärkt. Die Erzieherin ermutigt und unterstützt die Ratsuchende bei der Entwicklung von Lösungen; sie nimmt ihr die Problembewältigung aber nicht ab.

Gesprächshinweise für die fünfte Phase:
■ Informationen geben
■ Hilfen entwickeln
■ Ressourcen der Ratsuchenden aktivieren
■ Vertrauen in die selbstständige Problembewältigung vermitteln
■ Kompetenzen stärken
■ Feedback geben

6. Phase: Bewertung der Lösungsalternativen

Entscheidungsfindung

Nachdem die Ratsuchende verschiedene Lösungsmöglichkeiten entwickelt hat, geht es nun um die Entscheidung, welches Lösungskonzept umgesetzt werden soll. Die Vor- und Nachteile der verschiedenen Lösungen werden herausgearbeitet und gegenüber gestellt. Die unterschiedlichen Lösungsmöglichkeiten werden überprüft, inwieweit sie situationsgerecht, problembezogen und von der Ratsuchenden umsetzbar sind.

Die Lösungsalternativen werden nach dieser Analyse in eine Rangordnung gebracht. Es erfolgt die Entscheidung für einen Lösungsweg, der nunmehr zu konkretisieren ist.

Gesprächshinweise für die sechste Phase:
■ Lösungen kritisch reflektieren
■ Bewertungskriterien entwickeln
■ Vor- und Nachteile der Lösungsalternativen aufzeigen
■ Lösungsmöglichkeiten aus unterschiedlichen Perspektiven bewerten
■ Dauerhaftigkeit der Problemlösung beachten
■ Umsetzbarkeit der Lösungsalternativen vor dem Hintergrund der Möglichkeiten der Gesprächspartnerin reflektieren

7. Phase: Umsetzung der Lösung

Handlungsplanung

Ist die Entscheidung für einen Lösungsweg getroffen, so geht es nun um die konkrete Verwirklichung in einem Umsetzungsplan. Dieser Plan enthält Handlungsschritte, die für die Ratsuchende jeweils zu bewältigen sind. In der Analyse der Vorgehensweise sind auch Umsetzungshindernisse zu beachten. Bereits im Vorfeld können Strategien zum Umgang mit Hindernissen bedacht werden.

Die Erzieherin bietet unterstützende Hilfen bei der Umsetzung des Lösungsplans an. So könnten Feedbackgespräche, gemeinsame Analyse der Bewältigung der Etappenziele (Meilensteine), Hilfsmöglichkeiten durch andere (z. B. Beratungsstellen) angeboten werden.

Für die Umsetzung des Lösungsplans wird ein Zeitrahmen festgelegt.

Gesprächshinweise für die siebte Phase:
■ Vertrauen in die Umsetzung der Lösung vermitteln
■ Selbstvertrauen stärken und Sicherheit erhöhen
■ Unterstützung zusagen
■ Feedbackgespräche anbieten

Anwendungsbeispiel:

Eine Berufsanfängerin hat Angst, einen Elternabend, an dem sehr kritische Eltern teilnehmen, eigenverantwortlich durchzuführen.

Phase		Fragestellungen	Inhalte
1	**Problembestimmung**	Worin besteht das Problem?	Mitarbeiterin fühlt sich unsicher, vor einer Gruppe von kritischen Erwachsenen zu sprechen.
2	**Perspektivenwechsel**	Wie sehen andere die Situation?	Der Dienstauftrag des *Trägers* beinhaltet die eigenverantwortliche Durchführung der Elternarbeit. Die *Eltern* sind an den Aussagen und Einschätzungen der Erzieherin interessiert. Die *Tätigkeit einer Erzieherin* umfasst auch die aktive Gestaltung der Elternarbeit.
3	**Problemanalyse**	Welche Ursachen führen zum Problem?	Fachliche Unsicherheit; sprachliche Gehemmtheit; Furcht vor der unbekannten Elterngruppe; Kritik, Angriffe gegen die pädagogische Arbeit der Erzieherin; Unzufriedenheit der Eltern.
4	**Zielformulierung**	Welches Ziel möchte die Erzieherin erreichen?	Sie möchte den Elternabend angstfrei und sicher durchführen können.
5	**Entwicklung von Lösungen**	Welche Hilfsmöglichkeiten bestehen?	a) Rhetorik-Training; b) Erzieherin berichtet von Elternveranstaltungen, die gut verlaufen sind; Übernahme der gelungenen Teile dieser Elternveranstaltungen c) Andere Teammitglieder unterstützen bei der Durchführung des Elternabends;
6	**Bewertung von Lösungsalternativen**	Welcher Lösungsweg passt zu der Erzieherin?	Es wird Lösungsalternative c) ausgewählt.
7	**Umsetzung der Lösung**	Wie geht Sie konkret vor?	Die nächsten Elternabende werden terminiert und inhaltlich festgelegt. Die Anteile der Erzieherin an den Elternabenden werden allmählich erhöht.

Das Reflexionsgespräch

Das Reflexionsgespräch hat für die berufliche Weiterentwicklung von Teammitgliedern eine zentrale Bedeutung. Dies soll am Beispiel der Berufspraktikantin verdeutlicht werden.

Die Anleitungsgespräche zur Reflexion sind zu vereinbaren und regelmäßig zu führen. Die Anleiterin und die Berufspraktikantin sollten sich beispielsweise an einem festen Wochentag ein bis zwei Stunden für die ausbildungsbegleitende Reflexion des Berufspraktikums Zeit nehmen. Zur Ergebnissicherung empfiehlt es sich, Absprachen, Vereinbarungen, Aufgaben oder Termine schriftlich fest zu halten. So könnten in einem Reflexionsheft die wesentlichen Ergebnisse der Gespräche festgehalten werden.

Das Reflexionsgespräch erfolgt den Ausbildungsprozess begleitend und baut auf den vorhandenen Erfahrungen auf, wie die nachfolgende Darstellung verdeutlicht.

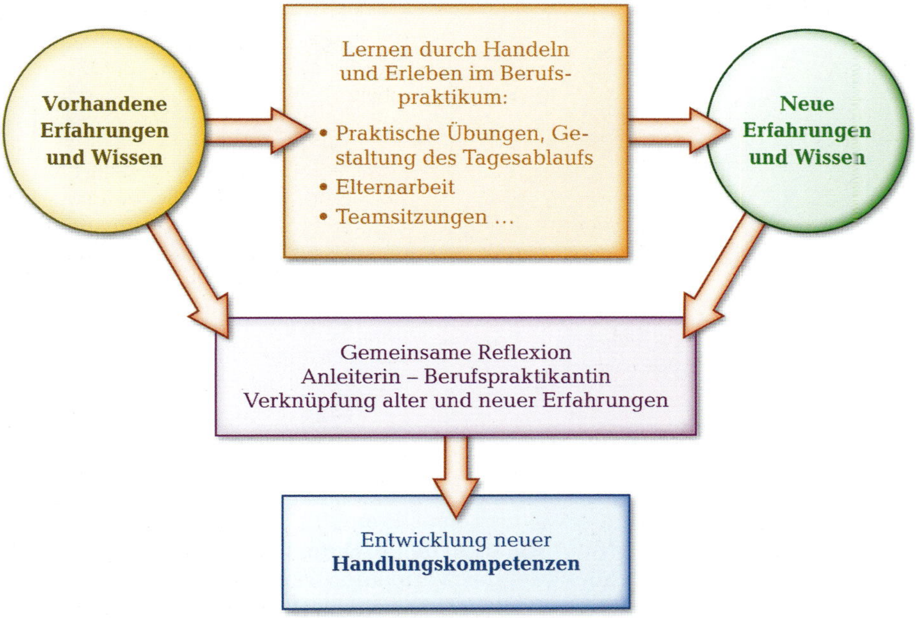

Die Einrichtung setzt die organisatorischen Bedingungen und gibt in ihrer Konzeption den Handlungsrahmen vor. Die Berufspraktikantin mit ihren Fähigkeiten, Kenntnissen und ihrem Wissen bringt sich in das sozialpädagogisches Praxisfeld ein. Ihre Aufgabe besteht darin, sich so zu organisieren, dass die Lern- und Erfahrungsmöglichkeiten in der Praxiseinrichtung zur Entwicklung ihrer pädagogischen Kompetenz führen. **Rahmenbedingungen**

Bei der Reflexion sind sowohl die Rahmenbedingungen der Institution mit ihren Möglichkeiten und Grenzen als auch die Voraussetzungen und Entwicklungspotenziale der Berufspraktikantin zu bedenken.

Das Reflexionsgespräch setzt sich mit der Entwicklung und der Ausprägung der pädagogischen Handlungskompetenzen für die Arbeit im sozialpädagogischen Praxisfeld auseinander.

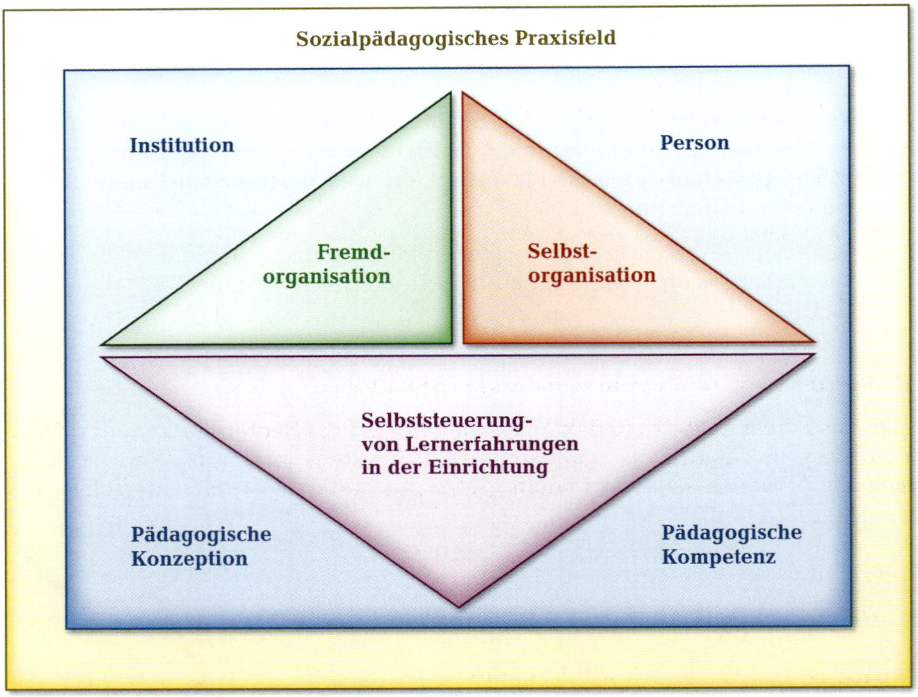

Rahmenbedingungen für Reflexionsgespräche

Reflexion des beruflichen Alltags

Themenbereiche

Am Ende eines Tages, zum Abschluss eines Projektes sollte die Erzieherin sich selbstkritisch reflektieren. Mit Abstand zu den Ereignissen ist es erforderlich, das Erlebte nochmals zu durchdenken, das Verhalten der Beteiligten zu hinterfragen und nach Alternativen zum Verhalten zu suchen. Diese Reflexionsgespräche sollten zum festen Bestandteil der Teamarbeit in der Gruppe gehören.

Leitfragen:

- *Was haben wir beabsichtigt, was ist daraus geworden?*
- *Worüber habe ich mich geärgert, was hat mich überrascht, was hat mich erfreut?*
- *Wurden wir den Kindern gerecht?*
- *Wie haben wir kooperiert?*
- *Welche Handlungsalternativen sind denkbar und sollten erprobt werden?*

Reflexion des Entwicklungsstandes einer Praktikantin

Die Kriterien zu Bewertung des Entwicklungsstandes können aus den bundeslandspezifischen Formulierungen zu den verschiedenen Praktikumsphasen abgeleitet werden. Als Ausbildungsziel sind die Anforderungen an eine Gruppenleiterin heranzuziehen.

Leitfragen:

- *Was habe ich gelernt?*
- *Was gelingt mir gut?*
- *Wo habe ich noch Schwierigkeiten?*

Reflexion des Verhaltens in schwierigen Situationen

Der Ausgangspunkt des Reflexionsgesprächs sind die Beobachtungen der Teammitglieder in kritischen Situationen des Berufsalltags (z. B. Kinder widersetzen sich den Anweisungen, Elternbeschwerden, gewalttätige Auseinandersetzungen zwischen Kindern).

Leitfragen:

- *Wie reagiere ich, wenn ich mich überfordert fühle?*
- *Was ist mir in der kritischen Situation gut gelungen, was ist noch verbesserungsbedürftig?*
- *Wie habe ich mich in und nach der Situation gefühlt?*

Reflexion von Veranstaltungen

Nach Abschluss einer Veranstaltung (z. B. Elternabend, Sommerfest, Verabschiedung von Mitarbeitern) sollte die Planung und der Verlauf kritisch und offen reflektiert werden.

Leitfragen:

- *Wie setze ich die Konzeption der Einrichtung in meinem Vorgehen um?*
- *Was ist bei einer geplanten Beschäftigung gelungen, was ist verbesserungsbedürftig?*

Feedback-Regeln

Im Reflexionsgespräch sollten folgende Feedback-Regeln beachtet werden:

... für den, der Feedback erteilt:
■ Aussagen annehmbar und umkehrbar formulieren; ■ Den anderen nicht als Person herabsetzen; ■ Die Haltung von Oben vermeiden und partnerschaftlich miteinander umgehen; ■ Verallgemeinerungen vermeiden; ■ Aussagen durch Beispiele verdeutlichen und belegen; ■ Klare Abgrenzung: Beobachtung – Gefühl – Vermutung; ■ Objektiv belegbare Tatsachen oder Vorkommnisse eindeutig von sub-jektiven Bewertungen abgrenzen; ■ Konstruktives Feedback geben; ■ Das angestrebte Zielverhalten verdeutlichen; ■ Beschreibende Aussagen formulieren; ■ Nicht bewerten, moralisieren und vorschnell diagnostizieren; ■ Ausgelöste Gefühle (z. B. ICH-Botschaften) rückmelden; ■ Die eigene Betroffenheit verdeutlichen: Was hat mich erstaunt, verblüfft, verärgert? ■ Das Feedback direkt formulieren; ■ Dabei die Ichform wählen; sich nicht hinter anderen Personen verstecken; ■ ICH-Botschaften senden; ■ Anregungen für Veränderungen geben; ■ Wünsche äußern und begründen.
... für den, der Feedback erhält:
■ Offenheit, Bereitschaft für Feedback-Empfang signalisieren; ■ Partnerschaftlich miteinander umgehen; ■ Nachfragen bei Verständnisproblemen; ■ Klarheit schaffen, was der andere wirklich meint; ■ Keine Rechtfertigungen geben; ■ Nicht dagegen argumentieren, sich verteidigen, sondern das erhaltende Feedback als Hilfe akzeptieren.

Werden diese Feedback-Regeln beherzigt, dann werden im Gespräch Widerstände und Verteidigungshaltungen, die eine positive Auseinandersetzung mit der Rückmeldung verhindern, abgebaut. Im Mittelpunkt steht die gemeinsame Ausrichtung auf das angestrebte Zielverhalten. Wahrgenommene Abweichungen und Mängel werden offen gelegt und können selbstkritisch durch den Betroffenen ergänzt werden. Es geht nicht um eine vernichtende Kritik am Fehlverhalten und das Herabsetzen des anderen, sondern um die gemeinsame Entwicklung von Strategien, um das angestrebte Ziel zu erreichen. In diesem Verständnis wird das Feedback zur notwendigen Standortbestimmung.

Grundregeln effektiver Kritik

Um Widerstände beim Kritisierten zu verhindern, sollte die Kritik folgende Grundsätze beachten:

Sachlichkeit

Die Aussagen müssen belegbar bzw. durch Fakten objektiv nachweisbar sein. Vermutungen oder Verdächtigungen, die sich im Nachhinein als haltlos erweisen, verschlechtern die Beziehung zwischen den Gesprächspartnern dauerhaft.

Rechtzeitigkeit

Die Kritik sollte sich auf einen aktuellen, konkreten Sachverhalt beziehen. Wenn das Fehlverhalten frühzeitig angesprochen wird, erhöht sich die Änderungsbereitschaft der Betroffenen. Falsche Gewohnheiten schleichen sich dann nicht ein.

Angemessenheit

Es sollten keine Bagatellen künstlich aufgebauscht werden. Ein übertriebenes, unbeherrschtes Vorgehen ruft vor allem Widerstände hervor und eine partnerschaftliche Beziehung zwischen den Betroffenen wird nachhaltig beeinträchtigt.

Direktheit

Die vorgebrachte Kritik sollte nicht vor Dritten, durch Dritte oder in Abwesenheit des Betroffenen erfolgen. Wird die Kritik vor anderen geäußert, dann sind zahlreiche Nebenwirkungen zu erwarten. Der Kritisierte fühlt sich bloßgestellt und hat das Bedürfnis, sich vor den Beteiligten zu rechtfertigen. Oft kommt es zu einer unkontrollierbaren Emotionalisierung des Gesprächs, die eine sachliche Lösung des Problems verhindert. Bisweilen solidarisieren sich die Beteiligten mit dem vermeintlich ungerechtfertigt Kritisierten, was die Position des Kritisierten stärkt. Das Verhalten des Kritisierenden wird von den Anwesenden aufmerksam verfolgt: Erfolgt die Kritik zu milde, kann dies seine Autorität untergraben; reagiert er zu hart, nimmt die Furcht vor ihm zu und die Offenheit und Aufrichtigkeit im gegenseitigen Umgang verringert sich.

Die Kritik vor anderen ist nur dann gerechtfertigt, wenn das Fehlverhalten (z. B. Unpünktlichkeit, Nachlässigkeit bei der Aufgabenerledigung, Unordnung ...) mehrere Personen betrifft. Auf eine Namensnennung sollte dann verzichtet werden.

Beteiligung

Der Kritisierte ist bei der Lösungsfindung einzubeziehen, denn dies erhöht die Änderungsbereitschaft des Betroffenen erheblich. Eigene Lösungen und Verbesserungsvorschläge werden eher umgesetzt als die von außen vorgegebenen Vorgehensweisen.

Fortschritte rückmelden

Erfolgreiche Änderungen sollten dem Kritisierten schnell rückgemeldet werden. Dieses Feedback ermöglicht einen weiterhin positiven Kontakt zum Kritisierten.

Schrittweises Vorgehen

Die Veränderung sollte sich zunächst auf einen Aspekt beziehen und bei erfolgreicher Bewältigung auf weitere Bereiche ausgedehnt werden. Die Konzentration auf ein Ziel führt schneller zu Veränderungserfolgen und erhöht die Motivation für die nächsten Veränderungsschritte.

Die Kennzeichen wirksamer Kritik können nach Sahm vier Bereichen zugeordnet werden:

Sachlich

Keine Veränderung oder Erregung zeigen; das Verhalten und nicht die Person kritisieren; keine Übertreibung des Sachverhalts;

Sachbezogene Kritik wird in der Regel akzeptiert

Schonend

Kritik möglichst unter vier Augen mitteilen; nicht nur Mängel kritisieren, sondern auch das Positive anerkennen; Kritisierten die Gelegenheit zur Stellungnahme geben;

Kritik **ohne Verletzung des Selbstwertgefühls** ist erfolgreicher

Konstruktiv

Fehlerursache analysieren; dem Kritisierten helfen, Fehler zu erkennen und zu vermeiden;

Aufbauende Kritik wird als Hilfe empfunden und akzeptiert

Positiv

Kritik mit versöhnlichen Worten; Vertrauen in die Veränderung des Fehlverhaltens durch den Kritisierten vermitteln;

Ermutigende Kritik verstärkt die weitere Leistungsbereitschaft

9.4.3 Gesprächstechniken

Aktives Zuhören

Das aktive Zuhören, das auf Thomas Gordon (Familienkonferenz) zurück geht, stellt eine Anwendung der gesprächstherapeutischen Prinzipien auf das pädagogische Handeln dar. Der Zuhörende berücksichtigt nicht nur das, was gesagt wird, sondern will herausfinden, was damit gemeint ist. Der Grundsatz des Verstehenwollens verhindert, dass die beiden Gesprächspartner aneinander vorbei reden. Das aktive Zuhören wird als Schlüssel zum Gesprächspartner verstanden, durch den Vertrauen, Verbundenheit und Offenheit ermöglicht und aufgebaut wird.

Aufbauend auf seinem Kommunikationsmodell beschreibt Schulz von Thun (2000, Seite 72) drei Stufen des aktiven Zuhörens:

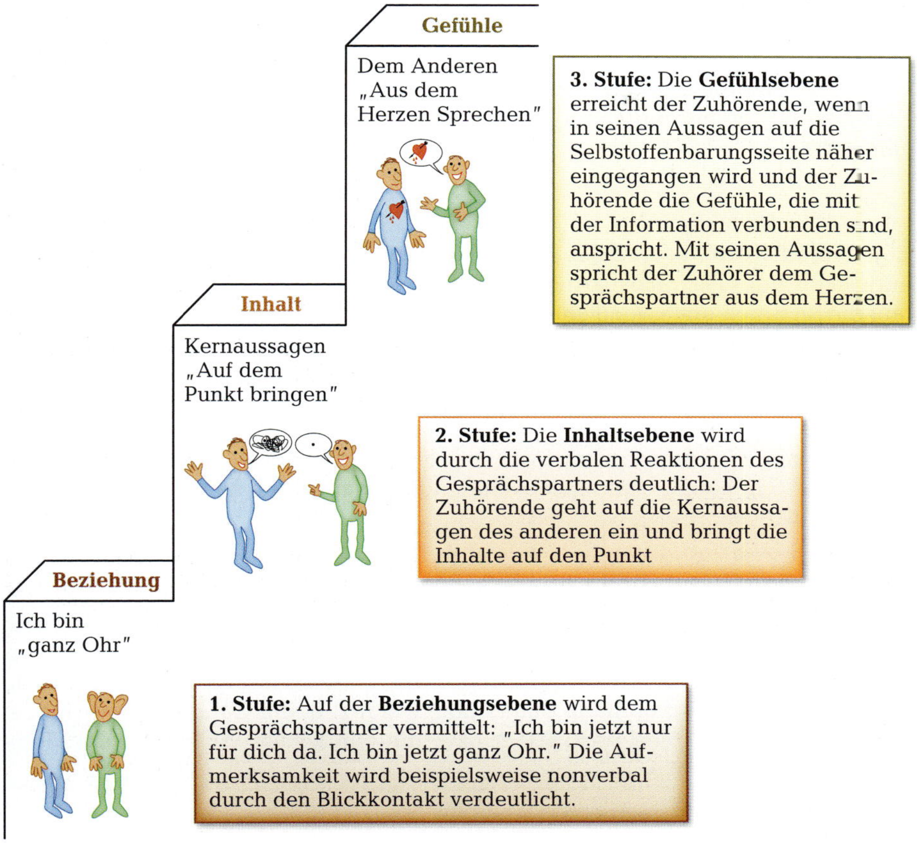

Folgende Merkmale kennzeichnen das aktive Zuhören:

Emotionalität: Die Aussagen des Erzählenden werden hinsichtlich der emotionalen Erlebnisinhalte hinterfragt. Der Zuhörer berichtet, wie er selbst die Aussagen empfunden hat, bzw. wie sie auf ihn wirken. Der Zuhörende fasst in Worte, was in den Aussagen gefühlsmäßig mitschwingt. Die Auseinandersetzung mit den Gefühlen des Erzählenden führen zu einer Analyse der Aussagen auf einer neuen Ebene. Die emotionale Betroffenheit des Erzählenden wird erreicht. Häufig gibt der Erzählende Zusatzinformationen, damit sich der Zuhörer besser in die Situation hineinversetzen und das Erlebte nachvollziehen kann.

Akzeptanz: Die Sichtweisen, Empfindungen und Probleme des Gesprächspartners werden ernst genommen. Erfahrungen des Zuhörenden, die sich auf vergleichbare Situationen beziehen, werden nicht in das Gespräch eingebracht. Vorschnelle Ratschläge ohne Kenntnis der Situation des Betroffenen verhindern erfolgreiche Problemlösungen durch den Erzählenden selbst. Im Mittelpunkt steht der Erzählende mit seiner individuellen Situation und den für ihn möglichen Problemlösungen. Aktives Zuhören ist immer auf den Gesprächspartner gerichtet.

Zeit lassen/Konzentration: Dem Erzählenden wird das Gefühl vermittelt, im Augenblick gibt es für mich kein wichtigeres Anliegen als dein Anliegen. Das Gespräch darf nicht unter Zeitdruck ablaufen, sondern sollte in einer angenehmen, entspannten Atmosphäre erfolgen. Der Zuhörende konzentriert sich auf den Gesprächspartner und verdeutlicht seine Aufmerksamkeit hör- und sichtbar durch Blickkontakt, zugewandte Körperhaltung, Eingehen auf die Aussagen des Erzählenden.

Eigenverantwortung: Wird das aktive Zuhören im hohen Maße verwirklicht, dann entwickelt der Gesprächspartner selbst Problemlösungen, da im Gesprächsverlauf die Situation umfassend analysiert und durch das Feedback des Zuhörenden neu durchdacht wurde. Die selbst entwickelten Lösungsmöglichkeiten werden bereitwilliger akzeptiert als von außen kommende Hilfen. Bei engagierten Helfern, die im sozialen Bereich häufig zu finden sind, besteht die Gefahr, dass der Zuhörende das Problem zu seinem eigenen Problem macht und die Problemlösung selbst in die Hand nimmt. Der Gesprächspartner wird dadurch entmündigt und es entsteht häufig eine fatale Abhängigkeit der Person vom Helfer.

Perspektivenwechsel: Das aktive Zuhören bewirkt beim Erzählenden einen Perspektivenwechsel, d. h., im Verlauf des Gesprächs erweitert sich das Blickfeld des Erzählenden und er nimmt die Situation aus dem Blickwinkel anderer Personen, die im Problem einbezogen sind, wahr. Diese Wirkung wird auch durch das Feedback des Zuhörenden unterstützt, wenn z. B. der Zuhörer seine eigene emotionale Betroffenheit rückmeldet bzw. die emotionale Wirkung auf andere Personen verdeutlicht.

Durch ein systematisches Training, wie es zum Beispiel verschiedene Fortbildungsträger oder Beratungsstellen anbieten, kann das aktive Zuhören eingeübt werden. Auch wenn mit Hilfe des Trainings ein professionelles Gesprächsverhalten aufgebaut wird, ist das aktive Zuhören weniger als Gesprächstechnik zu sehen, sondern stellt vielmehr eine **pädagogische Grundhaltung** dar, die das erzieherische Handeln durchgängig bestimmt. Dem Gesprächspartner wird mit Achtung und Respekt begegnet. Das aktive Zuhören sollte nicht dazu dienen, den anderen unauffällig und geschickt auszuhorchen bzw. in seine Privatsphäre einzudringen.

Die nachfolgende Übersicht verdeutlicht, wie ein Training zum aktiven Zuhören strukturiert werden kann.

Trainingsablauf

1. Phase: **Analyse des eigenen Gesprächsverhaltens**
   Bewusst machen des eigenen Gesprächsverhaltens
   z. B. Video-Analyse von eigenen Gesprächen

2. Phase: **Verdeutlichen des angestrebten Zielverhaltens**
   Analyse von Gesprächen, die aktives Zuhören verwirklichen
   Merkmale das aktiven Zuhörens erkennen
   Wirkungen des aktiven Zuhörens beschreiben
   Vertrautmachen mit der Skala der Wertschätzung

3. Phase: **Übungen zum aktiven Zuhören**
   Aufeinander aufbauende Übungen wie
   Paraphrase (umschreibendes Zuhören): Wiedergabe des Gehörten mit eigenen Worten;
   Verbalisieren von emotionalen Erlebnisinhalten: Rückmeldung, was in den Aussagen gefühlsmäßig mitschwingt;
   Formulierung von ICH-Botschaften: Feed-back über die Betroffenheit des Zuhörenden;
   Einsatz von Steuerungshilfen im Gespräch (z. B. sondieren, akzentuieren, Bitte um Erläuterung, zusammenfassende Wiederholung);
   Erkennen von Killerphrasen, die zu Kommunikationssperren führen (wie befehlen, ermahnen, moralisieren, belehren, kritisieren)

4. Phase: **Umgang mit schwierigen Situationen**
   Widerstände beim Gesprächspartner;
   Der Erzählende geht nicht auf das Feed-back des Zuhörers ein;
   Schweigen, Kommunikationsverweigerung;
   Nonverbale und verbale Informationen stimmen nicht überein:
   Zuhörer kann akzeptierende Grundhaltung nicht verwirklichen, da die Aussagen seinen Wertvorstellungen widersprechen

ICH-Botschaften

Als „sanften", aber wirkungsvollen Weg der Kritik bezeichnet Thomas Gordon die Verwendung von ICH-Botschaften, die im Erziehungsalltag eingesetzt werden, wenn nicht der Gesprächspartner sondern ich selbst ein Problem habe. Machen sich die Erzieherinnen Sorgen um ein schwieriges Kind, dann könnten sie im Elterngespräch ICH-Botschaften einsetzen, um den Eltern die Betroffenheit und Sorgen mitzuteilen.

Elemente von ICH-Botschaften

- **Fehlverhalten**
  Beschreiben des Fehlverhaltens
- **Auswirkungen**
  Aufzeigen der Konsequenzen, die sich aus dem Fehlverhalten ergeben
- **Gefühle**
  Verdeutlichen der Betroffenheit bzw. der Gefühle, die das Fehlverhalten auslösen

Kapitel 9

Wird ein Fehlverhalten festgestellt, neigen viele dazu, DU-Botschaften („Du solltest mehr auf Ordnung achten", „Du bist unmöglich.") zu formulieren. Solche Du-Botschaften werden vom Gesprächspartner als persönliche Herabsetzung oder Angriff empfunden und lösen zum einen heftige Gegenreaktionen und zum anderen Schuldgefühle aus. Die so vorgebrachte Kritik verschlechtert die Beziehung nachhaltig und die Änderungsbereitschaft wird herabgesetzt.

Vor dem Hintergrund dieser negativen Wirkungen von DU-Botschaften entwickelt Gordon sein Konzept der ICH-Botschaften. **Die ICH-Botschaften beinhalten drei Komponenten**: Sie informieren den Kritisierten über das wahrgenommene Fehlverhalten, die Auswirkungen des Fehlverhaltens und die Gefühle, die das Fehlverhalten ausgelöst hat. Die Du-Botschaft „Du solltest mehr auf deine Ordnung achten" kann in folgende ICH-Botschaft umgewandelt werden: „Wenn die Kleidungsstücke nicht aufgeräumt werden (**Verhalten**), dann sind sie unansehlich verknittert (**Auswirkung**). ICH muss dann noch mehr bügeln, was mich ärgert, weil es nicht sein müsste (**Gefühl**)."

ICH-Botschaften signalisieren dem Gesprächspartner: Zeige Verständnis für meine Situation! Verändere dein Fehlverhalten, damit es mir besser geht! Die Verantwortung für die Änderung des Fehlverhaltens wird in die Hand des Kritisierten gelegt, der auf die ICH-Botschaft, die als Hilfeappell zu verstehen ist, freiwillig reagiert. ICH-Botschaften fordern zur Kooperation auf. Die beabsichtigte Wirkung setzt voraus, dass die Beziehung zwischen den Gesprächspartnern grundsätzlich positiv ist und die ICH-Botschaft beim Kritisierten Betroffenheit, Verlegenheit, Bedauern, Schuldgefühle usw. hervorruft, die eine Änderungsbereitschaft auslösen. Die Wirksamkeit von ICH-Botschaften wird von Gordon wesentlich höher eingeschätzt als Drohungen, Befehle oder Belehrungen. Gelangen in Konfliktsituationen ICH-Botschaften zum Einsatz, dann können Probleme in einer nicht verletzenden Weise bearbeitet und konstruktiv gelöst werden.

Einsatz im Erziehungsalltag

ICH-Botschaften sind im Erziehungsalltag in folgenden Situationen (siehe auch Leupold 1997) erfolgreich einsetzbar:

Elterngespräche: Werden im Elterngespräch Verhaltensauffälligkeiten der Kinder angesprochen, dann vermitteln die ICH-Botschaften die Bedenken und Beobachtungen der Erzieherinnen. Eine Schuldzuweisung, die (auch indirekt) die Eltern angreift und damit die Gesprächsatmosphäre belastet, wird vermieden.

Gespräche mit Kindern: Um Kindern beispielsweise die Auswirkungen von Regelverletzungen zu verdeutlichen, können mit Hilfe der ICH-Botschaften die Konsequenzen aus dem Fehlverhalten und die emotionale Wirkung auf die Beteiligten aufgezeigt werden.

Teamgespräche: Häufig werden in Teamsitzungen unangenehme Themen umgangen, da sie die vermeintliche Harmonie stören. Es besteht die Angst, dass Teammitglieder persönlich betroffen reagieren, da sie die Aussagen als offene oder indirekt formulierte DU-Botschaft wahrnehmen. Werden ICH-Botschaften geäußert, steht die Person selbst mit ihrer Betroffenheit und ihren Gefühlen im Mittelpunkt. Die ICH-Botschaft bittet die anderen um Kooperation bei der Lösung des Problems.

Vergleicht man das aktive Zuhören mit den ICH-Botschaften so ergeben sich folgende Unterschiede:

	Aktives Zuhören	ICH-Botschaften
Problemlage	Das Problem liegt schwerpunktmäßig beim Gesprächspartner.	Das Problem liegt zunächst bei mir. Ich möchte einen Zustand ändern.
Ziel	Den Gesprächspartner bei der eigenständigen Problembewältigung unterstützen.	Den Gesprächspartner dazu motivieren, sein Verhalten zu ändern, damit es mir besser geht.
Gesprächsschwerpunkt	Die Interessen und Belange des Gesprächspartners stehen im Mittelpunkt des Gesprächs.	Meine eigenen Interessen und Belange werden im Gespräch thematisiert.
Verhaltensauslöser	... wenn ich um Rat gefragt werde ... wenn ich als Zuhörer benötigt werde ... wenn ich um Hilfe gebeten werden.	... wenn ich Hilfe benötige ... wenn ich mit einer Situation unzufrieden bin.

9.4.4 Einflüsse auf die Gesprächsführung

Analysen von Gesprächen zeigen, dass bestimmte Gesprächsformen den weiteren Ablauf beeinträchtigen **(„Killerphrasen")**, während andere Verhaltensweisen den Gesprächsverlauf positiv unterstützen **(„Türöffner")**. Neben den verbalen Äußerungen können auch nonverbale Signale den Gesprächsverlauf hemmen bzw. fördern. Nonverbale Hinweise geben die abweisende oder zugewandte Köperhaltung, Mimik und Gestik (z. B. zustimmendes Nicken, Kopf schütteln, sich an den Kopf fassen) sowie die Sprechmerkmale, wie Tonfall, Geschwindigkeit, Pausen.

Killerphrasen lösen beim Gesprächspartner Widerstände aus, die abhängig von der Persönlichkeit des anderen von aggressiven Angriffen, bis zur Flucht aus dem unangenehm empfundenen Gespräch reichen können. Türöffner wirken dagegen gesprächsfördernd, da der Gesprächspartner durch sie Ermutigung und Bestätigung erfährt. Es wird durch die Türöffner deutlich, dass ein echtes Interesse an den Ausführungen des Gesprächspartners besteht.

Kapitel 9

Killerphrasen	Türöffner
Beispiele: Haben Sie dazu praktische Erfahrungen? Das können Sie noch nicht beurteilen! Darüber können wir jetzt nicht diskutieren: Wie kommen Sie denn darauf? Was verstehen Sie denn davon? Ist das ihr Ernst? Das machen wir schon immer so. Darum geht es doch gar nicht. Warum haben Sie nicht schon früher daran gedacht? Nein!	**Beispiele:** Ihre Anregungen helfen uns weiter. Das klingt ja interessant. Wie sehen Sie die Situation? Berichten Sie doch mehr über ihre Erfahrungen und Einschätzungen. Wie würden Sie vorgehen? Das hat Sie verärgert.
Killerphrasen ... ... unterstellen beim Gesprächspartner mangelnde Kompetenz; ... betonen die eigene Überlegenheit und Macht; ... machen den anderen unglaubwürdig und lächerlich; ... lösen beim Gesprächspartner Widerstände aus.	**Türöffner ...** ... aktivieren die Kompetenzen und Erfahrungen des anderen; ... akzeptieren den Informationsvorsprung des Gesprächspartners; ... verdeutlichen eine partnerschaftlich-akzeptierende Grundhaltung; ... ermutigen den anderen zum Sprechen.
Gesprächstechniken: ■ Den Gesprächspartner **nicht ernst nehmen**, ihn **ironisch** behandeln und **verspotten**. ■ Durch Warnungen und Drohungen den anderen **einschüchtern**. ■ **Befehle** lösen zum einen Widerstand und zum anderen unkritische Anpassung aus. ■ **Vorwürfe** verdeutlichen die Geringschätzung gegenüber dem anderen (z. B. „Warum-nicht-Aussagen"). ■ Durch das **Bagatellisieren** und **Herunterspielen** werden die Gesprächsbeiträge entwertet und das Selbstvertrauen des Sprechenden wird herabgesetzt. ■ **Lebensweisheiten** (z. B. Sprichwörter) stellen oft Allgemeinplätze dar, die deutlich machen, dass der andere nicht ernst genommen wird. ■ Das **Ausfragen** und **In-Frage-stellen** verdeutlichen die Überlegenheit eines Gesprächspartners. Wer fragt, der führt. Der andere sieht sich häufig Rechtfertigungszwängen ausgesetzt. ■ **Vorschläge** und **Lösungen** dokumentieren die eigene Kompetenz und verhindern, dass der andere Lösungen entwickeln kann. Ratschläge sind auch Schläge.	**Gesprächstechniken:** ■ Durch umschreibendes **Wiederholen** dem anderen darüber informieren, was verstanden wurde. ■ **Gefühle** des Gesprächspartners **ansprechen**. ■ Wichtige Aspekte **zusammenfassen**, um den augenblicklichen Stand zu verdeutlichen. ■ Das Gespräch durch **klärende Aussagen** wieder auf den Punkt bringen, zum eigentlichen Kern des Gesprächs zurückführen. ■ Unklarheiten und Missverständnisse durch **Nachfragen** beseitigen. ■ Die verschiedenen Gesichtspunkte **in Beziehung setzen**, um unterschiedliche Positionen bzw. Standpunkte zu verdeutlichen. ■ **Denkimpulse geben**, die ein festgefahrenes Gespräch weiterführen. ■ Die **Interessen und Wünsche** der Gesprächspartner herausarbeiten, um die Ziele, die von den Gesprächspartnern verfolgt werden, herauszustellen.

Auf den Punkt gebracht

Ein erfolgreicher Zuhörer verwirklicht in seinem Gesprächsverhalten **Echtheit, Empathie** (einfühlendes Verstehen) und ein hohes Maß an **Wertschätzung** (Akzeptanz).

Im Erziehungsalltag kommen vor allem folgende **Gesprächsarten** zum Tragen: Alltags- Beratungs-, Reflexions- und Kritikgespräch. In den verschiedenen Gesprächsarten stehen unterschiedliche **Gesprächstechniken** im Mittelpunkt:

Im Alltags- und Beratungsgespräch sollte das **aktive Zuhören** eingesetzt werden. Der Zuhörer versucht, den Gesprächspartner zu verstehen, indem er die Probleme des anderen ernst nimmt, sich mit den Gefühlen des anderen intensiv auseinander setzt und ihn darin unterstützt, seine Problemsituation eigenständig zu bewältigen. Das aktive Zuhören führt für den Erzählenden zu einer Erweiterung des Blickfeldes, da auch die Sichtweise anderer berücksichtigt wird (Perspektivenwechsel). Die Technik des aktiven Zuhörens kann zwar in Kursen erlernt werden, sollte aber als pädagogische Grundhaltung das erzieherische Handeln durchgängig bestimmen.

Feedback-Regeln sind im Reflexionsgespräch zu beachten. Ein Feedback wird vom Gesprächspartner dann positiv erlebt, wenn die Rückmeldung auf einer partnerschaftlichen Basis erfolgt, die Aussagen belegbar sind und konstruktiv auf eine Verhaltensverbesserung hinwirken. In der Rückmeldung bezieht der Feedback-Geber erkennbar Position. Das Feedback sollte vom Feedback-Empfänger als wohl gemeinte Hilfe verstanden werden.

Im Kritikgespräch finden die **Regeln effektiver Kritik** sowie **ICH-Botschaften** Anwendung. Die vorgebrachte Kritik wird eher akzeptiert, wenn das Fehlverhalten in einem Vier-Augen-Gespräch sachlich und angemessen thematisiert wird. Im Hinblick auf eine schnelle Wirkung sollte das Fehlverhalten frühzeitig angesprochen und Maßnahmen unter aktiver Beteiligung des Kritisierten systematisch entwickelt werden. Werden ICH-Botschaften formuliert, dann wird die Kritik nicht als direkter Vorwurf und Angriff sondern indirekt formuliert, indem man dem Kritisierten mitteilt, welches Fehlverhalten stört, wie es sich auswirkt und welche Gefühle es bei den Beteiligten auslöst. ICH-Botschaften sind Appelle bzw. Bitten an den Gesprächspartner zur einvernehmlichen Lösung des Problems.

Aufgaben

1. Veranschaulichen Sie durch Beispiele aus ihrem Praktikum die verschiedenen Gesprächsarten.
2. Stellen Sie eine Gesprächssituation, die Sie als besonders gelungen erlebt haben und eine weitere Gesprächssituation, die misslungen war, differenzierter dar.
3. Zeigen Sie an diesen beiden Beispielen auf, welche Einflüsse zu einem erfolgreichen bzw. erfolglosen Gesprächsverlauf beitragen.

10 Teamarbeit, Konflikte, Mobbing

10.1 Teamarbeit

Definition

Ein Team ist eine aktive überschaubare Gruppe von Mitarbeitern, deren gleichberechtigte Mitglieder über einen längeren Zeitraum hinweg arbeitsteilig, in intensiver wechselseitiger Beziehung kooperieren, um ein gemeinsames Ziel zu erreichen.

Das Teammitglied gehört zumeist verschiedenen Teams an, die sich in ihrer Zielsetzung, Größe und Intensität der Zusammenarbeit deutlich unterscheiden (siehe Muschelmodell).

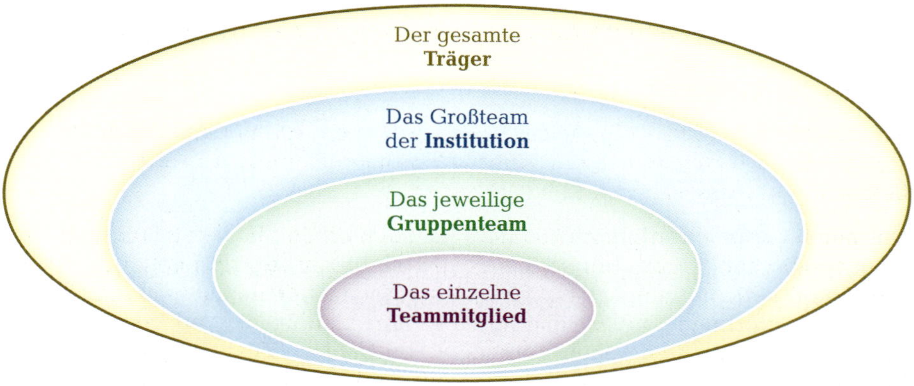

Das Muschelmodell

Nicht jede Gruppe kann als Team bezeichnet werden. Katzenbach & Smith (1993) unterscheiden fünf Abstufungen:

Teamformen

Gruppenform	Kennzeichnung
Arbeitsgruppe	Es bestehen keine gemeinsamen Teamziele. Die Mitglieder treffen sich, um Informationen auszutauschen, Anregungen zu geben. Jedes Gruppenmitglied sieht darin den Nutzen für seinen eigenen Bereich.
Pseudo-Team	Ein gemeinsames Ziel wird zwar verfolgt, es mangelt jedoch an der Umsetzung in der Gruppe. Es erfolgt keine abgestimmte Vorgehensweise.
Potentielles Team	Die Gruppe ist auf dem Weg, ein Team zu werden. Gemeinsame Ziele und Vorgehensweisen sind zwar gegeben, es fehlt jedoch noch die gemeinsame Verantwortung, die erforderliche Disziplin und das nötige Engagement.
Echtes Team	Das Team umfasst eine begrenzte Anzahl von Mitgliedern (5 - 7 Personen), die sich in ihren Kompetenzen ergänzen. Alle engagieren sich für das gemeinsame Ziel, übernehmen wechselseitig Verantwortung und stimmen sich untereinander in ihrem Vorgehen ab.
Hochleistungsteam	In diesen Teams besteht ein außergewöhnliches Maß an persönlichem Engagement und die Bereitschaft den Erfolg anderer Teammitglieder zu unterstützen.

10.1.1 Ziele, Aufgaben und Vorraussetzungen der Teamarbeit

■ Ziele der Teamarbeit

Die Teamarbeit ist als zielgerichtete Kooperation der Gruppenmitglieder zu verstehen, die ihre Fachkompetenz zur gemeinsamen Planung, Gestaltung und Reflexion der erzieherischen Arbeit einbringen.

Erhöhung der Effektivität

Das aufeinander abgestimmte Handeln im Team erhöht die Effektivität der sozialpädagogischen Arbeit. Ein arbeitsteiliges Vorgehen führt schneller zu Ergebnissen und verteilt die Arbeit auf viele Schultern. Das Team hat eine soziale und emotionale Wirkung. Die Erzieherinnen erfahren im Team Wertschätzung und Anerkennung sowie entgegen gebrachtes Vertrauen. Diese Erfahrungen erhöhen die Mitarbeiterzufriedenheit und damit die Bereitschaft, sich in der Einrichtung zu engagieren.

10 Teamarbeit, Konflikte, Mobbing

Erfahrungsaustausch

Die Teamarbeit beinhaltet einen Erfahrungsaustausch zwischen den Teammitgliedern. Der Wissensspeicher der Mitarbeiter wird für alle zugänglich gemacht, so dass die Erfahrungen und das Wissen der Teammitglieder zur Zielerreichung aktiviert werden können. Bei Entscheidungsprozessen sollten die Teammitglieder ihre unterschiedlichen Sichtweisen einbringen.

Informationsweitergabe

Die Teamarbeit dient auch der Informationsweitergabe, um den gleichen Informationsstand im Team zu gewährleisten. Für die Informationsvermittlung sollten vielfältige Möglichkeiten genutzt werden, um bestimmte Informationen schnell zu verbreiten. Teamsitzungen sollten dann zur Informationsweitergabe genutzt werden, wenn sich mit der Information ein weiterer Klärungs- bzw. Diskussionsbedarf ergibt.

Abstimmung des Handels

Die Abstimmung des erzieherischen Handelns (z. B. im Hinblick auf die Umsetzung der Konzeption) setzt die ständige Auseinandersetzung mit pädagogischen Vorstellungen der einzelnen Teammitglieder voraus. Die Abstimmung bedeutet nicht, dass in jeder Gruppe die Inhalte oder die Abläufe identisch sind, sondern dass sich das Team auf ein gemeinsames erzieherisches Konzept verständigt, an dem sich das Handeln ausrichtet. Innerhalb dieses Konzeptes bestehen vielfältige Gestaltungsmöglichkeiten, die von der Persönlichkeit, den Stärken und Interessen der Erzieherinnen und Kinder abhängig sind. Ist im Gesamtteam der pädagogische und organisatorische Rahmen abzustimmen, so ist es Aufgabe des Gruppenteams, die Umsetzung für die jeweilige Kindergruppe zu leisten.

Weiterentwicklung der Einrichtung

Das Team sollte nicht nur bei den alltäglichen Problemen verharren, sondern auch zukunftsorientiert an der Weiterentwicklung der Einrichtung arbeiten. Die Auseinandersetzung mit neuen pädagogischen Ideen, die Entwicklung eines unverwechselbaren Einrichtungsprofils oder die Zukunft der Einrichtung vor dem Hintergrund zurückgehender Kinderzahlen sollten im Team thematisiert werden, um den Herausforderungen der Zukunft gerecht werden zu können. Im Team besteht die gemeinsame Verantwortung sowohl für die eigene Gruppe als auch für die Einrichtung.

Aufgabenverteilung

Eine sinnvolle Aufgabenverteilung, die sich an den Fähigkeiten und Stärken der Teammitglieder ausrichtet, ermöglicht die effiziente Nutzung der Mitarbeiterkompetenzen. Werden Aufgabenbereiche für längere Zeit auf bestimmte Gruppenmitglieder delegiert, dann kann auch durch entsprechende Fort- und Weiterbildung die Kompetenz der Erzieherin weiterentwickelt und für das Team nutzbar gemacht werden.

Geschlossenheit

Ein gutes Team, das aufeinander abgestimmt harmonisch arbeitet, wird auch von Außenstehenden wie den Eltern und dem Träger positiv wahrgenommen. Die Teamarbeit bewirkt Geschlossenheit in der Außenwirkung und führt zu einer Stärkung der einzelnen Teammitglieder.

Arbeitszufriedenheit

Erfolgreich praktizierte Teamarbeit erhöht bei den Teammitgliedern die Arbeitszufriedenheit und steigert die Motivation, sich in die Arbeit einzubringen. Die Teammitglieder erleben, dass ihre Vorschläge aufgegriffen werden und ihre Kompetenzen zum Tragen kommen. Werden Entscheidungen gemeinsam getroffen und die Argumente alle Teammitglieder reflektiert, dann erfährt das Teammitglied Wertschätzung und Anerkennung.

Aufgaben in der Teamarbeit

In der Teamarbeit fallen zahlreiche Aufgaben an, die vom Teamleiter zu koordinieren sind. Die unterschiedlichen Aufgabenbereiche werden beispielsweise deutlich, wenn ein Projekt in einer Einrichtung verwirklicht werden soll.

Aufgabe	Kennzeichnung	Beispiele
Information	Für die Teamarbeit werden Informationen gesammelt und als Wissensgrundlage dem Team zur Verfügung gestellt.	Erzieherinnen berichten über eine Veranstaltung zum Thema „naturnahes Außengelände".
Innovation	Im Team werden neue Ideen entwickelt, um Abläufe neu zu gestalten oder zu verbessern.	Im Team wird ein Brainstorming zur naturnahen Neugestaltung des Außengeländes durchgeführt.
Bewertung/ Reflexion	Vorschläge werden im Hinblick auf ihre Umsetzbarkeit kritisch überprüft; Abläufe, Vorfälle usw. werden im Team kritisch reflektiert.	Es erfolgt eine Analyse der Chancen und Risiken bei der Umsetzung des neuen Konzepts zum Außengelände.
Planung	Bei der Planung wird nach Mitteln und Wegen gesucht, um Vorhaben und Veränderungen verwirklichen zu können.	In der Einrichtung soll das Außengelände im Frühjahr neu gestaltet werden. Das Team sucht nach Möglichkeiten, der kostengünstigen Verwirklichung (Sponsoren, Elternmitarbeit).
Umsetzung	Auf der Basis der Planung erfolgt die Umsetzung des Vorhabens, indem die Teammitglieder mit Aufgaben betraut werden.	Zur Umsetzung des Konzepts ist in einer To-do-Liste festgelegt, welches Teammitglied für welche Aufgabe zuständig ist und bis wann diese Aufgabe zu erledigen ist.
Evaluation	Zur Verringerung von Fehlern und Verbesserung der Qualität werden die Ergebnisse/Prozesse überprüft und Abläufe optimiert.	Eine Bewertung des Ergebnisses sowie der Aktionen (Elternmitarbeit) kann sowohl intern durch das Team als auch extern (Kinder, Eltern, Träger) erfolgen.
Stabilisierung	Wenn das Team ein hohes Leistungsniveau erreicht hat und qualitativ gut arbeitet, gilt es, diesen Leistungsstand zu halten.	
Koordination	Die Teamleitung koordiniert die Planung und Durchführung der unterschiedlichen Aufgaben.	

Voraussetzungen der Teamarbeit

Überschaubare Gruppengröße: Die optimale Gruppengröße, um effektiv arbeiten zu können, liegt bei vier bis neun Mitgliedern. Diese Gruppengröße wird in Kindertagesstätten mit mehr als drei Gruppen oder im Heimbereich in der Regel überschritten. In großen Einrichtungen ist deshalb die Bildung von kleineren Teameinheiten (Bereichsteams, Gruppenteams) sowie die Entsendung von Vertretern in ein Gesamtteam angebracht, um zu arbeitsfähigen Teamgrößen zu gelangen und den Charakter von Betriebsversammlungen zu vermeiden (siehe Muschelkonzept).

Kapitel 10

Zeitliche und personelle Beständigkeit: Teamsitzungen sind regelmäßig durchzuführen und sollten zu festen Zeiten angesetzt werden, damit sich die Teammitglieder auf die zeitlichen Vorgaben langfristig einstellen können. Die Zusammensetzung des Teams sollte sich nicht verändern; dies gilt vor allem bei Teams, zu denen Vertreter entsandt werden (z. B. Gesamtteam eines großen Trägers).

Gleichberechtigte Mitglieder: Eine effektive Teamarbeit setzt voraus, dass sich die Teammitglieder als gleichberechtigt akzeptieren und sich auf Augenhöhe begegnen. Eine Hierarchiebildung aufgrund von Qualifikationsniveau, Alter oder Funktion der Teammitglieder führt mehr oder weniger bewusst zu einer Gewichtung der Beiträge und verhindert ein unvoreingenommenes Arbeiten im Team.

Arbeitsteiliges Vorgehen: Ein Vorteil der Teamarbeit besteht in der Möglichkeit, arbeitsteilig vorzugehen, d. h. es können beispielsweise Untergruppen gebildet werden, die sich mit Themenbereichen intensiver auseinandersetzen und im Gesamtteam die Ergebnisse zur Diskussion stellen. Das Team kann auch Aufgaben auf einzelne Teammitglieder delegieren, die für diese Bereiche die Verantwortung tragen.

Ausrichtung auf gemeinsame Ziele: Im Team muss Übereinstimmung bestehen, welche Ziele gemeinsam angestrebt werden. Das Team wird nur dann erfolgreich arbeiten, wenn alle Teammitglieder auf das gemeinsame Ziel hinarbeiten und ihre Handlungen aufeinander abstimmen, um die gesteckten Ziele zu verwirklichen.

Klare Strukturen: Die Teamarbeit wird dann effektiv sein, wenn klare Strukturen, Aufgabenzuordnungen und Verantwortungsbereiche bestehen.

■ Teameignung

Die Teameignung bezieht sich vorwiegend auf die Sozialkompetenz, aber auch auf Fach- und Sachkompetenz der Teammitglieder.

Grundsätzlich muss die **Bereitschaft zur Teamarbeit** bestehen, d. h. jedes Teammitglied muss sich in das Team einbringen und bereit sein, für das Team Aufgaben zu übernehmen. Dies setzt eine positive Einstellung zur Teamarbeit voraus.

Die Arbeit im Team wird dann gelingen, wenn unter den Teammitgliedern **Offenheit und Vertrauen** besteht. Dies ist etwa bei Fallbesprechungen oder Problemanalysen bedeutsam, wenn Erzieherinnen im Team von eigenen Grenzen im Umgang mit problematischen Kindern berichten. Bei aller Unterschiedlichkeit ist die Bereitschaft und die Kompetenz zur einvernehmlichen Problemlösung die Basis für eine erfolgreiche Zusammenarbeit im Team.

Das Arbeiten im Team setzt **Kooperations- und Anpassungsbereitschaft** voraus. Werden gemeinsame Positionen erarbeitet, so muss jedes Teammitglied von seinen eigenen Vorstellungen teilweise abrücken, um den Konsens im Team zu ermöglichen. Die Entscheidung im Team muss in der Folge von jedem Teammitglied mitgetragen und verwirklicht werden. Die Solidarität im Team ist unabdingbar, wenn die Teammitglieder gemeinsam zum Ziel gelangen wollen.

Im Team bestehen zahlreiche Möglichkeiten des Feedbacks (z. B. Auswertung von Veranstaltungen). Eine offene Auswertung, die unterschiedliche Perspektiven, Wahrnehmungen und Einschätzungen beinhaltet, führt zu einer kritischen Bestandsaufnahme. Dies setzt bei den Teammitgliedern ein hohes Maß an **Kritikfähigkeit** voraus.

Gefordert wird zum einen die kritische Analyse mit einer begründeten, fairen Kritik als auch die Verarbeitung von Kritik, die sich auf die eigene Arbeit bezieht.

Die Zusammenarbeit mit anderen Menschen führt auch zu Konflikten, wenn unterschiedliche Interessen, Vorstellungen und Erwartungen aufeinander treffen. Deshalb ist die **Konfliktfähigkeit** der Teammitglieder wichtig, um Auseinandersetzungen offen und fair auszutragen.

Der Erfolg der Teamarbeit kann dann erhöht werden, wenn die Teammitglieder entsprechende Methoden und Techniken kennen und nutzen, um die Kommunikation zu optimieren. Maßnahmen der Teamentwicklung verhelfen dem Team zu einer höheren Leistungsfähigkeit.

10.1.2 Effektivität von Teams

Zahlreiche Studien beschäftigen sich mit der Effektivität von Teams sowie mit den Gründen des Teamversagens. Die folgende Gegenüberstellung fasst die wichtigsten Untersuchungsergebnisse zusammen.

Kennzeichen effektiver Teams

- Klare Ziele
- Gemeinsame Verantwortung
- Überschaubare Größe
- Sich ergänzende Kompetenzen der Teammitglieder
- Einhalten von Gruppenregeln
- Gegenseitige Unterstützung
- Offene, konstruktive Konfliktlösung
- Klare Aufgabenteilung
- Aufeinander abgestimmtes Vorgehen
- Gutes Informationssystem
- Kritische Selbstreflexion

Gründe des Teamversagens

- Unklare, nicht überprüfbare Ziele
- Keiner will Verantwortung übernehmen
- Zu viele Teammitglieder
- Unpassende, ungeeignete Teammitglieder
- Unklare Grenzen und Regeln
- Team als Sündenbock
- Unterschwellige, ungeklärte Konflikte
- Unklare Aufgabenzuordnungen
- Egoismus
- Unwissenheit
- Gegenseitige Schuldzuweisungen

Zielklarheit

Die Zielklarheit ist ein zentraler Erfolgsgarant. Erst wenn die Ziele eindeutig formuliert und Zielkriterien definiert sind, kann ein Team erfolgreich arbeiten. Die Ziele weisen dem Team die Richtung und die Zielkriterien beschreiben das angestrebte Ergebnis, nicht aber den Weg. Die Zielkriterien sind überprüfbare Aussagen über Ergebnisse, die zu erreichen sind. Sie setzen die Maßstäbe. Daraus ergeben sich folgende Konsequenzen:

- Ziele im Team gemeinsam setzen (Zielvereinbarung)
- Ziele koordinieren die Handlungen der Teammitglieder
- Ziele ermöglichen eine Kontrolle der Leistung
- an Zielen lässt sich der Leistungsfortschritt ermessen

- Zielorientierung führt zum frühzeitigen Erkennen von Problemen (Zielabweichungen)
- Ziele bewirken vorausschauendes Denken

Übernahme von Verantwortung

In einem erfolgreichen Team ist jeder bereit, Verantwortung zu tragen. Dies setzt voraus, dass jedes Teammitglied dem Anderen vertrauen kann. Vertrauen entsteht in Gruppen, wenn Regeln eingehalten werden und gegenseitige Unterstützung erfahren wird. Der gemeinsame Erfolg ist wichtiger als der persönliche Triumph. Eine weitere Voraussetzung einer guten Teamarbeit ist die abgestimmte Vorgehensweise und damit verbunden eine offene Kommunikation. Nur so können Konflikte frühzeitig erkannt und konstruktiv gelöst werden. Mit zunehmender Teamgröße verschlechtern sich die Bedingungen und eine direkte Kommunikation wird immer schwieriger und aufwändiger. Deshalb ist es sinnvoll zu große Teams (zum Beispiel alle Mitarbeiter einer großen Einrichtung) in mehrere arbeitsfähige, kleinere Teams aufzuteilen.

10.1.3 Teamrollen

Definition

Die Teamrollen kennzeichnen Verhaltensmuster, die den Umgang untereinander und die Leistungen der Teammitglieder im Hinblick auf die Zielereichung bestimmen. Untersuchungen von Teams (siehe auch Belbin 1996) führten zur Unterscheidung von acht bis neun Teamrollen. Man erkannte, dass sich diese Teamrollen recht schnell in der Teamarbeit herauskristallisierten. Wer welche Teamrolle übernimmt, ist von der Persönlichkeit und den Kompetenzen der Teammitglieder abhängig. Werden alle Teamrollen besetzt, dann wirkt sich dies positiv auf die Leistungsfähigkeit des Teams aus. Bleiben Teamrollen unbesetzt, dann vermindert es die Teamleistung.

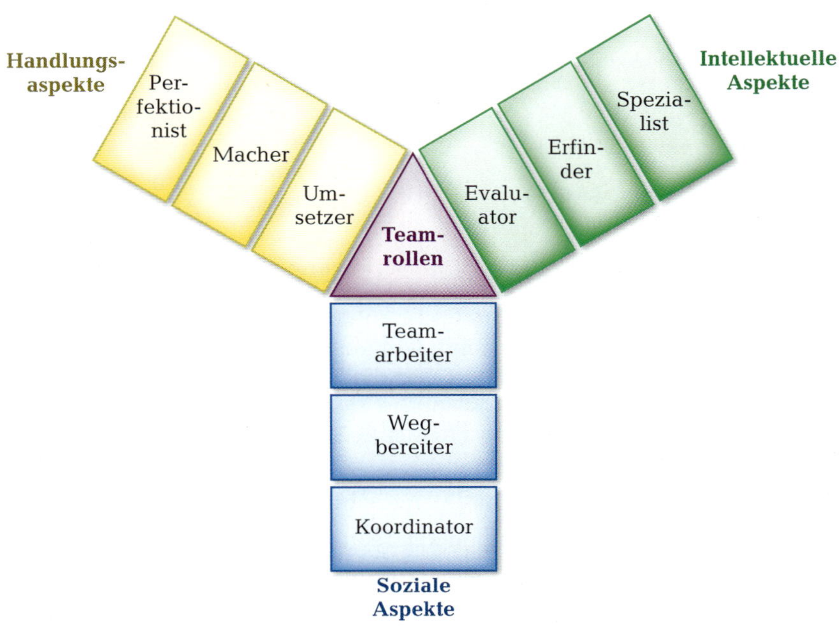

Handlungsbezogene Teamrollen

Umsetzer: Seine Aufgabe besteht in der Umsetzung von Ideen, Konzepten und Plänen in praktikable Arbeitsabläufe. Der Umsetzer optimiert diese Prozesse, indem er auf ein systematisches effizientes Vorgehen achtet. Für diese Rolle eignen sich pflichtbewusste verlässliche, praktisch veranlagte Teammitglieder, die gut organisieren können.

Macher: Seine Aufmerksamkeit gilt dem Setzen von Zielen und Schaffen von Prioritäten. In den Teamsitzungen steuert er die Diskussionen und fordert Entscheidungen ein, um Klarheit zu schaffen. Er ist treibender Impulsgeber, der ergebnisorientiert handelt. Der Macher sollte dynamisch, durchsetzungsfähig sein und unter Druck gut arbeiten können.

Perfektionist: Er kümmert sich um die Qualität der Arbeit, indem er Schwachstellen erkennt, Fehleranalysen durchführt und deren Beseitigung betreibt. Er ist in der ständigen Sorge, dass sich Fehler einschleichen könnten und damit das Erreichen des Teamziels in Gefahr ist. Bisweilen ist er zu detailversessen und verliert dabei die Übersicht. Der Perfektionist arbeitet genau und gewissenhaft, erledigt die Arbeit lieber selbst bevor er sie delegiert. Er weist ein hohes Maß an Selbstdisziplin auf und schließt Begonnenes mit Sorgfalt ab.

Intellektuelle Teamrollen

Evaluator: Seine Funktion besteht in der umfassenden Analyse von Situationen, Problemen und Vorschlägen, die er hinsichtlich ihrer Umsetzbarkeit im Team kritisch überprüft. Durch seine Arbeit wird die Entscheidungsfindung im Team verbessert und Fehlentwicklungen verhindert. Um diese Anforderungen erfüllen zu können, muss der Evaluator über strategische Fähigkeiten verfügen, scharfsinnig denken und besonnen handeln.

Erfinder: Er bringt das Team, wenn Prozesse ins Stocken geraten, durch neue Ideen und Strategien voran. Aus seinen Vorschlägen gibt es kreative Impulse und es entwickeln sich neue Vorhaben, andere Perspektiven und neuartige Problemlösungen. Manchmal schießt er über das Teamziel hinaus. Der Erfinder handelt individualistisch, kreativ und verfügt über eine hohe Intelligenz.

Spezialist: Er verfügt über spezielles Wissen (z. B. EDV-Kenntnisse), das zur Erledigung bestimmter Aufgaben erforderlich ist. Seine Einsetzbarkeit ist auf einen kleinen Arbeitsbereich begrenzt, für das er in bestimmten Phasen des Ablaufs unersetzlich ist. Der Spezialist handelt zielstrebig und bringt sich fachkundig ein.

Soziale Teamrollen

Teamarbeiter: Er unterstützt die anderen Teammitglieder, indem er deren Schwächen ausgleicht. Der Teamarbeiter unterstützt die Kommunikation im Team und fördert den Teamgeist, das Wir-Gefühl. Das Teamergebnis ist für ihn wichtiger als der persönliche Erfolg. Der Teamarbeiter kann gut auf andere eingehen, handelt diplomatisch, hört aufmerksam zu und vermittelt Wertschätzung und Anerkennung.

Wegbereiter: Als Weichensteller und Wegbereiter kümmert er sich um Entwicklungen und Ressourcen, die außerhalb des Teams zu finden sind. Er bringt diese Ideen in das Team ein, indem er beispielsweise Kontakte zu anderen Teams herstellt. Diese Rolle erfordert kommunikative Kompetenzen, Wissbegierde und die Bereitschaft, neue Herausforderungen anzunehmen sowie die Ideen anderer aufzugreifen und weiter zu entwickeln.

Koordinator: Er steuert das Team und achtet darauf, dass die vorhandenen Ressourcen optimal genutzt werden. Der Koordinator kennt die Stärken und Schwächen der einzelnen Teammitglieder und setzt die Teammitglieder so ein, dass deren Potenziale im vollem Umfang zum Tragen kommen. Als Koordinator fasst er Ergebnisse und Entscheidungen zusammen und achtet auf die Erfüllung der Zielvorgaben. Um diese Rolle gut ausfüllen zu können, sollte der Koordinator das Vertrauen der Teammitglieder genießen, selbstsicher handeln und geschickt die Aufgaben delegieren.

Bedingungen für funktionierende Teams

Das Team ist dann im Gleichgewicht und wird optimal funktionieren, wenn alle Rollen durch die Teammitglieder ausgefüllt werden. Es sollten mindestens vier Personen im Team arbeiten, um die Rollen besetzen zu können. Umfasst das Team mehr als 8 Mitglieder, dann sind die Rollen des Teamarbeiter und Perfektionisten mehrfach zu besetzen. Störungen des Teamgeschehens sind vor allem dann zu erwarten, wenn die Rollen des Machers, des Koordinators oder Erfinders im Team mehrfach besetzt werden, da sich dann die Rollenträger gegenseitig blockieren und Machtkämpfe auftreten. Sind im Team zu viele Erfinder mit ihren kreativen Ideen vertreten, besteht die Gefahr, dass sich das Team verzettelt, zu viele neue Ideen gleichzeitig aufgegriffen werden und kein Vorschlag zum Abschluss geführt wird.

Neben diesen positiven, aufgabenbezogenen Rollen kann man im Team aber auch Rollen finden, die eine schädliche Wirkung haben.

Negative Teamrollen

Störer: Ihn interessiert die gemeinsame Zielerreichung wenig. Durch sein Verhalten (z. B. Privatgespräche bei Sitzungen, Nichtbeachten von Teamregeln) provoziert er die anderen Teammitglieder.

Vielredner: Die Redehäufigkeit einiger Teammitglieder, die sich gern selbst reden hören, stört den Entwicklungsprozess, da sie die Zeit aller Teammitglieder rücksichtslos in Anspruch nehmen.

Miesmacher: Er stellt das Handeln des Teams in Frage. Durch bissige Kommentare wird die Arbeitsatmosphäre im Team vergiftet und das Wir-Gefühl beeinträchtigt.

Detailversessene: Er konzentriert sich auf unbedeutsame Kleinigkeiten und beeinträchtigt den Prozess zur Zielerreichung, da er sich immer wieder in Nebensächlichkeiten verliert.

10.1.4 Formen der Teamarbeit

Teamsitzungen

Teambesprechungen werden regelmäßig durchgeführt. Sie bilden die Grundlage für die pädagogische Arbeit und die organisatorische Funktionstüchtigkeit einer sozial-pädagogischen Einrichtung. Damit Teamsitzungen effektiv und effizient verlaufen sind folgende Grundsätze zu beachten:

Wichtige Grundsätze für Teamsitzungen

- **Planung**
  Die Teamsitzungen sind vorzubereiten (Tagesordnung, Material); die Verantwortung für die Sitzung (z. B. Leitung, Organisation, Protokoll) kann jeweils wechseln.
- **Inhalte**
  Die Teamsitzungen sollten sich nicht auf Organisatorisches (Information, Terminabstimmung, Aufgabenverteilung) beziehen, sondern auch inhaltliche, pädagogische (Konzeption, zukünftige Entwicklungen/Schwerpunkte der Arbeit, Fallbesprechungen, Konflikthandhabung) Bereiche umfassen.
- **Regelmäßigkeit**
  Die Teamsitzungen sind ein fester Bestandteil in der Wochenplanung und sind regelmäßig, in der Regel wöchentlich zu einer festen Zeit durchzuführen.
- **Vorrang**
  Die Teilnahme an den Sitzungen ist für die erfolgreiche Arbeit unabdingbar; deshalb ist die Teilnahme an den Sitzungen verpflichtend und hat gegenüber anderen Aktivitäten Vorrang.
- **Verschwiegenheit**
  Keine vertraulichen Informationen dringen nach draußen! Nur wenn diese Voraussetzung gegeben ist, kann im Team offen und kontrovers diskutiert werden.
- **Offenheit**
  Spontaneität und Offenheit sind wichtiger als Passivität, Zurückhaltung und Taktieren. Das Engagement aller Teammitglieder ist gefragt.
- **Störungen**
  Störungen haben Vorrang und müssen umgehend beseitigt werden. Störungen führen zu Spannungen und beeinträchtigen die Teamarbeit erheblich.

- **Verbindlichkeit**
  Entscheidungen des Teams sind von allen Teammitgliedern zu tragen; alle haben eine gemeinsame Verantwortung für die Teamentwicklung und die Teamergebnisse.
- **Toleranz**
  Es muss nicht immer Einigkeit erzielt werden; im begrenzten Umfang können auch unterschiedliche Vorgehensweisen akzeptiert werden; die unterschiedlichen Erfahrungen können im Team reflektiert werden.

Kriterien zur Bewertung der Effizienz von Teamsitzungen

Zur Überprüfung sollten Beobachtungen von den Teamsitzungen und Auswertungen der vorliegenden Unterlagen herangezogen werden. Hinsichtlich der Merkmale, auf die sich die Bewertung bezieht können folgende Kriterien herangezogen werden:

Organisation

- Einladung
- Tagesordnung
- Vorbereitung zu den Tagesordnungspunkten (Material, Medien)
- Zeitstruktur
- Raum

Teamleitung

- Gestaltung der Sitzung (Sitzordnung, Atmosphäre)
- Reaktion auf Störungen
- Einflussnahme auf die Teammitglieder
- Steuerung des Ablaufs

Teammitglieder

- Engagement, Redebeiträge
- Rollenwahrnehmung und Rollenkonflikte
- Umgang zwischen den Teammitgliedern
- Reaktion auf Störungen

Ablauf

- Vorgehen zur Entscheidungsfindung
- Kommunikationsabläufe

10.1.5 Fallbesprechung / kollegiale Beratung

Das Konzept der kollegialen Supervision beruht auf den Trainingserfahrungen professioneller Supervisoren. Im Mittelpunkt der kollegialen Supervision stehen Probleme des beruflichen Alltags. Die kollegiale Supervision führt zu einer starken subjektiven Betroffenheit des Teammitglieds bzw. des Teams im jeweiligen beruflichen Erfahrungsfeld. Zusammen mit anderen Teammitgliedern wird in einem strukturierten Vorgehen das Problem aufgegriffen, bearbeitet und reflektiert.

Definition

Die kollegiale Supervision ist ein strukturiertes Reflexionsverfahren, das für überschaubare Gruppen in einer begrenzten Zeit eine professionelle Selbsthilfe ermöglicht.

Ziele der kollegialen Supervision

Die Ziele beziehen sich auf den Supervisionsprozess, den einzelnen Mitarbeiter mit seinem Anliegen und das Team. Mit Hilfe der Supervision sollen die professionellen Kompetenzen der Teilnehmer verbessert werden.

Den Prozess der kollegialen Supervision kennzeichnen folgende Ziele:

- Bewusstmachen von Handlungsmustern und äußeren Handlungseinflüssen
- Erkennen zunächst verborgener Handlungsauslöser, Zielvorstellungen oder Erwartungen
- Verbesserung der pädagogischen Kompetenz (z. B. Problemlösungskompetenz)
- Bessere Bewältigung von Alltagssituationen

Der **Mitarbeiter** mit seinem Anliegen verfolgt folgende Absichten:

- Differenziertere Eigenwahrnehmung (Verhalten, Gefühle, Bewertungen)
- Erkennen der eigenen Stärken und Schwächen, Kompetenzen und Inkompetenzen
- Überprüfung und Erweiterung der eigenen Wahrnehmung und des Handelns (z. B. Konfliktlösungsmuster)
- Kritische Reflexion der Wirksamkeit des eigenen beruflichen Handelns
- Kennenlernen unterschiedlicher Sichtweisen/Perspektiven
- Unterstützung der Persönlichkeitsentwicklung (z. B. Abbau von Ängsten, Stärkung des Selbstbewusstseins, bessere Verarbeitung von Problemsituationen)
- Förderung der Arbeitszufriedenheit
- Erhöhung der Arbeitsmotivation

Für das **Team** ergeben sich folgende Zielsetzungen:

- Unterstützung der Teamentwicklung/Qualifizierung des Teams
- Förderung des Wir-Gefühls (Gruppenkohäsion)
- Verbesserung des Problembewusstseins
- Lernen von anderen Teammitgliedern und Anpassung der individuellen Handlungsmuster in der Einrichtung

Grundlagen der kollegialen Supervision

Theorien zur Supervision

Die kollegiale Supervision berücksichtigt eine Vielzahl unterschiedlicher Theorien. Die Rollentheorie bildet die Grundlage für die Analyse der wahrgenommenen und erwarteten Rollen sowie für die Entstehung und Bewältigung von Rollenkonflikten. Die Techniken des Psychodramas finden Anwendung beim Durcharbeiten von Fällen im Rollenspiel. Berufliche Situationen werden im Rollenspiel inszeniert und somit wieder erlebbar sowie veränderbar gemacht. Die systemischen Ansätze führen zu einer ganzheitlichen Betrachtung der Fälle und verdeutlichen die vielfältigen Wechselbeziehungen und Abhängigkeiten im sozialen Gefüge. Mit Hilfe der Transaktionsanalyse können problematische Interaktionsstrukturen erkannt und bei der Entwicklung von Hilfen berücksichtigt werden. Zur Analyse von Interaktionen können die Erkenntnisse der Kommunikationstheorie herangezogen werden, die sich beispielsweise mit den verschiedenen Aspekten der Informationsweitergabe und -verarbeitung beschäftigt. Die Prinzipien der Gesprächspsychotherapie, die beispielsweise im aktiven Zuhören nach Gordon aufgegriffen werden, führen zu einer problembezogenen Vorgehensweise, die durch Akzeptanz und mitfühlendes Verstehen (Empathie) gekennzeichnet ist. Die Lerntheorie kann die Entstehung (Wirkmechanismen) und das Aufrechthalten von Problemsituationen erklären. Zur Erklärung unbewusster Prozesse, Abwehrmechanismen oder Übertragungsphänomene kann die Psychoanalyse herangezogen werden.

Die kollegiale Supervision führt durch das Verstehen und Reflektieren des beruflichen Alltags zu einer praxisnahen Wissenserweiterung. Die genannten Theorien bilden die Grundlagen für eine vielseitige Auseinandersetzung mit der beruflichen Wirklichkeit.

Die kollegiale Supervision kann nur dann gelingen, wenn im Team gegenseitige Akzeptanz, Offenheit und ein vertrauensvolles Miteinander bestehen. Die Teilnahme setzt die Freiwilligkeit jedes einzelnen Teammitglieds voraus. Über die Inhalte ist Verschwiegenheit zu wahren.

Formen kollegialer Supervision

Im Bereich der Supervision wird unter Berücksichtigung der Adressaten zwischen der Einzelsupervision, der Gruppen- und Teamsupervision sowie der Institutionssupervision unterschieden. Bezogen auf die kollegiale Supervision können bei Beachtung inhaltlicher Gesichtspunkte folgende drei Formen unterschieden werden:

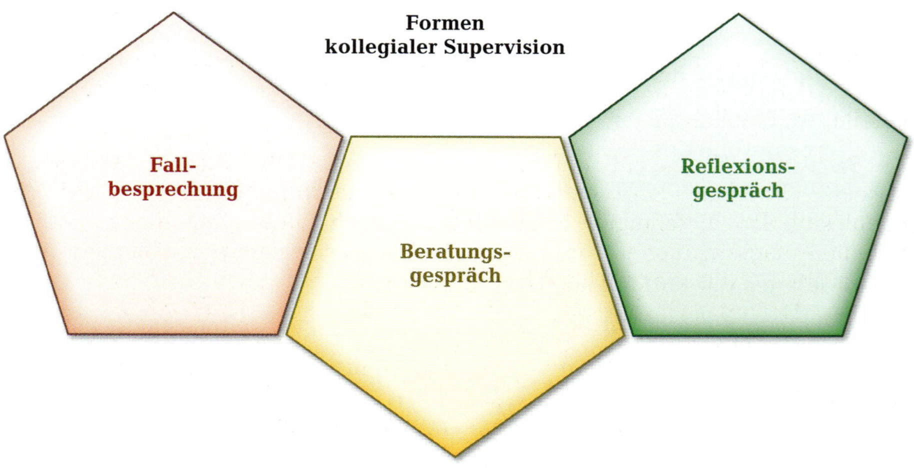

Vergleich der drei Formen kollegialer Supervition

	Fallbesprechung	Beratungsgespräch	Reflexionsgespräch
Anlass	Konkrete Situation (z. B. Erzieherinverhalten in einer Streitsituation zwischen Kindern; Verhalten gegenüber einem auffälligen Kind; Umgang mit den Eltern)	Auf Wunsch des Teammitglieds, um individuellen Hilfebedarf gerecht zu werden	Rückmeldung über das Verhalten eines Teammitglieds (z. B. vor einer Beurteilung, Analyse des Entwicklungsstandes der Praktikantin, Integrationsstand einer neuen Mitarbeiterin)
Beteiligte	Alle Teammitglieder als gleichberechtigte Partner	Einzelne Teammitglieder	
Beraterfunktion	Gegenseitige Beratung	Teammitglied mit entsprechenden Erfahrungen und Kompetenzen als Berater	
Externer Berater	Nicht erforderlich		
Häufigkeit	Regelmäßig (z. B. monatlich)	Nach Bedarf	Nach Bedarf
Häufigkeit/Dauer	Dauer: ca. 120 Min.	Dauer: ca. 30 bis 60 Min.	
Methode/Inhalte (Beispiele)	Rollenspiel, Rollenanalyse, Durcharbeiten des Falles	Aktives Zuhören, Vermittlung von Hilfen, Stärkung der eigenen Hilfsmöglichkeiten	Analyse des pädagogischen Verhaltens anhand eines Reflexionsschemas, Entwicklung von Alternativen ...

Auf das Beratungsgespräch und das Reflexionsgespräch wird in Kapitel 9 eingegangen.

Fallbesprechung

Die Fallbesprechung führt durch die gemeinsame Analyse von beruflichen Alltags- und Problemsituationen zu einer tätigkeitsbezogenen Qualifizierung der beteiligten Teammitglieder.

Inhalte der Fallbesprechung

Der Begriff „Fall“ wird dabei recht weit gefasst und beschränkt sich nicht auf die Auseinandersetzung mit bestimmten Kindern und Jugendlichen oder auf Ausnahmesituationen, denen ein Teammitglied zunächst ratlos gegenüber steht. Berufliche Alltagssituationen, die von den Teammitgliedern routinemäßig bewältigt werden (z. B. Ablauf von Tür-Angel-Gesprächen), können ebenfalls zum „Fall“ werden, der in der Gruppe reflektiert wird. In der Fallbesprechung werden Alltagsabläufe hinterfragt und ggf. verändert. Das Problembewusstsein der Teammitglieder, die in der Fallbesprechung auf wenig beachtete Bereiche gelenkt wird, wird gestärkt und kann dazu führen, dass auch andere berufliche Alltagssituationen auf den Prüfstand gestellt und optimiert werden.

Gudjons (1998) entwickelte einen Leitfaden zur Fallbesprechung für Lehrergruppen. Die von ihm entwickelten Prinzipien sind auf die Fallbesprechungen in allen sozialpädagogischen Bereichen übertragbar.

Der Leitfaden für Fallbesprechungen umfasst 6 Phasen:

Leitfaden für Fallbesprechungen			
Phase		**Aufgabe**	**Leitfragen**
Sondierungsphase		Auswahl unter verschiedenen Fallvorschlägen und Auswahlentscheidung der Gruppe im Konsens	Welcher Fall soll in der heutigen Besprechung bearbeitet werden?
1. Phase	Fallbericht	Spontaner Fallbericht	Was hat sich ereignet?
2. Phase	Blitzlicht	Kurzer Überblick über die Wirkung des Falles auf das Team	Was hat die Falldarstellung bei mir ausgelöst? Wie fühle ich mich jetzt?
3. Phase	Äußere Wahrnehmungen	Reflexion des Fallberichts; Auswertung der Beobachtungen bei der Falldarstellung	Was ist mir bei der Falldarstellung (Inhalt und Erzähler) aufgefallen?
4. Phase	Innere Wahrnehmungen	Reflexion der Fallwirkung auf die Zuhörenden	Welche inneren Bilder, Vorstellungen, Erfahrungen, Gefühle ruft der Fall bei mir hervor?
5. Phase	Durcharbeiten des Falles	Vertiefung von Einzelaspekten, Perspektivenwechsel, diagnostische Bewertung, Analyse von Ursachen	Was hat sich genau ereignet und was löste die Situation bei den Betroffenen aus?
6. Phase	Lösungsmöglichkeiten	Entwicklung von Hilfen und ggf. Erprobung von Lösungen im Rollenspiel	Welche Handlungsmöglichkeiten und -alternativen bestehen?

Ablauf der Fallbesprechung

Sondierungsphase

Wenn sich das Team auf eine Situation, die in dieser Sitzung besprochen werden soll, geeinigt hat, beginnt der eigentliche Ablauf der Fallbesprechung. Bei der Festlegung des Falles ist darauf zu achten, dass alle Teammitglieder mit der getroffenen Auswahl einverstanden sind. Im Team ist deshalb das von allen getragene **Einverständnis bezüglich des ausgewählten Falls** herzustellen. Der Begriff „Fall" ist nicht nur auf das Besondere, Außergewöhnliche bzw. Normabweichende zu beziehen, sondern umfasst alle Situationen, die den beruflichen Alltag betreffen (z. B. Elterngespräch, Entwicklung eines Kindes) und das Teammitglied betroffen gemacht haben.

1. Phase: Fallbericht

Die Berichtende ist aufgefordert, die Situation spontan, zusammenhängend, ohne Unterbrechung durch die Teammitglieder darzustellen. Die Gruppenmitglieder hören genau zu, beobachten das Verhalten der Erzählerin und achten auf die Reaktionen, die der Bericht bei ihnen selbst auslöst.

Da die Darstellung nicht vorbereitet ist, wird sie in der Regel unstrukturiert, unter Umständen sprunghaft, subjektiv wertend und häufig sehr emotional sein. Die **Betroffenheit der Erzählerin und ihre subjektive Verarbeitung der Situation** kommen im Fallbericht zum Ausdruck. Auch wenn die Zuhörenden, Widersprüche, Lücken, Unklarheiten erkennen, die zum Nachfragen reizen, werden **zunächst keine Fragen** zugelassen.

2. Phase: Blitzlicht

Das Blitzlicht gibt eine schnelle Momentaufnahme über den Stand des Teams zum dargestellten Fall. Jedes Teammitglied ist aufgefordert sehr kurz mitzuteilen, wie es sich nach dem Fallbericht fühlt. Das Blitzlicht ermöglicht eine **emotionale Einbindung des Teams**, die emotionale Betroffenheit der Erzählerin wird durch die emotionale Betroffenheit des Teams erweitert. Die Teammitglieder werden zu Beteiligten, was ihre Aufmerksamkeit, ihr Engagement bei der Fallbearbeitung erhöht.

Am Ende der Blitzlichtrunde kann die Erzählerin kurz rückmelden, welche Aussagen für sie besonders wichtig, neu, interessant und hilfreich sind.

3. Phase: Äußere Wahrnehmungen

Nach den emotionalen Rückmeldungen durch das Blitzlicht folgt die Auswertung der Beobachtungen zur Wirkung der Erzählerin bei ihrer Falldarstellung. Durch die spontane Darstellung, die von emotionaler Betroffenheit beeinflusst ist, können aus der Form der Darstellung wichtige Informationen über die Wirkung des Falls auf die Erzählerin abgeleitet werden. Die verbalen und nonverbalen Signale der Erzählerin werden im Team näher beleuchtet. Die Teammitglieder werden aufgefordert, ihre Beobachtungen wertungsfrei zu äußern. So kann dem Berichtenden aus den nonverbalen Informationen (Sprechtempo, Tonfall, Pausen, Betonungen, Körperhaltung, Mimik, Gestik) und verbalen Informationen (Widersprüche, Auslassungen, bildhafte Ausdrücke) ein wichtiges Feedback gegeben werden. Die Erzählerin wird durch diese **Rückmeldungen der Gruppe** zu einer differenzierteren Wahrnehmung des Falls angeregt, da ihr unbewusste, von anderen Gruppenmitgliedern wahrgenommene Signale rückgemeldet werden.

4. Phase: Innere Wahrnehmungen

Die Teammitglieder analysieren die Wirkung, die der Fall auf sie gehabt hat. Der dargestellte Fall löst Assoziationen zu eigenen Erfahrungen aus und es kann zur Identifikation mit Personen kommen. Der Fallbericht kann zudem Gefühle, Betroffenheit, Überzeugungen, Phantasien, Bilder usw. bei den Teammitgliedern auslösen. Die **subjektive Wirkung des Berichts auf das Team** steht im Mittelpunkt der vierten Phase. Aus den Aussagen der Gruppenmitglieder kann die Erzählerin z. B. Rückmeldung über die Sichtweisen anderer Personen, auf die sich die Falldarstellung bezieht, erhalten. Dies kann unterstützt werden, wenn Gruppenmitglieder aufgefordert werden, sich in die Situation der verschiedenen Personen, die im Fall vorkommen, hineinzuversetzen und aus deren Perspektive die Situation und die ausgelösten Gefühle darzustellen. Die Fallsituation wird anschaulich in das Team hineingeholt und es beginnt eine vertiefte Auseinandersetzung mit der Situation. Es kommt zu einem gleitenden Übergang in die nächste Phase.

5. Phase: Durcharbeiten des Falls

In dieser Phase werden verschiedene **Einzelaspekte des Falles** vertieft. Die Durcharbeitung des Falls umfasst verschiedene Techniken wie Rollenspiel, Rollenwechsel, theoriegeleitete Analyse von Ursachen, Selbstreflexion der Erzählerin usw. Der Schwerpunkt des Vorgehens kann entweder auf die Situation der Berichtenden oder auf die inhaltliche Bewältigung des Problems bezogen sein. Werden bei der Fallbesprechung beispielsweise die Probleme im Umgang mit einem hyperaktiven Kind angesprochen, so könnte zum einen die Erzieherin in ihrer Hilflosigkeit, Verärgerung und Überforderung thematisiert, oder zum anderen auf die Hilfsmöglichkeiten für das hyperaktive Kind näher eingegangen werden.

6. Phase: Lösungsmöglichkeiten

Erst wenn die Fallsituation ausreichend und vielseitig reflektiert wurde, werden Lösungsmöglichkeiten entwickelt. Werden bereits in frühen Phasen Lösungen eingebracht, so beeinträchtigen diese Vorschläge die erforderliche Reflexion der Situation in Phase vier und fünf und verhindern die Entwicklung angemessener Hilfen. Die Lösungsvorschläge können sich auf alle Beteiligten im Fall und die Aktivierung weiterer Institutionen (z. B. Träger, Jugendamt) beziehen. Konkrete Hilfen können im Rollenspiel erprobt werden. **Wichtig ist die Akzeptanz der Hilfe durch die im Fall betroffenen Personen**.

Wie Gudjons betont, gibt es nicht für alle Fallsituationen perfekte Lösungen, aber die Fallbesprechung im Team führt für die Erzählerin zu einer emotionalen Entlastung – sie ist mit ihrem Problem nicht mehr allein.

10.1.6 Probleme der Teamarbeit

Inhalte von Teamsitzungen: Vorwiegend organisatorische Inhalte stehen im Mittelpunkt (z. B. Terminabsprachen, Ablauf des Sommerfests ...). Das Team kommt nicht zur pädagogischen Auseinandersetzung oder zum Erfahrungsaustausch (z. B. Reflexion von Veranstaltungen, Fallbesprechungen ...).

Ablauf von Teamsitzungen: Die Teamsitzungen verlaufen unstrukturiert. Es erfolgt keine systematische Erledigung von Aufgaben, da das Team von einem Thema zum anderen springt. Wenn die Teamsitzungen nicht zeitlich befristet sind, ist die Dauer unkalkulierbar (einige Teilnehmer verlassen vor dem Ende die Teamsitzung) und wichtige Tagesordnungspunkte können aus Zeitgründen nicht mehr ausreichend behandelt werden.

Fehlende Tagesordnung: Wenn keine Tagesordnung vorliegt, können sich die Teammitglieder nicht auf die Sitzung vorbereiten (z. B. Unterlagen mitbringen, Texte zur Vorbereitung lesen). Zudem kann der Ablauf der Teamsitzung nicht effektiv strukturiert werden, da die Teilnehmer nicht wissen, welche Inhalte noch behandelt werden sollen und wie bedeutsam diese Inhalte sind.

Nebengespräche: Störende Nebengespräche sind für die Leiterin der Teamsitzung ein Alarmsignal. Wenn es den Teilnehmern zu langweilig wird, sich die Diskussion im Kreise dreht, einige Teammitglieder Monologe halten, nur Bekanntes vorgetragen wird oder die Sitzung zu lange dauert, so dass die Konzentration der Teilnehmer nachlässt, werden vermehrt Nebengespräche geführt. Nebengespräche werden auch dann häufiger auftreten, wenn in den Teamsitzungen nicht klar zwischen Privatem und Dienstlichem getrennt wird.

Verschieben von Entscheidungen: Teamsitzungen verlaufen uneffektiv, wenn sich das Team nicht einigen kann und keine verbindlichen Beschlüsse gefasst werden bzw. Entscheidungen verschoben werden. Das Hinauszögern verhindert, dass verbindliche Vorgehensweisen vereinbart werden und alle Gruppenmitglieder einheitlich verfahren. Zudem wird in der nächsten Teamsitzung das Thema nochmals behandelt werden müssen. Der zeitliche Abstand zur erneuten Entscheidung kann unter Umständen zu neuen Einsichten führen, aber die Diskussion mit den bereits bekannten Argumenten wirkt als Zeitfresser.

Dominanz von Gruppenmitgliedern: Dominieren einzelne Teammitglieder die Sitzungen, nimmt die Bereitschaft der anderen ab, sich in das Team einzubringen. Dadurch gehen andere Sichtweisen, kreative Vorschläge, hilfreiche Reflexionen durch die anderen Teammitglieder verloren.

Fehlende Kommunikationsstrukturen: Einige Inhalte von Teamsitzungen könnten schneller und effektiver mitgeteilt werden, wenn andere Kommunikationsstrukturen in der Einrichtung bestehen würden, um Informationen schnell weiterzuleiten (z. B. Umlaufmappen, Aushänge, Organisationsordner ...).

Unterschiedliche Einstellungen: Gegensätzliche pädagogische Vorstellungen und Einstellungen verhindern ein gemeinsames Handeln im erzieherischen Alltag und führen zu ergebnislosen Grundsatzdiskussionen, die in Teamsitzungen bisweilen in heftige Kontroversen münden.

Qualifikationsunterschiede: Eine heterogene Zusammensetzung des Teams (z. B. Kinderpflegerin, Sozialassistenten, ungelernte pädagogische Hilfskräfte, Praktikantinnen, Therapeuten, Erzieherinnen, Diplom-Sozialpädagoginnen) wird nicht nur im unterschiedlichen theoretischen Wissen sondern auch in unterschiedlichen Vorgehensweisen, Argumentationsketten, Reflexionsvermögen oder Gebrauch der Fachterminologie deutlich. Es besteht die Gefahr, dass Teammitglieder aneinander vorbei reden, Missverständnisse entstehen oder der andere in seiner Sichtweise nicht verstanden wird.

Ängste: Vor allem in heterogenen Teams mit sehr unterschiedlichen Qualifikationsebenen können Kommunikationshemmungen aufgebaut werden, so dass die Angst sich zu blamieren oder von anderen angegriffen zu werden, eine aktive Beteiligung in Teamsitzungen verhindert. Diese Ängste zeigen sich häufig bei Berufspraktikantinnen in der Anfangsphase des Praktikums.

Konflikte: Teamsitzungen können zur Plattform von persönlichen Konflikten werden, wenn Probleme zwischen Kolleginnen nicht untereinander gelöst werden können und in die Teamsitzung getragen werden. Die emotionalen Auseinandersetzungen führen im Team zu zeitraubenden Diskussionen und spalten ggf. das Team. Persönliche Herabsetzungen belasten das Betriebsklima.

Konkurrenzsituation: Bisweilen dienen Teamsitzungen als Plattform, um sich selbst vor anderen zu profilieren. Das Durchsetzen eigener Positionen ist für einige wichtiger als der tragbare Kompromiss im Team.

Wechsel von Teammitgliedern: Wichtig ist, dass alle Teammitglieder (auch die Teilzeitkräfte) an den Sitzungen teilnehmen. Nur dann ist die Kontinuität der Teamarbeit gewährleistet, da keine Informationsdefizite auftreten. Die Teamentwicklung setzt ebenfalls eine kontinuierliche Mitarbeit aller Teammitglieder voraus.

Heterogene Zusammensetzung: In die Teamarbeit können beispielsweise im Heimbereich auch Therapeuten und Psychologen eingebunden sein. Dies kann sowohl eine Bereicherung (verschiedene Perspektiven) bedeuten, aber auch als Hemmschuh wirken, wenn aufgrund mangelnder Fachkenntnisse das Verstehen des anderen beeinträchtigt ist.

Probleme zwischen Gruppenmitgliedern: Wenn Machtkämpfe und der persönliche Vorteil im Vordergrund stehen, dann dienen die inhaltlichen Auseinandersetzungen nur als Mittel zum persönlichen Kampf zwischen den Teammitgliedern. Sachlogische Entscheidungen werden verhindert. Kommt es in den Teamsitzungen zu Herabsetzungen, persönlichen Angriffen, dann wird das Team auf eine Zerreißprobe gestellt. Häufig spaltet sich das Team und die Wortführer der Gegenpositionen werden durch rivalisierende Untergruppen unterstützt. Das Gruppenklima wird vergiftet, Alle fühlen sich unwohl, betroffen, wenn emotionale Angriffe auf andere gestartet werden, die den anderen verletzen, ihn diffamieren oder bloßstellen.

Mangelnde Zeit: Werden Entscheidungen unter Zeitdruck gefällt, ohne dass sie ausreichend diskutiert wurden, nimmt die Gefahr von Fehlentscheidungen zu. Deshalb ist es wichtig, bei der Planung der Teamsitzung einen ausreichenden Zeitrahmen für die Entscheidungen vorzusehen und wichtige Entscheidungen auf der Tagesordnung möglicht weit vorne zu platzieren.

Zu wenige Treffen: Teamarbeit setzt einen regelmäßigen Informationsaustausch voraus. Der Abstand zwischen den Treffen sollte nicht mehr als eine Woche sein und in einem festen Zeitrahmen stattfinden, so dass jedes Teammitglied sich langfristig darauf einstellen kann und keine anderen Termine kollidieren.

Beschlüsse werden nicht eingehalten: Werden im Team Mehrheitsbeschlüsse gefasst, dann sind diese Regelungen für jeden verbindlich, auch wenn er in der Teamsitzung nicht damit einverstanden war.

Team als Sündenbock: Bisweilen ist die Aussage zu finden: „Ich würde ja gern, aber das Team hat beschlossen, dass ...“ Das Team trägt eine gemeinsame Verantwortung und jedes Gruppenmitglied muss sich darauf verlassen können, dass jeder zum Team steht. Sich auf das Team herauszureden, um z. B. gegenüber den Eltern besser dazustehen, führt unweigerlich zu Konflikten im Team, das Solidarität einfordert.

Keine Dokumentation: Die Ergebnisse von Teamsitzungen sind zeitnah über ein Protokoll zu dokumentieren. Dies ist wichtig, um abwesende Teammitglieder über Beschlüsse, Termine, Vereinbarungen zu informieren und dem Vergessen entgegen zu wirken.

10.1.7 Teamentwicklung

Ziele

Maßnahmen zur Teamentwicklung beabsichtigen, die sozialen Kompetenzen der Teammitglieder systematisch zu verbessern, um die Leistungsfähigkeit des Teams zu steigern und die gegenseitige Unterstützung zu verbessern. Werden Teams neu gebildet, dann soll durch die beginnende Teamentwicklung der Start optimiert werden. Bei bestehenden Teams steht die Verbesserung der Kooperation zwischen den Teammitgliedern im Vordergrund.

Die Teamentwicklung beinhaltet ein gemeinsames Lernen, das von allen Teammitgliedern gewünscht und getragen wird. So kann sich die Teamentwicklung beispielsweise auf folgende Themen beziehen:

- Verbesserung der Kommunikation im Team
- Beseitigung von Teamkonflikten
- Optimierung von Teamsitzungen
- Teamrollen

Zur Durchführung von Maßnahmen kann es von Vorteil sein, wenn Externe für die Durchführung der Teamentwicklung verantwortlich sind. Dies gilt vor allem, wenn Probleme, Konflikte im Team thematisiert werden. Wenn es darum geht, Vorgehensweisen zu optimieren, dann könnte dies auch von Teammitgliedern in das Team eingebracht werden.

Prozess

Wird die Teamentwicklung von externen Trainern durchgeführt, dann lassen sich folgende Phasen unterscheiden:

Kontaktphase	Der externe Trainer klärt mit dem Auftraggeber (Träger, Leitung, Team) die Ziele, Rahmenbedingungen und Erwartungen ab;
Diagnosephase	Erfassung der Stärken und Schwächen des Teams, Analyse der Probleme, Teilnahme an Teamsitzungen, Gespräche mit den Teammitgliedern;
Trainingsphase	Festlegung der Prioritäten; Entwicklung des Trainingskonzepts: Bearbeitung der Trainingsbereiche (Kommunikationstraining, Konfliktbearbeitung, Konzeptionsentwicklung …)
Nachfassen	Nachtreffen mit den Trainern, um den Entwicklungsprozess ggf. wieder in Gang zu setzen; das Team sollte dann in der Lage sein, die weitere Entwicklung eigenständig zu organisieren.

Wirkungen der Teamentwicklung

Personenbezogene Wirkung

Ein Training zur Teamentwicklung fördert die Kompetenzen der Teammitglieder im sozialen Bereich (z. B. Kommunikationsfähigkeit, Konfliktlösungsstrategien), im fachlichen Bereich (z. B. neue Impulse, Wissensverbreiterung) sowie im persönlichen Bereich (z. B. Problembewusstsein, Feedback zur eigenen Person).

Gruppenbezogene Wirkung

Das Team profitiert durch das Training, da die Kommunikation untereinander verbessert und damit die Kooperation erleichtert wird. Die Leistungsfähigkeit des Teams wird optimiert und durch die neuen Impulse entwickelt sich das Team auch inhaltlich weiter. Das Team arbeitet effektiver und effizienter. Das Wir-Gefühl (der Teamgeist) wird durch die Maßnahmen der Teamentwicklung verstärkt.

Im Trainingsverlauf lassen sich nach Francis & Young (1989) vier Entwicklungsphasen unterscheiden, die in der **„Team-Entwicklungs-Uhr"** zusammengefasst werden können.

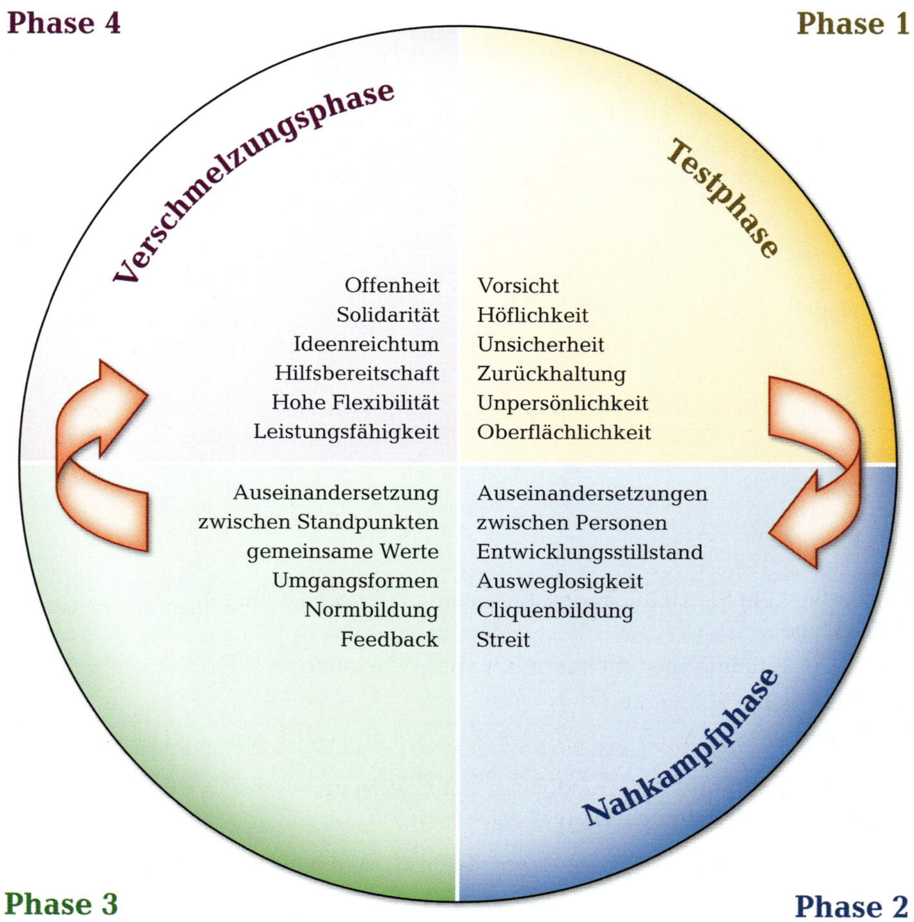

Auf den Punkt gebracht

Im Team arbeiten die Mitarbeiter einer Einrichtung arbeitsteilig zusammen, um gemeinsame Ziele zu verwirklichen. Die Teamarbeit dient der Steigerung der Effektivität der Arbeit und beinhaltet den Informations- und Erfahrungsaustausch, die Abstimmung des Vorgehens und die Weiterentwicklung der Institution.

Das Team wird dann erfolgreich zusammenarbeiten, wenn die Gruppengröße überschaubar ist, die Ziele von allen gemeinsam angestrebt werden die gleichberechtigten Mitarbeiterinnen sich verantwortungsvoll einbringen und arbeitsteilig vorgehen.

Zur Steigerung der Leistungsfähigkeit des Teams, sollten die Teammitglieder verschiedene Rollen ausfüllen. Auf der Handlungsebene ist der Umsetzer, der Macher und Perfektionist gefragt, auf der intellektuellen Ebene ist die Rolle des Evaluators, des Erfinders und des Spezialisten gefordert und die sozialen Rollen umfassen den Teamarbeiter, den Wegbereiter und den Koordinator. Alle Rollen sollten im Team besetzt sein, um optimal arbeiten zu können.

Die Teamarbeit kommt beispielsweise in Teamsitzungen und der kollegialen Beratung zum Ausdruck. Die Teamsitzungen müssen gut vorbereitet werden (z. B. Tagesordnung, Zeitrahmen, Besprechungsraum) und von den Teilnehmern unterstützt werden (z. B. Verbindlichkeit von Entscheidungen, Engagement, Toleranz). Bei der kollegialen Supervision wird die professionelle Handlungskompetenz der Erzieherinnen gestärkt, indem Handlungsabläufe reflektiert und Problemfelder bearbeitet werden. Die kollegiale Beratung verbessert das Wir-Gefühl im Team und erhöht die Zufriedenheit der Teammitglieder.

Um die Kompetenzen der Teammitglieder zu stärken, können Maßnahmen zur Teamentwicklung durchgeführt werden. Externe Supervisoren bzw. Berater unterstützen das Team beispielsweise bei der Verbesserung der Kommunikation, bei der Bearbeitung von Konflikten oder der pädagogischen Weiterentwicklung der Einrichtung.

Aufgaben

1. Entwickeln Sie zu folgenden Problemen bei Teamsitzungen Lösungsvorschläge:
   - Ein Teammitglied dominiert und hält Monologe
   - Störende Nebengespräche
   - Persönliche Auseinandersetzung zwischen zwei Teammitgliedern
2. Ordnen Sie die unterschiedlichen Teamrollen den verschiedenen Teamaufgaben zu. Begründen Sie Ihre Zuordnungen.
3. Entwickeln Sie zur Erfassung von Teamsitzungen ein Beobachtungssystem.

10.2 Konflikte

Ulrike ist als Vorpraktikantin in der Kindertagesstätte St. Markus tätig und wird seit einer Woche auch beim Mittagessen der Ganztagskinder eingesetzt. In der Kindertagesstätte besteht die Regel, dass alle Kinder von allen Speisen zumindest probieren müssen und jedes Kind seinen Teller leer essen muss. Ulrike steht diesen Regeln skeptisch gegenüber, da sie selbst auch nicht alles möchte, was bei den Mahlzeiten angeboten wird. Zudem steht sie auf dem Standpunkt, dass man ein Kind nicht dazu zwingen sollte mehr zu essen, als es möchte. Ulrike verbindet mit dem Zwang zum Teller-leeressen ungute Kindheitserinnerungen.

Beim Essensdienst bahnt sich ein Konflikt mit Sebastian an, der sich wieder einmal zu viele Nudeln auf den Teller geschöpft hat. Die Spagetti waren gerade zur Hälfte gegessen als er kleinlaut sagte: „Ich kann nicht mehr." Die Erzieherin forderte Sebastian auf: „Iss deinen Teller leer. Ich habe es dir schon so oft gesagt: Nimm dir weniger! Jetzt bleibst du solange hier sitzen, bis du die Nudeln gegessen hast. Der Nachtisch für heute ist gestrichen!" Sebastian kullerten die Tränen über die Wangen und er schaute Ulrike mit seinen großen braunen Augen Hilfe suchend an. Als die Erzieherin kurz den Essensraum verließ, nahm Ulrike den Teller und ließ die Nudeln im Mülleimer verschwinden. Die Erzieherin kam gerade wieder in den Essensraum zurück als Ulrike mit dem leeren Teller zu Sebastian gehen wollte. Sie zischte nur: „Ulrike, nachher müssen wird miteinander reden. So läuft es hier nicht!"

10.2.1 Begriffsbestimmung

Definition

Konflikte treten auf, wenn Personen oder Gruppen mit unterschiedlichen Standpunkten versuchen, ihre eigene Position als allgemein gültig durchzusetzen, ihr eigenes Wertesystem für andere verbindlich zu erklären oder ihre Interessen und Ziele ohne Rücksicht auf andere zu verwirklichen.

Merkmale von Konflikten

Ausgangpunkt von Konflikten sind Personen und Gruppen, die **entgegengesetzte Standpunkte** im Hinblick auf ihre Ziele/Interessen, Wertvorstellungen sowie Einstellungen/Meinungen/Auffassungen vertreten. Diese Unterschiedlichkeiten im subjektiven Bezugsrahmen führen im Alltag zu **Meinungsverschiedenheiten**, aus denen sich aber nicht zwangsläufig Konflikte ergeben müssen. Unterschiedliche Positionen (z. B. Stil-, Geschmacksrichtungen, Einstellungen, Grundüberzeugungen) werden im alltäglichen Zusammenleben durchaus positiv als anregend, bereichernd und wünschenswert erlebt. Diese Unterschiede werden in der Regel so lange toleriert, bis eine Person/Gruppe beabsichtigt, ihre Position als alleinige Handlungsgrundlage durchzusetzen. Ein **Konflikt ergibt sich, wenn eine Konfliktpartei dominiert** und die andere gegen die eigene Überzeugung zum Nachgeben gezwungen wird. Die Konfliktauswirkungen betreffen die emotionale Ebene (Wut, Ärger, Hass), die kognitive Ebene (Fehlinterpretationen, Ironie, Verunglimpfung) und die Verhaltensebene (körperliche Attacken, Gewalt, Brutalität).

Konflikte entwickeln eine **Eigendynamik**, so dass sich aus geringfügigen Anlässen heftige Auseinandersetzungen ergeben können.

Die verschiedenen Ansätze zur **Konfliktbewältigung** lassen sich drei Bereichen zuordnen: Die Konfliktunterdrückung stellt den untauglichen Versuch dar das Problem zu verdrängen; die einseitige Konfliktlösung führt zu einer problematischen Entscheidung, wer als Sieger oder Verlierer die Auseinandersetzung beendet; die gemeinsame Konfliktregelung sucht nach einer einvernehmlichen Konfliktlösung, in der die Positionen der Konfliktparteien zum Tragen kommen.

Konflikte werden von den Beteiligten zunächst als schädlich und belastend eingestuft, so dass **im Alltag das Austragen von Konflikten häufig vermieden** wird. Auseinandersetzungen stören das auf Harmonie angelegte Zusammenleben. Bereits dem Kind wird in der Erziehung vermittelt, wie man Konflikte umgeht, ihnen ausweicht und sie verdrängt. Viele verfahren deshalb nach der Devise „Streit führt zu nichts". Diese Einstellung bestimmt vielfach auch den Erziehungsalltag, in dem zwar häufig Konflikte auftreten, die aber nicht angegangen werden, obwohl es weniger schwierig ist, Probleme zu lösen, als mit ihnen zu leben? Offenbar führt Konfliktangst zur Konfliktvermeidung.

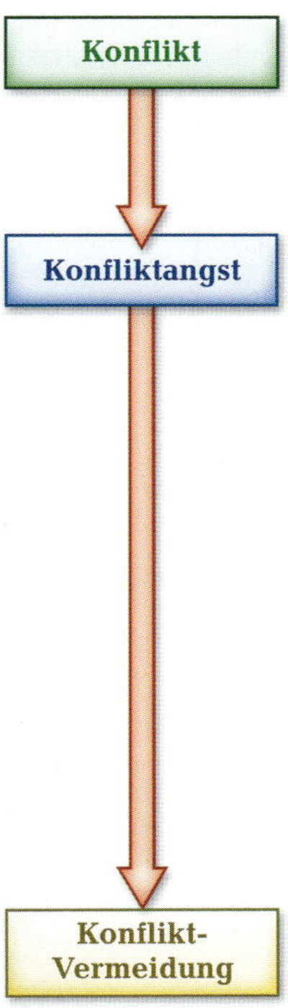

Das Auftreten von Konflikten ist normal, wenn unterschiedliche Persönlichkeiten mit verschiedenen Interessen, Fähigkeiten, Zielvorstellungen und Bedürfnissen, Charaktereigenschaften beispielsweise im Team aufeinander treffen.

Konfliktangst: Die Auseinandersetzung mit anderen Personen ist häufig mit Angst besetzt. Die personenspezifischen Abläufe, die mit einem angstbesetzten Konflikt verbunden sind, spielen sich auf drei Ebenen ab:

Emotionen:	Ärger, Wut, Demütigung, Kränkung, leidvolle Erfahrung, Minderwertigkeits-, Unterlegenheitsgefühle usw.
Kognitionen:	Missverständnisse, Standpunkte, Meinungen, Interessengegegensätze, Autorität, Hierarchie, Machtverlust usw.
Verhalten:	Zurückweisung, Liebesentzug, Bestrafung, Kampf, Niederlage usw.

Konflikte werden unter den Teppich gekehrt, verdrängt, man geht ihnen aus dem Weg bzw. auf Distanz, zeigt mangelnde Offenheit.

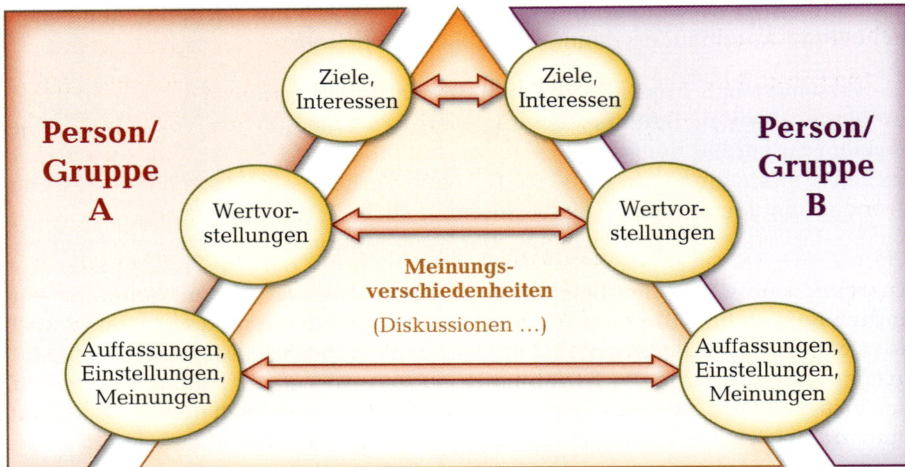

Konflikt

- Eigene Ziele/Interessen rücksichtslos verfolgen
- Eigene Wertvorstellungen als verbindlich durchsetzen
- Eigene Auffassung als allgemein gültig ausgeben

Konfliktwirkung

Unsachlichkeit, falsche Einschätzungen, Ironie, verbale Angriffe, Beleidigungen, Herabsetzungen, Wut, Ärger, körperliche Attacken, Gewalt, Brutalität ...

Konfliktbearbeitung/Strategien

Konfliktunterdrückung	Einseitige Konfliktlösung	Gemeinsame Konfliktregelung
Die Konfliktpartner wollen die Konflikte nicht wahrhaben, sie leugnen, verdrängen die bestehenden Probleme.	Der Konflikt wird bis zur Entscheidung verschärft. Ein Konfliktpartner setzt sich mit seinen besseren Argumenten oder seiner größeren Macht durch.	Die Konfliktparteien, die sich als gleichberechtigt sehen, suchen nach einvernehmlichen, ausgewogenen Regelungen.
Konflikte wirken unterschwellig und gelangen ab und zu in das Bewusstsein.	Eine Konfliktpartei dominiert. Der Verlierer ist unzufrieden und wird in seiner Position unterdrückt.	Der Kompromiss steht im Mittelpunkt. Veränderungen erfolgten langsam in kleine Schritten.

Konflikte haben durchaus eine positive Funktion, wie die nachfolgende Übersicht verdeutlicht:

Konfliktfunktionen

- Die konstruktive Bearbeitung von Konflikten fördert die Gruppenentwicklung.
- Konflikte dienen der Festlegung von Normen, Zielen und Wertvorstellungen.
- Bewältigte Konflikte festigen die Beziehungen zwischen Gruppenmitgliedern.
- Unbewältigte Konflikte stellen den Fortbestand der Gruppe in Frage.

Die positive Wirkung von Konflikten verdeutlicht Berkel (1995). Konflikte sind Ausgangpunkt für die Analyse von Problemen und führen zu notwendigen Veränderungen und damit auch zur Weiterentwicklung der Gruppe. Deshalb besteht das oberste Ziel nicht in der Bekämpfung von Konflikten sondern in der Nutzung der positiven Funktionen, die in jedem Konflikt stecken. Die erfolgreiche Konfliktverarbeitung fördert sowohl die Entwicklung der Persönlichkeit des Gruppenmitglieds als auch die Entwicklung der Gruppe bzw. des Teams.

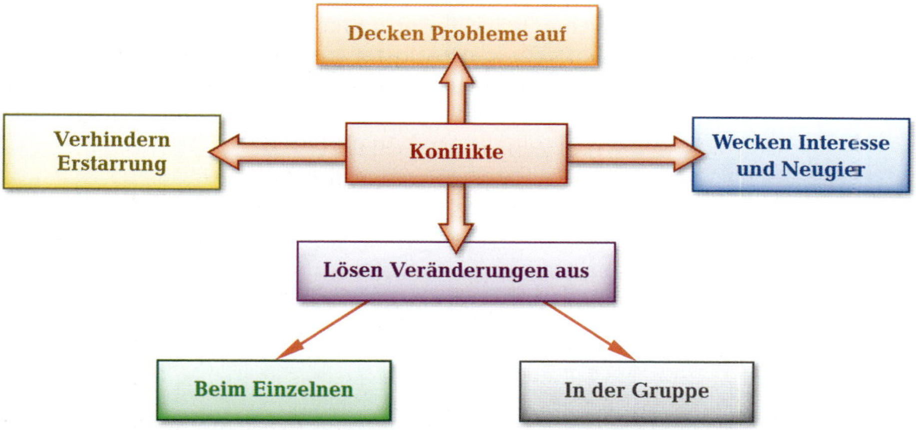

Positive Funktionen von Konflikten nach Berkel (1995)

10.2.2 Konfliktursachen und Konfliktdynamik

Konflikte sind in der Regel nicht objektiv, sondern subjektiv und durch mehrere Faktoren bedingt, d. h. Konflikte spielen sich in den Köpfen der Beteiligten ab und werden von starken Emotionen begleitet.

Konfliktursachen

Systemische Sichtweise

Um Konflikte und ihre Tragweite besser zu verstehen, ist eine systemische Sichtweise, die von einem vernetzten System wechselseitig aufeinander bezogener Elemente ausgeht, sinnvoll. Beck & Schwarz (1995) verdeutlichen die Wirkungszusammenhänge in der nachfolgenden Abbildung.

Die Mitglieder eines sozialen Systems (z. B. Team, Gruppe, Eltern-Erzieherinnen ...) stehen zum einen in festen Beziehungsstrukturen zueinander (Leitung – Mitarbeiter, Erzieherinnen – Eltern, Erzieherin – Kind) und entwickeln aufgrund gemeinsamer Erfahrungen eine persönliche Beziehung (Aspekt der Beziehungsdynamik).

Geht man von der ganzheitlichen, systemischen Betrachtungsweise aus, dann sind vor allem die Beziehungen zwischen den Systemelementen (Personen, Einrichtung, Umfeld) zu beachten. Das Handeln einer Person kann nur dann verstanden werden, wenn die Gesamtsituation, in der ihr Handeln eingebettet ist, Berücksichtigung findet.

Die Konfliktsituation wird von den Beteiligten nicht objektiv wahrgenommen, sondern vor dem Hintergrund ihres persönlichen Bezugsrahmens (wie Einstellungen, Gefühlen, Denken) bewertet und interpretiert. Die Beobachtung „Jürgen isst ein Kaffeestückchen" wird interpretiert: „Die Mutter kümmert sich zu wenig um Jürgen und gibt ihrem Sohn nicht einmal ein gesundes Frühstück mit." Neben den objektiven Gegebenheiten stehen die subjektiven Wahrnehmungen und Interpretationen der Betroffenen, so dass die Aussagen der Konfliktbeteiligten für den Außenstehenden so widersprüchlich und unvereinbar erscheinen.

Die Konflikte weisen in der Regel einen objektiven (äußeren) Aspekt und die darauf bezogene subjektive Wahrnehmung bzw. Interpretation auf. Wird in der Einrichtung eine Erzieherin neu eingestellt (objektiver Aspekt), so löst dies bei den Teammitgliedern unterschiedliche Bewertungen (wie Erleichterung, da keine Überstunden mehr anfallen aber auch Ängste) aus. Mit zunehmender Anzahl von Personen, die im System beteiligt sind, nimmt die Komplexität des Systems zu, d. h. die Wirkmechanismen werden weniger durchschaubar und die Einflussmöglichkeiten der einzelnen Mitglieder werden geringer.

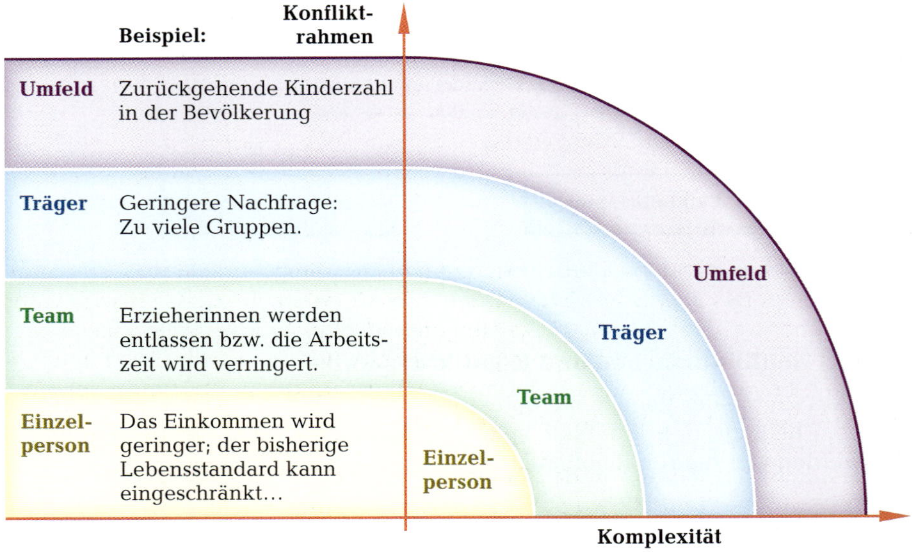

Konfliktebenen

Im Beispiel können sich Konflikte auf unterschiedlichen Ebenen abspielen:

Einzelperson: Die drohende Gehaltskürzung bringt die Person in finanzielle Nöte, da sie ihren Verpflichtungen nicht mehr nachkommen kann. Eine Verringerung ihres Lebensstandards will die Erzieherin nicht im Kauf nehmen. Zusätzliche Leistungen sind zu erbringen, um das Angebot der Einrichtung attraktiver zu gestalten (z. B. Kinderbetreuung am Samstagvormittag). Die Erzieherin möchte sich am Samstag um ihre Familie kümmern.

Team: Im Team sind folgende Auseinandersetzungen denkbar: Wer reduziert seine Arbeitszeit? Wer arbeitet mit wem in den neu zu bildenden Teams zusammen? Wie kann ich die Zahl der Anmeldungen erhöhen bzw. die Auslastung der Einrichtung verbessern?

Träger: Der Träger ist gezwungen, Mitarbeiter zu entlassen bzw. einige Erzieherinnen zu einer Arbeitszeitverkürzung zu bewegen. Konflikte mit den Betroffenen sind nicht auszuschließen. Langfristig sind ansteigende Nebenkosten (z. B. Beiträge für die Sozialversicherung) zu erwarten, was den Träger finanziell belastet.

Umfeld: Die zurückgehenden Geburtszahlen führen zu einer Überalterung der Gesellschaft, die sozialen Lasten müssen von immer weniger Personen getragen werden. Auseinandersetzungen mit den Erwerbstätigen sowie den Arbeitgebern, die gemeinsam Beiträge in die Sozialversicherung abführen sind wahrscheinlich.

Einflüsse auf Konflikte

Die Konfliktursachen können im beschriebenen Konfliktrahmen von unterschiedlichen Faktoren beeinflusst werden.

Auf der Ebene der **Einzelperson** sind es Persönlichkeitsmerkmale wie Herrschsucht, cholerisches Verhalten, mangelnde Flexibilität, Dominanzstreben, Egoismus, Sturheit, übertriebener Ehrgeiz, Unzuverlässigkeit, Unordnung oder Aggressivität, die das Entstehen von Konflikten begünstigen. Die Art und Weise, wie formelle Rollen (z. B. Leitung) ausgefüllt werden, ist von Einzelpersonen und ihrer Persönlichkeit abhängig. Auch hier liegt ein hohes Konfliktpotenzial.

Innerhalb von **Teams bzw. Gruppen** spielt das Kommunikationsverhalten und die Teambereitschaft eine entscheidende Rolle. Konflikte im Zusammenleben beruhen beispielsweise auf Missverständnissen, Fehlinterpretationen, Eifersüchteleien oder offene Feindseligkeit. Neben den Beziehungskonflikten spielen aber auch organisatorische Faktoren, wie unklare Kompetenzabgrenzungen, unvollständiges bzw. zu spätes Informieren oder ungenaue Anweisungen eine Rolle. Bisweilen sehen sich Teams als Konkurrenten, die sich gegenseitig übertrumpfen und ausstechen wollen. Es kommt dabei zu Verteilungs- und Machtkämpfen, um sich für die eigene Gruppe Vorteile zu erstreiten.

Der Träger, der oft für mehrere Einrichtungen zuständig ist, wird mit den Forderungen der unterschiedlichen Einrichtungen konfrontiert. Er muss zum einen alle Einrichtungen angemessen berücksichtigen und zum anderen ist er gezwungen, Schwerpunkte bei der Unterstützung der Einrichtungen zu setzen. Konfliktträchtig ist die Frage, inwieweit soll und muss sich der Träger in der Einrichtung engagieren, was als Einmischen, Kontrolle oder mangelndes Vertrauen interpretiert werden kann. Das erwartete Engagement der Mitarbeiter für die Interessen des Trägers (z. B. Mitwirkung in der Gemeinde, Umfang der religiösen Erziehung) stellt ein weiteres Konfliktfeld dar.

Das Umfeld der Einrichtung umfasst die sozialen, politischen, ökologischen und wirtschaftlichen, kulturellen Bezüge der Einrichtung. Zum sozialen Bereich gehören Auseinandersetzungen mit Eltern; auf der politischen Ebene geht es beispielsweise um Mittelzuweisungen, Förderung von Projekten, Festsetzung des Personalschlüssels oder der Gruppengröße sowie um die gesetzlichen Rahmenbedingungen; aus ökologischer Sicht stellt sich beispielsweise die Frage des Umweltschutzes oder der Energienutzung; die Wirtschaftlichkeit der Einrichtung wird in der Zeit knapper werdender Ressourcen immer stärker hinterfragt, um z. B. Sparmöglichkeiten zu nutzen.

10.2.3 Eigendynamik von Konflikten

Jeder Konflikt entwickelt eine Eigendynamik, ein vorwärts treibendes Element. Diese Energie beeinträchtigt das Handeln der Beteiligten, deren Aufmerksamkeit auf den Konflikt gerichtet ist. Im Verlauf des Konfliktes werden dem Konfliktgegner vermehrt negative Eigenschaften oder böse Absichten unterstellt, was beim anderen eine heftige Gegenwehr auslöst.

Prozesse bei Konflikten

Den Ablauf des Konfliktes kennzeichnen **zwei gegenläufige Prozesse**: Mit zunehmender Dauer wird der Konflikt immer komplexer, da die Beteiligten weitere Themen, Probleme und Perspektiven einbringen, so dass sich der Konflikt ausweitet; andererseits neigen die Konfliktbeteiligten aus ihrer subjektiven Interpretation der Auseinandersetzung dazu, den Konflikt zu vereinfachen und die Konfliktsituation nicht mehr differenziert wahrzunehmen. Jeder beharrt auf seiner Sichtweise, die als die allein richtige gesehen wird. Der Blickwinkel der Beteiligten verengt sich mit zunehmender Konfliktdauer.

Der Konflikt entwickelt sich **von innen nach außen**. Eine zunächst persönliche Auseinandersetzung kann zu einem öffentlichen Thema werden, das viele aktiviert, die sich mit den Konfliktparteien zum Teil solidarisieren und für die Streitenden Partei ergreifen oder sich als Helfer/Konfliktlöser des Problems annehmen.

Die Eigendynamik von Konflikten lässt sich am Beispiel der Arbeit im Team als zirkulärer Prozess verdeutlichen:

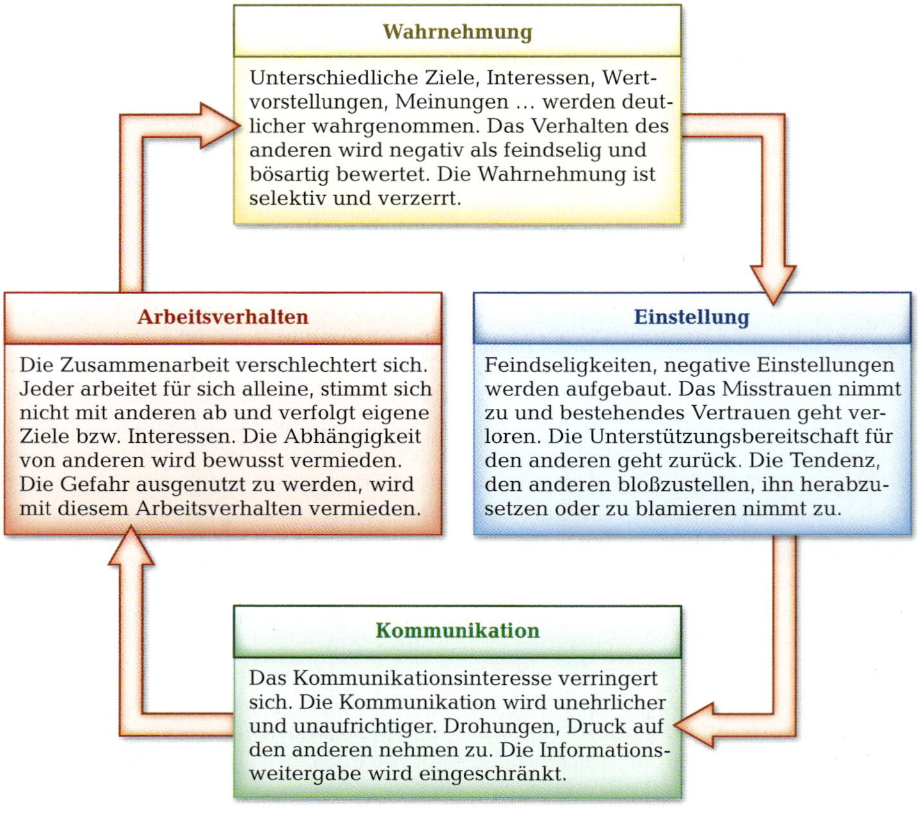

Eskalationsmodell

Die Dynamik von Konflikten verdeutlicht Glasl in seinem Eskalationsmodell, das von der Meinungsverschiedenheit bis hin zur Vernichtung des Konfliktpartners reicht. In der Konfliktspirale werden folgende Entwicklungstendenzen deutlich:

Von der verbalen Auseinandersetzung eskaliert der Konflikt zur Vernichtung des anderen; sehen sich die Konfliktpartner zunächst noch als Personen, so wird im Konfliktverlauf der andere zur Sache, zu der keine emotionale Beziehung oder eine soziale Verantwortung besteht; geht der Konflikt vom einzelnen aus, so endet er mit der Aktivierung von Gruppen; spielt sich die Auseinandersetzung zunächst im überschaubaren Nahbereich der Konfliktparteien ab, so steht am Ende der Eskalation die Zerstörung von Systemen im Mittelpunkt.

Eskalationsstufen		Kennzeichen	Auswirkungen	Ansatzpunkte der Konfliktlösung
1	**Verhärtung**	Unterschiedliche Standpunkte treffen aufeinander und stehen unvereinbar nebeneinander.	Es kommt im Alltag zu Spannungen und Auseinandersetzungen. Die Konfliktbeteiligten stellen die Zusammenarbeit aber nicht in Frage.	**Moderator** Gemeinsamkeiten herausstellen und Kompromisslinien entwickeln. Die unterschiedlichen Standpunkte herausarbeiten und gemeinsame Ziele verdeutlichen.
2	**Debatte**	Die Standpunkte führen zu Subgruppen, die sich im Denken, Fühlen und Handeln voneinander entfernen; endlose, ermüdende Debatten.	Die fruchtlosen Debatten führen zu einer Polarisierung. Das egoistische Beibehalten des Standpunktes sowie eine erhöhte Reizbarkeit sind zu beobachten.	
3	**Taten**	Da keiner nachgeben will, werden Taten ergriffen, um den andern zum Nachgeben zu zwingen.	Provokationen des Konfliktpartners sowie das Blockieren des anderen in seiner Zielerreichung bestimmen das Verhalten. Unterstellungen und Missverständnisse verschärfen den Konflikt.	**Gesprächsführer** Den Beteiligten bewusst machen, was objektiv erfolgte und subjektiv unterstellt wurde. Zur Konfliktbewältigung sind geschulte, neutrale Personen erforderlich, die über Strategien zur Konflikthandhabung verfügen.
4	**Koalitionen**	Der Konfliktgegner wird zum Feind; die verschiedenen Standpunkte werden durch weitere Anhänger unterstützt.	Die Möglichkeit einer einvernehmlichen Lösung wird nicht mehr gesehen. Zugeständnisse zur Konfliktregelung scheinen nicht mehr möglich. Es geht nur noch um Gewinnen oder Verlieren. Andere werden zur Rechtfertigung der eigenen Position in den Konflikt hineingezogen.	
5	**Gesichtsverlust**	Die Feinde werden öffentlich angegriffen, bloßgestellt und diffamiert.	Es kommt zu Rachehandlungen und Retourkutschen. Zur Demütigung des anderen werden fragwürdige Methoden (z. B. Mobbing) eingesetzt. Es werden Nebenkriegsschauplätze mit weiteren Konflikten eröffnet.	**Mediator** Er befähigt die Kontrahenten den Konflikt eigenverantwortlich zu lösen, indem er die Konfliktsituation auf eine Ebene bringt, auf der die Betroffenen selbst zu einer Lösung gelangen können.
6	**Drohstrategien**	Drohungen und Gegendrohungen werden immer stärker.	Die Mobbing-Handlungen werden massiver. Der sachliche Grund der Auseinandersetzung wurde aus den Augen verloren.	

Eskalationsstufen		Kennzeichen	Auswirkungen	Ansatzpunkte der Konfliktlösung
7	Scharmützel	Es kommt zu begrenzten Auseinandersetzungen; der „Feind“ wird immer mehr zur „Sache“, die man bekämpft.	Systematische Zerstörungshandlungen werden geplant und durchgeführt. Die Schädigung des anderen hat höchste Priorität. Die Diffamierung verändert das Ansehen des anderen, was diesen in seiner Existenzgrundlage bedrohen kann.	**Richter** Der Richter als unabhängige Instanz fällt nach einer umfassenden Situationsanalyse ein „gerechtes“ Urteil mit einem angemessenen Interessensausgleich.
8	Krieg	Alle Anstrengungen richten sich auf die Zerstörung des feindlichen Systems.		
9	Gemeinsam in den Abgrund	Es kommt zur grenzenlosen Auseinandersetzung, in der auch die Selbstvernichtung in Kauf genommen wird.	Die Auseinandersetzung wird ohne Rücksicht auf Verluste bis hin zur Selbstzerstörung weiter verfolgt. Die Konfliktparteien treiben auf einen Abgrund zu, aus dem kein Entrinnen mehr möglich ist.	**Höhere Autorität** Eine höhere Autorität, der sich die Konfliktparteien unterwerfen, fällt eine endgültige Entscheidung.

Eskalationsstufen nach Glasl (1994[4])

10.2.4 Konfliktformen und Konfliktbestandteile

Folgende Konfliktformen, die sich zum Teil durchdringen bzw. in Kombination auftreten, werden unterschieden:

Psychische Konflikte: Auf der Ebene von Einzelpersonen können die psychischen Konflikte angesiedelt werden. Überforderung von Personen; Erleben von Dissonanzen (z. B. trotz hoher Anstrengung tritt Misserfolg auf); gegen das Gewissen handeln; häufig sind psychische Konflikte durch soziale Konflikte mit verursacht: Moral, Gewissen, Erwartungen anderer; Interessenskonflikte treten auf.

Konfliktformen

Soziale Konflikte: In Einrichtungen, in denen Teamstrukturen bestehen, treten vermehrt die sozialen Konflikte auf. Häufig sind mit Konflikten offen oder verdeckt Beziehungskonflikte verbunden z. B. persönliche Antipathien zwischen Personen; Rollenkonflikte wie Inter- und Intra-Rollenkonflikte (z. B. Praktikantenrolle – Schülerrolle – Mitarbeiterrolle).

Ökonomische Konflikte: Aus dem Umfeld, in das die Einrichtung eingebunden ist, ergeben sich häufig ökonomische Konflikte. Verteilungskonflikte, Durchsetzen von Ansprüchen; Machtkämpfe, um sich bestimmte Vorteile zu sichern; bei Sachkonflikten steht der Einsatz und die Verwendung von Geld, Zeit, Arbeit, Sach- oder Personalausstattung im Mittelpunkt.

Aus anderer Perspektive erfolgt die Unterscheidung in offene-latente sowie bewusste-unbewusste Konflikte:

Latente (verborgene) Konflikte schwelen im Untergrund. Die Konfliktsymptome werden nicht erkannt oder sie werden nicht treffend interpretiert; so fühlt man sich von einer Person bedroht oder provoziert, ohne dies eindeutig am Verhalten des anderen festmachen zu können. Offene Konflikte werden sichtbar für die Beteiligten ausgetragen.

Bei fast allen Konflikten sind unbewusste Anteile nachweisbar: Während nach außen für alle sichtbar der Meinungsaustausch argumentativ ausgetragen wird, spielen unbewusst beispielsweise Sympathie und Antipathie, nicht verarbeitete Kränkungen und Demütigungen, Machtkämpfe eine Rolle. Es wird auch zwischen dem vordergründigen Konflikt (Konfliktoberfläche) und dem eigentlichen Konflikt (Konfliktkern) unterschieden, wobei in diese Differenzierung Vermutungen eingehen, die zwar plausibel aber kaum überprüfbar sind.

Konflikt-bestandteile

Für die aktuelle Konfliktbearbeitung ist eine Analyse der Konfliktbestandteile bedeutsam, unabhängig davon, ob man diese Anteile dem Konfliktkern oder der Konfliktoberfläche zuordnet. Aus den zahlreichen Bestandteilen eines Konflikts sollen exemplarisch folgende Aspekte genannt werden (vgl. Mecke und Weinmann-Lutz 1999):

Sachliche Ebene

- Sachthema: Der inhaltliche Mittelpunkt der Auseinandersetzung, auf den sich der Streit offenbar bezieht.
- Informationen: Der Informationsstand der Konfliktbeteiligten.
- Wertungen: Bewertungen der vorliegenden Informationen durch die Beteiligten.

Personenbezogene Ebene

- Beziehungsthema: Das Beziehungsproblem, das der aktuellen Auseinandersetzung zugrunde liegt.
- Emotionen: Verletzte Gefühle, die im Streit zufrieden gestellt werden sollen.
- Bedürfnisse: Persönliche Interessen, die im Rahmen der Sachauseinandersetzung verfolgt werden.
- Einstellungen: Individuelle Werthaltungen bzw. Standpunkte, die im Konflikt deutlich werden.

Der Konfliktverlauf wird zudem von weiteren Bestandteilen bestimmt. Dazu zählen beispielsweise die individuellen Kompetenzen und Strategien zur Konfliktbearbeitung, Kommunikationsprobleme, Fehlinterpretationen und Unterstellungen, Missverständnisse, Position der Konfliktbeteiligten (Hierarchie, Ansehen).

10.2.5 Konfliktbearbeitung

Ziel

Die Konfliktbearbeitung zielt auf einen Interessensausgleich zwischen den Konfliktbeteiligten ab. Es soll eine „Win-win-Situation" erreicht werden, in der jeder der Konfliktpartner seine Ziele angemessen verwirklichen und sich jeder als Gewinner sehen kann.

Rollentheoretischer Lösungsansatz

Drama-Dreieck

Die Möglichkeiten der Konfliktlösung sind davon abhängig, wie die Beteiligten den Konflikt wahrnehmen. Die Rolle der Streitenden beleuchtet Berne (siehe Kap. Transaktionsanalyse) mit Hilfe des Drama-Dreiecks.

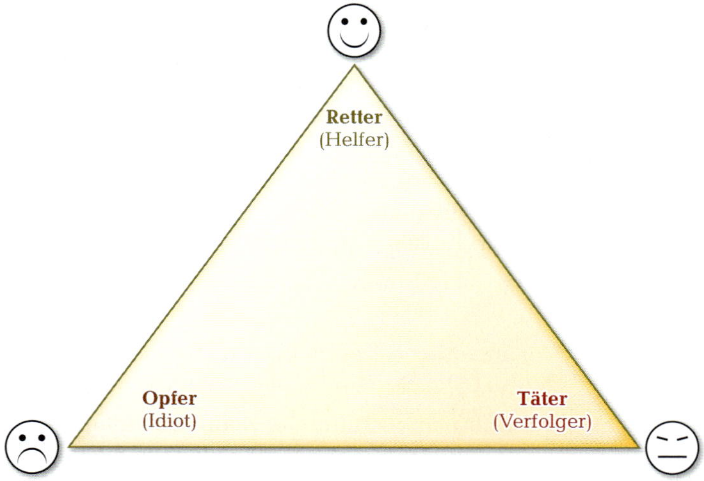

Das Drama-Dreieck nach Berne (1995)

Die drei Grundpositionen lassen sich wie folgt kennzeichnen:

Opfer: Grundeinstellung: „Ich bin hilflos, Du bist der Stärkere!" Es wird zwischen den *echten* und den *vermeintlichen* Opfern unterschieden. Das echte Opfer versucht aus der Opferrolle, in die es unfreiwillig geraten ist, herauszukommen. Das vermeintliche Opfer dagegen spielt die Opferrolle und hält diese Rolle aufrecht, da in dieser Position Vorteile gesehen werden. Während das echte Opfer bei seinem Veränderungswunsch recht gut unterstützt werden kann, muss das vermeintliche Opfer zunächst davon überzeugt werden, dass es gar nicht so hilflos und schwach ist. Aussagen: „Immer passiert gerade mir so etwas. Aus mir wird ja doch nichts. Ich bin einfach überlastet."

Retter: Grundeinstellung: „Ich werde Dir helfen und dein Problem lösen!" Die Retterrolle stärkt die eigene Machtposition. Seine Hilfe bestätigt, wie wichtig und unersetzlich er ist. Wird das Hilfeangebot abgelehnt, dann reagiert der Retter gekränkt und beleidigt. Aussagen: „Lassen Sie mich das für Sie erledigen. Ich helfe Ihnen gern. Wenn Sie mich fragen, dann ..."

Täter: Grundeinstellung: „Ich bin besser als die anderen." Er ist dominant, indem er andere bevormundet, sie be- und verurteilt, nur seine Meinung gelten lässt und besserwisserisch mit anderen umgeht. Aussagen: „Habe ich das nicht gleich gesagt. Sie haben es ja gut gemeint, aber ... Wenn Sie meinem Rat gefolgt wären, dann ... „

Das Drama-Dreieck verdeutlicht, welche Rollen im Konflikt wahrgenommen werden und kann auch Rollenveränderungen aufzeigen, wenn ein Opfer zum Verfolger oder ein Retter zum Opfer wird. In der Konfliktbearbeitung ist es hilfreich, wenn mit den Konfliktbeteiligten die Rollen analysiert und Konsequenzen daraus abgeleitet werden.

Die Erzieherin sollte sich in Konflikten nicht in die Rolle des Retters drängen lassen, indem sie Ratschläge erteilt, Verantwortung für andere übernimmt, sich mit den Problemen des anderen identifiziert oder für den anderen die Probleme lösen will. Es besteht die Gefahr des Helfersyndroms, bei dem die Helferin zum Opfer wird, da man ihr die alleinige Verantwortung für das Problem übertragen hat.

Prozessbezogener Lösungsansatz

Glasl (1994[4]) schlägt dem „Konfliktmanager" vor, abhängig vom Stand der Auseinandersetzung unterschiedliche Bewältigungsstrategien zu verfolgen:

1	2	3	4	5	6	7	8	9
Verhärtung	Debatte	Taten	Koalitionen	Gesichtsverlust	Drohstrategie	Scharmützel	Krieg	Gemeinsam in den Abgrund

Eskalationsstufen

Konfliktinterventionen nach Glasl (1994[4])

■ Moderation

Die Moderatorinnenrolle ist bei Konflikten angebracht, die auf niedrigem Niveau (Verhärtung, Debatte) verlaufen. In dieser Phase prallen unterschiedliche Standpunkte aufeinander. Die Auseinandersetzungen sind noch von Sachlichkeit geprägt, auch wenn keiner der Kontrahenten bereit ist, seine Position aufzugeben.

Die Erzieherin hat auf der Moderatorinnenebene folgende Aufgaben (vgl. Doppler & Lauterburg 1995[4]):

Die Moderatorin ...
- ... vereinbart mit den Konfliktparteien Diskussionsregeln und wacht über deren Einhaltung.
- ... schafft ein gemeinsames Problembewusstsein.
- ... stellt den gleichen Informationstand zwischen den Konfliktbeteiligten sicher.
- ... verdeutlicht unterschiedliche Positionen und Gemeinsamkeiten bzw. Zusammenhänge.
- ... stellt wesentliche Aspekte heraus und dient damit der Ergebnissicherung.
- ... strukturiert den Gesprächsverlauf.
- ... macht erfolgreich bewältigte Schritte bewusst und verdeutlicht Zwischenergebnisse.
- ... aktiviert die Stillen und bremst die Vielredner.
- ... versachlicht zu emotional geführte Diskussionen.
- ... stellt Fragen.
- ... stellt sicher, dass die Beteiligten am Thema bleiben und unterbindet Abschweifungen und Störungen.
- ... führt Entscheidungssituation herbei.

Prozessbegleitung

Stehen bei den Auseinandersetzungen bereits Taten und Koalitionen der Konfliktbeteiligten im Mittelpunkt, so wird die sachlich argumentative Ebene bereits verlassen und eine Handlungsebene angestrebt. Aus dem Konfliktpartner wird ein Feind, ein Gegner, den es zu besiegen gilt. In dieser Phase ist eine Prozessbegleitung erforderlich und die Erzieherin als Gesprächsleiterin gefordert, der für einen längeren Zeitabschnitt folgende Aufgaben zufallen:

Die Gesprächsleiterin ...
- ... ist für den Gesprächsrahmen verantwortlich (z. B. Regeln, Zeiten, Ort).
- ... stellt ein positives Gesprächsklima her.
- ... wählt einen „neutralen" Ort für das Gespräch.
- ... formuliert gemeinsame Ziele / Interessen.
- ... sorgt für eine sachliche Auseinandersetzung und lässt eine emotionale-Schärfe nicht aufkommen.
- ... stellt Gemeinsamkeiten heraus.
- ... beseitigt Missverständnisse zwischen den Konfliktparteien.
- ... sucht mit allen Beteiligten nach Lösungen.
- ... verdeutlicht die Ressourcen, die für die Bewältigung des Konflikts genutzt werden können.

Vermittlung

Unter **Mediation** wird eine Form der Konfliktregelung verstanden, bei der die Konfliktbeteiligten eigenverantwortlich und selbstbestimmt eine Konfliktlösung erreichen. Die Mediatorin unterstützt die Konfliktlösung, indem sie den Konflikt auf eine Ebene bringt, auf der die Auseinandersetzung für die Beteiligten lösbar wird. Bei der aktuellen Konfliktbearbeitung werden die betroffenen Konfliktebenen (z. B. sachliche Ebene, personenbezogene Ebene) zunächst aufgezeigt. Im nächsten Schritt werden im gegenseitigen Einvernehmen (nicht lösbare) Bereiche ausgeklammert und die Beteiligten setzen sich mit den Aspekten auseinander, die für sie zu bewältigen sind. Folgende Grundregeln bestimmen das Verhalten der Mediatorin im Konfliktgespräch (Mecke & Weinmann-Lutz 1999):

Die Mediatorin ...
... ist für den Ablauf und nicht für die Inhalte des Konfliktgesprächs zuständig.
... ist unparteiisch und entscheidet nicht darüber, wer im Recht ist.
... kümmert sich im Gespräch um eine ausgewogene Behandlung der gegensätzlichen Positionen.
... achtet auf einen fairen Umgang der Konfliktbeteiligten miteinander
... gibt keine Ratschläge oder Lösungen.
... sammelt Lösungsvorschläge.
... aktiviert die Beteiligten zur Auseinandersetzung mit Lösungsvorschlägen.

- **Schiedsverfahren**

Im Schiedsverfahren fällt der Erzieherin die Rolle der **Richterin** zu. Folgende Erwartungen sind an diese Rolle geknüpft:

Die Richterin ...
... setzt sich mit den Argumenten beider Seiten objektiv auseinander.
... versucht ein umfassendes Bild der Gesamtsituation zu erhalten.
... urteilt nach Prinzipien, die von beiden Konfliktparteien akzeptiert werden.
... bewertet die Situation aus einer „objektiven" Warte.
... strebt einen Interessensausgleich zwischen den Konfliktparteien an.
... trifft eine Entscheidung und begründet diese.

- **Machteingriff**

Als **befugte Autorität**, die durch generelle Regelungen und Maßnahmen den Streit beendet, fungiert im sozialpädagogischen Bereich der Träger.

Die befugte Autorität ...
... ist für den Konflikt zuständig.
... wird von den Konfliktparteien akzeptiert.
... trifft eine endgültige Entscheidung.

Gruppenpädagogischer Lösungsansatz

Aus gruppenpädagogischer Sichtweise bieten sich folgende Lösungsstrategien an:

- **Ausschluss**

Jeder in der Gruppe kämpft gegen jeden; falls erforderlich wird ein Gruppenmitglied oder eine Minderheit aus der Gruppe ausgeschlossen; werden abweichende Positionen vertreten, dann erleben diese Gruppenmitglieder Diffamierungen, sie werden nicht beachtet bzw. isoliert (z. B. erhalten nicht mehr alle Informationen); **Vorteile:** Ungeeignete Gruppenmitglieder stören nicht mehr; Quertreiber werden entfernt; Wir-Gefühl wird stärker; **Nachteile:** Gruppendenken verstärkt sich; kritische Stimmen zur Selbstreflexion fehlen; andere solidarisieren sich mit dem Ausgeschlossenen und verlassen ebenfalls die Gruppe; Angst vor Ausschluss hemmt die in der Gruppe verbliebenen Gruppenmitglieder.

- **Unterdrückung**

Einzelne oder Untergruppen dominieren und zwingen andere, sich ihnen zu unterwerfen bzw. unterzuordnen; unterdrückte Gruppenmitglieder stellen ein permanentes Sicherheitsrisiko für die Gruppe dar, da diese Personen Spannungen und Feindseligkeiten provozieren; **Vorteil:** Gruppe als Ganzes bleibt erhalten; **Nachteile:** Diese autoritäre Lösung beruht auf Machtgebrauch und Druck; Gruppenmitglieder identifizieren sich weniger mit der Gruppe und es kommt zu verstecktem Widerstand; als Ergebnis findet man Sieger und frustrierte Verlierer.

- **Ruf nach autoritärer Entscheidung**

Ist eine Einigung zwischen zwei gleich starken Positionen nicht möglich (z. B. Pattsituation bei Abstimmungen), wird der Ruf nach einer Autoritätsperson, die diesen Konflikt löst, laut (nachdem sich die Klasse nicht auf ein Ziel für eine Klassenfahrt einigen kann, soll der Lehrer entscheiden). **Vorteil:** Die beteiligten Kontrahenten sind keine Verlierer; **Nachteile:** Die Gruppenentwicklung wird dadurch zurückgeworfen, der Ruf nach dem externen Problemlöser verhindert die konstruktive Auseinandersetzung bei Konflikten in der Gruppe und führt vorschnell zum Abschieben der Probleme nach außen.

- **Kompromiss**

Rivalisierende Untergruppen bzw. Gruppenmitglieder schließen einen Kompromiss, bei dem alle Zugeständnisse machen und die verschiedenen Standpunkte angemessen berücksichtigt werden; **Vorteile:** Die positive Konfliktbearbeitung stärkt die Gruppe; die Gruppe bleibt handlungsfähig; alle können sich mit der Gruppe identifizieren; **Nachteile:** Faule Kompromisse führen zu keiner klaren Linie (z. B. das Team diskutiert ein Rauchverbot für Erzieherinnen in der Einrichtung; der Kompromiss lautet: an geraden Tagen darf geraucht werden, an ungeraden Tagen besteht Rauchverbot); unter Umständen kann sich keiner mit dem Kompromiss anfreunden und das Wir-Gefühl verringert sich.

- **Vermeidung**

Die Gruppenmitglieder gehen konfliktträchtigen Themen aus dem Weg und sprechen Probleme nicht offen an. Nach außen entsteht der Eindruck der Harmonie, in Wirklichkeit besteht nur eine vordergründige Freundlichkeit, bei der Konflikte geleugnet, verdrängt und vertuscht werden. **Vorteil:** Die Gruppe bleibt (noch) bestehen; **Nachteile:** Unterschwellig schwelen die Konflikte weiter; verdeckte Feindlichkeit verschlechtert das Gruppenklima; Heuchelei und Unechtheit bestimmen den Umgang miteinander.

- **Koalitionen**

Die unterschiedlichen Standpunkte führen in der Gruppe zur Bildung neuer Allianzen, die ihre Interessen gemeinsam vertreten; das Gesamtziel der Gruppe wird von allen akzeptiert; es besteht in der Gruppe eine Pluralität von Positionen, die gegenseitig geachtet wird. **Vorteile:** Die Gruppe erweist sich als flexibel und tolerant; das gemeinsame Ziel wird nicht aus den Augen verloren. **Nachteile:** Zu unterschiedliche Standpunkte stehen unvereinbar nebeneinander und führen ggf. zur Gruppenspaltung; der Gruppenverband wird immer loser und unverbindlicher; die gemeinsame Grundlage der Gruppe geht u. U. verloren.

- **Konsens**

Die Gruppe entwickelt eine neue, gemeinsame Position, in der die unterschiedlichen Standpunkte aufgehen; der neue Standpunkt ist eine Weiterentwicklung der bisherigen Positionen und den widersprüchlichen Sichtweisen überlegen. **Vorteile:** Alle Gruppenmitglieder identifizieren sich mit der Gruppe; Wir-Gefühl wird deutlich gestärkt; Zufriedenheit aller.

Als optimale Lösung stellt sich die Integration der bisherigen Standpunkte als Konsens dar. Dies wird aber nur in einem Team mit Gruppenmitgliedern möglich sein, die ihre egoistischen Positionen zu Gunsten der Teamlösung aufgeben und innovativ an neuen Lösungen interessiert sind. Der Austausch der Argumente und die Entwicklung einer neuen Position stellen an die Gruppenmitglieder hohe Anforderungen. Auf dieser Basis können dauerhafte Konfliktlösungen entwickelt werden, da sich die Lösungen auf das Ganze beziehen.

Systemischer Lösungsansatz

Im Mittelpunkt steht eine umfassende Konfliktanalyse, die sich intensiv mit den verschiedenen Wirkmechanismen im Konfliktfeld (System) auseinandersetzt. Die eigentliche Konfliktbewältigung berücksichtigt alle wesentlichen Elemente des Systems und nutzt die Ressourcen (Möglichkeiten). Im Hinblick auf eine Stabilisierung und Stärkung des Systems ist die Konfliktprävention zu beachten.

- **Konfliktanalyse**

Folgende Aufgaben sind bei der Konfliktanalyse zu bewältigen:

Konfliktparteien identifizieren

Zunächst müssen die Konfliktparten näher bestimmt werden. In die Auseinandersetzung können sowohl Einzelpersonen als auch Gruppen bzw. Teams einbezogen sein. Ein besonderes Augenmerk ist auf die Identifikation von Schlüsselpersonen zu richten, die für den Konflikt von zentraler Bedeutung sind. Die Beziehungen der Konfliktparteien sind näher zu bestimmen (z. B. Abhängigkeiten voneinander, Vorurteile, bisherige gemeinsame Erfahrungen). Im Gespräch mit den Konfliktbeteiligten wird bereits erkennbar, wer die Rolle der „Anklägerin" spielt und wem die Rolle der „Problemträgerin" zugewiesen wird.

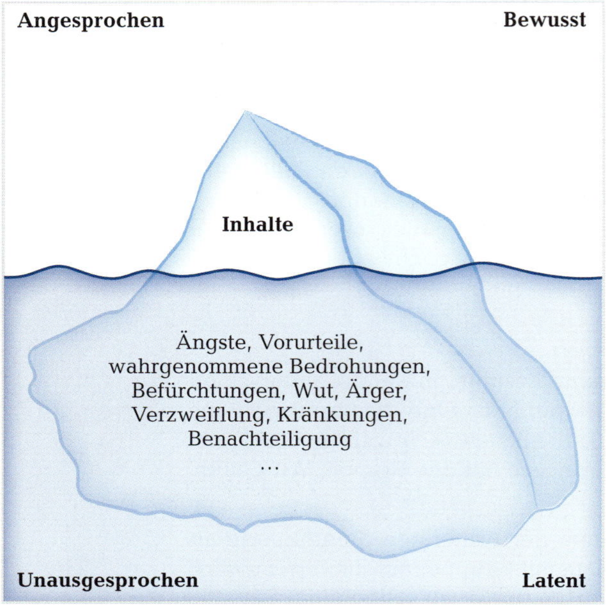

Konfliktthema herausarbeiten

Die Inhalte des Konflikts, die gegensätzlichen Auffassungen sowie die bestehenden Übereinstimmungen bzw. Gemeinsamkeiten werden bestimmt. Aus der Sicht der Konfliktbeteiligten zunächst die Konfliktinhalte (Probleme, Gegensätze) erläutern lassen und die subjektive Bedeutung der Konfliktinhalte für die Beteiligten näher beleuchten. Die Aussagen durch Beispiele veranschaulichen lassen. In dieser Phase werden die bewussten Anteile des Konflikts deutlich und auf die nicht angesprochenen, unterschwellig wirksamen Bereiche (z. B. Ängste) sind bereits Hinweise ableitbar. Der bewusste Teil ist eisbergartig jedoch nur ein geringer Teil des Gesamtkonflikts. Für eine erfolgreiche Konfliktbearbeitung ist ein klar herausgearbeiteter Streitgegenstand unerlässlich.

Konfliktrahmen verdeutlichen

Den Konfliktbeteiligten ist zu verdeutlichen, in welchem Rahmen des Systems sich der Konflikt abspielt. Geht es um das Anliegen von Einzelpersonen, handelt es sich um Teamkonflikte, bestehen Konflikte mit dem Träger oder liegt der Schwerpunkt der Auseinandersetzung im Umfeld, auf das die Beteiligten nur begrenzten Einfluss haben, begründet? Das Abstecken des Konfliktrahmens verdeutlicht, inwieweit die Beteiligten, ihre eigenen Interessen einbringen oder als Vertreter von Gruppen (z. B. Träger, Parteien, Teamsprecher) an der Konfliktbearbeitung mitwirken. Stehen Auseinandersetzungen zwischen Einzelpersonen im Mittelpunkt, kann die Konfliktbearbeitung direkt und unmittelbar erfolgen; sind Vertreter von Gruppen beteiligt, so sind die Auseinandersetzungen oft sachlicher, aber im Hinblick auf die Konfliktlösung schwieriger, da sich die Vertreter absichern müssen, inwieweit die Gruppe ihre Vorschläge mit trägt.

Konfliktverlauf analysieren

Bei der Aufarbeitung des Konflikts sowie der Veränderung der Konfliktinhalte sollte den Beteiligten die Konfliktdynamik verdeutlicht werden, um sich darüber im Klaren zu sein, was der Auslöser der Auseinandersetzung war, welche Ereignisse den Konflikt verstärkten bzw. beruhigten. Die sich ändernden Sichtweisen und Einstellungen, die Zahl der Konfliktbeteiligten und ihr Einfluss sind näher zu analysieren. Anhand der Eskalationsstufen von Glasl kann der aktuelle Konfliktstand verortet werden.

Konfliktursachen ergründen

Die im System vorhandenen Wirkmechanismen werden zur Identifizierung der Konfliktursachen hinterfragt, um die Konfliktursachen zu erkennen. Eine vorschnelle Schuldzuweisung ist vielleicht bequem, aber für eine dauerhafte Konfliktbewältigung problematisch.

Am Ende der ersten Phase erfolgt eine Bilanzierung der bisherigen Ergebnisse im Hinblick auf Konfliktinhalte, Konfliktheftigkeit, Konfliktbeteiligte, Konfliktentwicklung und Konfliktursachen. Es ist zu entscheiden, in welcher Abfolge die Konfliktinhalte bearbeitet werden. Diese Entscheidung kann sich an folgenden Kriterien orientieren: Welches Problem ist am dringlichsten? Welcher Konfliktinhalt lässt sich am schnellsten lösen? Die verschiedenen Konfliktinhalte sollten in ein Vierfelderschema eingeordnet werden. Zunächst sind Konflikte zu bearbeiten, die sehr dringlich sind und eine schnelle Lösbarkeit erwarten lassen. Die positiven Erfahrungen mit Konfliktlösungen erhöht die Bereitschaft und Wahrscheinlichkeit, auch schwierigere Problemsituationen mit einer positiven Erwartungshaltung erfolgreich zu bewältigen.

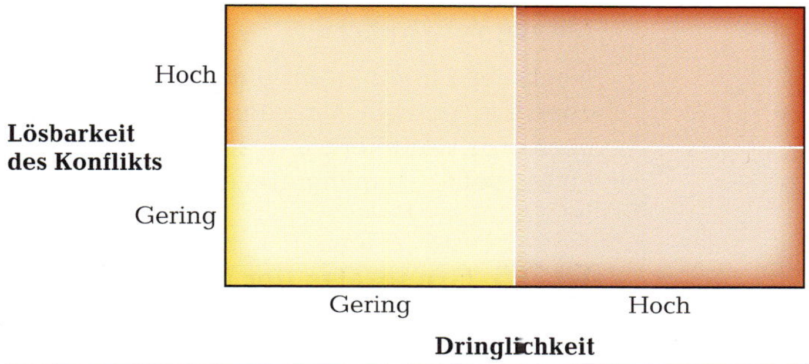

Vierfelderschema zur Einstufung von Konfliktinhalten

■ Konfliktbewältigung

Die Konfliktbewältigung setzt sich zunächst kritisch mit den bisher angewandten Lösungsstrategien auseinander. Die Erfahrungen werden ausgewertet und auf die Frage nach der Dauerhaftigkeit der gefundenen Lösung sowie der Zufriedenheit der Beteiligten bezogen. Alternative Strategien werden überlegt, um dem Ziel eines gerechten Interessensausgleichs, bei dem alle Beteiligten als Gewinner den Konflikt beenden können, näher zu kommen.

Lösungsbereitschaft erzeugen

Die negativen Auswirkungen von Konflikten (z. B. Arbeitszufriedenheit, Spannungen, schlechtes Betriebsklima, Misstrauen, fehlende Kooperation, Ängste, Erkrankungen) sollen den Beteiligten verdeutlicht werden, um eine Lösungs- und Änderungsbereitschaft („Leidensdruck") zu erzeugen. Übergeordnete Ziele (gemeinsam angestrebter Erfolg, das Wohl der Kinder, die Weiterentwicklung der Einrichtung, die Stärkung des Teams, die Wahrnehmung sozialer Verantwortung) sind mit den Konfliktbeteiligten zu entwickeln.

Ressourcen zur Konfliktlösung erkennen

Den Beteiligten werden die vorhandenen Ressourcen bewusst gemacht. Dabei kann auf Erfahrungen in vergleichbaren Situationen, persönliche Kompetenzen wie Kommunikationsverhalten, problembezogenes Wissen zurückgegriffen werden. Auch andere Personen können als soziale Ressourcen zur Konfliktlösung beitragen und könnten einbezogen werden.

Lösungsalternativen entwickeln

Die Kontrahenten sollten nach vorn gerichtet Lösungen entwickeln und nicht rückwärts gewandt alte Rechnungen begleichen. Zur Entwicklung alternativer Lösungen können verschiedene Techniken aus der Gruppendynamik (z. B. Brainstorming, Methode 6-3-6) genutzt werden.

Lösungsvorschläge kritisch bewerten

Zur Bewertung der Lösungsalternativen sollten zunächst Kriterien aufgestellt werden, nach denen die Vorschläge zu bewerten sind (z. B. langfristige Wirksamkeit, Durchführbarkeit, Zufriedenheit der Konfliktbeteiligten, Aufwand, Widerstände). Die verschiedenen Lösungsansätze werden nach diesen Kriterien von den Beteiligten kritisch bewertet.

Lösung verwirklichen

Nach der Einigung auf eine Konfliktlösung erfolgt die einvernehmliche Umsetzung der gemeinsam gefundenen Lösung. Die Lösung ist auf der Handlungsebene zu verankern und sollte nicht aus unverbindlichen Absichtserklärungen („Man sollte ..., man müsste ..., schön wäre es, wenn ...") bestehen.

10.2.6 Grundsätze der Konflikthandhabung

Eine erfolgreiche Konfliktbearbeitung setzt voraus, dass sich die Konfliktbeteiligten auf gemeinsame Spielregeln bzw. Prinzipien einigen. Als hilfreich haben sich, unabhängig von den verschiedenen Lösungsansätzen, folgende Prinzipien erwiesen:

Gleichberechtigung: Die Konfliktparteien sehen sich gegenseitig als gleichberechtigte und unabhängige Partner, die eigenverantwortlich handeln.

Einigungsbereitschaft: Die Konfliktparteien sollten konsensfähig sein und mit der Bereitschaft zu einer kooperativen Zusammenarbeit aufeinander zugehen. Es geht dabei nicht um Gewinnen oder Verlieren, sondern um die Suche nach einer gemeinsamen Position, der alle zustimmen können.

Offenheit und Ehrlichkeit: Im Sinne einer konstruktiven Konfliktlösung werden die Konflikte offen und ehrlich angesprochen. Taktieren, täuschen, Unangenehmes nicht ansprechen, führt zu Misstrauen und beeinträchtigt die Konfliktbewältigung.

ICH-Botschaften: Die eigene Sichtweise, Beobachtungen, Gefühle, Meinungen beschreiben (ICH-Botschaften senden), ohne den anderen anzugreifen, ihn zu beschuldigen oder zu beleidigen.

Zuhören: Den anderen ausreden lassen, ihm zuhören und durch Nachfragen die Position der Gegenseite klarer und differenzierter erfassen.

Konkretisierung: Zu abstrakt geführte Diskussionen, bei denen es um Prinzipien geht, sollten durch Alltagsbeispiele veranschaulicht werden.

Rechtzeitigkeit: Konflikte sollten möglichst früh angegangen werden, da in der Anfangsphase noch sachliche Auseinandersetzungen möglich sind und die Positionen der Konfliktbeteiligten noch nicht verhärtet gegenüber stehen.

Sachlichkeit: Emotional geführte Auseinandersetzungen führen häufig zu unsachlichen Sichtweisen und Vorwürfen, die den anderen verletzen, so dass emotionale Gegenangriffe gestartet werden. Es ist für die Konfliktbewältigung unerlässlich, auf die sachliche Ebene zurück zu kommen.

Ausgewogenheit: Die Konfliktlösungen haben nur dann Bestand, wenn ein ausgewogener Interessenausgleich gegeben ist. Ein Denken in Sieg oder Niederlage ist zu vermeiden.

Positive Grundhaltung: Ausgangsbasis für die Konfliktbearbeitung ist die Bereitschaft aller Beteiligten zur Konfliktlösung. Dem Konfliktpartner keine bösen Absichten unterstellen, sondern von seinem Einigungswillen ausgehen.

Unterbrechung: Konfliktgeladene Situationen, die zu eskalieren drohen, durch Unterbrechung entschärfen. Wenn sich die Gemüter beruhigt haben, ist ein positiverer Verlauf wahrscheinlicher.

Gemeinsamkeiten: Die Betonung der bestehenden oder bisher erreichten Gemeinsamkeiten schafft ein positives Klima und verstärkt die Einigungsbereitschaft. Im Gespräch sollten deshalb gemeinsame Ziele formuliert, Übereinstimmungen herausgestellt und gemeinsam Erarbeitetes verdeutlicht werden.

Auf den Punkt gebracht

Im sozialen Zusammenleben treten häufig *Meinungsverschiedenheiten* auf, da die Personen unterschiedliche Ziele und Interessen verfolgen bzw. unterschiedliche Auffassungen vertreten. Diese Unterschiede eskalieren dann zum *Konflikt*, wenn eine Person oder eine Gruppe ihren Standpunkt ohne Rücksicht auf andere durchsetzen will.

Aus sozialer Rücksicht und aus Angst vor der Auseinandersetzung werden im Alltag Konflikte nicht offen ausgetragen und unterdrückt. Diese Haltung lässt die positive Wirkung von Konflikten außer Acht: Konflikte verdeutlichen Problemfelder, sie verhindern eine unflexible Erstarrung in alten Strukturen und lösen bei allen Konfliktbeteiligten Veränderungen aus, die eine positive Entwicklung unterstützen können. Die positive Wirkung einer effektiven Problembearbeitung sollten im beruflichen Alltag genutzt werden.

Zum besseren Verständnis von Konflikten ist eine *systemische Betrachtungsweise*, die sich mit den vielfältigen Wechselbeziehungen zwischen den Personen und den Umfeldfaktoren auseinandersetzt, hilfreich. Neben persönlichkeitsbezogenen Einflüssen (wie Egoismus, Sturheit, Aggressivität) sind gruppenbezogene Faktoren (z. B. Kommunikationsverhalten), organisatorische Bedingungen, trägerspezifische Komponenten sowie die politischen, wirtschaftlichen, sozialen und kulturellen Rahmenbedingungen zu beachten.

Konflikte entwickeln eine *Eigendynamik*, die sich sowohl in der veränderten Konfliktwahrnehmung durch die Beteiligten als auch im Verhalten der Beteiligten zueinander niederschlägt. Aus unterschiedlichen Standpunkten können sich emotional geladene Auseinandersetzungen ergeben, die bis zur Vernichtung des Konfliktgegners eskalieren können.

Es können *offene und latente Konflikte* unterschieden werden, die sich zwischen Personen *(Beziehungskonflikte)*, Gruppen *(soziale Konflikte)* und auf der Umfeldebene *(z. B. wirtschaftliche Konflikte)* abspielen. Eine besonders hinterhältige Form des Konflikts stellt das Mobbing dar, bei dem Personen oder Gruppen systematisch diskriminiert, gekränkt oder eingeschüchtert werden.

Zur Konfliktbearbeitung können aus verschiedenen Theorien Lösungskonzepte abgeleitet werden.

Die *Rollentheorie* analysiert die Rollen der Konfliktbeteiligten und verdeutlicht die Grundeinstellung, mit der die Beteiligten im Drama-Dreieck aufeinander wirken.

Der *prozessbezogene Lösungsansatz* entwickelt verschiedene Lösungsmuster, die sich auf die jeweilige Phase der Auseinandersetzung bezieht. Genügt in der Anfangsphase eine *Moderatorin*, so wird in der nächsten Stufe eine *Gesprächsleiterin* benötigt. Die Funktion einer *Moderatorin* ist bei fortgeschrittenen Auseinandersetzungen gefragt. Bei massiven Problemen wird eine *Richterin* sowie eine *befugte Autorität* benötigt, um den Streit zu beenden.

Aus *gruppenpädagogischer Sicht* werden vielfältige Möglichkeiten der Konfliktlösung in und durch die Gruppe angeboten. Der Konsens wird als ideale Lösung angesehen, da sich die Beteiligten von ihren Standpunkten lösen, um sich gemeinsam weiterzuentwickeln.

Das *systemische Vorgehen* erfolgt in drei Phasen: Ausgangspunkt ist eine umfassende *Konfliktanalyse*, in der alle Wirkmechanismen differenziert erfasst werden. Die eigentliche *Konfliktbewältigung* baut auf den Ergebnissen der Analyse auf und nutzt alle im System vorhandenen Mittel zur einvernehmlichen Lösung des Konflikts. Zur Stabilisierung des Systems werden Maßnahmen der *Konfliktprävention* entwickelt.

Unabhängig von den verschiedenen Ansätzen zur Konfliktlösung sollten allgemeine *Grundsätze* beachtet werden, die sich auf den Zeitpunkt, die Einstellung der Konfliktbeteiligten und den Umgang mit dem Konfliktinhalt beziehen.

Aufgaben

1. Wählen Sie einen selbst erlebten Konflikt aus und analysieren Sie diesen, indem Sie
   - den Konflikt einer Konfliktart zuordnen,
   - nach den Ursachen fragen,
   - alle Konfliktpartner und ihr Verhalten beschreiben,
   - die Konfliktentwicklung von innen nach außen erklären und
   - mögliche Eskalationsstufen festlegen.
2. Hinterfragen Sie den Lösungsansatz in Verbindung mit dem Konflikt. Erarbeiten Sie Alternativen.

10.3 Mobbing

Definition

Unter Mobbing (to mob, engl.: Jemanden bedrängen, anpöbeln angreifen) werden wiederkehrende, über einen längeren Zeitraum dauernde Handlungen von Personen oder einer Gruppe verstanden, die darauf abzielen, eine bestimmte Person systematisch und hinterhältig zu diskriminieren, zu schikanieren, zu demütigen, zu kränken und einzuschüchtern. Die gemobbte Person sieht sich außer Stande, sich zu wehren oder der Situation zu entkommen.

Leymann (1993) verdeutlicht Mobbing an folgenden Handlungen:

1. Angriffe auf die Möglichkeit, sich mitzuteilen	
■ Einschränkungen sich zu äußern ■ Anschreien, lautes Schimpfen ■ Ständige Kritik an der Arbeit und am Privatleben ■ Telefonterror ■ Mündliche und schriftliche Drohungen ■ Kontaktverweigerung durch abwertende Blicke ■ Andeutungen, ohne etwas direkt anzusprechen	■ Die Person zwingen Arbeiten auszuführen, die das Selbstbewusstsein verletzen ■ Den Arbeitseinsatz falsch oder in kränkender Weise beurteilen ■ Entscheidungen der Person in Frage stellen ■ Der Person eigene Fehler in die Schuhe schieben ■ Obszöne Schimpfworte oder entwürdigende Ausdrücke nachrufen ■ Sexuelle Annäherungen oder verbal sexuelle Angebote
2. Angriffe auf die soziale Beziehungen	
■ Nicht mehr mit dem Betroffenen sprechen ■ Sich nicht mehr ansprechen lassen ■ Die Person räumlich isolieren ■ Anderen verbieten, mit der Person zu sprechen	■ Demonstratives Wartenlassen ■ Nicht grüßen bzw. Gruß nicht erwidern ■ Die Person ignorieren, sie „wie Luft" behandeln
3. Auswirkungen auf das soziale Ansehen	
■ Hinter dem Rücken der Person schlecht über sie reden ■ Gerüchte verbreiten ■ Die Person öffentlich herabsetzen ■ Die Person lächerlich machen ■ Die Person verdächtigen, dass sie psychisch krank sei ■ Die Person zur psychiatrischen Untersuchung zwingen	■ Sich über Behinderungen lustig machen ■ Stimme, Gang, Gestik imitieren, um sich die Person lustig zu machen ■ Politische oder religiöse Einstellungen angreifen ■ Sich über das Privatleben lustig machen ■ Sich über die Nationalität lustig machen
4. Angriffe auf die Qualität der Berufs- und Lebenssituation sowie auf die Gesundheit	
■ Der Person keine Aufgaben zuweisen ■ Sinnlose Aufgaben geben ■ Aufgaben zuweisen, die deutlich unter dem Können der Person liegen ■ Ständig neue Aufgaben geben ■ „Kränkende" Aufgaben zuweisen ■ Überfordernde Aufgaben geben, um die Person bloßzustellen ■ Kompetenzen beschneiden ■ Angriffe auf die Gesundheit	■ Person zu gesundheitsschädigenden Arbeiten zwingen ■ Körperliche Gewalt androhen ■ Leichte Gewalt anwenden, um der Person einen Denkzettel zu verpassen ■ Körperliche Misshandlung ■ Für die Person Kosten verursachen, um ihr zu schaden ■ Die Person physisch am Arbeitsplatz oder zu Hause schädigen ■ Sexuelle Handgreiflichkeiten

Jede neunte Person erfährt in ihrem Berufsleben Mobbinghandlungen. Unter der Verbreitung von Gerüchten und Unwahrheiten leiden die meisten Mobbingopfer. Abwertende Blicke und Gesten sowie die Verweigerung von Kontakten treten ebenfalls gehäuft auf. Frauen werden häufiger gemobbt als Männer. Im Durchschnitt werden die Mobbhinghandlungen über einen Zeitraum von 16 Monaten ausgeübt.

10.3.1 Ursachen des Mobbing

Mobbingprozesse können auf verschiedene *Ursachenbereiche* zurückgeführt werden:

Das Mobbing kann Ausdruck von *problematischen Sozialisationsprozessen* sein (Normen, Regeln), die verdeutlichen, wie Personen mit Enttäuschungen, Frustrationen umgehen. Die Gruppe als Bezugspunkt liefert zum einen soziale Vorbilder und gibt Personen u. U. durch Anerkennung für Mobbinghandlungen *soziale Verstärkung*. Mobbing dient zum anderen im *Gruppenprozess* der Disziplinierung von Abweichlern, die erleben, dass Personen, die unangenehm auffallen, mit Konsequenzen zu rechnen haben.

Mobbing weist im Hinblick auf die Reaktionsmuster des Opfers deutliche Parallelen zur gestressten Person auf, die ebenfalls körperlich (Blutdruck, Herzfrequenz), psychisch (Ärger, Anspannung) und verhaltensmäßig (Fehler, Konzentrationsmangel, Rückzug, Flucht, Aggression) auf Stressreize reagiert.

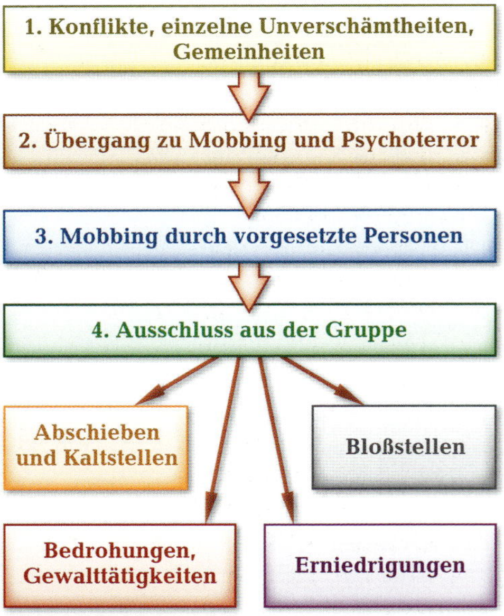

Verlaufsmodell des Mobbings im Arbeitsleben (in Anlehnung an Leymann 1993)

Nach Leymann ist Mobbing ein Prozess, der sich über mehrere Monate bis Jahre erstreckt und verschiedene Phasen aufweist. In der ersten Phase wird eine bestimmte Person zunächst durch einzelne Angriffe aufs Korn genommen und zum Mobbingopfer bestimmt. Das soziale Umfeld spaltet sich in einige, die sich dem Mobbing anschließen und andere, die schweigend zusehen. Die Handlungen der Täter eskalieren in der zweiten Phase zum Mobbing und Psychoterror, sodass sich die psychische Verfassung des Opfers ständig verschlechtert; das Selbstvertrauen verringert sich, Stress-Symptome werden sichtbar und Ängste verstärken sich. Das Mobbingopfer wird übersensibel, misstrauisch und interpretiert auch normale Reaktionen der anderen als Angriff auf die eigene Person. Die gemobbte Person fühlt sich ausgestoßen und sozial isoliert. Diese Reaktionen verstärken die Mobbinghandlungen der anderen, da sich die Täter ermutigt fühlen. Auch vorgesetzte Personen schließen sich dem Mobbing an und stigmatisieren die „Problemperson". Am Ende des Prozesses steht der Ausschluss der Person aus der Gruppe. Das Mobbingopfer wird in der Gruppe zum Außenseiter, es erlebt Bedrohungen und Erniedrigungen, es wird abgeschoben oder bloßgestellt. Wichtig für den Mobbingverlauf ist die Reaktion des sozialen Umfeldes, das auch dazu führen kann, dass der Mobbingprozess gestoppt und dem Mobbingopfer Hilfe zuteil wird.

Untersuchungen belegen, dass sich die Mobbingtäter wie folgt zusammensetzten: Vorgesetzte (ca. 40 %), einzelne Kollegen (ca. 25 %), Mitarbeitergruppen (ca. 20 %). Selten beteiligen sich Untergeben an Mobbinghandlungen.

10.3.2 Auswirkungen des Mobbing

Dauerhafte Angriffe, unsachliche Kritik, zahlreiche Kränkungen beeinflussen die Erzieherin auf der emotionalen Ebene, in Bezug auf ihre Gesundheit und Leistungsfähigkeit. Dies führt in der Folge zu volkswirtschaftlichen Schäden.

Gesundheitliche Beeinträchtigungen: Nahezu alle Mobbingopfer weisen psychische und physische Krankheiten auf. Berichtet werden Schlafstörungen, Niedergeschlagenheit, Kopfschmerzen, Übelkeit, Erschöpfungszustände. Als Langzeitschädigungen treten Depressionen, Zwangsstörungen, Suizid- und Suchtgefährdung auf. Es besteht die Gefahr des Medikamenten- und Alkoholmissbrauchs.

Beeinflussung der Leistungsfähigkeit: Mobbing führt zunächst zu einer erhöhten Leistung des Betroffenen (Trotzreaktion), doch dann wird die Sinnlosigkeit der Bemühungen eingestanden und die Leistungen verschlechtern sich deutlich.

Betriebliche Folgen: Der volkswirtschaftliche Schaden wird in Deutschland auf 15 – 25 Milliarden Euro pro Jahr geschätzt. Neben Störungen der betrieblichen Abläufe treten Minderleistungen der Betroffenen, verbunden mit Qualitätsmängeln auf, fallen Kosten durch erhöhte Fehlzeiten an, entstehen Aufwendungen bei Kündigungen und dem damit erforderlichen Personalwechsel (Mitarbeiterauswahl, Einarbeitung) an.

10.3.3 Maßnahmen gegen Mobbing

Der Ausgangspunkt für die verschiedenen Maßnahmen sind das Opfer, die Täter, das soziale Umfeld sowie die Strukturen des Arbeitsumfeldes.

Stabilisierung des Opfers

Das *Mobbingopfer* sollte psychische stabilisiert und der Mobbingprozess aufgearbeitet werden. In der Anfangsphase können Freunde und die Familie den erforderlichen Beistand leisten und das Mobbingopfer unterstützen. Im fortgeschrittenen Phasen sollten professionelle Hilfen wahrgenommen werden, die von psychologischen Beratungsdiensten angeboten werden. Möglichkeiten der persönlichen Verarbeitung sowie Strategien der Gegenwehr sind zu erarbeiten. Neben den therapeutischen Hilfen sind auch juristische Schritte denkbar, um sich des Mobbings zu erwehren. Ein Verlassen der Gruppe sollte als letzte Möglichkeit gesehen werden, um dem Mobbingdruck zu entgehen.

Untersuchungen zur Wirksamkeit von Bewältigungsstrategien, die von Mobbingopfern praktiziert werden, brachten folgende Ergebnisse: Erfolgreich wird sowohl der Rückzug (ausweichen, ignorieren) als auch der Angriff (sich mit allen Mitteln wehren) erlebt; wenig erfolgreich sind Gespräche, die das Mobbingopfer selbst mit dem Täter führt sowie das Einschalten einer übergeordneten Stelle.

Vorbeugende Maßnahmen

Die Motive und Handlungen der *Mobbingtäter* sind offen zu legen. Dazu sind zum einen Vorgesetzte und zum anderen Mitarbeitervertretungen aufgefordert. Durch frühzeitiges Eingreifen und vorbeugende Maßnahmen (z. B. Gesprächskreise, Seminare) können Mobbingsituationen entschärft werden.

Aktivierung des sozialen Umfelds

Das *soziale Umfeld* hat eine besondere Verantwortung für die Entstehung und Verminderung des Mobbings. Die schweigenden Zuschauer des Mobbingprozesses sind aufgerufen ihre Zuschauerrolle aufzugeben, um das Mobbingopfer zu schützen und die Mobbing-Täter zu bremsen.

Die Einrichtungsstrukturen sind zudem kritisch zu hinterfragen, inwieweit die Institution selbst Mobbinghandlungen verursacht, da frustrierte Personen sich Opfer suchen, um ihre eigene Enttäuschungen zu kanalisieren.

Auf den Punkt gebracht

Gemobbt werden Menschen, die diskriminiert, schikaniert, gedemütigt, gekränkt oder eingeschüchtert werden. Mobbing ist ein Angriff auf die Qualität der Berufs- und Lebenssituation sowie der Gesundheit.

Der Gemobbte ist nicht in der Lage, sich zu wehren oder der Situation zu entkommen. Oft erstreckt sich der Prozess des Mobbings über Monate und Jahre. Er weist verschiedene Phasen auf, bis das Mobbingopfer sich ausgestoßen und sozial isoliert fühlt.

Psychische und physisch-gesundheitliche Gefährdungen sind die Folgen, die Leistungsfähigkeit wird beeinträchtigt, verbunden mit einem hohen wirtschaftlichen Schaden für die Einrichtung.

Hilfen für Mobbingopfer können sein: Stabilisierung der Person, psychologische Beratung, Strategien der Gegenwehr entwickeln oder juristische Schritte einleiten. Motive und Handlungen der Mobbingtäter sind offen zu legen. Das soziale Umfeld muss aus der schweigenden Zuschauerrolle herausgeholt werden.

Aufgaben

1. Spielen Sie im Rollenspiel ein Mobbingsituation mit verteilten Rollen (Opfer, Täter, Zuschauer, Vorgesetzte) durch.
2. Entwickeln Sie anschließend im Gespräch Lösungsstrategien.

11 Einrichtungskultur, Öffentlichkeits- und Elternarbeit

Die erzieherische Arbeit wird von der Öffentlichkeit wahrgenommen und bewertet. Deshalb ist es wichtig, dass die Mitarbeiterinnen der Einrichtung sich über ihre pädagogische Konzeption verständigen und ein stimmiges Erscheinungsbild der Einrichtung dargeboten wird. Im unmittelbaren Kontakt zur Einrichtung stehen die Eltern. Sie geben ihre Erfahrungen weiter und wirken damit auch in die Öffentlichkeit hinein.

11.1 Einrichtungskultur

Definition

Unter Einrichtungs- / Unternehmenskultur versteht man die Summe der von den Mitarbeiterinnen einer Einrichtung, eines Unternehmens oder Unternehmensteils gemeinsam getragenen Wertvorstellungen, Normen und Verhaltensmuster. Die Kultur verleiht der Einrichtung damit ein unverwechselbares Erscheinungsbild nach innen und nach außen.

Aus der Unternehmenskultur ergibt sich für die Einrichtung ein einzigartiges Profil, das sich aus den Zielen des Trägers (z. B. Leitbild) und der Umsetzung dieser Vorstellungen durch die Teammitglieder ergibt. Folgende Funktionen hat die Unternehmenskultur für die Mitarbeiterinnen:

Funktionen

- Identifikation mit der Einrichtung
- Handlungsorientierung an den Leitvorstellungen
- Motivation zur Verwirklichung der Ziele

Für Außenstehende gibt die wahrgenommene Unternehmenskultur Hinweise darauf, wofür die Einrichtung steht, welche Ziele angestrebt werden, wie die Mitarbeiterinnen die Ziele verstehen und umsetzen und welcher „Geist" in der Einrichtung vorherrscht. Einrichtungen können sowohl bedrückend, einengend, chaotisch auf den Besucher wirken als auch offen, freundlich, transparent wirken. Wobei diese Wirkung nicht nur vom baulichen Zustand der Einrichtung abhängig ist.

Eine starke Unternehmenskultur ist dann gegeben, wenn die trägerbezogenen Wert- und Zielvorstellungen von den Teammitgliedern im hohen Maß umgesetzt werden. Dies kann nur dann erreicht werden, wenn die Mitarbeiterinnen bzw. das Team die Werte und Normen des Trägers bejaht und in der erzieherischen Arbeit verwirklicht.

11.1.1 Kulturebenen und -elemente

Das Konzept von Schein (1985) geht von folgenden drei Ebenen der Unternehmenskultur aus, die miteinander verknüpft sind:

Kulturebene

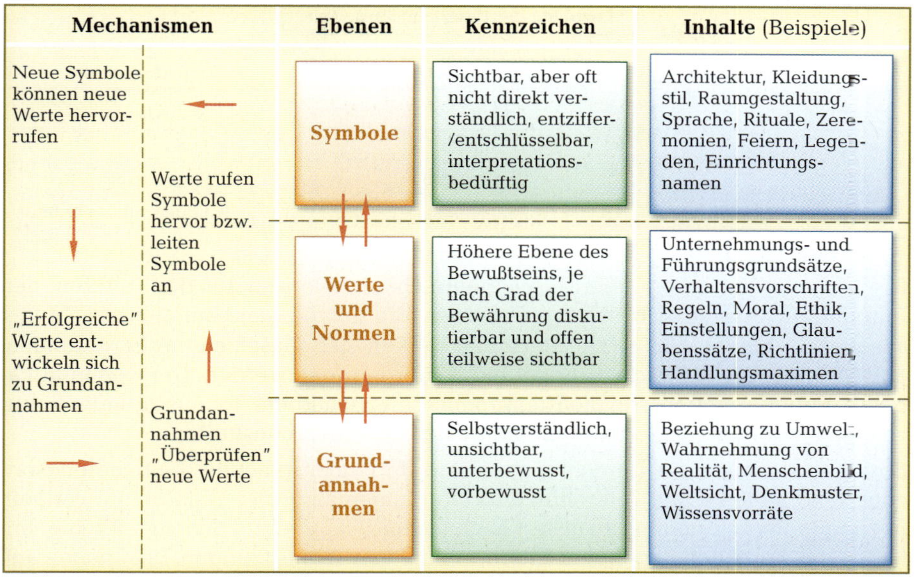

Ebenen-Modell der Unternehmenskultur nach Schein

Symbole

Die Symbole als oberste Ebene beinhalten künstlich geschaffene Objekte und Verhaltensweisen. So kann die Architektur beispielsweise Ausdruck von Offenheit, Transparenz oder Kindgemäßheit sein. So unterscheidet sich die Architektur der Waldorfpädagogik bewusst vom traditionellen Architekturverständnis und wird somit zum Ausdruck des anthroposophischen Verständnisses. Die Gestaltung und der Zustand von Räumen und Außengelände sowie die Kleidung der Mitarbeiter haben Symbolcharakter.

Werte und Normen

Die gemeinsamen Werte und Normen der Teammitglieder entwickeln sich im Laufe der Zeit und steuern das Verhalten der Mitarbeiterinnen. Der Umgang der Mitarbeiterinnen in einer Einrichtung beruht auf Verhaltensnormen, die sich herausgebildet haben und gekennzeichnet sein können von Wertschätzung/Geringschätzung, Sachlichkeit/Emotionalität, Nähe/Abstand. Wertvorstellungen werden deutlich, wenn es um Veränderungsbereitschaft, Zukunftsorientierung, Ideale, Konzeptionen, Fort- und Weiterbildungsbereitschaft der Teammitglieder geht.

Grundannahmen

Die unterste Ebene setzt sich aus den Grundannahmen der Mitarbeiterinnen zusammen. Diese Bereiche haben den stärksten Einfluss auf die Mitarbeiterinnen, bestimmen aber eher unbewusst ihr Verhalten. So bestimmt das Bild vom Kind, das die Mitarbeiterinnen verinnerlicht haben, inwieweit dem Kind Eigenverantwortung gegeben, Freiräume zugestanden oder Entscheidungsfreiräume gewährt werden.

Jede Einrichtung wird somit unverwechselbar mit einem eigenen Charakter, den der Besucher eher unbewusst wahrnimmt.

Kulturelemente

Die verschiedenen Elemente der Unternehmenskultur werden drei Bereichen zugeordnet:

Kommunikationsorientierte Elemente

Die kommunikationsorientierten Elemente entwickeln sich aus der Tradition der Einrichtung. So sind es bestimmte Personen, die sich prägend auf die Einrichtung ausgewirkt haben. Um solche Personen ranken sich Geschichten, Erzählungen und Anekdoten, die in der Einrichtung weitergetragen werden. Der Kommunikations- und Informationsstil, die Kompromissbereitschaft der Teammitglieder kennzeichnen die kommunikativen Elemente der Unternehmenskultur.

Handlungsorientierte Elemente

Bestehen Kontakte zur Einrichtung, so sind für Außenstehende die handlungsorientierten Elemente der Unternehmenskultur augenfällig. Der Tagesablauf verläuft in einigen Einrichtungen ritualisiert nach einem relativ festen Schema. Rituale umfassen das Verhalten gegenüber Eltern, Ablauf von Teamsitzungen, Reaktionen auf Beschwerden, Umgang mit Telefonanrufen usw. Im erzieherischen Alltag werden Rituale bei Geburtstagsfeiern oder Durchführung des Stuhlkreises deutlich. Die Rituale unterscheiden sich in den verschiedenen Einrichtungen. Das Mitwirken bei Veranstaltungen wie Gottesdiensten, Festen oder Veranstaltungen des Trägers dokumentiert für Außenstehende die in der Einrichtung gelebte Unternehmenskultur.

Objektbezogene Elemente

Für Außenstehende gut erkennbar sind die objektorientierten Elemente der Unternehmenskultur. Die Gestaltung des Gebäudes, der Räumlichkeiten oder des Außengeländes sind Ausdruck der bestehenden Unternehmenskultur. Das Gebäude und das Raumkonzept signalisieren Großzügigkeit und Enge, Offenheit und Abgrenzung. Die Gestaltung des Eingangsbereichs ermöglicht dem Besucher Orientierung bzw. vermittelt ihm Chaos, die Ausstattung der Räume mit Möbeln, die Gestaltung der Wände, die Raumaufteilung geben Hinweise auf die in der Einrichtung von den Mitarbeiterinnen gelebte Unternehmenskultur.

Eine enge Verbindung zwischen den objektorientierten Elementen und der pädagogischen Idee ist bei der Waldorf-Pädagogik zu finden (siehe Kap. 3: Pädagogische Ansätze). Das Gebäude wird im Sinne Steiners in harmonischen, fließenden Formen errichtet; die pastellartige Farbgestaltung der Räume, die Ausstattung der Räume mit Naturmaterial, die naturnahen Spielmaterialien wie Baumrinden, Zweige, Wurzeln, Äste, Tannenzapfen, Kastanien und der Verzicht auf vorgefertigte Materialien dokumentieren eine enge Verbindung von Raum, Spielangebot und pädagogischer Idee. Das Außengelände wird als Erfahrungsraum für die Kinder und als Gestaltungs- bzw. Beobachtungsobjekt zur Verdeutlichung der Lebens- und Wachstumsrhythmen in der Natur genutzt.

Leitbilder

Einige Träger und Einrichtungen formulieren Leitbilder für ihren Bereich, um Außenstehenden zu verdeutlichen, wofür sie stehen, wen sie durch ihr Angebot ansprechen, welche Ziele sie verfolgen und mit welchen Mitteln bzw. Methoden sie diese Ziele erreichen wollen.

Eine ausgeprägte Unternehmenskultur hat für die Einrichtung zahlreiche Vor- und Nachteile:

Vorteile	Nachteile
■ Teammitglieder haben eine eindeutige Handlungsgrundlage ■ Zwischen den Teammitgliedern erfolgt eine reibungslose Kommunikation ■ Stärkung des Wir-Gefühls ■ Größere Identifikation mit der Einrichtung ■ Einvernehmliche Ausrichtung auf gemeinsam getragenen Werte und Normen	■ Tendenz zur Abschottung gegenüber andere Einrichtungen ■ Festhalten an Traditionen ■ Geringe Flexibilität ■ Hohe Konformität (Gruppendenken); Widerspruch wird nicht zugelassen ■ Umsetzen neuer Ideen ist erschwert; fehlende Offenheit für neue Entwicklungen

11.1.2 Gefahren einer starken Kultur

Neben den positiven Wirkungen der Unternehmenskultur müssen auch Gefahren berücksichtigt werden, die von einer starken Unternehmenskultur ausgehen. Sind die Wertvorstellungen sehr stark und haben eine dogmatische Wirkung, dann nimmt die Veränderungsbereitschaft deutlich ab, so dass Veränderungen der Umwelt nicht wahrgenommen werden. Die Einrichtung bleibt starr und reagiert unflexibel. Veränderungen in den Lebenswelt der Kinder und Eltern werden ignoriert. So wird beispielsweise ein veränderter Betreuungsbedarf für allein erziehende, beruftätige Mütter nicht erkannt und in der Konzeption der Einrichtung nicht berücksichtigt.

Die Einrichtung bewegt sich im Spannungsfeld zwischen der Bewahrung von Traditionen und der bestehenden Wertekultur auf der einen Seite und andererseits der Weiterentwicklung der Unternehmenskultur, unter Berücksichtigung neuer pädagogischen Konzepte und Ideen sowie der sich verändernder Lebenssituationen von Familien.

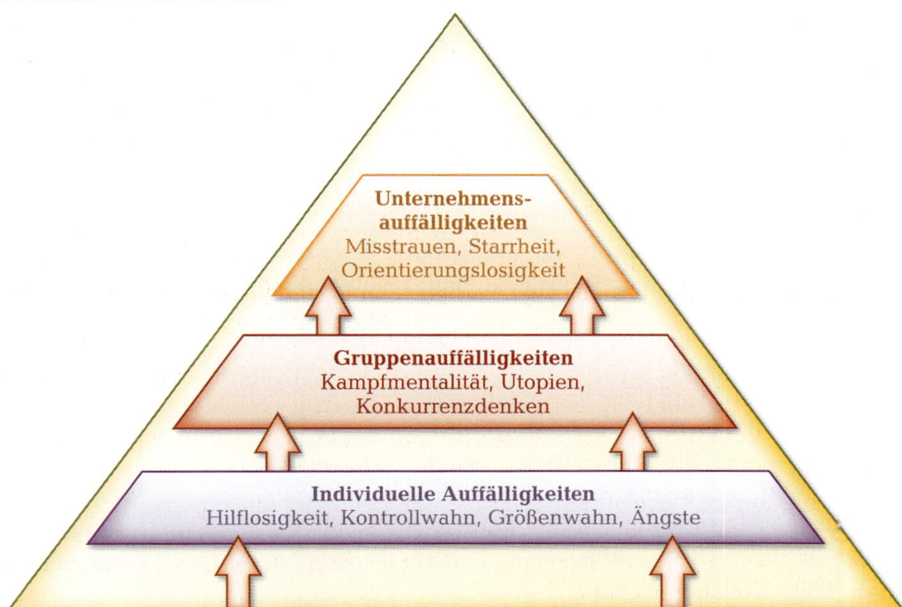

Störungen der Unternehmenskultur (in Anlehnung an Scholz 1994)

Eine Unternehmenskultur kann auch „krankhafte" Züge aufweisen, die auf allen Ebenen der Unternehmenskultur angesiedelt werden können. Scholz (1994) verdeutlicht dies in der Abbildung. Auf der **individuellen Ebene** können Persönlichkeitsstörungen und Auffälligkeiten der Mitarbeiter bzw. der Führungskräfte die Unternehmenskultur prägen. Bestehende Starrheit, Ängste, Depressivität und Hilflosigkeit beeinflussen die Unternehmenskultur genauso wie Überheblichkeit oder Größenwahn. **Auffälligkeiten auf der Teamebene** schlagen sich beispielsweise im Konkurrenzkampf zwischen Gruppen oder in der Flucht in Utopien nieder. Krankhafte Züge kann auch die **gesamte Einrichtung**, das Unternehmen, kennzeichnen. Ausgeprägtes Misstrauen führt zu einer ausgefeilten Kontrollkultur, mangelnde Bereitschaft zur Delegation von Verantwortung bewirkt eine obrigkeitshörige Grundeinstellung, das Festhalten an alten Konzepten und Ideen verhindern eine flexible Reaktion auf neue Herausforderungen, in einer sich immer schneller ändernden Zeit.

Die Störungen und Auffälligkeiten innerhalb der Unternehmenskultur müssen rechtzeitig erkannt und behoben werden, um das Bestehen und den Erfolg der Einrichtung nicht zu gefährden.

11.1.3 Corporate Identity

Definition

Der Begriff der Corporate Identity geht über das Konzept der Einrichtungs- und Unternehmenskultur hinaus. Während die Unternehmenskultur stärker intern ausgerichtet ist, umfasst die Corporate Identity das Gesamterscheinungsbild einer Institution.

Die Corporate-Identity-Idee geht auf Unternehmen zurück, die ihrem Unternehmen nach außen mit ihren Produkten eine unverwechselbare Identität, ein klar erkennbares Image verleihen wollten. Die Maßnahmen zielen vor allem auf ein einheitliches Erscheinungsbild und eine bewusst eingesetzte Selbstdarstellung ab. Gelingt es, das Produkt bzw. die Einrichtung mit unverwechselbaren Hinweisreizen wie Symbolen, Farben, Formen, Schriftzügen usw. zu verbinden, dann wirken diese als Signale, die beim Prozess der Informationsaufnahme- und -verarbeitung im Gehirn schnell erkannt und verarbeitet werden. Eine Verankerung im Gehirn erscheint dann am erfolgreichsten, wenn verschieden Gehirnzentren angesprochen werden, d. h. wenn sowohl emotionale als auch rationale Informationen über das Unternehmen im Gehirn verankert werden.

Ziele

Die Corporate Identity beruht auf langfristigen Zielvorstellungen und einem klar formulierten Image-Ziel, auf das sich die Institution ausrichtet. Studien zur Corporate Identity zeigen jedoch, dass ein glaubwürdiges und nach außen wirksames Erscheinungsbild nur dann verwirklicht werden kann, wenn auch die Mitarbeiter sich mit der Corporate Identity identifizieren, d. h. das Konzept mittragen, Corporate Identity setzt somit die Übereinstimmung von beabsichtigter Außenwirkung und dem Verhalten der Mitarbeiter voraus.

Mit der Corporate Identity werden folgende Ziele angestrebt:
- Klare Profilbildung der Einrichtung
- Deutliche Abgrenzung gegenüber der Konkurrenz
- Optimierte Außenwirkung
- Hoher Wiedererkennungswert
- Starke Identifikation der Mitarbeiterinnen mit der Einrichtung.

Die Corporate Identity weist folgende Struktur auf (Birkigt u. a. 1994):

Struktur

Im Zentrum steht das **Selbstverständnis** der Einrichtung, wie es beispielsweise in der Konzeption oder dem Leitbild deutlich wird. Dieses Selbstverständnis wird am besten durch das **Verhalten** der Team-Mitglieder für Außenstehende deutlich. Taten bewirken mehr als Worte; das Verhalten der Mitarbeiter ist die wirksamste Form der Selbstdarstellung, d. h. die Mitarbeiter müssen mit ihrem Verhalten die Ziele und Ausrichtung der Einrichtung umsetzen. Das optische **Erscheinungsbild** (Corporate Design) umfasst das möglichst einheitliche, geschlossene Gesamtbild der Einrichtung. Dazu zählen z. B. architektonische, grafische farbliche Gestaltungselemente, die zu einer unverwechselbaren Außendarstellung führen. Die **Kommunikation** im engeren Sinne verdeutlicht, wie die Einrichtung mit ihrem Umfeld in Kontakt tritt. Wie werden die Zielgruppen (z. B. Kinder, Eltern, Öffentlichkeit) angesprochen und auf die Einrichtung hingewiesen? Die ausgewählten Kommunikationsmedien und das praktizierte Kommunikationsverhalten müssen sowohl auf die Einrichtung als auch auf die Zielgruppe abgestimmt sein, um eine optimale Wirkung zu erzielen. Die Gestaltung der Kommunikation ist im Unternehmen eine Aufgabe des Marketings (z. B. Werbung, Veröffentlichungen).

Struktur der Corporate Identity

Das Unternehmen bzw. der Träger strebt ein möglichst geschlossenes Konzept an, in dem die sichtbaren Elemente (Gebäude, Räumlichkeiten, Produkte, Logo) eine Einheit bilden. Dies wird zum Beispiel in der Werbung deutlich.

Folgende Begriffe werden nach Scholz (1994[4]) dabei unterschieden:

Corporate Appearance: Das Erscheinungsbild der Einrichtung mit allen markanten Objekten und Verhaltensweisen;

Corporate Behavior: Ein einheitliches Verhalten der Institution intern gegenüber den Mitarbeitern und extern gegenüber den Eltern, Besuchern, der Öffentlichkeit usw.;

Corporate Design: Alle physikalischen Objekte, die ein Unternehmen nach innen und außen kennzeichnen (z. B. Namen, Logo, Briefpapier, Stempel, Farben);

Corporate Image: Das Bild, das Außenstehende vom Unternehmen haben (Fremdbild); wobei das Corporate Image nicht mit der Unternehmenskultur übereinstimmen muss.

Scholz veranschaulicht diese Zusammenhänge in seinem Lamda-Modell:

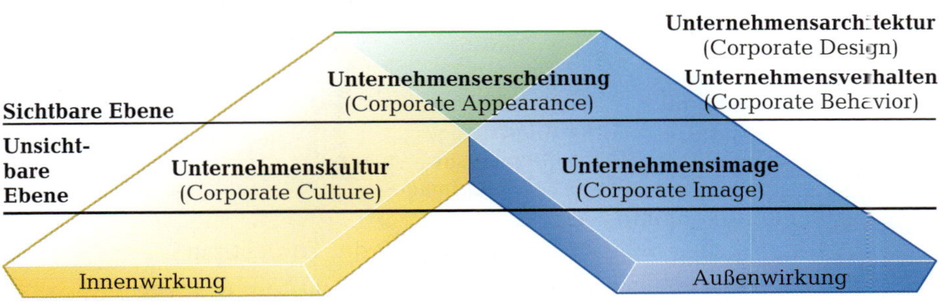

Auch für den sozialpädagogischen Bereich können die Ideen der Corporate Identity eingesetzt werden, damit die Einrichtung nach außen prägnanter erscheint und sich damit von anderen Einrichtungen für die Eltern und Öffentlichkeit klar unterscheidet. Die notwendige Profilbildung in der Institution setzt zunächst eine aktive Auseinandersetzung mit dem Selbstverständnis der Arbeit voraus und führt zu einem gemeinsam getragenen Konsens (siehe auch Konzeption), auf den die Corporate Identity aufbaut. Stimmigkeit und Glaubwürdigkeit sind dabei Voraussetzungen, um ein wirksames Erscheinungsbild zu entwickeln.

Im Rahmen der Corporate Identity – Entwicklung können in der Einrichtung folgende Aspekte analysiert und optimiert werden:

- *Logo als Einrichtungssymbol*, das z. B. als graphisches Zeichen auf allen Veröffentlichungen, Briefpapier, Visitenkarten, Türschild usw. auftaucht;
- *Konzept zur Raumgestaltung* (z. B. Raumgliederung, Farbgestaltung, Beschriftungen, Ausstattung);
- *Gestaltung des Außenbereichs*
- *Erstellung von Elterninformationen*
- ...

Die Außenwirkung wird dabei nicht nur von Äußerlichkeiten bestimmt, sondern ist viel mehr vom Verhalten der Teammitglieder abhängig. Die Corporate Identity muss nach außen transportiert werden. Der Umgang mit Kindern und Eltern, Äußerungen in der Öffentlichkeit (z. B. Leserbriefe), das Mitwirken bei öffentlichkeitswirksamen Veranstaltungen (z. B. Mitwirkung bei einem Umzug, Kinderbetreuung bei öffentlichen Veranstaltungen). Die Corporate Identity steuert das Verhalten der Mitarbeiter nach innen und nach außen.

Der Aufbau eines einheitlichen Erscheinungsbildes ist ein langfristiger Prozess, der auf Kontinuität und Engagement der Mitarbeiter beruht. Am Anfang dieses Prozesses steht die Analyse des Selbstbildes (Corporate Identity) sowie des Fremdbildes der Einrichtung (Corporate Image).

Weichen Selbst- und Fremdbild stark voneinander ab, so sind die Ursachen zu untersuchen und durch gezielte Maßnahmen ist an dem Image-Wandel zu arbeiten. **Nur eine langfristig angelegte Öffentlichkeitsarbeit kann allmählich zur Übereinstimmung von Corporate Identity und Corporate Image führen.**

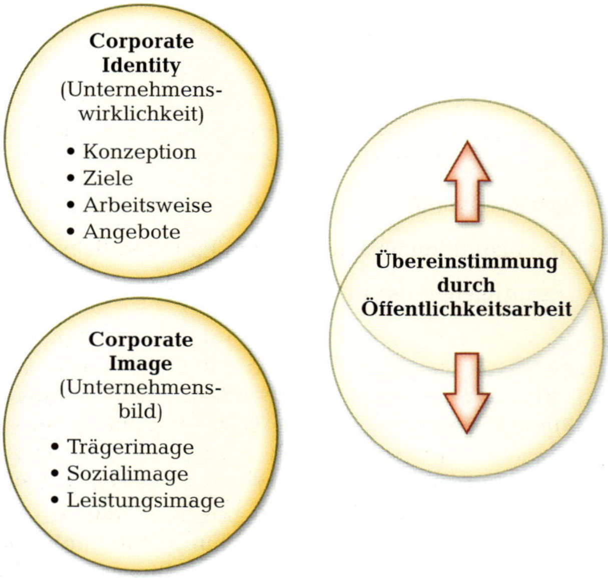

Corporate Identity und Corporate Image

Auf den Punkt gebracht

Die **Einrichtungskultur** setzt sich mit den Wert- und Normvorstellungen sowie Verhaltensweisen von Einrichtungen auseinander, die das Erscheinungsbild nach außen prägen. Um zu einem klaren Profil zu gelangen, müssen die Teammitglieder und der Träger auf der sichtbaren (Räumlichkeiten, Kommunikationsformen, Aussehen ...) und der unsichtbaren Ebene (Überzeugungen, Wert- und Normvorstellungen, Ziele) zu einem gemeinsam getragenen Konzept gelangen.

Ist das Konzept der Unternehmenskultur stärker auf die innere Situation der Einrichtung bezogen, so steht im Mittelpunkt der **Corporate Identity** das nach außen gerichtete Erscheinungsbild der Institution. Die Einrichtung soll zu einer unverwechselbaren Identität gelangen, die von Außenstehenden schnell erkannt und mit klaren Vorstellungen verknüpft wird.

Aufgaben

Analysieren Sie die bisherigen Praktikumseinrichtungen unter dem Gesichtspunkt der Unternehmenskultur. Berücksichtigen Sie dabei folgende Aspekte:

- Inwieweit geben objektbezogene Elemente (z. B. Gebäude, Räumlichkeiten, Außengelände) Hinweise auf die Unternehmenskultur der Einrichtung?
- Welche Hinweise lassen sich aus dem Verhalten der Mitarbeiter in der Einrichtung über die gelebte Einrichtungskultur ableiten? Verdeutlichen Sie ihre Einschätzungen durch Beispiele.
- In welchem Umfang wird die Konzeption der Einrichtung von den Mitarbeitern umgesetzt?

11.2 Öffentlichkeitsarbeit

Die Öffentlichkeitsarbeit kann wie folgt gekennzeichnet werden:

Definition

Öffentlichkeitsarbeit umfasst die gezielte und planmäßige Information der Öffentlichkeit über die Institution, um

- die Ziele, Aufgaben und Ansprüche der Einrichtung zu verdeutlichen,
- die Institution im Bewusstsein der Öffentlichkeit stärker zu verankern und
- das Ansehen der Einrichtung zu verbessern.

Eine Wirkung der Einrichtung auf Außenstehende ist immer gegeben und geschieht sowohl unbewusst und zufällig als auch gezielt und geplant. Eine qualifizierte Öffentlichkeitsarbeit beruht nicht auf einer zufälligen Darstellung und Information, sondern stellt bewusst Öffentlichkeit her (z. B. Einladung der Presse, Durchführung von öffentlichen Diskussionsveranstaltungen), um eine positive Außenwirkung der Einrichtung zu verwirklichen. Gelingt es, durch die professionelle Außendarstellung ein positives Bild in der Öffentlichkeit aufzubauen, dann kann sich Vertrauen in die Einrichtung entwickeln und die Bereitschaft der Öffentlichkeit nimmt zu, sich für die Belange und Entwicklung der Einrichtung einzusetzen.

Von besonderer Bedeutung ist eine professionell gestaltete Öffentlichkeitsarbeit, die langfristig angelegt ist und sich nicht nur auf Einzelaktionen beschränkt.

Krenz (1997) formuliert folgende Thesen für eine qualifizierte Öffentlichkeitsarbeit:

Thesen zur Öffentlichkeitsarbeit

Öffentlichkeitsarbeit...
- ... ist ein unverzichtbarer Bestandteil der sozialpädagogischen Arbeit!
- ... wirbt für die Einrichtung!
- ... muss neugierig machen!
- ... muss aktuelle Themen aufgreifen!
- ... ist interessant zu gestalten!
- ... sollte zu Diskussionen anregen!
- ... unterstützt die Entwicklung einer angemessenen Streitkultur!
- ... verdeutlicht die Position der Einrichtung und nimmt Einfluss auf andere!
- ... orientiert sich an fachlichen Argumenten und nicht an persönlichen Interessen!
- ... ist ein kontinuierlicher, langfristiger Prozess!
- ... erfolgt zielorientiert, strukturiert und geplant!
- ... setzt öffentlichkeitswirksame Methoden ein, die den Inhalten gerecht werden!
- ... muss adressatengerecht sein!
- ... erfordert einen hohen persönlichen Einsatz!
- ... ist vorausschauend, zukunftsorientiert!
- ... verbindet die fachliche Position mit Personen, die sich für die Argumente einsetzen!
- ... verankert die Einrichtung im Bewusstsein der Öffentlichkeit!
- ... ermuntert zur Kontaktaufnahme mit der Einrichtung!

11.2.1 Ziele und Bedeutung der Öffentlichkeitsarbeit

Das sich verändernde Selbstverständnis von sozialpädagogischen Einrichtungen zu einem kundenorientierten Dienstleistungsunternehmen setzt eine professionelle Öffentlichkeitsarbeit voraus. Es genügt nicht mehr, gute Arbeit zu leisten, es ist ebenso wichtig, das sozialpädagogische Engagement und die Leistungsfähigkeit der Einrichtung den Außenstehenden zu verdeutlichen. Dabei werden durch die professionelle Öffentlichkeitsarbeit **im Wesentlichen drei Ziele** verfolgt:

Information: Die Öffentlichkeit wird wertfrei über die Einrichtung, ihre Zielsetzungen, Aufgaben, Arbeitsweise, Besonderheiten sowie Veranstaltungen unterrichtet. Die Selbstdarstellung steht im Mittelpunkt. Damit dient die Öffentlichkeitsarbeit dem Imageaufbau und der Imagepflege.

Aktivierung: Die Öffentlichkeit soll sich für die Belange der Einrichtung interessieren und sie unterstützen. Der Erhalt und die Weiterentwicklung der Einrichtung ist davon abhängig, inwieweit es gelingt, die Notwendigkeit der geleisteten Arbeit in der Öffentlichkeit zu verankern. Gerade in Zeiten knapper werdender Ressourcen ist es wichtig, dass andere sich für die Einrichtung einsetzen und sie unterstützen. Dies ist nur dann zu erreichen, wenn es gelingt, Glaubwürdigkeit und Vertrauen nach Außen zu verwirklichen.

Positionierung: Die Einrichtung bezieht in der öffentlichen Diskussion Stellung. Die Öffentlichkeit erfährt eine Standortbestimmung, durch die deutlich wird, wofür die Einrichtung steht und warum diese Position eingenommen wird. Die Stellungnahme der Einrichtung regt zu weiteren Diskussionen an und lässt die Einrichtung zu einem ernst zunehmenden Diskussionspartner werden.

Adressaten

Die Adressaten der Öffentlichkeitsarbeit sind:

- Eltern und Familienangehörige
- Träger der Einrichtung
- Gemeinwesen (Stadtteil)
- Politische Gemeinde
- Gesellschaft
- Fachöffentlichkeit

Eine professionelle Öffentlichkeitsarbeit muss ihre Außendarstellung adressatengerecht aufbereiten. Das Sprachverständnis, das Wissen und die Denkmuster der jeweiligen Zielgruppe sind deshalb zu analysieren und zu berücksichtigen. Im Perspektivenwechsel sind die öffentlichkeitsbezogenen Aktivitäten aus der Sicht der Adressaten kritisch zu hinterfragen (Werden die Interessen/Belange der Zielgruppe angesprochen? Sind die Aussagen anschaulich und verständlich?

11.2.2 Formen der Öffentlichkeitsarbeit

Die vielfältigen Formen der Öffentlichkeitsarbeit können verschiedenen Bereichen zugeordnet werden. Die Einrichtung selbst mit dem Verhalten ihrer Mitarbeiterinnen, der Gestaltung der Räumlichkeiten und dem Ansehen des Trägers in der Öffentlichkeit hat eine **allgemeine Außenwirkung**, die sich auf die gelebte Unternehmenskultur, dem Selbstverständnis der Einrichtung bezieht. Die **spezifische Außenwirkung** erfolgt geplant und gezielt, wenn sich die Einrichtung in den Medien sowie auf der politischen und fachlichen Handlungsebene in der Öffentlichkeit präsentiert.

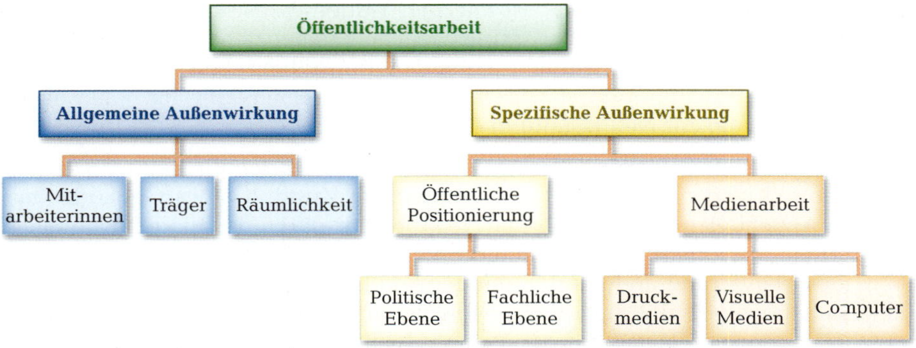

Bereiche der Öffentlichkeitsarbeit

- **Allgemeine Außenwirkung**

Eine erste Außenwirkung ergibt sich bereits aus dem **Namen** der Einrichtung und, soweit vorhanden, dem Logo.

Kapitel 11

Visuelle Gestaltung

Im täglichen Schriftverkehr wird eine oft unbewusste Auswirkung erzielt, die sich aus der Gestaltung von Briefen oder Aushängen ergibt. Dies beginnt bei der Gestaltung des Briefbogens und setzt sich bei der Formulierung und Gliederung von Texten sowie der Beherrschung der Rechtschreibung fort.

Mitarbeiterverhalten

Die **Mitarbeiterinnen** mit ihrem Verhalten repräsentieren die Einrichtungskultur, d. h. welche Normen und Werte, Einstellungen und Überzeugungen das Handeln bestimmen. Im Umgang mit den Kommunikationspartnern (z. B. Eltern, Kinder, Besucher oder Anrufer) wird die Umgangskultur deutlich. Der Außenstehende spürt Unzufriedenheit, Spannungen, Uneinigkeit und Hass sowie Freude, Einsatzbereitschaft oder Offenheit. Das Erscheinungsbild der Mitarbeiterinnen signalisiert dem anderen die Einstellung, das Normverständnis, die Werthaltung der Erzieherinnen. Kleidungsstil, Frisur, Schmuck, Tätowierungen, Piercing, Farbenwahl beeinflussen die Beurteilung der Mitarbeiterinnen und können, abhängig vom jeweiligen Kommunikationspartner, sowohl Sympathie als auch Abwehrhaltungen auslösen. Über Geschmack lässt sich zwar trefflich streiten, es sollte aber darauf geachtet werden, dass eine Stimmigkeit zwischen dem persönlichen Erscheinungsbild und dem Selbstverständnis der Einrichtung erreicht wird.

Träger

Der Stellenwert der Einrichtung für den Träger wird für den Außenstehenden auf recht unterschiedliche Weise sichtbar. Der Zustand und die Ausstattung der Einrichtung weisen darauf hin, inwieweit der Träger in die jeweilige Einrichtung investiert. Die Verbundenheit mit dem Träger wird im Engagement der Einrichtung im Gesamtkonzept des Trägers deutlich. So engagiert sich die kirchliche Kindertagesstätte in Familiengottesdiensten, bei der Gestaltung von Feiern in anderen kirchlichen Institutionen. Die Öffentlichkeitsarbeit dokumentiert die Beziehung zwischen der Einrichtung und dem Träger, der zu Veranstaltungen der Einrichtung eingeladen wird. Die jeweilige Einrichtung stellt auch für den Träger eine Plattform zur Selbstdarstellung dar. Die Öffentlichkeitsarbeit ist mit dem Träger abzustimmen, wenn es um grundsätzliche Fragen geht. Es ist zu vermeiden, dass die Öffentlichkeitsarbeit gegen den Träger betrieben wird, um die Interessen der Einrichtung durchzusetzen (z. B. Pressekampagne für eine höhere Mittelzuwendung zur Neugestaltung des Außengeländes).

Räumlichkeiten

Die Räumlichkeiten sind Ausdruck der bestehenden Einrichtungskultur. Den ersten Eindruck von der Einrichtung vermittelt der Zustand eines Gebäudes mit seinem Außengelände und beim Betreten die Gestaltung des Eingangsbereichs. Die Räume vermitteln dem Besucher auf der kognitivern Ebene Orientierung bzw. Desorientierung und auf der emotionalen Ebene ein Gefühl der Geborgenheit, Behaglichkeit und Sicherheit. Die Ausstattung mit Pflanzen, der Zustand des Mobiliars, die Gestaltung der Wände, Lichteinfall, Anordnung der Räume geben jeder Einrichtung einen unverwechselbaren Charakter. Im Hinblick auf die Öffentlichkeitswirkung kommt der Gestaltung des Eingangsbereichs eine besondere Bedeutung zu. Sie sollen dem Besucher Orientierung ermöglichen und als „Visitenkarte" einen Eindruck vom Selbstverständnis der Einrichtung geben. Freundlichkeit, Transparenz, Offenheit, pädagogisches Verständnis werden dem

Besucher mehr oder weniger bewusst vermittelt. Im Alltag gewöhnt man sich recht schnell an die räumlichen Gegebenheiten; deshalb sollten die Mitarbeiterinnen ihre Einrichtung mit den Augen eines Besuchers kritisch sehen bzw. auf Äußerungen von Besuchern und Eltern über die Raumwirkung achten.

Eine Gebäudeorientierung setzt eine gute **Beschilderung** und **Bezeichnung der Räume** voraus. Informationen für Eltern sind dem **schwarzen Brett** entnehmbar, das z. B. vor den Gruppenräumen angebracht ist und aktuelle Hinweise über Termine, Veranstaltungen sowie Aktivitäten der Gruppe enthält. Am schwarzen Brett sollte auch ein Bereich für Informationen der Eltern untereinander vorgesehen werden.

■ Spezifischer Außenwirkung

Öffentliche Positionierung

Wichtiger Bestandteil ist die öffentliche Positionierung der Einrichtung, d. h. die Institution muss in der Öffentlichkeit kundtun, welche Zielsetzungen und Aufgaben sie wahrnimmt und als Interessenvertreter der Einrichtung öffentlich Stellung beziehen. Dazu zählt auch das Engagement für soziale Belange, wenn Unterschriftenaktionen unterstützt oder Basare und Spendenaktionen organisiert werden bzw. an öffentlichen Kundgebungen (z. B. gegen Rechtsradikalismus) teilgenommen wird.

Wie Krenz (1997) betont, wirken Außenkontakte auf unterschiedlichen Ebenen:

Personale Ebene: Die Teilnahme an Veranstaltungen hat eine Wirkung auf andere Teilnehmer, die z. B. die Fachkompetenz der Einrichtungsvertreter wahrnehmen. Umgekehrt wird diese Kompetenz durch die Teilnahme an Arbeitskreisen, Diskussionsveranstaltungen, Foren erweitert. Die teilnehmende Person gewinnt in ihrem Erfahrungsbereich neue Einsichten und entwickelt weitere Sichtweisen.

Institutionelle Ebene: Der Vertreter der Einrichtung wird mit der Institution verbunden. Die anonyme Einrichtung wird personifiziert. Außenstehende kennen einen Ansprechpartner, an den man sich wenden kann.

Kommunikative Ebene: Im Gespräch mit anderen wird der Erfahrungsaustausch angeregt und Kontakte können intensiviert werden

Interaktive Ebene: Das Miteinander fördert die Sympathie zwischen den Interaktionspartnern, was sich auf die weitere Zusammenarbeit positiv auswirkt, sodass sich aus dem unverbindlichen Nebeneinander ein Mit- und Füreinander werden kann. Dies gilt vor allem bei der direkten Kommunikation.

Info-Stände

Mit Hilfe von Info-Ständen kann die Einrichtung den Kontakt mit der Bevölkerung aufnehmen, um auf sich oder aktuelle Themen aufmerksam zu machen. Veränderungen in der Einrichtung (z. B. drohende Schließung von Gruppen, neue Angebote, notwendige Erweiterung des Betreuungsangebots), geplante Änderungen der Rahmenbedingungen (z. B. Verschlechterung des Personalschlüssels, Kürzungen der Mittel), Informationen über die Einrichtung (z. B. sozialpädagogische Arbeit in einer Behinderteneinrichtung) können Anlässe für den Aufbau eines Info-Standes sein. Um den Aufwand für die einzelne Einrichtung zu verringern, sollten sich interessierte Einrichtungen zusammenschließen und sich gemeinsam präsentieren.

Politische Ebene

Die politische Ebene wird von Erzieherinnen häufig vernachlässigt. Das politische Engagement ist ihnen suspekt, obwohl es im Hinblick auf die Weiterentwicklung von sozialpädagogischen Einrichtungen von hoher Bedeutung ist. Einige befürchten, dass ihr Anliegen in die Auseinandersetzung politischer Gruppierungen gerät, was letztendlich der Sache mehr schadet als hilft. Sich aus solchen Gründen politisch nicht zu engagieren, ist problematisch, denn auf der politischen Ebene fallen Entscheidungen über Mittelzuweisungen, Personalschlüssel, Förderung von Projekten und Bezuschussung. Nur das Engagement in politischen Gremien und Fachausschüssen sowie der Kontakt mit politischen Mandatsträgern bietet die Gewähr, dass die Interessen der Einrichtung mit Nachdruck vertreten werden und sich die politischen Entscheidungsträger mit der Einrichtung befassen. Ein überparteiliches, an dem Interesse der Einrichtung ausgerichtetes Engagement, führt zu einer breiten Basis an Unterstützung in der politischen Gemeinde und verbessert damit die Chancen, die Vorstellungen der Einrichtung zu verwirklichen. Im kirchlichen Bereich sollten Vertreter der Einrichtung auch in Gremien wie Pfarrgemeinderat oder Presbyterium vertreten sein bzw. Kontakt zu den gewählten Vertretern in diesen Gremien halten, um die Bedürfnisse der Einrichtung zu artikulieren und die Entwicklung der Einrichtung in das Blickfeld von Entscheidungsträgern zu rücken.

Fachliche Ebene

Die fachliche Ebene umfasst die **Darstellung der pädagogischen Arbeit in der Öffentlichkeit**. Das Spektrum reicht dabei von Presseartikeln, Info-Ständen, Durchführung von Ausstellungen, Veröffentlichungen in Fachzeitschriften bis hin zur Mitarbeit in Arbeitskreisen der Fachschulen und der Mitwirkung an Fachtagungen.

Auf der fachlichen Ebene sind auch **Aktivitäten** wie die Durchführung von Buchvorstellungen für Eltern und Interessierte, die Hospitationsmöglichkeiten für Eltern, Fachkolleginnen oder Therapeuten in der Einrichtung anzusiedeln. Die Einrichtung kann zu einem Ort der Begegnung werden, wenn es gelingt Ausstellungen oder Informationsveranstaltungen (z. B. gesunde Ernährung, Drogen) in den Räumen der Einrichtung anzubieten.

Auf der anderen Seite sollte sich die Einrichtung mit ihrem Angebot und ihren Besonderheiten in der Öffentlichkeit präsentieren und könnte beispielsweise in den Räumen der Sparkasse Kinderarbeiten ausstellen, in Schulen, Kirchen, Beratungsstellen oder Arztpraxen auf das Betreuungsangebot der Einrichtung sowie pädagogische Fragestellungen hinweisen, mit denen sich die Einrichtung auseinander setzt (z. B. Rechte der Kinder, verplante Kindheit, Naturbegegnung mit Kindern, Unterstützung von Kinderprojekten in anderen Ländern, Fremdsprache in der Kindertagesstätte).

Die fachliche Ebene umfasst auch die **Entwicklung und Veröffentlichung der Einrichtungskonzeption**. Die Konzeption stellt zum einen eine Festlegung der Mitarbeiterinnen auf ein gemeinsam zu tragendes Selbstverständnis der Arbeit dar, ist aber andererseits die Basis für eine fachlich fundierte Öffentlichkeitsarbeit. Die Konzeption signalisiert der Öffentlichkeit u. a., an welche pädagogische Ideen, Einstellungen und Arbeitsweisen das sozialpädagogische Handeln ausgerichtet ist. Damit wird die Einrichtung vergleichbar (mit anderen Institutionen), überprüfbar (im Hinblick auf die Umsetzung der Konzeption) und transparenter. Die Konzeption als Fundament der Arbeit sollte möglichst vielen (wie Eltern, Jugendämtern, Beratungsstellen) zugänglich gemacht und ansprechend gestaltet sein.

Medienarbeit

Mit Hilfe der Medienarbeit kann recht schnell eine große Anzahl von Interessierten erreicht werden.

Die schriftliche Information erfolgt über die **Druckmedien**. Dazu zählen beispielsweise Zeitschrift der Einrichtung, Jahresberichte, Handzettel, Flugblätter, Aushänge, Anzeigen Leserbriefe. Neben die einrichtungsinternen Mitteilungen für Eltern bieten vor allem Feste und Feiern Anlässe, um über die Druckmedien auf diese Veranstaltungen hinzuweisen und darüber zu berichten. So sollten zu Veranstaltungen die Vertreter der örtlichen Presse eingeladen werden oder *Pressemitteilungen* selbst formuliert werden, die von der Lokalredaktion übernommen werden können. Eine viel zu wenig genutzte Möglichkeit besteht in der Formulierung von *Leserbriefen*, um öffentlich Stellung zu beziehen oder zu informieren. Leserbriefe finden in der Öffentlichkeit eine hohe Beachtung. Aufwändiger ist die Erstellung einer regelmäßig erscheinenden *Einrichtungszeitung*, die einen lebendigen Einblick in das Geschehen der Einrichtung ermöglicht. Die Einrichtungszeitung informiert z. B. über durchgeführte Projekte.

Die **visuellen Medien** umfassen selbst erstellte Video-Filme über Projekte oder Veranstaltungen, von anderen erstellten Filme zu bestimmten Themen oder Dia-Serien und Fotografien. Video-Filme und Bilder-Serien von Veranstaltungen über die sozialpädagogische Arbeit in der Einrichtung geben einen anschaulichen Eindruck von der Vielfalt und der Breite der Angebote.

Zunehmend an Bedeutung gewinnt die Darstellung in **technischen Medien**. Im Internet kann auf einer Homepage der Einrichtung bzw. des Trägers beispielsweise über Konzeption, Mitarbeiter, Termine oder Projekte informiert werden. Die Haushalte verfügen vermehrt über Computer mit Internetanschluss, sodass dieses Medium zur öffentlichkeitswirksamen Präsentation der Institution genutzt werden sollte.

11.2.3 Social Sponsoring

Definition

Das Social Sponsoring bezeichnet eine umfassende Unterstützung einer sozialen Einrichtung durch ein Unternehmen. Der Sponsor und die soziale Einrichtung verstehen sich als Geschäftspartner, die zum gegenseitigen Nutzen auf einer vertraglichen Basis eine zeitlich befristete Kooperation eingehen.

Im wirtschaftlichen Bereich sind Sponsorenbeziehungen üblich. Vor allem im Sport unterstützt die Wirtschaft mit erheblichen Aufwendungen öffentlichkeitswirksam Sportarten bzw. einzelne Sportler. Im sozialen Bereich stellt das Sponsoring die Ausnahme dar. Die sozialen Einrichtungen werden eher durch Spenden unterstützt als durch einen Sponsor, der sich langfristig zur Förderung von Institutionen verpflichtet. Doch **Spenden unterscheiden sich erheblich vom Social Sponsoring, wie die nachfolgende Übersicht belegt**:

	Spende	Social Sponsoring
Verhältnis Geber – Nehmer	Geber spendet ohne Erwartung einer Gegenleistung.	Geber sieht sich als Vertragspartner und fordert eine Gegenleistung ein.
	Spenden gehen unregelmäßig und für Empfänger wenig planbar ein. Spenden erfolgen zumTeil zufällig.	Die Bereitstellung der Mittel wird genau festgelegt und die vereinbarten Mittel werden für die Einrichtung zu einer planbaren Größe.
	Zwischen Spender und Empfänger besteht keine vertragliche Beziehung.	Die Beziehung vollzieht sich auf der vereinbarten Vertragsebene; beide sind Geschäftspartner.
Öffentlichkeitswirkung	Spenden werden (ab einem bestimmten Umfang) öffentlichkeitswirksam in den Medien verbreitet.	Das Social Sponsoring setzt gezielt die Medienarbeit ein, um das soziale Engagement der Öffentlichkeit bewusst zu machen.

	Spende	Social Sponsoring
Aufwand	Die Spende kann sowohl auf das Bemühen von Einrichtungen um Zuwendungen (z. B. von Stiftungen) zurück gehen als auch auf überraschenden Zuwendungen beruhen, um die man sich nicht bemüht hat.	Das Social Sponsoring beruht auf einem aufwändigen Verfahren der Analyse, Auswahl und vertraglichen Bindung der zukünftigen Geschäftspartner. Dieser Prozess erstreckt sich in der Regel über mehrere Monate.
Höhe der Mittel	Die Spendenhöhe variiert beträchtlich und kann von geringen Geldsummen und Sachspenden bis zu einem beträchtlichen Vermögen im Rahmen einer Erbschaft reichen.	Die Zuwendungen verteilen sich auf einen vertraglich festgelegten längeren Zeitraum und umfassen beträchtliche Zuwendungen.
Kontrolle der Mittel	Wenn es sich nicht um die Unterstützung festgelegter Bereiche handelt (z. B. Anschaffung von Spielgeräten), kann die Verwendung der Spende kaum kontrolliert werden. Dies kann Personen davon abhalten, unbekannten Organisationen Spenden zukommen zu lassen.	Der Sponsor engagiert sich für bestimmte Vorhaben (z. B. Projekte, Anschaffungen). Die Verwendung der Mittel wird überprüfbar festgelegt.

Übersicht: Vergleich Spende und Social Sponsoring

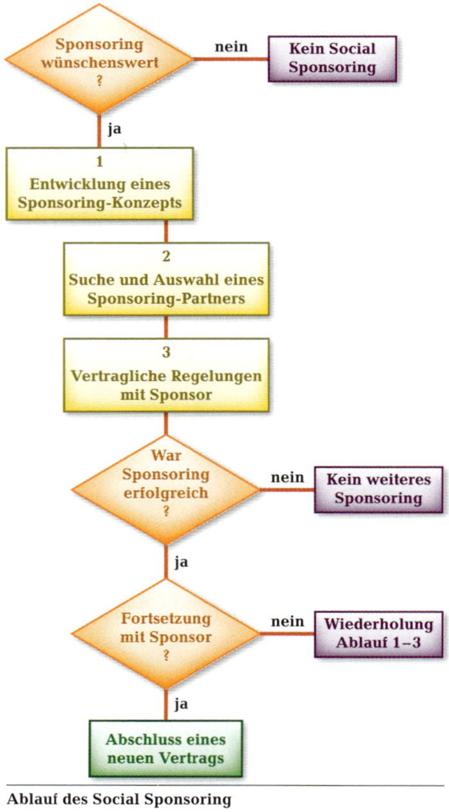

Ablauf des Social Sponsoring

Das Social Sponsoring ist eine Maßnahme, bei der sowohl der Sponsor als auch die unterstützte Einrichtung profitieren. **Den Prozess des Social Sponsorings verdeutlicht das nachfolgende Ablaufdiagramm.**

Zunächst muss man sich darüber im Klaren sein, inwieweit ein Sponsoring für den Träger und die sozialpädagogische Einrichtung in Frage kommt. Es sollte selbstkritisch geprüft werden, ob man selbst für einen Sponsoren attraktiv ist und inwieweit man für einen Sponsoren eine Gegenleistung erbringen kann und will.

Wird nach Abwägen der Vor- und Nachteile ein Sponsoring befürwortet, dann sollte die Einrichtung eine Rahmen festlegen, in dem man sich ein Social Sponsoring vorstellen kann. Die Einrichtung entwickelt ein Sponsoring-Konzept, in dem sie ihr eigens Profil herausarbeitet und Ansatzpunkte für das Social Sponsoring (z. B. Projekte, Raumausstattungen ...) sowie den Rahmen für eine werbewirksame Darstellung des Social Sponsoring definiert.

Entscheidend ist, einen Sponsor zu finden, der in seinem Image zur Einrichtung passt. An folgenden Kriterien könnte sich die Auswahl orientieren:

- Ansehen des Sponsors bei der Zielgruppe der Einrichtung
- Produktpalette
- Geplante Form der Vermarktung der Sponsorenbeziehung

Die vertragliche Regelung zwischen dem Sponsor und der geförderten Einrichtung sollte erst nach einer juristischen Prüfung erfolgen, um unliebsame Überraschungen zu vermeiden.

Am Ende der Vertragsphase erfolgt von beiden Vertragspartnern die selbstkritische Analyse über den Erfolg des Social Sponsoring. Wird diese Form des Sponsorings weiterhin bejaht, dann stellt sich die Frage, ob man den bestehenden Vertrag fortsetzt oder ob man sich einen neuen Vertragspartner sucht.

Auf den Punkt gebracht

Die Öffentlichkeitsarbeit beinhaltet die systematische Information der Öffentlichkeit über die Ziele, Aufgaben und Ansprüche einer Einrichtung, um das Erscheinungsbild der Institution zu verbessern. Im Mittelpunkt der Öffentlichkeitsarbeit stehen

die **Information** über die Einrichtung,

die **Aktivierung der Öffentlichkeit** zur Unterstützung der Institution und

ein **Teilnahme an der öffentlichen Diskussion** zu pädagogischen Fragen.

Die Öffentlichkeitsarbeit erfolgt auf zwei Ebenen: Zum einen dient sie der **allgemeinen Außendarstellung**, die sich auf die Einrichtung (Träger, Mitarbeiter, Räumlichkeiten) bezieht; zum anderen beabsichtigt die Öffentlichkeitsarbeit eine **spezifische Außenwirkung**, die sich in Diskussionsbeiträgen auf der politischen und fachlichen Ebene niederschlägt sowie die unterschiedlichen Medien zur gezielten Außendarstellung nutzt.

Im Rahmen der allgemeinen Außendarstellung erfolgt eine Analyse der Außenwirkung, die bei der Namensgebung der Einrichtung beginnt, das Verhalten der Mitarbeiterinnen als Repräsentantinnen der Einrichtung hinterfragt, den Stellenwert der Einrichtung im Konzept des Trägers berücksichtigt und die Wirkung der Räumlichkeiten auf die Öffentlichkeit untersucht.

Die spezifische Außenwirkung hat die **öffentliche Positionierung** der Einrichtung zum Ziel. Um die Einrichtung im öffentlichen Bewusstsein zu verankern, muss die Einrichtung zu pädagogischen Fragen Stellung beziehen und die Möglichkeiten der politischen Einflussnahme nutzen. Innerhalb des sozialpädagogischen Bereichs sollte sich die Einrichtung auf der fachlichen Ebene profilieren. Zur Information der Öffentlichkeit bestehen zahlreiche Zugangsmöglichkeiten, die im Rahmen einer **aktiven Medienarbeit** zu nutzen sind. Sowohl Druckmedien als auch visuelle und technische Medien (z. B. Internet) sind dabei zu beachten.

Social Sponsoring kennzeichnet eine vertraglich fixierte, zeitlich befristete Zusammenarbeit zwischen einer sozialen Einrichtung und einem Wirtschaftsunternehmen. Das Unternehmen unterstützt die Einrichtung in der Regel finanziell und nutzt diese Kooperation öffentlichkeitswirksam zur Außendarstellung des eigenen Unternehmens.

Aufgaben

1. Erläutern und diskutieren Sie die Thesen von Krenz und leiten Sie daraus Konsequenzen für die Gestaltung der Öffentlichkeitsarbeit ab!
2. Formulieren Sie weitere Thesen zur Öffentlichkeitsarbeit und begründen Sie deren Bedeutung!
3. Eine sozialpädagogische Einrichtung (Krippe, Kindertagesstätte, Hort, Heim) möchte sich im Internet präsentieren und überlegt, wie eine Homepage gestaltet werden soll. Wählen Sie einen sozialpädagogischen Einrichtungstyp (z. B. Heim) aus. Suchen Sie im Internet die Darstellung von mindestens drei Einrichtungen und vergleichen Sie im Hinblick auf:
   - Visuelle Gestaltung (Wie wird informiert?)
   - Inhalte (Worüber wird informiert?)
   - Aktualität (Wie aktuell sind die Informationen?)
   - Verknüpfung (Welche Links bestehen zu anderen Internetangeboten?)

   Leiten Sie aus Ihrer Analyse der Internetpräsentation von Einrichtungen Konsequenzen für die Gestaltung und die Inhalte einer Homepage für den gewählten Einrichtungstyp ab.
4. Welche Assoziationen lösen folgende Bezeichnungen von Kindertagesstätten bei Ihnen aus? Welche Informationen sind über die Einrichtung ableitbar?
   b) Kindergarten St. Markus
   c) Wurm und Sturm
   d) Regenbogen-Kindertagesstätte
   e) Die kleinen Freunde
   f) Montessori-Kinderhaus
   g) Arche-Noah-Kindergarten
   h) Kindertagesstätte Luisenstraße
   i) Villa Kunterbunt
5. Eine viergruppige Einrichtung, in der Kinder von 2 bis 12 Jahren betreut werden, sucht einen Namen. Entwickeln Sie drei Vorschläge und begründen Sie Ihre Auswahl! Zeichnen Sie zu jedem ihrer Vorschläge ein Logo.

11.3 Elternarbeit

Verpflichtung zur Elternarbeit

Die Elternarbeit ist eine zentrale Aufgabe in den sozialpädagogischen Einrichtungen. Die Mitwirkung der Eltern wird im Kinder- und Jugendhilfegesetz (KJHG) verbindlich festgelegt. Die Erzieherinnen sind verpflichtet, die Interessen und Bedürfnisse der Eltern bei der Ausgestaltung von Leistungen angemessen zu berücksichtigen und die Erziehungsberechtigten bei wesentlichen Entscheidungen in den Einrichtungen zu beteiligen. Die Eltern sind bei der Erziehung zu unterstützen und zu beraten.

Neben der gesetzlichen Verpflichtung besteht ein pädagogisches Interesse, die Eltern in die erzieherische Arbeit einzubeziehen.

Die Beziehungen zwischen Eltern und Erzieherinnen hat sich in den letzten Jahren gravierend verändert. Früher bewertete man den Einfluss der Eltern eher negativ und versuchte, die Eltern aus den Einrichtungen herauszuhalten. Inzwischen werden die Eltern als Erziehungspartner gesehen oder als Kunden, für die eine soziale Dienstleistung erbracht wird.

Jansen und Wenzel (2000) sehen die Elternarbeit unter „Kundenaspekten" und kennzeichnen sie wie folgt:

Eltern als Kunden

Elternarbeit

- in dem **sozialen Dienstleistungsunternehmen** umfasst alle Aktivitäten der Einrichtung, um den Kundenwünschen gerecht zu werden und die Kundenzufriedenheit zu erhöhen,
- beinhaltet die Erfassung und Umsetzung der **Elternwünsche** und nimmt Elterninteressen ernst,
- heißt die **Eltern als Kunden** bei der Entwicklung von neuen, bedarfsgerechten Angebots- und Betreuungsformen einzubeziehen,
- wird getragen von einem **freundlichen, zuvorkommenden Umgang** der Erzieherinnen mit den Eltern, deren Interessen großes **Verständnis** entgegengebracht wird.

An die Elternarbeit richten sich ganz unterschiedlicher Erwartungen. Die nachfolgende Übersicht verdeutlicht das Spannungsfeld, in dem die Elternarbeit stattfindet.

Erwartungen an die Elternarbeit

Kapitel 11

11.3.1 Ziele der Elternarbeit

Die Elternarbeit hat folgende Ziele:

Transparenz: Die sozialpädagogische Arbeit der Erziehungsfachkräfte soll für die Eltern durchschaubarer werden. Dies verstärkt das Interesse der Eltern für die Arbeit in der Einrichtung, macht die Eltern neugierig und fördert die Mitarbeit.

Informationsaustausch: Der regelmäßige Informationsaustausch zwischen Eltern und Erzieherinnen ermöglicht, die Entwicklung des Kindes genauer zu erfassen und die Erziehungssituation in der Familie und in der sozialpädagogischen Einrichtung besser aufeinander abzustimmen.

Konfliktvermeidung: Im Vordergrund der Elternarbeit steht die Kooperation. Die Zusammenarbeit zwischen Eltern und Erzieherinnen führt zu einem verständnisvollen Miteinander und ermöglicht, Missverständnisse frühzeitig zu erkennen und auszuräumen.

Betreuungsbedarf: Durch die Elternarbeit werden die Elterninteressen und -wünsche deutlich, so dass sich die Angebote der Einrichtung an dem Betreuungsbedarf der Eltern ausrichten kann. Das Betreuungsangebot der Einrichtung wird dadurch sinnvoll erweitert.

Feedback: Die Erzieherinnen erhalten durch die Elternarbeit eine Rückmeldung über die Qualität ihrer Arbeit. Aus den Rückmeldungen ergeben sich Ansatzpunkte für die systematische Weiterentwicklung der Einrichtung.

Elternmitarbeit: So können die Kompetenzen der Eltern genutzt werden, um das Betreuungsangebot der Einrichtung sinnvoll zu ergänzen beziehungsweise zu erweitern.

Erfahrungsaustausch: Im Rahmen der Elternarbeit sollte auch der Erfahrungsaustausch zwischen den Eltern ermöglicht werden. So könnten beispielsweise Elterngesprächskreise oder ein Elterncafé eingerichtet werden.

Öffentlichkeitsarbeit: Die Elternarbeit stellt eine wichtige Form der Öffentlichkeitsarbeit dar. Die Eltern wirken als Multiplikatoren und informieren andere Eltern über ihre Erfahrungen in der Einrichtung.

Handlungskompetenz: Durch die Elternarbeit (z. B. thematischer Elternabend) wird die pädagogische Handlungskompetenz der Eltern verbessert. Fehlhaltungen der Eltern (z. B. Erziehungsstil, Erziehungspraktiken) und Fehlentwicklungen der Kinder (z. B. Verhaltensauffälligkeiten, Entwicklungsverzögerungen) können verringert werden.

Ressourcennutzung: Die Mitarbeit der Eltern kann das Angebot der Einrichtung bereichern. Die Kompetenzen der Eltern stellen Ressourcen dar, die von Erzieherinnen erkannt und genutzt werden können.

11.3.2 Formen der Elternarbeit

Die Formen der Elternarbeit lassen sich drei Bereichen zuordnen (siehe Bernitzke & Schlegel 2004):

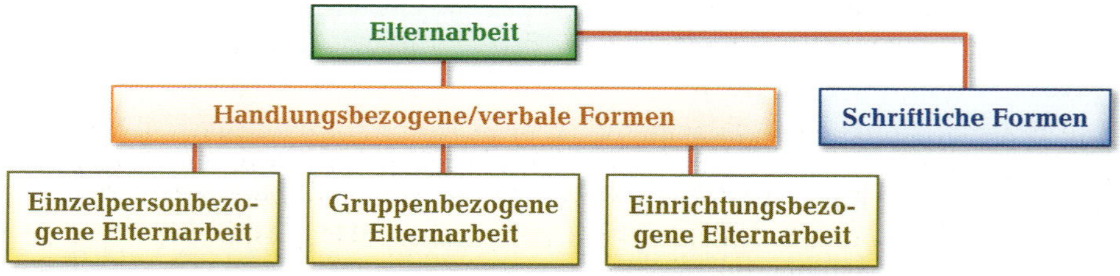

Bei den handlungsbezogenen und verbalen Formen der Elternarbeit kommt es zum direkten Kontakt mit den Eltern. Die schriftlichen Formen der Elternarbeit dienen vorwiegend der Information der Eltern.

Einzelpersonbezogene Elternarbeit

Bei der einzelpersonbezogenen Elternarbeit geht die Erzieherin auf das Interesse und die Bedürfnisse einzelner Eltern intensiv ein. So wird sie im Beratungsgespräch das Anliegen der Eltern abklären, ihre Beobachtungen mitteilen und den Eltern angemessene Hilfestellungen anbieten.

Gruppenbezogene Elternarbeit

Die gruppenbezogene Elternarbeit bezieht sich auf Aktivitäten mit Elterngruppen. Dazu zählt beispielsweise der Elternabend, bei dem ein bestimmtes Thema ausführlich dargestellt und diskutiert wird.

Einrichtungsbezogene Elternarbeit

Die einrichtungsbezogene Elternarbeit ist gruppenübergreifend angelegt und spricht alle Eltern einer Einrichtung an, die sich durch ihre Mitarbeit für die Einrichtung z. B. durch die Übernahme von Diensten, Mitarbeit im Gruppendienst engagieren.

Einzelpersonbezogene Formen der Elternarbeit

Innerhalb der einzelpersonbezogenen Elternarbeit lassen sich folgende Formen der Elternarbeit differenzieren:

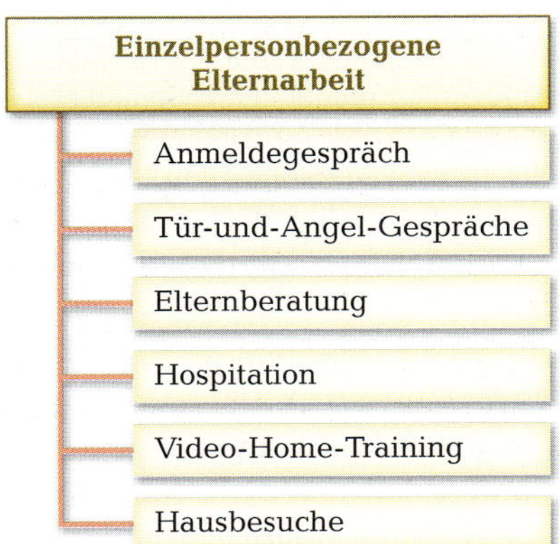

In der Vorbereitung auf das **Anmeldegespräch** sollte die Erzieherin darauf achten, dass eine angenehme Gesprächsatmosphäre herrscht und das Gespräch störungsfrei verlaufen kann. Neben der geeigneten Wahl des Raumes sollten auch Zeiten genutzt werden, in denen sich die Erzieherin mehr Zeit für die Eltern nehmen kann.

Die Erzieherinnen sollten bedenken, dass auf die Eltern eine Vielzahl von neuen Informationen und unterschiedlichen Eindrücken einwirken und verarbeitet werden müssen. Eine Überforderung der Eltern gilt es zu vermeiden. Deshalb sollten weitere Kontaktmöglichkeiten, wie Gespräche, Hospitationen, Teilnahme an Veranstaltungen, angeboten werden.

Ablauf des Anmeldegesprächs

Phase	Ziele	Vorgehen/Beispiele
Kennenlernphase	Vertrauensbasis herstellen; Gesprächsbereitschaft erzeugen	Begrüßung, Vorstellung der beteiligten Personen; Freude über Interesse bekunden; aktuelle Situation (z. B. Ernte-Dank-Fest) ansprechen; mit dem Kind Kontakt aufnehmen und Beschäftigungsmöglichkeit arrangieren
Informationsphase: Einrichtung →Eltern	Eltern Entscheidungshilfen bei der Auswahl der Einrichtung geben	Darstellung der Einrichtung (Ziele, Konzeption, Beispiele zur Arbeitsweise, Betreuungsformen, Verpflegungsangebot, Raumsituation, Personal, Öffnungszeiten, Kostensätze ...); Informationen über den Träger; Form der Elternarbeit;
Informationsphase: Eltern → Einrichtung	Optimales Betreuungsangebot für das Kind entwickeln	Erfassen der Elternwünsche hinsichtlich der Betreuung und Versorgung des Kindes; erkunden des Entwicklungstandes, Interessen, Bedürfnisse des Kindes; Reaktion des Kindes auf neue Situation (Trennung von Bezugspersonen, neues Umfeld, Reaktion auf fremde Erwachsene und Kinder); gesundheitliche, körperliche Einschränkungen; Familiensituation
Formalitäten	Erforderlichen Daten vollständig erfassen	Ausfüllen der Personalkartei bzw. Erfassung im PC; schriftliche Informationen über die Einrichtung aushändigen; erforderliche Einverständniserklärungen einholen
Rundgang	Einrichtung mit dem Raum- und Betreuungsangeboten kennen lernen	Vorstellen der Erzieherinnen und anderer Mitarbeiter der Einrichtung; Erläuterung des Raumangebots und der Raumnutzung sowie des Außengeländes
Abschluss	Erste Eindrücke reflektieren und Informationsdefizite schließen	Rückmeldung über den ersten Eindruck einholen; weitergehende Informationen zu dem Gesehenen geben; weiteres Vorgehen (Ergänzung von fehlenden Unterlagen, Zeitpunkt der Aufnahme; Hospitationsmöglichkeiten; Gestaltung der Eingewöhnungsphase) absprechen

Tür-und-Angel-Gespräche

Die am häufigsten genutzte Form der Elternarbeit stellt das Tür-und-Angel-Gespräch dar. In der Bring- und Abholsituation kommt es zu spontanen Eltern-Erzieherinnen-Kontakten, in denen kurz Informationen ausgetauscht werden. Diese unkomplizierte Kommunikationsmöglichkeit ermöglicht ein besseres Eingehen auf das Kind (z. B. Informationen über Vorfälle, besondere Ereignisse, gesundheitliche Probleme). Vor allem für die Eltern der neu aufgenommenen Kinder ist das Tür-Angel-Gespräch ein wichtiger Kommunikationsweg. Die Gesprächsbereitschaft signalisiert gegenüber den Eltern Wertschätzung und Interesse. Die ungezwungene Gesprächsatmosphäre erleichtert die Kontaktaufnahme und vermeidet den förmlichen Charakter eines terminierten Gesprächs.

Problematik

Mit dem Tür-und-Angel-Gespräch sind jedoch zahlreiche Nachteile verknüpft, derer sich die Erzieherin bewusst sein sollte:

Zeitaufwand: Die Tür-und-Angel-Gespräche vermindern die Betreuungszeit für die Kinderbetreuung. Einige Eltern, die nach Kontaktmöglichkeiten suchen, nutzen diese Gesprächsform, um Privates zu besprechen.

Ablenkung: Durch das Tür-und-Angel-Gespräch kann sich die Erzieherin nicht auf die Kindergruppe konzentrieren und ihrer Aufsichtspflicht nicht nachkommen.

Überforderung: Wenn die Erzieherin in kurzer Zeit mit zahlreichen, unterschiedlichen Informationen konfrontiert wird, kann sie den Überblick verlieren. Wichtiges geht unter, wird vergessen bzw. es treten Verwechslungen auf. Wenn eine Information nicht beachtet wird, dann weisen die Eltern zu Recht darauf hin, „das habe ich Ihnen bereits mitgeteilt!"

Um diese Probleme zu verringern, sollte die Erzieherin folgende Vorgehensweise wählen:

Bei einem Gesprächsbedürfnis, das im kurzen Tür-und-Angel-Gespräch nicht ausreichend befriedigt werden kann, sollte ein Gesprächstermin vereinbart werden. Dies verdeutlicht das Interesse und gibt dem Gespräch den erforderlichen zeitlichen Raum. Um wichtige Informationen nicht zu vergessen, sollte die Erzieherin über die wichtigen Informationen eine schriftliche Notiz anfertigen.

Elternberatung

Ziele

Das Beratungsgespräch mit den Eltern erfordert eine gute Vorbereitung und die entsprechenden Kompetenzen bei den Erzieherinnen. In vielen Einrichtungen werden für die Beratungsgespräche Elternsprechstunden eingerichtet. Während das Beratungsgespräch im Hinblick auf Inhalt und Teilnehmer im Vorfeld abgesprochen ist, kann die Elternsprechstunde spontan genutzt werden, um ein spontanes Anliegen im ruhigen Rahmen zu besprechen.

Die Elternberatung unterstützt die Eltern bei pädagogischen Entscheidungen. Die Erzieherin nimmt gegenüber den Eltern eine offene und kooperative Haltung ein und beabsichtigt, die Eltern zu einer bewussten Wahrnehmung ihrer Probleme zu führen. Dabei sollen die Fähigkeiten der Eltern zur Problemlösung genutzt werden. Es soll Hilfe zur Selbsthilfe gegeben werden. Die Bewältigungskompetenzen der Eltern sollen im Beratungsgespräch wieder hergestellt und gefördert werden. Dies setzt voraus, dass die Erzieherin die Möglichkeiten und Grenzen der Problembewältigung durch die Eltern richtig einschätzen kann.

Der Erzieherin muss jedoch bewusst sein, dass sie lediglich eine beratende und keine therapeutische Funktion haben kann. Das Beratungsgespräch setzt ein planvolles und ein methodisch geschultes Vorgehen voraus.

Verantwortungsvoll beraten beinhaltet:

- Eltern respektieren und wertschätzen
- Informieren und initiieren
- Ressourcen der Eltern entdecken und nutzen
- Unterstützen und begleiten
- Befähigen und ermutigen
- Verschwiegen sein

König & Vollmer (1996) unterscheiden vier Phasen:

Phase	Ziele	Vorgehen / Beispiele
Orientierungsphase	Aufbau einer tragfähigen Beziehung; Vereinbarung über das Vorgehen; Abklärung der Inhalte	Vermittlung von Wertschätzung, Empathie; Vereinbarung über das Ziel des Beratungsprozesses, über die Zeitdauer und die Schweigepflicht; Das Problem wird benannt.
Klärungsphase	Klärung der Problemsituation	Differenzierte Darstellung des Problems; Abklärung des Ziels sowie Analyse der bisherigen Lösungsansätze; der Berater bietet weitere Sichtweisen (Perspektivenwechsel) an, um zu einer umfassenderen, objektiveren Darstellung zu gelangen;
Veränderungsphase	Sammlung und Bewertung neuer Lösungsmöglichkeiten	Entwicklung und Erörterung neuer Lösungsmöglichkeiten
Abschlussphase	Ergebnisse des Beratungsgeprächs festhalten Vereinbarungen treffen	Stand der Beratung rückmelden; Lösungsmöglichkeit muss problemgerecht und für die Eltern umsetzbar sein; Vereinbarungen über die Verbindlichkeit der Umsetzung der gefundenen Lösungsmöglichkeiten treffen;

Beratungstechniken

Zur Steigerung der Beratungskompetenz tragen verschiedene Beratungstechniken bei. Durch den Perspektivenwechsel werden die Eltern in die Situation des Gesprächspartners versetzt und erleben die Situation aus der Sicht des anderen die Situation. Der Perspektivenwechsel kann auch durch ein Rollenspiel unterstützt werden. Die Erzieherin sollte beim Beratungsgespräch gegenüber den Eltern Wertschätzung und Empathie verwirklichen. Diese Grundhaltung kommt im aktiven Zuhören (siehe Kap. 9) zum Tragen.

Hospitation

Ziele

Um den Eltern einen Einblick in die pädagogische Arbeit der Einrichtung zu gewähren, bieten sich Hospitationen an. Die Hospitation kann sich von mehren Stunden bis zur Anwesenheit über einen ganzen Tag erstrecken. Hospitationen ermöglichen gerade Eltern, die auf der Suche nach einer geeigneten Betreuung für ihr Kind sind, zwischen verschiedenen Einrichtungen zu vergleichen.

Durch die Hospitation erhalten die Eltern einen umfassenden Eindruck von der Arbeit in der Einrichtung, da sie die Umsetzung der Konzeption im Erziehungsalltag erleben und sich einen Eindruck vom Umgang mit den Kindern machen können. Die Arbeitsweise wird für die Eltern transparent. Zudem erleben die Eltern, wie ihr Kind mit der neuen Situation, den Erzieherinnen und den Kindern der Gruppe zu Recht kommt.

Auf der anderen Seite können sich die Erzieherinnen ein genaueres Bild von der Bezugperson des Kindes machen. Die Einstellungen und das pädagogische Selbstverständnis der Eltern werden in der Reflexion der Hospitation deutlich. Zudem können die Erzieherinnen die Möglichkeit erkunden, inwieweit die Eltern an einer aktiven Mitwirkung interessiert und befähigt sind.

Durchführung

Die Durchführung von Hospitationen sollte im Team besprochen und mit klaren Regeln für die Eltern versehen werden. Die Rolle der Eltern in der Hospitation besteht zunächst in der stillen Beobachtung. Die Eltern können situationsbezogen in das Spiel einbezogen werden, sie haben aber keine Erziehungsfunktion gegenüber den Kindern.

Video-Home-Training

Ziele

Die Interaktion zwischen Kindern und Eltern wird beim Video-Home-Training gefilmt und anschließend mit den Erziehungsfachkräften ausgewertet. Die Analyse des Elternverhaltens verdeutlicht, welche Erziehungshandlungen die Entwicklung des Kindes unterstützen und welche Verhaltensweisen, die den Eltern in der Regel unbewusst sind, Fehlverhalten bzw. Fehlentwicklungen des Kindes herbeiführen können. Gerade das Ansehen des eigenen Verhaltens in der Videoaufnahme bewirkt bei den Eltern die Bereitschaft, ihr Verhalten zu überdenken und zu ändern.

Durchführung

Die Beobachtungssituation kann sich beispielsweise auf Spielsituationen in der Kindertagesstätte oder auf die Hausaufgabenerledigung im Hort beziehen. Die differenzierte Auseinandersetzung mit dem Erziehungsverhalten kann bei einigen Eltern Ängste auslösen, so dass keine Bereitschaft besteht, sich auf ein Video-Home-Training und damit einer Bloßstellung der eigenen Person einzulassen. Die Interaktion zwischen Eltern und Kind erfolgt im Allgemeinen in einem intimen, geschützten Rahmen; das Video-Home-Training macht aus dieser privaten Situation eine öffentliche Zurschaustellung.

Auswertung

Bei der Auswertung der Videoaufzeichnungen sollte es die Erzieherin vermeiden, in die Rolle der Besserwisserin zu schlüpfen. Die Veränderungsbereitschaft der Eltern wird steigen, wenn sie selbst Fehlverhalten an sich wahrnehmen und nach Hilfen fragen, um ihr Verhalten zu verbessern. Das Video-Home-Training sollte die Eltern nicht verunsichern, sondern auch verdeutlichen, in welchen Situationen sie gut reagieren, inwieweit gute Ansätze bereits vorliegen, die noch ausgebaut und verstärkt werden können. Die Reflexion der Video-Szenen sollte von den beteiligten Erziehungsfachkräften konstruktiv gestaltet werden.

Das aufwändige Verfahren des Video-Home-Trainings setzt zum einen die Beherrschung der technischen Gegebenheiten als auch die Kompetenz voraus, das Auswertungsgespräch elterngerecht und einfühlsam zu gestalten.

Hausbesuche

Ziele

Der Hausbesuch stellt eine besondere Form der Elternarbeit da. Die Durchführung von Hausbesuchen ist nicht unproblematisch und sollte deshalb sehr gut vorbereitet und geplant werden. Ein Hausbesuch kommt dann infrage, wenn man das Kind in seiner familiären Situation kennenlernen und erleben möchte. Die Erzieherin sollte aber bedenken, dass durch den Hausbesuch in die Privatsphäre der Familie eingedrungen wird, deshalb ist der Hausbesuch nur dann angebracht, wenn die Eltern damit einverstanden sind. Um zu vermeiden, dass der Hausbesuch als Kontrolle empfunden wird, sollte der Hausbesuch auf einem nachvollziehbaren, begründeten Anliegen beruhen. So wäre es denkbar, dass die Erzieherin einen Hausbesuch durchführt, wenn das Kind erkrankt ist und ein „Krankenbesuch" absolviert wird. Weiterhin ist möglich, dass mit den Eltern der Kindergruppe vereinbart wurde, dass alle Kinder einmal besucht werden.

Vor- und Nachteile des Hausbesuches:

Vorteile	Nachteile
■ Interesse und Wertschätzung gegenüber den Eltern ■ Einblick in die familiäre Situation, soziales Umfeld und räumliche Gegebenheiten des Kindes ■ Kontaktaufnahme mit allen Bezugspersonen des Kindes (Geschwistern, Großeltern ...) ■ Eltern werden außerhalb der Einrichtung in ihrer Alltagssituation erlebt	■ Eingriff in die Privatsphäre der Eltern ■ Erzieherinnen treffen auf eine „vorbereitete" Situation ■ Misstrauen gegenüber den Eltern als „Kontrollinstanz"

Planung und Durchführung des Hausbesuchs:

Der Hausbesuch muss mit den Eltern vorher abgesprochen werden. Das Anliegen des Hausbesuchs, die Uhrzeit und die vorgesehene Dauer des Besuchs sollten den Eltern klar sein. Den Eltern sollte vorher bekannt sein, welche Teammitglieder am Hausbesuch teilnehmen.

Am Hausbesuch sollten jeweils zwei Erzieherinnen teilnehmen. Dies dient als Schutz für die Erzieherinnen, sowohl im sozialen Bereich (Unterstellungen, Missverständnisse), als auch im physischen Bereich (Gefahr, die von gewalttätigen Familienmitgliedern ausgehen könnte).

In der Vorbereitung auf den Hausbesuch sollte man sich vor allem bei Eltern aus einem anderen Kulturkreis auf die Gebräuche beim Empfang von Gästen vorbereiten, um den Gastgeber nicht zu kränken bzw. aus Unkenntnis unhöflich zu sein.

Gruppenbezogene Formen der Elternarbeit

Innerhalb der gruppenbezogenen Formen der Elternarbeit sollen die vier am häufigsten eingesetzten Möglichkeiten näher erläutert werden:

Thematischer Elternabend

Der thematische Elternabend, der in Relation zu den anderen Formen der Elternarbeit an Bedeutung verloren hat, verfolgt folgende Ziele:

- Vermittlung von Wissen
- Stärkung der Handlungskompetenz der Eltern

- Vorbereitung auf die Mitwirkung von Eltern in der Einrichtung
- Zusammentreffen aller Eltern der Einrichtung und Kontaktmöglichkeiten

Die oftmals geringe Beteiligung kann zum Teil auf die wenig attraktive, frontale Vortragsmethode zurückgeführt werden. Wird methodisch variabel vorgegangen, indem auch die Eltern stärker einbezogen werden, dann nimmt das Interesse der Eltern zu, so dass sich auch langfristig durch Mund-zu-Mund-Propaganda die Elternbeteiligung erhöhen wird.

Die Durchführung eines thematischen Elternabends sollte gut vorbereitet werden und sich an folgendem Ablauf orientieren:

Phase	Ziele	Vorgehen / Beispiele
Planungsphase	Elterninteressen erkunden;	Elternwünsche durch schriftliche oder mündliche Befragung erkunden; Elternvertretungen einbeziehen; aktuelle Themen (z. B. Fachzeitschriften) und Probleme (Vorfälle in der Einrichtung) aufgreifen; Träger über die geplante Aktivität informieren; Finanzielle Aufwendungen erfassen und Finanzierung sicherstellen;
Realisierungsphase Vorbereitung	Referenten gewinnen; organisatorische Vorbereitungen treffen; Eltern informieren und motivieren;	Fachkompetente Referenten (auch Erzieherinnen der eigenen Einrichtung) ansprechen und die Durchführung des thematischen Elternabends absprechen; Termin festlegen; Medienbedarf abklären und Medien bereitstellen; Raum auswählen, schmücken und bestuhlen; durch Aushänge, Plakate, Elternbrief, persönliche Einladung der Eltern, Ankündigung in der Presse auf den Elternabend hinweisen; Einladung der Presse;
Realisierungsphase Durchführung	Ablauf begleiten und steuern;	Erzieherin (Leitung): ■ Begrüßung der Eltern und Vorstellen des Referenten ■ Hinweis auf die Bedeutung des Themas Referent ■ Impulsreferat / Arbeitsgruppen ■ Diskussion
Realisierungsphase Auswertung	Wirkung und Zufriedenheit erfassen;	Erzieherin (Leitung): ■ Erfassung der Zufriedenheit durch Plakat ■ Sammlung weiterer Themenvorschläge
Reflexionsphase	Verbesserungsmöglichkeiten entwickeln;	Reflexion der verschiedenen Phasen und Entwickeln von Optimierungsmöglichkeiten; Anzahl der anwesenden Eltern; Auswertung der Elternrückmeldungen; Konsequenzen für weitere Elternabende ableiten

Planungsphase: Eine hohe Beteiligung der Eltern am Elternabend ist abhängig von der Attraktivität und Aktualität der ausgewählten Themen. Deshalb ist in der Planungsphase auf das Interesse der Eltern zu achten. Tür-und-Angel-Gespräche oder Umfragen geben Hinweise auf ein aktuelles Informationsbedürfnis (z. B. Kindesmisshandlung); daneben gibt es wiederkehrend Anliegen (z. B. Einschulung, Medieneinfluss, Verhaltensauffälligkeiten). Entstehen Kosten (Raummiete, Honorare,

Reisekosten, Medien), so ist abzuklären, wer diese Kosten übernimmt. So könnte der Träger, der Förderverein, die Volkshochschule finanziell beteiligt werden oder durch einen Teilnehmerbeitrag, Spenden, Verkauf von Getränken und Speisen versucht werden, die Kosten zu decken. Der Träger der Einrichtung ist über die Veranstaltung zu informieren und ggf. zu beteiligen.

Realisierungsphase: Mindestens acht Wochen vor Beginn des Elternabends beginnt die Auswahl eines kompetenten Referenten für den Elternabend. Neben der Fachkompetenz sind Aufwendungen für Honorar und Reisekosten, Erfahrungen mit dem Referenten bei der Auswahl zu beachten. Zu den Aufgaben der Einrichtung gehört die Öffentlichkeitsarbeit, um die Eltern und andere Interessierte auf die Veranstaltung aufmerksam zu machen. Wirksamer als schriftliche Informationen ist der persönliche Kontakt zu den Eltern, da die direkte Ansprache zu einer höheren Verbindlichkeit führt.

Bei der Durchführung der Veranstaltung hat die Erzieherin (in der Regel die Leiterin) eine moderierende Funktion. Sie begrüßt, geht kurz auf die Thematik ein, unterstützt den Referenten, leitet die Diskussion, bedankt sich beim Referenten, erläutert die Form der Rückmeldung und verabschiedet die Eltern.

Reflexionsphase: Innerhalb einer Woche nach dem Elternabend sollte im Team eine differenzierte Reflexion durchgeführt werden, die folgende Gesichtspunkte berücksichtigt:

- Beteiligung der Eltern
- Verlauf des Abends
- Auswahl des Referenten
- Organisation (Schwachstellenanalyse)
- Konsequenzen

Elternstammtisch

Eine informelle, eher unverbindliche Form der Elternarbeit stellt der Elternstammtisch dar. Häufig wird das Treffen von Vertretern des Elternausschusses organisiert. Zum Stammtisch werden in der Regel auch die Erzieherinnen eingeladen.

Bei dieser Form der Elternarbeit verwischen die Grenzen zwischen professionellem erzieherischem Handeln und privaten Kontakten. In der ungezwungenen Gesprächsatmosphäre besteht die Gefahr, dass in der vermeintlich guten Beziehung zwischen den Eltern und den Erzieherinnen vertrauliche Informationen weitergegeben werden. Die Erzieherin erhält in den Gesprächen andererseits ebenfalls Hintergrundinformationen über die Situation des Kindes.

Elterngesprächskreis

Ziel

Der Elterngesprächskreis geht über den thematischen Elternabend hinaus und stellt für interessierte Eltern die Möglichkeit dar, sich kontinuierlich weiterzubilden. Die Eltern treffen sich in einem bestimmten Zeitraum regelmäßig. Im Vordergrund können entweder das Informationsbedürfnis (z. B. Bearbeitung ausgewählter Themenkreise) oder das Kontaktbedürfnis (z. B. Erfahrungsaustausch, gemeinsame Aktivitäten) stehen.

Themenbezogene Gesprächskreise: In diesem Gesprächskreis werden pädagogische Probleme erörtert und systematisch bearbeitet. Da die Zusammensetzung des Gesprächskreises häufig konstant ist, muss die Erzieherin in der Lage sein, gruppendynamische Prozesse (z. B. Sympathie/Antipathie, Untergruppenbildung) zu erkennen und zu beeinflussen. Die Themen des Gesprächskreises entwickeln sich aus den Interessen und den Bedürfnissen der Elterngruppe. Neben dem Erfahrungsaustausch können Referenten eingeladen werden bzw. anhand der Fachliteratur Themenbereiche erarbeitet und diskutiert werden.

Informelle Gesprächskreise: Die informellen Gesprächskreise haben keine formale Struktur sondern entstehen eher zufällig. So stellen der Elternstammtisch oder das Treffen beim Elterncafe in der Einrichtung den Rahmen, in dem sich die Eltern treffen und austauschen. Es geht dabei stärker um persönliche Einstellungen, Pflege von Kontakten zu Eltern, die in einer vergleichbaren Lebenssituation sind und den Erfahrungsaustausch, der bisweilen über den pädagogischen Bereich hinausgeht.

Elterntraining

Das Elterntraining wird angeboten, um die Erziehungskompetenzen der Eltern zu stärken. Im Rahmen eines Trainingskonzepts werden die Eltern in Kleingruppen systematisch auf die bessere Bewältigung des Erziehungsalltags vorbereitet; die Eltern-Kind-Situation zu entlasten. Die Eltern erfahren einen Handlungsrahmen und lernen, konsequenter, akzeptierender, fairer und zielgerichtet mit ihren Kindern umzugehen. **Ziele**

Die Durchführung des Trainings erfordert von der Leitung des Elterntrainings hohe Kompetenzen, die in der Regel neben der fachlichen Kenntnis auch psychologische Kompetenzen im Umgang mit Gruppen voraussetzt.

Ein Beispiel für ein strukturiertes Elterntraining stellt das **Triple P** (**P**ositive **P**arenting **P**rogram) dar, das zurzeit kontrovers diskutiert wird. Dieses Programm, das in Australien entwickelt wurde, geht von einem verhaltenstheoretischen Ansatz aus und verfolgt folgende **Ziele**:

Ziele des Triple P

- Erziehungskompetenzen der Eltern stärken
- Problematischen Entwicklungen frühzeitig entgegen wirken (Prävention)
- Kindlichem Verhalten konstruktiv begegnen
- Effektive Strategien (z. B. Bewältigungsstrategien) vermitteln
- Kommunikationsfähigkeit der Eltern erhöhen
- Kompetenzen der Kinder stärken
- Positives Selbstbild des Kindes aufbauen
- Kindliche Entwicklung fördern
- Zufriedenheit in der Familie aufbauen und eine positive Familienatmosphäre herstellen

Prinzipien

Um diese Ziele und einen positiven Erziehungsverlauf zu verwirklichen, werden beim Triple P fünf grundlegende Prinzipien formuliert:

- Eine beständige und interessante Umgebung sicherstellen
- Eine positive Lernatmosphäre und eine anregende Lernsituation herstellen
- Konsequentes Erziehungsverhalten zeigen
- Über- und Unterforderung des Kindes vermeiden
- Auf eigene Bedürfnisse achten

Trainingsplan

Das Programm beinhaltet einen differenzierten Trainingsplan mit aufeinander abgestimmten Inhalten. Abhängig vom Informationsbedürfnis der Eltern werden auf verschiedenen Ebenen unterschiedliche Angebote entwickelt.

Die Eltern erhalten Informationsmaterial (Loseblattsammlungen zu folgenden Themenreihen: Eltern; Positive Erziehung; Säuglinge; Kleinkinder; Kindergartenkinder; Grundschulkinder), in dem der Umgang mit schwierigen Erziehungssituationen erläutert wird.

Neben der Analyse der Erziehungssituation beinhalten die sogenannten „kleinen Helfer" alltagserprobte Ratschläge zur Bewältigung der Probleme. Bei einigen Eltern reichen die verständlich formulierten Hilfen bereits aus, um die Erziehungsschwierigkeit selbstständig zu überwinden. Diese kleinen Helfer für Grundschulkinder setzen sich beispielsweise mit folgenden Fragestellungen auseinander: Förderung des Selbstwertgefühls, Ängste, Hausaufgaben, Bettnässen, Lügen, Mitarbeit im Haushalt, Stehlen, Probleme in der Schule, Mobbing.

Die Kompetenzerweiterung der Eltern umfasst 17 Erziehungsfertigkeiten:

Bereiche	Erziehungsfertigkeiten
Positive Beziehung aufbauen	1. Zeit mit dem Kind gemeinsam verbringen 2. Miteinander reden 3. Wertschätzung und Zuneigung zeigen
Wünschenswertes Verhalten fördern	4. Anerkennen, loben 5. Aufmerksamkeit schenken, Zuwendung geben 6. Spannende Beschäftigung organisieren
Neue Fertigkeiten/ Kompetenzen vermitteln	7. Selbst vorbildhaft sein 8. Unterschwelliges, beiläufiges Lernen nutzen 9. Fragen – Sagen – Tun 10. Punktekarte einsetzen
Umgang mit Problemverhalten verbessern	11. Familienregeln erstellen 12. Regelverstöße direkt ansprechen 13. Geringfügiges Problemverhalten konsequent ignorieren 14. Klare Anweisungen ruhig geben 15. Logische Konsequenzen einsetzen 16. Stille Zeit 17. Auszeit

Ebene	Zielgruppe	Umsetzung
Ebene 1 Universelles Triple P	Eltern mit Wunsch nach Erstinformationen zum Programm; Zugang zum Triple P-Programm verschaffen;	Informationsveranstaltungen zur Sensibilisierung für Erziehungssituationen; Unterstützung bei der Gestaltung einer positiven Erziehungshaltung; **Medien:** Videos, Broschüren, Ratgeber, Vorträge
Ebene 2 Triple P Kurzberatung	Eltern mit speziellen Fragen zu ausgewählten Problemen	Spezielle Beratung durch ausgebildete Triple-P-Berater; bis zwei Kurzberatungen (Dauer ca. 20 Min.)
Ebene 3 Triple P Kurzberatung mit Übungen	Eltern, die den Umgang mit speziellen Problemen einüben wollen	Kurzberatung und gezieltes Training mit ausgebildeten Triple-P-Beratern; vier Kurzberatungen (Dauer ca. 20 Min.)
Ebene 4 Triple P Elterntraining	Eltern, die durch ein intensives Training umfassend auf die Bewältigung von Erziehungsherausforderungen vorbereitet werden.	Gruppensitzungen (vier Treffen mit einer Dauer von jeweils 2 Stunden) sowie vier Telefonkontakte; **Medien:** Elternarbeitsbuch
Ebene 5 Erweitertes Triple P	Vertieftes Training zur Verminderung von Stressfaktoren, Partnerschaftsproblemen oder Vertiefung von Erziehungsstrategien	Bis zu zehn individuelle Übungseinheiten mit psychotherapeutisch qualifizierten Beratern

Untersuchungen zur Effektivität des Programms zeigen, dass bei den Kindern die Verhaltensauffälligkeiten deutlich zurückgehen.

Die **Kritik** gegen das Triple-P-Konzept richtet sich vor allem an das kochbuchartige Vorgehen. Die Eltern dressieren ihr Kind mit den Techniken der Verhaltenstherapie und berücksichtigen zu wenig die Persönlichkeit des Kindes. Alterstypische Verhaltensabweichungen werden zum behandlungsbedürftigen Problemverhalten. Einige Methoden (z. B. Auszeit, stiller Stuhl) gelten als sehr fragwürdige Erziehungsmethoden.

Einrichtungsbezogene Formen der Elternarbeit

Die einrichtungsbezogene Form der Elternarbeit besteht im Wesentlichen aus folgenden drei Varianten:

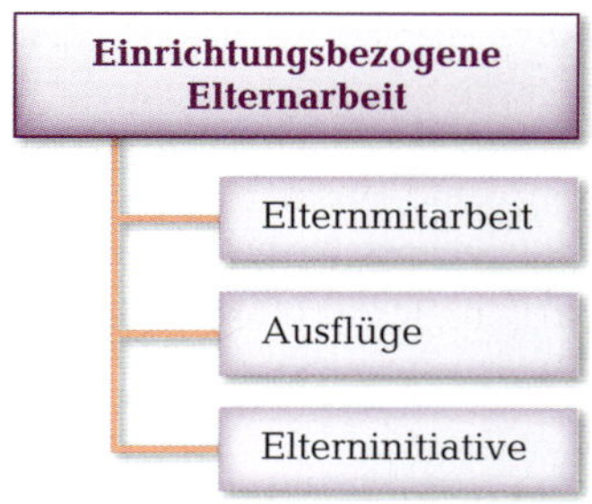

Elternmitarbeit

Die Elternmitarbeit kann auf unterschiedliche Weise die Arbeit der sozialpädagogischen Einrichtung bereichern. Das Engagement der Eltern und das Einbeziehen in den Erziehungsalltag kennzeichnen eine partnerschaftliche Zusammenarbeit. Dies kommt beispielsweise zum Tragen, wenn die Eltern ihre Kompetenzen bei **Projekten** einbringen, die **Durchführung von Veranstaltungen** unterstützen, sich bei der **Gestaltung und dem Erhalt des Gebäudes und des Außengeländes** engagieren, die erforderliche Reparaturen durchführen oder in der Einrichtung unterschiedliche Dienste übernehmen. Die Übernahme von Diensten ist nicht unproblematisch. Zum einen bieten die Eltern ihre Mitwirkung an, zum anderen gehen sie davon aus, dass eigene Ideen eingebracht werden können. Vor der Übertragung von Diensten ist eine Einweisung der Eltern unabdingbar. Den Eltern sollte Klarheit darüber verschafft werden, welche Aufgaben auf sie zukommen, welche Befugnisse sie haben und welche Pflichten zu beachten sind. Nur wenn dies gegeben ist, sind unerfreuliche Auseinandersetzungen und demotivierende Zurechtweisungen zu vermeiden sowie ein weiteres Engagement der Eltern für die Einrichtung gewährleistet.

Ausflüge/Festgestaltung

Die Eltern unterstützen bei verschiedenen Veranstaltungen wie Festen, Feiern oder Ausflügen die Arbeit der Erzieherinnen. Gerade bei größeren Veranstaltungen wie Sommerfest oder Ausflügen ist die Mitarbeit der Eltern willkommen, weil das Erzieherinnenteam nicht immer in der Lage ist, alle Aufgabenbereiche abzudecken.

Die Mitwirkung der Eltern hat nicht nur eine entlastende Funktion, sondern verstärkt die Verbundenheit der Eltern mit der Einrichtung. **Das gemeinsame Engagement verstärkt das Wir-Gefühl** und unterstützt die Identifikation der Eltern mit der Institution. Zudem fördert die Mitwirkung der Eltern die Integration von neuen Eltern.

Eltern können in allen Phasen (Planung, Vorbereitung und Durchführung) eingebunden werden. So können Eltern Programm-Punkte selbst gestalten (z. B. Durchführung eines Handpuppen-Spiels) und damit das Programm bereichern. Häufig engagieren sich Eltern im Verpflegungsbereich von Veranstaltungen. Sie backen Kuchen, geben Essen und Getränke aus oder beteiligen sich beim Kochen.

Die Erzieherinnen sollten beim Einbinden der Eltern auch bedenken, dass aus der Elternmitwirkung Erwartungen und Mitsprachewünsche erwachsen. Wer sich bei Ausflügen und Festveranstaltungen einbringt, der erwartet auch, dass seine Ideen Berücksichtigung finden. Deshalb ist es wichtig, eine Rollenklärung vorzunehmen. Die Aufgaben und Kompetenzen der Eltern sind dabei eindeutig zu definieren, damit die Eltern nicht enttäuscht sind oder unzufrieden werden.

Elterninitiative

Die umfangreichste und intensivste Form der Elternmitarbeit ist zu beobachten, wenn die Einrichtung von einer Elterninitiative getragen wird. Die Mitwirkung der Eltern bezieht sich dabei auf alle Bereiche: Die Eltern sind bei der Konzeptionsentwicklung entscheidend beteiligt, mit ihnen werden Erziehungspraktiken abgestimmt, sie beteiligen sich im Erziehungsalltag, die Eltern übernehmen regelmäßig Dienste und haben die Trägerverantwortung für die Einrichtung.

Eltern engagieren sich in Elterninitiativen, weil ihnen die Verwirklichung ihrer Erziehungsvorstellungen und Werthaltungen besonders wichtig ist. Diese Einrichtungen wollen bewusst eine Alternative zu den Regeleinrichtungen darstellen, um ihr ganz spezifisches Erziehungsverständnis zu realisieren.

In der Elterninitiative nehmen die Eltern verschiedene Rollen war:

- Für die Erzieherinnen sind die Eltern Mütter und Väter von Kindern, die in der Einrichtung betreut werden
- Im Alltag begegnen ihnen die Eltern als Mitarbeiter bei der Übernahme von Diensten
- Die Eltern nehmen aber auch Trägerfunktion wahr und sind gegenüber den Erzieherinnen weisungsbefugt

Aus diesen unterschiedlichen Rollen der Eltern ergeben sich bisweilen Rollenkonflikte.

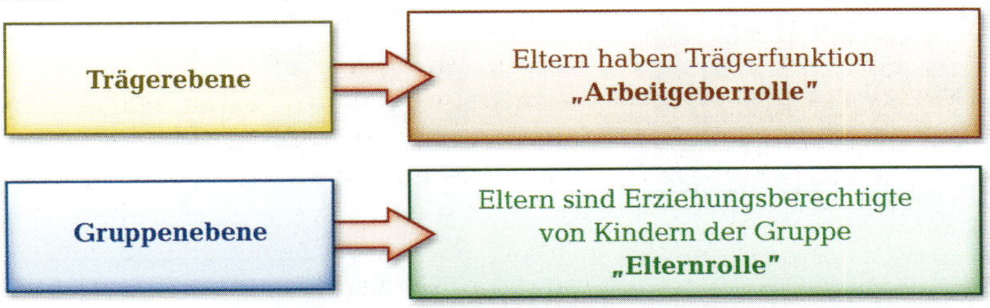

Elternrollen in einer Elterninitiative

Schriftliche Formen der Elternarbeit

Innerhalb der schriftlichen Formen der Elternarbeit sollen auf die von der Einrichtung erstellten Informationsmaterialien (z. B. Flyer, Broschüren), die Elternzeitung sowie die Gestaltung von Informationswänden (z. B. schwarzes Brett) durch Aushänge näher eingegangen werden.

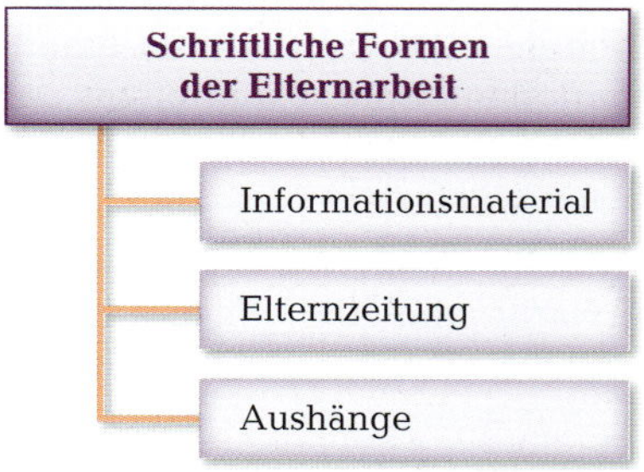

Informationsmaterial

In der Einrichtung wird eine Vielzahl von Materialien erstellt und verteilt. Die Erzieherinnen sollten im Sinne der Corporate Identity darauf achten, dass die Einrichtung ein gleiches, wieder erkennbares Erscheinungsbild aufweist (z. B. Logo, Schrift, Farbe). Bei der Erstellung von Informationsmaterialien sollte die Erzieherin zunächst genau bedenken, welche Zielgruppe angesprochen werden soll und welche Absicht mit der Weitergabe dieser Informationen verbunden ist. Die Wortwahl, die Differenziertheit der Darstellung, der Umfang und die Aufmachung der Informationsschrift orientieren sich an der Zielgruppe.

Informationsmaterialien sind in der Erstellung sehr aufwändig und teuer. Sie können sehr schnell veralten, wenn in der Schrift Informationen (z. B. Jahresangaben, aktuelle Vorkommnisse, Namen von Mitarbeitern, die die Einrichtung bereits verlassen haben) zu finden sind, die nicht mehr gültig sind. Der Leser schließt daraus, dass auch die anderen Informationen überholt sind.

Flyer

Der Flyer stellt eine **Kurzinformation über die Einrichtung** dar und wird auf ein Din-A4-Blatt doppelseitig gedruckt. Die Informationsmenge auf einem Flyer ist sehr begrenzt, so dass nur kurze Informationen in prägnanter Form aufgeführt werden können. Der Flyer sollte das Interesse der Eltern für die Einrichtung wecken und die Besonderheiten der Einrichtung verdeutlichen. Durch Bilder und einen farbigen Ausdruck kann die Attraktivität des Flyers gesteigert werden.

Konzeption

Eine **differenzierte Darstellung der Einrichtung** ergibt sich aus der Konzeption. Hier wird die pädagogische Arbeit (z. B. pädagogischer Ansatz, inhaltliche Schwerpunkte, Ziele und Rahmenbedingungen) deutlich. Bei den Formulierungen muss der Kenntnisstand der Eltern berücksichtigt werden. Fachbegriffe und einrichtungsinterne Abkürzungen sind sparsam zu verwenden bzw. anschaulich zu erklären. Die Darstellung der zahlreichen Inhalte birgt die Gefahr, dass der Textanteil überwiegt und die Informationsschrift als langweilig und uninteressant empfunden wird. Deshalb ist es wichtig, die Inhalte zu veranschaulichen (Grafiken, Abbildungen, Bilder, Kinderzeichnungen).

Die Darstellung der Konzeption stellt für interessierte Eltern eine wichtige Informationsgrundlage dar, um unterschiedliche Einrichtungen zu vergleichen und die Wahl für eine bestimmte Einrichtung zu treffen.

Elternzeitung

Die Elternzeitung und Elternbriefe stellen eine regelmäßige Information der Eltern dar, in denen über personelle Veränderung, aktuelle Projekte, pädagogische Fragestellungen, Termine berichtet wird. Die Eltern werden dadurch am Geschehen in der Einrichtung beteiligt. Die Erstellung einer Elternzeitung ist jedoch sehr aufwändig und Zeit raubend.

Bei der Gestaltung ist darauf zu achten, dass die Informationen einen Bezug zu den Eltern aufweisen. Die Darstellung in Fachartikeln (z. B. Informationen über einen spielzeugfreien Kindergarten, Reggio-Pädagogik) muss für die Eltern verständlich sein. So müssen Fachbegriffe erläutert und auf Abkürzungen, die nur von Mitarbeitern verstanden werden, verzichtet werden.

Themen der Elternzeitung

In der Elternzeitung können folgende wiederkehrende Themenkomplexe angesprochen werden:

- Aktivitäten in den Gruppen (z. B. „Besuch der Igelgruppe bei der Bäckerei Schmidt"; Projekt „sauberes Außengelände")
- Aktuelle Entwicklungen, die sich auf die pädagogische Arbeit auswirken (z. B. „Vor- und Nachteile der offenen Gruppenarbeit"; „Snoozelen-Raum")
- Auseinandersetzung mit pädagogischen Fragestellungen (z. B. „Mit zwei Jahren in den Kindergarten?"; „Bildungsangebote in der Kindertagesstätte"; „Einschlafrituale"; „Übergänge erfolgreich bewältigen")
- Planungen und Termine (z. B. Sitzungstermine des Elternausschusses, Vortragsveranstaltungen, Feste, Schließungstage)
- Veranstaltungshinweise (z. B. Ausstellungen, Veranstaltungen der Volkshochschule)
- Vorstellung von Mitarbeitern
- Diskussionsforum für Eltern (z. B. Elternwünsche, Anregungen, Verbesserungsvorschläge)
- Kindersprüche (lustige Aussagen der Kinder) und Kinderzeichnungen

- Bücher-, Musik- und Spielzeugempfehlungen (z. B. Besprechung von Kinderbüchern, Kinder CDs, Vorstellung von pädagogisch wertvollen Spielzeugen).

Die Beiträge können von den Erzieherinnen der Einrichtung, von den Eltern oder vom Träger gestaltet werden. Die Herausgeber sollten darauf achten, dass die Elternzeitung nicht zu umfangreich wird.

Formale Aspekte

Bei der Erstellung der Elterninformationen sollten folgende formalen Aspekte beachtet werden:

- Fehlerfreie Darstellung
- Klare, verständliche Ausdrucksweise
- Keine belehrende Grundhaltung
- Gliederung der Beiträge (Überschriften, Zwischenüberschriften, Absätze)
- Visualisierung der Inhalte (Grafiken, Bilder, Übersichten, Zeichnungen)
- Kurze Darstellung
- Aktualität
- Bei der Übernahme von Fremdtexten und -bildern sind Urheberrechte zu beachten

Aushänge

Aushänge dienen unter anderem der **fortlaufenden Elterninformation**. Durch den Aushang von Wochenplänen oder von Vorhaben der Gruppe wird die Arbeit der Erzieherinnen für die Eltern transparenter. Daraus können sich Gesprächsimpulse für ein kurzes Tür- und Angelgespräch ergeben.

Die Aushänge können zum einen gruppenbezogen vor den einzelnen Gruppenräumen die Eltern der jeweiligen Gruppe informieren (z. B. Wochenplan, Ausflüge, Projekte, Vorstellung der Praktikantin); zum anderen können die Informationen an alle Eltern gerichtet sein und sollten dann zentral, für alle Eltern gut zugänglich angebracht werden.

An der **Informationswand** sollten die Aushänge klar und übersichtlich gegliedert sein, damit die Eltern sich schnell über Aktuelles einen Überblick verschaffen können bzw. Hinweise auf Veranstaltungen erhalten, die ihre erzieherische Arbeit unterstützen. **Als Struktur der Informationswand ist eine Dreiteilung sinnvoll**:

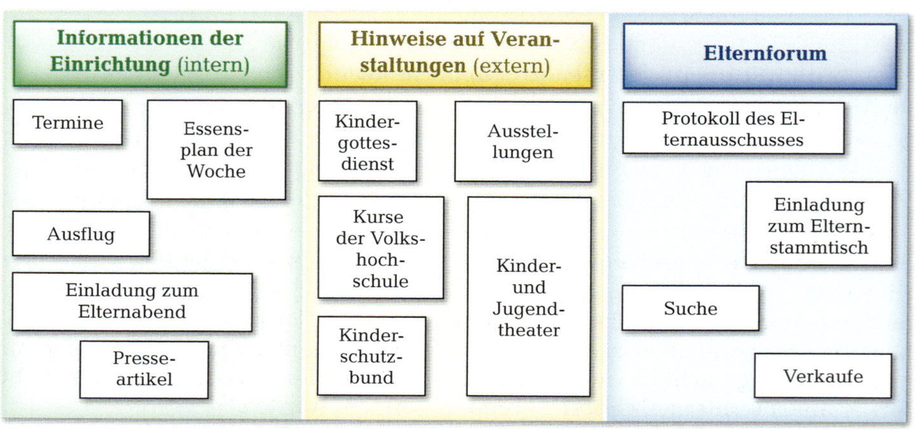

Kapitel 11

Gestaltungshinweise

Bei der Gestaltung des schwarzen Brettes sollten folgende Hinweise beachtet werden:

- In der Einrichtung sollte eine Person für das schwarze Brett verantwortlich sein
- Die Aushänge müssen aktuell sein
- Wichtige Informationen können farblich herausgehoben werden
- Die Texte sollten fehlerfrei sein
- Hinweise auf externe Veranstaltungen müssen von der Leitung der Einrichtung genehmigt werden.

Die **Informationswand** vermittelt für Besucher des Hauses einen ersten Eindruck über die Aktivitäten der Einrichtung und **gibt Hinweise auf die Transparenz der Arbeit**. Die Erzieherinnen sollten sich deshalb bemühen, dass dieser erste Eindruck, der lange Zeit nachwirkt, möglichst positiv ist.

11.3.3 Probleme der Elternarbeit

Rollenkonflikte

Auslöser für Probleme in der Elternarbeit sind die unterschiedlichen Erwartungen an die Erzieherin. Wie am Beispiel der Elterninitiative zu sehen, kann die Erzieherin innerhalb der Einrichtung unterschiedliche Rollen innehaben und mit unterschiedlichen Rollenerwartungen konfrontiert werden. So erwarten die Eltern der Elterninitiative als Arbeitgeber der Erzieherin, dass sie die Vorgaben der Eltern exakt umsetzt und über ihre pädagogische Arbeit Rechenschaft ablegt. Übernehmen die Eltern in der Elterninitiative Dienste, dann übernehmen sie gegenüber den Erzieherininnen die Mitarbeiterrolle. Sie möchten partnerschaftlich von den Erzieherinnen behandelt werden und fühlen sich als gleichberechtigtes Mitglied im Team. So entsteht ein „buntes" Team, indem professionell ausgebildete Erzieherinnen und engagierte Eltern zusammenarbeiten.

Nehmen die Eltern die „Elternrolle" wahr, dann erwarten sie von den Erzieherinnen beispielsweise Hilfestellungen in Problemsituationen, Informationen über ihr Kind oder Unterstützung bei Erziehungsfragen. So könnte ein Rollenkonflikt entstehen, wenn sich die Erzieherinnen gegenüber den Eltern kritisch äußern (Elternrolle) und die Eltern in ihrer Arbeitgeberrolle ungehalten reagieren.

Kommunikationsprobleme/Migrantenfamilien

Beim Ungang mit Migrantenfamilien treten unterschiedlicher Probleme auf. So erschweren mangelnde Deutschkenntnisse jede Kommunikation zwischen den ausländischen Eltern und den Erzieherinnen. Oft gelingt es nur mit Hilfe Dritter dieser Kommunikationshürde zu überwinden. Neben den Verständigungsschwierigkeiten ergeben sich Probleme aus den unterschiedlichen Kulturkreisen. Die Erzieherin muss sich mit verschiedenen Kulturkreisen, mit unterschiedlichem Erziehungsverständnis, Geschlechterrollen, Normen und Gebräuchen auseinander setzen, um das Verhalten der Eltern und der Kinder zu verstehen. Eine Analyse der Lebenssituation ist zwar aufwändig aber unumgänglich, um den Kindern und Familien gerecht zu werden. **Die Heterogenität der Elternschaft sollte nicht als Problem sondern als Bereicherung verstanden werden.**

Die nationale Zusammensetzung der Elternschaft sollte sich auch in der Gestaltung der Elternarbeit niederschlagen. Dies gilt beispielsweise für die Gestaltung von Einladungen, die Durchführung von Elternveranstaltungen oder der Einbindung der Eltern in die Abläufe des Erziehungsalltags.

Mangelndes Interesse an der Elternarbeit

Erzieherinnen sind bisweilen unzufrieden mit der Elternarbeit, weil die Eltern zu wenig Interesse an der pädagogischen Arbeit zeigen. Sie blicken neidisch auf die Schule, die für die Eltern offenbar wichtiger ist, so dass die Eltern an den Veranstaltungen der Schule regelmäßig teilnehmen.

Erzieherinnen interpretieren die geringe Teilnahme an Elternabenden als Desinteresse an ihre Arbeit und setzen sich zu wenig mit den Ursachen auseinander. **Folgende Gründe könnten das Fernbleiben der Eltern erklären:**

- Fehlendes Einbeziehen der Eltern bei der Themenauswahl
- Wenig attraktive Gestaltung der Elternveranstaltung
- Ungenügende Werbung für das Angebot
- Berufstätigkeit der Eltern
- Fehlende Betreuung für das Kind

Das Interesse der Eltern an den Veranstaltungen kann gesteigert werden, wenn es gelingt, die Betroffenheit der Eltern zu erhöhen. Bernitzke & Schlegel (2004, Seite 193) verdeutlichen dies in folgender Darstellung:

Eignes Kind	Kinder der Gruppe	Kinder der Einrichtung	Fremde Kinder	**Angesprochener Personenkreis**
Sehr hohe Motivation	**Hohe Motivation**	**Geringe Motivation**	**Sehr geringe Motivation**	**Motivation der Eltern**

Elternbeschwerden

Tragen die Eltern Beschwerden vor, so wird dies häufig als persönlicher Angriff und Kritik verstanden. Die Erzieherinnen geraten dann in einen Rechtfertigungszwang und entwickeln Schuldgefühle, weil sie nicht gelernt haben mit Kritik positiv umzugehen. **Wenn Eltern Kritik äußern, dann kommt ihr Interesse am Erziehungsalltag zum Tragen.** Mit der vorgetragenen Kritik ist aber auch die Hoffnung der Eltern verbunden, dass sich die Situation verbessert. Bringen die Eltern keine Kritik vor, so kann dies auf unterschiedlichen Ursachen beruhen: Vielleicht haben Eltern bereits resigniert, da sie erlebt haben, dass ihre Vorschläge nicht aufgegriffen wurden; unter Umständen wagen es die Eltern nicht Kritik vorzubringen, weil sie Angst haben, ihr Kind könnte daraufhin in der Einrichtung benachteiligt werden.

Wenn sich die Elternarbeit positiv weiterentwickeln soll, dann ist die offene Rückmeldung der Eltern besonders wichtig. **Deshalb sind die Beschwerden der**

Eltern als Chancen zu sehen. Die von Eltern vorgebrachte Kritik kann der Ausgangspunkt sein, um Abläufe zu hinterfragen und sie zu optimieren. Die Erzieherinnen sollten daran interessiert sein, die Einschätzungen und Wünsche der Eltern systematisch zu erfassen. So sollten sie regelmäßig Elternbefragungen durchführen, um die Zufriedenheit der Eltern mit dem Erziehungsangebot und den Rahmenbedingungen der Einrichtung zu überprüfen und Verbesserungsvorschläge der Eltern zu erkunden.

Wenn die Eltern nicht den Mut haben, ihre Probleme direkt anzusprechen, dann können Kummerkästen oder anonym durchgeführte Befragungen den Eltern eine Möglichkeit zur offenen Rückmeldung geben.

Räumliche Entfernungen zu den Eltern

Im Heimbereich, im sonderpädagogischen Bereich und ländlichen Raum (Bustransfer der Kinder in die Einrichtung) sind die Begegnungsmöglichkeiten mit den Eltern eingeschränkt, da der tägliche Kontakt entfällt. An die Stelle des spontanen Treffens beim Bringen und Abholen treten dann Telefonkontakte und schriftliche Notizen, um über den Tagesverlauf oder Besonderheiten Rückmeldung zu geben.

In diesen Arbeitsfeldern ist es erforderlich, andere Wege (z. B. Einladung zu Veranstaltungen, Tag der offenen Tür, Elternsprechtag) einzuschlagen, um einen persönlichen Elternkontakt aufzubauen. **Vor allem der persönliche Kontakt ist die Grundlage für eine vertrauensvolle Beziehung zwischen den Eltern und den Erzieherinnen.**

Auf den Punkt gebracht

Die Elternarbeit, zu der jede Einrichtung gesetzlich verpflichtet ist, hat unterschiedliche Funktionen und stellt deshalb eine wichtige Aufgabe der Einrichtung dar. Die Elternarbeit ist auf die Zufriedenheit der „Kunden" ausgerichtet.

Mit Hilfe der Elternarbeit wird die sozialpädagogische Arbeit transparent. Sie dient dem Informations- und Erfahrungsaustausch zwischen Eltern und Erzieherinnen. Durch eine gute Elternarbeit können Konflikte vermieden werden.

Die Mitarbeit der Eltern wird durch die Elternarbeit angeregt. Die Kompetenzen und Ressourcen der Eltern können eingebracht werden, um die Qualität der pädagogischen Arbeit zu steigern.

Elternarbeit kann sowohl schriftlich als auch im persönlichen Kontakt mit den Eltern durchgeführt werden. Bei der einzelpersonbezogenen Elternarbeit erfolgen das Anmeldegespräch, Tür und Angelgespräche, Elternberatung, Hospitationen und Besuche. Wird die Arbeit auf die Gruppe, in der sich das Kind der Eltern befindet, bezogen, so können Elternabende, Elternstammtisch, Gesprächskreise oder Elterntraining angeboten werden. Bezieht sich die Elternarbeit auf die Gesamteinrichtung, so steht die Elternmitarbeit im Mittelpunkt. Die Eltern unterstützen die Erzieherinnen bei Projekten, Ausflügen und speziellen Angeboten. Eine besondere Form der Elternarbeit stellt die Tätigkeit in Elterninitiativen dar. Hier begegnen die Eltern den Erzieherinnen in unterschiedlichen Funktionen: Die Eltern sind Arbeitgeber, bei der Übernahme von Diensten sind die Eltern gleichberechtigte Mitarbeiter und sind „normale" Eltern, bezogen auf das eigene Kind in der Gruppe. Die schriftlichen Formen der Elternarbeit beziehen sich auf die Erstellung von Informationsmaterialien, Elternzeitungen und Aushängen.

Die Elternarbeit wird durch verschiedene Probleme, beispielsweise Rollenkonflikte erschwert. Bei Migrantenfamilien behindern die mangelnden Sprachkenntnisse die Zusammenarbeit.

Viele Erzieherinnen beklagen die geringe Beteiligung der Eltern an Veranstaltungen der Einrichtung.

Aufgaben

1. Im September findet in der Einrichtung ein Elternabend statt, bei dem die Elternvertreter gewählt werden sollen.
   a) Erstellen Sie einen Plan für die Durchführung des Elternabends.
   b) Entwickeln Sie Möglichkeiten zur Visualisierung (z. B. Wahlablauf ...).

2. Rollenkonflikte können beispielsweise in einer Elterninitiative auftreten.
   a) Geben Sie Beispiele für mögliche Rollenkonflikte zwischen den Eltern und den Erzieherinnen in der Elterninitiative.
   b) Zeigen Sie auf, wie Sie die Entstehung von Rollenkonflikte verhindern und bestehende Rollenkonflikte vermindern können. Veranschaulichen Sie Ihre Aussagen.

3. Sie sind für die Durchführung eines thematischen Elternabends zum Thema „Einschulung" verantwortlich.
   a) Erstellen Sie ein Plakat und eine Presseinformation zu dieser Veranstaltung.
   b) Entwickeln Sie eine Checkliste zur Vorbereitung des Elternabends.
   c) Verdeutlichen Sie, wie Sie die Bewertung der Eltern erfassen können.
   d) Erstellen Sie eine Tagesordnung für das Reflexionsgespräch im Team. Erläutern Sie, welche Inhalte Sie zu den verschiedenen Tagesordnungspunkten ansprechen wollen.

12 Qualitätsmanagement

Die Qualitätsdiskussion steht in Verbindung mit einem grundlegenden Wechsel der Sichtweisen, der sich auch im sozialpädagogischen Bereich vollzogen hat: Dabei wird die Einrichtung zum Dienstleistungsunternehmen und die Eltern und Kinder werden zu Kunden des Dienstleistungsangebots.

Die Auseinandersetzung mit der Qualität von Dienstleistungen im sozialpädagogischen Bereich hat zu zahlreichen Diskussionen um folgende Inhalte geführt:

- Festlegung von fachlichen Standards
- Controlling
- Zielvereinbarungen
- Bestimmung von Erfolgskriterien
- Auseinandersetzung mit den Rahmenbedingungen/Strukturen unter dem Gesichtspunkt der Qualität
- Transparenz der erbrachten Leistungen
- Zertifizierung von sozialpädagogischen Einrichtungen

12.1 Definition

Die Definition der Qualität im sozialpädagogischen Bereich ist schwierig. Die DIN-Definition (DIN 8402) besagt: **Qualität** ist die Gesamtheit von Merkmalen eines Produkts oder einer Dienstleistung, die sich auf ihre Eignung zur Erfüllung festgelegter und vorausgesetzter Bedürfnisse bezieht. Dieses Qualitätsverständnis geht davon aus, dass Qualitätsmerkmale eindeutig definierbar und überprüfbar sind. Im sozialpädagogischen Bereich beruhen Qualitätsaussagen häufig auf subjektiven Wertmaßstäben, so dass allgemeingültige Qualitätsdefinitionen fehlen. Offen bleibt zudem, wessen Bedürfnisse angesprochen werden. Im sozialpädagogischen Bereich bezieht sich die Qualität auf die Erfüllung von Kundenanforderungen, d. h. Eltern, Bewohnern und Kindern.

Das **Qualitätsmanagement** umfasst die Planung, Organisation, Dokumentation und Überprüfung aller Aktivitäten, die zur Sicherung und Verbesserung der Qualität dienen. Mit Hilfe des Qualitätsmanagements wird ein systematischer Weg bestritten, um die eigene Einrichtung zu optimieren.

12.1.1 Qualitätsverständnisse

Was unter Qualität verstanden wird ist recht unterschiedlich. Abhängig von den verschiedenen Interessen ergeben sich folgende Sichtweisen (Greving 2003):

Eigenschaftsbezogene Sichtweise von Qualität: Qualität kennzeichnet genau messbare Eigenschaften eines Produkts und den Vergleich mit präzisen Anforderungen an das Produkt.

Kundenorientierte Sichtweise von Qualität: Qualität zeigt sich in der Erfüllung bestimmter Kundenerwartungen durch die Leistung bzw. das Produkt.

Finanzorientierte Sichtweise von Qualität: Die Qualität einer (Dienst)-Leistung wird in Beziehung zum finanziellen Aufwand gesehen. So findet sich im Bundessozialhilfegesetz (§ 93) folgende Regelung: „Wird die Leistung von einer Einrichtung erbracht, ist der Träger der Sozialhilfe zur Übernahme der Vergütung für die Leistung nur verpflichtet, wenn ... eine Vereinbarung über Inhalt, Umfang und Qualität der Leistungen (Leistungsvereinbarung) besteht."

Normative Sichtweise von Qualität: Die Qualität ergibt sich aus den normativen Wertvorstellungen gegenüber der Dienstleistung. Die Bewertungsmaßstäbe sind Qualitätskriterien (Normen, Standards).

Dynamische Sichtweise von Qualität: Qualität lässt sich beständig steigern (kontinuierlicher Verbesserungsprozess) und stellt keinen Endzustand dar.

Qualität als Ausnahme: Qualität zeigt sich eine herausragende Form einer Dienstleistung bzw. eines Produkts; damit hat Qualität einen exklusiven Charakter. Nur wenige werden diesem Qualitätsanspruch gerecht.

Qualität als Perfektion: Die Qualität beruht auf der Verwirklichung von Qualitätsstandards mit unterschiedlichem Anspruchsgrad.

Qualität als Zweckmäßigkeit: Die Qualität wird daran gemessen, in welchem Umfang die sozialpädagogische Einrichtung für den Einzelnen, der die Leistung der Einrichtung in Anspruch nimmt, zweckorientiert ist.

Qualität als Transformation: Darunter versteht man interaktive Prozesse. Qualität zeigt sich darin, dass ein Zustand in einen neuen „höheren" Zustand weiterentwickelt (transformiert) wird; z. B. persönliche Weiterentwicklung, zunehmende Eigenverantwortung des Bewohners, Grad der Integration in die Gruppe.

Qualität als ökonomische Kategorie: Qualität zeigt sich in der Verwirklichung der vereinbarten Ziele. Im Mittelpunkt stehen dabei die Effektivität (Wirksamkeit) und die Effizienz (Wirtschaftlichkeit) der Umsetzung.

Inwieweit ist die Qualität einer sozialpädagogischen Einrichtung bestimm- und messbar? **Das Qualitätsverständnis im Bereich der sozialen Dienstleitung unterscheidet sich deutlich vom Qualitätsbegriff im industriellen Bereich.** So kann die Qualität nicht nur an gut messbaren Äußerlichkeiten festgemacht werden (z. B. Häufigkeit von Elternabenden, Größe von Gruppenräumen ...), sondern muss auch subjektive Bewertungen, wie beispielsweise die Zufriedenheit berücksichtigen. Zur Bestimmung der Qualität sind die pädagogischen Rahmenbedingungen, in denen die Dienstleistung erbracht wird, zu berücksichtigen. Pädagogische Konzepte, Gesetze (wie KJHG) sowie gesellschaftliche Normen sind zu beachten.

Im Rahmen des Qualitätsmanagements wird die Qualität in der Regel als die Erfüllung von Anforderungen mit dem Ziel der dauerhaften Kundenzufriedenheit verstanden (Zink 1994). In diesem Verständnis definieren Irskens & Vogt (2000) **Qualität** prägnant als **die Erfüllung vereinbarter Kundenerwartungen**. Das KJHG fordert, dass im Dialog zwischen Einrichtung und Eltern die gegenseitigen Erwartungen zu klären sind.

Qualität und Kundenzufriedenheit

Die Eltern und die Kinder/Jugendliche werden als Kunden mit ihren Erwartungen und Ansprüchen unter dem Aspekt der Qualität zunehmend ernster genommen. Waren Eltern früher froh, beispielsweise einen Kindergartenplatz in erreichbarer Nähe zu erhalten und meldeten ihr Kind bereits kurz nach der Geburt vorsorglich an, so hat sich dies grundlegend geändert. Nachdem jedes Kind im Alter von 3 bis 6 Jahren einen Anspruch auf eine Betreuung in der Kindertageseinrichtung hat, konkurrieren verschiedene Einrichtungen, um ihre Platzkapazitäten auszulasten.

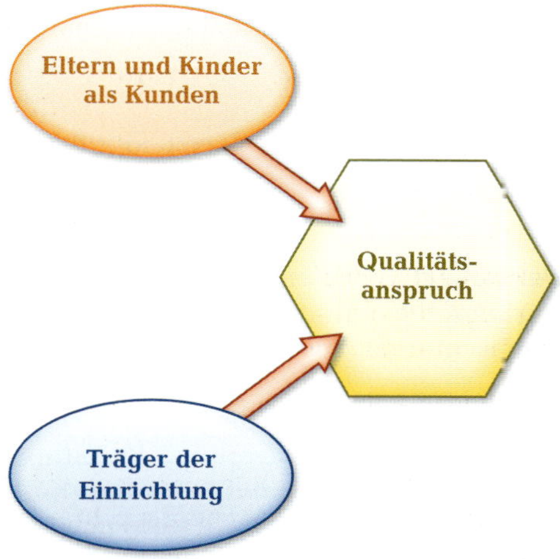

Die Eltern erfahren auch in ihrem beruflichen Umfeld einen Wertewandel. Im Mittelpunkt des neuen Verständnisses steht der Kunde mit seinen Erwartungen und Ansprüchen. Die berufliche Leistung der Eltern als Arbeitnehmer unterliegt in vielen Bereichen bereits einem betrieblichen Qualitätsmanagement. Dieses Qualitätsverständnis wird von den Eltern auch auf den privaten Bereich bezogen. Die Eltern als Kunden beginnen auch die Leistung von sozialpädagogischen Einrichtungen kritisch zu vergleichen. Doch welche Vergleichsaspekte können herangezogen werden? Monatliche Kosten sind in vielen Bundesländern in jeder Gemeinde/Stadt einheitlich festgelegt. Die Suche nach geeigneten Qualitätsmerkmalen fällt für Eltern, die noch keinen Einblick in die verschiedenen Einrichtungen haben, schwer. Sie verlassen sich deshalb zumeist auf Mund-zu-Mund-Propaganda, den Ruf einer Einrichtung, wobei diese Entscheidungsgrößen subjektiv und kaum überprüfbar sind. Mit zurückgehenden Kinderzahlen sind viele Einrichtungen nicht vollständig ausgelastet, so dass die verschiedenen Einrichtungen als „Anbieter von Kinderbetreuung" und dem „Angebot von Betreuungsplätzen" in Konkurrenz stehen. Die Einrichtungen müssen sich verstärkt profilieren, um ihre Qualität für andere (z. B. Eltern, Jugendamt ...) zu verdeutlichen.

12.1.2 Qualität in sozialpädagogischen Einrichtungen

Die Forderung nach Qualitätsnachweisen kommt zudem von Trägerseite. In zunehmendem Umfang wird das Qualitätsmanagement, das zunächst für den industriellen Bereich entwickelt wurde, auf den Dienstleistungsbereich übertragen, so dass auch die Träger sich mit dem Qualitätsmanagement befassen. In dieser Entwicklung müssen sich auch die sozialpädagogischen Einrichtungen der Qualitätsfrage stellen und nachweisen, dass ihre Arbeit hohen Qualitätsansprüchen gerecht wird.

Gründe für Qualitätsmanagement

Die Verwirklichung des Qualitätsmanagements im Non-Profit-Bereich (z. B. Dienstleistungen im sozialpädagogischen Bereich) resultiert nach Greving (2003) aus verschiedenen Gründen:

Haushaltssituation: Die öffentlichen Haushalte leiden unter der wirtschaftsbedingten Finanzkrise mit der Forderung nach einem Abbau von sozialstaatlichen Leistungen. Die erbrachten Leistungen müssen hinsichtlich der Kosten und der Nutzer transparent aufgezeigt werden.

Steuerungsmodelle: Betriebswirtschaftliches Denken bestimmt verstärkt das Denken bei den Kostenträgern im sozialpädagogischen Bereich. Die in der Wirtschaft erprobten Methoden und Verfahren werden auf den sozialpädagogischen Bereich übertragen.

Qualitätsforderung: Die Einrichtungen sind verpflichtet, qualitätssteigernde Maßnahmen, ihre Wirtschaftlichkeit, Wirksamkeit von Maßnahmen und Transparenz gegenüber den Kostenträgern zu belegen.

Wettbewerb: Unter den verschiedenen Anbietern von sozialpädagogischen Leistungen nimmt die Konkurrenzsituation zu. Verschiedene Leistungen werden ausgeschrieben und im gesetzlich geregelten Verfahren vergeben.

Professionalisierung: Die fachliche Weiterentwicklung führt zu einer zunehmenden Professionalisierung. Kenntnisse aus dem betriebswirtschaftlichen Bereich (z. B. Managementmethoden, Kostenrechnung) werden in Leitungspositionen vorausgesetzt und an der Fachschule für Organisation und Führung oder Sozialmanagement vermittelt.

Kundenorientierung: Die Sichtweise der Nutzer des sozialpädagogischen Angebots als Kunden, die bestimmte Qualitätsansprüche haben, führt zu einem grundlegenden Wandel der Sichtweisen und Einstellungen.

12.1.3 Nationale Qualitätsinitiative

Mit der Neuordnung der Jugendhilfe (KJHG 1990) rückte auch die Frage nach der Qualität der Kindertagesstätten in den Blickpunkt. In der Folge entstanden verschiedene Konzepte, die sich aus der Wirtschaft ableiteten (DIN EN ISO 9000), in der Diskussion mit Praxiseinrichtungen entstanden (Kronberger Kreis) oder sich aus der Übernahme von erprobten Konzepten aus anderen Ländern (Kindergarteneinschätzskalen) ergaben. Zwischen den verschiedenen Konzepten entwickelte sich eine kontroverse Fachdiskussion um den richtigen Ansatz und das richtige Vorgehen. Diese Auseinandersetzungen führten in der Praxis und bei den Verantwortlichen zur Verunsicherung.

Projekte der Qualitätsinitiative

1999 wurde vom Bundesministerium für Familie, Frauen, Senioren und Jugend der Entschluss gefasst, in einer nationalen Qualitätsinitiative das System der Tageseinrichtungen für Kinder zu untersuchen. In fünf Teilprojekten wurden die pädagogische Qualität und Trägerqualität überprüft.

Inzwischen liegen zu den fünf Bereichen die Projektergebnisse vor. In allen Projekten wurden Qualitätskriterien, Instrumente und Verfahren entwickelt und erprobt. Die Qualitätsstandards sind als Empfehlungen zu sehen, da die Bundesländer für die sozialpädagogischen Einrichtungen zuständig sind.

12.1.4 Vorteile der Qualitätsumsetzung

Die Verwirklichung des Qualitätsmanagements ist mit Vorteilen seitens der Einrichtung, der Mitarbeiter sowie der Eltern und Kinder als Kunden verknüpft.

Einrichtungsbezogene Vorteile

Die Institution entwickelt ein klareres Profil und kann sich damit im Wettbewerb Vorteile verschaffen. In der Regel führt die Auseinandersetzung mit der Qualität der Dienstleitung zu anderen Handlungsweisen. Die Mittel der Einrichtung werden gezielter und effizienter eingesetzt und die personelle Zusammensetzung des Teams und die Weiterqualifizierung erfolgt unter qualitativen Aspekten. Die Fehlerhäufigkeit nimmt ab und die Einrichtung verbessert ihre Wirtschaftlichkeit und Effizienz.

Mitarbeiterbezogene Vorteile

Das Qualitätsbewusstsein ist bei den Mitarbeitern zu entwickeln und mit der persönlichen Verantwortung für die Qualität der Dienstleistung zu verknüpfen. Abläufe werden transparenter, da sie dokumentiert, analysiert und beständig optimiert werden. Die Mitarbeiterzufriedenheit und -motivation und das Engagement für die Einrichtung erhöhen sich. Die vorhandenen Mitarbeiterpotenziale können besser genutzt und die Mitarbeiter für die Wahrnehmung der Aufgaben gezielt geschult werden. Die Leistungsfähigkeit der Einrichtung verbessert sich mit Hilfe des Qualitätsmanagements kontinuierlich.

Elternbezogene Vorteile

Bei steigender Qualität des Angebots erhöht sich das Vertrauen der Eltern in die Arbeit der Einrichtung. Die Eltern werden als Kunden ernst genommen und sie erleben, dass sie als Partner in die Arbeit der Einrichtung stärker eingebunden sind und von ihnen eine aktivere Rolle gewünscht wird. Die Kooperationsmöglichkeiten zwischen Erzieherinnen und Eltern werden beständig weiter entwickelt. Die Eltern werden umfassender und besser informiert und treffen mit ihren Anliegen in der Einrichtung auf aufgeschlossene Gesprächspartner.

12.2 Qualität im sozialpädagogischen Alltag

Unter dem Qualitätsaspekt stehen auch die sozialpädagogischen Einrichtungen auf dem Prüfstand und es ist kritisch zu fragen, inwieweit die erbrachten Leistungen den Qualitätsansprüchen genügen. Legt man Qualitätskriterien an, so fallen beispielsweise die in Stresssituationen abgewickelten Tür-und-Angelgespräche, die traditionellen Bastelnachmittage oder fehlende Gesprächsräume bzw. ungemütliche Gesprächsatmosphäre negativ auf.

Qualität ist kein objektiver Wert, sondern abhängig von der Bewertung der erlebten Qualität durch den Kunden. Daraus ergibt sich: Die Qualität einer Dienstleistung ist im Bereich der Elternarbeit beispielsweise abhängig von den subjektiven Erfahrungen, Erwartungen und persönlichen Gegebenheiten der Eltern. Die erbrachte Dienstleistung der Erzieherinnen beim Elternabend kann zwar objektiv hochwertig sein (ein Professor hält einen Vortrag über Hyperaktivität), aber dennoch subjektiv Unzufriedenheit und Verärgerung bei den teilnehmenden Eltern auslösen, wenn die Eltern nur wenig verstanden haben und auf ihre Fragen nur unzureichend bzw. unverständlich eingegangen wurde.

Fehlende Qualität schlägt sich in der Unzufriedenheit der Eltern als Kunden, in der Unzufriedenheit der Mitarbeiter nieder und geht mit einer geringen Nachfrage und letztendlich mit dem Rückgang der Anmeldungen von Kindern einher. Die Sicherheit des Arbeitsplatzes gerät in Gefahr.

12.2.1 Aufgaben der Qualitätsentwicklung

Die Verwirklichung einer qualitativ hochwertigen Dienstleistung umfasst nach Niedenführ (1998) folgende drei Aufgaben:

- **Qualitätsentwicklung** *(Erfassung der Bedürfnisse und Qualitätsstandards)*

In dieser Phase werden Fragen zu den Nutzern der Dienstleistung und deren Bedürfnissen gestellt. Das Umfeld, in dem die Dienstleistung angeboten wird, wird von den Beteiligten differenziert beschrieben. Grundsätze zur Gestaltung der Kundenbeziehung werden formuliert und Qualitätsstandards werden definiert.

- **Organisation des Qualitätsprozesses** *(Umsetzung und Prozessverantwortliche)*

Im Rahmen der Prozessgestaltung werden beispielsweise die Qualifikation der Leistungserbringer spezifiziert und ein Ressourcenmanagement (z. B. räumliche und technische Ausstattung, Personal, Sachmittel) durchgeführt. Qualität ist nur in einem kontinuierlichen Verbesserungsprozess, der von den Prozessverantwortlichen in Gang gehalten wird, zu verwirklichen.

- **Qualitätsbewertung** *(Messung und Analyse)*

Am Ende des Qualitätskreises steht die Entwicklung von Messverfahren zur Qualitätsüberprüfung. Die Ergebnisse der Qualitätsüberprüfung münden in Maßnahmen zur Optimierung der Qualität.

Diese drei Bereiche bilden einen Qualitätskreis.

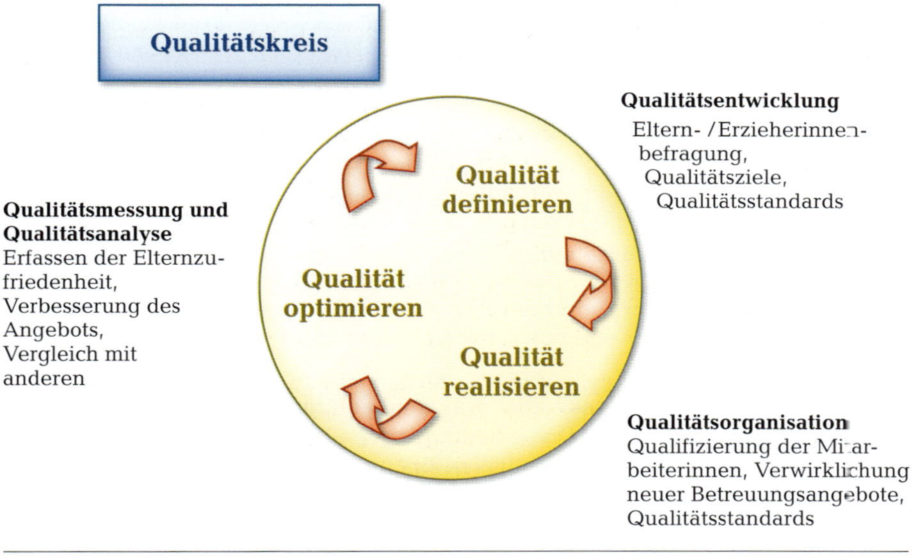

Qualitätskreis (in Anlehnung an Niedenführ 1998, Seite 37)

12.2.2 Qualitätsstandards

Qualitätsstandards sind **bewertbare, überprüfbare Festlegungen (Kriterien), an denen eine Leistung gemessen wird**. Häufig sind Qualitätsstandards in sozialpädagogischen Einrichtungen zu finden (z. B. in der Konzeption), doch selten werden sie systematische erfasst und überprüft. Als Beispiel für Qualitätsstandards für eine Elternbefragung nennt Münzenloher (2001) folgende Kriterien:

- Gestaltung/Layout
- Übersichtlichkeit der Darstellung
- Klarheit der Formulierung

- Verständlichkeit des Textes (Fachbegriffe)
- Kundenfreundliche Aufmachung
- Ausreichende Zeit für den Rücklauf
- Rückmeldung der Ergebnisse

12.2.3 Qualitätsdimensionen

Zur Analyse der Qualität werden drei Dimensionen unterschieden:

Qualität			
Dimension	**Strukturqualität** (Qualität des Potenzials)	**Prozessqualität** (Qualität des Prozesses)	**Ergebnisqualität** (Qualität der Produkte)
Einfluss-größen (Beispiele)	■ Einrichtungsgröße ■ Qualifikation der Mitarbeiter ■ Gruppengröße ■ Räumlichkeiten	■ Kommunikation ■ Umgang mit den Kindern und Eltern ■ Festgestaltung	■ Kompetenzen der Betreuten ■ Bewältigung von Übergängen ■ Konzeption der Einrichtung
Anspruch	Was trauen mir die Kunden zu?	Was erwarten die Kunden von meiner Leistungserbringung?	Welche Ergebnisse erwarten die Kunden von mir?

Diese drei Qualitätsdimensionen sind voneinander abhängig und bedingen sich gegenseitig.

Strukturqualität

Die Strukturqualität umfasst die **Rahmenbedingungen** unter denen die Leistungen erbracht werden. Diese Bedingungen werden durch gesetzliche Vorgaben, Regelungen auf der kommunalen Ebene und Entscheidungen des jeweiligen Trägers bestimmt.

Bei der Analyse der Qualität für Schulkinder in Tageseinrichtungen (QUAST 2001) wurden sieben Strukturdimensionen herausgearbeitet:

Prozessqualität

Die Prozessqualität wird von den vorgegebenen Strukturen beeinflusst. Als Prozesse werden **alle Vorgänge** bezeichnet, **die dazu dienen unter Einsatz der vorhandenen Mittel die festgelegten Ziele zu erreichen**. Prozesse legen fest, WAS zu tun ist; Verfahren dagegen machen Aussagen, WIE (Art und Weise) der Ablauf gestaltet wird. Wird das Augenmerk auf Prozesse gerichtet (Prozessmanagement), dann sind die Prozesse genau zu beschreiben, die Verantwortlichen für die Prozesse zu benennen und die Wechselwirkung mit anderen Abläufen/Schnittstellen zu beachten. Diese Regelungen sind zu dokumentieren, um Verbindlichkeit und Transparenz zu gewährleisten. Im sozialpädagogischen Bereich steht im Mittelpunkt der Prozessqualität der Umgang mit dem Kind bzw. dem Bewohner, seine Interaktionen mit anderen Kindern, Bewohnern und den Erwachsenen.

Kolbe (2000) verdeutlicht die **Prozessqualität im Heimbereich** in der folgenden Abbildung:

• Wie gut werden Prozessabschnitte der Betreuung gestaltet?

Tagespfad	Leben im Heim
Morgentliches Richten	Heimaufnahme
Frühstück	Tagesbetreuung
Tagesbetreuung	Tagespfad
Mittagessen	Umzug
Tagesbetreuung	Andere Lebensveränderung
Abendessen	
Abendbeschäftigung	
Abendliches Richten	

Alle Interaktionen, Kooperationen und Kommunikationsprozesse innerhalb der Einrichtung gehen in die Prozessqualität ein. Dabei werden die Formen des partnerschaftlichen Umgangs miteinander und die Zusammenarbeit unabhängig von Ort, Zeit und Inhalt der Prozesse erfasst. Zur Prozessqualität gehören Verlässlichkeit und Beziehungskontinuität, Konfliktverarbeitung, Gestaltung von Handlungsbereichen (z. B. Stuhlkreis, Hausaufgabenbetreuung, Mittagessen, Freizeitgestaltung).

Prozessformen

Bei den Prozessen kann zwischen den Kern-, Unterstützungs- und Leitungsprozessen unterschieden werden. Die **Kernprozesse** (Schlüssel- oder Hauptprozesse) beziehen sich auf die zentralen Aufgaben der Einrichtung. Die **Unterstützungsprozesse** umfassen alle Leistungen, die notwendig sind, um die Kernprozesse zu erfüllen (z. B. Personalverwaltung, Reinigung, Küche, Wäscherei). Diese Leistungen können, im Gegensatz zu den Kernprozessen, auch nach außen vergeben werden. Die **Leitungsprozesse** (Managementprozesse) dienen der Prozesssteuerung.

Ergebnisqualität

Die Ergebnisqualität beinhaltet eine Analyse, **inwieweit die Ziele** der sozialpädagogischen Einrichtung **verwirklicht werden**. Bei der Studie zur Qualität für Schulkinder in Tageseinrichtungen (2001) werden drei Dimensionen herausgestellt:

- **Konzeptionelle Dimension**

(z. B. Analyse des Umfeldes, Konzeptionsentwicklung, Verwirklichung der Eltern- und Kinderwünsche)

- **Ziel- und Planungsdimension**

(z. B. methodische Kompetenzen der Einrichtung im Hinblick auf die Zielerreichung)

- **Operationalisierungsdimension**

(z. B. methodische Kompetenzen der Einrichtung hinsichtlich der Operationalisierung und Überprüfung der Ziele)

Zusammenhang der Qualitätsdimensionen

Den Zusammenhang zwischen Struktur-, Prozess- und Ergebnisqualität verdeutlicht die nachfolgende Abbildung.

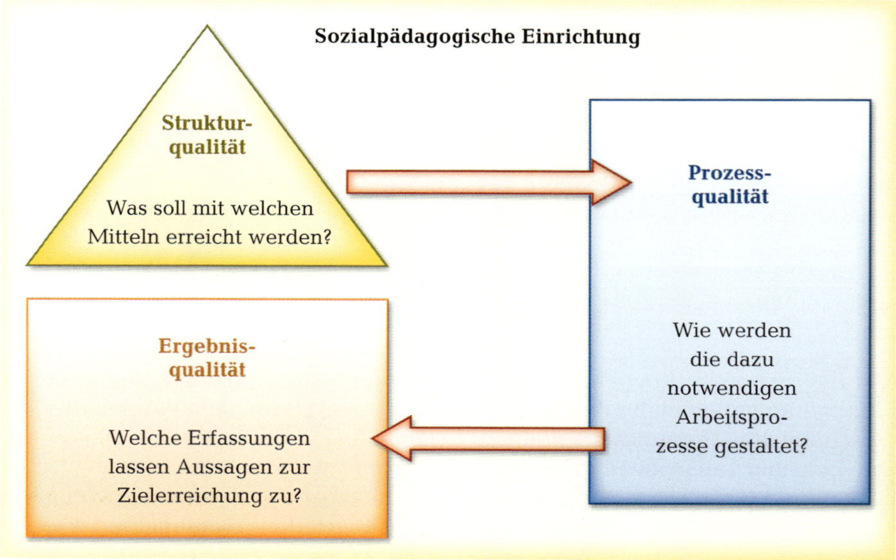

12.3 Qualitätsmodelle

Am Beispiel der Elternarbeit werden exemplarisch ausgewählte Qualitätsmodelle verdeutlicht. Im Wesentlichen können vier Qualitätskonzepte unterschieden werden, die zur Bestimmung von Qualität in der sozialpädagogischen Arbeit Anwendung finden:

- *Kindergarten – Einschätz – Skala (KES)*
- *Qualitätsmodell des Kronberger Kreises*
- *Qualitätsmanagementsystem nach DIN EN ISO 9000:2000*
- *EFQM-Ansatz.*

Die unterschiedlichen Ansätze können nur kurz erläutert werden. Der Schwerpunkt der Darstellung besteht in der Analyse, inwieweit die Elternarbeit als Bestimmungsfaktor für die Qualität in Kindertagesstätten von Bedeutung ist. Auf europäischer Ebene setzt sich beispielsweise das Kinderbetreuungsnetzwerk der Europäischen Kommission mit der Qualität von Kindertageseinrichtungen auseinander und formuliert 10 Qualitätskriterien.

Qualitätskriterien Europäische Kommission
(nach Münzenloher 2001)

- Anmeldeverfahren und Öffnungszeiten
- Umfeld – Gesundheit, Sicherheit, Mahlzeiten Räumlichkeiten, Ästhetik
- Förderung – kognitive und soziale Entwicklung
- Beziehungen – Kinder, Eltern, Mitarbeiterinnen
- Elternbeteiligung
- Gemeinwesenarbeit
- Integration – Rasse, Geschlecht, Auffälligkeiten, Behinderung
- Wahrnehmen und Beobachten – individuelle Förderung
- Kosten-Nutzen-Analyse
- Ethos – Verwirklichung der Ziele gewährleistet hohen Qualitätsstandard

Zur Bestimmung der Qualität werden sowohl die Eltern als auch Experten befragt. In der Zusammenstellung wird deutlich, dass die Elternarbeit, die auf der Beziehungsebene („Beziehung – Kinder, Eltern, Mitarbeiterinnen") und der Hierarchieebene („Elternbeteiligung") erfasst wird, von zentraler Bedeutung ist.

12.3.1 Kindergarten-Einschätz-Skala (KES)

Die Kindergarten – Einschätz – Skala (KES) stellt eine Weiterentwicklung und Übertragung der amerikanischen Qualitätsmessung auf deutsche Verhältnisse dar. Die National Association for the Education of Young Children (NAEYC) entwickelte mit der Early Childhood Environment Rating Scale (ECERS) ein Messinstrument, das auf Fragebogen- und Beobachtungsergebnissen beruht.

Early Childhood Environment Rating Scale
(nach Münzenloher 2001)

- Interaktion zwischen Erzieherinnen und Kindern
- Curriculum
- Interaktion zwischen Erzieherinnen und Eltern
- Qualifikation und Fortbildung des Personals
- Verwaltung
- Personelle Besetzung
- Umgebung
- Gesundheits- und Sicherheitsvorkehrungen
- Ernährung
- Überprüfung (Evaluation)

Tietze u. a. (1997) adaptierte dieses Verfahren für Deutschland. Es werden drei Qualitätsebenen unterschieden:

Prozessqualität: Angebote, Interaktionen, die zur Entwicklung des Kindes beitragen, indem das Kind emotionale Sicherheit erfährt und Lernanreize geboten werden. Die Familie des Kindes wird in die Betrachtung einbezogen.

Strukturqualität: Erfasst werden formale Aspekte wie Gruppengröße, Erzieherin-Kind-Schlüssel oder das Qualifikationsniveau der Mitarbeiter.

Orientierungsqualität: Im Mittelpunkt stehen die pädagogischen Einstellungen, Ausrichtungen im Hinblick auf die Aufgaben der Einrichtung, das Qualitätsverständnis der Erzieherinnen, die Vorstellungen zur kindlichen Entwicklung und ihre Beeinflussbarkeit sowie handlungsleitende Ziele und Normen.

Kindergarten – Einschätz – Skala

(nach Tietze, Schuster & Roßbach 1997)

- Betreuung und Pflege von Kindern (5 Items)
- Möbel und Ausstattung für Kinder (5 Items)
- Sprachliche und kognitive Anregungen (4 Items)
- Fein- und grobmotorische Aktivitäten (6 Items)
- Kreative Aktivitäten (7 Items)
- Sozialentwicklung (6 Items)
- Erzieherinnen und Eltern (4 Items)

Die Kindergarten-Einschätz-Skala differenziert zwischen sieben Bereichen mit 37 unterschiedlichen Items (Aspekten). Ein geschulter Beobachter besichtigt die Einrichtung und richtet sein Augenmerk auf die Interaktionen in der Einrichtung. Anhand von vorgegebenen Skalen, deren sieben Abstufungen inhaltlich verbal verankert sind, wird die Einrichtung bewertet.

12.3.2 Qualitätsmodell des Kronberger Kreises

Qualitätsverständnis

Eine Arbeitsgruppe mit Wissenschaftlern, Fachberatern und Supervisoren setzte sich in der hessischen Stadt Kronberg (Taunus) mit den Aspekten der Qualitätssicherung und -entwicklung auseinander. Im Gegensatz zu anderen Qualitätskonzepten, die von außen die Messlatte an die Einrichtung anlegen, favorisiert der Kronberger Kreis einen Ansatz, der **im Dialog mit den Beteiligten von innen die Qualität entwickelt**. Es werden vier zentrale Bedingungen für diese Qualitätsentwicklung in den Einrichtungen formuliert:

Formulierung von Qualitätsstandards: In den Einrichtungen bereits formulierte Konzeptionen werden einbezogen.

Interne/externe Evaluation: Unabhängige Institutionen sollen die Qualität der Einrichtung selbst *(interne Evaluation)* sowie die Qualität der mit der Einrichtung kooperierenden Institutionen (z. B. Fort-/Weiterbildungseinrichtungen, Fachberatung, Träger) bewerten *(externe Evaluation)*.

Schaffung von materiellen und immateriellen Anreizen: Ein Belohnungssystem soll die Qualitätsentwicklung für die Einrichtung fördern.

Budgetierung: Der Leitung von Einrichtungen sollte ein größerer Gestaltungsfreiraum beim Einsatz der finanziellen Mittel zugestanden werden, um eine stärkere Profilbildung der Einrichtung zu ermöglichen und zu unterstützen.

Auf der Basis von Qualitätsbeschreibungen, die vom situativen Ansatz ausgehen, werden die Dimensionen mit den entsprechenden Indikatoren zur Qualitätsbestimmung formuliert. Die Grundlage des Qualitätskonzepts stellen fünf qualitative Grundorientierungen dar, die deutlich herausstellen, welches Qualitätsverständnis und Qualitätsbewusstsein in der Einrichtung vorherrscht. Im nächsten Schritt wird die Qualität aus sieben verschiedenen Perspektiven analysiert.

Die **Grundorientierung (GO)** kennzeichnet das Konzept der Einrichtung, das sich auf alle andere Dimensionen auswirkt.

Grundorientierung

GO 1: *Freundlichkeit als persönliche Grundhaltung*

Von den Fachkräften wird ein kundenfreundliches, interessiertes, offenes, zugewandtes und solidarisches Verhalten gefordert.

GO 2: *Partizipation/Partnerschaftlichkeit als strategisches Ziel*

Alle Beteiligte sind partnerschaftlich einzubeziehen. Eltern werden zum Mitwirken ermuntert.

GO 3: *Integration*

Das Angebot richtet sich an alle Familien in ihrer Region und entwickelt Integrationsangebote auch für Familien aus anderen Kulturen.

GO 4: *Kontextorientierung*

Die pädagogische Arbeit berücksichtigt die Lebens- und Beziehungswelten des Kindes. Die Eltern als Bezugspersonen des Kindes erfahren aktive Unterstützung durch die Einrichtung.

GO 5: *Bedarfsorientierung*

Die Einrichtung ermittelt den konkreten Bedarf in ihrer Region durch Befragung der Eltern und greift deren Wünsche und Interessen bei der Entwicklung des Leistungsangebots auf.

Die **Einrichtungs- und Raumqualität (E + RQ)** erfasst als Strukturmerkmal den Innen- und Außenbereich der Einrichtung.

Innen-und Außenbereich

E + RQ 6: *Partizipation*

Überprüft wird, inwieweit neben den Fachkräften und den Kindern auch die Eltern bei der Planung und Gestaltung einbezogen werden. Die Autoren des Kronberger Kreises weisen darauf hin, dass die Bedürfnisse der Eltern in den Planungsprozess zu berücksichtigen sind.

Die **Kosten-Nutzen-Qualität (KNQ)** überprüft die Kosteneffizienz einer Einrichtung, die sich im sparsamen Einsatz der Ressourcen und einem guten Leistungsangebot niederschlägt.

Kosteneffizienz

KNQ 3: *Kapazitätsauslastung*

Das Ziel der Kapazitätsauslastung ist nur dann zu verwirklichen, wenn die Öffnungszeiten dem Bedarf der Eltern und die Höhe der Beiträge sozial gestaffelt den finanziellen Möglichkeiten der Eltern entsprechen.

KNQ 5: *Evaluierte ökonomische Zufriedenheit*

Die ökonomische Zufriedenheit berücksichtigt das Verhältnis von Aufwand und Ertrag. In Befragungen (auch der Eltern) ist die ökonomische Zufriedenheit systematisch und regelmäßig zu überprüfen.

Qualitätskonzept des Kronberger Kreises							
Qualitative Grundorientierung (GO)		**Programm- und Prozessqualität (PPQ)**		**Leistungsqualität (LQ)**		**Personalqualität (PQ)**	
1. GO	Freundlichkeit als persönliche Grundhaltung	1. PPQ	Befriedigung körperlicher Bedürfnisse	1. LQ	Selbstkompetenz	1. PQ	Schlüsselqualifikationen
2. GO	Partizipation/Partnerschaftlichkeit als strategisches Ziel	2. PPQ	Entwicklungsfördernde Gestaltung von Beziehungen	2. LQ	Managementkompetenz	2. PQ	Fachwissen und Handlungskompetenzen
3. GO	Integration	3. PPQ	Erfahrung und Lernen	3. LQ	Fachkompetenz	3. PQ	Teamqualität
4. GO	Kontextorientierung	4. PPQ	Kinderkultur	4. LQ	Personalkompetenz		
5. GO	Bedarfsorientierung	5. PPQ	Integration	5. LQ	Öffentlichkeitskompetenz		
		6. PPQ	Familienorientierung				
		7. PPQ	Gemeinwesenorientierung				
		8. PPQ	Highlights				

Einrichtungs- und Raumqualität (E+RQ)		**Trägerqualität (TQ)**		**Kosten-Nutzen-Qualität (KNQ)**		**Förderung von Qualität (FQ)**	
1. E+RQ	Präsenz und Umfeldbezug	1. TQ	Institutionelle Form	1. KNQ	Sichere Finanzbasis	1. FQ	Lernen vom Erfolg
2. E+RQ	Atmosphäre	2. TQ	Gesetzlicher Auftrag	2. KNQ	Kostentransparenz, -differenzierung	2. FQ	Erweiterung der Selbstreflexivität
3. E+RQ	Funktionalität	3. TQ	Politische Verantwortung	3. KNQ	Kapazitäsauslastung	3. FQ	Personalentwicklung durch Praxislernen und -forschung
4. E+RQ	Erfahrungsraum	4. TQ	Planungsverantwortliche Jugendhilfe	4. KNQ	Effektiver Arbeitskräfteeinsatz	4. FQ	Qualitätsförderung durch Qualitätszirkel
5. E+RQ	Partizipation	5. TQ	Manegementverantwortung	5. KNQ	Evaluierte ökonomische Zufriedenheit		
6. E+RQ	Raumerfahrung	6. TQ	Qualitätsmanagement Verantwortung/Qualitätssicherung				
7. E+RQ	Bauausführung						

Das Qualitätsverständnis des Kronberger Kreises orientiert sich stärker an dem Verständnis einer **Kindertagesstätte als soziales Dienstleistungsunternehmen**. Das kundenfreundliche Verhalten wird ebenso eingefordert wie die Partizipation der Eltern in allen Bereichen. Die Effizienz der Einrichtung steht auf dem Prüfstand und wird beständig kontrolliert. Die Berücksichtigung der Elternzufriedenheit mit der Einrichtung weist auf ein kundenorientiertes Konzept hin, das marktwirtschaftlichen Prinzipien folgt.

12.3.3 Qualitätsmanagementsystem nach DIN EN ISO 9000

Um auf internationaler und nationaler Ebene den Handel und Güterverkehr sowie Dienstleistungen aufeinander abzustimmen, hat man sich auf Normen verständigt. Zur Qualitätsbestimmung wird die international gültige, branchenübergreifende DIN EN ISO 9000:2000 angewandt: DIN *(Deutsches Institut für Normierung e.V.)*, EN *(Europäische Norm)*, ISO *(International Organization for Standardization)*, 9000:2000 (Nummerierung der Vorschriften, wobei 2000 darauf hinweist, dass es sich um die seit 2000 gültige überarbeitete Fassung der DIN EN ISO 9000 ff handelt). Die Norm definiert die Anforderungen, die an das Unternehmen gestellt werden, legt aber nicht fest, wie diese Anforderungen umzusetzen sind. Ein unabhängiger Gutachter (Auditor) prüft das Unternehmen und zertifiziert es.

Dieses Verfahren, das auch auf Dienstleistungen bezogen wird, findet auch im sozialpädagogischen Bereich Anwendung. Es kennzeichnet den Wandel in der Einstellung zu den Abnehmern der Leistung, den Kunden. Die Erzieherinnen erbringen Dienstleistungen, die an den Qualitätsanforderungen der Eltern zu messen sind.

Der Anwendung von Normen, wie sie im Wirtschaftsbereich üblich sind, auf den sozialpädagogischen Bereich, wird von vielen Erzieherinnen skeptisch und mit inneren Widerständen begegnet. Sie vertreten die Meinung, das sozialpädagogische Handeln sei nicht messbar und die Überprüfung formaler Kriterien (wie Raum- oder Gruppengröße, Erzieherinnen-Kind-Relation) decke nur einen Teilbereich des sozialpädagogischen Feldes ab, das Wesentliche bleibe jedoch unberücksichtigt. Doch diese Haltung wird von der Qualitätsentwicklung im Dienstleistungsbereich überrollt: Qualitätsstandards werden inzwischen in einigen sozialpädagogischen Einrichtungen definiert und Maßnahmen zur Qualitätssicherung und -entwicklung erfolgreich umgesetzt. Der kritischen Auseinandersetzung mit der Qualität der Einrichtung muss sich jede Institution stellen.

Grundbegriffe

Qualitätsverständnis

Das Qualitätsverständnis nach DIN EN ISO 9000 beinhaltet folgende Begriffe: Unter Qualität (Q) werden alle Eigenschaften und Merkmale von Dienstleitungen verstanden, die geeignet sind, festgelegte oder vorausgesetzte Erfordernisse zu erfüllen.

Qualitätsmanagement

Das Qualitätsmanagement (QM) umfasst alle Maßnahmen in der Einrichtung, die sich auf die Festlegung von Zielen, Benennung von Verantwortlichen und den Einsatz von Mitteln zur Qualitätsplanung, -lenkung, -sicherung, und -verbesserung beziehen. Im Mittelpunkt steht die Analyse von Prozessen und den Personen, die für diese Abläufe Verantwortung tragen. Es müssen dazu Messinstrumente entwickelt werden, die eine Analyse von Prozessen ermöglichen. Die Erhöhung der Kundenzufriedenheit ist das zentrale Ziel. Die Messung der Kundenzufriedenheit wird bei der Überprüfung der Qualität herangezogen.

Qualitätsmanagementsystem

Das Qualifikationsmanagementsystem (QMS) beschreibt die Verankerung des Qualitätsmanagements in der Organisation, die entsprechende Verfahren und Mittel zur Umsetzung des Qualitätsmanagements zur Verfügung stellen muss. Alle Anstrengungen zielen auf eine Qualitätsverbesserung ab, die durch ein effektives und effizientes Handeln und Prozessgestaltung der Einrichtung bzw. Träger und dem Kunden zu Gute kommt.

Qualitätsmanagementhandbuch

Eine zentrale Aufgabe für die Einrichtung besteht im Verfassen eines Qualitätsmanagementhandbuchs. Dieses Handbuch umfasst die Organisationsstruktur der Einrichtung, legt die Verantwortungsbereiche und Verantwortliche fest, verdeutlicht das Qualitätsverständnis der Einrichtung, erläutert das Dienstleistungsangebot und beschreibt die Maßnahmen zur Qualitätssicherung und -verbesserung. Alle Abläufe bzw. Prozesse werden eindeutig definiert und dokumentiert.

Einrichtungsbewertung

Die Bewertung einer Einrichtung (Zertifizierung) erfolgt auf der Grundlage von Normen, die an folgenden Prinzipien ausgerichtet sind:

- Das angestrebte Ergebnis ist leichter zu erreichen, wenn die Abläufe als Prozesse analysiert werden; Voraussetzung ist die eindeutige Beschreibung aller **Prozesse**;
- Für die einzelnen Prozesse müssen geeignete **Messverfahren** entwickelt werden;
- Es sind für alle Funktionen entsprechende **Qualitätsziele** zu definieren;
- Aus den Normen sind **Bewertungskriterien** abzuleiten;
- Der Kunde steht im Mittelpunkt; zum einen sind die Kundenanforderungen an die Dienstleistung zu bestimmen und zum anderen ist die **Kundenzufriedenheit** mit der erbrachten Dienstleistung zu erfassen;
- Die **Wirksamkeit** des Qualitätsmanagements ist kritisch zu überprüfen;
- Aus den Ergebnissen der Qualitätsüberprüfung sind Maßnahmen zur **kontinuierlichen Verbesserung** abzuleiten.

Zertifizierung

Die Zertifizierung, die vor allem in der Privatwirtschaft zu finden ist, dient dem Nachweis für Außenstehende, dass der Betrieb vertrauenswürdig ist und qualitativ hochwertige Leistungen in Übereinstimmung mit bestimmten Normen erbringt. Das Zertifikat bestätigt, dass die Einrichtung ein Qualitätsmanagementsystem z. B. gemäß ISO 9001 entwickelt hat und dieses auch anwendet. Eine Zertifizierung erfolgt durch zugelassene Zertifizierungsstellen, die unparteiisch und fachlich kompetent die Zertifizierung vornehmen. Die Zertifizierung ist jedoch nicht staatlich geregelt, so dass sich ein Markt von Zertifizierungsstellen, die sich auf bestimmte Bereiche spezialisiert haben, entwickelt hat. Die Zertifizierung erfolgt auf der Grundlage der Qualitätshandbücher, die in der Einrichtung verwendet werden.

Auditor

Der Gutachter (Auditor) setzt sich mit der Leitung als Qualitätsverantwortliche zusammen und überprüft die Wahrnehmung der Qualitätsaufgaben durch die Leitung. Die Umsetzung der Qualitätsvorgaben mit der tatsächlichen Praxis in der Einrichtung wird vom Gutachter, der sich mit den Mitarbeiterinnen in Verbindung setzt, erfasst. Es werden gegebenenfalls Verbesserung eingefordert und deren Umsetzung in einer zweiten Überprüfung („Nach-Audit") kontrolliert. Werden die Qualitätsziele verwirklicht und der Prozess der ständigen Verbesserung umgesetzt, dann kann das Zertifikat erteilt werden. Es hat eine Gültigkeit von drei Jahren und muss dann in einem „Wiederholungsaudit" erneuert werden. Der Zeitaufwand für das Zertifizierungsverfahren liegt im industriellen Bereich bei einer Erstzertifizierung bei etwa zwei Jahren. Die

Kosten belaufen sich für ein mittelständischen Unternehmen auf über 100.000. Hinzu kommen weitere Aufwendungen für die Einführung und Weiterentwicklung des Qualitätsmanagementsystems. Diese Kosten können von einem Träger im sozialpädagogischen Bereich kaum verkraftet werden, so dass eine Zertifizierung, wie sie im privatwirtschaftlichen Bereich erfolgt, in der Regel nicht in Betracht kommt. Dennoch sind die Prinzipien, die der Qualitätserfassung zugrunde liegen auch im sozialpädagogischen Bereich nutzbringend einzusetzen: Qualität von Leistungen muss gemessen und dokumentiert werden, die Mitarbeiter setzen sich bewusst mit der Qualität der erbrachten Dienstleistungen auseinander, die Einrichtung entwickelt sich qualitätsorientiert weiter und kann sich damit auf dem Markt der Anbieter besser profilieren.

Die Zertifizierung wird im sozialpädagogischen Bereich kritisch bewertet (siehe Gerull 2000), da ein Zertifikat nichts über die Qualität und den Inhalt der Leistung aussagt, sondern lediglich belegt, dass ein Qualitätsmanagementsystem entwickelt und angewendet wird. Im Mittelpunkt stehen Fragen der Prozessqualität und nicht die Ergebnisqualität. Da die Zertifizierung von außen erfolgt, sind die überprüften Mitarbeiter bisweilen nur zum Zeitpunkt der Zertifizierung engagiert; die Überprüfung stellt eine Momentaufnahme dar und erfasst keine Dauerleistung. Inwieweit sich Eltern von der Zertifizierung beeindrucken lassen, sei dahin gestellt.

Qualitätsmanagement

Die Verantwortung für das Qualitätsmanagement liegt bei der Leitung der Einrichtung. Statt die Verantwortung mit einer anonymen Organisation zu verbinden sollen Personen benannt werden, die als Verantwortliche das Qualitätsmanagement betreiben. Aus systemischer Sicht, hat die Leitung die Aufgabe, die Beziehungen und Abhängigkeiten zwischen den Prozessen zu erkennen und so zu steuern, dass die Einrichtung möglichst effektiv und effizient zum Ziel gelangt. Die Leitung ist für die Erfassung der Kunden- / Elternbedürfnisse verantwortlich, hat Qualitätsbewusstsein der Mitarbeiterinnen zu entwickeln, formuliert Qualitätsziele, koordiniert das Qualitätsmanagementsystem, ordnet Verantwortung für Abläufe und Ergebnisse eindeutig zu und hat den Erfolg der Maßnahmen zu überprüfen.

Ressourcenmanagement

Das Ressourcenmanagement umfasst die Bereitstellung und den effizienten Einsatz der Mittel zur Verwirklichung der Qualitätsziele. Zu den Ressourcen zählen die personellen, sachlichen sowie finanziellen Möglichkeiten der Einrichtung (z. B. technische Ausstattung, Räumlichkeiten).

Prozessmanagement

Das geforderte Prozessmanagement konzentriert sich weniger am Endergebnis sondern stärker auf die Abläufe (Planung, Vorbereitung, Durchführung) und die Prozessverantwortlichen. Eine ständige Verbesserung setzt an den Prozessen an und beabsichtigt die Abläufe zu optimieren.

Eine kontinuierliche Weiterentwicklung der Einrichtung setzt eine Bewertung und Analyse voraus und führt damit zur Entwicklung von Messverfahren, die sich sowohl auf die Prozesse und als auch auf die Ergebnisse beziehen.

Die Elemente des Qualitätskonzepts werden im Qualitätsmanagement-Prozessmodell verdeutlicht.

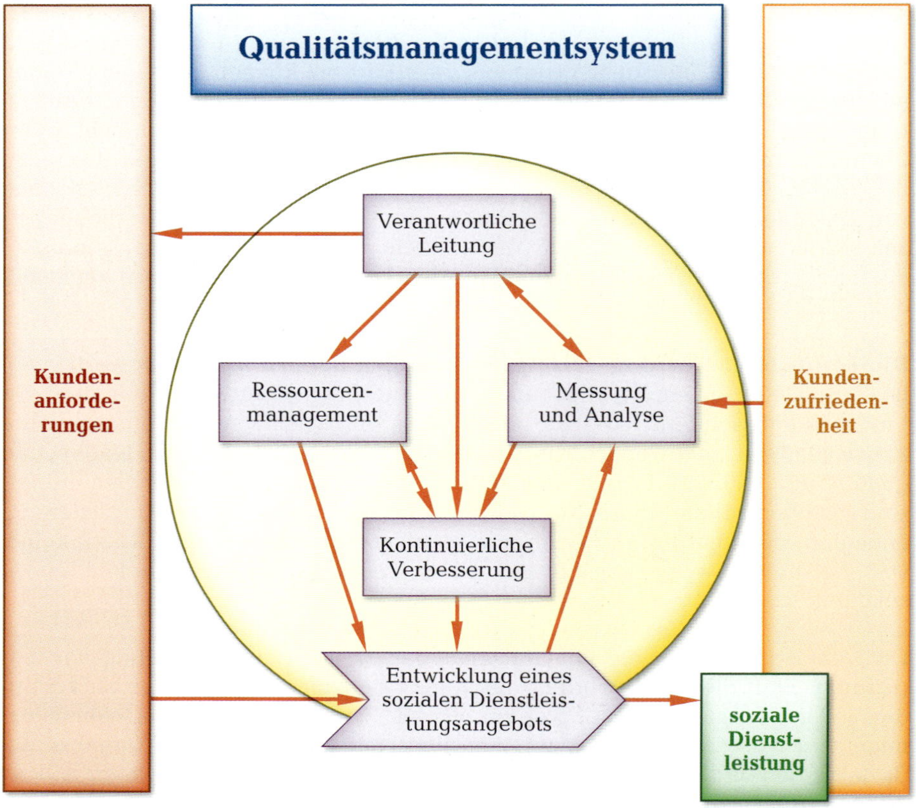

12.3.4 EFQM-Modell

Qualitätsverständnis

Die European Foundation for Quality Management (EFQM) hat 1991 ein Modell entwickelt, das auf neun Kriterien beruht. Die Prozentwerte verdeutlichen die Bedeutung des Kriteriums für die Bewertung der Organisation.

Das Modell unterscheidet zwischen „Befähigern" und Ergebnissen, die in der Bewertung jeweils gleich bedeutsam sind. Die „Befähiger" umfassen die Vorgehensweisen (Mittel und Wege) aller Personen, die an der Erbringung der Dienstleistung einbezogen sind. Auf der Seite der Ergebnisse wird der Kundenzufriedenheit die stärkste Bedeutung zugemessen. Über die Zufriedenheit mit der erbrachten Leistung, bzw. dem Produkt, soll eine Kundenbindung aufgebaut werden.

Ausgezeichnete Ergebnisse hinsichtlich Leistung, Kunden, Mitarbeiter und Gesellschaft werden durch Führungsprozesse vorangetrieben, die sich auf die Strategien, die Mitarbeiter, das soziale Umfeld und die Rahmenbedingungen beziehen.

Das Grundkonzept des EFQM-Modells umfasst folgende Schwerpunkte: **Schwerpunkte**

- Ergebnisorientierung
- Ausrichtung an den Kunden
- Anforderungen an die Führungskräfte
- Umsetzung von Strategien
- Optimierung von Prozessen.

In die Entwicklung der Qualität werden die Mitarbeiter aktiv eingebunden. Die Einrichtung als lernende Organisation entwickelt sich kontinuierlich und verbessert ihr Dienstleistungsangebot. Mit anderen Institutionen werden dabei strategische Partnerschaften eingegangen.

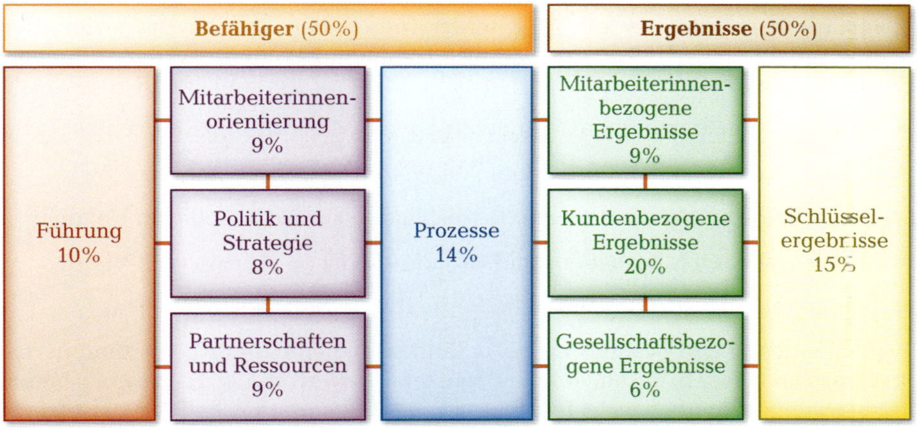

Führung Ausgangspunkt für die Qualität der Dienstleistungen und Produkte ist das Führungsverhalten der Vorgesetzten, die als Vorbild wirken, Qualitätsprozesse initiieren und letztendlich die Verantwortung für die Qualität in der Institution tragen.

Mitarbeiterinnen orientierung Die Mitarbeiterinnen planen, verbessern und managen die vorhandenen Mittel. Sie sind für den Wissensstand und die Kompetenzen in der Einrichtung verantwortlich.

Politik und Strategie Die unterschiedlichen Interessen, Bedürfnisse und Wünsche der Kinder und Eltern sowie des Trägers und der Gesellschaft sind zu erfassen und in der Weiterentwicklung der Konzeption der Einrichtung zu berücksichtigen.

Partnerschaft und Ressourcen Die Einrichtung baut die Kooperation mit anderen Institutionen auf. Eine zentrale Aufgabe besteht in der effektiven und effizienten Verwaltung und Steuerung der Mittel, der Materialien und der Informationen.

Prozesse Die Abläufe in der Einrichtung sind systematisch zu gestalten und zu optimieren. Vor dem Hintergrund der Kundenwünsche sind weitere Betreuungsformen und- angebote zu entwickeln. Die Kundenbeziehungen sollen dabei intensiviert werden. Die Abläufe bzw. Prozesse sind durch vier Phasen gekennzeichnet: **Planung – Ausführung – Überprüfung – Verbesserung.**

Mitarbeiterinnenbezogene Ergebnisse

Die Einrichtung überprüft die Leistungen der Mitarbeiterinnen und erfasst die Arbeitszufriedenheit ihrer Mitarbeiterinnen. Das Engagement und die Motivation der Mitarbeiterinnen werden als Ergebnisse festgehalten.

Kundenbezogene Ergebnisse

Die Kundenzufriedenheit ist eine Möglichkeit, die Ergebnisse aus der Kundenperspektive zu analysieren. Als weiteres Kriterium kann die Kundenbindung überprüft werden.

Gesellschaftsbezogene Ergebnisse

Die Ergebnisse im gesellschaftlichen Kontext zeigen sich im Image bzw. dem Ansehen der Einrichtung. Zudem sollten die Nutzung und der Verbrauch von Ressourcen dokumentiert werden.

Schlüsselergebnisse

Die zentralen Hinweise auf die Leistungsfähigkeit der Einrichtung ergeben sich in der Auslastungsquote, dem finanziellen Ergebnissen, dem Marktanteil und den Innovationen, den „Schlüsselergebnissen".

Zu jedem Kriterium werden Teilkriterien vorgegeben, die zur Bewertung der Organisation dienen. **Auf die Mitarbeiterinnen bezogen werden folgende Elemente genannt:**

- Planung, Management und Verbesserung von Mitarbeiterressourcen
- Ermittlung, Ausbau und Erhaltung von Wissen und Kompetenzen
- Beteiligung von Mitarbeitern und Ermächtigung zu selbstständigem Handeln
- Dialog zwischen Mitarbeitern und Organisation
- Belohnung und Anerkennung und Sorge für die Mitarbeiter

Mit Hilfe des EFQM-Modells kann die Einrichtung eine Selbstbewertung durchführen. Das Modell ist ein **offenes Konzept**, das zwar die Bewertungsbedingungen definiert, aber nicht festlegt, wie die Organisation bei der Umsetzung vorgehen muss.

Auf den Punkt gebracht

Das Qualitätsmanagement gewinnt im sozialpädagogischen Bereich an Bedeutung. Es ergeben sich unterschiedliche Sichtweisen aufgrund unterschiedlicher Interessen, die mit der Qualität verknüpft sind. Qualität kann nicht nur an gut messbaren Äußerlichkeiten und Rahmenbedingungen festgemacht werden, sondern erfordert die Berücksichtigung von pädagogischen Konzepten und Wertvorstellungen.

Die Überprüfung der Qualität erfolgt für alle Betreuungsformen und schließt auch die Trägerqualität mit ein.

Durch das Qualitätsmanagement werden die Abläufe transparenter, da sie dokumentiert, analysiert und ständig optimiert werden. Die Mitarbeiter der sozialpädagogischen Einrichtungen arbeiten effektiver und effizienter.

Die Bestimmung der Qualität erfolgt auf drei Ebenen: Struktur-, Prozess- und Ergebnisqualität.

Verschiedene Qualitätskonzepte wurden entwickelt, um sozialpädagogische Einrichtungen in ihrer Qualitätsoptimierung zu unterstützen: Qualitätsmodell des Kronberger Kreises, Qualitätsmanagement nach DIN ISO 9000-2000 sowie EFQM-Modell.

Aufgaben

1. Es bestehen unterschiedliche Sichtweisen zum Qualitätsverständnis. Inwieweit sind diese für sozialpädagogische Einrichtungen von Bedeutung? Veranschaulichen Sie Ihre Aussagen.
2. Verdeutlichen Sie die drei Dimensionen der Qualität am Beispiel einer sozialpädagogischen Einrichtung, die Sie kennen.
3. Vergleichen Sie die drei Qualitätsmodelle und verdeutlichen Sie deren Vor- und Nachteile.

ADHS
Aufmerksamkeitsdefizitstörung mit Hyperaktivität. Leitsymptome sind eine verminderte Konzentrations- und Aufmerksamkeitsfähigkeit, gesteigerter Bewegungsdrang sowie Impulsivität

ADS:
Aufmerksamkeitsdefizitstörung (ohne Hyperaktivität). Die Leitsymptome sind verminderte Konzentrations- und Aufmerksamkeitsfähigkeit, Impulsivität sowie ein normaler oder reduzierter Bewegungsdrang.

Affekt:
Verhaltensweisen als Ausdruck eines Gefühlszustandes (z. B. Traurigkeit)

Affektiv:
Gefühlsbezogen, die Gefühle betreffend

Aggression:
Gezielt eingesetztes schädigendes Verhalten, das sich auf Personen oder Objekte bezieht

Aha-Erlebnis:
Ein sich plötzlich einstellender Lernerfolg

Aktives Zuhören
Gesprächsform, bei der der Zuhörende aufmerksam, akzeptierend und einfühlend auf den Gesprächspartner eingeht und ihn dadurch zur Problemlösung anregt

Akzeptanz:
Bereitschaft etwas anzunehmen, sich mit einer Situation abfinden

Ambivalenz:
Gegensätzliche Gefühle, Wünsche, Vorstellungen oder Absichten, die zu Spannungszuständen führen

Anamnese:
Schriftliche oder mündliche Abklärung der Vorgeschichte und Entwicklung einer Beeinträchtigung in einer Beratungsstelle bzw. Praxis

Anlagen:
Genetische Ausstattung eines Menschen

Assimilation:
Vorgang der Angleichung, Anpassung an die Umwelt

audiovisuell:
Das Hören und Sehen betreffend

auditiv:
Das Hören betreffend

Autorität:
Verhältnis zwischen Erzieherin und zu Erziehendem, das auf gegenseitige Achtung gegründet ist. Man unterscheidet Amts- Sach- und Persönlichkeitsautorität

Beobachtung:
Aufmerksame Wahrnehmung von Personen, Objekten oder Ereignissen, mit dem Ziel einer möglichst genauen Informationsgewinnung

Bestrafung (erster Art):
Darbietung einer unangenehmen Konsequenz

Bestrafung (zweiter Art):
Entfernen einer angenehmen Konsequenz, bzw. Verwehren der Möglichkeit eine solche zu erreichen

Bezugsperson:
Person aus der Umwelt des Kindes, zu der sich eine besondere emotionale Beziehung entwickelt hat

Bildung:
Prozess der aktiven Auseinandersetzung des Menschen mit der Welt und das individuelle Ergebnis dieser Aneignungsprozesse

Bindung:
Die enge emotionale Verbindung, die sich zwischen Kind und Bezugsperson in den ersten Lebensmonaten aufbaut

Borderline Syndrom:
Form der Persönlichkeitsstörung (Grenzbereich zwischen Neurose und Psychose)

Bulimie:
Psychische Störung; Essgier mit unkontrolliertem Fressanfall, nachfolgend häufig Erbrechen

Burn-out-Syndrom:
Gefühl des Ausgebranntseins aufgrund eines lang andauernden beruflichen Engagements vor allem im sozialen Bereich

Chromosome:
Fadenförmige Gebilde im Zellkern, die sich aus Proteinen und Nukleinsäuren zusammensetzen und auf denen die Erbanlagen (Gene) liegen

Compliance:
Der englische Begriff (wörtlich übersetzt „Einverständnis") umschreibt die Bereitschaft des Kindes, auf die Wünsche seiner erwachsenen Bezugsperson einzugehen und sich erziehen zu lassen

Corporate Identity:
Gesamterscheinungsbild eines Unternehmens bzw. einer Einrichtung

Decodierung:
Entschlüsselung

Deprivation:
Entzug von Sinnesreizen oder sozialen Erfahrungen; als Folge können Sinneswahrnehmungen ohne Reizung der Sinnesorgane (Halluzinationen) auftreten

Desensibilisierung:
Methode der Verhaltenstherapie; durch dosierte Konfrontation mit dem (z. B. angstauslösenden) Reiz tritt ein Gewöhnungseffekt ein und die Wirkung des Reizes geht zurück

Diagnose:
Verfahren zur genauen Beschreibung einer Beeinträchtigung (z. B. Test, Beobachtung)

Diskriminierung:
Unterscheidung: (1) in der Psychologie der Vorgang der Reizunterscheidung; (2) Ausgrenzung von Personengruppen (z. B. wegen Nationalität, Auffälligkeiten, Behinderungen)

Disposition:
Veranlagung, Empfänglichkeit für ein bestimmtes Merkmal (z. B. Krankheit, Eigenschaft)

Dokumentation:
Zusammenstellung unterschiedlicher Materialien zur frühkindlichen Entwicklung und Bildung sowie Bezeichnung für das „Zusammengestellte" (z. B. Beobachtungsergebnisse, Fotos, Werke der Kinder)

Echtheit:
Erzieherische und persönliche Grundhaltung, die durch Aufrichtigkeit gegenüber den anderen gekennzeichnet ist

Effektivität:
Wirksamkeit des Handelns hinsichtlich der Verwirklichung langfristiger Ziele

Effizienz:
Wirksamkeit des Handeln bei der Erledigung von Aufgaben

Einstellung/Haltung:
Beschreibung der Bereitschaft Personen, Situationen sowie Sachverhalte positiv oder negativ zu bewerten. Die Bewertung beruht auf Gefühlen (Emotionen), Meinungen (Kognitionen) und Verhaltensbereitschaften (Motivationen), die im Verlauf der Entwicklung gegenüber dem Einstellungsobjekt erworben werden

E-Learning:
Lernen mit Hilfe elektronischer Medien (z. B. Nutzung von Datenbanken, Online-Lernen)

EEG
Elektroenzephalogramm: Das Aufzeichnen und Auswerten des Hirnstrombildes

Emotion:
Gefühlsäußerung

Empathie:
Einfühlung zeigen. Die Situation anderer Menschen so wahrnehmen, als wäre man an ihrer Stelle, sich in Andere „hineinversetzen".

Emotionalität:
Gefühlsbezogenes Empfinden

Encodierung:
Einspeicherung

Enkulturation:
Erlernen der Kultur; Vorgang der Übernahme der jeweiligen kulturellen Lebensweise

Entwicklung:
Veränderungen im Erleben und Verhalten des Menschen, die während eines individuellen Lebenslaufes auftreten. Die Veränderungen sind auf ein Ziel hin gerichtet (z. B. Beherrschung der Sprache) und laufen im Normalfall in einer bestimmten Reihenfolge ab, die nicht umkehrbar ist (z. B. Entwicklung der Grobmotorik vom Krabbeln über das Stehen zum Gehen)

Erziehung:
Tätigkeit der Erwachsenen, durch die das kindliche Handeln absichtsvoll beeinflusst wird, um bestimmte Ziele zu erreichen

Erziehungsdimensionen:
Merkmale des Erzieherinnenverhaltens, die in einem engen statistischen Zusammenhang stehen. Mit Hilfe der Dimensionen kann man „Stärke" und „Richtung" des Erzieherinnenverhaltens angeben. Beispiel: Emotionale Dimension: Wertschätzung- Geringschätzung. Lenkungsdimension: Hohe Lenkung – Geringe Lenkung

Erziehungsstil:
Kennzeichnet recht konstante, erzieherische Grundhaltungen, die sich auf die Interaktion zwischen Erzieherin und Zu-Erziehendem auswirken.
Beispiel: Autoritärer – demokratischer – laissez-faire Erziehungsstil

Erziehungsziele:
Vorstellungen darüber, welches Verhalten bei dem Zu-Erziehenden erreicht werden soll und durch welches pädagogische Handeln die Erzieherin das angestrebte Ziel erreicht

Evaluation:
Bewertung bzw. Überprüfung, inwieweit Vorgaben und Ziele verwirklicht wurden

Exploration:
Diagnostisches Verfahren; systematische Befragung des Betroffenen zu seiner Lebenssituation und seiner Sichtweise des Problems

Familie:
Eng umgrenzte Personengemeinschaften innerhalb eines Privathaushaltes, die durch Ehe oder Abstammung bzw. das Sorgerecht miteinander verbunden sind. Diese Personengemeinschaften können unterschiedlich zusammengesetzt sein, so dass sich sehr vielfältige Familienformen (Familienstände) ergeben

Familientherapie:
Form der Psychotherapie, bei der alle Familienmitglieder in die Therapie einbezogen werden

Feedback:
Rückmeldung

Fiktion:
Erdichtung; künstlich geschaffene Welt

Fixierung:
(1) Festhalten an einer Gewohnheit;
(2) In der Psychiatrie/Krankenpflege die Fesselung eines Patienten an sein Bett

Folgekosten (Response cost):
Ein erworbener Verstärker wird auf Grund eines unangemessenen Verhaltens entzogen

Fremdeln:
Furcht vor fremden Personen, die Kinder zwischen dem sechsten und achten Monat zeigen

Froebel-Pädagogik:
Erziehungskonzept, das von F. Froebel (1782-1852) entwickelt wurde. Das Kind wird als eigenständiges, weltoffenes Wesen gesehen. Seine Entwicklung verläuft nach einem „inneren Wissen über den Aufbau der Welt" in Stufen. Die Erzieherin ist beschützende Begleiterin und motivierende Erwachsene. Schwerpunkt ist die ganzheitliche Erziehung durch ein „offenes", umfassendes Spielsystem (Mutter- und Koselieder, Freispiel, Spielgaben, Kreis- und Bewegungsspiele, Garten für Kinder)

Frustration:
Versagung; Ziele werden nicht erreicht; Verzicht auf die Erfüllung eines (Trieb-) Wunsches; die Stärke der Frustration ist abhängig von der Wichtigkeit des Ziels

Gedächtnis:
Ein aktiver Vorgang, der über die gesamte Großhirnrinde verteilt ist und bei dem unterschiedliche Systeme (Gedächtnisformen) zusammenwirken. Man unterscheidet inhaltsabhängige und zeitabhängige Gedächtnisformen

Gehirnareale:
Spezialgebiete in der Hirnrinde z. B. Sprachliches, motorisches, sensorisches Areal

Gen:
Chemische Struktur, die das Erbmaterial enthält

Genom:
Gesamtheit der Erbinformationen

Ghetto:
Abgeschirmter Bereich; Wohnviertel für Angehörige bestimmter sozialer Gruppen

Gruppendynamik:
Prozesse der gegenseitigen Verhaltensbeeinflussung in Gruppen

Gruppenpädagogische Prinzipien:
Allgemeingültige pädagogische Handlungsgrundsätze, die sich für die Arbeit mit Gruppen bewährt haben

Hilfeplan:
Grundlage für die Ausgestaltung einer Erziehungshilfe. Inhalte: Begründung des Bedarfs, Ziele, Hilfeart, Leistungen der Jugendhilfe

Hilfeplanverfahren:
Verfahren zur Strukturierung der Zusammenarbeit aller an einer Erziehungshilfemaßnahme Beteiligten (Jugendamt, Leistungsberechtigter, Leistungserbringer)

HKS (Hyperkinetisches Syndrom):
Anderer Begriff für das Krankheitsbild ADHS und ADS

Ich-Botschaften:
Äußerungen, die über Gefühle, Bedürfnisse, Einstellungen des Sprechenden direkt oder indirekt informieren

Integration:
Teilnahme des Individuums an allen Bereichen des öffentlichen Lebens

Intelligenz:
Sammelbegriff für verschiedene Fähigkeiten, die es erlauben, Probleme in neuartigen Situationen zu erkennen und zu überwinden (z. B. Sprachverständnis, Gedächtnis, schlussfolgerndes Denken)

Interaktion:
Wechselseitige Beziehung zwischen Menschen; das Verhalten der einen Person löst eine Reaktion bei der anderen Person aus

Kategoriensystem:
Beobachtungssystem, um Situationen mit möglichst wenigen Beobachtungseinheiten vollständig zu erfassen

Katharsis:
„Reinigende Wirkung", die sich nach dem Abreagieren von Gefühlen ergibt

Killerphrasen:
Verallgemeinerungen bzw. Äußerungen, die von der anderen Person Unmögliches verlangen und damit eine weitere Kommunikation sinnlos erscheinen lassen („Das ist doch Unsinn.")

Kognition:
Sammelbegriff für alle Vorgänge des menschlichen Erkennens. Zur Kognition zählen: Wahrnehmung, Gedächtnis, Lernen, Denken, Urteilen, Problemlösen

Kohäsion:
Zusammenhalt in der Gruppe, Verbundenheit

Kommunikation (soziale):
Wechselseitiger Informationsaustausch, der folgende Elemente umfasst: Sender, Mitteilung, Empfänger, Übertragungssystem, Kanal, Absicht, Wirkung

Kompensation:
Ausgleich; Mängel in bestimmten Bereichen können z. T. durch Stärken in anderen Bereichen ausgeglichen werden

Kompetenzen:
Pädagogische Grundfähigkeiten, die erforderlich sind, um den beruflichen Alltag zu bewältigen. Sie lassen sich aufteilen in Persönlichkeits- Fach- Sozial- und Methodenkompetenz

Konditionierung:
Lernen von Reiz-Reaktionsverbindungen

Konditionierung (klassische):
Auf einen Reiz erfolgt eine Reaktion

Konditionierung (operante):
Eine schon abgelaufene Reaktion wird verstärkt, damit sich ihre Auftrittswahrscheinlichkeit erhöht

Kongruenz:
Übereinstimmung, Deckungsgleichheit

Kontingenz:
Häufigkeit, Regelmäßigkeit mit der zwei Ereignisse gemeinsam auftreten

Konzeption:
Darstellung der pädagogischen Grundlagen, auf die sich die Arbeit in der sozialpädagogischen Einrichtung bezieht

Leitbild:
Darstellung des Selbstverständnisses einer Organisation; es beinhaltet Ziele, Besonderheiten, Stärken und Grundsätze, nach denen das Unternehmen handelt

Lernen:
Lebenslange Aktivität des Gehirns, bei der Synapsen auf- um- oder abgebaut werden. Zu beobachten sind dauerhafte Verhaltensveränderungen

Lernen durch Einsicht (auch Problemlösungslernen):
Das Erkennen einer sinnvollen Beziehung zwischen den einzelnen Teilen einer Problemsituation

Lernen am Erfolg, durch Verstärkung (auch operante Konditionierung):
Gelernt wird durch die Konsequenz auf ein Verhalten

Lerndispositionen:
Situationsbezogene Lernstrategien, mit deren Hilfe ein lernender Mensch Lerngelegenheiten erkennen, auswählen, für sich nutzen oder auch sich selber schaffen kann. Grundlegende Voraussetzung aller Bildungs- und Lernprozesse

Lernen durch Versuch und Irrtum:
Lernen ist ein Suchprozess, bei dem die zufällig richtige Reaktion durch den Erfolg verstärkt wird

Lerngeschichte:
Systematische, kontinuierliche Aufzeichnung kindlicher Lernprozesse, die nach Lerndispositionen strukturiert ist

Literacy:
Der englische Begriff bedeutet wörtlich übersetzt Lese- und Schriftkompetenz. Er umfasst Kompetenzen wie Text- und Sinnverständnis, sprachliche Abstraktionsfähigkeit, Lesefreude, die Fähigkeit sich schriftlich auszudrücken und Vertrautheit mit „literarischer" Sprache

Metakognition:
Auseinandersetzung mit den eigenen kognitiven Fähigkeiten und Prozessen.

Metakommunikation:
Sprechen „über" die Kommunikation (griech.: „meta" = über), darüber, wie die Kommunikationspartner miteinander umgehen

Meta-Plan-Technik:
Präsentationstechnik, bei der die Teilnehmer ihre Beiträge auf Kärtchen schreiben; die Kärtchen werden an der Pinnwand ausgewertet und besprochen

Merkmalsystem:
Beobachtungssystem, um einen Situationsausschnitt möglichst differenziert zu erfassen

Methode:
Systematische, geplante Vorgehensweise, um Informationen zu gewinnen

Migration:
Wechsel der Heimat mit einer Überschreitung der Ländergrenze

Mind-map:
Methode, um inhaltliche Zusammenhänge grafisch übersichtlich darzustellen

Minorität:
Minderheit

Moderation:
Verfahren, um Besprechungen optimal zu leiten

Montessori-Pädagogik:
Erziehungskonzept, das von M. Montessori (1870-1952) entwickelt wurde. Das Kind wird als ein eigenständiges, weltoffenes Wesen gesehen. Seine Entwicklung folgt einem „inneren Bauplan" in einer von der Erzieherin didaktisch-methodisch vorbereiteten Umgebung. Schwerpunkt ist die kognitive Förderung durch ein geschlossenes Lernsystem (Montessori-Materialien)

Moral:
Bezeichnung für ein System von Regeln, sittlichen Normen und Wertvorstellungen, die das soziale Verhalten zwischen Menschen beeinflussen

Morphologie:
Wortformen, Beugungen

Motiv:
Zielvorstellung, die Handlungen auslöst

Motivation:
Die Umsetzung eines Motivs in einer konkreten Situation

Motivation (intrinsische):
Ursprüngliche, von „innen" kommende, sachbezogene Motivation

Motivation (extrinsische):
Sachfremde, von „außen" kommende Motivation

Motorik:
Bewegungsfähigkeit des Menschen betreffend

Myelinisierung:
Bildung einer Isolierschicht um den Nerv

Natal:
Die Geburt betreffend

Negative Verstärkung:
Entfernen, Vermindern oder Vermeiden einer unangenehmen Verhaltenskonsequenz

Neuronale Assemblys:
Die in Verbindung stehenden Gehirnareale, die ein leistungsfähiges Funktionsnetz bilden

Neurose:
Psychische Beeinträchtigung, die auf normabweichendem Verhalten beruht; Neurosen sind in der Regel gelernt und beruhen nicht auf organischen Ursachen

Neuronen:
Nervenzellen

Neuroplastizität:
Veränderungen im neuronalen Netz

Neurotransmitter:
Trägerstoffe zur Übermittlung von Impulsen im Nervensystem

Nonverbale Botschaft:
Informationen über eine Person, die aus der Gestik, Mimik bzw. Sprechweise abgeleitet werden können

Normen:
Mehr oder weniger verbindliche Verhaltensregeln, die sich aus Gewohnheiten, Sitte, gesellschaftlichen Erwartungen usw. ergeben und bestimmen, wie die Werte der Gesellschaft bzw. Gruppe zu erfüllen sind

Objektivität:
Kriterium zur Bewertung der Qualität von Messverfahren; ein Verfahren ist dann objektiv, wenn der Messende das Messergebnis nicht beeinflussen kann

Objektpermanenz:
Objekte existieren für das Kind weiter, auch wenn es sie nicht mehr sieht

Olfaktorisch:
Den Geschmacksinn betreffend

Peergroup:
Gruppe der Gleichaltigen, in der sich eine Person aufhält

Personalisation:
Prozess der Entwicklung und Ausbildung der Persönlichkeit

Phobie:
Krankhafte Form der Angst, die sich zwanghaft einstellt; bereits geringe Angstreize lösen massive Angstreaktionen aus

Phoneme:
Laute, kleinste Einheit der gesprochenen Sprache

Phonologie:
Lautsystem

Phonologische Bewusstheit:
Umschreibt die Fähigkeit der Kinder, Sprachrhythmus und -melodie zu erkennen und die einzelnen Laute zu unterscheiden

Portfolios:
Kontinuierlich fortgeschriebene Sammlung verschiedener Entwicklungsdokumente über und für jedes Kind (z. B. Beobachtungen und Bemerkungen der Erzieherin, Kinderzeichnungen, Fotos, notierte Kinderäußerungen usw.)

Prae- /peri- /postnatal:
Vor, während, nach der Geburt

Präsuizidale Handlungen:
Selbstschädigende Handlungen ohne Tötungsabsicht

Prävention:
Vorbeugung

Professionalisierung:
Fachlichkeit der Mitarbeiter und Mitarbeiterinnen

Propriozeption:
Wahrnehmung der Stellung und Bewegung des eigenen Körpers im Raum

Psychiatrie:
Seelenheilkunde; Teilgebiet der Medizin, das sich mit krankhaft veränderten Verhaltensauffälligkeiten beschäftigt

Psychotherapie:
Behandlung von seelischen Beeinträchtigungen mit psychologischen Behandlungsverfahren, Therapien

Qualitätsmanagement:
Planung, Organisation, Dokumentation und Überprüfung aller Aktivitäten, die zur Sicherung und Verbesserung der Qualität dienen

Reflexion:
Bewusste Auseinandersetzung mit Erfahrungen, Situationen, Prozessen

Reggio-Pädagogik:
Erziehungskonzept, das in kommunalen Kindertagesstätten in Reggio Emilia (Italien) entwickelt wurde; Ausgangspunkt sind die Kommunikationsprozesse zwischen den an der Erziehung beteiligten Personen

Resilienz:
Fähigkeit, sich schnell von negativen Folgen früherer Erfahrungen zu erholen

Ressourcen:
Hilfsquellen, Hilfsmöglichkeiten

Risikofaktoren:
Bedingungen, die das Auftreten von Beeinträchtigungen fördern

Ritual:
Wiederkehrende Handlungen, die an eine bestimmte Situation gebunden sind

Schlüsselqualifikationen:
Die individuellen Qualifikationen, die den Menschen befähigen, auf neue, sich ständig verändernde Lebenssituationen flexibel und angemessen zu reagieren

Schulfähigkeit/Reife:
Die Anforderungen (körperliche, sprachlich-kognitive, soziale, emotionale und motivationale), die von der Schule als Vorraussetzung für das Lernen angesehen werden

Schulnahe Vorläuferkompetenzen:
Fähigkeiten, die im direkten Zusammenhang mit dem schulischen Lernen stehen. Z. B. phonologische Bewusstheit, Mengenerfassung, Zählen

Selbstobjektivierung:
Fähigkeit, die eigene Person (Das „Selbst") als „objektive Größe" wahrzunehmen

Selektion:
Auswahl

Semantik:
Die Bedeutung einer Sprache. Die Beziehung zwischen den Sprachsym-

bolen und den durch sie bezeichneten Vorstellungen

Sensibilisierung:
Jemanden gegenüber bestimmten Reizen empfindlich machen

Situationsansatz:
Sozialpädagogisches Konzept, das als Bezugspunkt und Inhalt der pädagogischen Arbeit die sozialen und kulturellen Lebenssituationen der Kinder und ihrer Familien sieht. Die pädagogische Arbeit beruht auf einer prozesshaften, offenen Planung und wird fortlaufend dokumentiert

Sozialisation:
Prozess der Persönlichkeitsentwicklung im sozialen Bereich; Erwerb von sozialen Verhaltensweisen, um in der Gruppen handlungsfähig zu werden

Soziale Nahräume:
Die mehr oder minder dauerhaften sozialen Beziehungen (soziale „Netzwerke"), in die eine Person einbezogen ist

Soziometrie:
Systematische Erfassung und grafische Veranschaulichung zwischenmenschlicher Beziehungen

Spiegelnervenzellen (-neurone):
Nervenzellen des Gehirns, die im eigenen Körper einen bestimmten Vorgang, beispielsweise eine Handlung oder ein Gefühl, steuern können, zugleich aber auch dann aktiv werden, wenn der Vorgang bei einer anderen Person nur beobachtet wird. Der Vorgang der „Spiegelung" passiert simultan, unwillkürlich und ohne jedes Nachdenken. Von der wahrgenommenen Handlung wird eine „interne neuronale Kopie" hergestellt, die den Beobachter in die Lage versetzt, die beobachtete Handlung selbst durchzuführen. Die Beobachtung hat also eine Art „innere Simulation" ausgelöst

Stress:
Subjektiv erlebte Belastung, die den Organismus in Anspannung versetzt und bei starker Überbelastung zu Erkrankungen führen kann

Suizid:
Selbsttötung; Handlung mit Todesfolge, die von der Person selbst bewusst herbeigeführt wird

Supervision:
Beratung und Anleitung durch einen ausgebildeten Supervisor, um berufliche Situationen und Belastungen zu be- und verarbeiten

Symbole/Symbolisierung:
Zeichen, Bilder, die „für etwas" (Personen, Dinge, Ereignisse) stehen und losgelöst von unmittelbaren Erfahrungen benutzt werden können

Symptom:
Psychische oder körperliche Auffälligkeit, die auf ein bestimmtes Krankheitsbild hinweist

Synapsen:
Kontaktstellen zwischen den einzelnen Nervenzellen

Synapsenstärke:
Stärke der Verbindung zwischen den Nervenzellen

Syndrom:
Gruppe von verschiedenen Symptomen, die in der Regel gemeinsam auftreten und dadurch das Krankheitsbild bzw. die Beeinträchtigung bestimmen

Syntax:
Die Regeln, nach denen Worte zu Sätzen zusammengestellt werden

Systemischer Ansatz:
Vorgehensweise, bei der die Regeln der sozialen Systeme (z. B. Familie) berücksichtigt und in der Veränderung einbezogen werden

Team:
Berufliche Gruppe, die gemeinsame Ziele verfolgt

Teamentwicklung:
Maßnahmen zum Aufbau und zur Förderung der Zusammenarbeit in berufsbezogenen Arbeitsgruppen

Test:
Diagnostisches Verfahren, um abgegrenzte Persönlichkeitsmerkmale (z. B. Angst, Intelligenz) zu erfassen

Theory of mind (Theorie der Innenwelt):
Vorstellung des Kindes über eigene und fremde Bewusstseinsvorgänge, z. B. Wahrnehmungen, Wünsche, Absichten, Meinungen usw.

Time-out:
Methode der Verhaltenstherapie; Form der Bestrafung, indem die Personen von Aktivitäten bzw. angenehmen Situationen zeitlich befristet ausgeschlossen werden

Token-System:
Technik der Verhaltenstherapie; Münzverstärker; Token sind Symbole (z. B. Punkte), die zu einem späteren Zeitpunkt gegen andere Verstärker eingetauscht werden können

Transaktionsanalyse:
Psychoanalytisch abgeleitetes Verfahren; das Erleben und Verhalten einer Person wird mit unterschiedlichen Ich-Zuständen (z. B. Eltern-Ich, Erwachsenen-Ich) erklärt

Transitionen:
Übergänge (z. B. von der Familie in den Kindergarten), die als bedeutsame Veränderungen im individuellen Lebenslauf erlebt werden.

Triple-P-Konzept (P*ositive* P*arenting* P*rogram*):
In Australien entwickeltes Elterntraining, das auf verhaltenstheoretischer Grundlage die Erziehungskompetenzen der Eltern fördert

Trotzalter:
Entwicklungsabschnitt (zwischen 1½ und 3½ Jahren), der durch mehr oder weniger stark ausgeprägte emotionale Beunruhigung gekennzeichnet ist

Umwelt:
Einflüsse der Umgebung, die auf ein Lebewesen vom Zeitpunkt der Befruchtung der Eizelle bis zum Tod einwirken

Urvertrauen:
Grundlegendes Vertrauen, das sich in den ersten Lebensmonaten aus den Erfahrungen einer sicheren Bindung entwickelt

Validität:
Gültigkeit von Messergebnissen; misst das Verfahren tatsächlich das, was es zu messen vorgibt

Variabilität:
Verschiedenartigkeit

Variabilität (interindividuelle):
Unterschiede zwischen den Kindern bezüglich bestimmter Fähigkeiten

Variabilität (intraindividuelle):
Unterschiedliche Fähigkeiten bei einem einzelnen Kind

Verhaltensformung (shaping):
Schrittweiser Aufbau eines Verhaltens, indem man bereits kleine Schritte in Richtung des Endverhaltens systematisch verstärkt

Verhaltenstherapie:
Behandlungsmethode, die auf der Basis der Lerntheorien Techniken zum Abbau unerwünschter und Aufbau erwünschter Verhaltensweisen umfasst

Verstärker:
Jede Verhaltenskonsequenz, die dazu führt, dass ein vorausgegangenes Verhalten vermehrt auftritt

Verstärkung:
Ist der Belohnungsvorgang, der dazu führt, dass ein spontan gezeigtes Verhalten vermehrt auftritt

Verstärkung (positive):
Darbietung einer angenehmen Verhaltenskonsequenz

Verstärkung (negative):
Entfernen, Vermindern oder Vermeiden einer unangenehmen Verhaltenskonsequenz

Verstärkung (differentielle):
Das Ignorieren unerwünschten Verhaltens, bei gleichzeitigem positiven Verstärken erwünschter Verhaltensweisen

Verstärkung (kontinuierliche):
Das Verhalten wird jedes Mal verstärkt

Verstärkung (intermittierende):
Das Verhalten wird nur ab und zu verstärkt. Nach einer vorher festgelegten Anzahl (Quotenverstärkung) oder nach einer vorher festgelegten Zeitspanne (Intervallverstärkung)

Visualisierung:
Veranschaulichung

Visuell:
Das Sehen betreffend

Vorstellungen:
Inneres Abbild des äußerlich wahrgenommenen Geschehens

Vulnerabilität:
Verletzlichkeit, Anfälligkeit, erhöhte Empfindlichkeit gegenüber ungünstigen Umwelteinflüssen

Wahrnehmung:
Prozess und Ergebnis der Verarbeitung von Sinnesempfindungen im Gehirn

Waldorf-Pädagogik:
Erziehungskonzept, das von R. Steiner (1861-1925) entwickelt wurde. Das Kind wird als „geistiges Wesen" gesehen. Seine Entwicklung verläuft in vorgegebenen Phasen. Die Erzieherin bietet dem Kind eine „Nachahmungswelt" an, in der es vor allem sinnliche Erfahrungen machen kann. Schwerpunkte sind die musisch-kreative Förderung, Rhythmus, Bewegung sowie die Verwendung von Naturmaterialien

Wertschätzung:
Positive gefühlsbezogene Grundhaltung gegenüber dem Anderen, die sich in Achtung, Rücksichtnahme und Zuwendung zeigt

Adl-Aimi, B. So bestehe ich meine Prüfung. Weinheim 2001

Ahnert, L. (Hrsg.). Frühe Bindung. Enstehung und Entwicklung München 2004

Altenthan, S. u. a. Pädagogik/Psychologie. Band 2. Troisdorf 1999

Amann u. a. Erfolgreich präsentieren. Troisdorf 2001

Andres, B. Laewen, H.J. Beobachtung und Dokumentation in Kindertageseinrichtungen. Bertelsmann Stiftung (Hrsg.) „Guck mal!" Gütersloh 2005, Seite 33-48

Baacke, D. Medienpädagogik. Tübingen 1997

Baker, R. Wenn plötzlich die Angst kommt. Panikattacken verstehen und überwinden. Wuppertal 1998

Barsch, A. & Erlinger, H.D. (Hrsg.) Medienpädagogik. Eine Einführung. Stuttgart 2002

Bastian, J. & Gudjons, H. (Hrsg.) Das Projektbuch. Hamburg 1986

Bauer, J. Warum ich fühle, was du fühlst. Intuitive Kommunikation und das Geheimnis der Spiegelneurone. Hamburg 2006

Becher, K., Hoffmann, H. & Rauschenbach, T. Das Berufsbild der Erzieherinnen. Darmstadt 1999

Becher, S. Schnell und erfolgreich studieren. Organisation, Zeitmanagement, Arbeitstechniken. Würzburg 1998

Beck , R. & Schwarz, G. Konfliktmanagement. Alling 1995

Belbin, R. M. Management Teams Erfolg und Misserfolg. Wörrstadt 1996

Beller, K. Eingewöhnung in die Krippe. Frühe Kindheit 2004, Seite 9 - 14

Berkel, K. Konflikte in und zwischen Gruppen. In: Rosenstiel, L.v. et al. (Hrsg.) Führung von Mitarbeitern. Stuttgart 1995, Seite 359 - 385

Berne, E. Spiele der Erwachsenen. Psychologie der menschlichen Beziehung. Reinbek 1995

Bernitzke, F. Heil- und Sonderpädagogik. Troisdorf 2005

Bernitzke, F. & Schlegel, P. Handbuch der Elternarbeit. Troisdorf 2004

Bertelsmann Stiftung (Hrsg.) „Guck mal!" Bildungsprozesse des Kindes beobachten und dokumentieren. Gütersloh 2005

Birkigt, K., Stadler, M.M. & Funck, H.-J. Corporate Identity. Landsberg/Lech 1994

Böcher, H. & Koch, R. Medienerziehung – Theorien und Praxis. Köln 1998

Bostelmann, A. (Hrsg.) Das Portfolio-Konzept für Kita und Kindergarten. Mühlheim 2007

Bostelmann, A. (Hrsg.) Das Portfolio-Konzept für die Krippe. Mühlheim 2008

Bundesministerium für Familie, Senioren, Frauen und Jugend (Hrsg.) Elfter Kinder und Jugendbericht. Bonn 2002

Bundesministerium für Familie, Senioren, Frauen und Jugend (Hrsg.) Die Familie im Spiegel der amtlichen Statistik. Bonn 2003

Burchardt, M. Leichter Studieren. Wegweiser für effektives wissenschaftliches Arbeiten. Berlin 2000

Burisch, M. Das Burnout-Syndrom. Theorie der inneren Erschöpfung. Berlin 1989

Literaturverzeichnis

Buzan, T. Das Mind-map Buch. Landsberg/Lech 2002

Carr, M. Assessment in Early Childhood Settings. London 2001

Ceh, J. Keine Angst vor Prüfungen. In Leistungssituationen souveräner werden. Augsburg 1993

Dehaene, S. Der Zahlensinn oder Warum wir rechnen können. Basel 1999

Deutsche Shell (Hrsg.) Jugend 2000. 13. Shell-Jugendstudie. Opladen 2000

Deutsches Kinderhilfswerk e.V. (Hrsg.) Kinderreport Deutschland. München 2002

Dichans, W. Der Kindergarten als Lebensraum für behinderte und nichtbehinderte Kinder. Köln 1993

Dierks, H. Lass mich los, sonst falle ich. Düsseldorf 1995

Doppler, K. & Lauterburg. Change Management. Den Unternehmenswandel gestalten. Frankfurt 1995[4]

Dornes, M. Die frühe Kindheit. Frankfurt 1997

Dreier, A. Was tut der Wind wenn er nicht weht? Begegnung mit der Kleinkindpädagogik in Reggio Emilia. Berlin 1999

Edelwich, J. & Brodsky, A. Ausgebrannt: Das Burn-out-Syndrom in den Sozialberufen. Bergheim 1984

Elschenbroich, D. Weltwissen der Siebenjährigen. München 2001

Essau, C.A. Angst bei Kindern und Jugendlichen. München 2003

European Foundation for Quality Management. Das EFQM Modell für Excellence. Brüssel 1999

Franken, B. Wieder aktuell- Kooperation. Der Übergang in die Grundschule. Kindergarten heute 2002 (Heft 11/12), Seite 24 - 30

Frey, K. Die Projektmethode. Weinheim 1996

Friedrich Froebel Museum. Anfänge des Kindergartens. Bad Blankenburg 1999

Ftenakis, W.E. (Hrsg.) Elementarpädagogik nach Pisa. Freiburg 2003

Ftenakis, W.E., Textor, M. R. (Hrsg.) Pädagogische Ansätze im Kindergarten. Weinheim 2000

Gardner, H. Der ungeschulte Kopf. Stuttgart 1993

Gisbert, K. Wie Kinder das Lernen lernen. In: Ftenakis, W.E. (Hrsg.) Elementarpädagogik nach Pisa, 2003, Seite 78 - 105

Glasl, F. Konfliktmanagement. Bern/Stuttgart. Vierte Auflage 1994

Greving, H. Methoden in der Heilpädagogik und Heilerziehungspflege: Qualitätsmanagement. Troisdorf 2003

Griebel, W. & Niesel, R. Transitionen. Weinheim 2004

Grotberg, E.A. Guide to Promoting Resilience in Children. 1995

Günther, S. In Projekten spielend lernen – Pädagogische Kompetenz. Hohengeren 2001

Hartmann W., Stoll, M. Mehr Qualität für Kinder. Qualitätsstandards und Zukunftsperspektiven für den Kindergarten. Wien 1996

Haug-Schnabel, G. Kinder von Anfang an stärken. Theorie und Praxis der Sozialpädagogik 2004 (Heft 5), Seite 4 - 8

Hebenstreit-Müller, S. & Kühnel, B. (Hrsg.) Kinderbeobachtungen in Kindertagesstätten. Berlin 2004

Heller, E. & Preissing, Chr. Der Situationsansatz. Klein und Groß 6/2000

Helbig, Köhler & Lümkemann. Medienpädagogik. Grundlagen und Projekte für Ausbildung und Beruf. Neusäß 2001

Herschkowitz, N. Das vernetzte Gehirn. Bern 2002

Hollstein, G. Stationenarbeit : Entdecken, Erproben, Erfahren, Weinheim, Basel 1998

Hössl, A. Entwicklungen integrativer Erziehung. In Eberwein, H. (Hrsg.) Handbuch Integrationspädagogik. Weinheim 1999

Hugo-Becker, A. & Becker, H. Psychologisches Konfliktmanagement.

München 1996

Hillenbrand, C. Einführung in die Verhaltensgestörtenpädagogik.

München 1999

Irskens, B. & Vogt, H. (Hrsg.) Qualität und Evaluation. Eine Orientierung – nicht nur für Kindertageseinrichtungen. Frankfurt/Main 2000

Kasten, H. Entwicklungspsychologische Grundlagen 0 - 3 Jahre. Weinheim 2005

Kasten, H. Entwicklungspsychologische Grundlagen 4 - 6 Jahre. Weinheim 2005

Kaschade, H.J. Die Integration Behinderter. Eine gesellschaftliche Herausforderung. Münster 1993

Keller, H. (Hrsg.) Handbuch der Kleinkindforschung. Bern 1997

Klippert, H. Teamentwicklung im Klassenraum. Weinheim 2005

Klippert, H. Projektwochen. Weinheim 1989

Knöll, J. Kurs- und Seminarmethoden. Weinheim 1993

Kossak, H.C. Studium und Prüfungen besser bewältigen. München 1992

Krenz, A. Handbuch Öffentlichkeitsarbeit. Professionelle Selbstdarstellung für Kindergarten, Kindertagesstätte und Hort. Freiburg 1997

Krenz, A. Der Situationsorientierte Ansatz im Kindergarten. Freiburg 1991

Kromeyer-Hauschild, Katrin. u. a. Perzentile für den Body-mass-index für das Kindes- und Jugendalter unter Heranziehung verschiedener deutscher Stichproben. Monatsschrift Kinderheilkunde (2001), 807 – 818

Kron, F.W. & Sofos, A. Mediendidaktik – Neue Medien in Lehr- und Lernprozessen. München 2003

Kron, M. Betreuungsqualität in Kindergarten und Kindertageseinrichtungen – Fragen, Antworten und weiße Flecken. Siegen 1999

Kronberger Kreis für Qualitätsentwicklung. Qualität im Dialog entwickeln. Wie Kindertageseinrichtungen besser werden. Seelze 1998

Kunz, A. Der Weg zum erfolgreichen Studium. Studenten lernen studieren – Organisation und Methoden geistiger Arbeit. Heidelberg 1986

Laewen, H.J, Andres, B. (Hrsg.) Bildung und Erziehung in der frühen Kindheit. Weinheim 2002

Laewen, H.J, Andres, B. (Hrsg.) Forscher, Künstler, Konstrukteure. Weinheim 2002.

Largo, R.H. Kinderjahre. München 1999

Leu, H.R. u. a. Bildungs- und Lerngeschichten. Bildungsprozesse in früher Kindheit beobachten, dokumentieren und unterstützen. Weimar, Berlin 2007

Leymann, H. Mobbing. Psychoterror am Arbeitsplatz und wie man sich dagegen wehren kann. Reinbek 1993

Lindmeier, Chr. Behinderung – Phänomen oder Faktum, Versuch einer Klärung. Bad Heilbrunn 1993

Lingenauber, S (Hrsg.) Handlexikon der Reggio-Pädagogik. Bochum 2004

Litzcke, S. Arbeits- und Lerntechniken – Wie man sich perfekt organisiert (Elektronische Ressource). FH Bund 2002

Loh, S.v. Chronisch Kranke und Behinderte im Kindergarten. Medizinische Arbeitshilfe. Mainz 1990

Maier, W. Grundkurs Medienpädagogik, Mediendidaktik. Ein Studien- und Arbeitsbuch. Weinheim 1998

Marquard, A., Runde, P. & Westphal, G. Psychische Belastung in helfenden Berufen. Opladen 1993

Mecke, A. & Weinmann-Lutz, B. Präventive Mediation. In: Fthenakis, W. u. a. (Hrsg.) Handbuch Elternbildung, Bd. 1. Opladen 1999, Seite 173 - 204

Metzig, W. u.a. Prüfungsangst und Lampenfieber. Bewertungssituationen vorbereiten und meistern. Berlin 1998

Meyer, H. Unterrichtsmethoden II. Praxisband. Frankfurt 1987

Möller, H.J., Laux, G., Deister, A. Psychatrie. Stuttgart 1996

Münzenloher, I. Qualitätsmanagement in der Kita. Umsetzung der DIN EN ISO 9000 in Kindertagesstätten. Troisdorf 2001

Neuberger, O. Mobbing. Übel mitspielen in Organisationen. München 1995

Niederführ, A. Qualitätsmanagement. In:Wunderlich, Th., Jansen, F. (Hrsg.). Kindergärten mit Qualitätssiegel? Freiburg 1998

Niesel, R. & Griebel, W. Start in den Kindergarten. München 2000

Niesel, R. & Griebel, W. Abschied vom Kindergarten, Start in die Schule. München 2002

Oerter, R. Montada, L. Entwicklungspsychologie. München 1999.

Olschewski, A. Stress bewältigen. Ein ganzheitliches Kursprogramm. Heidelberg 1995

Pieper, M. Seit Geburt körperbehindert – Behinderung als kontinuierliche lebensgeschichtliche Erfahrung aus der Sicht Betroffener und deren Familien. Weinheim 1993

Pöldinger, W. Erkennen und Beurteilen der Suizidalität. In: Hippius, H. & Schmauß, M. (Hrsg.) Aktuelle Aspekte der Psychiatrie in Klinik und Praxis. München 1988, Seite 57 - 64

Pöttinger, I. Lernziel Medienkompetenz. München 1997

Preissing, Chr. (Hrsg.) Qualität in Situationsansatz. Weinheim 2003

Pritzel, M., Brand, H. & Markowitsch, H.J. Gehirn und Verhalten. Heidelberg 2003

Pümpin, C., Kobi, J.-M. & Wüthrich, H.A. Unternehmenskultur. Bern 1985

Rabenstein, K. & Reh S. Kooperatives und selbständiges Lernen. Villingen/Schwenningen 2006

Rheinberg, F. Motivation. Stuttgart 1995

Rieber, D. Der Kultur der Kinder auf der Spur. Freiburg 2002

Roth, G. Fühlen, Denken, Handeln. Frankfurt 2001

Schäfer, G.E. Beobachten und Dokumentieren in Kindertagesstätten. Kindergarten heute 2004, Seite 6 - 15

Schäfer, G.E., Strätz, R. (Hrsg.) Beobachtung und Dokumentation in in der Praxis. Konach 2005

Schein, E. Organizational Culture and Leadership. San Francisco 1985

Schmidt, L.M. Klausuren und Prüfungen ohne Ängste schreiben. Mit gezielten Strategien Prüfungsängste überwinden. Book on Demand 2000

Schneewind, K.A. Familienpsychologie. Stuttgart 1999

Scholz, CH. Personalmanagement. Informationsorientierte und verhaltenstheoretische Grundlagen. München 1994

Schwarzer, W. & Trost, A. (Hrsg.) Psychiatrie und Psychotherapie für psychosoziale und pädagogische Berufe. Dortmund 1999

Seitz, M. & Hallwachs, U. Montessori oder Waldorf. München 2000

Seiwert, L. Mehr Zeit für das Wesentliche. Landsberg 1988

Spitzer, M. Lernen. Heidelberg 2003

Stern, D.N. Die Lebenserfahrungen des Säuglings. Stuttgart 1998

Stricker-Jannan, D. Psychiatrie für Pflegeberufe. Troisdorf 2004

Tietze, W, Schuster, K.-M. & Rossbach, H.-G. Kindergarten-Einschätz-Skala. Berlin 1997

Tulodziecki, G. Medienerziehung in Schule und Unterricht. Bad Heilbrunn 1992

Tulodziecki, G. Medienpädagogik. In: Erlinger et al. (Hrsg.) Handbuch des Kinderfernsehens. Konstanz, zweite überarbeitete und erweiterte Auflage 1998, Seite 535 - 545

Ulich, M. Literacy – sprachliche Bildung im Elementarbereich. In Kiga heute 2003, Seite 6 -18

Viernickel, S. & Völkel, P. Beobachten und dokumentieren im pädagogischen Alltag. Freiburg 2005

Vollbrecht, R. Einführung in die Medienpädagogik. Weinheim 2001

Weiß, H.J. Prüfungsangst. Wie entsteht sie? Was richtet sie an? München 1997

Werkstattbuch zum Bildungsauftrag von Kindertageseinrichtungen. Weinheim 2002

Wittchen, H.U. Wenn Angst krank macht. Störungen erkennen, verstehen und behandeln. München 1997

Wöll, G. Handeln: Lernen durch Erfahrung, Handlungsorientierung und Projektunterricht. Hohengeren 2004

Zerle, C., Krok, J. Null Bock auf Familie? Der schwierige Weg junger Männer in die Vaterschaft. Gütersloh 2008

Zimmer, J. Das kleine Handbuch zum Situationsansatz. Weinheim 2000

Sachwortverzeichnis

Sachwortverzeichnis

Abbildungsnachweis

Barth, Hans-Dietrich, Speyer: S. 76, 77-2, 82, 93, 98, 105, 110, 138, 144, 148, 149, 156, 159, 225, 228, 268, 359, 367, 380, 387, 407, 422, 483, 499

Denninger, Ralf, Stuttgart: S. 435

DPA: S. 95

Fröbel Museum: S. 72

Image Source: S. 319

Karl-Schubert-Schule Stuttgart: S. 298, 303

Maier, Bernd, Kirchheim/Teck: S. 112, 119, 132

MEV: S. 113-1, 120, 125, 151, 170, 226-2, 311

Claudia Nühs, Stuttgart: S. 87, 88, 99, 100, 133, 134, 161, 172, 197, 222, 259, 266, 283, 314, 317, 341, 345, 361, 384-2, 486-2+3, 502

Agathe Schmid-König, Rimbach: S. 113-2

Robert Thiele Stuttgart: S. 9, 11, 29, 115, 121, 137, 141, 195, 226-1, 291, 386-1, 401, 531

Ullstein bild: S. 77

Unicef, Terre des hommes und Kindernothilfe: S. 162

Verlag am Goetheanum: S. 83